公路工程施工企业主要负责人和安全生产管理人员培训教材

中国公路建设行业协会　组织编写

人民交通出版社股份有限公司
China Communications Press Co.,Ltd.

内 容 提 要

本书为公路工程施工企业主要负责人和安全生产管理人员取证考核培训教材,分为综合篇、法律法规篇、安全生产管理篇、安全技术篇。其中,综合篇主要内容为施工企业主要负责人和安全生产管理人员应具备的安全生产管理基础知识与基本能力;法律法规篇主要内容为安全生产法律法规、制度及法律责任;安全生产管理篇主要内容为安全生产管理理论、管理职责和管理基本制度;安全技术篇主要内容包括施工安全技术管理,施工现场布设与安全防护要求,通用作业安全要求,路基与路面、桥涵、隧道、改扩建、交通工程设施等专业工程施工安全要求,特殊季节与特殊环境施工安全要求,并编写了5个典型事故案例分析。

本书主要作为公路工程施工企业主要负责人和安全生产管理人员取证考核培训与复习用书,亦可供公路工程建设安全管理的相关人员参考。

图书在版编目(CIP)数据

公路工程施工企业主要负责人和安全生产管理人员培训教材/中国公路建设行业协会组织编写. — 北京:人民交通出版社股份有限公司,2017.3

ISBN 978-7-114-13710-5

Ⅰ.①公… Ⅱ.①中… Ⅲ.①道路施工—安全管理—岗位培训—教材 Ⅳ.①U415.12

中国版本图书馆CIP数据核字(2017)第048417号

书　　名:	公路工程施工企业主要负责人和安全生产管理人员培训教材
著 作 者:	中国公路建设行业协会
责任编辑:	黎小东
出版发行:	人民交通出版社股份有限公司
地　　址:	(100011)北京市朝阳区安定门外外馆斜街3号
网　　址:	http://www.ccpress.com.cn
销售电话:	(010)59757973
总 经 销:	人民交通出版社股份有限公司发行部
经　　销:	各地新华书店
印　　刷:	北京市密东印刷有限公司
开　　本:	787×1092 1/16
印　　张:	27
字　　数:	638 千
版　　次:	2017年3月 第1版
印　　次:	2022年9月 第5次印刷
书　　号:	ISBN 978-7-114-13710-5
定　　价:	80.00元

(有印刷、装订质量问题的图书由本公司负责调换)

《公路工程施工企业主要负责人和安全生产管理人员培训教材》

编审委员会

主 任 委 员：周纪昌

副主任委员：袁秋红　颜鲜明

委　　　员：许建盛　向　英　吴　永　刘　云　喻小明
　　　　　　张　湘　张凤玲

主　　　编：喻小明

主　　　审：张晓虎

编 写 人 员：张　湘　梁建新　高中权　陈万球　戴谋富
　　　　　　何　祎　康石磊　李学罡　韦秉旭　王强华
　　　　　　何　华

前 言

本教材根据2016年交通运输部组织编制并颁布的《公路水运工程施工企业主要负责人和安全生产管理人员考核管理办法》《公路水运工程施工企业主要负责人和安全生产管理人员考核大纲及模拟题库》，按照"安全第一、预防为主、综合治理"的基本方针，针对目前公路水运工程施工安全的形式和特点，引入新出台的安全生产相关的法律法规、标准规范和安全生产新理论、新技术、新方法，总结和吸取多年以来公路工程施工、安全管理以及对安全教育培训考核的经验，由中国公路建设行业协会组织长沙理工大学的专家学者进行编写。

本教材结合公路工程施工企业主要负责人和安全生产管理人员考核考试的新要求，适应各种考试方式(网络机考、纸质试卷考试)的需要，紧密结合《公路水运工程施工企业主要负责人和安全生产管理人员考核大纲及模拟题库》，全书体系完整，分为综合篇、法律法规篇、安全生产管理篇、安全技术篇四大部分。综合篇结合新形势下安全生产管理人员应当具备的知识和能力要求进行编写；法律法规篇结合新修订的《中华人民共和国安全生产法》《生产安全事故报告和调查处理条例》《公路水运工程安全生产监督管理办法》等进行编写；安全生产管理篇按安全生产管理理论、管理职责、基本制度进行编写；安全技术篇则主要按照《公路工程施工安全技术规范》(JTG F90—2015)与原交通运输部工程质量监督局2013年组织编写的《公路水运工程施工安全标准化指南》进行编写，并编入了5个近几年发生的典型事故案例分析。本书可以作为公路工程施工企业主要负责人和安全生产管理人员考前培训学习用书，也可作为安全生产管理人员日常学习用书。

本教材由喻小明任主编，参加编写和审定的人员有：梁建新、张湘、高中权、陈万球、戴谋富、何祎、康石磊、李学罡、韦秉旭、王强华、张晓虎、许建盛、吴永、刘云、何华、柴海楼、葛和焰、吉回照、杨春会；全书由喻小明和张湘负责统稿。

教材编撰人员主要为长沙理工大学的教授，审查人员主要为质监部门和企业的专家，在此衷心感谢他们为教材编写和审定付出的辛勤工作。

由于编者水平有限，时间仓促，书中难免存在不足之处，恳请读者提出宝贵意见，以便修订时完善。

中国公路建设行业协会
2017年2月

目 录

综 合 篇

第一章　安全生产综合知识与能力 ·· 2
　第一节　安全生产综合考核概述 ·· 2
　第二节　安全生产公共知识 ··· 3
　第三节　安全生产管理知识 ··· 12
　第四节　安全生产管理的能力结构 ·· 18

法律法规篇

第二章　公路工程安全生产法律制度 ·· 24
　第一节　公路工程安全生产法律制度概述 ··· 24
　第二节　公路工程安全生产相关法律 ·· 26
　第三节　公路工程安全生产相关行政法规 ··· 56
　第四节　公路工程安全生产相关部门规章与文件 ·· 76
　第五节　公路工程安全生产相关技术标准与规范 ·· 95
第三章　公路工程安全生产法律责任 ·· 99
　第一节　安全生产法律责任的概念和构成要件 ·· 99
　第二节　安全生产法律责任的主要类型 ··· 100
　第三节　公路工程安全生产相关法律责任 ··· 103

安全生产管理篇

第四章　安全生产管理理论 ··· 122
　第一节　安全生产管理的概念、要素和方针 ·· 122
　第二节　安全生产管理原理 ··· 125
　第三节　安全生产管理体系 ··· 131
　第四节　安全生产风险管理 ··· 136
　第五节　安全生产应急管理 ··· 162
第五章　安全生产管理职责 ··· 164
　第一节　公路工程从业单位安全生产管理责任 ·· 164
　第二节　公路工程施工企业安全生产管理人员职责 ··· 167

第六章　安全生产管理制度 · 172

第一节　安全生产管理制度概述 · 172
第二节　安全生产责任制度 · 173
第三节　安全生产组织管理制度 · 176
第四节　安全生产会议制度 · 179
第五节　安全生产管理人员考核制度 · 181
第六节　安全生产教育与培训制度 · 183
第七节　安全生产费用管理制度 · 186
第八节　安全风险评估与管控制度 · 188
第九节　安全技术交底制度 · 195
第十节　危险性较大工程专项施工方案审批论证制度 · 197
第十一节　特种设备及作业人员安全管理制度 · 201
第十二节　职业健康安全和劳动防护用品管理制度 · 207
第十三节　安全生产事故隐患排查和治理制度 · 210
第十四节　安全检查制度 · 213
第十五节　安全生产事故应急管理制度 · 218
第十六节　分包单位安全生产管理考评制度 · 224
第十七节　生产安全事故报告及调查处理制度 · 227
第十八节　企业项目负责人带班生产制度 · 230
第十九节　其他管理制度 · 232

安全技术篇

第七章　施工安全技术准备 · 238

第一节　施工组织设计的安全技术措施 · 238
第二节　专项施工方案 · 239
第三节　安全技术交底 · 243

第八章　施工现场布设安全要求 · 246

第一节　施工现场标志标牌 · 246
第二节　施工现场驻地和场站建设 · 248
第三节　施工便道、临时码头和栈桥 · 257
第四节　临时用电 · 258
第五节　××高速公路施工项目部山体滑坡致35人死亡案例 · 264

第九章　施工现场安全防护 · 266

第一节　个体安全防护 · 266
第二节　施工现场临边防护 · 268
第三节　跨线工程安全防护 · 270

第四节	施工机械设备管理	276
第五节	文明施工与施工现场环境保护	282
第六节	施工现场消防安全管理	285

第十章 通用作业安全要求 288
第一节	施工测量	288
第二节	支架与模板工程	289
第三节	钢筋工程	294
第四节	混凝土工程	296
第五节	电焊与气焊	298
第六节	起重吊装	302
第七节	高处作业	307
第八节	水上作业与潜水作业	309
第九节	爆破作业	312
第十节	小型机具	315
第十一节	涂装作业	317
第十二节	某高架桥桥墩盖梁模板支架坍塌事故案例	317

第十一章 路基与路面工程施工安全要求 320
第一节	路基工程	320
第二节	路面工程	332
第三节	某公路路基坍塌事故案例	345

第十二章 桥涵工程施工安全要求 347
第一节	桥涵工程安全施工的一般规定	347
第二节	预应力混凝土工程	348
第三节	桥梁基础工程	350
第四节	桥梁下部结构	357
第五节	桥梁上部结构	360
第六节	涵洞与通道	373
第七节	某桥梁挂篮坠落致4人死亡案例	374

第十三章 隧道工程施工安全要求 376
第一节	一般规定	376
第二节	洞口与明洞	377
第三节	开挖、装渣与运输	378
第四节	支护	379
第五节	衬砌	380
第六节	辅助坑道	380
第七节	通风防尘、照明及排水	382
第八节	不良地质和特殊岩土地段	385

第九节	盾构施工	388
第十节	水下隧道	390
第十一节	特殊地段	391
第十二节	小净距及连拱隧道	391
第十三节	附属设施工程	392
第十四节	超前地质预报和监控量测	392
第十五节	逃生与救援	393
第十六节	某隧道工程特别重大瓦斯爆炸事故案例	394
第十四章	**改扩建工程施工安全要求**	**398**
第一节	改扩建工程	398
第二节	拆除工程	400
第三节	加固工程	401
第十五章	**交通工程设施施工安全要求**	**404**
第一节	概述	404
第二节	一般规定	405
第三节	交通安全设施施工	405
第四节	机电系统施工	408
第十六章	**特殊季节与特殊环境施工安全要求**	**410**
第一节	一般规定	410
第二节	特殊季节施工	411
第三节	特殊环境施工	416
参考文献		**419**

综合篇

安全是人类社会发展的永恒主题,安全的需要也是人类最基本最原始的需要。从安全的角度来看,人类文明的发展史就是人类安全的发展史,人类文明越发展,威胁人类生产生活的因素就越多,人类维护自身安全所需要的知识就越多,能力就越强,法制就越完备,技术就越先进。然而,人类社会生产安全的状况如何,人类安全生产目标是否能彻底实现,不但取决于安全生产法律法规是否完备,安全生产管理制度是否健全,安全生产技术是否发达,而且与生产作业中从业人员所具有的与安全生产并不直接关联的知识与能力休戚相关,而这些知识与能力在以往的考核中并没有引起必要的重视。这不但降低了考核的有效性、科学性,也弱化了考核的可信度。因此,在今后安全生产考核中增加综合知识与能力的考核无疑是非常必要的。

第一章 安全生产综合知识与能力

第一节 安全生产综合考核概述

一、综合考核的目的

在安全生产考核中增加综合考核部分,根本目的在于拓展安全生产作业人员和管理人员的整体视野与知识边界,提升从业人员的整体安全素质,更新从业人员安全生产的思维模式,提高全社会的安全生产水平。同时,借鉴国际国内安全生产管理先进经验,为安全生产从业人员的安全生产考核提供一个知识与能力的新框架,提供一个新标准。

二、综合考核的依据

综合考核的依据主要有三方面:一是新颁布的安全生产管理人员考核大纲,这是做好考核准备的指挥棒;二是除教材之外的最新颁布的安全生产法律法规、标准与规范,因为每年国家都会出台一些新法规、新标准、新规范,这些法规、标准与规范又不能及时进入教材,因此教材具有某种程度的滞后性;三是与安全生产直接或间接相关,但是又不能直接归入法规、管理和技术三大板块的一些综合知识与能力,比如职业道德、安全心理等内容。

三、综合考核的意义

安全生产知识与能力的考核不是一个单纯的法规考核,也不是单纯的管理与技术考核,因为单纯的法律法规、单纯的管理原理与安全技术都离不开掌握、理解与运用这些法规、原理与技术的主体——人。正如马克思所指出的那样,有生命的个人的存在无疑是一切历史的第一个前提。从这个角度来看,人作为安全生产管理的主体,也作为安全生产管理的对象,就不能成为马尔库塞所说的"单向度的人",而必须成为马克思所说的"全面而自由发展的人"。无论是作业人员还是管理人员,丰富安全生产的综合知识,提高安全生产的综合能力,无疑具有重要意义,主要体现为:

(1)有利于提高安全生产从业人员的整体安全素质。从显性的角度来讲,安全生产从业人员的安全素质的生成主要有三大支柱:一是安全意识,比如我们经常说的底线意识、红线意识、高压线意识等;二是安全生产知识,即与安全生产直接相关的安全知识;三是安全技能,即人们在实践工作中所获得的确保安全生产的技术与能力。但是,除此之外,还有很多看似与安全生产没有直接关系,却在无形中影响安全生产水平提升的知识与能力,比如职业道德水平、政策执行能力、心理调适能力等。因此,要提升安全生产从业人员的整体安全素质,就必须在掌握安全生产法律法规、相关安全生产管理原理与理论以及安全生产技术的基础上,不断丰富综合性的安全知识与能力,克服"单向度"的片面性,生成和不断完善安全生产知识与能力的新结构。

(2)有利于增强安全生产知识与能力考核的科学性与可信性。作为公路工程领域安全生产管理人员的知识与能力考核,要确保其科学性与可信性,不但要求试题的命题质量、试卷的制作质量要科学、严谨、可靠,还要求考核的范围要基本能涵盖所必需的知识与能力,否则就会存在不可避免的缺陷。因此,增加综合知识与能力考核,就成了增强安全生产管理人员知识与能力考核科学性与可信性的必然选择。

(3)有利于提高安全生产管理的标准化水平。从交通运输部2010年开展"平安工地"建设活动以来,安全生产标准化的理念已经渗透到安全生产的各个环节,重特大安全生产事故得到了有效遏制,人、物与系统的安全性得到了有效保障。2013年原交通运输部工程质量监督局组织编写的《公路水运工程施工安全标准化指南》着眼于施工现场,从安全责任、安全费用、风险评估、场站建设、临时用电、安全防护特种设备等方面进行了规范,极大地提高了安全生产的标准化水平。但是,从系统安全理论来看,如果我们把整个行业、整个企业看作一个系统,这个系统要安全运行,就不能仅仅局限于现场的标准化,根本的标准化在于安全生产管理人员知识与能力的标准化,否则,再多的法规、标准与规范也或许只是一堆废纸。而从人的知识与能力的标准化来看,区别于安全法规、安全管理、安全技术的综合知识与能力则是不可或缺的环节与方面。

第二节 安全生产公共知识

一、"安全"释义及其三重境界

从广义上来讲,安全的含义非常广泛,有政治安全、经济安全、文化安全、网络安全、环境安全、军事安全等,可以说,凡是人类活动所及的领域,都会存在安全问题,正是从这个意义上,习近平总书记提出了总体国家安全观。这里所讲的安全,是一种狭义上的安全,主要是指生产安全,它是指生产系统中的人员、财产设备设施免遭不可承受危险的伤害。理解这一概念,需要把握以下几个要点:

(1)安全是以人为中心的,是指人的安全。既包括人的生命安全与健康安全,也包括与人的生存和发展相关的财产与环境安全,凡是与人无关的对象、事物与关系,无论有多大的损失都不属于安全管理的范畴。

(2)安全是指整个生产系统不会对系统中的人造成不可承受的伤害。从抽象的意义上来讲,任何生产系统都包括人、物、环境、关系四个基本要素,当系统中的四大要素处于和谐有序的运行状态时,系统的能量就会在预期的时间与空间释放,因而不会对系统中的人造成伤害;一旦四大要素处于紧张、摩擦与冲突状态时,系统的能量就会发生意外释放,从而对系统中的人造成伤害与损失,即发生生产安全事故。这就告诉我们,无论作为系统的是一个企业、一个现场还是一个班组,安全生产管理的重点在于管关系,隐患排查与危险源识别的着眼点也在于系统中人与人、人与物、人与环境、物与物、物与环境、环境与环境的关系。这六大关系是支撑整个系统安全的基石。

(3)系统的安全不是指系统对人不会发生任何伤害,而是指不会发生人不可承受的伤害。系统中的伤害无时不有,无处不在,关键在于系统中的人是否可以承受。因此,安全不是一个绝对客观的概念,而是一个相对主观的概念,判断安全与否,关键在于系统中人的"可承受力"。

从上述安全概念的释义出发,我们可以把安全管理的境界划分为三个层次:第一层次叫做基本安全,这是在没有使用特种设备、没有特殊工种情况下,能基本保证人的生命不受伤害;第二层次叫做规范安全,这一层次就是在基本安全的基础上,以执行规范为主要手段来消除系统中对人的生命、健康与财产的威胁;第三个层次是本质安全,这一层次就是系统所采用的工艺、技术与设备从根本上消除了一切发生事故的可能性,系统根本不可能对人的生命、健康与财产发生任何威胁。关于本质安全的理解,要掌握以下三个要点:

(1)本质安全有两种表现:一是在设备、工艺、设施突然发生故障状态下仍然能保持安全,叫做故障安全;二是设备的操作者发生失误的状态下仍然能保持安全状态,或者说,设施、设备和工艺本身就具有防止人的失误的功能,叫做失误安全。

(2)本质安全所体现的是预防为主的理念,而不是亡羊补牢的思维。换言之,无论是故障状态下还是人为失误状态下安全性能的保障,是在进行设备、设施和工艺的规划设计阶段就予以充分考虑的,而不是在发生事故后来考虑的。

(3)在现阶段,作为安全生产管理最高境界的本质安全,对于某一种设备、设施与工艺来说也许可以实现,但是对于整个社会的生产经营活动而言,本质安全只能作为安全管理所追求的价值目标和努力方向。换言之,人类对安全的追求只能无限接近本质安全的目标,而不能彻底地一劳永逸的实现本质安全,安全管理只有起点、没有终点就是从这个意义上来讲的。

二、人类安全生产理念的演进

生产安全问题是随着人类社会生产的产生而产生的,只要有人类社会的生产,就必然会有安全问题。在不同生产力水平的基础上,人们的生产方式不同,所使用的劳动工具,所改造的劳动对象的深度与广度都不同,因此,人类所面临的安全威胁因素也不同,因而在不同的历史时期就会形成不同的安全理念。安全理念是指一定历史时期支配人们安全意识与安全行为的最高观念。安全理念的演进主要受以下三大因素的驱动:

(1)生产社会化水平的不断提高。在原始的自给自足的自然经济状态下,人类社会生产的社会化水平几乎没有起步,与这种生产状态相适应的安全理念是一种宿命论的安全理念,即"生死由命"。随着人类社会生产社会化水平的提高,人类越来越意识到诸多危及人类安全的因素其实是可以控制的,于是人类的安全理念从原来的宿命论理念转变为可控理念,即通过法律、规范、技术与管理手段,最大限度地消除危险源,治理安全隐患,从而最大程度地保障人类的生产安全;

(2)科学技术的进步。在生产力水平极其低下的阶段,威胁人类安全的因素主要来自于大自然,因此,人们所关注的主要是一个一个的单独的安全因素。随着生产的社会化水平不断提高,整个社会的生产不断系统化,威胁人类安全的因素日益呈现整体化、系统化的趋势,于是人类的安全理念就从单一因素转变为系统因素,系统安全理论也就应运而生。

系统安全理论提出了区别于传统安全理论的新观点:第一,传统安全理论只重视操作人员的不安全行为,忽视硬件故障在事故发生中的作用,而系统安全理论开始考虑如何通过改善物的系统来提高复杂系统的安全性,从而避免事故发生;第二,该理论认为没有任何一种事物是安全的,安全或危险只是一种主观判断;第三,不可能消除一切危险源,但可以减少现有危险源的危险性,宁可减少总的危险性而不是只消除几种选定的风险;第四,人类认识能力的有限性和新的危险源出现的无限性,使人们不能完全认识危险源及其风险,安全工作的目标就是要降低事故的发生率,把事故造成的损失与伤害减少到最低程度。

(3)人类生命意识的增强。人类的生命意识是随着人类文明的进步而不断提高的,在人类社会发展的低级阶段,人类的平均寿命非常短暂,对自身生命的关注也并不非常强烈,"人为财死"就是其典型写照。但是,随着人类社会的进步与科学技术的发展,人类越来越从关注外部世界转变为关注人类生命的本身,即从"人为财死"转变为"财为人死",而且不但要关注生命的存在,而且要关注生命的健康,换言之就是不但要活着,而且要健康地活着。因此,人类的安全理念就从单一关注生命的伤亡转变为生命伤亡与生命健康并举。

根据发达国家的经验,人均GDP达到1000~3000美元是事故的高发期。目前我国已经进入这一时期,针对我国经济发展速度与从业人员素质、经济结构的矛盾,我国提出了推进供给侧改革,在供给侧改革的背景下,安全生产管理的质量要求进一步提升,安全生产管理的理念要求进一步转变。要通过标准化、体系化管理,建立起全方位、全天候、全过程的风险管理,实现系统无缺陷、管理无漏洞、设备无故障,达到生产系统内各要素的和谐统一,不断逼近本质安全的目标。目前,主要必须确立起三大安全理念:

(1)本质安全理念。无论企业的管理还是设备的设计、设施的准备还是工艺的开发,以及施工现场的施工准备、通用作业、路基工程、路面工程、桥涵工程、隧道工程、特殊季节施工,交通安全设施、改扩建工程等,都要自始至终贯彻本质安全的要求。

(2)以人为本、安全发展理念。以人为本就是要把人作为一切制度与行为的价值原点,一切为了人,一切服务人。那么以人的什么为本呢?就是要以人的生命为本,以人的健康为本,以人的财产为本。

(3)安全第一、预防为主、综合治理理念。将安全生产工作视为公路施工的头等大事,党的十八大以来,习近平总书记明确提出,发展决不能以牺牲人的生命为代价,这是一条不可逾越的"红线"。因此,突出强调安全生产的首要地位,要坚持运用法律、管理、技术、政策手段,加强综合治理,突出预防为主。

三、生产安全事故的等级划分及事故致因理论

事故等级划分直接关系到事故报告的级别、事故调查组的组成以及事故责任的追究,同时,明确事故等级,区别不同等级事故所要报告和调查处理的要求,也是顺利开展事故报告与调查处理的前提,因此是安全生产管理的一项基础性工作。多年来,事故的报告与调查处理虽

然有相应的事故分级标准,但是在行政法层面一直没有统一而明确的标准,直到2007年6月1日开始实施《生产安全事故报告与调查处理条例》(以下简称《条例》)。根据《条例》以及实践中对于事故等级的划分,我们应该明确以下几个关键点。

(1)根据《条例》,决定事故等级的要素主要是三个:一是事故的死亡人数,二是事故的重伤人数,三是事故所造成的直接经济损失。至于事故所造成的社会影响是一个参考性因素,并不是一个独立的决定事故等级的要素。

(2)根据死亡、重伤与直接经济损失三个独立因素,事故等级可以分为四个等级:一是特别重大事故,二是重大事故,三是较大事故,四是一般事故。此外,事故造成的急性工业中毒的人数也属于重伤范围。可见,事故造成的死亡人数与重伤人数越多,直接经济损失越大,事故等级就越高,所要承担的责任就越重。

(3)《条例》颁布之前实践中掌握、执行的事故分级可能与本《条例》的规定并不完全一致,《条例》实施之后,事故的分级、报告与调查处理应该严格按照本《条例》的规定执行。

(4)《条例》中规定的"以上"包括本数,"以下"不包括本数。比如10人以上30人以下,实际是指10至29人,这与其他法律法规中"以上""以下"的规定是有区别的。

(5)每一等级中的三个因素是用"或者"相联,这表明在具体定级时,只要某一事故具备了某一等级的某一个因素,就可以确定为该等级,而不是要三个要素全部具备才能确定为该等级,根据各要素进行具体定级时,原则是就高不就低。比如某一事故死亡31人,重伤5人,直接经济损失是4900万元,那么这三个要素中,最高的是死亡31人,这个事故就可以定为特大事故。

(6)由于生产经营活动涉及众多的行业和领域,而各行业与领域发生事故的情形又比较复杂,很难用一个标准来划分所有行业与领域的事故,实际上,多年来民航、消防、铁路等领域都执行了不完全相同的事故标准。比如,飞机坠落或者相撞,即使没有人员伤亡,也可能被定性为特大事故。因此,《条例》授权国务院安全生产监督管理部门会同国务院有关部门制定事故等级划分的补充性规定,体现出原则性与灵活性统一的原则。

无论是那一个等级的事故,其发生的原因都可以从不同的理论视角予以说明,当前对于事故发生的原因从理论上进行分析的理论主要有如下几种,统称为事故致因分析理论。目前一般都是介绍海因里希的因果链锁理论、博德的事故因果链锁理论、亚当斯的事故因果链锁理论、人机轨迹交叉理论、能量意外释放理论等。这些理论应当说都从某一个侧面、某一个角度解释了事故发生的原因,具有一定的实践指导价值。但是,应当看到工程实践是非常复杂的,试图用一种理论或几种理论就来解释千变万化的现实是行不通的。因此,对于事故致因进行理论分析,必须把握以下几个要点:

(1)"人"是事故发生的根本因素,离开了对人的分析,事故致因分析就会不得要领。其实,贯穿于海因里希的因果链锁理论、博德的事故因果链锁理论、亚当斯的事故因果链锁理论、人机轨迹交叉理论、能量意外释放理论中的主线就是"人"。比如海因里希与博德的因果链锁理论,虽然都是从因果关系的角度去阐释事故发生的原因,但是无论是海因里希对人的不安全行为、物的不安全状态的强调,还是博德对管理缺陷的凸显,都离不开"人"这个根本。因此,分析事故发生的原因,就要牢牢抓住生产系统中"人"的因素。

(2)三大因果链锁理论虽然都指出了事故的发生都是由于因素与因素之间发生因果关系所致,对事故致因连锁关系的描述过于绝对化、简单化,实际上,在现代工业生产中引发恶性因果关系的因素远远不止如此。比如美国学者海因希里将伤害事故的发生看作是遗传与社会环境、人的不安全行为和物的不安全状态、人的缺点、事故、伤害这五个因素之间发生因果关系的结果。这一理论在某种层面上阐述了生产系统发生事故的原因,摆脱了对生产安全事故进行经验分析的窠臼,开创了生产安全事故研究科学化的先导。但是,应当指出,在现实中引发事故发生的因素要复杂得多,这五个因素在具体的事故中表现出来的具体形态也各不相同。此外,这些理论似乎都忽视了社会因素对事故发生的影响,在这方面,日本学者北川彻三的因果链锁理论超越企业安全管理的视界,着重探讨了社会因素对于安全事故的发生和预防所具有的重要影响,应当说这是一个有益的补充。其实,关于事故致因分析理论远不止上述几种,比如吉布森、哈登的能量转移模型,将事故的发生原因归于能量的不适当释放与转移;威格里斯沃斯模型认为,人对于外部刺激做出错误的、不适当的反应造成人的失误,这种失误是所有类型事故发生的基础。

(3)掌握事故致因分析理论的目的不在于从理论上弄清为什么,而是着眼于在实践中怎么办。比如根据轨迹交叉论,为了有效地防止事故发生,必须同时采取措施消除人的不安全行为和物的不安全状态,使两者之间的连锁发生中断,两大运动轨迹不能相交,从而避免危险,达到安全生产的目的。再比如根据因果链锁理论,在实践中就要从人的本身、管理与技术三个方面加强安全防范与事故预防,从技术上要抓好逐级的技术交底;从人的教育上要加强安全教育培训,增强安全意识,提高安全技能,丰富安全知识;从管理上要提高对安全生产重要性的认识,认真落实安全生产责任制,确保和加大对安全生产的投入,配备满足施工安全要求的安全管理人员,切实做到照章指挥,以人为本,关爱生命。切实加强安全检查,对危险性较大的分部分项工程作业应实行跟踪检查或旁站监督,确保安全防护用品合格等。

(4)事故致因理论有利于我们从一般和抽象层面上认识分析事故为什么会发生,以及如何防止事故发生。从而为开展事故的定性或定量分析,为事故的预测预防,提升安全管理工作,提供科学的理论依据。事故致因理论作为安全科学大厦的基石,是安全原理的重要组成部分,支撑着安全科学的发展。但是,随着现代文明的发展与科学技术的进步,人类对世界、对自身的认识不断在深化,安全科学的许多原理和方法需要进一步完善和发展,事故致因分析理论也必须与时俱进。

四、职业道德与安全生产

道德是以善恶为标准,通过社会舆论、内心信念、传统习惯来评价人的行为,调整个人与个人之间、个人与社会之间相互关系的行为规范的总和。其中,调整个人与个人之间的道德叫做私德,调整个人与社会之间的道德叫作公德,职业道德就属于公德的范畴。

职业道德是指从事特定职业的人在执业活动中应该遵守的、具有职业特点的道德要求和行为规范。职业道德分为两个层次:

(1)普遍性职业道德。即各行各业都要遵循的职业道德,比如我国《公民道德建设实施纲要》规定,我国普遍性的职业道德要求就是:爱岗敬业、诚实守信、办事公道、服务群众、奉献社会。

（2）特殊性的职业道德。即对某一特定职业所做出的职业道德要求，比如教师职业道德、医生职业道德、警察职业道德、建造师职业道德、律师职业道德等。英国皇家特许测量师学会（RICS）之所以得到全球的普遍认同，并持续发展，一个重要的原因在于 RICS 不但倡导每一位会员必须具备卓越的专业胜任能力之外，更重要的是要求每一位会员必须坚持职业道德的信念与行为规范，这些职业道德规范包括九大核心原则：正直不阿、诚恳可靠、透明公开、承担责任、贵乎自知、客观持平、尊重他人、树立榜样、敢言道正。职业道德作为合格的 RICS 会员的底线，任何人在任何情况下都必须遵守。改革开放以来，我国对于造价工程师、咨询工程师、监理工程师的职业道德都做了非常明确的规定，对注册建造师的职业道德也提出了八大规范，即遵纪守法、社会责任、诚实信用、职业能力、廉洁自律、尊重他人、公平公正、勇担责任。

当前在交通建设领域很多生产安全事故的发生，表面上看是管理问题、技术问题、违规问题，但从深层次来看就是职业道德的问题。例如招投标过程中的违规问题，工程转包、违法分包、资质挂靠问题、地区封锁与行业封锁问题、偷工减料问题等等，这些问题都会留下大量的安全隐患。比如，建筑材料的质量是关系到工程质量安全的重要因素，但是，在实践中建设单位提供或指定的建筑材料往往不符合工程质量要求，而比较常见的是施工单位为了利益最大化而偷工减料，或者使用劣质建材，从而造成工程质量缺陷和安全事故。

有些人认为，职业道德是务虚的，安全管理是务实的，两者没有多大关系，其实，作为工程建设项目的安全问题，自始至终都会受到承包方与发包方职业道德的影响与制约。比如发包人本身的资信情况就会严重影响工程的安全与质量。如果发包人的信誉度与诚信度不高，经常变更设计方案与施工方案，而施工单位为了揽到工程而忽略对发包人的资信审查，而当工程施工开始后，施工单位往往处于进退两难的境地，继续施工，就越干越赔；停止施工，就会血本无归，还要承担违约责任。因此很多施工单位往往就采取偷工减料、以次充好的手段来完成工程，工程的质量与安全就没有任何保障。在工程建设领域，因为利益的驱动而丧失职业道德，从而引发安全隐患的情况就是黑白合同的存在。《建设工程施工合同解释》颁布之前，如果存在黑白合同，司法实践中一般都会因为黑合同是签约双方真实意思表示，因而确认黑合同的法律效力。因为黑合同约定的价款与结算方式会低于白合同，因而黑合同往往是有利于建设单位的。但是，《建设工程施工合同解释》颁布之后，明确规定了工程价款的结算要以白合同为主，建设单位也不能再以白合同并非双方真实意思表达为理由而进行抗辩，而白合同结算的方式往往是有利于施工单位的。但是，这一点往往也会被利欲熏心的施工单位缺乏职业道德地加以利用，从而导致安全事故的发生。

交通建设领域的职业道德缺失最突出地体现为诚信缺失。简单而言，诚信就是诚实信用，内诚于心，外信于人，既不自欺，又不欺人，叫做诚信。诚信是一切道德的本源，不仅是一种个人的道德品质，也是一种社会的道德要求，不仅是一种内在的精神与价值，也是一种外在的声誉与资源。改革开放以来，我国社会进入急剧的社会转型发展期，人们的功利意识、效益意识、自主意识显著增强，这给社会发展带来巨大活力的同时，也造成了人与人信任感的丧失，社会整体的诚信水准下降，严重阻碍了市场经济的健康发展。为了扭转这一状况，原建设部于 2008 年 1 月 7 日正式开通启用全国建筑市场诚信信息平台，逐步形成以道德为支撑、以产权为基础、以法律为保障的社会信用制度,不断完善由统一的诚信信息平台、统一的诚信评价标准、统一的诚信法规体系、统一的诚信奖惩机制所构成的建筑市场信用体系。

在安全生产管理方面,诚信缺失主要体现为:一是做表面文章,务虚不务实。安全工作是一门科学性、实干性、综合性很强的工作,不是靠开会议、发文件、凑数字就能解决问题的,必须真抓实干,坚决杜绝口号多,实事少,喊得多,干得少,想法多,落实少等务虚不务实的行为。二是报喜不报忧。一些企业和项目明明在安全管理上存在各种问题,但是向领导汇报时,讲优点浓墨重彩,讲缺点轻描淡写,从而误导领导决策,不能及时解决存在的问题,粉饰太平,掩盖实事与真相。三是政策法规的执行不切实际。一项新政策、新法规出台后,要么熟视无睹,要么凑热闹,走形式,脑子发热,突发奇想,结果是有始无终做无用功,而没有结合本单位的实际情况,制定出切实可行的细则,脚踏实地地贯彻好,落实好。四是外行管安全,内行管业务。有些单位认为,安全是一项讲起来重要,做起来不要的工作,有个人就行了,而不管这个人懂不懂安全,这实际上是一种欺上瞒下的严重不诚信行为。安全管理是管理中最难的工作,是一门严肃的科学,既要懂技术,又要懂管理、懂法规,需要不断学习、提高与创新。这样才能管到关键处,理在点子上,牢牢掌握安全管理的主动权。五是"种别人的田,荒自己的地"。有些安全管理人员以提高安全的知名度为幌子,干一些与安全无关的事情,结果是别人的田绿了,自己安全的地荒了,这种挂羊头卖狗肉的行为,属于严重不诚信的行为,也是严重的思想安全隐患。

五、安全生产管理中必须注意的心理效应

生产系统是否安全,不仅仅是一个遵纪守法的问题,也不仅仅是一个技术问题,作为安全生产管理人员,还必须密切关注从业人员的心理健康与心理疾病,并对一些安全生产管理中的心理效应予以高度重视。从学科发展来看,以生产中人的行为为研究对象,利用心理学的研究范式,揭示人在安全生产事故中的心理规律,为防止安全事故的发生提供科学依据的应用心理学,就叫作安全心理学。安全心理学是心理学的一个分支学科,又是安全科学技术的下属学科,是研究人在劳动过程中伴随生产工具、机器设备、工作环境、作业人员之间关系而产生的安全需要、安全意识及其反应行动等心理活动的一门科学;简单而言,就是研究与安全有关的个人、群体以及组织的心理、行为现象和规律的科学。安全既是以人为中心的,而人的因素又是导致事故发生的重要原因。因此,了解和掌握个体、群体和组织的心理行为与现象,对于预防安全事故的发生就非常重要。

人的心理活动一般包括人的感觉、知觉、记忆、情绪、情感、意志、注意力、需要、动机、兴趣、性格、气质、能力等。通过安全心理学的研究,容易发生安全事故的有十一种心理状态,分别是疲劳状态(体力疲劳、心理疲劳、病态疲劳);情绪失控(喜、怒、哀、乐);潜意识动作(由于长期的工作行为、工作动作习惯,导致在特殊情况下发生危险动作);侥幸心理;过于自信心理;省能心理;逆反心理(由于批评、教育、处罚方式不当或粗暴,产生对抗心理,是一种与正常行为相反的叛逆心理);配合不协调(有心理原因的,也有管理、技术方面原因的);判断失误(导致小事变大事);注意力问题(不集中或过分集中都不好);心理素质太差。在生产活动中,只要出现了上述一种或几种心态,就会导致作业人员出现不安全行为,使生产处于不安全状态,随着这些行为和状态的出现或者累计到一定时候,发生安全事故也就成为必然。安全心理学就

是通过研究人的心理活动,显示出现引起人的不安全行为的心理状态,针对这些状态采取相应的措施,以便减少安全事故的发生。我国在安全心理学研究方面的起步较晚,建议今后应加强这方面的应用研究工作,尤其是在从事野外工作的企业,安全生产管理中引入安全心理学,对做好安全生产和充实、完善、创新安全生产管理将会起到积极作用。

在安全生产管理中,必须密切关注如下几种心理效应。

(1)破窗效应:这一理论来自于美国斯坦福大学的一项心理学实验,以实验为基础,美国政治学家威尔逊提出著名的"破窗理论",即如果有人打坏了某一建筑物的一块玻璃而未受惩罚,玻璃又没有及时修复,其他公众就会受到暗示性纵容去打烂更多的玻璃,最终造成积重难返的局面。这一理论运用到安全生产管理中,就是如果一开始有人违章操作未出事故、未受惩罚、未能制止,违章操作的人就会越来越多,就会导致事故的发生。事实上,很多安全事故的发生就是这种破窗效应作用的结果。

(2)漏斗效应:在人际沟通中,一个人通常只说出心中所想的80%,但对方听到的最多只有60%,听懂的只有百分之40%,最终具体执行时只剩下20%了。安全管理是一个从上到下的过程,这个过程如果像沟通的漏斗一样,上层制定的法律、制度、方针、政策都非常完美,但是到第一线执行起来就大打折扣,最终远离预期目标,在安全生产管理中必须要避免这种心理效应。

(3)冰山效应:安全事故发生后,我们往往只注意直接损失、表面损失、单一损失,往往忽略事故所造成的间接损失、潜在损失、全面损失,就像我们只看到海平面的冰山一角,而看不到海平面以下的隐形冰山。作为安全生产管理者,对事故损失的分析应该更加全面,力求做到万无一失。

(4)人本效应:人天生是一个具有逆反心理的动物,就像南风和北风比威力,看谁能最先把行人身上的衣服吹掉,北风凛冽刺骨,行人把衣服裹得更紧,南风徐徐吹动,行人顿感春意融融,慢慢解开纽扣,脱掉大衣。这就告诉我们,在安全管理中,以人为本的温暖管理胜过冷酷无情的批评教育。这告诉我们在安全生产管理工作中要以人为本,因人而异,因人而管,不能生冷粗硬,不能以批代管,以罚代管,更不能放手不管。

(5)海恩效应:在航空领域有一条著名的海恩法则,即1∶29∶300∶1000。这就是说,每一起事故的背后都有29起轻微事故和300起未遂先兆,以及1000起事故隐患相随。这就告诉我们,每一起事故的发生都不是偶然的,其背后必然存在大量的隐患和不安全因素,因此,作为安全生产管理人员,对于平时的轻微事故与事故先兆决不可等闲视之,应该把事故隐患排查与整治作为首要任务,隐患排查要预知,隐患整改要预控,消除一切不安全因素,确保不发生事故。

(6)连锁效应:海因里希事故连锁理论告诉我们,事故的发生往往是一系列因素综合作用,相互发生因果关系的结果,如果抽掉其中发生因果关系的某一因素,连锁的过程就会中断。安全生产事故的发生,往往是由于人的不安全行为、物的不安全状态、管理的缺陷、环境因素都存在安全隐患所造成,如果能消除或避免其中任何一个因素,连锁的过程就会中断,事故就可以避免。

(7)传播效应:在安全生产事故影响力的传播方面有一条法则,即1∶8∶25,就是说如果一个人对安全生产工作满意,他会将这种好感告诉8个人,如果不满意,他可能向25个人诉说他的不满。这就告诉我们,安全管理就是要不断加强安全文化建设,创新安全生产环境,提升员工对安全工作的满意度。任何一起安全事故好事不出门,坏事传千里,安全事故的影响力量大、影响效果坏、影响时间长。

(8)代价递增效应:企业在安全设备、设施与工艺设计阶段发现某一项缺陷加以弥补可能只要一元钱,在生产过程中发现,需要十元钱加以弥补,如果在事故后发现,就要花一千元加以弥补。这说明安全工作永远要坚持预防为主的方针,把任何问题都消灭在萌芽状态,把任何事故都消灭在隐患之中。

六、预防生产安全事故的基本方法

预防为主是安全生产的基本理念,但是,针对不同的工种工序,如何做到预防为主呢?如果抽去具体的差异不谈,从一般的意义上来讲,预防安全生产事故的发生,基本的方法有六种。

(1)消除:即通过科学管理与合理设计,尽可能消除危险、有害因素。比如使用无害工艺技术、遥控技术、以无害物质代替有害物质、进行自动化作业等。

(2)预防:当消除危险、有害物质有难度时,就必须预先采取预防性技术措施,防止危险、危害发生。比如使用安全阀、安全屏护装置、漏电保护装置、安全电压、熔断器、防爆膜、事故排风装置等。

(3)减弱:在无法消除危险、有害因素或者无法预防时,可以采取措施,减弱危险、有害物质的危险性。比如局部通风排毒装置、以低毒物质取代高毒物质、降温措施、避雷措施、消除静电装置、减震装置、消声装置等。

(4)隔离:在无法消除、预防、减弱的情况下,应将人员与危险、有害因素分开,将不能共存的物质分开,如遥控作业、安全罩、防护屏、隔离操作室、安全距离、事故发生时的自救装置,如防毒服、防毒面具等。

(5)连锁:当操作着失误或者设备运行到一定的危险状态时,应通过连锁装置,终止危险、有害因素的发生。

(6)警告:在容易发生故障和危险性较大的地方,配置醒目的安全色、安全标志,必要时设声、光或声光组合报警装置。

七、生产安全事故应急处理的一般程序

生产安全事故发生后进行应急处理,一般按照下列程序进行:

(1)事故发生后,当事人和事故现场有关人员应当采取自救或互救措施,保护好事故现场,并立即向本单位负责人报告。拨打119、120、110等急救电话。事故现场负责人立即向事故当地安监局、项目建设与项目安全监督机构报告。

(2)事故发生单位负责人和建设单位负责人在接到事故报告后,应当立即启动应急预案,迅速采取措施组织事故抢救,防止事故扩大,减少人员伤亡和事故损失。同时在1小时之内,按照事故的等级上报到上一级交通管理部门和安全监督管理部门,交通主管部门和安全监督

管理部门接到事故报告后,按照事故等级在两个小时之内逐级上报。发生较大事故,建设单位应当在30分钟之内上报给省交通(运输)厅和省交通质监站(局),发生特大和重大事故,要立即上报。

(3)各级交通主管部门接到事故报告后,应该于2小时之内报告给同级人民政府。

(4)事故报告采用统一格式,内容包括事故发生的时间、地点、类型、工程名称、人员伤亡情况、预估的直接经济损失情况、事故的简要经过、抢险救援情况、事故原因的初步分析、从业单位基本信息、事故报告单位、签发人及报告时间、事故发生单位的基本情况、已经采取的救援措施等。

(5)事故报告后30天内,伤亡情况发生新变化的,应该及时补报。

(6)各级交通主管部门应该遵循"统一指挥、快速反应、各司其职、协调配合"的原则,共同做好事故应急处置工作,并视具体情况派事故应急处理组参与事故的调查处理工作。发生特大、重大事故时,省交通(运输)厅及时组成以厅主要领导为组长、厅基建处、省交通质监站(局)、项目主管单位和有关专家组成事故应急处理组,组织协调和应急处置工作,并配合上级派出的事故应急处理组,开展事故调查处理。发生较大事故时,省交通(运输)厅及时组成以厅分管领导或委托相关负责人为组长、厅基建处、省交通质监站(局)、项目主管单位和有关专家组成事故应急处理组,组织协调和应急处置工作。根据特殊情况,省交通(运输)厅可以向交通运输部请求专家组予以技术支持。发生一般事故,按照分级监管的原则处置。对于省重点工程,省交通质监站(局)及时组成以站(局)长为组长,项目主管单位和站各职能科室负责人以及相关专家参加的事故应急处理组,进行现场救援和应急处置工作。

(7)事故应急处理组切实履行职责,并根据对事故现场情况的调查,视情况下发停工整改通知书。责令事故发生单位立即停止一切施工作业行为,限期整改,跟踪监督,整改不合格不得批复复工。

(8)各有关单位应当实行值班制度,向全社会公布值班电话,受理事故报告和举报。

(9)任何单位和个人都必须按规定上报事故,不得瞒报、谎报、迟报或漏报,不得破坏事故现场,毁灭相关证据,违者将追究相应责任,构成犯罪的,依法追究刑事责任。

第三节 安全生产管理知识

一、"管理"及"安全生产管理"的本质

管理是为了实现某种目的而进行的决策、计划、组织、指导、实施、控制的过程。管理的目的是提高效率和效益,管理的核心是人,管理的本质是协调,协调的中心是人。管理中最核心的问题是对人的激励问题。激励不是操纵,不是牵制,而是对人的需要的满足,是通过满足需要对人的行为的引导和对人的积极性的调动。人的需要就是人的本性,认识人性的特点,适应人性的特点,是激励有效性的保证。人的心理和行为具有共同点,只有设身处地,将心比心,才能赢得员工的真心。人是千差万别又不断变化的,对张三适用的激励方法,对李四未必有效,因此,激励必须因人而异,机械地照搬理论,一味地模仿他人都不可能有效激励员工。管理是

以工作目标为前提,组织所有的资源,组织所有的人,按计划工作,使用控制和考核的方法,使工作效益最大化。以古希腊为代表的西方文化以科学为主要支柱,科学精神在于求真,因此,西方的管理也重视真实性。中华文化以道德为主要支柱,道德主要是讲究向善,既然中国式管理也是中华文化的产物,那么,管理不但要求真,而且要向善,其最典型的特征就是伦理与管理合二为一。西方式的管理讲究眼见为实,认为亲眼所见必然真实,但中国式管理不但讲究眼见为实,更强调弦外之音,强调"眼不见为实"。眼睛所看见的固然真实,但眼睛看不见的往往更真实,因此,作为一个管理者,必须把看得见的和看不见的有机结合起来,才能掌握全局,了解真实状况。

安全管理是人类管理活动的重要组成部分,安全管理学是安全科学的分支,也是管理科学的分支。根据2015年5月1日开始实施的《公路工程施工安全技术规范》以及《公路水运工程施工安全标准化指南》等规范性文件,安全生产管理就是抓住安全生产责任体系、安全生产专项费用、安全生产风险评估、安全生产检查评价、安全生产应急管理、安全技术教育培训、场站建设、标志标牌、临时用电、个体安全防护、特种设备及专用设备防护、常用设备及机具防护、施工船舶、临边防护、支撑体系防护、脚手架防护、跨线施工安全防护、沉箱出运安全防护、隧道施工作业安全防护等重点环节,努力实现安全生产法律法规在工程建设领域的具体化,安全管理制度的系统化,监管工作的规范化。从而实现生产系统中人、机、物、环境、关系要素之间的和谐有序,规避安全风险。

二、现代安全生产管理基本原理

现代安全生产管理既要体现出管理学的一般原理,又要有现代安全管理的特殊性,因此,安全生产管理的基本原理除了管理学里面常常提到的人本原理、强制原理、系统原理、预防原理之外,还要充分吸收哲学、管理学、政治学、心理学等其他学科的智慧资源,提炼出具有现代安全生产管理特色的原理体系。具体来说,如下几个安全生产管理原理在实践中应当引起重视,这对于丰富安全理念、强化安全责任、形成安全文化具有重要理论与实践价值。

(1)波动原理:在现实中往往呈现出一种规律性现象,那就是安全状况的波动与安全工作力度及重视程度的波动呈反向运动。当安全状况平稳的时候,就容易滋生骄傲自满、松劲麻痹的心理,这会导致安全状况从平稳走向事故频发;而当安全状况出现问题的时候,往往从企业、公司、班组都会加大安全工作的力度,提高对安全工作的重视程度,而这往往又是扭转被动局面,改善安全状况的起点。

(2)木桶原理:美国管理学家彼得提出了木桶原理,这一原理的理论要点告诉我们,一只木桶的盛水量取决于组成木桶的每一块木板的高度、最短木板的长度、木板与木板之间的紧密度以及木桶是否有一个共同的牢固的桶底。这一原理对于我们应用于安全生产是非常适合的。他告诉我们,一个生产系统是否安全,取决于系统中人员整体的安全素质,取决于系统中的安全短板与安全弱项,取决于系统内各要素之间协调配合的和谐有序程度,取决于系统内部所具有的"安全共识"。要提高安全水平,就必须提高系统整体的安全素质、善于发现系统中存在的安全短板,促进系统内部各要素之间的和谐运作,努力形成系统内部的安全共识,即在安全问题上在认识上所形成的最大公约数。

（3）堤坝原理：系统是否安全，决定于堤坝是否牢固，而牢固的安全堤坝是由众多因素所形成的，任何一个小的漏洞都可能造成"千里之堤毁于蚁穴"的结果。比如三违行为、安全隐患，如果不及时纠正、不及时进行排查治理，就有可能造成堤毁人亡的危险。因此，在安全管理中，决不可轻视那些可能造成安全事故的细节、小节。

（4）链条原理：在生产系统中，人人都是安全员，安全工作就像一个闭合的链条，又像一条流水线，每一个岗位都是链条上不可缺少的一环。安全系数的高低是由各个岗位的闭合程度决定的。某些看似无关紧要的环节，往往有牵一发而动全身的作用。因此，安全管理工作必须抓实、抓好系统中的每一个环节。

（5）球体斜坡原理：球体斜坡原理是指众人在斜坡上往上推球，众人协力，推力越大，球体上升越高。稍有懈怠松劲，球就下滑，而且首先伤到的就是推球的人。安全管理工作也如同众人在斜坡上推球一样，大家都齐心协力抓安全，遇到隐患或违章行为及时处理和制止，安全管理工作就不会出问题。但是，如果我们的安全意识下降，对安全工作持有侥幸麻痹心理或事不关己高高挂起的思想，那么，安全工作就会没有保障，像推至半坡的球体一样下滑，且首先发生事故的就是违章人及其工友，其中就包括对安全隐患和不安全行为视而不见的人。

（6）空间移动原理：交通建设工程作业最显著的特征就是作业空间的流动性，这种流动性既有整体的流动性，又有局部的流动性。空间的流动性容易催生将就、凑合、侥幸等错误心理，这些就是导致事故发生的思想安全隐患。因此，流动的空间、标准的作业，是安全生产管理中必须一以贯之坚持的基本原则。

三、安全生产管理发展的三大趋势

随着现代科学技术的发展，安全生产管理呈现出信息化、风险化、标准化三大趋势。

1. 信息化管理

信息化是当今世界经济和社会发展的趋势，也是产业优化升级和实现国家工业化、现代化的关键环节。世界上主要工业化国家在 20 世纪 90 年代初就已建立了较为完善的政府安全生产行政执法信息系统，为本国安全生产监管工作提供了完善的服务。加强安全生产信息化建设，对于改进和创新我国安全生产工作方式和手段，提高安全生产工作效率，有效预防事故发生，大幅度减少人员伤亡，具有十分重要的意义。

国家安全生产信息化将遵循"统筹规划，分步实施，需求主导，急用先行，注重实效，整合资源，统一标准，保障安全"的基本原则。力求围绕国家电子政务"三网一库"的基本架构，建立健全安全生产信息体系，实现全国各级安全生产监督管理机构、各级煤矿安全监察机构和各级安全生产应急救援机构，以及其他相关单位互联互通的安全生产资源专网；建设供各级安全生产监管、煤矿安全监察和安全生产应急救援机构共用共享，实施安全生产监管、煤矿安全监察、安全生产应急救援和煤炭行业安全管理主要业务信息化的数据库群和应用系统，为全国安全生产形势的稳定好转提供有力的信息保障；建立和完善电子办公系统功能，不断推进各级机构应用协同办公系统，实现信息共享，提高日常办公效率；建立和完善各级安全生产机构的政府网站，提高政务公开、网上办事和网上互动的效果。全面提高安全生产监管、煤矿安全监察、安全生产应急救援和煤炭行业安全管理信息化水平。

企业安全生产信息化系统设计将遵循科学性和规范性原则,实用性原则,经济性和可操作性原则,可扩展性和开发性原则,安全性和稳定性原则。利用计算机快速准确的计算性能和优秀的数据管理能力,对公路工程建设项目安全生产进行科学的管理和有效的投资控制,提高工作效率,为安全生产管理工作逐步走向科学化、规范化、标准化、自动化和智能化提供有利的工具,实现公路工程项目安全生产建设管理的各项业务处理信息化、网络化。企业安全生产信息化系统可以包括企业基本数据管理、机构人员与职责、特种作业人员管理、安全教育和培训、职业安全健康管理、文件管理、安全检查、特种设备管理、应急预案、风险管理、危险源管理、消防管理、易燃易爆物品和危险化学物品管理、专项安全生产技术方案、环境控制、安全生产费用管理、安全法律法规及标准查询、安全生产数据报送、信息发布和系统维护等内容。系统开发时可以根据企业要求和项目管理特点选择适当的相关功能。

2. 风险化管理

对于工程项目管理而言,风险是指可能出现的影响项目目标实现的不确定因素。风险量指的是不确定的损失程度和损失发生的概率。若某个可能发生的事件其可能的损失程度和发生的概率都很大,则其风险量就很大。风险管理是为了达到一个组织的既定目标,而对组织所承担的各种风险进行管理的系统过程,其采取的方法应符合公众利益、人身安全、环境保护以及有关法规的要求。风险管理包括策划、组织、领导、协调和控制等方面的工作。

对公路水运工程项目实行全面风险管理,就是用系统的、动态的方法进行风险控制,以减少项目实行过程中的不确定性。它包括四个方面的含义:一是项目全过程的风险管理,从项目的立项到项目的结束,都必须进行风险的研究与预测、过程控制以及风险评价,实行全过程的有效控制以及积累经验和教训;二是对全部风险的管理;三是全方位的管理;四是全面的组织措施。

公路工程项目的风险管理要求识别项目中可能带来问题的因素,并在这些因素真正发生之前进行控制,减少风险带来的影响;注重项目的统一目标,使所有过程都围绕着项目目标而努力,并且能够事先考虑那些影响项目安全的各种因素;利用"上兵伐谋"的道理,在项目早期对影响项目的因素进行分析,并在今后的决策中对这些因素继续进行监控、分析;制定明确的过程来管理风险,而且融入到项目管理过程中,使得项目管理过程更加完善;为今后的项目管理积累经验和历史数据,以获得更高的项目管理水平。

一般来讲,全面风险管理分为五个步骤:第一步是进行风险预测与识别,建立风险清单;第二步是采用定性与定量的方法进行风险分析与评估;第三步是规划风险控制对策,主要对策有风险回避、损失控制、风险自留和风险转移;第四步是实施决策,主要是制订安全计划、损失控制计划、应急计划、签订保险合同;第五步是进行检查和信息反馈,检查以上四个步骤的实施情况,评价决策效果,对新发现的风险及时提出对策。

3. 标准化管理

安全生产标准化的建设与研究工作始于新中国成立初期,改革开放以后,1986年开始在全国煤矿开展"质量标准化、安全创水平"活动。随后,有色、建材、电力等多个行业也相继开展了质量标准化创建活动。进入21世纪以来,我国经济社会高速发展,重大、特大事故的发生率也不断攀升,引起了党和国家的高度重视。2003年10月,国家安全监管局出台《关于在全国煤矿深入开展安全质量标准化活动的指导意见》,首次提出了"安全质量标准化"的概念。

2004年,国务院发布了《关于进一步加强安全生产工作的决定》,提出要在全国所有工矿、商贸、交通、建筑施工等企业普遍开展安全质量标准化活动。进入2010年以后,安全生产形势虽然总体好转,但是事故总量仍然很大,重特大事故频发,企业安全责任不落实、政府安全监管不到位。对此,2010年7月19日,国务院印发了《关于进一步加强企业安全生产工作的通知》,通知要求:"全面开展安全达标。深入开展以岗位达标、专业达标和企业达标为内容的安全生产标准化建设,凡在规定时间内未实现达标的企业要依法暂扣生产许可证和安全生产许可证,责令停产整顿;对整改逾期未达标的,地方政府要予以关闭。""安全生产监管监察部门、负有安全生产监管职责的有关部门和行业管理部门要按职责分工,对当地企业包括中央和省属企业实行严格的安全生产监督检查和管理,组织对企业安全生产状况进行安全标准化分级考评评价,评价结果向社会公开,并向银行业、证券业、保险业、担保业等主管部门通报,作为企业信用评级的重要参考依据。"2010年,国家安监总局发布了《企业安全生产标准化基本规范》;2011年,国务院发布了《关于深入开展企业安全生产标准化建设的指导意见》。为了全面贯彻国务院的指示精神,全面推进交通运输企业安全生产标准化建设,2011年7月,交通运输部印发了《交通运输企业安全生产标准化建设实施方案》,标志着交通运输企业安全生产标准化建设工作的全面启动。2012年4月,交通运输部印发了《交通运输企业安全生产标准化考评管理办法》《交通运输企业安全生产标准化达标考评指标》《交通运输企业安全生产标准化考评发证实施办法》《交通运输企业安全生产标准化考评机构管理实施办法》《交通运输企业安全生产标准化考评员管理实施办法》。至此,交通运输企业安全生产标准化建设及达标考评工作全面展开。

安全生产标准化工作事关人民群众生命与财产的健康与安全,事关改革开放与经济社会发展的大局,事关党和国家的形象与声誉。因此,如何扎实有效地推进安全生产管理的标准化,已经成为我们无法回避的重大理论与实践问题。通过为企业生产经营活动的各个岗位明确安全责任,为各环节、工序、工种设定操作规程与标准规范,使人、机器、物、环境等相关要素处于和谐有序状态,实现最大限度的优化整合,从而整体提高企业的安全生产水平。安全生产标准化包括五个方面:安全管理标准化、安全技术标准化、安全装备标准化、现场(环境)安全标准化、岗位作业标准化。重点是管理、现场、岗位标准化。标准化考评指标体系的考评内容、考评项目、考评要点都是围绕管理、技术、装备、现场、作业这五个方面展开的。通过安全生产标准化建设与考评,力求实现如下目标。

(1)提升企业安全生产水平:完善体制机制,落实主体责任,提高员工素质,提升科技水平与装备水平,增强管理能力,解决突出问题。

(2)降低各类事故:重大以上事故明显下降,到2015年,营运车辆万车事故死亡数和死亡人数平均每年下降3%;运输船舶百万吨港口吞吐量水上交通事故件数和死亡人数平均每年下降5%;城市客运百万车公里死亡事故数和死亡人数平均每年下降1%;公路水运工程建设百亿元投资死亡事故数和死亡人数平均每年下降1%。

(3)推进企业全面达标:力争使交通运输企业实现管理、技术、装备、现场、作业的全面标准化。城市客运、危险化学品、烟花爆竹等重点运输企业 2013 年底之前达标;交通运输工程建设施工企业等其他企业 2015 年底达标。

推进安全生产标准化,必须坚持三个"凡是":凡是安全生产标准化考评不达标的企业,一律不能从事交通运输生产经营活动;凡是在规定时间内仍然不能达标的企业,一律依法停业整顿直至吊扣或注销经营许可证,并在媒体公开曝光;凡是考评达标的企业要向社会公告,较大正面宣传力度,充分发挥其示范带头作用。

四、国外安全生产管理的有益借鉴

国外发达国家经过几十年的努力,已普遍建立了较为完善的安全管理模式和科学的运行机制,这主要体现在以下 9 个方面:

(1) 在安全生产法律法规方面,国外安全法规十分完备,具有很强实用性和可操作性,并根据实际情况的发展,适时对安全生产法律法规、标准规范进行及时修改、补充和完善,以正确调整各种关系。

(2) 在政府监管方面,发达国家安全生产监督管理总体上具有立法和执法分开、依法设立机构、机构相对集中的特点。职业安全与职业健康统一由一个机构管理,事故调查处理机构集中由权威机构来承担。

(3) 在政府财政支持方面,发达国家也普遍加大对安全生产保障的资金支持力度,使安全生产保障有足够的、长期的、稳定的财政资金投入,以保证安全生产作为公益性的工作予以支持。

(4) 在技术保障方面,国外普遍建立了较完备的安全技术保障体系,应用先进的现代信息传输系统,公布相关安全信息和技术支持内容,以促进各种新技术迅速在现场得到推广,加强了技术与实践的结合。

(5) 在装备保障方面,发达国家都建立了完善的设备安全认证体系。美国矿山设备材料安全认证由 MSHA 技术保障司下属认证中心负责。美国《联邦法典》"矿产资源"卷对认证标准、技术要求和认证申请程序有明确具体的规定;法国职业安全与卫生,实行双元制监察体制。劳动和社会保障部下设 16 个地区监察机构并建有 16 个测量实验室。

(6) 在信息保障方面,在发达的市场经济国家,信息已成为最重要的一种资源,是生产力、竞争力和经济增长的关键因素。信息还是政府决策和管理的基础,在市场经济条件下尤其重要。发达国家采用 Internet 网作为技术平台进行技术交流,优点突出,充分利用现代网络信息技术的研究成果,消除了传统技术交流方式的欠缺之处。

(7) 在安全技术培训体系方面,国外发达国家十分重视职工的安全技术培训工作,不仅在法律法规方面有明确、具体的要求,建立有较完备的安全培训机构,也确实重视和加强安全技术培训的监督管理,使其为安全生产发挥应有的重要作用。

(8) 在安全生产宣传教育方面,国外发达国家均十分重视安全生产的宣传教育,充分利用各种传媒,采用各种手段开展安全生产宣传教育。在美国,一些安全教育资源(影视片、资料、书籍等)免费提供。随着信息技术、网络技术的不断发展,国外已开始大量利用网络进行安全宣传教育和远程安全技术培训。国外职工的安全意识和自我保护能力普遍很强,是国外长期重视和加强安全生产宣传教育的结果。

(9)在事故应急救援方面,体系非常完整。在工业发达国家,应急救援工作已经成为整个国家危机处理的一个相当重要的组成部分。尤其是进入20世纪90年代以后,一些工业发达国家把应急救援工作作为维护社会稳定、保障经济发展、提高人民生活质量的重要工作内容。事故应急救援已成为维持国家管理正常运行的重要支撑体系之一。

第四节 安全生产管理的能力结构

安全生产管理水平的提升,不但要具备完备的知识结构,更要不断锻造安全生产管理人员与作业人员的能力,完善安全生产管理的能力结构,这种能力的系统结构主要由如下11大能力构成。

1. 安全信息传播能力

信息传播是指人类个体、组织之间的信息传递和交流。广义地讲,泛指一切通过介质的流通渠道。在网络化、信息化的今天,任何主体都必须具备相应的信息传播能力。信息传播能力包括两个向面:一是内传播,即自己对自己的信息传播,自己对自己传播信息不通畅、不准确、不科学,就会成为精神病人;二是外传播,即对别人传播信息,只有准确无误地将信息传播给别人,才能进行有效沟通,实现工作目标。在生产系统中,各个主体、各个要素必须协同配合、和谐合作才能免除安全事故的发生,这就要求系统中的人员彼此之间必须既要准确无误地向自己传播信息,清晰而准确地判断周围环境和其他主体的新变化,同时,又要准确无误地相互传播信息,避免发出错误信息和容易引起误读的信息。比如在吊装作业中,指挥员就必须向作业人员发出清晰、果断的信息,否则就会引发意外事件。

2. 安全规范理解能力

对于生产过程中的各种工序、各种工种、各作业环节以及各种特种设备,都有相应的法律法规、标准规范、安全操作规程予以规范,这些规范往往是确保安全的底线,同时也是以往安全事故经验教训的总结,违背了这些规范,往往就会发生安全事故。比如2015年5月1日开始实施的《公路工程安全施工技术规范》就把一些事故的教训转变成了新的规范。例如吸取了某水中墩柱施工钢围堰坍塌事故教训,细化了对围堰施工的要求;吸取了某桥梁施工猫道拆除过程中的高处坠落事故教训,增加了猫道拆除时的安全要求;吸取了某人工挖孔施工中毒窒息事故教训,强调了人工挖孔桩时通风和应急物资配备的要求。因此,要确保生产系统的安全,就必须对国家的安全生产方针、政策、法规、标准与规范进行精准的理解,不断提高理解规范的能力。

3. 安全生产决策能力

安全决策是通过分析系统以往发生的以及正在发生的事故,运用预测技术的手段,对系统未来事故变化规律作出合理判断的过程,简而言之,就是决定安全对策。科学安全决策是指人们针对特定的安全问题,运用科学的理论和方法,拟定各种安全行动方案,并从中作出科学的选择,以较好地达到安全目标的活动过程。现代安全管理中所讲的决策,指的就是科学安全决策。进行安全决策,既要运用运筹学、概率论、模糊数学等数学方法,也要运用行为科学、心理科学、信息科学等社会技术方法。目前主要运用的方法有评分法、决策树法、经济技术评价法等。安全决策能力是企业安全生产管理者的首要职责,也是安全生产管理能力的集中体现,无论哪一个层次的安全生产管理者,都在不同层次、不同程度上参与和执行安全决策,安全生产管理者层次越高,所要求的安全生产决策能力的要求就越高。

4. 安全心理承受能力

所谓心理承受能力,是指个体对逆境引起的心理压力和负性情绪的承受与调节的能力,主要是对逆境的适应力、容忍力、耐力、战胜力的强弱。一定的心理承受能力是个体良好的心理素质的重要组成部分。

"心理承受力"像"心理素质"一样,是由生活概念进入到心理学领域的。一般来看,心理承受能力可以从两个方面理解。从狭义的角度看,即从生理心理学的角度看,心理承受能力与先天的神经特征有关。按照巴甫洛夫的说法,人的大脑神经系统的耐受性大小、强弱以及兴奋和抑制之间的平衡性是不同的。有的人耐受性高、兴奋和抑制平衡,他们能够承受较大的刺激,这样的人心理承受力强;而有的人则相反,他们不能承受大的刺激,其心理承受力弱。从广义的角度看,心理承受力可以理解为个体对挫折、对苦难等非自我性环境信息处理的理性程度。人在一定意义上是我向性的,即人总有自我肯定的倾向,总是自然地以自己的标准作为衡量事物的依据。如果事物不以自己的标准来发展,就会产生否定、排斥的看法。在这个意义上,如果一个人以绝对的我向性来支配自己,他们不能操纵不同于自己的事情,然后出现严重的社会不适应,也可以说他的心理承受力弱;相反,如果一个人以可变的、接纳的方式处理非我向性事物,他就能够适应社会,可以促其耐受力增强。在现实生活中,广义的心理承受力更有现实意义。

在生产系统中,由于生产环境、自然条件、工种性质等因素的影响,作业人员常常处于一种神经高度紧张的状态,如果没有较强的心理承受能力,常常会出现心理不堪重负的状况,一旦心理崩溃,就会导致事故的发生。因此,不断增强作业人员的安全心理承受能力是确保生产系统安全的基础工程。

5. 安全事故处置能力

生产安全事故的发生,往往具有一种突发性,意外性,常常让人措手不及。因此,要防止事故扩大,减少人员伤亡,降低事故损失,除了必须拥有科学的应急预案之外,还要不断增强事故的应急处置能力。比如在事故发生初期,事发现场人员应该第一时间发现事故,第一时间向现场有关领导或人员报告,第一时间做出相应应急处置工作(如堵漏、灭火、救护、疏散、逃生等),从而使事故在第一时间内得到有效控制,避免重大、特大事故的发生。当事故进入蔓延状态,就应该按照应急预案,立即启动响应等级,各级应急组织队伍迅速赶赴事故第一现场,成立现场指挥部,各应急组分别进入事故现场,积极主动开展隔离警戒、抢险救护、消防灭火、气象监测预警、环境检测预警、外围人员疏散等应急处置工作,有效控制事故扩大化,并把事故伤亡损失降到最低程度。经过多层应急响应处置工作,其现场事故已得到初步控制,接下来就在于事后的各种次生灾害防控。主要根据本次事故的实际情况,并经专家的现场技术评估,采取积极有效的防控措施,加强现场环境检测预警和气象监测预警,及时果断处置各种次生灾害,主动做好伤员救治安抚,协调安排事故现场处理等各项善后工作,严密组织此次事故的调查处理,认真分析事故原因,从中吸取事故教训,改进安全管理工作,不断提升事故应急处置能力。

6. 安全标准执行能力

生产经营活动,除了要具备安全生产条件,创建安全生产环境外,提升生产经营活动过程中安全标准的执行力尤其重要。所谓执行力,就是贯彻战略意图,完成预定目标的操作能力;通俗理解为执行并完成任务的能力。无论从客观上还是从主观上来看,安全管理涉及的主要因素是人,制定安全管理制度的是人,违法违章操作的是人,安全监督管理的是人,安全管理活动本身就是人的活动。企业安全生产的重点在于改善人的行为方式,最大限度地减少人的不安全行为,减少事故的发生,营造良好的安全生产环境秩序。作为活动主体的人,其安全标准执行力的好坏将直接影响安全生产的结果。对于各类安全标准,企业、项目、班组不但要结合自身情况进行精准理解,更重要的要结合实际制定出执行标准和考核办法,不断提高安全标准的执行力。

7. 安全监督检查能力

根据安全生产标准,加强安全生产过程的监督检查,纠正违法违规违纪行为,排查治理安全隐患,这是提高安全生产管理水平,防范和减少事故发生的必然选择。提升安全检查能力,首先要结合实际,科学掌握相关的安全生产标准,没有标准的检查是毫无意义的。其次,要根据需要,选择恰当的监督检查类型与方法,安全检查的类型可以分为定期性检查、经常性检查、季节性检查、专业性检查、综合性检查;检查的方法分为一般检查法和安全检查评分法。再次,要确定监督检查的内容,主要包括查意识、查制度、查隐患、查整改、查责任。最后,要做好安全监督检查的信息反馈与总结分析工作,每一次监督检查要解决实际问题,对于一些比较普遍的问题,要着眼于改善制度设计,加强机制构建。

8. 安全隐患排查治理能力

安全生产事故隐患是指生产经营单位违反法律法规、标准规程的规定,或者因为其他因素在生产经营活动中的存在而可能导致安全事故发生的人的不安全行为、物的不安全状态以及管理的缺陷。隐患排查是指生产经营单位组织安全生产管理人员、工程技术人员和其他相关人员对本单位隐患进行排查,并对排查出来的隐患按照等级进行登记,建立事故隐患信息档案。隐患治理就是对排查出来的隐患进行控制和消除的活动与过程。事故隐患按照危害和整改难度可以分为一般事故隐患和重大事故隐患;根据建设工程施工管理的特点,安全生产事故隐患又可以分为基础管理类事故隐患和现场管理类隐患,对于基础管理类事故隐患的排查治理主要通过查阅工程管理资料进行,而现场管理类事故隐患则需要对作业现场进行实地检查。随着我国公路水运基础设施建设的持续推进,安全事故隐患的存在将更加复杂,加强对工程重点环节、薄弱环节安全隐患的排查治理,不断提高安全隐患的排查治理能力,是主动适应交通建设新常态,构建安全生产新体系的必然要求。

9. 典型事故分析能力

如何加强对典型事故的分析,把别人的事故当作自己的事故来总结分析,从中吸取宝贵的教训,是增强自身免疫力和防范力的重要途径。因此,企业要经常组织公司级、项目级、班组级的事故分析会,从技术、管理、法规、心理、行为等多侧面对典型事故进行剖析。

10. 安全风险评估能力

风险评估就是在风险识别和风险估测的基础上,通过定性与定量的方法,对风险发生的概率,损失程度,结合其他因素进行全面考虑,评估发生风险的可能性及危害程度,并与公认的安全指标相比较,以衡量风险的程度,并决定是否需要采取相应的措施的过程。在工程领域,项目从开工到竣工过程中有可能影响项目目标实现的不确定性因素都叫作安全风险,这种风险有自然风险、经验风险、法律风险、社会风险,对于一些海外项目而言还存在项目所在国家和地区的主权风险。如何对这些风险进行准确评估,从而有效地化解风险,是实现项目目标必要手段。提高风险评估能力,首先要善于根据一定的标准,提高识别风险的能力;其次,要熟练运用风险评估的方法;再次,要有丰富的控制风险的手段与技术。

11. 安全技术保障能力

安全技术是以防止生产伤亡事故和财产损失的发生为主攻目标的。因此,安全技术是以最基础、最本质、最直接的方法,来保证安全生产的。实践证明,凡是安全技术先进的地方和企业,事故就发生的比较少,安全生产形势也较为稳定;凡是安全技术落后的地方和企业,事故就发生的比较多,安全生产形势也比较被动。因此,实现安全生产的稳定发展,离不开科学技术的支撑。应该承认,我国目前安全生产形势总体稳定、趋向好转,但形势依然严峻,与世界发达国家差距仍然较大,这与我国现阶段生产力发展不均衡、安全生产科技含量低有直接关系。差距主要表现在:安全生产的科技设施相对落后;从业人员技术素质相对较低;科学技术转化为现实生产力相对不快等。要发挥技术支撑在安全生产工作中的保障作用,必须牢固树立"科技兴安"思想,大力推广运用安全技术,全面提升安全技术保障能力。

法律法规篇

安全生产法律法规是安全生产管理和安全生产技术的制度基础。我国公路工程建设领域已经建立起完备的安全生产法律法规体系,安全生产工作有法可依、有章可循。公路工程建设从业人员及安全生产管理人员应增强法律意识,熟悉安全生产法律法规的基本规定,依法规范执业行为,掌握法律责任的相关内容,最大限度地降低法律风险。

第二章 公路工程安全生产法律制度

近年来,为了进一步完善安全生产法律体系,规范安全生产和安全管理行为,我国相继制定、修改、完善了一系列的安全生产法律法规。可以说与公路工程建设密切相关的安全生产法律体系已经形成,为行业安全生产有法可依提供了有力的法律保障。

第一节 公路工程安全生产法律制度概述

一、安全生产法的概念

安全生产法是调整安全生产人身关系、安全生产财产关系以及安全生产管理关系等有关安全生产方面社会关系的法律规范的总和。安全生产法有广义和狭义之分。广义上的安全生产法是指国家立法机关颁布制定的调整安全生产关系及相关社会关系的所有法律规范的总和。因此,有关安全技术、安全工程、劳动合同、工伤保险、职业技术培训等方面的法律都属于广义上安全生产法的范畴。广义的安全生产法既可以表现为享有国家立法权的机关制定的法律,也可以表现为国务院及其所属的部委发布的行政法规、决定、命令、指示、规章以及地方性法规规章等,还可以表现为各种安全卫生技术规程、规范和标准。狭义的安全生产法,即专指国家最高立法机关制定的调整安全生产关系及相关社会关系的法律规范,如《中华人民共和国安全生产法》。本书是在广义上使用安全生产法的概念。

二、安全生产法的特点

1. 安全生产法具有很强的科技性

安全生产法具有科技与法相互结合、相互渗透的边缘法的性质,它包括技术规范和社会规范两大类法律规范。安全生产的技术规范是依据自然规律,规定人们在劳动过程中如何运用劳动工具和劳动对象进行生产的一种行为规范,它所调整的是劳动过程中人与自然的关系。当前,科学技术正以惊人的速度发展,科技成果广泛运用于生产。随着人类科学技术和生产的迅速发展,依靠科技进步积极采用安全卫生工程技术的规范也不断增加。因此,在安全生产法律规范中,技术规范所占比重日益增加,安全生产法已日益具有科技与法相结合的边缘法的性质。

2. 安全生产法具有广泛的社会性

安全生产法不仅要求企业消除劳动过程中危及人身安全与健康的不良条件和劳动行为,

防止各种伤亡事故和职业病的发生,同时也要求消除由于企业发生事故对环境的危害。因此,安全生产法具有更广泛的社会性。也正因为如此,关于安全生产的问题不仅在劳动安全法中有着大量的规定,而且在《刑法》《环境保护法》等其他法中也有不少的规定。

3. 安全生产法律关系客体的广泛性

安全生产法是保护劳动者在劳动过程中安全与健康和国家及人民财产安全的法律规定。因此,它从人、机、料、法、环境等各个方面对安全生产法律关系的客体进行保护。

三、公路工程安全生产法律体系

安全生产法律体系是一个包含多种法律形式和法律层次的综合性系统。公路工程安全生产法律体系按照其立法权限的不同,可以分为6个层次,即:法律、行政法规、部门规章、地方法规和规章、技术标准以及国际条约。

1. 法律

法律是指全国人民代表大会及其常务委员会制定的有关各项法律,以国家主席令形式发布,在全国范围内施行,其地位和效力仅次于宪法。它是安全生产法律体系的核心。目前已颁布实施的涉及公路工程安全生产法律主要有《安全生产法》《建筑法》《刑法》《环境保护法》《公路法》《劳动法》《突发事件应对法》《职业病防治法》《消防法》和《劳动合同法》等。其中,《安全生产法》是安全生产法律体系中的核心。

2. 行政法规

行政法规是指国务院依法制定并以总理令形式发布的有关安全生产的各项法规,其地位和效力次于宪法和法律。已颁布实施的涉及公路工程安全生产行政法规主要有《建设工程安全生产管理条例》《安全生产许可证条例》《生产安全事故报告和调查处理条例》以及《民用爆炸物品安全管理条例》等。

3. 部门规章

部门规章是指由国务院相关部委制定并以部长令形式发布的各项规章,或由国务院几个部委联合制定并发布的规章。已颁布实施的涉及公路工程安全生产部门规章主要有《公路水运工程安全生产监督管理办法》《企业安全生产费用提取和使用管理办法》《生产安全事故罚款处罚规定(试行)》《安全生产违法行为行政处罚办法》《安全生产领域违法违纪行为政纪处分暂行规定》等。

4. 地方性法规和地方性规章

地方性法规是指在不与宪法、法律、行政法规相抵触的前提下,由省、自治区、直辖市的人民代表大会及其常务委员会制定并发布的法规,包括省会(自治区首府)城市和设区的市人民代表大会及其常务委员会制定的,报经省、自治区、直辖市的人民代表大会或其常务委员会批准的各种法规,如《北京市安全生产条例》《大连市安全生产条例》。

地方规章是指省、自治区、直辖市以及省会城市和设区的市的人民政府,根据法律和国务院行政法规制定并发布的规章,如《杭州市安全生产责任制规定》。

5. 技术标准

安全技术标准是安全生产法律体系的重要组成部分。目前颁布实施的公路工程安全生产技术标准主要有《公路工程施工安全技术规范》《生产经营单位生产安全事故应急预案编制导则》等。

6. 国际公约

国际劳工组织自1919年创立以来,一共通过了185个国际公约和为数较多的建议书,这些公约和建议书统称国际劳工标准,其中70%的公约和建议书涉及职业安全卫生问题。

目前我国政府已批准的公约有23个,其中4个是与职业安全卫生相关的。分别是《建筑安全和卫生公约》(第167号)、《化学品公约》(第170号)、《职业安全和卫生公约》(第155号)、《职业卫生设施公约》(第161号)。凡经我国政府批准加入的国际劳工公约,除其中我国声明保留的条款外,我国应保证实施,应属于我国安全生产法律体系的重要组成部分。

总之,迄今为止我国已经建立了以《安全生产法》为主体,以《建筑法》《建设工程安全生产管理条例》《安全生产许可证条例》《生产安全事故报告和调查处理条例》以及《公路水运工程安全生产监督管理办法》等法律法规、规章相匹配的比较完善的公路工程安全生产法律体系。

第二节 公路工程安全生产相关法律

这里所说的法律是指狭义上的法律,即指全国人民代表大会及其常务委员会制定的规范性文件,在全国范围内施行,其地位和效力仅次于宪法。我国法律根据制定机关的不同,可分为两类:一是基本法律,由全国人民代表大会制定和修改,如《刑法》《劳动法》;二是非基本法律,由全国人民代表大会常务委员会制定和修改,如《安全生产法》《建筑法》《劳动合同法》《突发事件应对法》《消防法》《职业病防治法》《行政处罚法》《环境保护法》《公路法》等。

一、《中华人民共和国安全生产法》

《中华人民共和国安全生产法》(以下简称《安全生产法》)是我国安全生产领域的综合性基本法,它是我国第一部全面规范安全生产的专门法律,是我国安全生产法律体系的主体法,是各类生产经营单位及其从业人员实现安全生产必须遵循的行为准则,是各级人民政府及其有关部门进行监督管理和行政执法的依据,是制裁各种安全生产违法犯罪的有力武器。

《安全生产法》由中华人民共和国第九届全国人民代表大会常务委员会第二十八次会议于2002年6月29日通过。根据2009年8月27日第十一届全国人民代表大会常务委员会第十次会议《关于修改部分法律的决定》第一次修正,2014年8月31日第十二届全国人民代表大会第十次会议《关于修改〈中华人民共和国安全生产法〉的决定》第二次修正。修改后的《安全生产法》共七章114条,自2014年12月1日起施行。

《安全生产法》的立法目的在于加强安全生产工作,防止和减少生产安全事故,保障人民群众生命和财产安全,促进经济社会持续健康发展。《安全生产法》确定了我国安全生产管理的基本方针,即坚持"安全第一、预防为主、综合治理"的方针。《安全生产法》从生产经营单位的安全生产保障、从业人员的权利和义务、安全生产的监督管理、生产安全事故的应急救援与调查处理、法律责任承担等几个主要方面做出了规定。

1. 生产经营单位的安全生产保障

(1) 从事生产经营活动应当具备的安全生产条件

①生产经营单位是生产经营活动的基本单元。

《安全生产法》作为我国安全生产的基本法律，其法律关系主体是比较广泛的。该法第二条规定："在中华人民共和国领域内从事生产经营活动的单位(以下统称生产经营单位)的安全生产，适用本法。"这里所称的生产经营单位，是指从事各类生产经营活动的基本单元，具体包括：各类生产经营企业、个体工商户、公民以及其他生产经营单位。在公路工程建设活动中，建设单位、施工单位、勘察设计单位和监理单位等均属于生产经营单位。

②法定安全生产基本条件。

《安全生产法》第十七条规定："生产经营单位应当具备本法和有关法律、行政法规和国家标准或者行业标准规定的安全生产条件；不具备安全生产条件的，不得从事生产经营活动。"安全生产条件，从广义上讲是指在安全生产过程中，其生产的各个系统、生产作业环境、生产设备和设施，以及与生产相适应的管理组织、管理制度、责任制度、技术措施等，应能满足生产的安全需要，不能导致人员伤害或财产损失。具备安全生产条件是预防和减少安全事故的前提。本法和其他有关法律、行政法规对生产经营单位必须具备的安全生产条件做了规定。例如，本法规定，生产经营单位的主要负责人必须保证本单位安全生产所必需的资金投入；生产经营单位新建、改建、扩建工程项目的安全设施，应当与主体工程同时设计、同时施工、同时投入生产和使用；生产经营单位安全设备的设计、制造、安装、使用、检测、改造和报废，应当符合国家标准或者行业标准；生产经营单位必须对安全设备进行经常性维护、保养，并定期检测，保证正常运转；生产经营单位必须按照规定配备安全生产管理机构或管理人员等等。其他有关法律、行政法规、国家标准或行业标准，也针对不同行业安全生产的不同特点，对相关行业生产经营单位应当具备的安全生产条件做了规定。如《安全生产许可证条例》对五类高危行业企业设定了13个安全生产条件。

不具备安全生产条件的是指不具备本法和有关法律、行政法规和国家标准或者行业标准规定的安全生产条件。为了防止和减少生产安全事故，保障人民群众生命和财产安全，对于这一类的生产经营单位，法律取消其从业资格，即不得从事生产经营活动。

(2) 生产经营单位主要负责人的安全生产职责

《安全生产法》对生产经营单位主要负责人的安全生产职责的规定主要体现在第五条、第十八条、第四十七条中，对此，生产经营单位主要负责人必须要全面完整地把握。

《安全生产法》第五条明确规定："生产经营单位主要负责人对本单位的安全生产工作全面负责。"对于公路水运工程施工企业来说，主要指董事长、总经理、安全总监等。

《安全生产法》第十八条第一次以法律形式确定了生产经营单位主要负责人的7大安全生产职责：①建立、健全本单位安全生产责任制；②组织制定本单位安全生产规章制度和操作规程；③组织制定并实施本单位安全生产教育和培训计划；④保证本单位安全生产投入的有效实施；⑤督促、检查本单位的安全生产工作，及时消除生产安全事故隐患；⑥组织制定并实施本单位的生产安全事故应急救援预案;⑦及时、如实报告生产安全事故。

同时,《安全生产法》第四十七条规定:"生产经营单位发生生产安全事故时,单位的主要负责人应当立即组织抢救,并不得在事故调查处理期间擅离职守。"生产经营单位的主要负责人作为本单位的首要领导以及安全生产的第一责任人,在事故发生后,应当坚守岗位,组织事故抢救,并积极配合有关部门进行事故调查和处理。这一方面是因为单位的主要负责人对单位的场地、布局、设备、人员以及其他生产经营状况比较熟悉,有其在场,可以比较顺利地进行事故抢救、事故原因的调查和对事故的处理。另一方面,单位的主要负责人是单位安全生产方面的第一责任人,应对单位发生的生产安全事故负责。特别是如果单位发生的生产安全事故属于重大责任事故,且有关人员的行为构成《刑法》规定的重大责任事故罪、重大劳动安全事故罪以及其他犯罪的规定,还可能要追究单位主要负责人的刑事责任。

(3)安全生产资金投入的规定

《安全生产法》将安全投入列为保障安全生产的必要条件之一,从三个方面做出严格的规定。

①生产经营单位安全投入的标准。

有关生产经营单位应当按照规定提取和使用安全生产费用,专门用于改善安全生产条件。安全生产费用在成本中据实列支。安全生产费用提取、使用和监督管理的具体办法由国务院财政部门会同国务院安全生产监督管理部门征求国务院有关部门意见后制定。具备法定安全生产条件所需要的安全资金数额,就是生产经营单位应当投入的资金标准。如果投入的资金不能保障生产经营单位符合法定安全生产条件,就是资金投入不足并对其后果承担责任。

②安全投入的决策和保障。

《安全生产法》第二十条规定,根据不同生产经营单位安全投入的决策主体的不同,按公司法成立的公司制生产经营单位,由其决策机构董事会决定投入资金;非公司制生产经营单位,由其主要负责人决定安全投入的资金;个人投资并由他人管理生产经营单位,由其投资人即股东决定投入的资金。

③安全投入不足的法律责任。

《安全生产法》第九十条规定,生产经营单位的决策机构、主要负责人或者个人经营的投资人不依照本法规定保证安全生产所必需的资金投入,致使生产经营单位不具备安全生产条件的,责令限期改正,提供必需的资金;逾期未改正的,责令生产经营单位停产停业整顿。有上述违法行为,导致发生生产安全事故的,对生产经营单位的主要负责人给予撤职处分,对个人经营的投资人处二万元以上二十万元以下的罚款;构成犯罪的,依照刑法有关规定追究刑事责任。

(4)安全生产管理机构和安全生产管理人员的配置

①高危行业的生产经营单位必须配置安全生产管理机构或者专职管理人员。

《安全生产法》第二十一条第一款规定:"矿山、金属冶炼、建筑施工、道路运输单位和危险物品的生产、经营、储存单位,应当设置安全生产管理机构或者配备专职安全生产管理人员。"公路水运施工企业属于高危行业,因此,应当依法设置安全生产管理机构或者配备专职安全管理人员。

②非高危行业生产经营单位按照从业人员的数量配置安全生产管理机构或者安全生产管理人员。

《安全生产法》对此又分两种情况分别做出规定,一是强制性规定必须配置机构或者专门人员的,即除矿山、建筑施工和危险物品生产、经营、储存单位以外的其他生产经营单位,其从业人员超过100人以上的,应当设置安全生产管理机构或配备专职安全生产管理人员。二是选择性规定,即从业人员在100人以下的,可以不设专门机构,但应当配备专职或者兼职的安全生产管理人员。

(5)生产经营单位主要负责人、安全生产管理人员资格的规定

《安全生产法》从三个方面对此做出了规定:一是生产经营单位的主要负责人和安全生产管理人员必须具备与本单位所从事的生产经营活动相应的安全生产知识和管理能力;二是危险物品的生产、经营、储存单位以及矿山、金属冶炼、建筑施工、道路运输单位的主要负责人和安全生产管理人员,应当由有关主管的负有安全生产监督管理职责的部门对其安全生产知识和管理能力考核合格后方可任职;三是生产经营单位的特种作业人员必须按照国家有关规定经专门的安全作业培训,取得相应资格,方可上岗作业。

(6)生产经营单位对从业人员安全生产培训的规定

生产经营单位对从业人员安全生产培训的规定如下:

①保证从业人员具备必要的安全生产知识;②熟悉有关安全生产规章制度和安全操作规程;③掌握本岗位安全操作技能;④了解事故应急处理措施,知悉自身在安全生产方面的权利和义务。从业人员未经安全生产教育和培训合格,不得上岗作业。

《安全生产法》要求从业人员不但要进行安全教育和培训,而且还要经过考试合格才能确认其具备上岗作业的资格。

(7)特种作业人员的范围和资格

《安全生产法》第二十七条第一款规定,生产经营单位的特种作业人员必须按照国家有关规定经专门的安全作业培训,取得特种作业操作资格证书,方可上岗作业。

《安全生产法》第二十七条第二款规定,特种作业人员的范围由国务院安全生产监督管理部门会同国务院有关部门确定。

(8)建设项目安全设施"三同时"的规定

《安全生产法》第二十八条规定,生产经营单位新建、改建、扩建工程项目的安全设施,必须与主体工程同时设计、同时施工、同时投入生产和使用。安全设施投资应当纳入建设项目概算。

(9)建设项目的安全评价的规定

《安全生产法》第二十九条规定,矿山、金属冶炼建设项目和用于生产、储存、装卸危险物品的建设项目,应当按照国家有关规定进行安全评价。

(10)建设项目安全设施设计的规定

建设项目安全设施的设计人、设计单位应当对安全设施设计负责。矿山、金属冶炼建设项目和用于生产、储存、装卸危险物品的建设项目的安全设施设计,应当按照国家有关规定报经有关部门审查,审查部门及其负责审查的人员对审查结果负责。

（11）建设项目安全设施的施工、竣工验收的规定

《安全生产法》第三十一条规定，矿山、金属冶炼建设项目和用于生产、储存、装卸危险物品的建设项目的施工单位必须按照批准的安全设施设计施工，并对安全设施的工程质量负责。

《安全生产法》第三十一条规定，矿山、金属冶炼建设项目和用于生产、储存危险物品的建设项目竣工投入生产或者使用前，应当由建设单位负责组织对安全设施进行验收；验收合格后，方可投入生产和使用。安全生产监督管理部门应当加强对建设单位验收活动和验收结果的监督核查。

（12）安全警示标志的规定

《安全生产法》第三十二条规定，生产经营单位应当在有较大危险因素的生产经营场所和有关设施、设备上，设置明显的安全警示标志。

（13）安全设备达标和管理的规定

《安全生产法》第三十三条规定，安全设备的设计、制造、安装、使用、检测、维修、改造和报废，应当符合国家标准或者行业标准。生产经营单位必须对安全设备进行经常性维护、保养，并定期检测，保证正常运转。维护、保养、检测应当做好记录，并由有关人员签字。

（14）特种设备检测、检验的规定

《安全生产法》第三十四条规定，生产经营单位使用的危险物品的容器、运输工具，以及涉及人身安全、危险性较大的海洋石油开采特种设备和矿山井下特种设备，必须按照国家有关规定，由专业生产单位生产，并经具有专业资质的检测、检验机构检测、检验合格，取得安全使用证或者安全标志，方可投入使用。检测、检验机构对检测、检验结果负责。

（15）生产安全工艺、设备管理的规定

《安全生产法》第三十五条规定，国家对严重危及生产安全的工艺、设备实行淘汰制度。生产经营单位不得使用应对淘汰的危及生产安全的工艺、设备。

（16）危险物品管理的规定

①危险物品安全管理。《安全生产法》第三十六条规定，生产经营单位生产、经营、运输、储存、使用危险物品或处置废弃危险物品的，必须执行有关法律、法规和国家标准或行业标准，建立专门的安全管理制度，采取可靠的安全措施，接受有关主管部门依法实施的监督管理。

②危险物品的审批监管。《安全生产法》第三十六条规定，生产、经营、运输、储存、使用危险物品或者处置废弃危险物品的，由有关主管部门依照有关法律、法规的规定和国家标准或者行业标准审批并实施监督管理。目前我国已有一些相关法律、法规对此做出了规定，如《化学危险品安全管理条例》《民用爆炸物品管理条例》等。

（17）重大危险源管理的规定

生产经营单位对重大危险源实施及时、有效的监控，是《安全生产法》设定的法律义务。《安全生产法》规定了重大危险源的备案制度。《安全生产法》第三十七条规定，生产经营单位对重大危险源应当登记建档，进行定期检测、评估、监控，并制定应急预案，告知从业人员和相关人员在紧急情况下应当采取的应急措施。这种备案制度不是一般的告知制度，而是一种审查监管制度：一是生产经营单位必须依法备案；二是负责安全生产监管职责的部门有权进行审查、检查；三是发现生产经营单位违法的，有权依法实施行政处罚。

(18)生产经营单位应当建立健全生产安全事故隐患排查治理制度的规定

《安全生产法》第三十八条规定,生产经营单位应当建立健全生产安全事故隐患排查治理制度,采取技术、管理措施,及时发现并消除事故隐患。事故隐患排查治理情况应当如实记录,并向从业人员通报。

县级以上地方各级人民政府负有安全生产监督管理职责的部门应当建立健全重大事故隐患治理督办制度,督促生产经营单位消除重大事故隐患。

(19)生产设施、场所安全距离和紧急疏散的规定

《安全生产法》第三十九条规定,生产、经营、储存、使用危险物品的车间、商店、仓库不得与员工宿舍在同一座建筑物内,并应当与员工宿舍保持安全距离。生产经营场所与员工宿舍应当设有符合紧急疏散要求、标志明显、保持畅通的出口。禁止封闭、封堵生产经营场所或者员工宿舍的出口。

(20)爆破、吊装等作业现场安全管理的规定

《安全生产法》第四十条对此提出两方面要求,一是生产经营单位进行爆破、吊装等危险作业,应当安排专门人员进行现场安全管理;二是确保操作规程的遵守和安全措施的落实。要制定严格的操作规程和周密的安保措施,禁止违反规程操作和无关人员擅入现场。

(21)劳动防护用品的规定

《安全生产法》第四十二条规定,一是生产经营单位必须为从业人员提供符合国家标准或者行业标准的劳动防护用品;二是生产经营单位应当监督、教育从业人员按照使用规则佩戴、使用劳动防护用品。

(22)安全生产的检查制度规定

《安全生产法》第四十三条规定,生产经营单位的安全生产管理人员应当根据本单位的生产经营特点,对安全生产状况进行经常性检查;对检查中发现的安全问题,应当立即处理;不能处理的,应当及时报告本单位有关负责人,有关负责人应当及时处理。检查及处理情况应当如实记录在案。

生产经营单位的安全生产管理人员在检查中发现重大事故隐患,依照上述规定向本单位有关负责人报告,有关负责人不及时处理的,安全生产管理人员可以向主管的负有安全生产监督管理职责的部门报告,接到报告的部门应当依法及时处理。

(23)交叉作业的安全管理的规定

《安全生产法》第四十五条规定,两个以上生产经营单位在同一作业区域内进行生产经营活动,可能危及对方生产安全的,应当签订安全生产管理协议,明确各自的安全生产管理职责和应当采取的安全措施,并指定专职安全生产管理人员进行安全检查与协调。

(24)生产经营项目、场所、设备发包或者出租的安全管理

《安全生产法》第四十六条规定,生产经营单位不得将生产经营项目、场所、设备发包或者出租给不具备安全生产条件或者相应资质的单位或者个人。生产经营项目、场所有多个承包单位、承租单位的,生产经营单位应当与承包单位、承租单位签订专门的安全生产管理协议,或者在承包合同、租赁合同中约定各自的安全生产管理职责;生产经营单位对承包单位、承租单位的安全生产工作统一协调、管理,定期进行安全检查,发现安全问题的,应当及时督促整改。

（25）工伤保险的规定

《安全生产法》第四十八条规定，生产经营单位必须依法参加工伤保险，为从业人员缴纳保险费。国家鼓励生产经营单位投保安全生产责任保险。

2. 从业人员的安全生产权利义务

（1）从业人员的权利

①知情权。生产经营单位从业人员有权了解其作业场所和工作岗位存在的危险因素及事故应急措施。生产经营单位与从业人员订立的劳动合同，应当载明有关保障从业人员劳动安全、防止职业危害的事项，以及依法为从业人员办理工伤保险的事项。生产经营单位不得以任何形式与从业人员订立协议，免除或者减轻其对从业人员因生产安全事故伤亡依法应承担的责任。

②建议权。生产经营单位从业人员有权对本单位的安全生产工作提出建议。

③批评权和检举、控告权。生产经营单位从业人员有权对本单位安全生产工作中存在的问题提出批评、检举、控告。

④拒绝权。生产经营单位从业人员有权拒绝违章指挥和强令冒险作业。生产经营单位不得因从业人员对本单位安全生产工作提出批评、检举、控告或者拒绝违章指挥、强令冒险作业而降低其工资、福利等待遇或者解除与其订立的劳动合同。

⑤紧急避险权。生产经营单位从业人员发现直接危及人身安全的紧急情况时，有权停止作业或者在采取可能的应急措施后撤离作业场所。

⑥依法向本单位提出要求赔偿的权利。因生产安全事故受到损害的从业人员，除依法享有工伤保险外，依照有关民事法律尚有获得赔偿的权利的，有权向本单位提出赔偿要求。

（2）从业人员的安全生产义务

①自律遵规的义务，即从业人员在作业过程中，应当遵守本单位的安全生产规章制度和操作规程，服从管理，正确佩戴和使用劳动防护用品。

②自觉学习安全生产知识的义务，要求掌握本职工作所需的安全生产知识，提高安生产技能，增强事故预防和应急处理能力。

③危险报告义务，即发现事故隐患或者其他不安全因素时，应当立即向现场安全生产管理人员或者本单位负责人报告。

《安全生产法》第五十八条规定，生产经营单位使用被派遣劳动者的，被派遣劳动者享有本法规定的从业人员的权利，并应当履行本法规定的从业人员的义务。

3. 安全生产的监督管理

（1）负有安全生产监督管理职责的部门的行政许可职责

《安全生产法》第五十九条将负有安全生产监督管理职责的政府部门统称为"负有安全生产监督管理职责的部门"。

《安全生产法》第六十条对负有安全生产监督管理职责的部门的行政许可职责从以下四个方面做出了规定：

①依照法律、法规的规定，对涉及安全生产的事项需要审查批准（包括批准、核准、许可、注册、认证、颁发证照等）或者验收的，必须严格依照有关法律、法规和国家标准或者行业标准

规定的条件和程序进行审查;不符合法律、法规和国家标准或者行业标准规定的安全生产条件的,不得批准或者验收通过。这项职责主要是通过行政许可解决安全生产主体的市场准入问题。

②对未依法取得批准或者验收合格的单位擅自从事有关活动的,负责行政审批的部门发现或者接到举报后应当立即予以取缔,并依法予以处理。

③对已经依法取得批准的单位,负责行政审批的部门发现其不再具备安全生产条件的,应当撤销原批准。这是对已经取得安全生产事项行政许可的生产经营单位安全生产条件的动态监督管理职责。

④规范行政许可的特别规定。《安全生产法》第六十一条规定,负有安全生产监督管理职责的部门对涉及安全生产的事项进行审查、验收,不得收取费用;不得要求接受审查、验收的单位购买其指定品牌或者指定生产、销售单位的安全设备、器材或者其他产品。

(2)负有安全生产监督管理职责的部门依法监督检查时行使的职权

《安全生产法》第六十二条、六十三条规定,对负有安全生产监督管理职责的部门依法对生产经营单位执行有关安全生产的法律、法规和国家标准或行业标准的情况进行监督检查,生产经营单位对负有安全生产监督管理职责的部门的监督检查人员依法履行监督检查职责,应当予以配合,不得拒绝、阻挠。《安全生产法》赋予了负有安全生产监督管理职责的部门如下四项职权:

①现场调查取证权,即安全生产监督检查人员可以进入生产经营单位进行检查、调阅有关资料,向有关人员了解情况。

②现场处理权,即对检查中发现的安全生产违法行为,当场予以纠正或者要求限期改正;对依法应当给予行政处罚的行为,依照安全生产法和其他有关法律、行政法规的规定做出行政处罚。

③隐患排除权,即对检查中发现的事故隐患,应当责令立即排除;重大事故隐患排除前或者排除过程中无法保证安全的,应当责令从危险区域内撤出作业人员,责令暂时停产停业或者停止使用相关设施、设备;重大事故隐患排除后,经审查同意,方可恢复生产经营和使用。

④查封、扣押行政强制措施权,即对有根据认为不符合保障安全生产的国家标准或者行业标准的设施、设备、器材以及违法生产、储存、使用、经营、运输的危险物品予以查封或者扣押,对违法生产、储存、使用、经营危险物品的作业场所予以查封,并依法做出处理决定。

(3)安全生产监督检查人员依法履行职责的要求

《安全生产法》对安全生产监督检查人员履行职责提出了要求:一是坚持履行安全生产监督检查人员履行监管执法的行为准则,执政为民,忠于法律,不玩忽职守,不徇私情,不贪赃枉法;二是严格按程序履行职责,规范执法,持证执法,保守秘密;三是监督检查不得影响被检查单位的正常生产经营活动;四是应将检查的时间、地点、内容、发现的问题及其处理情况,做出书面记录,并由检查人员和被检查单位的负责人签字。被检查单位的负责人拒绝签字的,检查人员应当将情况记录在案,并向负有安全生产监督管理职责的部门报告。

(4)安全生产监督管理部门和人员进行监督检查的规定

安全生产监督检查人员应当忠于职守,坚持原则,秉公执法。安全生产监督检查人员执行监督检查任务时,必须出示有效的监督执法证件;对涉及被检查单位的技术秘密和业务秘密,应当为其保密。

负有安全生产监督管理职责的部门依法对存在重大事故隐患的生产经营单位做出停产停业、停止施工、停止使用相关设施或者设备的决定,生产经营单位应当依法执行,及时消除事故隐患。生产经营单位拒不执行,有发生生产安全事故的现实危险的,在保证安全的前提下,经本部门主要负责人批准,负有安全生产监督管理职责的部门可以采取通知有关单位停止供电、停止供应民用爆炸物品等措施,强制生产经营单位履行决定。通知应当采用书面形式,有关单位应当予以配合。负有安全生产监督管理职责的部门依照规定采取停止供电措施,除有危及生产安全的紧急情形外,应当提前24小时通知生产经营单位。生产经营单位依法履行行政决定、采取相应措施消除事故隐患的,负有安全生产监督管理职责的部门应当及时解除前述规定的措施。

(5)行政监察机关的职责

《安全生产法》第六十八条规定,监察机关依照行政监察法的规定,对负有安全生产监督管理职责的部门及其工作人员履行安全生产监督管理职责实施监察。发现违法违纪的,要依法处理。

(6)安全生产中介机构的监督管理

《安全生产法》关于安全生产中介机构的监督管理的规定主要包括资质认可和责任追究两个方面。

①安全生产中介机构资质的认可。依照《安全生产法》第六十九条的规定,承担安全评价、认证、监测、检验的机构应当具备国家规定的资质条件。只有符合国家规定或者国家授权部门规定的资质条件,按照法定程序申请登记并获得批准的,方可从事安全生产中介服务活动。

②安全生产中介服务的责任。《安全生产法》第六十九条规定,承担安全评价、认证、检测、检验的机构对其做出的安全评价、认证、检测、检验的结果负责。

(7)安全生产违法行为举报的规定

《安全生产法》关于安全生产违法行为举报的规定包括社会举报和举报受理两个方面。

①社会举报。《安全生产法》第七十一条规定,任何单位和个人对事故隐患或者安全生产违法行为,均有权向负有安全生产监督管理职责的部门报告或者举报。

②举报受理。《安全生产法》第七十条规定,负有安全生产监督管理职责的部门应当建立举报制度,公开举报电话、信箱或者电子邮件地址,受理有关安全生产的举报;受理的举报事项经调查核实后,应当形成书面材料;需要落实整改措施的,报经有关负责人签字并督促落实。

(8)安全生产社会监督、舆论监督的规定

①社会监督。《安全生产法》第七十二条规定,居民委员会、村民委员会发现其所在区域内的生产经营单位存在事故隐患和安全生产违法行为时,应当向当地人民政府或者有关部门报告。

②舆论监督。《安全生产法》第七十四条规定,新闻、出版、广播、电影、电视等单位有进行安全生产公益宣传教育的义务,有对违反安全生产法律、法规的行为进行舆论监督的权利。

(9)对举报安全生产违法行为有功人员的奖励

《安全生产法》第七十三条规定,县级以上各级人民政府及有关部门对报告重大事故隐患或举报安全生产违法行为的有功人员,给予奖励。具体奖励办法由国务院安全生产监督管理的部门会同国务院财政部门制定。

(10)关于监管部门建立安全生产违法行为信息库的规定

《安全生产法》第七十五条规定,负有安全生产监督管理职责的部门应当建立安全生产违法行为信息库,如实记录生产经营单位的安全生产违法行为信息;对违法行为情节严重的生产经营单位,应当向社会公告,并通报行业主管部门、投资主管部门、国土资源主管部门、证券监督管理机构以及有关金融机构。

4. 生产安全事故的应急救援与调查处理

《安全生产法》确立的事故应急救援和调查处理制度,对事故发生前应急救援的准备和事故发生后调查处理的组织分别进行了规范,体现了重在预防的指导思想。具体包括:国家加强生产安全事故应急能力建设,从人、财、物、信息等多个方面提高应急救援能力。县级以上地方各级人民政府、有关生产经营单位都应当制定生产安全事故应急救援预案。同时,对发生生产安全事故后,生产经营单位负责人、有关地方人民政府及负有安全生产监督管理职责的部门负责人承担的职责、应当采取的具体措施等,都做了明确规定。关于生产安全事故的调查处理,主要是在事故发生后,及时、准确地查清事故原因,查明事故性质和责任,依法追究事故责任。此外,还规定安全生产监督管理部门应当定期统计分析本行政区域内发生的生产安全事故,并向社会公布。

《安全生产法》突破了"重视事后调查处理,忽视事前应急准备"的旧模式,将应急救援纳入事故调查处理制度之中,这对保护人民群众生命和财产安全具有重要意义。

(1)国家加强生产安全事故应急救援能力建设和建立统一的生产安全事故应急救援信息系统的规定

《安全生产法》第七十六条规定,国家加强生产安全事故应急能力建设,在重点行业、领域建立应急救援基地和应急救援队伍,鼓励生产经营单位和其他社会力量建立应急救援队伍,配备相应的应急救援装备和物资,提高应急救援的专业化水平。国务院安全生产监督管理部门建立全国统一的生产安全事故应急救援信息系统,国务院有关部门建立健全相关行业、领域的生产安全事故应急救援信息系统。

目前,我国安全生产基础设施依然薄弱,安全生产形势依然严峻。鉴于此,《安全生产法》对国家加强生产安全事故应急救援能力建设做出了专门规定。可以从以下几方面加强生产安全事故应急救援能力建设:第一,在重点行业、领域建立应急救援基地和应急救援队伍,推进应急救援专业化处置能力建设;第二,鼓励生产经营单位和其他社会力量建立应急救援队伍,配备相应的应急救援装备和物资,提高应急救援的专业化水平。此外,要建立全国统一的生产安全事故应急救援信息系统。安全生产应急救援信息系统建设是安全生产应急管理的一项基础性工作,是安全生产信息化建设的重要抓手,对于建设更加高效的应急救援体系,有效预防和应对事故有重要意义。

现阶段,国家生产安全事故应急救援信息系统建设的基本要求是为积极适应安全生产应急管理工作需要,紧紧围绕"统一指挥、反应灵敏、协调有序、运转高效"的应急管理机制,加强应急救援信息系统建设:一是坚持整体筹划;二是坚持先进实用;三是坚持综合配套;四是坚持互联互通;五是坚持安全可靠。我国目前实行安全生产综合监管和专项监管相结合的体制,对于有关行业和领域的安全生产实行专项监管的国务院有关部门,应当根据安全生产法的规定建立其所主管的相关行业、领域的生产安全事故应急救援信息系统,并纳入国家统一的生产安全事故应急救援信息系统。

(2)地方政府应急救援工作职责

《安全生产法》第七十七条规定,县级以上地方各级人民政府应当组织有关部门制定本行政区域内生产安全事故应急预案,建立应急救援体系。

事故应急预案应当包括可能发生的事故的种类,事故发生的地区、地段、地点或者单位,事故波及地区的人员、道路交通、消防设施和通道,事故可能造成的危害及其应对措施,事故救援的组织指挥,抢救伤害人员的措施以及设施、设备、器材和物品的组织供应,事故现场秩序维持和后期处理措施等等。

事故救援体系是实施应急预案的组织保证,应当明确各级救援组织机构及其领导人员,确定内部分设的专门救援组织,如维持现场秩序、疏导交通、消防急救、现场处理、提供医疗和生活物品、发布信息的组织或者部门,明确各自的岗位及其职责,形成一个能够处理突发事故的救援体系。如果发生事故,这个体系立即启动,各级领导和工作人员能以最快速度各就各位,各司其职,统一领导,分工负责,有条不紊地开展救援工作,最大限度地救治人员和保护财产,减少损失。

(3)生产经营单位生产安全事故的应急救援

①高危行业生产经营单位的事故应急救援机构和设备设施。

《安全生产法》将事故应急救援的重点放在高危行业生产经营单位,做出了强制性的规定。《安全生产法》第七十九条规定:"危险物品的生产、经营、储存单位以及矿山、金属冶炼、城市轨道交通运营、建筑施工单位应当建立应急救援组织;生产经营规模较小,可以不设应急救援组织的,应当指定兼职的应急救援人员。危险物品的生产、经营、储存单位以及矿山、金属冶炼、城市轨道交通运营、建筑施工单位应当配备必要的应急救援器材、设备,并进行经常性维护、保养,保证正常运转。"对于这些生产经营单位来说,原则上都要设立应急救援组织,配备应急救援器材、设备,保证其经常处于完好状态。一些小规模并且不适宜建立应急救援组织的小型生产经营单位,如小加油站、化工用品零售商店等,也必须由专人负责应急救援工作并配备相应的应急救援器材和设备。

②其他生产经营单位的生产安全事故应急抢救。

《安全生产法》第八十条规定,单位负责人接到事故报告后,应当迅速采取有效措施,组织抢救,防止事故扩大,减少人员伤亡和财产损失。

(4)生产安全事故报告的规定

迅速、及时、准确地报告发生生产安全事故,是生产经营单位和各级地方人民政府及其负有安全生产监督管理职责的部门的法定义务和责任。只有这样,才能尽快组织救援,防止扩大事故,挽回或者减少人员和财产损失。《安全生产法》第八十二条规定,有关地方人民政府和负有安全生产监督管理职责的部门的负责人接到生产安全事故报告后,应当按照生产安全事故应急救援预案的要求立即赶到事故现场,组织事故抢救。任何单位和个人都应当支持、配合事故抢救,并提供一切便利条件。

①现场有关人员应当立即报告本单位负责人。

生产经营单位发生生产安全事故后,在事发现场的从业人员、管理人员和其他人员有义务采用任何方式以最快的速度立即报告,既可以逐级报告,也可以越级报告,不得耽误。

②生产经营单位应当报告事故。

生产经营单位应当按照国家有关规定立即如实报告当地负有安全生产监督管理职责的部门,不得隐瞒不报、谎报或者迟报,不得故意破坏事故现场、毁灭有关证据。生产经营单位主要负责人在事故报告和抢救中负有主要领导责任,必须履行及时、如实报告生产安全事故的法定职责。

③各级负有安全管理监管职责的部门报告事故。

《安全生产法》第八十一条规定,负有安全生产监督管理职责的部门接到事故报告后,应当立即按照国家有关规定上报事故情况。负有安全生产监督管理职责的部门和有关地方人民政府对事故情况不得隐瞒不报、谎报或者迟报。

(5)生产安全事故调查处理的规定

①事故调查处理的原则。

鉴于法律授权国务院制定专门的事故调查处理行政法规,所以,《安全生产法》没有对事故报告和调查处理做出详细的规定。但是法律确定了事故调查处理的原则,即应当按照实事求是、尊重科学的原则,及时、准确地查清事故原因,查明事故性质和责任,总结事故教训,提出整改措施,并对事故责任者提出处理意见。针对事故调查处理工作存在的地方保护、避重就轻、逃脱责任等突出问题,《安全生产法》第八十五条同时规定任何单位和个人不得阻挠和干涉对事故的依法调查处理。

②事故责任的追究。

《安全生产法》第八十四条规定,生产经营单位发生生产安全事故,经调查确定责任事故的,除了应当查明事故单位的责任并依法予以追究外,还应当查明对安全生产有关事项负有审查批准和监督职责的行政部门的责任,对有失职、渎职行为的,依照本法第八十七条的规定追究法律责任。规定的责任主体包括生产经营单位的主要负责人、个人经营的投资人和负有安全生产监督管理职责的部门的工作人员。如果违反法律规定应予追究责任的,将要受到法律的制裁。

③事故统计和公布。

《安全生产法》第八十六条规定,县级以上各级地方人民政府安全生产监督管理的部门应当定期统计分析本行政区域内发生生产安全事故的情况,并定期向社会公布。按照这条规定,凡是发生生产安全事故的单位及各有关部门,都应当依照有关事故报告、统计分析的规定,及时、准确地向当地安全生产监管部门报告,由县级以上地方人民政府安全生产监管部门逐级进行汇总、统计和分析,定期通过公共传媒予以公布。

二、《中华人民共和国建筑法》

《中华人民共和国建筑法》(以下简称《建筑法》)于 1997 年 11 月由第八届全国人民代表大会常务委员会第二十八次会议通过,1998 年 3 月 1 日起开始施行。根据 2011 年 4 月 22 日第十一届全国人大常委会第 20 次会议《关于修改〈中华人民共和国建筑法〉的决定》修正。

《建筑法》是我国第一部规范建筑活动的法律,该法的颁布实施,对于加强建筑活动的监督管理,维护建筑市场秩序,保证建筑工程的质量和安全,促进建筑业的健康发展,起到了重要作用。《建筑法》的立法目的在于加强对建筑活动的监督管理,维护建筑市场秩序,保证建筑工程的质量和安全,促进建筑业的健康发展。《建筑法》主要适用于各类房屋建筑及其附属设施的建造和与其配套的线路、管道、设备的安装活动,但是,《建筑法》第八十一条规定:"本法关于施工许可、建筑施工企业资质审查和建筑工程发包、承包、禁止转包,以及建筑工程监理、建筑工程安全和质量管理的规定,适用于其他专业建筑工程的建筑活动。"因此,建筑法同样适用于公路工程建设。

《建筑法》共八十五条,分别从建筑许可、建筑工程发包与承包、建筑工程监理、建筑安全生产管理、建筑工程质量管理等方面做出了规定。其中,第五章"建筑安全生产管理"共 16 条,就建筑安全生产管理中若干重要问题做了明确规定,包括:①建筑工程安全生产管理必须遵循的基本方针和基本制度(第三十六条)。②建筑工程设计必须遵循保证工程安全性能的要求(第三十七条)。③对建筑施工企业提出的保证生产安全的要求,包括:对施工企业编制施工组织设计的安全要求(第三十八条),对施工现场安全管理的要求(第三十九条、第四十五条),对建立健全企业安全生产责任制的要求(第四十四条),对建立健全劳动安全生产教育培训制度的要求(第四十六条),禁止进行危及安全生产的违章指挥、违章作业(第四十七条),建筑施工企业应当依法为职工参加工伤保险缴纳工伤保险费。鼓励企业为从事危险作业的职工办理意外伤害保险,支付保险费。(第四十八条)。④对涉及建筑主体和承重结构变动的装修工程的安全要求(第四十九条)。⑤对房屋拆除作业的安全要求(第五十条)。⑥发生建筑安全事故的处理(第五十一条)。⑦工程建设单位为保证建筑生产安全应履行的义务(第四十二条)。⑧有关行政主管部门对建筑安全生产监督管理的职责(第四十三条)。

以下就建筑工程安全生产管理的基本方针和基本制度以及建筑施工企业的安全生产职责进行归纳总结。

1. 建筑工程安全生产管理的基本方针和基本制度

(1)建筑工程安全生产管理必须坚持"安全第一、预防为主"的方针。

(2)建筑工程安全生产管理必须建立健全安全生产责任制度和群防群治制度。

2. 建筑施工企业的安全生产职责

《建筑法》对建筑施工企业的安全生产职责进行了比较全面的规定,具体说来,有以下八个方面:①编制包括安全技术措施在内的施工组织设计;②对施工现场安全管理;③建立健全企业安全生产责任制;④建立健全劳动安全生产教育培训制度;⑤从业人员的权利和义务;⑥依法为职工参加工伤保险缴纳工伤保险费;⑦环境保护职责;⑧事故报告职责。

三、《中华人民共和国突发事件应对法》

《中华人民共和国突发事件应对法》(以下简称《突发事件应对法》)于 2007 年 8 月 30 日由第十届全国人民代表大会常务委员会第二十九次会议通过,自 2007 年 11 月 1 日起施行。《突发事件应对法》作为开展突发事件应对工作的重要法律依据,明确了应急管理主体、原则、体制、机制、程序、责任等内容,全面、系统地规范了突发事件预防与应急准备、监测与预警、应急处置与救援、事后恢复与重建等应对活动。《突发事件应对法》中,与公路工程安全生产相关的内容主要如下:

(1)所有单位应当建立健全安全管理制度,定期检查本单位各项安全防范措施的落实情况,及时消除事故隐患;掌握并及时处理本单位存在的可能引发社会安全事件的问题,防止矛盾激化和事态扩大;对本单位可能发生的突发事件和采取安全防范措施的情况,应当按照规定及时向所在地人民政府或者人民政府有关部门报告。

(2)矿山、建筑施工单位和易燃易爆物品、危险化学品、放射性物品等危险物品的生产、经营、储运、使用单位,应当制定具体应急预案,并对生产经营场所、有危险物品的建筑物、构筑物及周边环境开展隐患排查,及时采取措施消除隐患,防止发生突发事件。

(3)公共交通工具、公共场所和其他人员密集场所的经营单位或者管理单位应当制定具体应急预案,为交通工具和有关场所配备报警装置和必要的应急救援设备、设施,注明其使用方法,并显著标明安全撤离的通道、路线,保证安全通道、出口的畅通。

有关单位应当定期检测、维护其报警装置和应急救援设备、设施,使其处于良好状态,确保正常使用。

(4)有关单位和人员报送、报告突发事件信息,应当做到及时、客观、真实,不得迟报、谎报、瞒报、漏报。

(5)受到自然灾害危害或者发生事故灾难、公共卫生事件的单位,应当立即组织本单位应急救援队伍和工作人员营救受害人员,疏散、撤离、安置受到威胁的人员,控制危险源,标明危险区域,封锁危险场所,并采取其他防止危害扩大的必要措施,同时向所在地县级人民政府报告;对因本单位的问题引发的或者主体是本单位人员的社会安全事件,有关单位应当按照规定上报情况,并迅速派出负责人赶赴现场开展劝解、疏导工作。

突发事件发生地的其他单位应当服从人民政府发布的决定、命令,配合人民政府采取的应急处置措施,做好本单位的应急救援工作,并积极组织人员参加所在地的应急救援和处置工作。

(6)公民参加应急救援工作或者协助维护社会秩序期间,其在本单位的工资待遇和福利不变;表现突出、成绩显著的,由县级以上人民政府给予表彰或者奖励。

四、《中华人民共和国刑法》

1997 年颁布实施的《中华人民共和国刑法》(以下简称《刑法》)设立了危害公共安全罪,迄今为止 1997 年《刑法》经过了九次修正,其中《刑法修正案(六)》对危害公共安全罪进行了一些修改。从实践中看,公路工程安全生产领域中的犯罪主要涉及以下四个罪名。

1. 重大责任事故罪

根据《刑法》第134条以及《刑法修正案(六)》的规定:重大责任事故罪,是指在生产、作业中违反有关安全管理的规定,或者强令他人违章冒险作业,因而发生重大伤亡事故或者造成其他严重后果的行为。

重大责任事故罪的犯罪构成如下:

(1)犯罪主体。重大责任事故罪主体是一般主体,包括建筑企业的安全生产从业人员、安全生产管理人员以及对安全事故负有责任的包工头、无证从事生产、作业的人员等。

(2)犯罪的主观方面。重大责任事故罪在主观方面表现为过失。可以为疏忽大意的过失,即应当预见自己的行为可能发生危害社会的结果,因为疏忽大意而没有预见,由此导致危害社会的结果。也可以为过于自信的过失,即已经预见自己的行为可能发生危害社会的结果,因为轻信能够避免,由此导致危害社会结果的发生。对于违章行为,既可以是无意违反,也可能是明知故犯。

(3)犯罪客体。重大责任事故罪侵犯的客体是工厂、矿山、林场、建筑企业或者其他企业、事业单位的生产安全。

(4)犯罪的客观方面。重大责任事故罪在客观方面有两种表现形式:一种是行为人在生产、作业活动中,不服管理、违反规章制度,因而发生重大伤亡事故或者造成其他严重后果的。另一种表现形式是行为人在生产、作业活动中,强令工人违章冒险作业,因而发生重大伤亡事故或者造成其他严重后果的,即有关生产作业中指挥、管理人员利用职权强令职工违章冒险作业。

本罪立案追诉标准:根据《最高人民检察院、公安部关于公安机关管辖的刑事案件立案追诉标准的规定(一)》(2008年)第八条的规定,构成重大责任事故罪立案追诉标准是:造成死亡一人以上,或者重伤三人以上;造成直接经济损失五十万元以上的;发生矿山生产安全事故;其他造成严重后果的情形。

本罪的刑罚:在生产、作业中违反有关安全管理的规定,因而发生重大伤亡事故或者造成其他严重后果的,处三年以下有期徒刑或者拘役;情节特别恶劣的,处三年以上七年以下有期徒刑。强令他人违章冒险作业,因而发生重大伤亡事故或者造成其他严重后果的,处五年以下有期徒刑或者拘役;情节特别恶劣的,处五年以上有期徒刑。

从司法实践来看,重大责任事故罪中的"情节特别恶劣"主要是指下列几种情况:

(1)造成了特别严重的后果,如致多人死亡;或者致人重伤的人数特别多;或者直接经济损失特别巨大。

(2)违章行为特别恶劣,如已因违反规章制度受到批评教育或行政处罚而不改正,再次违反规章制度,造成重大事故;或者屡次违反规章制度;或者明知没有安全保证,甚至已发现事故苗头,仍然不听劝阻、一意孤行,拒不采纳工人和技术人员的意见,用恶劣手段强令工人违章冒险作业等。

(3)事故发生后,行为人表现特别恶劣。如事故发生后,不积极采取抢救措施抢救伤残人员或防止危害后果扩大,只顾个人逃命或抢救个人财物,使危害后果蔓延扩大;或者事故发生后,为逃避罪责,破坏、伪造现场,隐瞒事实真相,嫁祸于人。

2. 重大劳动安全事故罪

根据《刑法》第135条以及《刑法修正案(六)》的规定,重大劳动安全事故罪是指安全生产设施或者安全生产条件不符合国家规定,因而发生重大伤亡事故或者造成其他严重后果的行为。

重大劳动安全事故罪的犯罪构成及其特征如下:

(1)犯罪主体。本罪的主体是特殊主体,即直接负责的主管人员和其他直接责任人员。其中,直接负责的主管人员包括生产经营单位的负责人、生产经营的指挥人员、实际控制人、投资人。其他直接责任人员包括对安全生产设施、安全生产条件负有提供、维护、管理职责的人。

(2)犯罪的主观方面。本罪的主观方面表现为过失,即在主观上都不希望发生危害社会的严重后果。但行为人对安全生产设施或安全生产条件不符合国家规定的,则可能是故意的,也可能是过失。

(3)犯罪客体。本罪的客体是劳动安全。

(4)犯罪的客观方面。本罪的客观方面表现为安全生产设施或者安全生产条件不符合国家规定,因而发生重大伤亡事故或者造成其他严重后果的行为。

本罪的处罚:《刑法修正案(六)》规定,安全生产设施或者安全生产条件不符合国家规定,因而发生重大伤亡事故或者造成其他严重后果的,对直接负责的主管人员和其他直接责任人员,处三年以下有期徒刑或者拘役;情节特别恶劣的,处三年以上七年以下有期徒刑。

3. 工程重大安全事故罪

根据《刑法》第137条的规定,工程重大安全事故罪是指建设单位、设计单位、施工单位、工程监理单位违反国家规定,降低工程质量标准,造成重大安全事故的行为。

本罪的犯罪构成如下:

(1)犯罪主体。本罪的主体是特殊主体,仅限于建设单位、设计单位、施工单位、工程监理单位及其责任人员。

(2)犯罪的主观方面。本罪的主观方面表现为过失。但行为人违反国家规定,降低质量标准则可能是故意,也可能是过失。

(3)犯罪客体。本罪的客体是公共安全和国家有关安全管理的法律制度。

(4)犯罪的客观方面。表现为违反国家规定,降低工程质量标准,造成重大安全事故的行为。

本罪的处罚:对直接责任人员,处五年以下有期徒刑或者拘役,并处罚金;后果特别严重的,处五年以上十年以下有期徒刑,并处罚金。

4. 谎报瞒报事故罪

根据《刑法修正案(六)》的规定,谎报瞒报事故罪是指在安全事故发生后,负有报告安全事故职责的人员不报或者谎报事故情况,贻误事故抢救,情节严重的行为。

本罪的犯罪构成如下:

(1)犯罪主体。本罪的主体是特殊主体,即对安全事故负有报告职责的人员。具体指依照法律、法规和规章,还有是生产经营单位的规章制度,在重大事故发生以后,有义务向主管生产经营的负责人或单位负责人,还有是有关的安全生产监管部门报告事故情况的人。对于施工单位来说,主要是指发生安全事故的施工单位主要负责人以及项目经理。对国家机关来说,主要是指各级安全生产监督管理部门负责人、主管地方各级安全生产监督管理部门的负责人以及地方各级人民政府的主要领导人等。

(2)犯罪的主观方面。本罪的主观方面既可以表现为是过失,也可以表现为是间接故意,是一种复合的罪过。

(3)犯罪客体。本罪的客体是公共安全,也就是不特定的或多数人的生命、健康或重大公私财产安全。

(4)犯罪的客观方面。本罪的客观方面是安全事故发生以后,负有报告职责的人员不报或谎报事故情况,贻误事故抢救,并且具有严重情节的行为。

本罪的处罚:根据《刑法修正案(六)》规定,在安全事故发生后,负有报告职责的人员不报或者谎报事故情况,贻误事故抢救,情节严重的,处三年以下有期徒刑或者拘役;情节特别严重的,处三年以上七年以下有期徒刑。

五、《最高人民法院、最高人民检察院关于办理危害生产安全刑事案件适用法律若干问题的解释》

《最高人民法院、最高人民检察院关于办理危害生产安全刑事案件适用法律若干问题的解释》(以下简称《解释》)于2015年11月9日由最高人民法院审判委员会第1665次会议、2015年12月9日由最高人民检察院第十二届检察委员会第44次会议通过,自2015年12月16日起施行。

危害生产安全犯罪涉及行业领域广泛,行为方式复杂多样,司法机关办理相关案件时,有许多问题亟待解决。司法机关不断总结经验,先后出台了一系列司法解释和规范性文件。2011年底,最高人民法院出台了《关于进一步加强危害生产安全刑事案件审判工作的意见》,对此类案件的审判原则、法律适用标准、刑事政策把握以及缓刑、免予刑事处罚措施的规范应用等做出了明确规定,施行效果良好。2013年10月,最高人民法院、最高人民检察院经共同研究,认为现阶段有必要对危害生产安全刑事案件制定司法解释;经共同深入调研,广泛听取立法机关、行政机关、专家学者和社会各界的意见,制定了《解释》。《解释》的主要内容如下:

(1)明确重大责任事故罪、强令违章冒险作业罪、重大劳动安全事故罪和不报谎报安全事故罪的主体范围。

针对实践中某些国家工作人员或者具有特定职务身份的公司、企业管理人员,为了规避法律、法规关于国家工作人员不得违规投资入股生产经营企业,或者公司、企业管理人员不得违规从事与所任职公司、企业同类业务等方面的禁止性规定,以他人名义投资入股公司、企业,从而达到隐藏自己股东身份、充当隐名持股人的情况,《解释》第一条、第二条明确规定,《刑法》第一百三十四条第一款、第二款规定的犯罪主体,包括对生产、作业负有组织、指挥或者管理职责的负责人、管理人员、实际控制人、投资人等人员,以及直接从事生产、作业的人员。

《解释》第三条对重大劳动安全事故罪,《刑法》第一百三十五条规定的直接负责的主管人员和其他直接责任人员,是指对安全生产设施或者安全生产条件不符合国家规定负有直接责任的生产经营单位负责人、管理人员、实际控制人、投资人,以及其他对安全生产设施或者安全生产条件负有管理、维护职责的人员。

《解释》第四条对不报谎报安全事故罪,《刑法》第一百三十九条之一规定的负有报告职责的人员,是指负有组织、指挥或者管理职责的负责人、管理人员、实际控制人、投资人,以及其他负有报告职责的人员。

(2)明确相关犯罪的定罪量刑标准。

此前,对于危害生产安全犯罪的多个罪名,包括近年来多发、频发的危险物品肇事罪和消防责任事故罪等,均无明确的定罪量刑标准,实践中难以把握。《解释》第六条明确规定,实施《刑法》第一百三十二条、第一百三十四条第一款、第一百三十五条、第一百三十五条之一、第一百三十六条、第一百三十九条规定的行为,因而发生安全事故,具有下列情形之一的,应当认定为造成严重后果或者发生重大伤亡事故或者造成其他严重后果,对相关责任人员,处三年以下有期徒刑或者拘役:①造成死亡一人以上,或者重伤三人以上的;②造成直接经济损失一百万元以上的;③其他造成严重后果或者重大安全事故的情形。

实施《刑法》第一百三十四条第二款规定的行为,因而发生安全事故,具有本条第一款规定情形的,应当认定为发生重大伤亡事故或者造成其他严重后果,对相关责任人员,处五年以下有期徒刑或者拘役。

实施《刑法》第一百三十七条规定的行为,因而发生安全事故,具有本条第一款规定情形的,应当认定为造成重大安全事故,对直接责任人员,处五年以下有期徒刑或者拘役,并处罚金。

《解释》第七条规定,实施《刑法》第一百三十二条、第一百三十四条第一款、第一百三十五条、第一百三十五条之一、第一百三十六条、第一百三十九条规定的行为,因而发生安全事故,具有下列情形之一的,对相关责任人员,处三年以上七年以下有期徒刑:①造成死亡三人以上或者重伤十人以上,负事故主要责任的;②造成直接经济损失五百万元以上,负事故主要责任的;③其他造成特别严重后果、情节特别恶劣或者后果特别严重的情形。

实施《刑法》第一百三十四条第二款规定的行为,因而发生安全事故,具有本条第一款规定情形的,对相关责任人员,处五年以上有期徒刑。实施《刑法》第一百三十七条规定的行为,因而发生安全事故,具有本条第一款规定情形的,对直接责任人员,处五年以上十年以下有期徒刑,并处罚金。

实施《刑法》第一百三十八条规定的行为,因而发生安全事故,具有下列情形之一的,对直接责任人员,处三年以上七年以下有期徒刑:①造成死亡三人以上或者重伤十人以上,负事故主要责任的;②具有本解释第六条第一款第一项规定情形,同时造成直接经济损失五百万元以上并负事故主要责任的,或者同时造成恶劣社会影响的。

《解释》第八条规定,在安全事故发生后,负有报告职责的人员不报或者谎报事故情况,贻误事故抢救,具有下列情形之一的,应当认定为《刑法》第一百三十九条之一规定的情节严重:①导致事故后果扩大,增加死亡一人以上,或者增加重伤三人以上,或者增加直接经济损失一百万元以上的;②实施下列行为之一,致使不能及时有效开展事故抢救的:决定不报、迟报、谎报事故情况或者指使、串通有关人员不报、迟报、谎报事故情况的;在事故抢救期间擅离职守或者逃匿的;伪造、破坏事故现场,或者转移、藏匿、毁灭遇难人员尸体,或者转移、藏匿受伤人员的;毁灭、伪造、隐匿与事故有关的图纸、记录、计算机数据等资料以及其他证据的;③其他情节严重的情形。

具有下列情形之一的,应当认定为《刑法》第一百三十九条之一规定的情节特别严重:导致事故后果扩大,增加死亡三人以上,或者增加重伤十人以上,或者增加直接经济损失五百万元以上的;采用暴力、胁迫、命令等方式阻止他人报告事故情况,导致事故后果扩大的;其他情节特别严重的情形。

《解释》第九条规定,在安全事故发生后,与负有报告职责的人员串通,不报或者谎报事故情况,贻误事故抢救,情节严重的,依照《刑法》第一百三十九条之一的规定,以共犯论处。

(3)明确强令违章冒险作业罪的适用条件。

《刑法修正案(六)》增设了强令违章冒险作业罪,法定最高刑为有期徒刑十五年,是危害生产安全犯罪中的重罪,问题在于对强令一词理解不当,将某些强令违章冒险作业行为错误认定为普通责任事故犯罪,导致处刑过低,不利于严惩犯罪。

《解释》第五条明确规定,明知存在事故隐患、继续作业存在危险,仍然违反有关安全管理的规定,实施下列行为之一的,应当认定为《刑法》第一百三十四条第二款规定的强令他人违章冒险作业:①利用组织、指挥、管理职权,强制他人违章作业的;②采取威逼、胁迫、恐吓等手段,强制他人违章作业的;③故意掩盖事故隐患,组织他人违章作业的;④其他强令他人违章作业的行为。

(4)严惩故意阻挠开展事故抢救、遗弃事故受害人等行为。

《解释》第十条规定,在安全事故发生后,直接负责的主管人员和其他直接责任人员故意阻挠开展抢救,导致人员死亡或者重伤,或者为了逃避法律追究,对被害人进行隐藏、遗弃,致使被害人因无法得到救助而死亡或者重度残疾的,分别依照《刑法》第二百三十二条、第二百三十四条的规定,以故意杀人罪或者故意伤害罪定罪处罚。

(5)明确从重处罚和从轻处罚情形。

依法严惩危害生产安全刑事犯罪,保护人民群众生命财产安全,是《解释》的总体基调。《解释》第十二条规定,实施《刑法》第一百三十二条、第一百三十四条至第一百三十九条之一规定的犯罪行为,具有下列情形之一的,从重处罚:①未依法取得安全许可证件或者安全许可证件过期、被暂扣、吊销、注销后从事生产经营活动的;②关闭、破坏必要的安全监控和报警设备的;③已经发现事故隐患,经有关部门或者个人提出后,仍不采取措施的;④一年内曾因危害生产安全违法犯罪活动受过行政处罚或者刑事处罚的;⑤采取弄虚作假、行贿等手段,故意逃避、阻挠负有安全监督管理职责的部门实施监督检查的;⑥安全事故发生后转移财产意图逃避承担责任的;⑦其他从重处罚的情形。

实施上述第五项规定的行为,同时构成《刑法》第三百八十九条规定的犯罪的,依照数罪并罚的规定处罚。

《解释》第十三条规定,实施《刑法》第一百三十二条、第一百三十四条至第一百三十九条之一规定的犯罪行为,在安全事故发生后积极组织、参与事故抢救,或者积极配合调查、主动赔偿损失的,可以酌情从轻处罚。

(6)严惩相关贪污贿赂和渎职犯罪。

实践表明,许多重特大生产安全事故的背后,均隐藏着公职人员的贪污贿赂或者失职、渎职行为。司法机关在惩治事故单位责任人员的同时,更要严惩隐藏在事故背后的公职人员犯罪。《解释》第十四条规定,国家工作人员违反规定投资入股生产经营,构成本解释规定的有关犯罪的,或者国家工作人员的贪污、受贿犯罪行为与安全事故发生存在关联性的,从重处罚;同时构成贪污、受贿犯罪和危害生产安全犯罪的,依照数罪并罚的规定处罚。

《解释》第十五条规定,国家机关工作人员在履行安全监督管理职责时滥用职权、玩忽职守,致使公共财产、国家和人民利益遭受重大损失的,或者徇私舞弊,对发现的刑事案件依法应当移交司法机关追究刑事责任而不移交,情节严重的,分别依照《刑法》第三百九十七条、第四百零二条的规定,以滥用职权罪、玩忽职守罪或者徇私舞弊不移交刑事案件罪定罪处罚。

公司、企业和事业单位的工作人员在依法或者受委托行使安全监督管理职责时滥用职权或者玩忽职守,构成犯罪的,应当依照《全国人民代表大会常务委员会关于〈中华人民共和国刑法〉第九章渎职罪主体适用问题的解释》的规定,适用渎职罪的规定追究刑事责任。

(7)明确禁止令和职业禁止措施的适用范围。

为充分发挥《刑法》规定的缓刑考验期限内的禁止令和刑罚执行完毕后的职业禁止措施的积极作用,预防危害生产安全犯罪分子短时期内再次重操旧业,引发新的安全事故,《解释》第十六条规定,对于实施危害生产安全犯罪适用缓刑的犯罪分子,可以根据犯罪情况,禁止其在缓刑考验期限内从事与安全生产相关联的特定活动;对于被判处刑罚的犯罪分子,可以根据犯罪情况和预防再犯罪的需要,禁止其自刑罚执行完毕之日或者假释之日起三年至五年内从事与安全生产相关的职业。

六、《中华人民共和国消防法》

《中华人民共和国消防法》(以下简称《消防法》)于1998年4月29日第九届全国人民代表大会常务委员会第二次会议通过,2008年10月28日第十一届全国人民代表大会常务委员会第五次会议修订,自2009年5月1日起施行。该法的目的在于预防火灾和减少火灾危害,加强应急救援工作,保护人身、财产安全,维护公共安全。《消防法》中,与公路工程安全生产相关的内容如下:

1. 消防工作的方针与原则

消防工作贯彻"预防为主、防消结合"的方针,按照政府统一领导、部门依法监管、单位全面负责、公民积极参与的原则,实行消防安全责任制,建立健全社会化的消防工作网络。

2. 消防设计的审核与验收

建设工程的消防设计、施工必须符合国家工程建设消防技术标准。建设、设计、施工、工程监理等单位依法对建设工程的消防设计、施工质量负责。

按照国家工程建设消防技术标准需要进行消防设计的建设工程,建设单位应当自依法取得施工许可之日起七个工作日内,将消防设计文件报公安机关消防机构备案,公安机关消防机构应当进行抽查。国务院公安部门规定的大型的人员密集场所和其他特殊建设工程,建设单位应当将消防设计文件报送公安机关消防机构审核。公安机关消防机构依法对审核的结果负责。

依法应当经公安机关消防机构进行消防设计审核的建设工程,未经依法审核或者审核不合格,负责审批该工程施工许可的部门不得给予施工许可,建设单位、施工单位不得施工;其他建设工程取得施工许可后经依法抽查不合格的,应当停止施工。

按照国家工程建设消防技术标准需要进行消防设计的建设工程竣工时,必须报公安机关消防机构进行消防验收;未经消防验收或者消防验收不合格的,禁止投入使用。公众聚集场所在投入使用、营业前,建设单位或者使用单位应当向场所所在地的县级以上地方人民政府公安机关消防机构申请消防安全检查。

3. 工程建设中应当采取的消防安全措施

在设有车间或者仓库的建筑物内,不得设置员工集体宿舍。生产、储存、经营易燃易爆危险品的场所不得与居住场所设置在同一建筑物内,并应当与居住场所保持安全距离。生产、储存、经营其他物品的场所与居住场所设置在同一建筑物内的,应当符合国家工程建设消防技术标准。

生产、储存、装卸易燃易爆危险品的工厂、仓库和专用车站、码头的设置,应当符合消防技术标准。易燃易爆气体和液体的充装站、供应站、调压站,应当设置在符合消防安全要求的位置,并符合防火防爆要求。已经设置的生产、储存、装卸易燃易爆危险品的工厂、仓库和专用车站、码头,易燃易爆气体和液体的充装站、供应站、调压站,不再符合上述规定的,地方人民政府应当组织、协调有关部门、单位限期解决,消除安全隐患。

进入生产、储存易燃易爆危险物品的场所,必须执行国家有关消防安全的规定,禁止携带火种进入生产、储存易燃易爆危险物品的场所。禁止在具有火灾、爆炸危险的场所使用明火;因特殊情况需要使用明火作业的,应当按照规定事先办理审批手续。

进行电焊、气焊等具有火灾危险的作业人员和自动消防系统的操作人员,必须持证上岗,并严格遵守消防安全操作规程。消防产品的质量必须符合国家标准或者行业标准。电器产品、燃气用具的质量必须符合国家标准或者行业标准。任何单位、个人不得损坏或者擅自挪用、拆除、停用消防设施、器材,不得埋压、圈占消火栓,不得占用防火间距,不得堵塞消防通道。

七、《中华人民共和国劳动法》

《中华人民共和国劳动法》(以下简称《劳动法》)于1994年7月5日由第八届全国人民代表大会第八次会议通过,1995年1月1日起施行。该法是调整劳动关系以及与劳动关系密切联系的其他关系的法律规范。《劳动法》中,有关安全生产的规定主要有以下几个方面。

1. 用人单位在职业安全卫生方面的职责

《劳动法》第五十二条规定,用人单位必须建立、健全职业安全卫生制度,严格执行国家职业安全卫生规程和标准,对劳动者进行职业安全卫生教育,防止劳动过程中的事故,减少职业危害。根据本条款的规定,职业安全卫生制度包括以下几项内容:用人单位必须建立、健全职业安全卫生制度;用人单位必须执行国家职业安全卫生规程和标准;用人单位必须对劳动者进行职业安全卫生教育。

《劳动法》第五十三条规定,职业安全卫生设施必须符合国家规定的标准。新建、改建、扩建工程的职业安全卫生设施必须与主体工程同时设计、同时施工、同时投入生产和使用。职业安全卫生设施是指安全技术方面的设施、劳动卫生方面的设施、生产性辅助设施(如女工卫生室、更衣室、饮水设施等)。国家规定的标准是指行政主管部门和各行业主管部门制定的一系列技术标准。

2. 职业安全卫生条件及劳动防护用品要求

《劳动法》第五十四条规定,用人单位必须为劳动者提供符合国家规定的职业安全卫生条件和必要的劳动防护用品。对从事有职业危害作业的劳动者应当定期进行健康检查。

3. 建立伤亡事故和职业病统计报告和处理制度

在劳动生产过程中,由于各种原因发生伤亡事故,产生职业病是不可避免的,为了真实地掌握情况,有效地采取对策,预防事故隐患和职业病的发生,在《劳动法》中特别提出了建立伤亡事故和职业病统计报告的处理制度。

4. 对劳动者的职业培训

《劳动法》第五十五条规定,从事特种作业的劳动者必须经过专门培训并取得特种作业资格。

5. 劳动者在职业安全卫生方面的权利和义务

《劳动法》第三条规定,劳动者享有平等就业和选择职业的权利、取得劳动报酬的权利、休息休假的权利、获得劳动安全卫生保护的权利、接受职业技能培训的权利、享受社会保险和福利的权利、提请劳动争议处理的权利以及法律规定的其他劳动权利。

《劳动法》第五十六条规定,劳动者在劳动过程中必须严格遵守安全操作规程。劳动者对用人单位管理人员违章指挥、强令冒险作业,有权拒绝执行;对危害生命安全和身体健康的行为,有权提出批评、检举和控告。

八、《中华人民共和国劳动合同法》

《中华人民共和国劳动合同法》(以下简称《劳动合同法》)于 2007 年 6 月 29 日第十届全国人民代表大会常务委员会第二十八次会议通过,自 2008 年 1 月 1 日起施行。根据 2012 年 12 月 28 日第十一届全国人民代表大会常务委员会第三十次会议《全国人民代表大会常务委员会关于修改〈中华人民共和国劳动合同法〉的决定》,对该法进行修正,自 2013 年 7 月 1 日起施行。其立法目的是为了保护劳动者的合法权益,调整劳动关系,建立和维护适应社会主义市场经济的劳动制度,促进经济发展和社会进步。《劳动合同法》中,有关安全生产的规定主要如下:

(1)用人单位在制定、修改或者决定有关劳动报酬、工作时间、休息休假、劳动安全卫生、保险福利、职工培训、劳动纪律以及劳动定额管理等直接涉及劳动者切身利益的规章制度或者重大事项时,应当经职工代表大会或者全体职工讨论,提出方案和意见,与工会或者职工代表平等协商确定。

(2) 用人单位招用劳动者时,应当如实告知劳动者工作内容、工作条件、工作地点、职业危害、安全生产状况、劳动报酬,以及劳动者要求了解的其他情况;用人单位有权了解劳动者与劳动合同直接相关的基本情况,劳动者应当如实说明。

(3) 劳动合同分为固定期限劳动合同、无固定期限劳动合同和以完成一定工作任务为期限的劳动合同。用人单位自用工之日起超过一个月不满一年未与劳动者订立书面劳动合同的,应当向劳动者每月支付二倍的工资。用人单位自用工之日起满一年不与劳动者订立书面劳动合同的,视为用人单位与劳动者已订立无固定期限劳动合同。

(4) 劳动者拒绝用人单位管理人员违章指挥、强令冒险作业的,不视为违反劳动合同。劳动者对危害生命安全和身体健康的劳动条件,有权对用人单位提出批评、检举和控告。用人单位违章指挥、强令冒险作业危及劳动者人身安全的,劳动者可以立即解除劳动合同,不需事先告知用人单位。

(5) 违章指挥或者强令冒险作业危及劳动者人身安全的或劳动条件恶劣、环境污染严重,给劳动者身心健康造成严重损害的,依法给予行政处罚;构成犯罪的,依法追究刑事责任;给劳动者造成损害的,应当承担赔偿责任。

(6) 经营劳务派遣业务,应当向劳动行政部门依法申请行政许可,未经许可,任何单位和个人不得经营劳务派遣业务。经营劳务派遣业务应当具备下列条件:注册资本不得少于人民币二百万元;有与开展业务相适应的固定的经营场所和设施;有符合法律、行政法规规定的劳务派遣管理制度;法律、行政法规规定的其他条件。

(7) 被派遣劳动者享有与用工单位的劳动者同工同酬的权利。用工单位应当按照同工同酬原则,对被派遣劳动者与本单位同类岗位的劳动者实行相同的劳动报酬分配办法。用工单位无同类岗位劳动者的,参照用工单位所在地相同或者相近岗位劳动者的劳动报酬确定。

(8) 劳动合同用工是我国的企业基本用工形式,劳务派遣用工是补充形式,只能在临时性、辅助性或者替代性的工作岗位上实施。用工单位应当严格控制劳务派遣用工数量,不得超过其用工总量的一定比例,具体比例由国务院劳动行政部门规定。

九、《中华人民共和国公路法》

《中华人民共和国公路法》(以下简称《公路法》)由第八届全国人民代表大会常务委员会第二十六次会议于1997年7月3日通过,自1998年1月1日起施行,1999年10月31日第九届全国人民代表大会常务委员会第十二次会议第一次修正,2004年8月28日第十届全国人民代表大会常务委员会第十一次会议第二次修正,2009年08月27日第十一届全国人民代表大会常务委员会第十次会议第三次修正。《公路法》中,有关安全生产的法律规定主要如下。

1. 公路施工中的安全管理

改建公路时,施工单位应当在施工路段两端设置明显的施工标志、安全标志。需要车辆绕行的,应当在绕行路口设置标志;不能绕行的,必须修建临时道路,保证车辆和行人通行。阻碍公路建设或者公路抢修,致使公路建设或者抢修不能正常进行,尚未造成严重损失的,依照《中华人民共和国治安管理处罚法》的规定处罚。

2.公路养护作业中的安全管理

为保障公路养护人员的人身安全,公路养护人员进行养护作业时,应当穿着统一的安全标志服;利用车辆进行养护作业时,应当在公路作业车辆上设置明显的作业标志。公路养护车辆进行作业时,在不影响过往车辆通行的前提下,其行驶路线和方向不受公路标志、标线限制;过往车辆对公路养护车辆和人员应当注意避让。

3.路政管理中的安全管理

在大中型公路桥梁和渡口周围二百米、公路隧道上方和洞口外一百米范围内,以及在公路两侧一定距离内,不得挖砂、采石、取土、倾倒废弃物,不得进行爆破作业及其他危及公路、公路桥梁、公路隧道、公路渡口安全的活动。

超过公路、公路桥梁、公路隧道或者汽车渡船的限载、限高、限宽、限长标准的车辆,不得在有限定标准的公路、公路桥梁上或者公路隧道内行驶,不得使用汽车渡船。超过公路或者公路桥梁限载标准确需行驶的,必须经县级以上地方人民政府交通主管部门批准,并按要求采取有效的防护措施;运载不可解体的超限物品的,应当按照指定的时间、路线、时速行驶,并悬挂明显标志。

损毁公路或者擅自移动公路标志,可能影响交通安全,尚不够刑事处罚的,适用《中华人民共和国道路交通安全法》第九十九条的处罚规定。拒绝、阻碍公路监督检查人员依法执行职务未使用暴力、威胁方法的,依照《中华人民共和国治安管理处罚法》的规定处罚。

十、《中华人民共和国特种设备安全法》

《中华人民共和国特种设备安全法》(以下简称《特种设备安全法》)由中华人民共和国第十二届全国人民代表大会常务委员会第3次会议于2013年6月29日通过,2013年6月29日中华人民共和国主席令第4号公布,自2014年1月1日起施行。《特种设备安全法》是一部关于我国特种设备生产和安全监督管理的专门法律。为了加强特种设备安全工作,预防特种设备事故,保障人身和财产安全,促进经济社会发展而制定。该法规定了企业全面负责、部门依法监管、检验技术把关、政府督促协调、社会广泛监督的特种设备安全工作职责分工,明确特种设备安全工作应当坚持"安全第一、预防为主、节能环保、综合治理"的原则。《特种设备安全法》的颁布实施对于加强特种设备的安全管理,防止和减少事故,保障人民群众生命和财产安全发挥了重要作用。《特种设备安全法》中,与公路工程安全生产相关的主要内容如下:

(1)明确特种设备是指对人身和财产安全有较大危险性的锅炉、压力容器(含气瓶)、压力管道、电梯、起重机械、客运索道、大型游乐设施、场(厂)内专用机动车辆,以及法律、行政法规规定适用本法的其他特种设备。

国家对特种设备实行目录管理。特种设备目录由国务院负责特种设备安全监督管理的部门制定,报国务院批准后执行。

(2)国家对特种设备的生产、经营、使用,实施分类的、全过程的安全监督管理。国务院负责特种设备安全监督管理的部门对全国特种设备安全实施监督管理。县级以上地方各级人民政府负责特种设备安全监督管理的部门对本行政区域内特种设备安全实施监督管理。国务院和地方各级人民政府应当加强对特种设备安全工作的领导,督促各有关部门依法履行监督管理职责。县级以上地方各级人民政府应当建立协调机制,及时协调、解决特种设备安全监督管理中存在的问题。

(3)特种设备生产、经营、使用单位及其主要负责人对其生产、经营、使用的特种设备安全负责。特种设备生产、经营、使用单位应当按照国家有关规定配备特种设备安全管理人员、检测人员和作业人员,并对其进行必要的安全教育和技能培训。特种设备安全管理人员、检测人员和作业人员应当按照国家有关规定取得相应资格,方可从事相关工作。特种设备安全管理人员、检测人员和作业人员应当严格执行安全技术规范和管理制度,保证特种设备安全。特种设备生产、经营、使用单位对其生产、经营、使用的特种设备应当进行自行检测和维护保养,对国家规定实行检验的特种设备应当及时申报并接受检验。

(4)特种设备使用单位应当使用取得许可生产并经检验合格的特种设备。禁止使用国家明令淘汰和已经报废的特种设备。特种设备使用单位应当在特种设备投入使用前或者投入使用后三十日内,向负责特种设备安全监督管理的部门办理使用登记,取得使用登记证书。登记标志应当置于该特种设备的显著位置。特种设备使用单位应当建立岗位责任、隐患治理、应急救援等安全管理制度,制定操作规程,保证特种设备安全运行。特种设备使用单位应当建立特种设备安全技术档案。

(5)从事特种设备的监督检验、定期检验的特种设备检验机构,以及为特种设备生产、经营、使用提供检测服务的特种设备检测机构,应当具备相应条件,并经负责特种设备安全监督管理的部门核准,方可从事检验、检测工作。特种设备检验、检测机构的检验、检测人员应当经考核,取得检验、检测人员资格,方可从事检验、检测工作。

(6)负责特种设备安全监督管理的部门依照本法规定,对特种设备生产、经营、使用单位和检验、检测机构实施监督检查。负责特种设备安全监督管理的部门对依法办理使用登记的特种设备,应当建立完整的监督管理档案和信息查询系统;对达到报废条件的特种设备,应当及时督促特种设备使用单位依法履行报废义务。负责特种设备安全监督管理的部门在依法履行监督检查职责时,可以行使的职权有:进入现场进行检查,向特种设备生产、经营、使用单位和检验、检测机构的主要负责人和其他有关人员调查、了解有关情况;根据举报或者取得的涉嫌违法证据,查阅、复制特种设备生产、经营、使用单位和检验、检测机构的有关合同、发票、账簿以及其他有关资料;对有证据表明不符合安全技术规范要求或者存在严重事故隐患的特种设备实施查封、扣押;对流入市场的达到报废条件或者已经报废的特种设备实施查封、扣押;对违反本法规定的行为作出行政处罚决定等。

(7)负责特种设备安全监督管理的部门在依法履行职责过程中,发现违反本法规定和安全技术规范要求的行为或者特种设备存在事故隐患时,应当以书面形式发出特种设备安全监察指令,责令有关单位及时采取措施予以改正或者消除事故隐患。紧急情况下要求有关单位采取紧急处置措施的,应当随后补发特种设备安全监察指令。

(8)负责特种设备安全监督管理的部门在依法履行职责过程中,发现重大违法行为或者特种设备存在严重事故隐患时,应当责令有关单位立即停止违法行为、采取措施消除事故隐患,并及时向上级负责特种设备安全监督管理的部门报告。接到报告的负责特种设备安全监督管理的部门应当采取必要措施,及时予以处理。对违法行为、严重事故隐患的处理需要当地人民政府和有关部门的支持、配合时,负责特种设备安全监督管理的部门应当报告当地人民政府,并通知其他有关部门。当地人民政府和其他有关部门应当采取必要措施,及时予以处理。

(9)国务院负责特种设备安全监督管理的部门,应当依法组织制定特种设备重特大事故应急预案,报国务院批准后纳入国家突发事件应急预案体系。县级以上地方各级人民政府及其负责特种设备安全监督管理的部门,应当依法组织制定本行政区域内特种设备事故应急预案,建立或者纳入相应的应急处置与救援体系。特种设备使用单位应当制定特种设备事故应急专项预案,并定期进行应急演练。

(10)特种设备发生事故后,事故发生单位应当按照应急预案采取措施,组织抢救,防止事故扩大,减少人员伤亡和财产损失,保护事故现场和有关证据,并及时向事故发生地县级以上人民政府负责特种设备安全监督管理的部门和有关部门报告。县级以上人民政府负责特种设备安全监督管理的部门接到事故报告,应当尽快核实情况,立即向本级人民政府报告,并按照规定逐级上报。必要时,负责特种设备安全监督管理的部门可以越级上报事故情况。对特别重大事故、重大事故,国务院负责特种设备安全监督管理的部门,应当立即报告国务院并通报国务院安全生产监督管理部门等有关部门。与事故相关的单位和人员不得迟报、谎报或者瞒报事故情况,不得隐匿、毁灭有关证据或者故意破坏事故现场。事故发生地人民政府接到事故报告,应当依法启动应急预案,采取应急处置措施,组织应急救援。

(11)特种设备发生特别重大事故,由国务院或者国务院授权有关部门组织事故调查组进行调查。发生重大事故,由国务院负责特种设备安全监督管理的部门会同有关部门组织事故调查组进行调查。发生较大事故,由省、自治区、直辖市人民政府负责特种设备安全监督管理的部门会同有关部门组织事故调查组进行调查。发生一般事故,由设区的市级人民政府负责特种设备安全监督管理的部门会同有关部门组织事故调查组进行调查。事故调查组应当依法、独立、公正开展调查,提出事故调查报告。

十一、《中华人民共和国职业病防治法》

《中华人民共和国职业病防治法》(以下简称《职业病防治法》)于2001年10月27日通过第九届全国人民代表大会常务委员会第二十四次会议通过,自2002年5月1日起施行。中华人民共和国第十二届全国人民代表大会常务委员会第二十一次会议对《职业病防治法》进行了修正,于2016年7月2日通过并施行。其立法目的是为了预防、控制和消除职业病危害,防治职业病,保护劳动者健康及其相关权益,促进经济发展。《职业病防治法》中,与公路工程安全生产相关的内容如下。

1. 建设单位的主要责任

新建、扩建、改建建设项目和技术改造、技术引进项目(以下统称"建设项目")可能产生职业病危害的,建设单位在可行性论证阶段应当进行职业病危害预评价。建设项目的职业病防护设施设计应当符合国家职业卫生标准和卫生要求;其中,医疗机构放射性职业病危害严重的建设项目的防护设施设计,应当经卫生行政部门审查同意后,方可施工。建设项目在竣工验收前,建设单位应当进行职业病危害控制效果评价。

医疗机构可能产生放射性职业病危害的建设项目竣工验收时,其放射性职业病防护设施经卫生行政部门验收合格后,方可投入使用;其他建设项目的职业病防护设施应当由建设单位负责依法组织验收,验收合格后,方可投入生产和使用。安全生产监督管理部门应当加强对建设单位组织的验收活动和验收结果的监督核查。

2. 用人单位的主要职责

用人单位应当履行的职责包括:健康保障义务,为劳动者提供符合国家职业卫生标准和卫生要求的工作场所、环境和条件;职业卫生管理义务;保险义务,用人单位应当依法参加工伤社会保险;报告义务,用人单位应当及时如实向卫生行政部门申报职业病危害项目,报告职业病危害事故和职业病危害检测、评价结果;卫生防护义务,用人单位必须设置有效的职业病防护设施,并为劳动者提供个人防护用品;职业病危害检测义务,用人单位应当定期对工作场所进行职业病危害检测、评价;职业病危害告知义务,用人单位应当知悉其产生的职业病危害,不得隐瞒其危害;及时控制职业病危害事故义务;培训教育义务,用人单位对劳动者应当进行上岗前、在岗期间的职业卫生培训和教育;健康监护义务,用人单位应当组织从事接触职业病危害因素的劳动者进行上岗前、在岗期间和离岗时的职业健康检查;落实职业病患者待遇义务;特殊劳动者保护义务,用人单位不得安排未成年人从事接触职业病危害因素的作业;不得安排孕妇、哺乳期的女工从事对本人和胎儿、婴儿有危害的作业;劳动者申请职业病诊断或鉴定时,用人单位应当如实提供职业病诊断所需的有关职业卫生和健康监护等资料。

3. 劳动者的权利

(1)知情权。根据《职业病防治法》的规定,产生职业病危害的用人单位,应当在醒目位置设置公告栏,公布有关职业病防治的规章制度、操作规程、职业病危害事故应急救援措施和工作场所职业病危害因素检测结果。对产生严重职业病危害的作业岗位,应当在其醒目位置,设置警示标识和中文警示说明。向用人单位提供可能产生职业病危害的设备、化学品、放射性同位素和含有放射性物质的材料的,应当提供中文说明书,并在设备的醒目位置设置警示标识和中文警示说明。《职业病防治法》还规定,用人单位与劳动者订立劳动合同(含聘用合同)时,应当将工作过程中可能产生的职业病危害及其后果、职业病防护措施和待遇等如实告知劳动者,并在劳动合同中写明,不得隐瞒或者欺骗。对从事接触职业病危害的作业的劳动者,用人单位应当组织上岗前、在岗期间和离岗时的职业健康检查,并将检查结果如实告知劳动者。劳动者有权了解工作场所产生或者可能产生的职业病危害因素、危害后果和应当采取的职业病防护措施。

(2)培训权。用人单位应当对劳动者进行上岗前的职业卫生培训和在岗期间的定期职业卫生培训,普及职业卫生知识,督促劳动者遵守职业病防治法律、法规、规章和操作规程,指导劳动者正确使用职业病防护设备和个人使用的职业病防护用品。劳动者应当学习和掌握相关的知识,遵守相关的法律、法规、规章和操作规程,正确使用、维护职业病防护设备和个人使用的职业病防护用品。劳动者有权获得职业卫生教育、培训。这些都是职业病防治法规定的内容。

（3）拒绝违章冒险权。根据《职业病防治法》的规定，劳动者有权拒绝在没有职业病防护措施下从事职业危害作业，有权拒绝违章指挥和强令的冒险作业。用人单位若与劳动者设立劳动合同时，没有将可能产生的职业病危害及其后果等告知劳动者，劳动者有权拒绝从事存在职业病危害的作业，用人单位不得因此解除或者终止与劳动者所订立的劳动合同。

（4）检举控告权。《职业病防治法》总则中明确规定，任何单位和个人有权对违反本法的行为进行检举和控告。对违反职业病防治法律、法规以及危及生命健康的行为提出批评、检举和控告，是职业病防治法赋予劳动者一项职业卫生保护权利。用人单位若因劳动者依法行使检举、控告权而降低其工资、福利等待遇或者解除、终止与其订立劳动合同，职业病防治法明确规定这种行为是无效的。

（5）特殊保障权。未成年人、女职工、有职业禁忌的劳动者，在《职业病防治法》中享有特殊的职业卫生保护的权利。根据《职业病防治法》规定，产生职业病危害的用人单位在工作场所应有配套的更衣间、洗浴间、孕妇休息间等卫生设施。国家对从事放射、高毒等作业实行特殊管理。用人单位不得安排未成年工从事接触职业病危害的作业，不得安排孕期、哺乳期的女职工从事对本人和胎儿、婴儿有危害的作业，不得安排有职业禁忌的劳动者从事其所禁忌的作业。

（6）参与决策权。参与用人单位职业卫生工作的民主管理，对职业病防治工作提出意见和建议，是职业病防治法规定的劳动者所享有的一项职业卫生保护权利。劳动者参与用人单位职业卫生工作的民主管理，是职业病防治工作的特点所决定的，也是确保劳动者权益的有效措施。劳动者本着搞好职业病防治工作，应对所在的用人单位的职业病防治管理工作是否符合法律法规规定、是否科学合理等方面，直接或间接地提出意见和建议。

（7）职业健康权。对于从事接触职业病危害的作业的劳动者，用人单位除了应组织职业健康检查外，《职业病防治法》还规定了用人单位应为劳动者建立职业健康监护档案，并按照规定的期限妥善保存。对遭受或者可能会遭受急性职业病危害的劳动者，用人单位应及时组织救治，进行健康检查和医学观察，所需费用由用人单位承担。获得职业健康检查、职业病诊疗、康复等职业病防治服务，是劳动者依法享有的一项职业卫生保护权利。

当劳动者被疑患有职业病时，《职业病防治法》规定用人单位应及时安排对病人进行诊断，在病人诊断或者医学观察期间，不得解除或者终止与其订立的劳动合同。根据这个法律的规定，职业病病人依法享受国家规定的职业病待遇。用人单位应按照国家有关规定，安排病人进行治疗、康复和定期检查；对不适宜继续从事原工作的病人，应调离原岗位，并妥善安置；对从事接触职业病危害作业的劳动者，应给予适当岗位津贴。职业病病人的诊疗、康复费用，伤残以及丧失劳动能力职业病病人的社会保障，按照国家有关工伤社会保障的规定执行。

（8）损害赔偿权。用人单位应当建立、健全职业病防治责任制，加强对职业病防治的管理，提高职业病防治水平，对本单位产生的职业病危害承担责任，这是《职业病防治法》总则中的一项规定。根据这个规定，职业病病人除依法享有工伤社会保险外，依照有关民事法律，尚有获得赔偿权利的，有权向用人单位提出赔偿要求。

4. 劳动者的义务

《职业病防治法》也对劳动者的相关义务做出了规定,如履行劳动合同、遵守职业病防治法律法规规定、遵守用人单位工农业卫生规章、接受职业卫生培训、按规定使用职业卫生防护设施及个人防护用品、遵守操作规程等义务。

十二、《中华人民共和国环境保护法》

《中华人民共和国环境保护法》(以下简称《环境保护法》)是我国第一部关于环境保护的综合性的基本法,对于保护和改善环境,防止污染,创造有利于经济建设和社会发展的良好环境,具有十分重要的意义。该法于1989年12月26日第七届全国人民代表大会常务委员会第十一次会议通过,2014年4月24日第十二届全国人民代表大会常务委员会第八次会议修订,于2015年1月1日施行。《环境保护法》中,与公路工程建设安全生产相关的内容如下:

1. 环境保护法的立法目的与原则

保护环境是国家的基本国策。国家采取有利于节约和循环利用资源、保护和改善环境、促进人与自然和谐的经济、技术政策和措施,使经济社会发展与环境保护相协调。《环境保护法》是为保护和改善环境,防治污染和其他公害,保障公众健康,推进生态文明建设,促进经济社会可持续发展之目的而制定。

环境保护坚持"保护优先、预防为主、综合治理、公众参与、损害担责"的原则。

2. 环境保护责任制度

产生环境污染和其他公害的单位,必须把环境保护工作纳入计划,建立环境保护责任制度;采取有效措施,防治在生产建设或者其他活动中产生的废气、废水、废渣、粉尘、恶臭气体、放射性物质以及噪声振动、电磁波辐射等对环境的污染和危害。

3. 监督管理规定

建设对环境有影响的项目,应当依法进行环境影响评价。未依法进行环境影响评价的开发利用规划,不得组织实施;未依法进行环境影响评价的建设项目,不得开工建设。

4. 推广环保设备、工艺和技术

新建工业企业和现有工业企业的技术改造,应当采用资源利用率高、污染物排放量少的设备和工艺,采用经济合理的废弃物综合利用技术和污染物处理技术。

5. 环境保护的"三同时制度"

建设项目中防治污染的措施,必须与主体工程同时设计、同时施工、同时投产使用。防治污染的设施必须经原审批环境影响报告书的环境保护行政主管部门验收合格后,该建设项目方可投入生产或者使用。防治污染的设施不得擅自拆除或者闲置,确有必要拆除或者闲置的,必须征得所在地的环境保护行政主管部门的同意。

6. 防治污染的规定

国家对严重污染环境的工艺、设备和产品实行淘汰制度。任何单位和个人不得生产、销售或者转移、使用严重污染环境的工艺、设备和产品。禁止引进不符合我国环境保护规定的技术、设备、材料和产品。

7. 环境污染的处理报告制度

因发生事故或者其他突然性事件,造成或者可能造成污染事故的单位,必须立即采取措施处理,及时通报可能受到污染危害的单位和居民,并向当地环境保护行政主管部门和有关部门报告,接受调查处理。

8. 信息公开与群众参与规定

对依法应当编制环境影响报告书的建设项目,建设单位应当在编制时向可能受影响的公众说明情况,充分征求意见。负责审批建设项目环境影响评价文件的部门在收到建设项目环境影响报告书后,除涉及国家秘密和商业秘密的事项外,应当全文公开;发现建设项目未充分征求公众意见的,应当责成建设单位征求公众意见。

公民、法人和其他组织发现任何单位和个人有污染环境和破坏生态行为的,有权向环境保护主管部门或者其他负有环境保护监督管理职责的部门举报。

9. 相关主体的法律责任

(1)建设单位未依法提交建设项目环境影响评价文件或者环境影响评价文件未经批准,擅自开工建设的,由负有环境保护监督管理职责的部门责令停止建设,处以罚款,并可以责令恢复原状。

(2)企业事业单位和其他生产经营者有下列行为之一,尚不构成犯罪的,除依照有关法律法规规定予以处罚外,由县级以上人民政府环境保护主管部门或者其他有关部门将案件移送公安机关,对其直接负责的主管人员和其他直接责任人员,处十日以上十五日以下拘留;情节较轻的,处五日以上十日以下拘留:①建设项目未依法进行环境影响评价,被责令停止建设,拒不执行的;②违反法律规定,未取得排污许可证排放污染物,被责令停止排污,拒不执行的;③通过暗管、渗井、渗坑、灌注或者篡改、伪造监测数据,或者不正常运行防治污染设施等逃避监管的方式违法排放污染物的;④生产、使用国家明令禁止生产、使用的农药,被责令改正,拒不改正的。

(3)环境影响评价机构、环境监测机构以及从事环境监测设备和防治污染设施维护、运营的机构,在有关环境服务活动中弄虚作假,对造成的环境污染和生态破坏负有责任的,除依照有关法律法规规定予以处罚外,还应当与造成环境污染和生态破坏的其他责任者承担连带责任。

十三、《中华人民共和国防震减灾法》

为防御和减轻地震灾害,保护人民生命和财产安全,促进经济社会的可持续发展,第八届全国人民代表大会常务委员会第二十九次会议于1997年12月29日通过《中华人民共和国防震减灾法》,自1998年3月1日起施行。2008年12月27日,《中华人民共和国防震减灾法》(以下简称《防震减灾法》)由中华人民共和国第十一届全国人民代表大会常务委员会第六次会议修订通过,自2009年5月1日起施行。其中,与公路工程建设安全生产相关的内容如下:

(1)新建、扩建、改建建设工程,应当达到抗震设防要求。重大建设工程和可能发生严重次生灾害的建设工程,应当按照国务院有关规定进行地震安全性评价,并按照经审定的地震安全性评价报告所确定的抗震设防要求进行抗震设防。建设工程的地震安全性评价单位应当按照国家有关标准进行地震安全性评价,并对地震安全性评价报告的质量负责。

上述规定以外的建设工程,应当按照地震烈度区划图或者地震动参数区划图所确定的抗震设防要求进行抗震设防;对学校、医院等人员密集场所的建设工程,应当按照高于当地房屋建筑的抗震设防要求进行设计和施工,采取有效措施,增强抗震设防能力。

(2)建设单位对建设工程的抗震设计、施工的全过程负责。设计单位应当按照抗震设防要求和工程建设强制性标准进行抗震设计,并对抗震设计的质量以及出具的施工图设计文件的准确性负责。施工单位应当按照施工图设计文件和工程建设强制性标准进行施工,并对施工质量负责。

建设单位、施工单位应当选用符合施工图设计文件和国家有关标准规定的材料、构配件和设备。工程监理单位应当按照施工图设计文件和工程建设强制性标准实施监理,并对施工质量承担监理责任。

(3)已经建成的下列建设工程,未采取抗震设防措施或者抗震设防措施未达到抗震设防要求的,应当按照国家有关规定进行抗震性能鉴定,并采取必要的抗震加固措施:①重大建设工程;②可能发生严重次生灾害的建设工程;③具有重大历史、科学、艺术价值或者重要纪念意义的建设工程;④学校、医院等人员密集场所的建设工程;⑤地震重点监视防御区内的建设工程。

(4)未依法进行地震安全性评价,或者未按照地震安全性评价报告所确定的抗震设防要求进行抗震设防的,由国务院地震工作主管部门或者县级以上地方人民政府负责管理地震工作的部门或者机构责令限期改正;逾期不改正的,处三万元以上三十万元以下的罚款。构成犯罪的,依法追究刑事责任。

第三节 公路工程安全生产相关行政法规

行政法规是由国务院制定的法律规范性文件,颁布后在全国范围内施行。我国的行政法规名称一般称为"条例"或"规定""办法"等。

在行政法规层面上,《建设工程安全生产管理条例》《安全生产许可证条例》《生产安全事故报告和调查处理条例》《民用爆破物品安全管理条例》《国务院关于进一步加强企业安全生产工作的通知》等是公路工程安全生产法规体系中主要的行政法规。

一、《建设工程安全生产管理条例》

《建设工程安全生产管理条例》于2003年11月12日国务院第28次常务会议通过,自2004年2月1日起施行。该条例的颁布,是我国工程建设领域安全生产工作发展史上具有里程碑意义的一件大事,是《建筑法》和《安全生产法》在建设工程领域的进一步细化和延伸,标志着我国建设工程领域安全生产管理进入法制化、规范化发展的新时期。该条例详细地规定了建设单位、勘察、设计、工程监理、其他有关单位和施工单位的安全责任,以及政府部门能对建设工程安全生产实施监督管理的责任等。

1. 建设单位的安全责任

(1) 向施工单位提供资料的责任

建设单位应当向施工单位提供施工现场及毗邻区域内供水、排水、供电、供气、供热、通信、广播电视等地下管线资料,气象和水文观测资料,相邻建筑物和构筑物、地下工程的有关资料,并保证资料的真实、准确、完整。建设单位因建设工程需要,向有关部门或者单位查询上述规定的资料时,有关部门或者单位应当及时提供。

建设单位提供的资料将成为施工单位后续工作的主要参考依据。这些资料如果不真实、准确、完整,并因此导致了施工单位的损失,施工单位可以就此向建设单位要求赔偿。

(2) 依法履行合同的责任

建设单位不得对勘察、设计、施工、工程监理等单位提出不符合建设工程安全生产法律、法规和强制性标准规定的要求,不得压缩合同约定的工期。

建设单位与勘察、设计、施工、工程监理等单位都是完全平等的合同双方的关系,不存在建设单位是这些单位的管理单位的关系。其对这些单位的要求必须要以合同为根据并不得触犯相关的法律、法规。

工期并非不可压缩,但是此处的"不得压缩合同约定的工期"指的是不得单方面压缩工期。如果由于外界的原因不得不压缩工期的话,也要在不违背施工工艺的前提下,与合同另一方当事人协商并达成一致意见后方可压缩。

(3) 提供安全生产费用的责任

建设单位在编制工程概算时,应当确定建设工程安全作业环境及安全施工措施所需费用。安全生产需要资金的保证,而这笔资金的源头就是建设单位。只有建设单位提供了用于安全生产的费用,施工单位才可能有保证安全生产的费用。

(4) 不得非法干预施工单位材料设备的责任

建设单位不得明示或者暗示施工单位购买、租赁、使用不符合安全施工要求的安全防护用具、机械设备、施工机具及配件、消防设施和器材。由于建设单位与施工单位的特殊关系,建设单位的明示或者暗示经常被施工单位理解为是强制性的命令,法规做出此明确规定,以解除施工单位进退两难的处境。

(5) 提供安全施工措施资料的责任

建设单位在申请领取施工许可证时,应当提供建设工程有关安全施工措施的资料。依法批准开工报告的建设工程,建设单位应当自开工报告批准之日起 15 日内,将保证安全施工的措施报送建设工程所在地的县级以上地方人民政府建设行政主管部门或者其他有关部门备案。

(6) 对拆除工程进行备案的责任

建设单位应当将拆除工程发包给具有相应资质等级的施工单位。建设单位应当在拆除工程施工 15 日前,将下列资料报送建设工程所在地的县级以上地方人民政府建设行政主管部门或者其他有关部门备案:施工单位资质等级证明;拟拆除建筑物、构筑物及可能危及毗邻建筑的说明;拆除施工组织方案;堆放、清除废弃物的措施。实施爆破作业的,应当遵守国家有关民用爆炸物品管理的规定。

2. 勘察、设计、工程监理单位的安全责任

勘察单位应当按照法律、法规和工程建设强制性标准进行勘察,提供的勘察文件应当真实、准确,满足建设工程安全生产的需要;勘察单位在勘察作业时,应当严格执行操作规程,采取措施保证各类管线、设施和周边建筑物、构筑物的安全。

设计单位应当按照法律、法规和工程建设强制性标准进行设计,防止因设计不合理导致生产安全事故的发生;设计单位应当考虑施工安全操作和防护的需要,对涉及施工安全的重点部位和环节在设计文件中注明,并对防范生产安全事故提出指导意见;采用新结构、新材料、新工艺的建设工程和特殊结构的建设工程,设计单位应当在设计中提出保障施工作业人员安全和预防生产安全事故的措施建议;设计单位和注册建筑师等注册执业人员应当对其设计负责。

工程监理单位的安全责任主要体现在:①审查施工组织设计的责任。工程监理单位应当审查施工组织设计中的安全技术措施或者专项施工方案是否符合工程建设强制性标准。施工组织设计是整个施工过程的指导文件,具有十分重要的作用。工程监理单位审查的内容是安全技术措施或者专项施工方案,审查的重点是是否符合工程建设强制性标准。②安全隐患报告的责任。工程监理单位在实施监理过程中,发现存在安全事故隐患的,应当要求施工单位整改;情况严重的,应当要求施工单位暂时停止施工,并及时报告建设单位。施工单位拒不整改或者不停止施工的,工程监理单位应当及时向有关主管部门报告。③依法监理的责任。工程监理单位和监理工程师应当按照法律、法规和工程建设强制性标准实施监理,并对建设工程安全生产承担监理责任。

3. 施工单位的安全责任

(1)主要负责人、项目负责人和专职安全生产管理人员的安全责任

加强对施工单位安全生产的管理,首先要明确责任人。施工单位主要负责人依法对本单位的安全生产工作全面负责,在这里,主要负责人并不仅限于施工单位的法定代表人,而是指对施工单位全面负责,有生产经营决策权的人。明确施工单位主要负责人对安全生产工作全面负责,是贯彻安全生产工作方针的基本要求,也是被实践证明的行之有效的"管生产必须同时管安全"原则在法律制度上的具体体现。施工单位主要负责人的安全生产方面的主要职责包括:建立健全安全生产责任制度和安全生产教育培训制度;制定安全生产规章制度和操作规程;保证本单位安全生产条件所需资金的投入;对所承建的建设工程进行定期和专项安全检查,并做好安全检查记录。

施工单位的项目负责人应当由取得相应执业资格的人员担任,对建设工程项目的安全施工负责。项目负责人(主要指项目经理)在工程项目中处于中心地位,对建设工程项目的安全全面负责。鉴于项目负责人对安全生产的重要作用,国家规定施工单位的项目负责人应当由取得相应执业资格的人员担任。这里,相应执业资格目前指注册建造师执业资格。项目负责人的安全责任主要包括:①落实安全生产责任制度、安全生产规章制度和操作规程;②确保安全生产费用的有效使用;③根据工程的特点组织制订安全施工措施,消除安全事故隐患;④及时、如实报告生产安全事故。

施工单位应当设立安全生产管理机构配备专职安全生产管理人员。安全生产管理机构是指施工单位及其在建设工程项目中设置的负责安全生产管理工作的独立职能部门。安全生产

管理机构的安全责任主要包括:落实国家有关安全生产法律法规和标准;编制并适时更新安全生产管理制度;组织开展全员安全教育培训及安全检查等活动。

专职安全生产管理人员是指经建设主管部门或者其他有关部门安全生产考核合格,并取得安全生产考核合格证书在企业从事安全生产管理工作的专职人员,包括:施工单位安全生产管理机构的负责人及其工作人员和施工现场专职安全生产管理人员。专职安全生产管理人员的安全责任主要包括:对安全生产进行现场监督检查。发现安全事故隐患,应当及时向项目负责人和安全生产管理机构报告;对于违章指挥、违章操作的,应当立即制止。

(2)总承包单位和分包单位的安全责任

建设工程实行施工总承包的,由总承包单位对施工现场的安全生产负总责。法规予了总承包商施工现场的统一管理权,其中也包括对分包单位的安全生产管理。同时,为了防止违法分包和转包等违法行为的发生,真正落实施工总承包单位的安全责任,《建设工程安全生产管理条例》进一步强调:"总承包单位应当自行完成建设工程主体结构的施工。"

总承包单位依法将建设工程分包给其他单位的,分包合同中应当明确各自的安全生产方面的权利、义务。总承包单位和分包单位对分包工程的安全生产承担连带责任。

施工现场往往同时有多个分包单位同时在施工现场作业,需要由总承包单位统一协调。但是,由于利益等原因,分包上并不愿意服从总承包单位的管理,基于此,《建设工程安全生产管理条例》第二十四条规定:"分包单位应当服从总承包单位的安全生产管理,分包单位不服从管理导致生产安全事故的,由分包单位承担主要责任。"

(3)安全生产教育培训

施工单位的主要负责人、项目负责人、专职安全生产管理人员应当经建设行政主管部门或者其他有关部门考核合格后方可任职。

施工单位应当对管理人员和作业人员每年至少进行一次安全生产教育培训,其教育培训情况记入个人工作档案。安全生产教育培训考核不合格的人员,不得上岗。作业人员进入新的岗位或者新的施工现场前,应当接受安全生产教育培训。

特种作业人员是指从事特殊岗位作业的人员。《建设工程安全生产管理条例》第二十五条规定,垂直运输机械作业人员、安装拆卸工、爆破作业人员、起重信号工、登高架设作业人员等特种作业人员,必须按照国家有关规定经过专门的安全作业培训,并取得特种作业操作资格证书后,方可上岗作业。

(4)施工单位应采取的安全措施

《建设工程安全生产管理条例》第二十六条规定,施工单位应当在施工组织设计中编制安全技术措施和施工现场临时用电方案。

《建设工程安全生产管理条例》第二十六条规定,对下列达到一定规模的危险性较大的分部分项工程编制专项施工方案,并附具安全验算结果,经施工单位技术负责人、总监理工程师签字后实施,由专职安全生产管理人员进行现场监督:基坑支护与降水工程、土方开挖工程、模板工程、起重吊装工程、脚手架工程、拆除爆破工程及国务院建设行政主管部门或者其他有关部门规定的其他危险性较大的工程。对上述所列工程中涉及深基坑、地下暗挖工程、高大模板工程的专项施工方案,施工单位还应当组织专家进行论证、审查。

《建设工程安全生产管理条例》第二十七条规定，建设工程施工前，施工单位负责项目管理的技术人员应当对有关安全施工的技术要求向施工作业班组、作业人员作出详细说明，并由双方签字确认。依据《建设工程项目管理规范》规定，安全技术交底应符合下列规定：①工程开工前，项目经理部的技术负责人应向有关人员进行安全技术交底；②结构复杂的分部分项工程实施之前，项目经理部的技术负责人应进行安全技术交底；③项目经理部应保存安全技术交底记录。

《建设工程安全生产管理条例》第二十八条第一款规定，施工单位应当在施工现场入口处、施工起重机械、临时用电设施、脚手架、出入通道口、楼梯口、电梯井口、孔洞口、桥梁口、隧道口、基坑边沿、爆破物及有害危险气体和液体存放处等危险部位，设置明显的安全警示标志。安全警示标志必须符合国家标准。

《建设工程施工现场管理规定》第二十七条规定，建设单位或者施工单位应当做好施工现场安全保卫工作，采取必要的防盗措施，在现场周边设立围护设施。施工现场在市区的，周围应当设置遮挡围栏，临街的脚手架也应当设置相应的围护设施。非施工人员不得擅自进入施工现场。

《建设工程安全生产管理条例》第二十九条规定，施工单位应当将施工现场的办公、生活区与作业区分开设置，并保持安全距离；办公、生活区的选址应当符合安全性要求。职工的膳食、饮水、休息场所等应当符合卫生标准。施工单位不得在尚未竣工的建筑物内设置员工集体宿舍。

同时，《建设工程安全生产管理条例》第二十九条还规定，施工现场临时搭建的建筑物应当符合安全使用要求，施工现场使用的装配式活动房屋应当具有产品合格证。临时建筑物一般包括施工现场的办公用房、宿舍、食堂、仓库、卫生间等。这些设施虽然是临时搭建的，但由于直接用于现场工作人员的生产生活，因此必须符合安全使用要求。

《建设工程安全生产管理条例》第三十条规定，施工单位对因建设工程施工可能造成损害的毗邻建筑物、构筑物和地下管线等，应当采取专项防护措施。施工单位应当遵守有关环境保护法律、法规的规定，在施工现场采取措施，防止或者减少粉尘、废气、废水、固体废物、噪声、振动和施工照明对人和环境的危害和污染。在城市市区内的建设工程，施工单位应当对施工现场实行封闭围挡。

《建设工程施工现场管理规定》第三十二条规定，施工单位应当采取下列防止环境污染的措施：①妥善处理泥浆水，未经处理不得直接排入城市排水设施和河流；②除设有符合规定的装置外，不得在施工现场熔融沥青或者焚烧油毡、油漆以及其他会产生有毒有害烟尘和恶臭气体的物质；③使用密封式的圈筒或者采取其他措施处理高空废弃物；④采取有效措施控制施工过程中的扬尘；⑤禁止将有毒有害废弃物用作土方回填；

《建设工程安全生产管理条例》第三十一条规定，施工单位应当在施工现场建立消防安全责任制度，确定消防安全责任人，制定用火、用电、使用易燃易爆材料等各项消防安全管理制度和操作规程，设置消防通道、消防水源，配备消防设施和防火器材，并在施工现场入口处设置明显标志。

《建设工程安全生产管理条例》第三十四条规定，施工单位采购、租赁的安全防护用具、机械设备、施工机具及配件,应当具有生产(制造)许可证、产品合格证,并在进入施工现场前进行查验。

《建设工程安全生产管理条例》第三十五条规定,施工单位在使用施工起重机械和整体提升脚手架、模板等自升式架设设施前,应当组织有关单位进行验收,也可以委托具有相应资质的检验检测机构进行验收;使用承租的机械设备和施工机具及配件的,由施工总承包单位、分包单位、出租单位和安装单位共同进行验收。验收合格的方可使用。

施工单位应当自施工起重机械和整体提升脚手架、模板等自升式架设设施验收合格之日起 30 日内,向建设行政主管部门或者其他有关部门登记。登记标志应当置于或者附着于该设备的显著位置。

4. 建设工程安全生产管理的基本制度

《建设工程安全生产管理条例》依据《建筑法》和《安全生产法》的规定,进一步明确了建设工程安全生产管理基本制度。

(1)安全生产责任制度

安全生产责任制度是建筑生产中最基本的安全管理制度,是所有安全规章制度的核心。安全生产责任制度是指将各种不同的安全责任落实到负责有安全管理责任的人员和具体岗位人员身上的一种制度。这一制度是"安全第一、预防为主、综合治理"方针的具体体现,是建筑安全生产的基本制度。在建筑活动中,只有明确安全责任,分工负责,才能形成完整有效的安全管理体系,激发每个人的安全责任感,严格执行建筑工程安全的法律、法规和安全规程、技术规范,防患于未然,减少和杜绝建筑工程事故,为建筑工程的生产创造一个良好的环境。

(2)群防群治制度

群防群治制度是职工群众进行预防和治理安全的一种制度。这一制度既是"安全第一、预防为主"的具体体现,同时也是群众路线在安全工作中的具体体现,是企业进行民主管理的重要内容。这一制度要求建筑企业职工在施工中应当遵守有关生产的法律、法规和建筑行业安全规章、规程,不得违章作业,对于危及生命安全和身体健康的行为有权提出批评、检举和控告。

(3)安全生产教育培训制度

安全生产教育培训制度是对职工进行安全教育培训,提高安全意识,增加安全知识和技能的制度。安全生产,人人有责。只有通过对广大职工进行安全教育、培训,才能使广大职工真正认识到安全生产的重要性、必要性,才能使广大职工掌握更多更有效的安全生产的科学技术知识,牢固树立安全第一的思想,自觉遵守各项安全生产和规章制度。分析许多安全事故,一个重要的原因就是有关人员安全意识不强,安全技能不够,这些都是没有做好安全教育培训工作的后果。

(4)安全生产检查制度

安全生产检查制度是上级管理部门或企业自身对安全生产状况进行定期或不定期检查的制度。通过检查可以发现问题,查出隐患,从而采取有效措施,堵塞漏洞,把事故消灭在发生之前,做到防患于未然,是预防为主的具体体现。通过检查,还可总结出好的经验加以推广,为进一步做好安全工作打下基础。安全检查制度是安全生产的保障。

(5)伤亡事故处理报告制度

施工中发生事故时,应当采取紧急措施减少人员伤亡和事故损失,并按照国家有关规定及时向有关部门报告的制度。事故处理必须遵循一定的程序,做到"四不放过"(事故原因未查清不放过、事故责任人未受到处理不放过、事故责任人和相关人员没有受到教育不放过、未采取防范措施不放过)。通过对事故的严格处理,可以总结出教训,为制定规程、规章提供第一手素材,做到亡羊补牢。

(6)安全责任追究制度

建设单位、设计单位、施工单位、监理单位,由于没有履行职责造成人员伤亡和事故损失的,视情节给予相应处理;情节严重的,责令停业整顿,降低资质等级或吊销资质证书;构成犯罪的,依法追究刑事责任。

二、《生产安全事故报告和调查处理条例》

《生产安全事故报告和调查处理条例》于 2007 年 3 月 28 日国务院第 172 次常务会议通过,自 2007 年 6 月 1 日起施行。国务院 1989 年 3 月 29 日公布的《特别重大事故调查程序暂行规定》和 1991 年 2 月 22 日公布的《企业职工伤亡事故报告和处理规定》同时废止。

生产安全事故的报告和调查处理,是安全生产工作的重要环节。《生产安全事故报告和调查处理条例》的实施,对于打击安全生产领域违法行为、保障人民群众生命和财产安全发挥着重大作用。

1. 适用范围

《生产安全事故报告和调查处理条例》的适用范围对于确定其适用的法律问题、法律关系主体、事故种类至关重要,既要体现各行各业的事故报告和调查处理工作的一般规律,又要兼顾某些行业和领域的事故报告和调查处理工作的特殊性。为此,该条例从五个方面对其适用范围做出了规定。

(1)普遍适用。《生产安全事故报告和调查处理条例》第二条规定:"生产经营活动中发生的造成人身伤亡或者直接经济损失的事故的报告和调查处理,适用本条例。"这样规定确立了《生产安全事故报告和调查处理条例》在各类事故报告和调查处理立法中的主法地位,具有普遍约束力。鉴于该条例是《安全生产法》的配套行政法规,因此其适用的空间范围、主体范围和行为范围与上位法是一致的,即适用于在中华人民共和国领域内的生产经营单位从事生产经营活动中发生的造成人身伤亡或者直接经济损失的事故的报告和调查处理,但排除适用的除外。

(2)衔接适用。《生产安全事故报告和调查处理条例》第四十五条规定:"特别重大以外事故的报告和调查处理,有关法律、行政法规、国务院另有规定的,依照其规定。"为了体现某些事故的报告和调查处理工作的特殊性,并与相关法律、行政法规相衔接,在保证国家行使对各类特别重大事故调查处理的最高行政权和普遍适用《生产安全事故报告和调查处理条例》关于事故报告、调查和处理程序的基本规定的前提下,允许一些特殊行业依照有关法律、行政法规和国务院的特别规定报告和调查处理重大事故、较大事故和一般事故,譬如水上交通事故、煤矿事故等。这样规定,解决了不同种类事故的报告和调查处理是适用普通法还是适用特别法的问题。

(3) 选择适用。《生产安全事故报告和调查处理条例》第四十四条第一款规定:"没有造成人员伤亡,但是社会影响恶劣的事故,国务院或者有关地方政府认为需要调查处理的,依照本条例的有关规定执行。"在实践中也有一些没有造成人员伤亡或者人员伤亡达不到相应等级、但是社会影响恶劣的事故。这类事故是否需要调查处理,其选择决定权属于国务院和有关地方政府。如果决定调查处理的,由有关政府依照《生产安全事故报告和调查处理条例》关于该级政府组织事故调查处理的规定执行。

(4) 参照适用。《生产安全事故报告和调查处理条例》第四十四条第二款规定:"国家机关、事业单位、人民团体发生的事故,参照本条例执行。"各类事故中也有一些发生在国家机关、事业单位和人民团体等社会组织,这些事故发生单位虽不同于生产经营单位,但也会造成人身伤亡、直接经济损失或者恶劣的社会影响,具有危害性和违法性,应当依法报告和调查处理。《生产安全事故报告和调查处理条例》关于该类事故参照适用的规定,有利于解决国家机关、事业单位、人民团体发生事故的报告和调查处理无法可依的问题。

(5) 排除适用。《生产安全事故报告和调查处理条例》第二条规定:"环境污染事故、核设施事故、国防科研生产事故的报告和调查处理,不适用本条例。"鉴于上述事故的报告和调查处理非常特殊,并且国家已有相关法律规定,所以《生产安全事故报告和调查处理条例》对其做出了排除适用的规定。

2. 事故等级的划分

《生产安全事故报告和调查处理条例》规定的事故分级要素有三个,可以单独适用。一是人员伤亡的数量(人身要素)。安全生产和事故调查处理都要以人为本,最大限度地保护从业人员的生命安全。事故危害的最严重后果,就是造成人员死亡、重伤(中毒)。因此,《生产安全事故报告和调查处理条例》将人员伤亡的数量列为事故分级的第一要素。二是直接经济损失的数额(经济要素)。事故不仅造成人员伤亡,而且经常造成直接经济损失。要保护国家、企业和人民群众的财产权,必须根据造成直接经济损失的多少来区分事故等级。三是社会影响(社会要素)。有些事故的伤亡人数、直接经济损失数额达不到法定标准,但是具有恶劣的社会影响、政治影响和国际影响,也必须列为特殊事故进行调查处理,这是维护社会稳定的需要。

根据生产安全事故造成的人员伤亡或者直接经济损失,事故分为以下等级:

(1) 特别重大事故,是指造成30人以上死亡,或者100人以上重伤(包括急性工业中毒,下同),或者1亿元以上直接经济损失的事故;

(2) 重大事故,是指造成10人以上30人以下死亡,或者50人以上100人以下重伤,或者5000万元以上1亿元以下直接经济损失的事故;

(3) 较大事故,是指造成3人以上10人以下死亡,或者10人以上50人以下重伤,或者1000万元以上5000万元以下直接经济损失的事故;

(4) 一般事故,是指造成3人以下死亡,或者10人以下重伤,或者1000万元以下直接经济损失的事故。

上述所称的"以上"包括本数,所称的"以下"不包括本数。比如,10人以上30人以下,实际上是指 10 人至 29 人;3 人以上 10 人以下,实际上是指 3 人至 9 人。这可能与其他法律、行政法规中所称的"以上""以下"的含义有所不同。因此,该条例专门对此作出了明确解释。

需要说明的是,条例规定的事故分级,包括伤亡人数的标准及相关事故等级的名称,与目前实践中掌握、执行的事故分级可能不完全一致。这是条例对事故等级划分作出的新的统一规定。条例实施后,在事故报告和调查处理工作中,有关部门、事故发生单位等各个方面应当对现有的做法进行相应的调整,严格按照条例规定的事故等级划分标准开展事故报告和调查处理工作。

3. 事故报告

(1) 事故报告主体和报告对象。

事故发生单位现场人员:报告本单位负责人,紧急情况可直接报告政府有关职能部门。

事故单位负责人:报告县级以上有关政府职能部门。

有关政府职能部门:按照事故大小上报不同级别政府职能部门,同时报告本级人民政府,并通知同级公安等有关部门;紧急情况可越级上报。

有关地方人民政府:报告上一级人民政府。

(2) 事故报告程序。

事故发生单位向政府职能部门报告。

政府部门报告程序:特别重大事故、重大事故逐级上报至国务院安全生产监督管理部门和负有安全生产监督管理职责的有关部门;较大事故逐级上报至省、自治区、直辖市人民政府安全生产监督管理部门和负有安全生产监督管理职责的有关部门;一般事故上报至设区的市级人民政府安全生产监督管理部门和负有安全生产监督管理职责的有关部门。

越级报告:事故发生单位越级报告——情况紧急时,事故现场有关人员可以直接向事故发生地县级以上人民政府安全生产监督管理部门和负有安全生产监督管理职责的有关部门报告;安监部门和有关部门越级报告——必要时,安全生产监督管理部门和负有安全生产监督管理职责的有关部门可以越级上报事故情况。

事故补报:事故发生之日起 30 日内(道路交通、火灾事故 7 日内),伤亡人数发生变化,事故发生单位、安监部门和有关部门应及时补报。

(3) 事故报告时限:事故发生单位事故报告时限为 1 小时;政府职能部门事故报告时限为每级上报时间不得超过 2 小时。

(4) 事故报告内容:事故发生单位概况;事故发生的时间、地点以及事故现场情况;事故的简要经过;事故已经造成或者可能造成的伤亡人数(包括下落不明的人数)和初步估计的直接经济损失;已经采取的措施;其他应当报告的情况。

(5) 事故报告原则:及时、准确、完整原则和不得迟报、漏报、谎报、瞒报原则。

4. 事故调查

(1) 事故调查原则:及时、准确,查清事故经过、事故原因和事故损失,查明事故性质,认定事故责任,总结事故教训,提出整改措施,对事故责任者依法追究责任。

(2) 事故调查权:事故调查工作由政府负责。

按照事故大小,事故调查工作由不同级别政府负责。特别重大事故由国务院直接组织事故调查组或国务院授权有关部门调查;重大事故由省级人民政府直接组织事故调查组或授权或委托有关部门调查;较大事故由设区的市级人民政府直接组织事故调查组或授权或委托有关部门调查;一般事故由县级人民政府直接组织事故调查组或授权或委托有关部门调查。

上级人民政府认为必要,可以调查由下级人民政府负责调查的事故。事故发生之日起30日内(道路交通、火灾事故7日内),事故伤亡人数变化而导致事故等级变化,上级人民政府可以另行组织调查。

特别重大事故以下等级事故,事故发生地与事故发生单位不在同一个县级以上行政区域,由事故发生地人民政府负责调查。

(3)事故调查组组成:根据事故的具体情况,事故调查组由有关人民政府、安全生产监督管理部门、负有安全生产监督管理职责的有关部门、监察机关、公安机关以及工会派人组成,并应当邀请人民检察院派人参加。

(4)事故调查组成员资格:具备事故调查所需的知识和专长;与被调查事故没有直接利害关系;事故调查组长由负责事故调查的人民政府指定。

(5)事故调查组职责:查明事故发生的经过、原因、人员伤亡情况及直接经济损失;认定事故的性质和事故责任;提出对事故责任者的处理建议;总结事故教训,提出防范和整改措施;提交事故调查报告。

(6)事故调查组的权利和义务:向有关单位和个人了解情况、查阅有关文件、资料;发现涉嫌犯罪的,应及时向司法机关移交有关材料;可委托有关单位进行技术鉴定;诚信公正、保守秘密;不得擅自发布有关事故信息。

(7)事故调查时限:自事故发生之日起60日内提交事故调查报告;特殊情况,提交事故报告可延长,但最长不超过60日。

(8)事故调查报告内容:事故发生单位概况;事故发生经过和事故救援情况;事故造成的人员伤亡和直接经济损失;事故发生的原因和事故性质;事故责任的认定以及对事故责任者的处理建议;事故防范和整改措施。

事故调查组成员在报告上签字,事故调查报告报送负责事故调查的人民政府。

5. 事故处理

(1)事故批复主体:即负责事故调查的人民政府。

(2)事故批复时限:特大重大事故自收到事故调查报告之日起30日内做出批复(最多延长30日);其他事故自收到事故调查报告之日起15日内做出批复。

(3)事故批复落实:依权限和程序,对有关责任人员进行相关处罚;事故发生单位落实整改措施,并接受工会及职工监督;安全生产监管部门和有关部门对整改情况监督检查。

(4)事故处理情况公布:负责事故调查的人民政府或授权有关部门向社会公布事故处理情况。

三、《安全生产许可证条例》

2004年1月13日温家宝总理签发国务院第397号令,公布施行了《安全生产许可证条例》,根据2013年5月31日国务院第10次常务会议《国务院关于废止和修改部分行政法规的决定》第一次修订,根据 2014 年 7 月 9 日国务院第 54 次常务会议《国务院关于修改部分行政法规的决定》第二次修订。《安全生产许可证条例》是我国第一部对煤矿企业、非煤矿矿山企业、建筑施工企业和危险化学品、烟花爆竹、民用爆炸物品生产企业实施安全生产行政许可的行政法规。

1. 安全生产许可制度的适用范围

《安全生产许可证条例》的适用范围包括空间范围、时间范围和主体及其行为范围。

(1) 空间的范围

《安全生产许可证条例》的适用范围涵盖了在我国国家主权所及范围内从事矿产资源开发、建筑施工和危险化学品、烟花爆竹、民用爆炸物品生产等活动。这里需要指出的是,除了在我国领土、领空范围内从事上述活动的企业以外,领水的范围既包括我国的内陆水域,又包括领海海域和其他海域,既包括领海毗连区,又包括 200 海里海洋专属经济区。在我国海域从事矿产资源尤其是石油、天然气等矿产资源开发的生产活动比较多,有关中国企业和中外合资、合作企业的安全生产活动,应当受《安全生产许可证条例》的调整,应当依法申请领取安全生产许可证。

(2) 时间的范围

《安全生产许可证条例》自公布之日起施行。《安全生产许可证条例》在对其公布施行前的矿山企业、建筑施工企业和危险化学品、烟花爆竹、民用爆炸物品生产企业是否适用的问题上,做出了特殊的规定。《安全生产许可证条例》第二十二条规定:"本条例施行前已经进行生产的企业,应当自本条例施行之日起 1 年内,依照本条例的规定向安全生产颁发管理机关申请办理安全生产许可证;逾期不办理安全生产许可证,或者经审查不符合本条例规定的安全生产条件,未取得安全生产许可证,继续进行生产的,依照本条例第十九条的规定处罚。"该条规定说明《安全生产许可证条例》对其生效之前的企业,也是适用的。

(3) 主体及其行为范围

《安全生产许可证条例》对人的效力范围包括从事矿产资源开发、建筑施工和危险化学品、烟花爆竹、民用爆炸物品生产等活动的自然人,又包括法人和非企业法人单位。凡是在中华人民共和国领域内从事矿产资源开发、建筑施工和危险化学品、烟花爆竹、民用爆炸物品生产等活动的所有企业法人、非企业法人单位和中国人、外籍人、无国籍人,不论其是否领取安全生产许可证,不论其所有制性质和生产方式如何,都要遵守《安全生产许可证条例》的各项规定。

2. 安全生产许可证取得条件

(1) 建立、健全安全生产责任制,制定完备的安全生产规章制度和操作规程;
(2) 安全投入符合安全生产要求;
(3) 设置安全生产管理机构,配备专职安全生产管理人员;
(4) 主要负责人和安全生产管理人员经考核合格;
(5) 特种作业人员经有关业务主管部门考核合格,取得特种作业操作资格证书;
(6) 从业人员经安全生产教育和培训合格;
(7) 依法参加工伤保险,为从业人员缴纳保险费;

(8)厂房、作业场所和安全设施、设备、工艺符合有关安全生产法律、法规、标准和规程的要求;

(9)有职业危害防治措施,并为从业人员配备符合国家标准或者行业标准的劳动防护用品;

(10)依法进行安全评价;

(11)有重大危险源检测、评估、监控措施和应急预案;

(12)有生产安全事故应急救援预案、应急救援组织或者应急救援人员,配备必要的应急救援器材、设备;

(13)法律、法规规定的其他条件。

从法律规范的确定性看,《安全生产许可证条例》第六条规定的13项安全生产条件中,能够直接适用的是前12项,第13项关于法律、法规规定的其他条件的规定,严格地说不是一项具体的安全生产条件,而是一项准用性规定。它可以将分散于相关法律、法规中的有关法律规范联结为一体,更具有可操作性,更能够体现特殊性。

《安全生产许可证条例》第六条第13项关于法律、法规规定的其他条件的规定,是指有关法律、行政法规对高危生产企业的安全生产条件另有规定的,应当从其规定。应当注意的是,法律、法规规定的其他条件并不只限于法律、行政法规的直接规定,还包括法律、行政法规规定必须具备的国家标准或者行业标准、安全规程和行业技术规范中设定的安全生产条件。

3. 安全生产许可证的管理

(1)安全生产许可证的申请

建筑施工企业,应当向企业注册所在地省、自治区、直辖市人民政府建设主管部门申请领取安全生产许可证。依据《建筑施工企业安全生产许可证管理规定》第六条,建筑施工企业申请安全生产许可证时,应当向建设主管部门提供下列材料:建筑施工企业安全生产许可证申请表;企业法人营业执照;与申请安全生产许可证应当具备的安全生产条件相关的文件、材料。

(2)安全生产许可证的有效期

《安全产生产许可证条例》第九条规定,安全生产许可证的有效期为3年。安全生产许可证有效期满需要延期的,企业应当于期满前3个月向原安全生产许可证颁发管理机关办理延期手续。企业在安全生产许可证有效期内,严格遵守有关安全生产的法律法规,未发生死亡事故的,安全生产许可证有效期届满时,经原安全生产许可证颁发管理机关同意,不再审查,安全生产许可证有效期延期3年。

(3)安全生产许可证的变更与注销

建筑施工企业变更名称、地址、法定代表人等,应当在变更后10日内,到原安全生产许可证颁发管理机关办理安全生产许可证变更手续。

建筑施工企业破产、倒闭、撤销的,应当将安全生产许可证交回原安全生产许可证颁发管理机关予以注销。建筑施工企业遗失安全生产许可证,应当立即向原安全生产许可证颁发管理机关报告,并在公众媒体上声明作废后,方可申请补办。

(4)安全生产许可证的管理

根据《安全生产许可证条例》和《建筑施工企业安全生产许可证管理规定》,建筑施工企业应当遵守如下强制性规定：

未取得安全生产许可证的，不得从事建筑施工活动。建设主管部门在审核发放施工许可证时，应当对已经确定的建筑施工企业是否有安全生产许可证进行审查，对没有取得安全生产许可证的，不得颁发施工许可证。

企业不得转让、冒用安全生产许可证或者使用伪造的安全生产许可证。

企业取得安全生产许可证后，不得降低安全生产条件，并应当加强日常安全生产管理，接受安全生产许可证颁发管理机关的监督检查。

四、《国务院关于进一步加强企业安全生产工作的通知》

为进一步加强安全生产工作，全面提高企业安全生产水平，国务院于 2010 年 7 月 19 日颁发了《国务院关于进一步加强企业安全生产工作的通知》（以下简称《通知》）。《通知》是继 2004 年《国务院关于进一步加强安全生产工作的决定》之后，国务院在加强安全生产工作方面的又一重大举措，充分体现了党中央、国务院对安全生产工作的高度重视。《通知》进一步明确了现阶段安全生产工作的总体要求和目标任务，提出了新形势下加强安全生产工作的一系列政策措施，涵盖企业安全管理、技术保障、产业升级、应急救援、安全监管、安全准入、指导协调、考核监督和责任追究等多个方面，是指导全国安全生产工作的纲领性文件。《通知》共 9 部分、32 条，体现了党中央、国务院关于加强安全生产工作的重要决策部署和一系列指示精神，体现了"安全发展，预防为主"的原则要求和安全生产工作"标本兼治、重在治本，重心下移、关口前移"的总体思路。

1. 总体要求

《通知》提出了"三个坚持"的工作要求，即：①坚持以人为本，牢固树立安全发展的理念，切实转变经济发展方式，把经济发展建立在安全生产有可靠保障的基础上；②坚持"安全第一、预防为主、综合治理"的方针，从管理、制度、标准和技术等方面，全面加强企业安全管理；③坚持依法依规生产经营，集中整治非法违法行为，强化责任落实和责任追究。这"三个坚持"是指导和推动加强企业安全生产工作的总体要求，必须贯穿安全生产工作的全过程。

《通知》提出的主要任务是紧紧抓住重特大事故多发的 8 个重点行业领域。煤矿、非煤矿山、交通运输、建筑施工、危险化学品、烟花爆竹、民用爆炸物品、冶金等 8 个行业领域，事故易发、多发、频发，重特大事故集中、长期以来尚未得到切实有效遏制。当前和今后一个时期，必须从这 8 个重点行业领域入手，紧紧抓住不放，落实企业安全生产主体责任，强化企业安全管理；落实政府和部门的安全监管责任，推动提升企业安全生产水平。

2. 严格企业安全管理

（1）进一步规范企业生产经营行为。企业要健全完善严格的安全生产规章制度，坚持不安全不生产。加强对生产现场监督检查，严格查处违章指挥、违规作业、违反劳动纪律的"三违"行为。凡超能力、超强度、超定员组织生产的，要责令停产停工整顿，并对企业和企业主要负责人依法给予规定上限的经济处罚。要加强对境外中资企业安全生产工作的指导和管理，严格落实境内投资主体和派出企业的安全生产监督责任。

(2) 及时排查治理安全隐患。企业要经常性开展安全隐患排查,并切实做到整改措施、责任、资金、时限和预案"五到位"。建立以安全生产专业人员为主导的隐患整改效果评价制度,确保整改到位。对隐患整改不力造成事故的,要依法追究企业和企业相关负责人的责任。对停产整改逾期未完成的不得复产。

(3) 强化生产过程管理的领导责任。企业主要负责人和领导班子成员要轮流现场带班,对无企业负责人带班或该带班而未带班的,对有关责任人按擅离职守处理,同时给予规定上限的经济处罚。发生事故而没有领导现场带班的,对企业给予规定上限的经济处罚,并依法从重追究企业主要负责人的责任。

(4) 强化职工安全培训。企业主要负责人和安全生产管理人员、特殊工种人员一律严格考核,按国家有关规定持职业资格证书上岗;职工必须全部经过培训合格后上岗。企业用工要严格依照《劳动合同法》与职工签订劳动合同。凡存在不经培训上岗、无证上岗的企业,依法停产整顿。没有对井下作业人员进行安全培训教育,或存在特种作业人员无证上岗的企业,情节严重的要依法予以关闭。

(5) 全面开展安全达标。深入开展以岗位达标、专业达标和企业达标为内容的安全生产标准化建设,凡在规定时间内未实现达标的企业要依法暂扣其生产许可证、安全生产许可证,责令停产整顿;对整改逾期未达标的,地方政府要依法予以关闭。

3. 建设坚实的技术保障体系

(1) 加强企业生产技术管理。强化企业技术管理机构的安全职能,按规定配备安全技术人员,切实落实企业负责人安全生产技术管理负责制,强化企业主要技术负责人技术决策和指挥权。因安全生产技术问题不解决产生重大隐患的,要对企业主要负责人、主要技术负责人和有关人员给予处罚;发生事故的,依法追究责任。

(2) 强制推行先进适用的技术装备。大型起重机械要安装安全监控管理系统;积极推进信息化建设,努力提高企业安全防护水平。

(3) 加快安全生产技术研发。企业在年度财务预算中必须确定必要的安全投入。国家鼓励企业开展安全科技研发,加快安全生产关键技术装备的换代升级。进一步落实《国家中长期科学和技术发展规划纲要(2006—2020年)》等,加大对高危行业安全技术、装备、工艺和产品研发的支持力度,引导高危行业提高机械化、自动化生产水平,合理确定生产一线用工。"十二五"期间要继续组织研发一批提升我国重点行业领域安全生产保障能力的关键技术和装备项目。

4. 实施更加有力的监督管理

(1) 进一步加大安全监管力度。强化安全生产监管部门对安全生产的综合监管,全面落实公安、交通、国土资源、建设、工商、质检等部门的安全生产监督管理及工业主管部门的安全生产指导职责,形成安全生产综合监管与行业监管指导相结合的工作机制,加强协作,形成合力。在各级政府统一领导下,严厉打击非法违法生产、经营、建设等影响安全生产的行为,安全生产综合监管和行业管理部门要会同司法机关联合执法,以强有力措施查处、取缔非法企业。对重大安全隐患治理实行逐级挂牌督办、公告制度,重大隐患治理由省级安全生产监管部门或行业主管部门挂牌督办,国家相关部门加强督促检查。对拒不执行监管监察指令的企业,要依法依规从重处罚。进一步加强监管力量建设,提高监管人员专业素质和技术装备水平,强化基层站点监管能力,加强对企业安全生产的现场监管和技术指导。

(2)强化企业安全生产属地管理。安全生产监管监察部门、负有安全生产监管职责的有关部门和行业管理部门要按职责分工,对当地企业包括中央、省属企业实行严格的安全生产监督检查和管理,组织对企业安全生产状况进行安全标准化分级考核评价,评价结果向社会公开,并向银行业、证券业、保险业、担保业等主管部门通报,作为企业信用评级的重要参考依据。

(3)加强建设项目安全管理。强化项目安全设施核准审批,加强建设项目的日常安全监管,严格落实审批、监管的责任。企业新建、改建、扩建工程项目的安全设施,要包括安全监控设施和防瓦斯等有害气体、防尘、排水、防火、防爆等设施,并与主体工程同时设计、同时施工、同时投入生产和使用。安全设施与建设项目主体工程未做到同时设计的一律不予审批,未做到同时施工的责令立即停止施工,未同时投入使用的不得颁发安全生产许可证,并视情节追究有关单位负责人的责任。严格落实建设、设计、施工、监理、监管等各方安全责任。对项目建设生产经营单位存在违法分包、转包等行为的,立即依法停工停产整顿,并追究项目业主、承包方等各方责任。

(4)加强社会监督和舆论监督。要充分发挥工会、共青团、妇联组织的作用,依法维护和落实企业职工对安全生产的参与权与监督权,鼓励职工监督举报各类安全隐患,对举报者予以奖励。有关部门和地方要进一步畅通安全生产的社会监督渠道,设立举报箱,公布举报电话,接受人民群众的公开监督。要发挥新闻媒体的舆论监督,对舆论反映的客观问题要深查原因,切实整改。

5. 建设更加高效的应急救援体系

(1)加快国家安全生产应急救援基地建设。推进公路交通、铁路运输、水上搜救、船舶溢油、油气田、危险化学品等行业(领域)国家救援基地和队伍建设。鼓励和支持各地区、各部门、各行业依托大型企业和专业救援力量,加强服务周边的区域性应急救援能力建设。

(2)建立完善企业安全生产预警机制。企业要建立完善安全生产动态监控及预警预报体系,每月进行一次安全生产风险分析。发现事故征兆要立即发布预警信息,落实防范和应急处置措施。对重大危险源和重大隐患要报当地安全生产监管监察部门、负有安全生产监管职责的有关部门和行业管理部门备案;涉及国家秘密的,按有关规定执行。

(3)完善企业应急预案。企业应急预案要与当地政府应急预案保持衔接,并定期进行演练。赋予企业生产现场带班人员、班组长和调度人员在遇到险情时第一时间下达停产撤人命令的直接决策权和指挥权。因撤离不及时导致人身伤亡事故的,要从重追究相关人员的法律责任。

6. 严格行业安全准入

(1)加快完善安全生产技术标准。各行业管理部门和负有安全生产监管职责的有关部门要根据行业技术进步和产业升级的要求,加快制定修订生产、安全技术标准,制定和实施高危行业从业人员资格标准。对实施许可证管理制度的危险性作业,要制定落实专项安全技术作业规程和岗位安全操作规程。

(2)严格安全生产准入前置条件。把符合安全生产标准作为高危行业企业准入的前置条件,实行严格的安全标准核准制度。降低标准造成隐患的,要追究相关人员和负责人的责任。

(3)发挥安全生产专业服务机构的作用。依托科研院所,结合事业单位改制,推动安全生产评价、技术支持、安全培训、技术改造等服务性机构的规范发展。制定完善安全生产专业服务机构管理办法,保证专业服务机构从业行为的专业性、独立性和客观性。专业服务机构对相关评价、鉴定结论承担法律责任,对违法违规、弄虚作假的,要依法依规从严追究相关人员和机构的法律责任,并降低或取消相关资质。

7. 加强政策引导

(1)制定促进安全技术装备发展的产业政策。要鼓励和引导企业研发、采用先进适用的安全技术和产品,鼓励安全生产适用技术和新装备、新工艺、新标准的推广应用。把安全检测监控、安全避险、安全保护、个人防护、灾害监控、特种安全设施及应急救援等安全生产专用设备的研发制造,作为安全产业加以培育,纳入国家振兴装备制造业的政策支持范畴。大力发展安全装备融资租赁业务,促进高危行业企业加快提升安全装备水平。

(2)加大安全专项投入。加强对高危行业企业安全生产费用提取和使用管理的监督检查,进一步完善高危行业企业安全生产费用财务管理制度,研究提高安全生产费用提取下限标准,适当扩大适用范围。依法加强道路交通事故社会救助基金制度建设,加快建立完善水上搜救奖励与补偿机制。高危行业企业探索实行全员安全风险抵押金制度。完善落实工伤保险制度,积极稳妥推行安全生产责任保险制度。

(3)提高工伤事故死亡职工一次性赔偿标准。从2011年1月1日起,依照《工伤保险条例》的规定,对因生产安全事故造成的职工死亡,其一次性工亡补助金标准调整为按全国上一年度城镇居民人均可支配收入的20倍计算,发放给工亡职工近亲属。同时,依法确保工亡职工一次性丧葬补助金、丧葬补助金和供养亲属抚恤金的发放。

例如,2015年度全国城镇居民人均可支配收入为31195元,则2016年一次性工亡补助金标准为31195元×20=623900元。丧葬补助金标准:为6个月的统筹地区上年度社会职工月平均工资。供养亲属抚恤金标准如下:配偶抚恤金,工亡职工本人工资×40%/月;其他亲属抚恤金,工亡职工本人工资×30%/人/月;孤寡老人或者孤儿每人每月增加10%。最终核定的各供养亲属的抚恤金之和不应高于因工死亡职工生前的工资。

鼓励扩大专业技术和技能人才培养。进一步落实完善校企合作办学、对口单招、订单式培养等政策,鼓励高等院校、职业学校逐年扩大、机电、地质、通风、安全等相关专业人才的招生培养规模,加快培养高危行业专业人才和生产一线急需技能型人才。

8. 更加注重经济发展方式转变

(1)制定落实安全生产规划。各地区、各有关部门要把安全生产纳入经济社会发展的总体布局,在制定国家、地区发展规划时,要同步明确安全生产目标和专项规划。企业要把安全生产工作的各项要求落实在企业发展和日常工作之中,在制定企业发展规划和年度生产经营计划中要突出安全生产,确保安全投入和各项安全措施到位。

(2)强制淘汰落后技术产品。不符合有关安全标准、安全性能低下、职业危害严重、危及安全生产的落后技术、工艺和装备要列入国家产业结构调整指导目录,予以强制性淘汰。各省级人民政府也要制订本地区相应的目录和措施,支持有效消除重大安全隐患的技术改造和搬迁项目,遏制安全水平低、保障能力差的项目建设和延续。对存在落后技术装备、构成重大安全隐患的企业,要予以公布,责令限期整改,逾期未整改的依法予以关闭。

(3)加快产业重组步伐。要充分发挥产业政策导向和市场机制的作用,加大对相关高危行业企业重组力度,进一步整合或淘汰浪费资源、安全保障低的落后产能,提高安全基础保障能力。

9. 实行更加严格的考核和责任追究

(1)严格落实安全目标考核。对各地区、各有关部门和企业完成年度生产安全事故控制指标情况进行严格考核,并建立激励约束机制。加大重特大事故的考核权重,发生特别重大生产安全事故的,要根据情节轻重,追究地市级分管领导或主要领导的责任;后果特别严重、影响特别恶劣的,要按规定追究省部级相关领导的责任。加强安全生产基础工作考核,加快推进安全生产长效机制建设,坚决遏制重特大事故的发生。

(2)加大对事故企业负责人的责任追究力度。企业发生重大生产安全责任事故,追究事故企业主要负责人责任;触犯法律的,依法追究事故企业主要负责人或企业实际控制人的法律责任。发生特别重大事故,除追究企业主要负责人和实际控制人责任外,还要追究上级企业主要负责人的责任;触犯法律的,依法追究企业主要负责人、企业实际控制人和上级企业负责人的法律责任。对重大、特别重大生产安全责任事故负有主要责任的企业,其主要负责人被免职后,终身不得再担任本行业企业的负责人。对非法违法生产造成人员伤亡的,以及瞒报事故、事故后逃逸等情节特别恶劣的,要依法从重处罚。

(3)加大对事故企业的处罚力度。对于发生重大、特别重大生产安全责任事故或一年内发生两次以上较大生产安全责任事故并负主要责任的企业,以及存在重大隐患整改不力的企业,由省级及以上安全监管监察部门会同有关行业主管部门向社会公告,并向投资、国土资源、建设、银行、证券等主管部门通报,一年内严格限制新增的项目核准、用地审批、证券融资等,并作为银行贷款等的重要参考依据。

(4)对打击非法生产不力的地方实行严格的责任追究。在所辖区域对群众举报、上级督办、日常检查发现的非法生产企业(单位)没有采取有效措施予以查处,致使非法生产企业(单位)存在的,对县(市、区)、乡(镇)人民政府主要领导以及相关责任人,根据情节轻重,给予降级、撤职或者开除的行政处分;涉嫌犯罪的,依法追究刑事责任。国家另有规定的,从其规定。

(5)建立事故查处督办制度。依法严格事故查处,对事故查处实行地方各级安全生产委员会层层挂牌督办,重大事故查处实行国务院安全生产委员会挂牌督办。事故查处结案后,要及时予以公告,接受社会监督。

五、《民用爆炸物品安全管理条例》

为了加强对民用爆炸物品的安全管理,预防爆炸事故发生,保障公民生命、财产安全和公共安全,2006年4月26日国务院第134次常务会议通过《民用爆炸物品安全管理条例》,自2006年9月1日起施行,2014年7月29日经国务院第54次常务会议根据《关于修改部分行政法规的决定》修正。该条例中与公路工程建设密切相关的内容主要如下：

（1）明确了民用爆炸物品从业单位的安全管理责任。条例规定：民用爆炸物品从业单位的主要负责人是本单位民用爆炸物品安全管理责任人，对本单位的民用爆炸物品安全管理工作全面负责；民用爆炸物品从业单位应当依法设置治安保卫机构或者配备治安保卫人员，设置技术防范设施，建立安全管理制度、岗位安全责任制度，制定安全防范措施和事故应急预案，设置安全管理机构或者配备专职安全管理人员。同时，还具体明确了民用爆炸物品从业单位在生产、销售、购买、运输、爆破作业各个环节中的安全管理责任。

（2）民用爆炸物品从业单位应当加强对本单位从业人员的安全教育、法制教育和岗位技术培训，从业人员经考核合格的，方可上岗作业；对有资格要求的岗位，应当配备具有相应资格的人员。

（3）国家建立民用爆炸物品信息管理系统，对民用爆炸物品实行标识管理，监控民用爆炸物品流向。

民用爆炸物品生产企业、销售企业和爆破作业单位应当建立民用爆炸物品登记制度，如实将本单位生产、销售、购买、运输、储存、使用民用爆炸物品的品种、数量和流向信息输入计算机系统。

（4）申请从事爆破作业的单位，应当具备下列条件：①爆破作业属于合法的生产活动；②有符合国家有关标准和规范的民用爆炸物品专用仓库；③有具备相应资格的安全管理人员、仓库管理人员和具备国家规定执业资格的爆破作业人员；④有健全的安全管理制度、岗位安全责任制度；⑤有符合国家标准、行业标准的爆破作业专用设备；⑥法律、行政法规规定的其他条件。

（5）申请从事爆破作业的单位，应当按照国务院公安部门的规定，向有关人民政府公安机关提出申请，并提供能够证明其符合本条例第三十一条规定条件的有关材料。受理申请的公安机关应当自受理申请之日起20日内进行审查，对符合条件的，核发《爆破作业单位许可证》；对不符合条件的，不予核发《爆破作业单位许可证》，书面向申请人说明理由。

营业性爆破作业单位持《爆破作业单位许可证》到工商行政管理部门办理工商登记后，方可从事营业性爆破作业活动。爆破作业单位应当在办理工商登记后3日内，向所在地县级人民政府公安机关备案。

（6）爆破作业单位应当对本单位的爆破作业人员、安全管理人员、仓库管理人员进行专业技术培训。爆破作业人员应当经设区的市级人民政府公安机关考核合格，取得《爆破作业人员许可证》后，方可从事爆破作业。爆破作业单位应当按照其资质等级承接爆破作业项目，爆破作业人员应当按照其资格等级从事爆破作业。爆破作业的分级管理办法由国务院公安部门规定。

（7）在城市、风景名胜区和重要工程设施附近实施爆破作业的，应当向爆破作业所在地设区的市级人民政府公安机关提出申请，提交《爆破作业单位许可证》和具有相应资质的安全评估企业出具的爆破设计、施工方案评估报告。受理申请的公安机关应当自受理申请之日起20日内对提交的有关材料进行审查，对符合条件的，作出批准的决定；对不符合条件的，作出不予批准的决定，并书面向申请人说明理由。实施的爆破作业，应当由具有相应资质的安全监理企业进行监理,由爆破作业所在地县级人民政府公安机关负责组织实施安全警戒。

(8)爆破作业单位跨省、自治区、直辖市行政区域从事爆破作业的,应当事先将爆破作业项目的有关情况向爆破作业所在地县级人民政府公安机关报告。爆破作业单位应当如实记载领取、发放民用爆炸物品的品种、数量、编号以及领取、发放人员姓名。领取民用爆炸物品的数量不得超过当班用量,作业后剩余的民用爆炸物品必须当班清退回库。爆破作业单位应当将领取、发放民用爆炸物品的原始记录保存两年备查。实施爆破作业,应当遵守国家有关标准和规范,在安全距离以外设置警示标志并安排警戒人员,防止无关人员进入;爆破作业结束后应当及时检查、排除未引爆的民用爆炸物品。爆破作业单位不再使用民用爆炸物品时,应当将剩余的民用爆炸物品登记造册,报所在地县级人民政府公安机关组织监督销毁。

(9)民用爆炸物品应当储存在专用仓库内,并按照国家规定设置技术防范设施。储存民用爆炸物品应当遵守下列规定:①建立出入库检查、登记制度,收存和发放民用爆炸物品必须进行登记,做到账目清楚、账物相符;②储存的民用爆炸物品数量不得超过储存设计容量,对性质相抵触的民用爆炸物品必须分库储存,严禁在库房内存放其他物品;③专用仓库应当指定专人管理、看护,严禁无关人员进入仓库区内,严禁在仓库区内吸烟和用火,严禁把其他容易引起燃烧、爆炸的物品带入仓库区内,严禁在库房内住宿和进行其他活动;④民用爆炸物品丢失、被盗、被抢,应当立即报告当地公安机关。

在爆破作业现场临时存放民用爆炸物品的,应当具备临时存放民用爆炸物品的条件,并设专人管理、看护,不得在不具备安全存放条件的场所存放民用爆炸物品。

民用爆炸物品变质和过期失效的,应当及时清理出库,并予以销毁。销毁前应当登记造册,提出销毁实施方案,报省、自治区、直辖市人民政府民用爆炸物品行业主管部门、所在地县级人民政府公安机关组织监督销毁。

六、《危险化学品安全管理条例》

为加强危险化学品的安全管理,预防和减少危险化学品事故,保障人民群众生命财产安全,保护环境,2002年1月26日中华人民共和国国务院令第344号公布了《危险化学品安全管理条例》,自2002年3月15日起施行,2011年和2013年经国务院常务会议先后两次修订。在中华人民共和国境内生产、经营、储存、运输、使用危险化学品和处置废弃危险化学品,必须遵守本条例。民用爆炸物品、烟花爆竹、放射性物品、核能物质以及用于国防科研生产的危险化学品的安全管理,不适用本条例。其中与公路工程建设密切相关的内容主要如下:

(1)本条例所称危险化学品,是指具有毒害、腐蚀、爆炸、燃烧、助燃等性质,对人体、设施、环境具有危害的剧毒化学品和其他化学品。危险化学品目录,由国务院安监部门会同国务院工信、公安、环保、卫生、质检、交通、铁路、民航、农业部门,根据化学品危险特性的鉴别和分类标准确定、公布,并适时调整。

危险化学品安全管理,应当坚持"安全第一、预防为主、综合治理"的方针,强化和落实企业的主体责任。

(2)生产、储存危险化学品的单位,应当对其铺设的危险化学品管道设置明显标志,并对危险化学品管道定期检查、检测。进行可能危及危险化学品管道安全的施工作业,施工单位应当在开工的 7 日前书面通知管道所属单位,并与管道所属单位共同制定应急预案,采取相应的安全防护措施。管道所属单位应当指派专门人员到现场进行管道安全保护指导。

(3)使用危险化学品的单位,其使用条件(包括工艺)应当符合法律、行政法规的规定和国家标准、行业标准的要求,并根据所使用的危险化学品的种类、危险特性以及使用量和使用方式,建立、健全使用危险化学品的安全管理规章制度和安全操作规程,保证危险化学品的安全使用。

(4)发生危险化学品事故,有关地方人民政府应当立即组织安全生产监督管理、环保、公安、卫生、交通等有关部门,按照本地区危险化学品事故应急预案组织实施救援,不得拖延、推诿。

有关地方人民政府及其有关部门应当按照下列规定,采取必要的应急处置措施,减少事故损失,防止事故蔓延、扩大:①立即组织营救和救治受害人员,疏散、撤离或者采取其他措施保护危害区域内的其他人员;②迅速控制危害源,测定危险化学品的性质、事故的危害区域及危害程度;③针对事故对人体、动植物、土壤、水源、大气造成的现实危害和可能产生的危害,迅速采取封闭、隔离、洗消等措施;④对危险化学品事故造成的环境污染和生态破坏状况进行监测、评估,并采取相应的环境污染治理和生态修复措施。

(5)危险化学品单位发生危险化学品事故,其主要负责人不立即组织救援或者不立即向有关部门报告的,依照《生产安全事故报告和调查处理条例》的规定处罚。危险化学品单位发生危险化学品事故,造成他人人身伤害或者财产损失的,依法承担赔偿责任。

七、《城镇燃气管理条例》

《城镇燃气管理条例》经 2010 年 10 月 19 日国务院第 129 次常务会议通过(国务院令第 583 号公布),自 2011 年 3 月 1 日起施行。《城镇燃气管理条例》的出台,对加强燃气管理,保障燃气供应,促进燃气事业健康发展,维护燃气经营者和燃气用户的合法权益,保障公民生命、财产安全和公共安全,保证我国和谐稳定具有重要意义。其中与公路工程建设密切相关的内容主要有:

(1)新建、扩建、改建建设工程,不得影响燃气设施安全。建设单位在开工前,应当查明建设工程施工范围内地下燃气管线的相关情况,燃气管理部门以及其他有关部门和单位应当及时提供相关资料。

建设工程施工范围内有地下燃气管线等重要燃气设施的,建设单位应当会同施工单位与管道燃气经营者共同制定燃气设施保护方案。建设单位、施工单位应当采取相应的安全保护措施,确保燃气设施运行安全,管道燃气经营者应当派专业人员进行现场指导。

(2)在燃气设施保护范围内,有关单位从事敷设管道、打桩、顶进、挖掘、钻探等可能影响燃气设施安全活动的,应当与燃气经营者共同制定燃气设施保护方案,并采取相应的安全保护措施。

(3)燃气用户应当遵守安全用气规则,使用合格的燃气燃烧器具和气瓶,及时更换国家明令淘汰或者使用年限已届满的燃气燃烧器具、连接管等,并按照约定期限支付燃气费用。单位燃气用户还应当建立健全安全管理制度,加强对操作维护人员燃气安全知识和操作技能的培训。

(4)县级以上地方人民政府燃气管理部门应当会同城乡规划等有关部门按照国家有关标

准和规定划定燃气设施保护范围,并向社会公布。在燃气设施保护范围内,禁止从事下列危及燃气设施安全的活动:①建设占压地下燃气管线的建筑物、构筑物或者其他设施;②进行爆破、取土等作业或者动用明火;③倾倒、排放腐蚀性物质;④放置易燃易爆危险物品或者种植深根植物;⑤其他危及燃气设施安全的活动。

(5)违反本条例规定,在燃气设施保护范围内建设占压地下燃气管线的建筑物、构筑物或者其他设施的,依照有关城乡规划的法律、行政法规的规定进行处罚。违反本条例规定,建设工程施工范围内有地下燃气管线等重要燃气设施,建设单位未会同施工单位与管道燃气经营者共同制定燃气设施保护方案,或者建设单位、施工单位未采取相应的安全保护措施的,由燃气管理部门责令改正,处1万元以上10万元以下罚款;造成损失的,依法承担赔偿责任;构成犯罪的,依法追究刑事责任。

第四节 公路工程安全生产相关部门规章与文件

一、《公路水运工程安全生产监督管理办法》

《公路水运工程安全生产监督管理办法》于2007年1月25日经第2次交通运输部部务会议通过,自2007年3月1日起施行。《交通运输部关于修改〈公路水运工程安全生产监督管理办法〉的决定》于2016年3月2日经第4次部务会议通过,自2016年3月7日起施行。

随着经济社会的发展,以人为本、安全为天、构建和谐社会成为全社会的共识和党中央国务院的明确要求,这需要交通行业进一步制定切实可行的管理办法,有效抓好安全生产工作,构建和谐交通,为实现交通又好又快发展打下基础。为适应公路水运安全生产管理工作在新形势下的需要,交通运输部加强了安全生产方面规章制度的制定和修订。

1. 总则的相关内容

(1)立法目的:本办法立法目的是为加强公路水运工程安全生产监督管理工作,保障人身及财产安全。

(2)适用范围:本办法的适用范围是公路工程建设活动的安全生产行为及对其实施监督管理。本办法所称公路工程,是指列入国家和地方基本建设计划的公路基础设施新建、改建、扩建以及拆除、加固等建设项目。本办法所称从业单位,是指从事公路工程建设、勘察、设计、监理、施工、检验检测、安全评价等工作的单位。

(3)安全方针:本办法在《安全生产法》"安全第一、预防为主"八字方针的基础上,提出了"安全第一、预防为主、综合治理"的十二字方针。

(4)监督管理。

公路工程安全生产监督管理实行统一监管、分级负责。交通运输部负责全国公路工程安全生产的监督管理工作,县级以上地方人民政府交通运输主管部门负责本行政区域内的公路工程安全生产监督管理工作。交通运输部和县级以上地方人民政府交通运输主管部门,可以委托其设置的安全监督机构负责具体工作,法律、行政法规规定不能委托的事项除外。

公路工程安全生产监督管理部门的主要职责:宣传、贯彻、执行有关安全生产的法律、法规,按照法定权限制定公路工程安全生产管理规章和技术标准;依法对公路工程从业单位安全生产条件实施监督管理,组织施工单位的主要负责人和安全生产管理人员的考核管理工作;建立公路工程安全生产应急管理机制,制定重大生产安全事故应急预案;建立公路工程从业单位安全生产信用体系,作为交通行业信用体系建设的一部分,对从业单位和人员实施安全生产动态管理;受理公路工程安全生产方面的举报和投诉,依法对公路工程安全生产实施监督检查和相应的行政处罚;依法组织或者参与调查处理生产安全事故,按照职责权限对公路工程生产安全事故进行统计分析,发布公路工程安全生产动态信息。

省级交通主管部门负责向交通部和国务院其他有关部门报送事故信息;指导下级交通运输主管部门开展公路工程安全生产监督管理工作;组织公路工程安全生产技术研究和先进技术推广应用;开展公路工程安全生产经验交流,普及安全生产知识;法律、法规规定的其他职责。

2. 从业单位的安全生产条件

(1)从业单位从事公路工程建设活动,应当具备法律、行政法规规定的安全生产条件。任何单位和个人不得降低安全生产条件。

(2)施工单位应当取得安全生产许可证,施工单位的主要负责人和安全生产管理人员必须取得考核合格证书,方可参加公路工程投标及施工。

(3)省级交通运输主管部门负责组织公路工程施工单位主要负责人和安全生产管理人员的考核发证工作。

(4)公路工程施工单位安全生产管理人员考核分为安全生产知识考试和安全管理能力考核两部分。考核合格的,由省级交通运输主管部门颁发《安全生产考核合格证书》。

(5)施工单位的垂直运输机械作业人员、施工船舶作业人员、爆破作业人员、安装拆卸工、起重信号工、电工、焊工等国家规定的特种作业人员,必须按照国家规定经过专门的安全作业培训,并取得特种作业操作资格证书后,方可上岗作业。

(6)施工单位在工程中使用施工起重机械和整体提升式脚手架、滑模爬模、架桥机等自行式架设设施前,应当组织有关单位进行验收,或者委托具有相应资质的检验检测机构进行验收,使用承租的机械设备和施工机具及配件的,由承租单位、出租单位和安装单位共同进行验收,验收合格的方可使用。验收合格后30日内,应向当地交通主管部门登记。

(7)从业单位应当对从业人员进行安全生产教育和培训,保证从业人员具备必要的安全生产知识,熟悉有关的安全生产规章制度和安全操作规程,掌握本岗位的安全操作技能。未经安全生产教育和培训合格的从业人员,不得上岗作业。

3. 各参建单位的安全责任

本办法对建设、勘察、设计、监理、施工等相关参建单位的安全责任进行了规定。

(1)建设单位的安全责任。

建设单位在编制工程招标文件时,应当确定公路工程项目安全作业环境及安全施工措施所需的安全生产费用。安全生产费用由建设单位根据监理工程师对工程安全生产情况的签字确认进行支付。

建设单位在公路工程施工招标文件中应当按照法律、法规的规定对施工单位的安全生产条件、安全生产信用情况、安全生产的保障措施等提出明确要求。

建设单位不得对咨询、勘察、设计、监理、施工、设备租赁、材料供应、检测等单位提出不符合工程安全生产法律、法规和工程建设强制性标准规定的要求。不得随意压缩合同规定的工期。

（2）勘察、设计和监理单位的安全责任。

勘察单位应当按照法律、法规和工程建设强制性标准进行勘察，重视地质环境对安全的影响，提交的勘察文件应当真实、准确，满足公路水运工程安全生产的需要。勘察单位应当对有可能引发公路工程安全隐患的地质灾害提出防治建议。勘察单位及勘察人员对勘察结论负责。

设计单位应当按照法律、法规和工程建设强制性标准进行设计，防止因设计不合理导致安全生产隐患或者生产安全事故的发生。采用新结构、新材料、新工艺的工程和特殊结构的工程，设计单位应当在设计文件中提出保障施工作业人员安全和预防生产安全事故的措施建议。设计单位和设计人员应当对其设计负责。

监理单位应当按照法律、法规和工程建设强制性标准进行监理，对工程安全生产承担监理责任。应当编制安全生产监理计划，明确监理人员的岗位职责、监理内容和方法等。对危险性较大的工程作业应当加强巡视检查。监理单位应当审查施工组织设计中的安全技术措施或者专项施工方案是否符合工程建设强制性标准。监理单位在实施监理过程中，发现存在安全事故隐患的，应当要求施工单位整改，必要时，可下达施工暂停指令并向建设单位和有关部门报告。监理单位应当填报安全监理日志和监理月报。

其他单位的安全责任：为公路工程提供施工机械设备、设施和产品的单位，应确保配备齐全有效的保险、限位等安全装置，提供有关安全操作的说明，保证其提供的机械设备和设施等产品的质量和安全性能达到国家有关标准。所提供的机械设备、设施和产品应当具有生产（制造）许可证、产品合格证或者法定检验检测合格证明。对于尚无相关国家标准或者行业标准的设备和设施，应当保障其质量和安全性能。

（3）施工单位的安全责任。

施工单位主要负责人依法对本单位的安全生产工作全面负责。施工单位应当建立健全安全生产责任制度和安全生产教育培训制度及安全生产技术交底制度，制定安全生产规章制度和操作规程，保证本单位安全生产条件所需资金的投入，对所承担的公路工程进行定期和专项安全检查，并做好安全检查记录。安全生产技术交底制度，是指公路工程每项工程实施前，施工单位负责项目管理的技术人员对有关安全施工的技术要求向施工作业班组、作业人员详细说明，并由双方签字确认的制度。

施工单位的项目负责人依法对项目的安全施工负责，落实安全生产各项制度，确保安全生产费用的有效使用，并根据工程特点组织制定安全施工措施，消除安全事故隐患，及时、如实报告生产安全事故。安全生产费用，应当用于施工安全防护用具及设施的采购和更新、安全施工措施的落实、安全生产条件的改善，不得挪作他用。

施工单位应当设立安全生产管理机构，配备专职安全生产管理人员。施工现场应当按照每5000万元施工合同额配备一名的比例配备专职安全生产管理人员,不足5000万元的至少配备一名。专职安全生产管理人员负责对安全生产进行现场监督检查,并做好检查记录,发现生产安全事故隐患,应当及时向项目负责人和安全生产管理机构报告;对违章指挥、违章操作和违反劳动纪律的,应当立即制止。

施工单位应当在施工组织设计中编制安全技术措施和施工现场临时用电方案,对下列危险性较大的工程应当编制专项施工方案,并附安全验算结果,经施工单位技术负责人、监理工程师审查同意签字后实施,由专职安全生产管理人员进行现场监督:不良地质条件下有潜在危险性的土方、石方开挖;滑坡和高边坡处理;桩基础、挡墙基础、深水基础及围堰工程;桥梁工程中的梁、拱、柱等构件施工等;隧道工程中的不良地质隧道、高瓦斯隧道、水底海底隧道等;水上工程中的打桩船作业、施工船作业、外海孤岛作业、边通航边施工作业等;水下工程中的水下焊接、混凝土浇筑、爆破工程等;爆破工程;大型临时工程中的大型支架、模板、便桥的架设与拆除;桥梁、码头的加固与拆除;其他危险性较大的工程。必要时,施工单位对上述所列工程的专项施工方案,还应当组织专家进行论证、审查。

施工单位应当在施工现场出入口或者沿线各交叉口、施工起重机械、拌和场、临时用电设施、爆破物及有害危险气体和液体存放处以及孔洞口、隧道口、基坑边沿、脚手架、码头边沿、桥梁边沿等危险部位,设置明显的安全警示标志或者必要的安全防护设施。

施工单位应当根据不同施工阶段和周围环境及季节、气候的变化,在施工现场采取相应的安全施工措施。施工现场暂时停止施工的,施工单位应当做好现场防护。因施工单位安全生产隐患原因造成工程停工的,所需费用由施工单位承担,其他原因按照合同约定执行。

施工单位应当将施工现场的办公、生活区与作业区分开设置,并保持安全距离;办公、生活区的选址应当符合安全性要求。职工的膳食、饮水、休息场所、医疗救助设施等应当符合卫生标准。施工现场临时搭建的建筑物应当符合安全使用要求。施工现场使用的装配式活动房屋应当具有生产(制造)许可证、产品合格证。

施工单位应当在施工现场建立消防安全责任制度,确定消防安全责任人,制定用火、用电、使用易燃易爆材料等各项消防管理制度和操作规程,设置消防通道,配备相应的消防设施和灭火器材。

施工单位应当向作业人员提供必需的安全防护用具和安全防护服装,书面告知危险岗位的操作规程并确保其熟悉和掌握有关内容和违章操作的危害。作业人员有权对施工现场的作业条件、作业程序和作业方式中存在的安全问题提出批评、检举和控告,有权拒绝违章指挥和强令冒险作业。在施工中发生可能危及人身安全的紧急情况时,作业人员有权立即停止作业或者在采取必要的应急措施后撤离危险区域。

作业人员应当遵守安全施工的工程建设强制性标准、规章制度,正确使用安全防护用具、机械设备等。施工单位采购、租赁的安全防护用具、机械设备、施工机具及配件,应当具有生产(制造)许可证、产品合格证,并在进入施工现场前由专职安全管理人员进行查验。施工现场的安全防护用具、机械设备、施工机具及配件必须由专人管理,定期进行检查、维修和保养,建立相应的资料档案,并按照国家有关规定及时报废。

施工单位应当对管理人员和作业人员进行每年不少于两次的安全生产教育培训,其教育培训情况记入个人工作档案。施工单位在采用新技术、新工艺、新设备、新材料时,应当对作业人员进行相应的安全生产教育培训。新进人员和作业人员进入新的施工现场或者转入新的岗位前,施工单位应当对其进行安全生产培训考核。未经安全生产教育培训考核或者培训考核不合格的人员,不得上岗作业。

建设工程实行施工总承包的,由总承包单位对施工现场的安全生产负总责。总承包单位依法将建设工程分包给其他单位的,分包合同中应当明确各自的安全生产方面的权利、义务。总承包单位对分包工程的安全生产承担连带责任。分包单位应当服从总承包单位的安全生产管理,分包单位不服从管理导致生产安全事故的,由分包单位承担主要责任。

建设单位、施工单位应当针对本工程项目特点制定生产安全事故应急预案,定期组织演练。发生生产安全事故,施工单位应当立即向建设单位、监理单位和事故发生地的公路水运工程安全生产监督管理部门以及地方安全监督部门报告。建设单位、施工单位应当立即启动事故应急预案,组织力量抢救,保护好事故现场。

4. 监督检查

(1)公路工程安全生产监督管理部门在职责范围内履行安全生产监督检查职责时,有权采取下列措施:要求被检查单位提供有关安全生产的文件和资料;进入被检查单位施工现场进行检查;纠正施工中违反安全生产要求的行为,依法实施行政处罚。

(2)公路工程安全生产监督管理部门对从业单位安全生产监督检查的内容主要有:从业单位安全生产条件的符合情况;施工单位安全生产管理人员和特种作业人员具备上岗资格情况;从业单位执行安全生产法律、法规、规章和工程建设强制性标准的情况;从业单位对安全生产管理制度、安全责任制度和各项应急预案的建立和落实情况;安全生产管理机构或者专职安全生产管理人员的设置和履行职责情况;员工的安全教育培训情况;其他应当监督检查的情况。

(3)公路工程安全生产监督管理部门应当对公路工程下列施工现场的安全生产情况进行监督检查:现场驻地;施工作业点(面);危险品存放地;预制厂、半成品加工厂;非标施工设备组装厂。

公路工程安全生产监督管理部门对易发生生产安全事故的危险工程及施工作业环节应当进行重点监督检查。

(4)公路工程安全生产监督管理部门对监督检查中发现的安全问题,应当做出如下处理:从业单位存在安全管理问题需要整改的,以书面方式通知存在问题单位限期整改;从业单位存在严重安全事故隐患的,责令立即排除;重大安全事故隐患在排除前或者在排除过程中无法保证安全的,责令其从危险区域内撤出作业人员或者暂时停止施工;建设单位违反安全管理规定造成重大生产安全事故的,对全部或者部分使用国有资金的建设项目,暂停资金拨付;建设单位未列建设工程安全生产费用的,责令其限期改正并不得办理监督手续;逾期未改正的,责令该建设工程停止施工并通报批评。

被检查单位应当立即落实处理决定,并将整改结果书面报检查单位。责令停工的,应当经复查合格后,方可复工。

(5)公路工程安全生产监督管理部门应当建立从业单位信用档案,并将监督检查情况和处理结果及时登录在安全生产信用管理系统中。

（6）从业单位整改不力，多次整改仍然存在安全问题的，公路工程安全生产监督管理部门将其列入安全监督检查重点名单，登录在安全生产信用管理系统中，并向有关部门通报。对存在重大安全事故隐患但拒绝整改或者整改效果不明显或者发生重特大安全事故等不再具备安全生产条件的，公路工程安全生产监督管理部门应当向安全生产许可证颁发部门通报，建议暂扣或者吊销安全生产许可证，同时向有关资质证书颁发部门建议降低资质等级。

（7）公路工程安全生产监督管理部门可委托具备国家规定资质条件的机构，对容易发生重特大生产安全事故的工程项目和危险性较大的工程施工进行安全评价和监测。

（8）公路工程安全生产监督管理部门应当健全内部管理制度，加强对监督管理人员的教育培训，提高执法水平。监督管理人员应当忠于职守，秉公办事，坚持原则，清正廉洁。与监督检查对象有利害关系的监督人员，应当回避。

（9）公路工程安全生产监督管理部门应当建立举报制度，及时受理对公路工程生产安全事故或者事故隐患以及监督检查人员违法行为的检举、控告和投诉。

二、《企业安全生产费用提取和使用管理办法》

为建立企业安全生产投入长效机制，社会公共利益，依据《中华人民共和国安全生产法》等有关法律法规和《国务院关于加强安全生产工作的决定》（国发〔2004〕2号）和《国务院关于进一步加强企业安全生产工作的通知》（国发〔2010〕23号），制定《企业安全生产费用提取和使用管理办法》（以下简称《办法》）。该办法于2012年2月14日由财政部、安全监管总局以财企〔2012〕16号印发。《办法》分总则、安全费用的提取标准、安全费用的使用、监督管理、附则5章40条，自公布之日起施行，《高危行业企业安全生产费用财务管理暂行办法》（财企〔2006〕478号）予以废止。

（1）在中华人民共和国境内直接从事煤炭生产、非煤矿山开采、建设工程施工、危险品生产与储存、交通运输、烟花爆竹生产、冶金、机械制造、武器装备研制生产与试验（含民用航空及核燃料）的企业以及其他经济组织（以下简称企业）适用本办法。建设工程是指土木工程、建筑工程、井巷工程、线路管道和设备安装及装修工程的新建、扩建、改建以及矿山建设。

（2）本办法所称安全生产费用（以下简称安全费用）是指企业按照规定标准提取在成本中列支，专门用于完善和改进企业或者项目安全生产条件的资金。安全费用按照"企业提取、政府监管、确保需要、规范使用"的原则进行管理。

建设工程施工企业以建筑安装工程造价为计提依据。各建设工程类别安全费用提取标准如下：①矿山工程为2.5%；②房屋建筑工程、水利水电工程、电力工程、铁路工程、城市轨道交通工程为2.0%；③市政公用工程、冶炼工程、机电安装工程、化工石油工程、港口与航道工程、公路工程、通信工程为1.5%。

建设工程施工企业提取的安全费用列入工程造价，在竞标时，不得删减，列入标外管理。国家对基本建设投资概算另有规定的，从其规定。总包单位应当将安全费用按比例直接支付分包单位并监督使用，分包单位不再重复提取。

（3）中小微型企业和大型企业上年末安全费用结余分别达到本企业上年度营业收入的

5%和1.5%时,经当地县级以上安全生产监督管理部门、煤矿安全监察机构商财政部门同意,企业本年度可以缓提或者少提安全费用。企业规模划分标准按照工业和信息化部、国家统计局、国家发展和改革委员会、财政部《关于印发中小企业划型标准规定的通知》(工信部联企业〔2011〕300号)规定执行。

企业在上述标准的基础上,根据安全生产实际需要,可适当提高安全费用提取标准。本办法公布前,各省级政府已制定下发企业安全费用提取使用办法的,其提取标准如果低于本办法规定的标准,应当按照本办法进行调整;如果高于本办法规定的标准,按照原标准执行。

(4)新建企业和投产不足一年的企业以当年实际营业收入为提取依据,按月计提安全费用。混业经营企业,如能按业务类别分别核算的,则以各业务营业收入为计提依据,按上述标准分别提取安全费用;如不能分别核算的,则以全部业务收入为计提依据,按主营业务计提标准提取安全费用。

(5)建设工程施工企业安全费用应当按照以下范围使用:①完善、改造和维护安全防护设施设备(不含"三同时"要求初期投入的安全设施)支出,包括施工现场临时用电系统、洞口、临边、机械设备、高处作业防护、交叉作业防护、防火、防爆、防尘、防毒、防雷、防台风、防地质灾害、地下工程有害气体监测、通风、临时安全防护等设施设备支出;②配备、维护、保养应急救援器材、设备支出和应急演练支出;③开展重大危险源和事故隐患评估、监控和整改支出;④安全生产检查、咨询、评价(不包括新建、改建、扩建项目安全评价)和标准化建设支出;⑤配备和更新现场作业人员安全防护用品支出;⑥安全生产宣传、教育、培训支出;⑦安全生产适用的新技术、新装备、新工艺、新标准的推广应用支出;⑧安全设施及特种设备检测检验支出;⑨其他与安全生产直接相关的支出。

在本办法规定的使用范围内,企业应当将安全费用优先用于满足安全生产监督管理部门、煤矿安全监察机构以及行业主管部门对企业安全生产提出的整改措施或者达到安全生产标准所需的支出。

(6)企业提取的安全费用应当专户核算,按规定范围安排使用,不得挤占、挪用。年度结余资金结转下年度使用,当年计提安全费用不足的,超出部分按正常成本费用渠道列支。主要承担安全管理责任的集团公司经过履行内部决策程序,可以对所属企业提取的安全费用按照一定比例集中管理,统筹使用。

企业应当建立健全内部安全费用管理制度,明确安全费用提取和使用的程序、职责及权限,按规定提取和使用安全费用。企业应当加强安全费用管理,编制年度安全费用提取和使用计划,纳入企业财务预算。企业年度安全费用使用计划和上一年安全费用的提取、使用情况按照管理权限报同级财政部门、安全生产监督管理部门、煤矿安全监察机构和行业主管部门备案。

(7)企业安全费用的会计处理,应当符合国家统一的会计制度的规定。企业提取的安全费用属于企业自提自用资金,其他单位和部门不得采取收取、代管等形式对其进行集中管理和使用,国家法律、法规另有规定的除外。各级财政部门、安全生产监督管理部门、煤矿安全监察机构和有关行业主管部门依法对企业安全费用提取、使用和管理进行监督检查。

(8)企业未按本办法提取和使用安全费用的,安全生产监督管理部门、煤矿安全监察机构和行业主管部门会同财政部门责令其限期改正,并依照相关法律法规进行处理、处罚。建设工程施工总承包单位未向分包单位支付必要的安全费用以及承包单位挪用安全费用的,由建设、交通运输、铁路、水利、安全生产监督管理、煤矿安全监察等主管部门依照相关法规、规章进行处理、处罚。

三、《生产安全事故罚款处罚规定(试行)》

为防止和减少生产安全事故,严格追究生产安全事故发生单位及其有关责任人员的法律责任,正确适用事故罚款的行政处罚,2007年7月国家安全生产监督总局依照《生产安全事故报告和调查处理条例》的规定,制定了《〈生产安全事故报告和调查处理条例〉罚款处罚暂行规定》。根据2011年9月1日《国家安全监管总局关于修改〈《生产安全事故报告和调查处理条例》罚款处罚暂行规定〉的决定》(国家安全生产监督管理总局令第42号)进行第一次修订,并于2011年11月1日起施行。

根据2015年4月2日《国家安全监管总局关于修改〈生产安全事故报告和调查处理条例〉罚款处罚暂行规定等四部规章的决定》(国家安全生产监督管理总局令第77号)对该《规定》部分条款进行修改,并更名为《生产安全事故罚款处罚规定(试行)》,自2015年5月1日起施行。其主要内容有:

(1)本规定所称事故发生单位是指对事故发生负有责任的生产经营单位。本规定所称主要负责人是指有限责任公司、股份有限公司的董事长或者总经理或者个人经营的投资人,其他生产经营单位的厂长、经理(含实际控制人)等人员。

本规定所称事故发生单位主要负责人、直接负责的主管人员和其他直接责任人员的上一年年收入,属于国有生产经营单位的,是指该单位上级主管部门所确定的上一年年收入总额;属于非国有生产经营单位的,是指经财务、税务部门核定的上一年年收入总额。

(2)生产经营单位提供虚假资料或者由于财务、税务部门无法核定等原因致使有关人员的上一年年收入难以确定的,按照下列办法确定:①主要负责人的上一年年收入,按照本省、自治区、直辖市上一年度职工平均工资的5倍以上10倍以下计算;②直接负责的主管人员和其他直接责任人员的上一年年收入,按照本省、自治区、直辖市上一年度职工平均工资的1倍以上5倍以下计算。

(3)对事故发生单位及其有关责任人员处以罚款的行政处罚,依照下列规定决定:①对发生特别重大事故的单位及其有关责任人员罚款的行政处罚,由国家安全生产监督管理总局决定;②对发生重大事故的单位及其有关责任人员罚款的行政处罚,由省级人民政府安全生产监督管理部门决定;③对发生较大事故的单位及其有关责任人员罚款的行政处罚,由设区的市级人民政府安全生产监督管理部门决定;④对发生一般事故的单位及其有关责任人员罚款的行政处罚,由县级人民政府安全生产监督管理部门决定。上级安全生产监督管理部门可以指定下一级安全生产监督管理部门对事故发生单位及其有关责任人员实施行政处罚。

(4)事故发生单位的主要负责人、直接负责的主管人员和其他直接责任人员有《安全生产法》第一百零六条、《生产安全事故报告和调查处理条例》第三十六条规定的下列行为之一的,依照下列规定处以罚款:①伪造、故意破坏事故现场,或者转移、隐匿资金、财产、销毁有关证据、资料,或者拒绝接受调查,或者拒绝提供有关情况和资料,或者在事故调查中作伪证,或者指使他人作伪证的,处上一年年收入80%至90%的罚款;②谎报、瞒报事故或者事故发生后逃匿的,处上一年年收入100%的罚款。

(5)事故发生单位主要负责人未依法履行安全生产管理职责,导致事故发生的,依照下列规定处以罚款:①发生一般事故的,处上一年年收入30%的罚款;②发生较大事故的,处上一年年收入40%的罚款;③发生重大事故的,处上一年年收入60%的罚款;④发生特别重大事故的,处上一年年收入80%的罚款。

(6)个人经营的投资人未依照《安全生产法》的规定保证安全生产所必需的资金投入,致使生产经营单位不具备安全生产条件,导致发生生产安全事故的,依照下列规定对个人经营的投资人处以罚款:①发生一般事故的,处2万元以上5万元以下的罚款;②发生较大事故的,处5万元以上10万元以下的罚款;③发生重大事故的,处10万元以上15万元以下的罚款;④发生特别重大事故的,处15万元以上20万元以下的罚款。

四、《安全生产违法行为行政处罚办法》

《安全生产违法行为行政处罚办法》于2007年12月11日以国家安监总局15号令公布,自2008年1月1日起施行。《国家安全监管总局关于修改〈生产安全事故报告和调查处理条例〉罚款处罚暂行规定等四部规章的决定》(国家安全生产监督管理总局令第77号)于2015年1月16日国家安全生产监督管理总局局长办公会议审议通过,自2015年5月1日起施行。它的公布实施,是健全安全生产法律法规规章体系、加快形成规范的安全生产法治秩序的重要环节,对于进一步惩治安全生产违法行为、规范安全生产行政处罚、促进安全生产状况稳定好转具有重要意义。

(1)县级以上人民政府安全生产监督管理部门对生产经营单位及其有关人员在生产经营活动中违反有关安全生产的法律、行政法规、部门规章、国家标准、行业标准和规程的违法行为(以下统称安全生产违法行为)实施行政处罚,适用本办法。有关法律、行政法规对安全生产违法行为行政处罚的种类、幅度或者决定机关另有规定的,依照其规定。对安全生产违法行为实施行政处罚,应当遵循公平、公正、公开的原则。

(2)安全生产违法行为行政处罚的种类:①警告;②罚款;③没收违法所得、没收非法开采的煤炭产品、采掘设备;④责令停产停业整顿、责令停产停业、责令停止建设、责令停止施工;⑤暂扣或者吊销有关许可证,暂停或者撤销有关执业资格、岗位证书;⑥关闭;⑦拘留;⑧安全生产法律、行政法规规定的其他行政处罚。

(3)安全生产违法行为的行政处罚,由安全生产违法行为发生地的县级以上安全监管监察部门管辖。中央企业及其所属企业、有关人员的安全生产违法行为的行政处罚,由安全生产违法行为发生地的设区的市级以上安全监管监察部门管辖。暂扣、吊销有关许可证和暂停、撤销有关执业资格、岗位证书的行政处罚,由发证机关决定。其中,暂扣有关许可证和暂停有关执业资格、岗位证书的期限一般不得超过6个月;法律、行政法规另有规定的,依照其规定。给予关闭的行政处罚,由县级以上安全监管监察部门报请县级以上人民政府按照国务院规定的权限决定。给予拘留的行政处罚,由县级以上安全监管监察部门建议公安机关依照治安管理处罚法的规定决定。

（4）安全监管监察部门依法对存在重大事故隐患的生产经营单位作出停产停业、停止施工、停止使用相关设施、设备的决定，生产经营单位应当依法执行，及时消除事故隐患。生产经营单位拒不执行，有发生生产安全事故的现实危险的，在保证安全的前提下，经本部门主要负责人批准，安全监管监察部门可以采取通知有关单位停止供电、停止供应民用爆炸物品等措施，强制生产经营单位履行决定。停止应当采用书面形式，有关单位应当予以配合。

（5）安全监管监察部门应当充分听取当事人的陈述和申辩，对当事人提出的事实、理由和证据，应当进行复核；当事人提出的事实、理由和证据成立的，安全监管监察部门应当采纳。安全监管监察部门不得因当事人陈述或者申辩而加重处罚。安全监管监察部门对安全生产违法行为实施行政处罚，应当符合法定程序，制作行政执法文书。

（6）安全监管监察部门负责人应当及时对案件调查结果进行审查，根据不同情况，分别作出以下决定：①确有应受行政处罚的违法行为的，根据情节轻重及具体情况，作出行政处罚决定；②违法行为轻微，依法可以不予行政处罚的，不予行政处罚；③违法事实不能成立，不得给予行政处罚；④违法行为涉嫌犯罪的，移送司法机关处理。

对严重安全生产违法行为给予责令停产停业整顿、责令停产停业、责令停止建设、责令停止施工、吊销有关许可证、撤销有关执业资格或者岗位证书、处5万元以上罚款、没收违法所得的行政处罚的，应当由安全监管监察部门的负责人集体讨论决定。

（7）行政处罚案件应当自立案之日起30日内办理完毕；由于客观原因不能完成的，经安全监管监察部门负责人同意，可以延长，但不得超过90日；特殊情况需进一步延长的，应当经上一级安全监管监察部门批准，可延长至180日。

（8）安全监管监察部门作出责令停产停业整顿、责令停产停业、吊销有关许可证、撤销有关执业资格、岗位证书或者处以较大数额罚款的行政处罚决定之前，应当告知当事人有要求举行听证的权利；当事人要求听证的，安全监管监察部门应当组织听证，不得向当事人收取听证费用。所谓较大数额罚款，是指省、自治区、直辖市人大常委会或者人民政府规定的数额；没有规定数额的，对个人罚款为2万元以上，对生产经营单位罚款为5万元以上。

（9）生产经营单位与从业人员订立协议，免除或者减轻其对从业人员因生产安全事故伤亡依法应承担的责任的，该协议无效；对生产经营单位的主要负责人、个人经营的投资人按照下列规定处以罚款：①在协议中减轻因生产安全事故伤亡对从业人员依法应承担的责任的，处2万元以上5万元以下的罚款；②在协议中免除因生产安全事故伤亡对从业人员依法应承担的责任的，处5万元以上10万元以下的罚款。

（10）生产经营单位转让安全生产许可证的，没收违法所得，吊销安全生产许可证，并按照下列规定处以罚款：①接受转让的单位和个人未发生生产安全事故的，处10万元以上30万元以下的罚款；②接受转让的单位和个人发生生产安全事故但没有造成人员死亡的，处30万元以上40万元以下的罚款；③接受转让的单位和个人发生人员死亡生产安全事故的，处40万元以上50万元以下的罚款。

（11）生产经营单位及其有关人员触犯不同的法律规定，有两个以上应当给予行政处罚的安全生产违法行为，安全监管监察部门应当根据不同的法律规定，分别裁量，合并处罚。对同一生产经营单位及其有关人员的同一安全生产违法行为,不得给予两次以上罚款的行政处罚。

（12）生产经营单位及其有关人员有下列情形之一的,应当从重处罚：①危及公共安全或者其他生产经营单位安全的,经责令限期改正,逾期未改正的；②一年内因同一违法行为受到两次以上行政处罚的；③拒不整改或者整改不力,其违法行为呈持续状态的；④拒绝、阻碍或者以暴力威胁行政执法人员的。

（13）行政处罚决定依法作出后,当事人应当在行政处罚决定的期限内,予以履行；当事人逾期不履行的,作出行政处罚决定的安全监管监察部门可以采取下列措施：①到期不缴纳罚款的,每日按罚款数额的3%加处罚款；②根据法律规定,将查封、扣押的设施、设备、器材拍卖所得价款抵缴罚款；③申请人民法院强制执行。

当事人对行政处罚决定不服,申请行政复议或者提起行政诉讼的,行政处罚不停止执行,法律另有规定的除外。

（14）本办法所称的生产经营单位,是指合法和非法从事生产或者经营活动的基本单元,包括企业法人、不具备企业法人资格的合伙组织、个体工商户和自然人等生产经营主体。本办法所称的"以上"包括本数,所称的"以下"不包括本数。

五、《安全生产领域违法违纪行为政纪处分暂行规定》

《安全生产领域违法违纪行为政纪处分暂行规定》(以下简称《暂行规定》)经监察部2006年10月30日第8次部长办公会议、国家安全生产监督管理总局2006年9月26日第23次局长办公会议通过,自2006年11月22日起施行,是我国第一部关于安全生产领域政纪处分方面的部门规章。这部规章对安全生产领域各类违法违纪行为及其处分量纪标准作出明确规定,是查处安全生产领域违法违纪案件的重要依据。

《暂行规定》体现了预防为主,是从源头上强化政府安全监管主体、企业安全责任主体应负责任的重要措施。它的颁布实施,对于切实加强安全生产工作,惩处安全生产领域违法违纪行为,促进安全生产法律法规的贯彻实施,落实各级安全生产责任制,保障人民群众生命财产安全,落实科学发展观,构建社会主义和谐社会,具有重要意义。《暂行规定》共21条,可归纳为5个层面。

1. 立法宗旨及其法律依据

《暂行规定》第一条开宗明义,指出制定这部规章的目的是"为了加强安全生产工作,惩处安全生产领域违法违纪行为,促进安全生产法律法规的贯彻实施,保障人民群众生命财产和公共财产安全"。它所依据的法律,主要是《行政监察法》《安全生产法》及其他有关法律法规。

2. 适用范围及其执行主体

《暂行规定》明确了"国家行政机关及其公务员,企业、事业单位中由国家行政机关任命的人员有安全生产领域违法违纪行为,应当给予处分的,适用本规定"。明确了"法律法规授权的具有管理公共事务职能的组织以及国家行政机关依法委托的组织及其工勤人员以外的工作人员有安全生产领域违法违纪行为,应当给予处分的,参照本规定执行"。此外,还明确了"企业、事业单位中除由国家行政机关任命的人员外,其他人员有安全生产领域违法违纪行为并应当给予处分的,由企业、事业单位参照本规定执行"。这实际涵盖了国家行政机关、企事业单位和中介组织中的所有人员。

3. 安全生产领域违法违纪行为的类别和表现

安全生产领域违法违纪行为的类别和表现是《暂行规定》的主体内容,从第四条到第十六条,分别从国家行政机关及其公务员、国有企业及其工作人员和事业单位、中介组织及其工作人员3个层面作出规定。

(1)对国家行政机关及其公务员的违法违纪行为可归纳为7类25种表现:不执行或者违背安全生产法律法规的行为;违法违规实施的行政行为;违法违规批准向生产经营单位提供剧毒品、火工品等危险物资或者其他生产经营条件的行为;干预插手安全生产经营活动以及安全生产行政许可、监督执法、中介活动等行为;对工程项目未按照"三同时"规定组织审查验收,对生产安全事故瞒报、谎报,或者不及时组织抢救等行为;妨碍事故调查处理和不执行事故处理决定的行为;违反规定在企业投资入股或者在安全生产领域经商办企业以及徇私舞弊等行为。

(2)对国有企业及其工作人员的违法违纪行为可归纳为5类18种表现:存在于生产经营和新建、改扩建等环节的违法违纪行为;由于不履行或者不正确履行安全生产管理职责,导致生产安全事故发生的违法违纪行为;瞒报、谎报事故,擅离职守,逃匿以及妨碍事故调查的违法违纪行为;不执行或者擅自改变事故处理决定的违法违纪行为;违反规定在企业投资入股或者安全生产领域经商办企业的行为。

(3)事业单位及中介组织比较突出的违法违纪行为,是指出具虚假报告与事实不符的文件、资料,造成安全生产隐患。

4. 政纪处分的种类

针对安全生产领域违法违纪行为的类别和表现,《暂行规定》依据有关法律法规,对公务员的处分种类分为6种:警告、记过、记大过、降级、撤职、开除。对国有企业工作人员的处分种类分为7种:警告、记过、记大过、降级、撤职、留用察看、开除。

5. 与相关法律法规作了衔接

《暂行规定》第十八条规定:"有安全生产领域违法违纪行为,需要给予组织处理的,按照有关规定办理。"这一条主要是依据有关党政干部引咎辞职的规定作出的。该规定第十九条还规定:"有关安全生产领域违法违纪行为,涉嫌犯罪的,移送司法机关依法处理"。

《暂行规定》的颁布实施,不仅是从源头上加强安全生产工作的重大举措,也是在安全生产领域深入开展反腐败斗争的迫切要求。它是强化安全监督管理执法的一把利剑,有利于规范安全执法行为,有利于打击失职渎职和权钱交易、官商勾结等腐败行为,有利于从源头上防范生产安全事故的发生。

六、《公路水运工程施工企业主要负责人和安全生产管理人员考核管理办法》

为了贯彻落实《安全生产法》《建设工程安全生产管理条例》《安全生产许可证条例》和《国务院关于进一步加强安全生产的决定》,加强交通基本建设施工安全生产管理工作,原交通部于 2004 年出台了《关于开展公路水运工程施工企业安全生产管理人员考核工作的通知》以及《公路水运工程施工企业安全生产管理人员考核实施意见》,2009 年 12 月 9 日发布了《公路水运工程施工企业安全生产管理人员考核管理办法》。

为进一步规范公路工程施工企业主要负责人和安全生产管理人员(以下统称"安管人员")的安全生产考核管理工作,2016 年 4 月 8 日,交通运输部发布了有效期为 5 年的《公路水运工程施工企业主要负责人和安全生产管理人员考核管理办法》。

(1)施工企业主要负责人是指对本企业生产经营活动、安全生产工作具有决策权的负责人,以及具体分管安全生产工作的负责人、企业技术负责人。施工企业安全生产管理人员是指企业授权的工程项目负责人、具体分管项目安全生产工作的负责人、项目技术负责人,企业或工程项目专职从事安全生产工作的管理人员。

(2)交通运输部指导全国公路工程施工企业安管人员考核管理工作。制定相关规章制度和统一样式的安全生产考核合格证书及编号规则,规范有关考核工作,包括组织编制安全生产考核大纲和安全生产知识基础题库,建立和维护安管人员信息管理系统平台等。

省级交通运输主管部门负责本行政区域工商注册的公路工程施工企业安管人员考核的申请受理、考试组卷、组织考试等考核工作,以及核发、变更、注销等证书管理工作,并实施监督管理。也可委托有关机构负责具体考核工作。省级交通运输主管部门及委托的有关机构统称为考核部门。安全生产考核不得收费,有关具体事务性工作可通过政府购买服务等方式实施。

(3)安管人员应具备从事公路工程安全生产管理工作必要的安全生产知识和管理能力。应为与施工企业存在劳动关系、被正式任命或授权任命相关职务及岗位的在岗人员。应经施工企业年度安全生产教育和培训合格,且上一年度至考核时无严重安全生产失信信息记录,经考核部门考核合格,取得安全生产考核合格证书。

施工企业应当建立安管人员安全生产教育和培训制度并建立档案,按有关规定对安管人员进行年度安全生产教育和培训,保证其具备必要的安全生产知识和管理能力。

(4)安全生产考核内容包括安全生产知识考核和管理能力考核。考核方式包括笔试或网络考试等,得分率不低于 60%。

安全生产知识考核内容包括:国家或行业安全生产工作的基本方针政策,安全生产方面的法律法规、规章制度和标准规范,安全生产基本理论和管理方法,公路工程安全生产技术等。

安全生产管理能力考核内容包括:公路工程安全生产组织管理或执行力、建立和执行安全生产管理制度、发现和消除安全事故隐患、报告和处置生产安全事故等。

(5)申请考核人经所在施工企业通过管理系统向企业工商注册地的省(自治区、直辖市)人民政府交通运输主管部门提出申请考核材料。申请考核材料信息不全或信息内容不符合要求的,考核部门不予受理并告知企业理由,整改后可再次提交。申请考核材料信息的真实性由申请考核人及其所在施工企业负责。

申请考核人的申请考核材料经考核部门审核合格后,对其进行考核。考核合格的,其考核结果须经 7 天公示,无异议的,在公示期满后 20 个工作日内由省级交通运输主管部门核发安全生产考核合格证书。对考核不合格的,应当通过企业通知本人并说明理由。

(6)安全生产考核合格证书在全国范围内有效,省际之间不得重复考核,证书有效期为 3

年。安管人员从事公路工程安全生产管理工作时,应持有相应行业一个管理类别的安全生产考核合格证书。安管人员变更证书有关个人信息,应由其所在施工企业通过管理系统向考核部门申请。考核部门审核通过后,应在受理之日起20个工作日内办理完毕。

安管人员工作调动的,原企业应在5个工作日内通过管理系统向相关考核部门办理调出注销申请。由新聘企业通过管理系统向相关考核部门办理调入登记申请。考核部门均应在受理之日起10个工作日内办理完毕。

安管人员申请不同管理类别或行业类别考核的,由其所在施工企业通过管理系统向考核部门申请。考核合格的,给予核发相应管理类别或行业类别的安全生产考核合格证书,考核部门应在考核合格结果公示期满后20个工作日内办理完毕。施工企业主要负责人的安全生产考核合格证书在公路行业和水运行业领域通用。

(7)各地考核部门应按照"属地监管"原则,将在本行政区域内从事施工活动的施工企业安管人员的安全生产失信信息录入管理系统。安管人员的考核部门依据管理系统中的安全生产失信信息依法对其进行处理。

安全生产失信信息包括:未履行法律法规规定的安全生产管理职责、存在违法违规行为受到行政处罚,以及在一般及以上等级生产安全事故中责任认定情况等信息。

(8)考核部门每3年对安管人员就其与施工企业劳动关系、相关职务及岗位存续,以及安全生产失信信息等方面开展1次复核工作。复核通过的,证书有效期予以延期3年;复核不通过的,证书有效期不予延期,应重新申请考核。

安管人员及其所在施工企业不得通过隐瞒有关情况、提供虚假材料或非法手段获取安全生产考核合格证书,不得转让、涂改、倒卖、出租、出借安全生产考核合格证书。

七、《中华人民共和国水上水下活动通航安全管理规定》

交通运输部于2010年12月30日经第12次部务会议通过了《中华人民共和国水上水下活动通航安全管理规定》(以下简称《规定》),自2011年3月1日起施行。1999年10月8日原交通部发布的《中华人民共和国水上水下施工作业通航安全管理规定》同时废止。

1.《规定》的适用范围

《规定》的适用范围为"中华人民共和国内河通航水域或者岸线上和国家管辖海域影响通航安全的水上水下活动",并采用列举法对水上水下活动进行了界定,主要包括三类:①工程建设涉及的水上水下施工作业活动,包括勘探、采掘、爆破、构筑、设置、维修、拆除水上水下构筑物或者设施,架设桥梁、索道,铺设、检修、拆除水上水下电缆或者管道,设置系船浮筒、浮趸、缆桩等设施,航道建设,航道、码头前沿水域疏浚;②有碍航行安全的其他水上水下活动,包括打捞沉船、沉物、科学调查等;③群众性水上水下活动,包括大型群众性活动、体育比赛等。

理解适用《规定》的适用范围,主要是看该水上水下活动是否对通航安全构成永久性或临时性影响。

2.《规定》的新特点

(1)扩大了适用范围。将水上水下施工作业活动,扩大为水上水下活动,将大型群众性活动、体育赛事、其他有碍通航安全的水上水下活动纳入调整范围。同时明确了《规定》适用于内河通航水域岸线上从事可能影响通航安全的水上水下活动。

(2)拓展了管理方式。《规定》在原许可证制度的基础上,明确了涉水工程立项阶段通航安全影响论证、施工期通航安全评估、竣工验收通航安全报告相关要求,实现了水上水下活动通航安全事前、事中、事后的全过程管理,同时,在管理过程中引入了科研院校、设计单位,以及行业专家的科研、技术保障,在依法行政的同时,体现了科学管理。

(3)突出了安全生产主体责任。《规定》明确了涉水工程业主单位、建设单位、施工单位和经营管理单位,水上水下活动过程中施工单位和作业人员的安全责任和具体要求,也对海事管理机构的监督检查要求予以了明确规定,基本覆盖了水上水下活动各个时期、各个主体,构建了比较全面的安全责任链。

3.《规定》的原则和主要内容

水上水下活动通航安全管理遵循"安全第一、预防为主、方便群众、依法管理"的原则。《规定》的出台,是为了维护水上交通秩序,保障船舶航行、停泊和作业安全,保护水域环境。《规定》共39条,概括起来,主要体现在以下5个方面:

(1)水上水下活动行政许可。①从事水上水下活动,应依据《海事行政许可条件规定》的条件,向活动所在地的海事管理机构申请办理《水上水下活动许可证》,申请设置安全作业区可以在申请许可证时一并提出。②许可证的有效期由海事管理机构根据活动的期限及水域环境的特点确定,最长不得超过三年。③许可证上注明的船舶发生变更的,应办理变更手续。许可证上注明的施工作业的单位、活动内容、水域发生变更的,应当重新申请许可证。④发生涉水工程及其设施中止、三个月以上不开工、提前完工等情形时,应及时向海事管理机构报告,并办理许可证注销。

(2)通航安全影响论证评估制度。按照国家规定需要立项的对通航安全可能产生影响的涉水工程,在工程立项前交通运输主管部门应当按照职责组织通航安全影响论证审查,论证审查意见作为工程立项审批的条件。水上水下活动在建设期间或者活动期间对通航安全、防治船舶污染可能构成重大影响的,建设单位或者主办单位应当在申请海事管理机构水上水下活动许可之前进行通航安全评估。

(3)水上水下活动安全主体责任。①涉水工程有关单位应当建立健全安全制度和管理体系,严格履行有关职责,落实通航安全评估以及活动方案中提出的各项安全和防污染的措施。涉水工程应当确保水上交通安全设施与主体工程同时设计、同时施工、同时投入生产和使用。涉水工程业主单位、经营管理单位,应当保证工程试运行期、竣工后的水上交通安全。②施工作业船舶应具备相应的安全标准和条件,施工单位和作业人员应当遵守按规定进行作业,遵守有关水上交通安全和防治污染的相关规定。设置安全作业区的,应当设置安全警示标志并配备必要的安全设施,做好协调工作。③对水上水下活动产生的障碍物、遗留物,建设单位或者主办单位应及时报告并按有关规定及时清除。④水上水下活动完成后,应当向海事管理机构提交通航安全报告,以便及时核查并做出相应处理。

(4)水上水下活动的监督检查。海事管理机构在对施工现场进行检查时,有关单位和人员应当予以配合。发生自然条件、水域环境危及施工安全的情形,海事管理机构应当责令停止施工作业,并采取防范措施。对未履行安全管理主体责任、施工作业船舶不符合安全标准等情形,海事管理机构应当责令改正。《规定》还要求海事管理机构建立涉水工程施工单位水上交通安全诚信制度和奖惩机制,对违章行为及时通告。

(5)法律责任。①对以欺骗或其他不正当手段取得许可证的,撤销许可,注销许可证;对未经许可、许可证失效、涂改许可证、未按规定报备四种情形应责令停止施工作业,对违反航行通(警)告管理行为的,责令改正;对以上违法行为还可处罚款。②对未经许可擅自构筑、设置水上水下建筑物或设施的,禁止任何船舶进行靠泊作业;影响通航环境的,应当责令构筑、设置者限期搬迁或拆除,搬迁或拆除的有关费用由构筑、设置者自行承担。③对未妥善处理有碍航行和作业安全隐患并按照海事管理机构的要求采取相应措施的,责令改正并处相应罚款。

八、《公路水运工程施工企业项目负责人施工现场带班生产制度(暂行)》

为切实贯彻《国务院关于进一步加强企业安全生产工作的通知》《国务院关于坚持科学发展安全发展促进安全生产形势持续稳定好转的意见》,进一步完善施工安全监管制度体系,落实企业安全生产主体责任,规范施工企业项目主要负责人带班生产行为,交通运输部制定了《公路水运工程施工企业项目负责人施工现场带班生产制度(暂行)》,自2012年11月2日起施行。

(1)本制度所称的公路水运工程施工企业项目负责人,是指公路水运工程施工合同段的项目经理、项目副经理、项目总工。施工企业设立安全总监岗位的,同时包括安全总监。对于有专业(或劳务)分包的合同段,同时包括分包项目的施工管理负责人、技术负责人和安全负责人。对于施工总承包的项目,同时包括项目分段(分部或工区)的施工管理负责人、技术负责人和安全负责人。项目负责人施工现场带班生产,是指项目负责人在施工现场,组织协调和指导公路水运工程项目的安全生产活动,第一时间负责组织现场突发事件应急处置。

(2)公路水运工程施工期间,每日带班生产的项目负责人姓名及其联系方式、监督电话等,应当在项目经理部驻地立牌公告。

项目负责人带班生产方式主要有:①现场巡视检查:对当日本合同段内施工作业区进行巡视检查,了解掌握施工现场安全生产状况,重点检查危险性较大的分部分项工程、事故多发易发的施工环节或部位。②蹲点带班生产:巡视检查后,项目负责人根据施工现场安全生产状况,选择当日事故多发易发的施工环节或部位,或危险性较大的分部分项工程,或本合同段首件工程等作业区蹲点带班生产。本制度所称"事故多发易发的施工环节或部位",由施工单位根据本合同段的工程特点、施工环境、施工工艺及作业人员操作水平等自行确定,并应在本合同段施工现场轮流带班生产制度和月度带班生产计划中予以明确。

(3)项目负责人带班生产时,应履行以下职责:

①检查本合同段安全生产条件落实情况,包括:专职安全员施工现场履责情况;作业人员个人防护和施工现场临边防护的规范性;特种作业人员持证上岗情况;起重机械和整体提升式脚手架、滑模爬模、架桥机等设备检验验收与安全运行情况;承重支架或满堂脚手架、施工挂篮运行情况;安全技术交底与班前会落实情况。

②检查施工组织设计或专项施工方案中安全措施的落实情况。

③加强对重点部位、关键环节的施工指导,及时制止"三违"行为。
④及时发现、报告并组织消除事故隐患和险情。
⑤填写带班生产工作日志并签字归档备查。

(4)公路水运工程施工企业应建立本企业项目负责人施工现场带班生产的责任考核制度,每半年至少组织1次对所承揽工程项目经理部的定期检查考核,检查考核结果应报备项目监理和建设单位。项目负责人现场轮流带班生产制度执行情况应纳入对施工企业的信用评价范围。

项目监理单位应定期或不定期地对施工企业项目负责人施工现场带班生产制度和月度带班生产计划的落实情况进行专项检查,每季度对各施工合同段项目负责人施工现场带班生产工作进行考核评价,并将评价结果报建设单位。

(5)各级交通运输主管部门及其安全监督机构应加强对施工企业项目负责人施工现场带班生产制度落实情况的督查。对未执行带班生产制度的项目负责人,作为个人不良信用予以记录,不予办理其安全生产考核合格证书的延期考核。对未执行带班生产制度或执行不力的施工企业,应责令纠正,并通报批评,同时作为企业不良信用予以记录;发生质量安全事故的,依法从重进行行政处罚,追究相关责任人的法律责任。

对公路水运工程施工企业项目负责人未实施施工现场带班生产或者存在弄虚作假行为的,任何单位和个人均有权向项目建设单位、县级以上地方人民政府交通运输主管部门及其安全监督机构举报。

九、《生产经营单位安全培训规定》

《国家安全监管总局关于废止和修改劳动防护用品和安全培训等领域十部规章的决定》于2015年2月26日经国家安全生产监督管理总局局长办公会议审议通过,对2006年发布的《生产经营单位安全培训规定》作出修订,自2015年7月1日起施行。

(1)生产经营单位应当进行安全培训的从业人员包括主要负责人、安全生产管理人员、特种作业人员和其他从业人员。生产经营单位使用被派遣劳动者的,应当将被派遣劳动者纳入本单位从业人员统一管理,对被派遣劳动者进行岗位安全操作规程和安全操作技能的教育和培训。劳务派遣单位应当对被派遣劳动者进行必要的安全生产教育和培训。

生产经营单位接收中等职业学校、高等学校学生实习的,应当对实习学生进行相应的安全生产教育和培训,提供必要的劳动防护用品。学校应当协助生产经营单位对实习学生进行安全生产教育和培训。

生产经营单位从业人员应当接受安全培训,熟悉有关安全生产规章制度和安全操作规程,具备必要的安全生产知识,掌握本岗位的安全操作技能,了解事故应急处理措施,知悉自身在安全生产方面的权利和义务。未经安全培训合格的从业人员,不得上岗作业。

(2)生产经营单位主要负责人是指有限责任公司或者股份有限公司的董事长、总经理,其他生产经营单位的厂长、经理(含实际控制人)等。生产经营单位安全生产管理人员是指生产经营单位分管安全生产的负责人、安全生产管理机构负责人及其管理人员,以及未设安全生产管理机构的生产经营单位专、兼职安全生产管理人员等。

生产经营单位其他从业人员是指除主要负责人、安全生产管理人员和特种作业人员以外,该单位从事生产经营活动的所有人员,包括其他负责人、其他管理人员、技术人员和各岗位的工人以及临时聘用的人员。

(3)国家安全生产监督管理总局指导全国安全培训工作,依法对全国的安全培训工作实施监督管理。国务院有关主管部门按照各自职责指导监督本行业安全培训工作,并按照本规定制定实施办法。各级安全生产监督管理部门和煤矿安全监察机构按照各自的职责,依法对生产经营单位的安全培训工作实施监督管理。

(4)生产经营单位从业人员的安全培训工作,由生产经营单位组织实施。生产经营单位应当坚持以考促学、以讲促学,确保全体从业人员熟练掌握岗位安全生产知识和技能;煤矿、非煤矿山、危险化学品、烟花爆竹、金属冶炼等生产经营单位还应当完善和落实师傅带徒弟制度。

具备安全培训条件的生产经营单位,应当以自主培训为主;可以委托具备安全培训条件的机构,对从业人员进行安全培训。不具备安全培训条件的生产经营单位,应当委托具备安全培训条件的机构,对从业人员进行安全培训。生产经营单位委托其他机构进行安全培训的,保证安全培训的责任仍由本单位负责。

生产经营单位应当将安全培训工作纳入本单位年度工作计划,保证本单位安全培训工作所需资金。生产经营单位的主要负责人负责组织制定并实施本单位安全培训计划。

十、《公路水运工程建设重大事故隐患清单管理制度》

为强化公路水运工程建设安全生产管理工作,推动重大事故隐患管理工作,遏制重、特大生产安全事故发生,根据《安全生产法》《建设工程安全生产管理条例》《公路水运工程安全生产监督管理办法》等,交通运输部制定了《公路水运工程建设重大事故隐患清单管理制度》,自2015年10月23日起施行,有效期3年。

(1)列入国家和地方基本建设计划的公路、水运基础设施新建、改建、扩建等工程项目的相关单位实施重大事故隐患清单管理等工作,适用本制度。公路水运工程建设重大事故隐患是指在建设过程中,可能导致发生重大及以上等级生产安全事故的环境或物的不安全状态、人的不安全行为及管理存在的缺陷。

(2)交通运输部指导地方交通运输主管部门开展重大事故隐患清单管理工作。根据法律法规和标准规范以及公路水运工程建设领域施工安全管理实际,制定重大事故隐患清单管理制度及重大事故隐患行业基础清单。

各地交通运输主管部门结合本地区公路水运工程建设实际,参考行业基础清单,制定本地区重大事故隐患地方基础清单。监督指导公路水运工程建设项目的重大事故隐患清单管理及事故隐患排查治理工作。

(3)公路水运工程施工企业是工程项目事故隐患排查治理的责任主体。应制定本单位生产安全事故隐患清单管理制度,明确管理程序、管理内容及相关职责,督促所承建公路水运工程项目的派出机构(以下简称施工单位)做好工程项目的重大事故隐患清单管理及事故隐患排查治理工作。

施工单位在承建的公路水运工程项目开工前,依据工程实际,参照有关清单,制定工程项目的重大事故隐患清单,由施工单位项目负责人审核发布,并向施工企业法人单位备案。要将工程项目清单纳入岗前教育培训,并在相应作业区域公示。当工程建设条件、施工环境、施工作业内容等发生变化,施工单位应对工程项目清单及时调整,并经审核重新备案。

(4)建设过程中,施工单位应参照工程项目清单开展事故隐患排查,对发现存在重大事故隐患的作业区域应立即停止相关作业。根据重大事故隐患建立治理台账,台账应在工程项目清单的基础上明确治理负责人、治理时限及治理措施。按照治理措施进行隐患消除,治理完成后,由治理责任人签认并将治理台账存档。

施工企业法人单位、工程项目监理、建设单位应对施工单位的工程项目清单管理工作进行检查,督促施工单位及时排查治理重大事故隐患。县级以上交通运输主管部门及其质量安全监管机构依据职责应对公路水运工程建设项目的重大事故隐患清单管理工作进行监督检查,对工作开展不到位的,按照有关法律法规及规章制度对相关责任单位和责任人采取约谈、挂牌督办、列入重点名单以及行政处罚等相应措施。

十一、《生产经营单位安全生产不良记录"黑名单"管理暂行规定》

为有效对生产经营单位安全生产违法失信行为实施惩戒,根据《安全生产法》《职业病防治法》《国务院办公厅关于加强安全生产监管执法的通知》和《国务院安委会关于加强企业安全生产诚信体系建设的指导意见》等有关规定,国务院安委会办公室制定了《生产经营单位安全生产不良记录"黑名单"管理暂行规定》(以下简称《规定》),自 2015 年 7 月 29 日起施行。

依据《规定》,以下 5 类依法依规必须受到惩处的失信行为将被纳入"黑名单":发生重大及以上生产安全责任事故,或一个年度内累计发生责任事故导致死亡 10 人及以上的;发生生产安全事故、发现职业病病人或疑似职业病病人后,瞒报、谎报或故意破坏事故现场、毁灭有关证据的;存在重大安全生产事故隐患、作业岗位职业病危害因素的强度或浓度严重超标,经负有安全监管监察职责的部门指出或者责令限期整改后,不按时整改或整改不到位的;暂扣、吊销安全生产许可证的;存在其他严重违反安全生产、职业病危害防治法律法规行为的。

"黑名单"在每季度第 1 个月 20 日前向社会公布,对行为主体每半年至少进行 1 次抽查,督促整改。生产经营单位纳入"黑名单"管理的期限,为自公布之日起 1 年。对第 2 次被纳入"黑名单"的生产经营单位,进行为期 3 年的"黑名单"管理,实行土地、金融等多部门联合惩戒。

《规定》特别强调生产安全与职业健康一体化监管。随着全国生产安全事故总量特别是重特大事故的持续下降,广大从业人员对职业健康的诉求不断增强,职业卫生监管基础工作薄弱,职业病防治形势日益严峻。纳入"黑名单"管理的 5 类情形中,有 3 类包含职业健康内容。

十二、《隧道施工安全九条规定》

为进一步加强隧道施工安全生产工作,有效防范和坚决遏制重特大事故,国家安全生产监督管理总局、交通运输部、国务院国资委及国家铁路局制定了《隧道施工安全九条规定》,自 2014 年 9 月 19 日起施行。

(1)要求各地区有关部门和中央企业要加强宣传贯彻,完善制度规定,细化落实措施,强化组织实施,严格督促检查,强化企业安全生产主体责任,认真履行各自职责,把每一条规定落实到相关企业、施工现场、作业工序和岗位人员,切实做到"铁规定、刚执行、全覆盖、真落实、见实效。"

(2)《隧道施工安全九条规定》具体内容如下:①必须证照齐全,严禁无资质施工、转包、违法分包和人员不经教育培训上岗作业;②必须按照标准规范和设计要求编制专项施工方案,确保按方案组织实施,严禁擅自改变施工方法;③必须强化施工工序和现场管理,确保支(防)护到位,严禁支护滞后和安全步距超标;④必须落实超前水文地质探测预报各项规定,监控量(探)测数据超标立即停工撤人,严禁冒险施工作业;⑤必须对有毒有害气体进行监测监控,加强通风管理,严禁浓度超标施工作业;⑥必须严格控制现场作业人数,掘进作业面应实施机械化作业,严禁超员组织施工作业;⑦必须按照规定设置逃生通道,严禁在安全设施不到位的情况下施工作业;⑧必须按照规定严格民用爆炸物品管理,严禁在施工现场违规运输、存放和使用民用爆炸物品;⑨必须按照规定制定应急预案、配备救援装备,严禁事故发生后违章指挥、冒险施救。

第五节 公路工程安全生产相关技术标准与规范

加强安全生产,关键是全面落实"安全第一、预防为主、综合治理"的方针,做到思想认识上警钟长鸣、制度保证上严密有效、技术支撑上保障有力、监督检查上严格细致、事故处理上严肃负责。其中,技术支撑是一个极其重要的环节。随着建筑生产技术的不断发展,建筑安全生产技术也面临着不断提高和革新的压力。

一、技术标准概述

技术标准是保障安全生产的重要技术规范,它是安全生产法律体系的重要组成部分。执行安全技术标准是《安全生产法》规定的生产经营单位的义务,违反法定安全生产技术标准的要求,要承担法律责任。

法定安全生产技术标准分为国家标准和行业标准,两者对生产经营单位的安全生产具有同样的约束力。安全生产国家标准是指国家标准化行政主管部门依照《标准化法》制定的在全国范围内适用的安全生产技术规范。安全生产行业标准是指国务院有关部门和直属机构依照《标准化法》制定的在安全生产领域内适用的安全生产技术规范。行业安全生产标准对同一安全生产事项的技术要求,可以高于国家安全生产标准但不得与其相抵触。

《生产经营单位生产安全事故应急预案编制导则》(GB/T 29639—2013)于2013年7月19日颁布,自2013年10月1日起施行,该标准已从行业标准上升为国家标准。《生产经营单位生产安全事故应急预案编制导则》是在认真分析目前应急预案体系建设阶段性特点和问题的基础上修订的,其颁布实施,将对指导生产经营单位做好生产安全事故应急预案编制工作,解决目前部分生产经营单位应急预案存在的问题,提高生产经营单位应急预案的编制质量,起到重要推动作用。

交通运输部于 2015 年 2 月 10 日发布《公路工程施工安全技术规范》(JTG F90—2015),作为公路工程行业标准,自 2015 年 5 月 1 日起施行,原《公路工程施工安全技术规程》(JTJ 076—95)同时废止。《公路工程施工安全技术规范》的管理权和解释权归交通运输部,日常解释和管理工作由主编单位中国交通建设股份有限公司负责。

此外,住建部颁布的有关建筑施工技术标准,公路施工企业应当参照执行,如:《建筑施工碗扣式钢管脚手架安全技术规范》(JGJ 166)、《建筑施工门式钢管脚手架安全技术规范》(JGJ 128)、《建筑施工扣件式钢管脚手架安全技术规范》(JGJ 130)、《建筑施工模板安全技术规范》(JGJ 162)、《塔式起重机安全规程》(GB 5144)、《龙门架及井架物料提升机安全技术规范》(JGJ 88)、《建筑拆除工程安全技术规范》(JGJ 147)、《建筑施工高处作业安全技术规范》(JGJ 80)、《建筑机械使用安全技术规程》(JGJ 33)、《施工现场机械设备检查技术规程》(JGJ 160)、《施工现场临时用电安全技术规范》(JGJ 46)、《建设工程施工现场消防安全技术规范》(GB 50720)、《爆破安全规程》(GB 6722)、《施工企业安全生产管理规范》(GB 50656)等。

二、《生产经营单位生产安全事故应急预案编制导则》

《生产经营单位生产安全事故应急预案编制导则》自 2013 年 10 月 1 日起施行,本标准规定了生产经营单位编制生产安全事故应急预案(以下简称"应急预案")的编制程序、体系构成和综合应急预案、专项应急预案、现场处置方案以及附件。本标准适用于生产经营单位的应急预案编制工作,其他社会组织和单位的应急预案编制可参照本标准执行。

(1)生产经营单位应急预案编制程序包括成立应急预案编制工作组、资料收集、风险评估、应急能力评估、编制应急预案和应急预案评审 6 个步骤。

(2)生产经营单位应结合本单位部门职能和分工,成立以单位主要负责人(或分管负责人)为组长,单位相关部门人员参加的应急预案编制工作组,明确工作职责和任务分工,制定工作计划,组织开展应急预案编制工作。

(3)生产经营单位的应急预案体系主要由综合应急预案、专项应急预案和现场处置方案构成。生产经营单位应根据本单位组织管理体系、生产规模、危险源的性质以及可能发生的事故类型确定应急预案体系,并可根据本单位的实际情况,确定是否编制专项应急预案。风险因素单一的小微型生产经营单位可只编写现场处置方案。

①综合应急预案是生产经营单位应急预案体系的总纲,主要从总体上阐述事故的应急工作原则,包括生产经营单位的应急组织机构及职责、应急预案体系、事故风险描述、预警及信息报告、应急响应、保障措施、应急预案管理等内容。

②专项应急预案是生产经营单位为应对某一类型或某几种类型事故,或者针对重要生产设施、重大危险源、重大活动等内容而定制的应急预案。专项应急预案主要包括事故风险分析、应急指挥机构及职责、处置程序和措施等内容。

③现场处置方案是生产经营单位根据不同事故类型,针对具体的场所、装置或设施所制定的应急处置措施,主要包括事故风险分析、应急工作职责、应急处置和注意事项等内容。生产经营单位应根据风险评估、岗位操作规程以及危险性控制措施,组织本单位现场作业人员及安

全管理等专业人员共同编制现场处置方案。

(4)事故风险分析主要包括:①事故类型;②事故发生的区域、地点或装置的名称;③事故发生的可能时间、事故的危害严重程度及其影响范围;④事故发生前可能出现的征兆;⑤事故可能引发的次生、衍生事故。

(5)应急处置主要包括以下内容:①事故应急处置程序。根据可能发生的事故及现场情况,明确事故报警、各项应急措施启动、应急救护人员的引导、事故扩大及同生产经营单位应急预案的衔接的程序。②现场应急处置措施。针对可能发生的火灾、爆炸、危险化学品泄漏、坍塌、水患、机动车辆伤害等,从人员救护、工艺操作、事故控制,消防、现场恢复等方面制定明确的应急处置措施。③明确报警负责人以及报警电话及上级管理部门、相关应急救援单位联络方式和联系人员,事故报告基本要求和内容。

三、《公路工程施工安全技术规范》

伴随着我国交通运输基本建设工程的发展与实践,原《公路工程施工安全技术规程》(JTJ 076—95)(以下简称原《规程》)已经不能适应当前公路工程建设发展和安全生产的需要。2012年,交通运输部正式立项修订原《规程》工作。原《规程》修订过程中,贯彻"安全第一、预防为主、综合治理"的安全生产管理方针,始终坚持本质安全的理念,始终坚持通过实践检验和总结经验教训的原则,通过对技术、工艺、方案、管理、培训等全过程的规定和要求,实现本质安全。

2015年5月1日起正式施行《公路工程施工安全技术规范》(JTG F90—2015)(以下简称《规范》),作为公路工程行业标准。该《规范》在总结公路行业发展经验的基础上,有效解决了原《规程》与当前公路工程建设发展和安全生产现状存在的矛盾及问题,有利于进一步规范公路建设行业施工管理,促进公路建设行业健康、安全发展。

《规范》共分为12章和5个附录,修订的主要内容为:①根据公路工程建设实际,扩大了适用范围;②在原有章节的基础上,增加了术语、交通安全设施、改扩建工程三章;③补充了危险源辨识、特种设备管理等要求,增加了施工便道、栈桥、生产生活用水、临时用电等相关规定;④将原《规程》第8章主要工序作业调整为本《规范》第5章通用作业,补充了支架及模板工程、起重吊装、水上作业、爆破作业等规定;⑤路基工程中补充了人工挖孔、排水工程、软基处理、特殊路基处理等规定,调整了路面工程章节结构和内容;⑥根据桥涵工程面临的施工风险,大幅增加了围堰施工、高墩施工等方面内容,补充了悬索桥、斜拉桥等桥型的相关规定,并按照桥梁结构形式和部位对章节结构进行了调整;⑦隧道工程补充了大量内容,增加了盾构施工、水下隧道、小净距及连拱隧道、监控量测、逃生与救援、不良地质和特殊岩土地段等方面规定;⑧原《规程》第9章特殊季节与夜间施工调整为本《规范》第12章特殊季节与特殊环境施工,并增加了台风季节施工、汛期施工、沙漠地区施工、高海拔地区施工等内容;⑨原《规程》第10章内容调整至本《规范》改扩建工程等相应章节;⑩增加了附录A"危险性较大的工程"、附录B"专项施工方案主要内容"、附录C"风险评估报告的内容"、附录D"特殊作业人员范围"、附录E"特种设备名录"。

公路工程施工现场大量使用的简易自制或安全系数低的老旧临时设施,时刻威胁着作业人员的生命安全。因此,《规范》中要求脚手架不宜使用竹、木质,人行塔梯、吊篮等设施则应使用定型产品,对于施工单位而言,需要及时补充、更新满足要求的各类设施。"上天入地"是当前公路工程的一大特点,随着高等级公路项目不断增多,高墩、深挖等危险性较大的工程层出不穷,且极易引发群死群伤事故。因此,《规范》对孔深超过15m的人工挖孔桩、墩身高度超过40m的墩柱等危险性较大的工程提出了更加严格的规定,需要从业人员及时掌握。

  党和政府对安全生产工作历来高度重视,国家和行业主管部门均出台了大量法律法规,明确了各方安全生产责任,加强了对安全投入方面的要求。与原《规程》相比,《规范》增加了安全风险评估、专项施工方案编制和专家论证审查、意外伤害保险、临时设施、施工安全通道、施工升降机、有毒有害气体检测仪、通讯联络工具、超高结构的防雷设施等方面的要求,为界定哪些费用属于安全投入提供了充分的依据。

第三章 公路工程安全生产法律责任

第一节 安全生产法律责任的概念和构成要件

一、安全生产法律责任的概念

安全生产法律责任,是指安全生产法律关系主体在安全生产工作中,由于违反安全生产法律规定所引起的不利法律后果,即什么行为应负法律责任、谁应负法律责任和应负什么责任的问题。其特征为:

1. 安全生产法律责任的主体范围广泛

安全生产法律责任主体包括各级政府和对安全生产负有监管职责的有关部门、生产经营单位、从业人员、中介机构。

2. 安全生产法律责任是发生在安全生产法律关系中的责任

《安全生产法》规定从事生产经营活动的单位的安全生产,适用本法。由此可见,不是安全生产法律关系的主体不承担安全生产责任。

3. 安全生产法律责任具有综合性

《安全生产法》针对各种违法行为采取追究行政责任、民事责任直至刑事责任的方式,组成一个综合性的责任体系,从而最大限度地保护安全生产当事人的利益,维护安全生产的秩序。

二、安全生产法律责任的构成要件

法律责任是由一定条件引起的,其条件就是所谓的构成要件。法律责任的构成要件就是指构成法律责任所必备的客观要件和主观要件的总和。根据违法行为的一般特点可以把法律责任的构成要件概括为主体、心理状态、违法行为、损害事实四个方面。

1. 安全生产法律责任的主体

法律责任需要一定的主体来承担。法律责任构成要件中的主体是指具有法定责任能力的自然人、法人或其他社会组织。并不是实施了违法行为就要承担法律责任,就自然人来说,只有到了法定年龄,具有理解、辨认和控制自己行为能力的人,才能成为责任承担的主体。没有达到法定年龄或不能理解、辨认和控制自己行为的精神病患者,即使其行为造成了对社会的危害,也不能承担法律责任。对他们行为造成的损害,由其监护人承担相应的责任。同样,依法成立的法人和社会组织,其承担法律责任的能力,自成立时开始。

安全生产法律责任的主体有各级政府和对安全生产负有监管职责的有关部门、生产经营单位、从业人员、中介机构等。

2. 心理状态

构成法律责任要件的心理状态,是指行为主体的主观故意和主观过失,通称主观过错。故意是指行为人明确自己行为的不良后果,却希望或放任其发生。过失是指行为人应当预见到自己的行为可能发生不良后果而没有预见,或者已经预见而轻信不会发生或自信可以避免。应当预见或能够预见而竟没有预见,称为疏忽;已经预见而轻信可以避免,称为懈怠。过错在不同的法律关系中的重要程度是不同的。在民事法律中一般较少区分故意与过失,过错的意义不像在刑事法律中那么重要,有时民事责任不以有过错为前提条件,如《民法通则》规定:"没有过错,但法律规定应当承担民事责任的,应当承担民事责任。"而在刑事法律关系中有过错非常重要。

《安全生产法》规定生产经营单位必须遵守本法和其他有关安全生产的法律、法规,加强安全生产管理,建立、健全安全生产责任制度,完善安全生产条件,确保安全生产。如果行为人对违反安全生产法律规范的行为存在过错,就应当承担相应的法律责任。

3. 违法行为

有行为才有责任,纯粹的思想不会导致法律责任。引起法律责任的行为是违法行为,或者侵害了法定权利,或者不履行法定义务。

安全生产中的违法行为包括积极的行为和消极的行为,《安全生产法》规定生产经营单位应当具备安全生产条件;不具备安全生产条件的,不得从事生产经营活动。

4. 损害事实

所谓损害事实,指行为人的违法行为对受害方构成客观存在的确定的损害后果。有损害事实包括对人身的、财产的、精神的或者三者兼有的、政治影响的。损害必须具有确定性,它意味着损害事实是一个确定的事实,而不是臆想的、虚构的、尚未发生的现象。损害事实是法律责任的必要条件,任何人只有因他人的行为受到损害的情况下才能请求法律上的补救,也只有在行为致他人损害时,才有可能承担法律责任。

行为人违反安全生产法律规范的不当行为应当造成对公共财产或私人财产的损害。当然,损害并不是以实际损害的发生为条件,如果行为人违反安全生产法律规范的不当行为尚未造成严重后果,也应依法给予处罚。

第二节 安全生产法律责任的主要类型

追究安全生产违法行为法律责任的形式有三种,即行政责任、民事责任和刑事责任。

一、安全生产行政责任

行政责任是指责任主体违反安全生产法律规定,由有关人民政府和安全生产监督管理部门、公安机关依法对其实施行政处罚的一种法律责任。《安全生产法》规定,行政处罚由负责安全生产监督管理的部门决定;予以关闭的行政处罚由负责安全生产监督管理的部门报请县级以上人民政府按照国务院规定的权限决定;给予拘留的行政处罚由公安机关依照治安管理处罚条例的规定决定。行政责任在追究安全生产违法行为的法律责任方式中最为常见。行政责任包括行政处罚和行政处分两种。

(1)行政处罚:责令改正、责令限期改正、责令停产停业整顿、责令停止建设、停止使用、责令停止违法行为、罚款、没收违法所得、吊销证照、行政拘留、关闭等。

(2)行政处分:警告、记过、降级、降职、撤职、开除。

二、安全生产民事责任

1. 民事责任的概念

民事责任是指责任主体违反安全生产法律规定造成民事损害,由人民法院依照民事法律强制其进行民事赔偿的一种法律责任。民事责任的追究是为了最大限度地维护当事人受到民事损害时享有获得民事赔偿的权利。

2. 民事责任的特点

民事责任与同样为法律责任的行政责任和刑事责任相比,具有自己的特点,主要体现在:①民事责任是以财产责任为主的法律责任。民事立法所调整的社会关系,主要是财产关系,如我国《民法通则》关于保护所有权、债权、继承权等的规定,都是与财产有关的。因此,民事责任是一种以财产责任为主的法律责任。②民事责任是以向相对特定的权利人或者受害人承担责任的法律责任。由于民事权利义务关系是当事人在民事活动过程中所形成的有关民事方面的权利和义务关系,一方权利的实现,是以对方承担一定的义务包括积极的作为或者消极的不作为为基础的,所以民事责任在绝大多数的情况下是以向相对特定的权利人或者受害人承担的法律责任。③民事责任是以等价、补偿性质为主的法律责任。由于民事权利主要是关于财产方面的权利,因此,这种权利一旦受到损害,一般都是要求损害者承担由此而产生的财产损失,即受损害者可以得到与受损害财产相等的补偿。当然,对某些特殊性质的民事责任,法律也规定了惩罚性的民事赔偿责任,比如《消费者权益保护法》规定的加倍赔偿,就属于惩罚性的民事赔偿责任。

3. 民事法律责任的类型

民事责任通常可以分成以下两类:①合同责任或称违约责任。所谓合同责任,是指合同当事人在合同订立后没有按照合同的约定履行自己的义务而应当承担的民事责任,如甲公司与乙公司签订了公路工程施工分包合同,但甲公司最后没有按照合同的约定履行安全义务,就要承担相应的合同责任。②侵权责任。所谓侵权责任,是指民事主体因为自己的过错侵犯他人财产权或者人身权造成损害而应当承担的对受害人负责赔偿的民事责任,在现实生活中,侵权行为是经常发生的,如安全生产从业人员的知情权、紧急避险权、拒绝权等权利受到施工单位的侵犯,如造成从业人员损失,施工单位就要承担相应的民事责任。

4. 承担民事责任的方式

民事法律关系的主体没有按照法律规定或者合同约定履行自己的义务,或者侵害他人合法权益的,要承担相应的民事责任。根据《民法通则》第一百三十四条的规定,承担民事责任的方式主要有:①停止侵害;②排除障碍;③消除危险;④返还财产;⑤恢复原状;⑥修理、重作、更换;⑦赔偿损失;⑧支持违约金;⑨消除影响、恢复名誉;⑩赔礼道歉。

以上10种承担民事责任的方式,可以单独使用,也可以合并使用。

三、安全生产刑事责任

1. 刑事责任的概念

刑事责任是指责任主体违反安全生产法律规定构成犯罪,由司法机关依照刑事法律给予刑罚的一种法律责任。依法处以剥夺犯罪分子人身自由的刑罚,是三种法律责任中最严厉的一种。

2. 刑罚的基本类型

刑罚包括主刑和附加刑两类。

(1)主刑。主刑也叫基本刑罚,是对犯罪行为人适用的主要刑罚方法,它只能独立适用,不能附加适用。包括管制、拘役、有期徒刑、无期徒刑、死刑五种。

①管制。是对犯罪分子不予关押,但限制其一定自由,交由公安机关管束和群众监督改造的刑罚方法。管制是最轻的主刑,适用于罪行较轻的犯罪行为。管制不适用剥夺政治权利的内容。根据刑法的规定,管制的期限,为3个月以上2年以下。数罪并罚时,最高不能超过3年。

②拘役。是指短期剥夺犯罪分子的人身自由,并就近强制实行劳动改造的刑罚方法。拘役是介于管制与有期徒刑之间的一种较轻的刑罚。根据刑法的规定,拘役的期限,为1个月以上6个月以下。数罪并罚时,最高不能超过1年。

③有期徒刑。是剥夺犯罪分子一定期限的人身自由,并强制劳动改造的刑罚方法。有期徒刑是我国刑法中适用范围最广泛的一种刑罚。根据刑法的规定,有期徒刑的期限,为6个月以上15年以下。判决宣告以前一人犯数罪的,除判处死刑和无期徒刑的以外,应当在总和刑期以下、数刑中最高刑期以上,酌情决定执行的刑期,有期徒刑总和刑期不满三十五年的,最高不能超过二十年,总和刑期在三十五年以上的,最高不能超过二十五年。

④无期徒刑。是剥夺犯罪分子终身自由,并强制劳动改造的刑罚方法。无期徒刑是仅次于死刑的一种严厉的刑罚,它适用于那些罪行严重,需要与社会永久隔离,但又不必判处死刑的犯罪分子。因贪污、受贿犯罪被判处死刑缓期执行的,人民法院根据犯罪情节等情况可以同时决定在其死刑缓期执行二年期满依法减为无期徒刑后,终身监禁,不得减刑、假释。

⑤死刑。是剥夺犯罪分子生命的刑罚方法。死刑只适用于罪行极其严重的犯罪分子。所谓"罪行极其严重",是指对国家和人民利益危害特别严重和情节特别恶劣的。对于犯罪时不满18周岁的人和审判时怀孕的妇女不适用死刑;审判的时候已满75周岁的人,不适用死刑,但以特别残忍手段致人死亡的除外。

(2)附加刑。附加刑又叫从刑,是补充主刑而适用的刑罚方法。根据刑法的规定,附加刑也可以独立适用。附加刑主要包括罚金、剥夺政治权利、没收财产。

①罚金,是人民法院判处犯罪分子向国家缴纳一定数量的金钱的刑罚方法。罚金这种刑罚,主要是适用于那些以营利为目的的犯罪。罚金不同于行政罚款,罚金是刑罚处罚,由人民法院依法判决,适用于犯罪分子;罚款是行政处罚,由行政机关依法决定,适用于尚未构成犯罪的一般违法犯罪分子。罚金也不同于刑事附带民事案件中的赔偿经济损失。赔偿经济损失是由于行为人的犯罪行为而使被害人遭受经济损失,依法应当给予被害人的赔偿。它是一种民事制裁方法,不是刑罚方法,赔偿的金钱直接交给被害人,而不像罚金那样归入国库。

②剥夺政治权利,是指剥夺犯罪分子参加国家管理和政治活动权利的刑罚方法。剥夺政治权利的内容包括选举权和被选举权;宪法规定的公民所享有的言论、出版、集会、结社、游行、示威自由的权利;担任国家机关职务的权利;担任国有公司、企业、事业单位和人民团体领导职务的权利。剥夺政治权利是一种比较严厉的附加刑。

③没收财产,是指司法机关依据刑法的有关规定,将犯罪分子个人所有财产的一部或者全部强制无偿收归国家所有的刑罚方法。没收财产这种刑罚,只适用那些以其财产作为犯罪的资本,或者贪图非法利益而不惜危害国家和人民利益的犯罪分子。对这些犯罪分子没收财产,一方面可以剥夺他们借以犯罪的物质力量,同时也是针对他们贪利的思想给予必要的惩罚和教育。

没收财产与罚金不同,罚金适用于情节较轻的犯罪,没收财产则适用于情节较重的犯罪,罚金是剥夺犯罪分子现实所有的一定数额的金钱,没收财产则是剥夺犯罪分子个人现有财产的一部分或者全部。没收财产与没收违禁物品和供犯罪所用的本人财物不同。没收财产与没收违法所得也不同。

3. 关于数罪并罚

数罪并罚,是指一人犯数罪,人民法院对其所犯的各罪分别定罪量刑以后,依照法定原则执行的刑罚。所谓数罪,是指判决宣告以前一人犯数罪;或者判决宣告以后,刑罚执行完毕以前,发现被判刑的犯罪分子还有"漏罪";或者判决宣告以后,刑罚执行完毕以前,被判刑的犯罪分子又犯新罪。数罪并罚不是对数罪所判刑罚的代数相加。对判处有期徒刑、拘役或者管制,采取限制加重原则,即在数刑的总和刑期以下、数刑中最高刑期以上,酌情决定执行的刑期。

第三节 公路工程安全生产相关法律责任

公路工程安全生产法律责任的责任主体范围非常广泛,主要有各级政府、对安全生产负有监管职责的有关部门、建设单位、施工单位、设计单位、监理单位、安全生产从业人员及中介机构等,本节介绍各主体违反安全生产主要法律法规、规章文件的法律责任。

一、违反《安全生产法》的法律责任

(1)负有安全生产监督管理职责的部门的工作人员,有下列行为之一的,给予降级或者撤职的处分;构成犯罪的,依照刑法有关规定追究刑事责任:①对不符合法定安全生产条件的涉

及安全生产的事项予以批准或者验收通过的;②发现未依法取得批准、验收的单位擅自从事有关活动或者接到举报后不予取缔或者不依法予以处理的;③对已经依法取得批准的单位不履行监督管理职责,发现其不再具备安全生产条件而不撤销原批准或者发现安全生产违法行为不予查处的;④在监督检查中发现重大事故隐患,不依法及时处理的。

(2)承担安全评价、认证、检测、检验工作的机构,出具虚假证明的,没收违法所得;违法所得在十万元以上的,并处违法所得二倍以上五倍以下的罚款;没有违法所得或者违法所得不足十万元的,单处或者并处十万元以上二十万元以下的罚款;对其直接负责的主管人员和其他直接责任人员处二万元以上五万元以下的罚款;给他人造成损害的,与生产经营单位承担连带赔偿责任;构成犯罪的,依照刑法有关规定追究刑事责任。对有上述违法行为的机构,吊销其相应资质。

(3)生产经营单位有下列行为之一的,责令限期改正,可以处五万元以下的罚款;逾期未改正的,责令停产停业整顿,并处五万元以上十万元以下的罚款,对其直接负责的主管人员和其他直接责任人员处一万元以上二万元以下的罚款:①未按照规定设置安全生产管理机构或者配备安全生产管理人员的;②危险物品的生产、经营、储存单位以及矿山、金属冶炼、建筑施工、道路运输单位的主要负责人和安全生产管理人员未按照规定经考核合格的;③未按照规定对从业人员、被派遣劳动者、实习学生进行安全生产教育和培训,或者未按照规定如实告知有关的安全生产事项的;④未如实记录安全生产教育和培训情况的;⑤未将事故隐患排查治理情况如实记录或者未向从业人员通报的;⑥未按照规定制定生产安全事故应急救援预案或者未定期组织演练的;⑦特种作业人员未按照规定经专门的安全作业培训并取得相应资格,上岗作业的。

(4)生产经营单位有下列行为之一的,责令限期改正,可以处五万元以下的罚款;逾期未改正的,处五万元以上二十万元以下的罚款,对其直接负责的主管人员和其他直接责任人员处一万元以上二万元以下的罚款;情节严重的,责令停产停业整顿;构成犯罪的,依照刑法有关规定追究刑事责任:①未在有较大危险因素的生产经营场所和有关设施、设备上设置明显的安全警示标志的;②安全设备的安装、使用、检测、改造和报废不符合国家标准或者行业标准的;③未对安全设备进行经常性维护、保养和定期检测的;④未为从业人员提供符合国家标准或者行业标准的劳动防护用品的;⑤危险物品的容器、运输工具,以及涉及人身安全、危险性较大的海洋石油开采特种设备和矿山井下特种设备未经具有专业资质的机构检测、检验合格,取得安全使用证或者安全标志,投入使用的;⑥使用应当淘汰的危及生产安全的工艺、设备的。

(5)生产经营单位有下列行为之一的,责令限期改正,可以处十万元以下的罚款;逾期未改正的,责令停产停业整顿,并处十万元以上二十万元以下的罚款,对其直接负责的主管人员和其他直接责任人员处二万元以上五万元以下的罚款;构成犯罪的,依照刑法有关规定追究刑事责任:①生产、经营、运输、储存、使用危险物品或者处置废弃危险物品,未建立专门安全管理制度、未采取可靠的安全措施的;②对重大危险源未登记建档,或者未进行评估、监控,或者未制定应急预案的;③进行爆破、吊装以及国务院安全生产监督管理部门会同国务院有关部门规定的其他危险作业,未安排专门人员进行现场安全管理的;④未建立事故隐患排查治理制度的。

(6)生产经营单位将生产经营项目、场所、设备发包或者出租给不具备安全生产条件或者相应资质的单位或者个人的,责令限期改正,没收违法所得;违法所得十万元以上的,并处违法所得二倍以上五倍以下的罚款;没有违法所得或者违法所得不足十万元的,单处或者并处十万元以上二十万元以下的罚款;对其直接负责的主管人员和其他直接责任人员处一万元以上二万元以下的罚款;导致发生生产安全事故给他人造成损害的,与承包方、承租方承担连带赔偿责任。

生产经营单位未与承包单位、承租单位签订专门的安全生产管理协议或者未在承包合同、租赁合同中明确各自的安全生产管理职责,或者未对承包单位、承租单位的安全生产统一协调、管理的,责令限期改正,可以处五万元以下的罚款,对其直接负责的主管人员和其他直接责任人员可以处一万元以下的罚款;逾期未改正的,责令停产停业整顿。

(7)两个以上生产经营单位在同一作业区域内进行可能危及对方安全生产的生产经营活动,未签订安全生产管理协议或者未指定专职安全生产管理人员进行安全检查与协调的,责令限期改正,可以处五万元以下的罚款,对其直接负责的主管人员和其他直接责任人员可以处一万元以下的罚款;逾期未改正的,责令停产停业。

(8)生产经营单位与从业人员订立协议,免除或者减轻其对从业人员因生产安全事故伤亡依法应承担的责任的,该协议无效;对生产经营单位的主要负责人、个人经营的投资人处二万元以上十万元以下的罚款。

(9)生产经营单位的主要负责人在本单位发生生产安全事故时,不立即组织抢救或者在事故调查处理期间擅离职守或者逃匿的,给予降级、撤职的处分,并由安全生产监督管理部门处上一年年收入百分之六十至百分之一百的罚款;对逃匿的处十五日以下拘留;构成犯罪的,依照刑法有关规定追究刑事责任。

生产经营单位的主要负责人对生产安全事故隐瞒不报、谎报或者迟报的,依照上述规定处罚。

(10)发生生产安全事故,对负有责任的生产经营单位除要求其依法承担相应的赔偿等责任外,由安全生产监督管理部门依照下列规定处以罚款:①发生一般事故的,处二十万元以上五十万元以下的罚款;②发生较大事故的,处五十万元以上一百万元以下的罚款;③发生重大事故的,处一百万元以上五百万元以下的罚款;④发生特别重大事故的,处五百万元以上一千万元以下的罚款;情节特别严重的,处一千万元以上二千万元以下的罚款。

(11)本法规定的行政处罚,由安全生产监督管理部门和其他负有安全生产监督管理职责的部门按照职责分工决定。予以关闭的行政处罚由负有安全生产监督管理职责的部门报请县级以上人民政府按照国务院规定的权限决定;给予拘留的行政处罚由公安机关依照治安管理处罚法的规定决定。

(12)生产经营单位发生生产安全事故造成人员伤亡、他人财产损失的,应当依法承担赔偿责任;拒不承担或者其负责人逃匿的,由人民法院依法强制执行。

生产安全事故的责任人未依法承担赔偿责任,经人民法院依法采取执行措施后,仍不能对受害人给予足额赔偿的,应当继续履行赔偿义务;受害人发现责任人有其他财产的,可以随时请求人民法院执行。

二、违反《建筑法》的法律责任

(1)违反本法规定,未取得施工许可证或者开工报告未经批准擅自施工的,责令改正,对不符合开工条件的责令停止施工,可以处以罚款。

(2)发包单位将工程发包给不具有相应资质条件的承包单位的,或者违反本法规定将建筑工程肢解发包的,责令改正,处以罚款。超越本单位资质等级承揽工程的,责令停止违法行为,处以罚款,可以责令停业整顿,降低资质等级;情节严重的,吊销资质证书;有违法所得的,予以没收。未取得资质证书承揽工程的,予以取缔,并处罚款;有违法所得的,予以没收。以欺骗手段取得资质证书的,吊销资质证书,处以罚款;构成犯罪的,依法追究刑事责任。

(3)建筑施工企业转让、出借资质证书或者以其他方式允许他人以本企业的名义承揽工程的,责令改正,没收违法所得,并处罚款,可以责令停业整顿,降低资质等级;情节严重的,吊销资质证书。对因该项承揽工程不符合规定的质量标准造成的损失,建筑施工企业与使用本企业名义的单位或者个人承担连带赔偿责任。

(4)承包单位将承包的工程转包的,或者违反本法规定进行分包的,责令改正,没收违法所得,并处罚款,可以责令停业整顿,降低资质等级;情节严重的,吊销资质证书。承包单位有上述规定的违法行为的,对因转包工程或者违法分包的工程不符合规定的质量标准造成的损失,与接受转包或者分包的单位承担连带赔偿责任。

(5)在工程发包与承包中索贿、受贿、行贿,构成犯罪的,依法追究刑事责任;不构成犯罪的,分别处以罚款,没收贿赂的财物,对直接负责的主管人员和其他直接责任人员给予处分。对在工程承包中行贿的承包单位,除依照上述规定处罚外,可以责令停业整顿,降低资质等级或者吊销资质证书。

(6)违反本法规定,涉及建筑主体或者承重结构变动的装修工程擅自施工的,责令改正,处以罚款;造成损失的,承担赔偿责任;构成犯罪的,依法追究刑事责任。

(7)建筑施工企业违反本法规定,对建筑安全事故隐患不采取措施予以消除的,责令改正,可以处以罚款;情节严重的,责令停业整顿,降低资质等级或者吊销资质证书;构成犯罪的,依法追究刑事责任。

建筑施工企业的管理人员违章指挥、强令职工冒险作业,因而发生重大伤亡事故或者造成其他严重后果的,依法追究刑事责任。

(8)建筑施工企业在施工中偷工减料的,使用不合格的建筑材料、建筑构配件和设备的,或者有其他不按照工程设计图纸或者施工技术标准施工的行为的,责令改正,处以罚款;情节严重的,责令停业整顿,降低资质等级或者吊销资质证书;造成建筑工程质量不符合规定的质量标准的,负责返工、修理,并赔偿因此造成的损失;构成犯罪的,依法追究刑事责任。

(9)建筑施工企业违反本法规定,不履行保修义务或者拖延履行保修义务的,责令改正,可以处以罚款,并对在保修期内因屋顶、墙面渗漏、开裂等质量缺陷造成的损失,承担赔偿责任。

在《建筑法》中,对施工单位的处罚包括责令改正、并处罚款;责令停业整顿,降低资质等级或者吊销资质证;赔偿损失;追究刑事责任。在经济处罚方面还有没收非法所得。

三、违反《劳动法》的法律责任

(1)用人单位违反本法规定,延长劳动者工作时间的,由劳动行政部门给予警告,责令改正,并可以处以罚款。

(2)用人单位有下列侵害劳动者合法权益情形之一的,由劳动行政部门责令支付劳动者的工资报酬、经济补偿,并可以责令支付赔偿金:①克扣或者无故拖欠劳动者工资的;②拒不支付劳动者延长工作时间工资报酬的;③低于当地最低工资标准支付劳动者工资的;④解除劳动合同后,未依照本法规定给予劳动者经济补偿的。

(3)用人单位的劳动安全设施和劳动卫生条件不符合国家规定或者未向劳动者提供必要的劳动防护用品和劳动保护设施的,由劳动行政部门或者有关部门责令改正,可以处以罚款;情节严重的,提请县级以上人民政府决定责令停产整顿;对事故隐患不采取措施,致使发生重大事故,造成劳动者生命和财产损失的,对责任人员比照刑法第一百八十七条的规定追究刑事责任。

(4)用人单位强令劳动者违章冒险作业,发生重大伤亡事故,造成严重后果的,对责任人员依法追究刑事责任。

(5)用人单位非法招用未满十六周岁的未成年人的,由劳动行政部门责令改正,处以罚款;情节严重的,由工商行政管理部门吊销营业执照。

(6)用人单位违反本法对女职工和未成年工的保护规定,侵害其合法权益的,由劳动行政部门责令改正,处以罚款;对女职工或者未成年工造成损害的,应当承担赔偿责任。

(7)用人单位有下列行为之一,由公安机关对责任人员处以十五日以下拘留、罚款或者警告;构成犯罪的,对责任人员依法追究刑事责任:①以暴力、威胁或者非法限制人身自由的手段强迫劳动的;②侮辱、体罚、殴打、非法搜查和拘禁劳动者的。

(8)由于用人单位的原因订立的无效合同,对劳动者造成损害的,应当承担赔偿责任。

(9)用人单位违反本法规定的条件解除劳动合同或者故意拖延不订立劳动合同的,由劳动行政部门责令改正;对劳动者造成损害的,应当承担赔偿责任。

(10)用人单位招用尚未解除劳动合同的劳动者,对原用人单位造成经济损失的,该用人单位应当依法承担连带赔偿责任。

(11)用人单位无故不缴纳社会保险费的,由劳动行政部门责令其限期缴纳;逾期不缴的,可以加收滞纳金。

(12)用人单位无理阻挠劳动行政部门、有关部门及其工作人员行使监督检查权,打击报复举报人员的,由劳动行政部门或者有关部门处以罚款;构成犯罪的,对责任人员依法追究刑事责任。

《劳动法》对各类违法行为的处罚非常明确、具体,包括责令整改、罚款、赔偿损失、吊销营业执照、拘留、追究刑事责任等,涉及劳动、工商、公安、检察院、法院等部门。

四、违反《劳动合同法》的法律责任

(1)用人单位直接涉及劳动者切身利益的规章制度违反法律、法规规定的,由劳动行政部

门责令改正,给予警告;给劳动者造成损害的,应当承担赔偿责任。

(2)用人单位提供的劳动合同文本未载明本法规定的劳动合同必备条款,或者用人单位未将劳动合同文本交付劳动者的,由劳动行政部门责令改正;给劳动者造成损害的,应当承担赔偿责任。

(3)用人单位自用工之日起超过一个月不满一年未与劳动者订立书面劳动合同的,应当向劳动者每月支付二倍的工资。用人单位违反本法规定不与劳动者订立无固定期限劳动合同的,自应当订立无固定期限劳动合同之日起向劳动者每月支付二倍的工资。

(4)用人单位违反本法规定与劳动者约定试用期的,由劳动行政部门责令改正;违法约定的试用期已经履行的,由用人单位以劳动者试用期满月工资为标准,按已经履行的超过法定试用期的期间向劳动者支付赔偿金。

(5)用人单位违反本法规定,扣押劳动者居民身份证等证件的,由劳动行政部门责令限期退还劳动者本人,并依照有关法律规定给予处罚。用人单位违反本法规定,以担保或者其他名义向劳动者收取财物的,由劳动行政部门责令限期退还劳动者本人,并以每人五百元以上二千元以下的标准处以罚款;给劳动者造成损害的,应当承担赔偿责任。劳动者依法解除或者终止劳动合同,用人单位扣押劳动者档案或者其他物品的,依照上述规定处罚。

(6)用人单位有下列情形之一的,由劳动行政部门责令限期支付劳动报酬、加班费或者经济补偿;劳动报酬低于当地最低工资标准的,应当支付其差额部分;逾期不支付的,责令用人单位按应付金额百分之五十以上百分之一百以下的标准向劳动者加付赔偿金:①未按照劳动合同的约定或者国家规定及时足额支付劳动者劳动报酬的;②低于当地最低工资标准支付劳动者工资的;③安排加班不支付加班费的;④解除或者终止劳动合同,未依照本法规定向劳动者支付经济补偿的。

(7)劳动合同依照本法第二十六条规定被确认无效,给对方造成损害的,有过错的一方应当承担赔偿责任。

(8)用人单位违反本法规定解除或者终止劳动合同的,应当依照本法第四十七条规定的经济补偿标准的二倍向劳动者支付赔偿金。

(9)用人单位有下列情形之一的,依法给予行政处罚;构成犯罪的,依法追究刑事责任;给劳动者造成损害的,应当承担赔偿责任:①以暴力、威胁或者非法限制人身自由的手段强迫劳动的;②违章指挥或者强令冒险作业危及劳动者人身安全的;③侮辱、体罚、殴打、非法搜查或者拘禁劳动者的;④劳动条件恶劣、环境污染严重,给劳动者身心健康造成严重损害的。

(10)用人单位违反本法规定未向劳动者出具解除或者终止劳动合同的书面证明,由劳动行政部门责令改正;给劳动者造成损害的,应当承担赔偿责任。

(11)劳动者违反本法规定解除劳动合同,或者违反劳动合同中约定的保密义务或者竞业限制,给用人单位造成损失的,应当承担赔偿责任。

(12)用人单位招用与其他用人单位尚未解除或者终止劳动合同的劳动者,给其他用人单位造成损失的,应当承担连带赔偿责任。

五、违反《突发事件应对法》的法律责任

(1)有关单位有下列情形之一的,由所在地履行统一领导职责的人民政府责令停产停业,暂扣或者吊销许可证或者营业执照,并处五万元以上二十万元以下的罚款;构成违反治安管理行为的,由公安机关依法给予处罚:①未按规定采取预防措施,导致发生严重突发事件的;②未及时消除已发现的可能引发突发事件的隐患,导致发生严重突发事件的;③未做好应急设备、设施日常维护、检测工作,导致发生严重突发事件或者突发事件危害扩大的;④突发事件发生后,不及时组织开展应急救援工作,造成严重后果的。

上述规定的行为,其他法律、行政法规规定由人民政府有关部门依法决定处罚的,从其规定。

(2)违反本法规定,编造并传播有关突发事件事态发展或者应急处置工作的虚假信息,或者明知是有关突发事件事态发展或者应急处置工作的虚假信息而进行传播的,责令改正,给予警告;造成严重后果的,依法暂停其业务活动或者吊销其执业许可证;负有直接责任的人员是国家工作人员的,还应当对其依法给予处分;构成违反治安管理行为的,由公安机关依法给予处罚。

(3)单位或者个人违反本法规定,不服从所在地人民政府及其有关部门发布的决定、命令或者不配合其依法采取的措施,构成违反治安管理行为的,由公安机关依法给予处罚。

(4)单位或者个人违反本法规定,导致突发事件发生或者危害扩大,给他人人身、财产造成损害的,应当依法承担民事责任。

六、违反《消防法》的法律责任

(1)违反本法规定,有下列行为之一的,责令停止施工、停止使用或者停产停业,并处三万元以上三十万元以下罚款:①依法应当经公安机关消防机构进行消防设计审核的建设工程,未经依法审核或者审核不合格,擅自施工的;②消防设计经公安机关消防机构依法抽查不合格,不停止施工的;③依法应当进行消防验收的建设工程,未经消防验收或者消防验收不合格,擅自投入使用的;④建设工程投入使用后经公安机关消防机构依法抽查不合格,不停止使用的;⑤公众聚集场所未经消防安全检查或者经检查不符合消防安全要求,擅自投入使用、营业的。

建设单位未依照本法规定将消防设计文件报公安机关消防机构备案,或者在竣工后未依照本法规定报公安机关消防机构备案的,责令限期改正,处五千元以下罚款。

(2)违反本法规定,有下列行为之一的,责令改正或者停止施工,并处一万元以上十万元以下罚款:①建设单位要求建筑设计单位或者建筑施工企业降低消防技术标准设计、施工的;②建筑设计单位不按照消防技术标准强制性要求进行消防设计的;③建筑施工企业不按照消防设计文件和消防技术标准施工,降低消防施工质量的;④工程监理单位与建设单位或者建筑施工企业串通,弄虚作假,降低消防施工质量的。

(3)单位违反本法规定,有下列行为之一的,责令改正,处五千元以上五万元以下罚款:①消防设施、器材或者消防安全标志的配置、设置不符合国家标准、行业标准,或者未保持完好

有效的;②损坏、挪用或者擅自拆除、停用消防设施、器材的;③占用、堵塞、封闭疏散通道、安全出口或者有其他妨碍安全疏散行为的;④埋压、圈占、遮挡消火栓或者占用防火间距的;⑤占用、堵塞、封闭消防车通道,妨碍消防车通行的;⑥人员密集场所在门窗上设置影响逃生和灭火救援的障碍物的;⑦对火灾隐患经公安机关消防机构通知后不及时采取措施消除的。

(4)违反本法规定,有下列行为之一的,处警告或者五百元以下罚款;情节严重的,处五日以下拘留:①违反消防安全规定进入生产、储存易燃易爆危险品场所的;②违反规定使用明火作业或者在具有火灾、爆炸危险的场所吸烟、使用明火的。

(5)消防产品质量认证、消防设施检测等消防技术服务机构出具虚假文件的,责令改正,处五万元以上十万元以下罚款,并对直接负责的主管人员和其他直接责任人员处一万元以上五万元以下罚款;有违法所得的,并处没收违法所得;给他人造成损失的,依法承担赔偿责任;情节严重的,由原许可机关依法责令停止执业或者吊销相应资质、资格。

上述规定的机构出具失实文件,给他人造成损失的,依法承担赔偿责任;造成重大损失的,由原许可机关依法责令停止执业或者吊销相应资质、资格。

(6)公安机关消防机构需要传唤消防安全违法行为人的,依照《中华人民共和国治安管理处罚法》的有关规定执行。被责令停止施工、停止使用、停产停业的,应当在整改后向公安机关消防机构报告,经公安机关消防机构检查合格,方可恢复施工、使用、生产、经营。当事人逾期不执行停产停业、停止使用、停止施工决定的,由作出决定的公安机关消防机构强制执行。

责令停产停业,对经济和社会生活影响较大的,由公安机关消防机构提出意见,并由公安机关报请本级人民政府依法决定。本级人民政府组织公安机关等部门实施。

七、违反《职业病防治法》的法律责任

(1)建设单位违反本法规定,有下列行为之一的,由卫生行政部门给予警告,责令限期改正;逾期不改正的,处十万元以上五十万元以下的罚款;情节严重的,责令停止产生职业病危害的作业,或者提请有关人民政府按照国务院规定的权限责令停建、关闭:①未按照规定进行职业病危害预评价或者未提交职业病危害预评价报告,或者职业病危害预评价报告未经卫生行政部门审核同意,擅自开工的;②建设项目的职业病防护设施未按照规定与主体工程同时投入生产和使用的;③职业病危害严重的建设项目,其职业病防护设施设计不符合国家职业卫生标准和卫生要求施工的;④未按照规定对职业病防护设施进行职业病危害控制效果评价、未经卫生行政部门验收或者验收不合格,擅自投入使用的。

(2)违反本法规定,有下列行为之一的,由卫生行政部门给予警告,责令限期改正;逾期不改正的,处二万元以下的罚款:①工作场所职业病危害因素检测、评价结果没有存档、上报、公布的;②未采取本法第十九条规定的职业病防治管理措施的;③未按照规定公布有关职业病防治的规章制度、操作规程、职业病危害事故应急救援措施的;④未按照规定组织劳动者进行职业卫生培训,或者未对劳动者个人职业病防护采取指导、督促措施的;⑤国内首次使用或者首次进口与职业病危害有关的化学材料,未按照规定报送毒性鉴定资料以及经有关部门登记注册或者批准进口的文件的。

(3)用人单位违反本法规定,有下列行为之一的,由卫生行政部门责令限期改正,给予警

告,可以并处二万元以上五万元以下的罚款:①未按照规定及时、如实向卫生行政部门申报产生职业病危害的项目的;②未实施由专人负责的职业病危害因素日常监测,或者监测系统不能正常监测的;③订立或者变更劳动合同时,未告知劳动者职业病危害真实情况的;④未按照规定组织职业健康检查、建立职业健康监护档案或者未将检查结果如实告知劳动者的。

(4)用人单位违反本法规定,有下列行为之一的,由卫生行政部门给予警告,责令限期改正,逾期不改正的,处五万元以上二十万元以下的罚款;情节严重的,责令停止产生职业病危害的作业,或者提请有关人民政府按照国务院规定的权限责令关闭:①工作场所职业病危害因素的强度或者浓度超过国家职业卫生标准的;②未提供职业病防护设施和个人使用的职业病防护用品,或者提供的职业病防护设施和个人使用的职业病防护用品不符合国家职业卫生标准和卫生要求的;③对职业病防护设备、应急救援设施和个人使用的职业病防护用品未按照规定进行维护、检修、检测,或者不能保持正常运行、使用状态的;④未按照规定对工作场所职业病危害因素进行检测、评价的;⑤工作场所职业病危害因素经治理仍然达不到国家职业卫生标准和卫生要求时,未停止存在职业病危害因素的作业的;⑥未按照规定安排职业病病人、疑似职业病病人进行诊治的;⑦发生或者可能发生急性职业病危害事故时,未立即采取应急救援和控制措施或者未按照规定及时报告的;⑧未按照规定在产生严重职业病危害的作业岗位醒目位置设置警示标识和中文警示说明的;⑨拒绝卫生行政部门监督检查的。

(5)向用人单位提供可能产生职业病危害的设备、材料,未按照规定提供中文说明书或者设置警示标识和中文警示说明的,由卫生行政部门责令限期改正,给予警告,并处五万元以上二十万元以下的罚款。

(6)违反本法规定,有下列情形之一的,由卫生行政部门责令限期治理,并处五万元以上三十万元以下的罚款;情节严重的,责令停止产生职业病危害的作业,或者提请有关人民政府按照国务院规定的权限责令关闭:①隐瞒技术、工艺、材料所产生的职业病危害而采用的;②隐瞒本单位职业卫生真实情况的;③可能发生急性职业损伤的有毒、有害工作场所、放射工作场所或者放射性同位素的运输、储存不符合本法第二十三条规定的;④使用国家明令禁止使用的可能产生职业病危害的设备或者材料的;⑤将产生职业病危害的作业转移给没有职业病防护条件的单位和个人,或者没有职业病防护条件的单位和个人接受产生职业病危害的作业的;⑥擅自拆除、停止使用职业病防护设备或者应急救援设施的;⑦安排未经职业健康检查的劳动者、有职业禁忌的劳动者、未成年工或者孕期、哺乳期女职工从事接触职业病危害的作业或者禁忌作业的;⑧违章指挥和强令劳动者进行没有职业病防护措施的作业的。

(7)生产、经营或者进口国家明令禁止使用的可能产生职业病危害的设备或者材料的,依照有关法律、行政法规的规定给予处罚。

(8)用人单位违反本法规定,已经对劳动者生命健康造成严重损害的,由卫生行政部门责令停止产生职业病危害的作业,或者提请有关人民政府按照国务院规定的权限责令关闭,并处十万元以上三十万元以下的罚款。

(9)用人单位违反本法规定,造成重大职业病危害事故或者其他严重后果,构成犯罪的,对直接负责的主管人员和其他直接责任人员,依法追究刑事责任。

违反《职业病防治法》的行为,除刑事责任外,其处罚机构一般为卫生行政部门,处罚类别包括警告、限期整改、罚款、责令停产、报请关闭等,罚款最高达三十万元。

八、违反《环境保护法》的法律责任

(1) 企业事业单位和其他生产经营者违法排放污染物,受到罚款处罚,被责令改正,拒不改正的,依法作出处罚决定的行政机关可以自责令改正之日的次日起,按照原处罚数额按日连续处罚。上述规定的罚款处罚,依照有关法律法规按照防治污染设施的运行成本、违法行为造成的直接损失或者违法所得等因素确定的规定执行。

地方性法规可以根据环境保护的实际需要,增加第一款规定的按日连续处罚的违法行为的种类。

(2) 建设单位未依法提交建设项目环境影响评价文件或者环境影响评价文件未经批准,擅自开工建设的,由负有环境保护监督管理职责的部门责令停止建设,处以罚款,并可以责令恢复原状。

(3) 企业事业单位和其他生产经营者有下列行为之一,尚不构成犯罪的,除依照有关法律法规规定予以处罚外,由县级以上人民政府环境保护主管部门或者其他有关部门将案件移送公安机关,对其直接负责的主管人员和其他直接责任人员,处十日以上十五日以下拘留;情节较轻的,处五日以上十日以下拘留:①建设项目未依法进行环境影响评价,被责令停止建设,拒不执行的;②违反法律规定,未取得排污许可证排放污染物,被责令停止排污,拒不执行的;③通过暗管、渗井、渗坑、灌注或者篡改、伪造监测数据,或者不正常运行防治污染设施等逃避监管的方式违法排放污染物的;④生产、使用国家明令禁止生产、使用的农药,被责令改正,拒不改正的。

(4) 因污染环境和破坏生态造成损害的,应当依照《中华人民共和国侵权责任法》的有关规定承担侵权责任。环境影响评价机构、环境监测机构以及从事环境监测设备和防治污染设施维护、运营的机构,在有关环境服务活动中弄虚作假,对造成的环境污染和生态破坏负有责任的,除依照有关法律法规规定予以处罚外,还应当与造成环境污染和生态破坏的其他责任者承担连带责任。

提起环境损害赔偿诉讼的时效期间为三年,从当事人知道或者应当知道其受到损害时起计算。

九、违反《公路法》的法律责任

(1) 违反本法规定,未经有关交通主管部门批准擅自施工的,交通主管部门可以责令停止施工,并可以处五万元以下的罚款。

(2) 有下列违法行为之一的,由交通主管部门责令停止违法行为,可以处三万元以下的罚款:①擅自占用、挖掘公路的;②未经同意或者未按照现行《公路工程技术标准》(JTG B01)的要求修建桥梁、渡槽或者架设、埋设管线、电缆等设施的;③从事危及公路安全的作业的;④铁轮车、履带车和其他可能损害路面的机具擅自在公路上行驶的;⑤车辆超限使用汽车渡船或者在公路上擅自超限行驶的;⑥损坏、移动、涂改公路附属设施或者损坏、挪动建筑控制区的标

桩、界桩,可能危及公路安全的。

(3)在公路建筑控制区内修建建筑物、地面构筑物或者擅自埋设管线、电缆等设施的,由交通主管部门责令限期拆除,并可以处五万元以下的罚款。逾期不拆除的,由交通主管部门拆除,有关费用由建筑者、构筑者承担。

(4)阻碍公路建设或者公路抢修,致使公路建设或者抢修不能正常进行,尚未造成严重损失的,依照《中华人民共和国治安管理处罚法》的规定处罚。

十、违反《特种设备安全法》的法律责任

(1)违反本法规定,特种设备安装、改造、修理的施工单位在施工前未书面告知负责特种设备安全监督管理的部门即行施工的,或者在验收后三十日内未将相关技术资料和文件移交特种设备使用单位的,责令限期改正;逾期未改正的,处一万元以上十万元以下罚款。

(2)违反本法规定,特种设备使用单位有下列行为之一的,责令停止使用有关特种设备,处三万元以上三十万元以下罚款:①使用未取得许可生产,未经检验或者检验不合格的特种设备,或者国家明令淘汰、已经报废的特种设备的;②特种设备出现故障或者发生异常情况,未对其进行全面检查、消除事故隐患,继续使用的;③特种设备存在严重事故隐患,无改造、修理价值,或者达到安全技术规范规定的其他报废条件,未依法履行报废义务,并办理使用登记证书注销手续的。

(3)发生特种设备事故,有下列情形之一的,对单位处五万元以上二十万元以下罚款;对主要负责人处一万元以上五万元以下罚款;主要负责人属于国家工作人员的,并依法给予处分:①发生特种设备事故时,不立即组织抢救或者在事故调查处理期间擅离职守或者逃匿的;②对特种设备事故迟报、谎报或者瞒报的。

(4)违反本法规定,特种设备检验、检测机构及其检验、检测人员有下列行为之一的,责令改正,对机构处五万元以上二十万元以下罚款,对直接负责的主管人员和其他直接责任人员处五千元以上五万元以下罚款;情节严重的,吊销机构资质和有关人员的资格:①未经核准或者超出核准范围、使用未取得相应资格的人员从事检验、检测的;②未按照安全技术规范的要求进行检验、检测的;③出具虚假的检验、检测结果和鉴定结论或者检验、检测结果和鉴定结论严重失实的;④发现特种设备存在严重事故隐患,未及时告知相关单位,并立即向负责特种设备安全监督管理的部门报告的;⑤泄露检验、检测过程中知悉的商业秘密的;⑥从事有关特种设备的生产、经营活动的;⑦推荐或者监制、监销特种设备的;⑧利用检验工作故意刁难相关单位的。

违反本法规定,特种设备检验、检测机构的检验、检测人员同时在两个以上检验、检测机构中执业的,处五千元以上五万元以下罚款;情节严重的,吊销其资格。

(5)违反本法规定,特种设备生产、经营、使用单位或者检验、检测机构拒不接受负责特种设备安全监督管理的部门依法实施的监督检查的,责令限期改正;逾期未改正的,责令停产停业整顿,处二万元以上二十万元以下罚款。

特种设备生产、经营、使用单位擅自动用、调换、转移、损毁被查封、扣押的特种设备或者其主要部件的,责令改正,处五万元以上二十万元以下罚款;情节严重的,吊销生产许可证,注销

特种设备使用登记证书。

（6）违反本法规定，被依法吊销许可证的，自吊销许可证之日起三年内，负责特种设备安全监督管理的部门不予受理其新的许可申请。

（7）违反本法规定，造成人身、财产损害的，依法承担民事责任。应当承担民事赔偿责任和缴纳罚款、罚金，其财产不足以同时支付时，先承担民事赔偿责任。

十一、违反《建设工程安全生产管理条例》的法律责任

（1）违反本条例的规定，施工起重机械和整体提升脚手架、模板等自升式架设设施安装、拆卸单位有下列行为之一的，责令限期改正，处5万元以上10万元以下的罚款；情节严重的，责令停业整顿，降低资质等级，直至吊销资质证书；造成损失的，依法承担赔偿责任：①未编制拆装方案、制定安全施工措施的；②未由专业技术人员现场监督的；③未出具自检合格证明或者出具虚假证明的；④未向施工单位进行安全使用说明，办理移交手续的。

施工起重机械和整体提升脚手架、模板等自升式架设设施安装、拆卸单位经有关部门或者单位职工提出后，对事故隐患仍不采取措施，因而发生重大伤亡事故或者造成其他严重后果，构成犯罪的，对直接责任人员，依照刑法有关规定追究刑事责任。

（2）违反本条例的规定，施工单位有下列行为之一的，责令限期改正；逾期未改正的，责令停业整顿，依照《中华人民共和国安全生产法》的有关规定处以罚款；造成重大安全事故，构成犯罪的，对直接责任人员，依照刑法有关规定追究刑事责任：①未设立安全生产管理机构、配备专职安全生产管理人员或者分部分项工程施工时无专职安全生产管理人员现场监督的；②施工单位的主要负责人、项目负责人、专职安全生产管理人员、作业人员或者特种作业人员，未经安全教育培训或者经考核不合格即从事相关工作的；③未在施工现场的危险部位设置明显的安全警示标志，或者未按照国家有关规定在施工现场设置消防通道、消防水源、配备消防设施和灭火器材的；④未向作业人员提供安全防护用具和安全防护服装的；⑤未按照规定在施工起重机械和整体提升脚手架、模板等自升式架设设施验收合格后登记的；⑥使用国家明令淘汰、禁止使用的危及施工安全的工艺、设备、材料的。

（3）违反本条例的规定，施工单位挪用列入建设工程概算的安全生产作业环境及安全施工措施所需费用的，责令限期改正，处挪用费用20%以上50%以下的罚款；造成损失的，依法承担赔偿责任。

（4）违反本条例的规定，施工单位有下列行为之一的，责令限期改正；逾期未改正的，责令停业整顿，并处5万元以上10万元以下的罚款；造成重大安全事故，构成犯罪的，对直接责任人员，依照刑法有关规定追究刑事责任：①施工前未对有关安全施工的技术要求作出详细说明的；②未根据不同施工阶段和周围环境及季节、气候的变化，在施工现场采取相应的安全施工措施，或者在城市市区内的建设工程的施工现场未实行封闭围挡的；③在尚未竣工的建筑物内设置员工集体宿舍的；④施工现场临时搭建的建筑物不符合安全使用要求的；⑤未对因建设工程施工可能造成损害的毗邻建筑物、构筑物和地下管线等采取专项防护措施的。

（5）违反本条例的规定，施工单位有下列行为之一的，责令限期改正；逾期未改正的，责令停业整顿，并处10万元以上30万元以下的罚款；情节严重的，降低资质等级，直至吊销资质证

书;造成重大安全事故,构成犯罪的,对直接责任人员,依照刑法有关规定追究刑事责任;造成损失的,依法承担赔偿责任:①安全防护用具、机械设备、施工机具及配件在进入施工现场前未经查验或者查验不合格即投入使用的;②使用未经验收或者验收不合格的施工起重机械和整体提升脚手架、模板等自升式架设施的;③委托不具有相应资质的单位承担施工现场安装、拆卸施工起重机械和整体提升脚手架、模板等自升式架设施的;④在施工组织设计中未编制安全技术措施、施工现场临时用电方案或者专项施工方案的。

(6)施工单位取得资质证书后,降低安全生产条件的,责令限期改正;经整改仍未达到与其资质等级相适应的安全生产条件的,责令停业整顿,降低其资质等级直至吊销资质证书。

十二、违反《生产安全事故报告和调查处理条例》的法律责任

(1)事故发生单位及其有关人员有下列行为之一的,对事故发生单位处100万元以上500万元以下的罚款;对主要负责人、直接负责的主管人员和其他直接责任人员处上一年年收入60%至100%的罚款;属于国家工作人员的,并依法给予处分;构成违反治安管理行为的,由公安机关依法给予治安管理处罚;构成犯罪的,依法追究刑事责任:①谎报或者瞒报事故的;②伪造或者故意破坏事故现场的;③转移、隐匿资金、财产,或者销毁有关证据、资料的;④拒绝接受调查或者拒绝提供有关情况和资料的;⑤在事故调查中作伪证或者指使他人作伪证的;⑥事故发生后逃匿的。

(2)事故发生单位对事故发生负有责任的,由有关部门依法暂扣或者吊销其有关证照;对事故发生单位负有事故责任的有关人员,依法暂停或者撤销其与安全生产有关的执业资格、岗位证书;事故发生单位主要负责人受到刑事处罚或者撤职处分的,自刑罚执行完毕或者受处分之日起,5年内不得担任任何生产经营单位的主要负责人。

(3)为发生事故的单位提供虚假证明的中介机构,由有关部门依法暂扣或者吊销其有关证照及其相关人员的执业资格;构成犯罪的,依法追究刑事责任。

十三、违反《安全生产许可证条例》的法律责任

(1)违反本条例规定,未取得安全生产许可证擅自进行生产的,责令停止生产,没收违法所得,并处10万元以上50万元以下的罚款;造成重大事故或者其他严重后果,构成犯罪的,依法追究刑事责任。

(2)违反本条例规定,安全生产许可证有效期满未办理延期手续,继续进行生产的,责令停止生产,限期补办延期手续,没收违法所得,并处5万元以上10万元以下的罚款;逾期仍不办理延期手续,继续进行生产的,依照本条例第十九条的规定处罚。

(3)违反本条例规定,转让安全生产许可证的,没收违法所得,处10万元以上50万元以下的罚款,并吊销其安全生产许可证;构成犯罪的,依法追究刑事责任;接受转让的,依照本条例第十九条的规定处罚。

冒用安全生产许可证或者使用伪造的安全生产许可证的,依照本条例第十九条的规定处罚。

(4)本条例施行前已经进行生产的企业,应当自本条例施行之日起1年内,依照本条例的规定向安全生产许可证颁发管理机关申请办理安全生产许可证;逾期不办理安全生产许可证,或者经审查不符合本条例规定的安全生产条件,未取得安全生产许可证,继续进行生产的,依照本条例第十九条的规定处罚。

十四、违反《民用爆炸物品安全管理条例》的法律责任

(1)违反本条例规定,未经许可购买、运输民用爆炸物品或者从事爆破作业的,由公安机关责令停止非法购买、运输、爆破作业活动,处5万元以上20万元以下的罚款,并没收非法购买、运输以及从事爆破作业使用的民用爆炸物品及其违法所得。

(2)违反本条例规定,从事爆破作业的单位有下列情形之一的,由公安机关责令停止违法行为或者限期改正,处10万元以上50万元以下的罚款;逾期不改正的,责令停产停业整顿;情节严重的,吊销爆破作业单位许可证:①爆破作业单位未按照其资质等级从事爆破作业的;②营业性爆破作业单位跨省、自治区、直辖市行政区域实施爆破作业,未按照规定事先向爆破作业所在地的县级人民政府公安机关报告的;③爆破作业单位未按照规定建立民用爆炸物品领取登记制度、保存领取登记记录的;④违反国家有关标准和规范实施爆破作业的。

爆破作业人员违反国家有关标准和规范的规定实施爆破作业的,由公安机关责令限期改正,情节严重的,吊销爆破作业人员许可证。

(3)违反本条例规定,有下列情形之一的,由国防科技工业主管部门、公安机关按照职责责令限期改正,可以并处5万元以上20万元以下的罚款;逾期不改正的,责令停产停业整顿;情节严重的,吊销许可证:①未按照规定在专用仓库设置技术防范设施的;②未按照规定建立出入库检查、登记制度或者收存和发放民用爆炸物品,致使账物不符的;③超量储存、在非专用仓库储存或者违反储存标准和规范储存民用爆炸物品的;④有本条例规定的其他违反民用爆炸物品储存管理规定行为的。

(4)民用爆炸物品从业单位的主要负责人未履行本条例规定的安全管理责任,导致发生重大伤亡事故或者造成其他严重后果,构成犯罪的,依法追究刑事责任;尚不构成犯罪的,对主要负责人给予撤职处分,对个人经营的投资人处2万元以上20万元以下的罚款。

十五、违反《公路水运工程安全生产监督管理办法》的法律责任

公路水运工程安全生产监督管理部门应当建立举报制度,及时受理对公路水运工程生产安全事故或者事故隐患以及监督检查人员违法行为的检举、控告和投诉。违反本办法规定,按照《安全生产法》《建设工程安全生产管理条例》《安全生产许可证条例》的相关规定,给予行政处罚。

十六、违反《企业安全生产费用提取和使用财务管理办法》的法律责任

(1)企业未按本办法提取和使用安全费用的,安全生产监督管理部门、煤矿安全监察机构和行业主管部门会同财政部门责令其限期改正,并依照相关法律法规进行处理、处罚。

(2)建设工程施工总承包单位未向分包单位支付必要的安全费用以及承包单位挪用安全费用的,由建设、交通运输、铁路、水利、安全生产监督管理、煤矿安全监察等主管部门依照相关法规、规章进行处理、处罚。

十七、违反《生产安全事故罚款处罚规定(试行)》的法律责任

(1)生产经营单位提供虚假资料或者由于财务、税务部门无法核定等原因致使有关人员的上一年年收入难以确定的,按照下列办法确定:①主要负责人的上一年年收入,按照本省、自治区、直辖市上一年度职工平均工资的5倍以10倍以下计算;②直接负责的主管人员和其他直接责任人员的上一年年收入,按照本省、自治区、直辖市上一年度职工平均工资的1倍以上5倍以下计算。

(2)事故发生单位主要负责人有《安全生产法》第一百零六条、《生产安全事故报告和调查处理条例》第三十五条规定的下列行为之一的,依照下列规定处以罚款:①事故发生单位主要负责人在事故发生后不立即组织事故抢救的,处上一年年收入100%的罚款;②事故发生单位主要负责人迟报事故的,处上一年年收入60%至80%的罚款;漏报事故的,处上一年年收入40%至60%的罚款;③事故发生单位主要负责人在事故调查处理期间擅离职守的,处上一年年收入80%至100%的罚款。

(3)事故发生单位有《生产安全事故报告和调查处理条例》第三十六条规定行为之一的,依照《国家安全监管总局关于印发〈安全生产行政处罚自由裁量标准〉的通知》(安监总政法〔2010〕137号)等规定给予罚款。

(4)事故发生单位对造成3人以下死亡,或者3人以上10人以下重伤(包括急性工业中毒,下同),或者300万元以上1000万元以下直接经济损失的一般事故负有责任的,处20万元以上50万元以下的罚款。事故发生单位有本条第一款规定的行为且有谎报或者瞒报事故情节的,处50万元的罚款。

(5)事故发生单位对较大事故发生负有责任的,依照下列规定处以罚款:①造成3人以上6人以下死亡,或者10人以上30人以下重伤,或者1000万元以上3000万元以下直接经济损失的,处50万元以上70万元以下的罚款;②造成6人以上10人以下死亡,或者30人以上50人以下重伤,或者3000万元以上5000万元以下直接经济损失的,处70万元以上100万元以下的罚款。事故发生单位对较大事故发生负有责任且有谎报或者瞒报情节的,处100万元的罚款。

(6)事故发生单位对重大事故发生负有责任的,依照下列规定处以罚款:①造成10人以上15人以下死亡,或者50人以上70人以下重伤,或者5000万元以上7000万元以下直接经济损失的,处100万元以上300万元以下的罚款;②造成15人以上30人以下死亡,或者70人以上100人以下重伤,或者7000万元以上1亿元以下直接经济损失的,处300万元以上500万元以下的罚款。事故发生单位对重大事故发生负有责任且有谎报或者瞒报情节的,处500万元的罚款。

(7)事故发生单位对特别重大事故发生负有责任的,依照下列规定处以罚款:①造成30人以上40人以下死亡,或者100人以上120人以下重伤,或者1亿元以上1.2亿元以下直接

经济损失的,处 500 万元以上 1000 万元以下的罚款;②造成 40 人以上 50 人以下死亡,或者 120 人以上 150 人以下重伤,或者 1.2 亿元以上 1.5 亿元以下直接经济损失的,处 1000 万元以上 1500 万元以下的罚款;③造成 50 人以上死亡,或者 150 人以上重伤,或者 1.5 亿元以上直接经济损失的,处 1500 万元以上 2000 万元以下的罚款。

(8)事故发生单位对特别重大事故负有责任且有下列情形之一的,处 2000 万元的罚款:①谎报特别重大事故的;②瞒报特别重大事故的;③未依法取得有关行政审批或者证照擅自从事生产经营活动的;④拒绝、阻碍行政执法的;⑤拒不执行有关停产停业、停止施工、停止使用相关设备或者设施的行政执法指令的;⑥明知存在事故隐患,仍然进行生产经营活动的;⑦一年内已经发生 2 起以上较大事故,或者 1 起重大以上事故,再次发生特别重大事故的。

(9)个人经营的投资人未依照《安全生产法》的规定保证安全生产所必需的资金投入,致使生产经营单位不具备安全生产条件,导致发生生产安全事故的,依照下列规定对个人经营的投资人处以罚款:①发生一般事故的,处 2 万元以上 5 万元以下的罚款;②发生较大事故的,处 5 万元以上 10 万元以下的罚款;③发生重大事故的,处 10 万元以上 15 万元以下的罚款;④发生特别重大事故的,处 15 万元以上 20 万元以下的罚款。

十八、违反《安全生产领域违法违纪行为政纪处分暂行规定》的法律责任

(1)国有企业及其工作人员有下列行为之一的,对有关责任人员,给予警告、记过或者记大过处分;情节较重的,给予降级、撤职或者留用察看处分;情节严重的,给予开除处分:①未取得安全生产行政许可及相关证照或者不具备安全生产条件从事生产经营活动的;②弄虚作假,骗取安全生产相关证照的;③出借、出租、转让或者冒用安全生产相关证照的;④按照有关规定保证安全生产所必需的资金投入,导致产生重大安全隐患的;⑤新建、改建、扩建工程项目的安全设施,不与主体工程同时设计、同时施工、同时投入生产和使用,或者未按规定审批、验收,擅自组织施工和生产的;⑥被依法责令停产停业整顿、吊销证照、关闭的生产经营单位,继续从事生产经营活动的。

(2)国有企业及其工作人员有下列行为之一,导致生产安全事故发生的,对有关责任人员给予警告、记过或者记大过处分;情节较重的,给予降级、撤职或者留用察看处分;情节严重的,给予开除处分:①对存在的重大安全隐患,未采取有效措施的;②违章指挥,强令工人违章冒险作业的;③未按规定进行安全生产教育和培训并经考核合格,允许从业人员上岗,致使违章作业的;④制造、销售、使用国家明令淘汰或者不符合国家标准的设施、设备、器材或者产品的;⑤超能力、超强度、超定员组织生产经营,拒不执行有关部门整改指令的;⑥拒绝执法人员进行现场检查或者在被检查时隐瞒事故隐患,不如实反映情况的;⑦有其他不履行或者不正确履行安全生产管理职责的。

(3)国有企业及其工作人员有下列行为之一的,对有关责任人员给予记过或者记大过处分;情节较重的,给予降级、撤职或者留用察看处分;情节严重的,给予开除处分:①对发生的生产安全事故瞒报、谎报或者拖延不报的;②组织或者参与破坏事故现场、出具伪证或者隐匿、转移、篡改、毁灭有关证据,阻挠事故调查处理的;③生产安全事故发生后,不及时组织抢救或者擅离职守的。生产安全事故发生后逃匿的,给予开除处分。

（4）国有企业及其工作人员不执行或者不正确执行对事故责任人员作出的处理决定，或者擅自改变上级机关批复的对事故责任人员的处理意见的，对有关责任人员，给予警告、记过或者记大过处分；情节较重的，给予降级、撤职或者留用察看处分；情节严重的，给予开除处分。

十九、违反《公路水运工程施工企业主要负责人和安全生产管理人员考核管理办法》的法律责任

（1）考核部门每3年对安管人员就其与施工企业劳动关系、相关职务及岗位存续，以及安全生产失信信息等方面开展1次复核工作。复核通过的，证书有效期予以延期3年；复核不通过的，证书有效期不予延期，应重新申请考核。

（2）安管人员及其所在施工企业不得通过隐瞒有关情况、提供虚假材料或非法手段获取安全生产考核合格证书，不得转让、涂改、倒卖、出租、出借安全生产考核合格证书。

二十、违反《中华人民共和国水上水下活动通航安全管理规定》的法律责任

（1）有下列情形之一的，海事管理机构应当责令建设单位、施工单位立即停止施工作业，并采取安全防范措施：①因恶劣自然条件严重影响安全的；②施工作业水域内发生水上交通事故，危及周围人命、财产安全的；③其他严重影响施工作业安全或通航安全的情形。

（2）海事管理机构应当建立涉水工程施工单位水上交通安全诚信制度和奖惩机制。在监督检查过程中对发生的下列情形予以通告：①施工过程中发生水上交通事故和船舶污染事故，造成人员伤亡和重大水域污染的；②以不正当手段取得许可证并违法施工的；③不服从管理、未按规定落实水上交通安全保障措施或者存在重大通航安全隐患，拒不改正而强行施工的。

（3）有下列行为或者情形之一的，海事管理机构应当责令施工作业单位、施工作业的船舶和设施立即停止施工作业，责令限期改正，并处5000元以上3万元以下的罚款；属于内河通航水域水上水下活动的，处5000元以上5万元以下的罚款：①应申请许可证而未取得，擅自进行水上水下活动的；②许可证失效后仍进行水上水下活动的；③使用涂改或者非法受让的许可证进行水上水下活动的；④未按本规定报备水上水下活动的。

（4）未按本规定取得许可证，擅自构筑、设置水上水下建筑物或设施的，禁止任何船舶进行靠泊作业。影响通航环境的，应当责令构筑、设置者限期搬迁或拆除，搬迁或拆除的有关费用由构筑、设置者自行承担。

（5）违反本规定，未妥善处理有碍航行和作业安全隐患并按照海事管理机构的要求采取清除、设置标志、显示信号等措施的，由海事管理机构责令改正，并处5000元以上3万元以下的罚款。

二十一、违反《安全生产违法行为行政处罚办法》的法律责任

（1）安全监管监察部门根据需要，可以在其法定职权范围内委托符合《行政处罚法》第十九条规定条件的组织或者乡、镇人民政府以及街道办事处、开发区管理机构等地方人民政府的派出机构实施行政处罚。受委托的单位在委托范围内,以委托的安全监管监察部门名义实施行政处罚。

(2)安全监管监察部门依法对存在重大事故隐患的生产经营单位作出停产停业、停止施工、停止使用相关设施、设备的决定,生产经营单位应当依法执行,及时消除事故隐患。生产经营单位拒不执行,有发生生产安全事故的现实危险的,在保证安全的前提下,经本部门主要负责人批准,安全监管监察部门可以采取通知有关单位停止供电、停止供应民用爆炸物品等措施,强制生产经营单位履行决定。通知应当采用书面形式,有关单位应当予以配合。

安全监管监察部门依照上述规定采取停止供电措施,除有危及生产安全的紧急情形外,应当提前24小时通知生产经营单位。生产经营单位依法履行行政决定、采取相应措施消除事故隐患的,安全监管监察部门应当及时解除上述规定的措施。

(3)生产经营单位及其有关人员有下列情形之一的,应当依法从轻或者减轻行政处罚:①已满14周岁不满18周岁的公民实施安全生产违法行为的;②主动消除或者减轻安全生产违法行为危害后果的;③受他人胁迫实施安全生产违法行为的;④配合安全监管监察部门查处安全生产违法行为,有立功表现的;⑤主动投案,向安全监管部门如实交代自己的违法行为的;⑥具有法律、行政法规规定的其他从轻或者减轻处罚情形的。安全生产违法行为轻微并及时纠正,没有造成危害后果的,不予行政处罚。

(4)县级安全生产监督管理部门处以5万元以上罚款、没收违法所得、责令停产停业、停止建设、停止施工、停产停业整顿、吊销有关资格、岗位证书或者许可证的行政处罚的,应当自作出行政处罚决定之日起10日内报设区的市级安全生产监督管理部门备案。

(5)设区的市级安全生产监管监察部门处以10万元以上罚款、没收违法所得、责令停产停业、停止建设、停止施工、停产停业整顿、吊销有关资格、岗位证书或者许可证的行政处罚的,应当自作出行政处罚决定之日起10日内报省级安全监管监察部门备案。

(6)省级安全监管监察部门处以50万元以上罚款、没收违法所得、责令停产停业、停止建设、停止施工、停产停业整顿、吊销有关资格、岗位证书或者许可证的行政处罚的,应当自作出行政处罚决定之日起10日内报国家安全生产监督管理总局备案。

(7)生产经营单位的决策机构、主要负责人、个人经营的投资人(包括实际控制人,下同)未依法保证下列安全生产所必需的资金投入之一,致使生产经营单位不具备安全生产条件的,责令限期改正,提供必需的资金,可以对生产经营单位处1万元以上3万元以下罚款,对生产经营单位的主要负责人、个人经营的投资人处5000元以上1万元以下罚款;逾期未改正的,责令生产经营单位停产停业整顿:①提取或者使用安全生产费用;②用于配备劳动防护用品的经费;③用于安全生产教育和培训的经费;④国家规定的其他安全生产所必需的资金投入。生产经营单位主要负责人、个人经营的投资人有上述违法行为,导致发生生产安全事故的,依照《生产安全事故罚款处罚规定(试行)》的规定给予处罚。

安全生产管理篇

　　安全生产管理是施工企业实现安全生产的重要组成部分。安全生产管理人员必须熟悉安全生产管理理论,掌握先进的安全生产管理理念和方法,明确各自安全生产管理职责,正确运用安全生产的各项管理制度,推动企业的安全文化建设。

第四章 安全生产管理理论

第一节 安全生产管理的概念、要素和方针

安全是人类生存和发展的永恒主题,安全生产管理作为人类生产的重要组成部分,在长期发展过程中孕育产生了安全生产管理的概念、要素和方针。

一、安全生产管理的概念

安全是指生产系统中人员免遭不可承受危险的伤害。安全生产是为了使生产过程在符合物质条件和工作秩序下进行,防止发生人身伤亡和财产损失等生产事故,消除或控制危险、有害因素,保障人身安全与健康、设备和设施免受损坏、环境免遭破坏的总称。

安全生产是为了使生产过程在符合物质条件和工作秩序下进行,防止发生人身伤亡和财产损失等生产事故,消除或控制危险、有害因素,保障人身安全与健康、设备和设施免受损坏、环境免遭破坏的总称。

安全生产管理,就是针对人们生产过程中的安全问题,运用有效的资源,发挥人们的智慧,通过人们的努力,进行有关决策、计划、组织和控制等活动,实现生产过程中人与机器设备、物料、环境的和谐,达到安全生产的目标。

安全生产管理的方式,包括安全生产法制管理、行政管理、监督检查、工艺技术管理、设备设施管理、作业环境和条件管理等。

安全生产管理的对象,包括企业中的所有人员、设备设施、物料、环境、财务、信息等各个方面。

安全生产管理的内容,包括安全生产管理机构和安全生产管理人员、安全生产责任制、安全生产管理规章制度、安全生产策划、安全培训教育、安全生产档案等。

安全生产管理的目标,就是要减少和控制危害,减少和控制事故,避免生产过程中的人身伤害、财产损失、环境污染以及其他损失。

二、安全生产管理的要素

安全文化、安全法制、安全责任、安全科技、安全投入是保障安全生产的"五要素"。"五要素"是确保安全生产的一种思路,是搞好安全生产工作的科学方法,它通过点与面的有机结合,构成实现安全的有效机制。

1. 安全文化

安全文化是安全生产的灵魂。安全文化不是一般意义上的安全宣教和承载宣教内容的各种媒体、文艺样式或主题活动等，它与各要素也不是并列关系，而是各要素的母体。安全文化的空间结构分为表层、中层和深层三个层次。表层安全文化是以物质或物化形态表现的，它是外显的，看得见摸得着，例如安全防护用品等。中层安全文化是以人的行为活动或行为化的方式表现的，它不像表层文化那样外露，但也不像深层文化那样隐秘，虽然摸不着，但能看见或听见，例如安全法律法规和安全活动等。深层安全文化是以人的意识形态表现的，它是无形的、内隐的、不易觉察的，是人们对安全规律的认识和头脑中的各种安全观念。

2. 安全法制

安全法制是安全生产的利器。要保证安全生产工作的顺利进行，必须坚持"以法治安"，用法律法规来规范生产工作者的行为，使安全生产工作有法可依、有章可循，建立安全生产法制秩序。坚持"以法治安"，必须"立法、懂法、守法、执法"。立法，就是要建立、修订、完善安全生产管理相关的法律、行政法规、部门规章以及地方法规规章等，为强化安全生产管理提供法律依据。懂法，就是要实现安全生产法制化。立法是前提，懂法是基础。只有生产者学法、懂法、知法，才能为"以法治安"打好基础。守法，就是要把以法治安落实到安全生产管理全过程，必须把各项安全规章制度落实到安全生产管理全过程。执法，就是坚持"以法治安"离不开监督检查和严格执法。为此，要依法进行安全检查、安全监督，维护安全法规的权威性。

3. 安全责任

安全责任是安全生产的核心，必须层层落实安全责任。牢固树立安全责任意识，要以全面落实安全生产责任制为核心，坚持事前预防、事中监督、事后处理，多管齐下，使各个环节、各个阶段、各个岗位的安全责任都能得到有效落实。

4. 安全科技

安全科技是安全生产的动力。发展安全生产必须依靠先进的科学技术，创新安全科技，将劳动者从繁重的体力、脑力劳动中解放出来，从风险大、危害大的作业环境和生产岗位上解放出来。应用先进的安全装置、防护设施、预测报警技术都是解放生产力、保护生产力、发展生产力的最重要途径，安全科学技术是安全生产的先导，是科学生产的延伸，是安全生产的强大技术支持和巨大的动力源泉。

5. 安全投入

安全投入是安全生产的保障，也是安全生产的物质及非物质保障，是保护生产力、提高生产力的重要表现形式。安全生产的硬件、软件的改造与更新，安全生产环境的改善必须有安全投入，有投入才会有更高的回报。有计划的安全投入一方面要见其实效，另一方面也不可忽视安全投入的迟后效应和公益效应。

三、安全生产管理的方针

安全生产管理方针是国家对安全生产工作的总的要求，它是安全生产工作的方向。我国安全生产方针经过了几个发展阶段。20世纪50年代初，我国提出了"生产必须安全、安全为了生产"的方针。1984年又提出"安全第一,预防为主"的安全方针。2002年颁布实施的《安全生产法》确立了"安全第一、预防为主"的方针。2005年《中共中央关于制定十一五规划的建议》中提出:"保障人民群众生命财产安全。坚持安全第一、预防为主、综合治理,落实安全生产责任制,强化企业安全生产责任,健全安全生产监管体制,严格安全执法,加强安全生产设施建设"。这标志着我国现阶段的安全生产方针的正式产生。2014年新修订实施的《安全生产法》从法律的角度确立了"安全第一、预防为主、综合治理"的方针。

"安全第一、预防为主、综合治理"是现阶段我国安全生产管理方针。它是一个完整的统一体系,且三者之间存在内在的严密逻辑关系:坚持安全第一,必须以预防为主,实施综合治理;只有认真治理隐患,有效防范事故,才能把"安全第一"落到实处。

"安全第一"体现在生产经营单位应当把生产、安全、效益等看成一个有机的整体,当这些指标发生矛盾或冲突时,要将安全放在第一位。

"预防为主"主要体现为"六先",即:

(1)安全意识在先。宣传、普及安全意识是各级人民政府机关及有关部门和生产经营单位的重要任务,各级人民政府及其有关部门应当采取多种形式,加强对有关安全生产法律、法规和安全生产知识的宣传,提高职工的安全生产意识。生产经营单位应当对从业人员进行安全生产教育和培训,保证从业人员具备必要的安全生产常识,熟悉有关的安全生产规章制度和安全操作规程,掌握本岗位的安全操作技能,从业人员应当接受安全生产教育和培训,掌握本职工作所需的安全生产知识,提高安全生产技能,增强事故预防和应急处理能力。只有增强全体公民特别是从业人员的安全意识,才能使安全生产得到普遍的和高度的重视,极大地提高全民的安全素质,使安全生产变为每个公民的自觉行动,从而为实现安全生产的根本好转奠定浓厚的思想基础和群众基础。

(2)安全投入在先。生产经营单位应当具备的安全投入,由生产经营单位的决策机构、主要负责人或者个人经营的投资人予以保证,并对安全生产所需的资金投入不足导致的后果承担责任。

(3)安全责任在先。实现安全生产,必须建立健全各级人民政府及有关部门和生产经营单位的安全生产责任制,各负其责,齐抓共管。国务院和地方各级人民政府应当加强安全生产工作的领导,支持督促各有关部门依法履行安全生产监督管理职责。

(4)建章立制在先。预防为主需要通过生产经营单位制定并落实各种措施和规章制度来实现。安全规章制度不健全或者废弛,安全管理措施不落实,势必埋下不安全因素和事故隐患,最终导致事故发生。因此,建章立制是实现预防为主的前提条件。

(5)隐患整改在先。预防为主,主要是为了防止和减少生产安全事故,在一般情况下,大部分事故发生前都存在安全隐患。如果事故防范措施周密,从业人员尽职尽责,管理到位,都能使隐患得到及时消除,可以避免或者减少安全事故。

(6)监督执法在先。各级人民政府及其安全生产监督管理部门和有关部门强化安全生产监督管理,加大行政执法力度,是预防事故、保证安全的重要条件,工作重心要放在事前、事中监管上。要加大日常监督检查和重大危险源监控的力度,重点查处在生产经营过程中发生的且未导致事故的安全生产违法行为,发现事故隐患应当依法采取监管措施或者处罚措施,并且严格追究有关人员的安全责任。

"综合治理"是关键,体现在:主动排查,综合治理各类隐患,把事故消灭在萌芽状态;事故发生后,要查明事故的原因,分清事故责任,以便有针对性地制定防止同类事故再次发生的各项措施;对事故责任者、企业,还必须按照"有章必循、违章必究、依章处分"的原则,对违章者批评教育,并依照有关规章制度给予处分,令其吸取教训,从而也对广大员工起到了警示的作用,使其意识安全生产规章制度的严肃性,并从中教育全体人员要认真履行国家安全生产法律法规,遵守生产经营单位安全生产规章制度,杜绝有法不依、违章作业、违章指挥的现象,防止类似事故发生;同时,综合治理要运用好经济手段,法律手段,从发展规划、行业管理、安全投入、科技进步、经济政策、教育培训、安全文化以及责任追究等方面着手,建立安全生产长效机制。

第二节 安全生产管理原理

一、海因里希事故因果连锁理论

20世纪初,资本主义工业化生产飞速发展,机械化的生产方式迫使工人适应机器,包括操作要求和工作节奏,这一时期的工伤事故频发。1936年,美国学者海因里希曾经调查研究了75000件工伤事故,发现其中的98%是可以预防的。在这些可以预防的事故中,以人的不安全行为为主要原因的事故占89.8%,而以设备和物质不安全状态为主要原因的事故只占10.2%。

海因里希在《工业事故预防》一书中,提出了著名的"事故因果连锁理论",海因里希认为伤害事故的发生是一连串的事件,按照一定的因果关系依次发生的结果。他把工业伤害事故的发生、发展过程描述为具有一定因果关系的事件的连锁,即:

(1)发生人员伤亡是事故的结果;
(2)事故的发生产生于人的不安全行为和物的不安全状态;
(3)人的不安全行为或物的不安全状态是由于人的缺点造成的;
(4)人的缺点是由于不良环境诱发的,或者是由先天的遗传因素造成的。

海因里希最初提出的事故因果连锁过程包括如下五个因素。

1. 遗传因素及社会环境

遗传因素及社会环境是造成人的性格上缺点的原因。遗传因素可能造成鲁莽、固执等不良性格;社会环境可能妨碍教育、助长性格上的缺点发展。

2. 人的缺点

人的缺点是使人产生不安全行为或造成机械、物质不安全状态的原因,它包括鲁莽、固执、过激、神经质、轻率等性格上的、先天的缺点,以及缺乏安全生产知识和技能等后天的缺点。

3. 人的不安全行为或物的不安全状态

所谓人的不安全行为或物的不安全状态是指那些曾经引起过事故,或可能引起事故的人的行为,或机械、物质的状态,它们是造成事故的直接原因。例如,在起重机的吊钩下停留、不发信号就启动机器、工作时间打闹、拆除安全防护装置等,都属于人的不安全行为;没有防护的传动齿轮、裸露的带电体或照明不良等,都属于物的不安全状态。

4. 事故

事故是由于物体、物质、人或放射线的作用或反作用,使人员受到伤害或可能受到伤害的、出乎意料的、失去控制的事件。坠落、物体打击等能使人员受到伤害的事件,是典型的事故。

5. 伤害

伤害是指直接由于事故产生的人身伤害。

海因里希用多米诺骨牌来形象地描述这种事故因果连锁关系,得到如图4-1所示的多米诺骨牌系列。在多米诺骨牌系列中,第一块倒下(事故的根本原因发生),会引发后面的连锁反应而倒下,其余的几块骨牌相继被碰倒,第五块倒下的就是伤害事故(包括人的伤亡与物的损失)。如果移去连锁中的一块骨牌,则连锁被切断,发生事故的过程被中止。

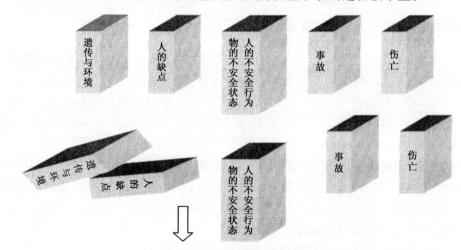

图4-1 事故因果连锁关系的多米诺骨牌系列

该理论的最大价值在于使人认识到:如果抽出了第三块骨牌,也就是消除了人的不安全行为或物的不安全状态,即可防止事故的发生。企业安全工作的中心就是防止人的不安全行为,消除机械的或物质的不安全状态,中断事故连锁的进程而避免事故发生。

海因里希的工业安全理论阐述了工业事故发生的因果连锁论,人与物的关系,事故发生频率与伤害严重度之间的关系,不安全行为的原因,安全工作与企业其他管理机能之间的关系,以及安全与生产之间的关系等工业安全中最重要、最基本的问题。该理论曾被称作"工业安全公理"。

但海因里希理论也有明显的不足,如它对事故致因连锁关系的描述过于绝对化、简单化。事实上,各骨牌(因素)之间的连锁关系是复杂的、随机的。前面的牌倒下,后面的牌可能倒下,也可能不倒下。事故并不是全都造成伤害,不安全行为或不安全状态也并不是必然造成事故,等等。尽管如此,海因里希的事故因果连锁理论促进了事故致因理论的发展,成为事故研究科学化的先导,具有重要的历史地位。

二、博德事故因果连锁理论

博德在海因希里事故因果连锁理论的基础上,提出了与现代安全观点更加吻合的事故因果连锁理论。

博德的事故因果连锁过程同样包括五个因素,但每个因素的含义与海因里希所提出的含义都有所不同。

1. 管理缺陷

对于大多数生产企业来说,由于各种原因,完全依靠工程技术措施预防事故既不经济也不现实,需要具备完善的安全管理工作,才能防止事故的发生。如果安全管理上出现缺陷,就会使得导致事故基本原因的出现。必须认识到,只要生产没有实现本质安全化,就有发生事故及伤害的可能。因此,安全管理是企业的重要一环。

2. 基本原因

为了从根本上预防事故,必须查明事故的基本原因,并针对查明的基本原因采取对策。关键在于找出问题的基本的、背后的原因,而不仅仅是停留在表面的现象上。这方面的原因是由于上一个环节——管理缺陷造成的。基本原因包括个人原因及与工作有关的原因。其中,个人原因包括缺乏安全知识或技能,行为动机不正确,生理或心理有问题等;工作条件原因包括安全操作规程不健全,设备、材料不合适,以及存在温度、湿度、粉尘、有毒有害气体、噪声、照明、工作场地状况(如打滑的地面、障碍物、不可靠支撑物)等有害作业环境的因素。只有找出并控制这些原因,才能有效地防止后续原因的产生,从而防止事故的发生。

3. 直接原因

人的不安全行为或物的不安全状态是事故的直接原因。这种原因是最重要的,在安全管理中必须重点加以追究的原因。但是,直接原因只是一种表面现象,是深层次原因的表征。在实际工作中,不能停留在这种表面现象上,而要追究其背后隐藏的管理上的缺陷,并采取有效的控制措施,从根本上杜绝事故的发生。

4. 事故

从实用的目的出发,往往把事故定义为最终导致人员肉体损伤、死亡、财物损失的、不希望的事件。但是,越来越多的安全专业人员从能量的观点把事故看作是人的身体或构筑物、设备与超过其限值的能量的接触,或人体与妨碍正常施工生产活动的物质的接触。因此,防止事故就是防止接触。通过对装置、材料、工艺的改进来防止能量的释放,训练工人提高识别和回避危险的能力,通过个体防护(佩戴个人防护用具)来防止接触。

5. 损失

人员伤害及财物损坏统称为损失。人员的伤害包括工伤、职业病、精神创伤等。

在许多情况下,可以采取适当的措施,使事故造成的损失最大限度地减少。例如,对受伤者进行迅速正确的抢救,对设备进行抢修以及平时对有关人员进行应急训练等。

三、亚当斯事故因果连锁理论

亚当斯事故因果连锁理论是亚当斯提出的一种与博德事故因果连锁理论类似的因果连锁模型。在该理论中,事故和损失因素与博德理论相似。这里把人的不安全行为和物的不安全状态称作"现场失误",其目的在于提醒人们注意人的不安全行为和物的不安全状态的性质。亚当斯事故因果连锁理论模型如图4-2所示。

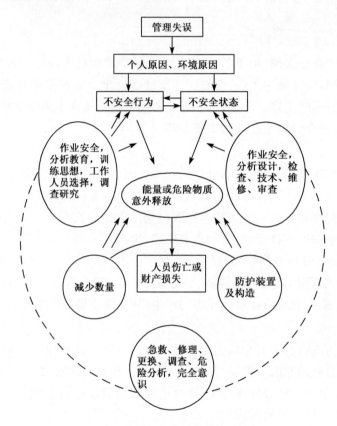

图4-2 亚当斯事故因果连锁理论模型

四、人机轨迹交叉理论

人机轨迹交叉理论的基本思想是:伤害事故是许多相互联系的事件顺序发展的结果。这些事件概括起来不外乎人和物(包括环境)两大发展系列。当人的不安全行为和物的不安全状态在各自发展过程中(轨迹),于一定时间、空间发生了接触(交叉),能量转移到人体时,伤害事故就会发生。而人的不安全行为和物的不安全状态之所以产生和发展,又是受多种因素作用的结果。

人机轨迹交叉理论的示意图见图4-3。图中,起因物与致害物可能是不同的物体,也可能是同一个物体;同样,肇事者和受害者可能是不同的人,也可能是同一个人。

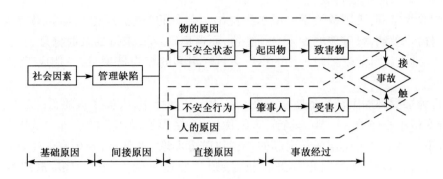

图 4-3 人机轨迹交叉事故模型

人机轨迹交叉理论反映了绝大多数事故的情况。在实际生产过程中,只有少量的事故仅仅由人的不安全行为或物的不安全状态引起,绝大多数事故是与二者同时相关的。例如:日本劳动省通过对 50 万起工伤事故调查发现,只有约 4% 的事故与人的不安全行为无关,而只有约 9% 的事故与物的不安全状态无关。

在人和物两大系列的运动中,二者往往是相互关联,互为因果,相互转化的。有时人的不安全行为促进了物的不安全状态的发展,或导致新的不安全状态的出现;而物的不安全状态可以诱发人的不安全行为。因此,事故的发生可能并不是如图 4-3 所示的那样简单地按照人、物两条轨迹独立地运行,而是呈现出较为复杂的因果关系。

人的不安全行为和物的不安全状态是造成事故的表面的直接原因,如果对它们进行更进一步的考虑,则可以挖掘出二者背后深层次的原因。这些深层次原因的示例见表 4-1。

事故发生的原因　　　　　　　　　　　　　　　　表 4-1

基础原因(社会原因)	间接原因(管理缺陷)	直 接 原 因
遗传、经济、文化、教育培训、民族习惯、社会历史、法律	生理和心理状态、知识技能情况、工作态度、规章制度、人际关系、领导水平	人的不安全状态
设计、制造缺陷、标准缺乏	维护保养不当、保管不良、故障、使用错误	物的不安全状态

人机轨迹交叉理论作为一种事故致因理论,强调人的因素和物的因素在事故致因中占有同样重要的地位。按照该理论,可以通过避免人与物两种因素运动轨迹交叉,来预防事故的发生。同时,该理论对于调查事故发生的原因,也是一种较好的工具。

五、破窗原理

美国斯坦福大学心理学家詹巴斗曾做过一项试验:将两辆外形完全相同的汽车停放在杂乱街区,一辆车窗打开且车牌被摘掉,另一辆车封闭如常。结果三天之内打开车窗的那辆车被破坏得面目全非,另一辆车则完好无损。后来,詹巴斗又把这辆车的玻璃敲了个大洞,车上所有的窗户只一天时间都被打破,车内的东西全部丢失。

以此试验为基础,美国政治学家威尔逊提出了著名的"破窗理论",即如果有人打坏了建筑物的一扇窗户玻璃,打碎玻璃者未受到惩罚,而这扇窗户又未得到及时修理,在公众麻木不仁的氛围里,别人就可能受到暗示性的纵容去打烂更多的窗户玻璃,最终造成千疮百孔、积重难返的局面。

人的行为会受到周围环境的暗示。在杂乱无章的环境中,人会变得随意;在井井有条的环境中,就会变得小心谨慎。同样,安全管理的优劣,直接影响操作者的心理。从以往发生的事故来看,有不少事故是由违章操作引起的,按照"破窗理论"来分析,开始有人违章操作没有引起足够的重视,也没有及时制止和进行教育,则致使违章的人越来越多,最终导致事故的发生。

要想制止违章操作,杜绝事故的发生,应该从源头做起,即发现违章操作就要及时对其制止和进行教育,同时以点带面展开讨论,使广大职工形成"违章操作必然导致事故,必须严格禁止"的共识。必要时还可以对屡教不改者进行严厉的处罚,这样可以给人另一种暗示,那就是规范操作不容置疑,每个人都必须养成遵守操作规程的好习惯。

公路工程施工的安全生产是一项复杂的系统工程,涉及人员、设备和管理等诸多方面。为了搞好安全生产,施工企业制定了较为完善的安全管理规章制度,这些制度在安全管理过程中发挥着重要作用。但是,在具体的安全管理过程中,总会有怀着侥幸心理的人去钻制度的"空子",或者"无意"地破坏了制度,成为第一个"打破玻璃者"。"破窗理论"提醒我们,抓安全生产必须未雨绸缪、防微杜渐,既要及时修理"第一块被打碎的窗户玻璃",又要给"第一个打碎玻璃者"以警示,采取措施防范后面"再打玻璃现象"的发生。作为管理者来说,如果缺乏捍卫制度的责任心,或者碍于人情世故对违规行为视而不见,容忍了"第一块玻璃"被打碎,没有给违规者任何警戒惩罚,那么就会暗示周围的人打碎"一块玻璃"无关大局,纵容更多的人加入"破窗者"的行列,加剧车窗破坏的进度。如此以往,再好的安全管理制度也会形同虚设,丝毫起不到警戒约束的作用,给企业的安全生产留下隐患,以致危及人身和设备安全。

千里之堤,溃于蚁穴。"破窗理论"警示我们,任何制度都有被破坏的可能,任何管理上的疏忽都可能酿成大的祸端。因此必须持之以恒,堵住各种可能造成事故的漏洞,狠抓规章制度的落实,维护安全制度的权威性,绝不能让制度管理流于形式,绝不给任何威胁安全生产局面的人或行为以可乘之机。

亡羊补牢虽为美,莫若当初早筑篱。"破窗理论"还启示我们,严格落实制度和提前采取防范措施是确保安全的关键所在。对管理者来说,要在细微处入手,从点滴抓起,只有坚持小题大做和"四不放过",做到违章必纠和执法必严,才能确保各项安全管理制度得以落实。同时,对企业员工来说,要养成自觉遵守规章制度的习惯,摒弃侥幸心理,时刻保持高度的警惕性,把每一个事故苗头消灭在萌芽状态,这样才能防患于未然。只有人人都不去打"玻璃",人人都争做"玻璃"的守卫者,企业安全的这扇窗户才能更明亮、更结实。

在企业管理中为避免"破窗理论"效应的发生,需要从以下三方面来防范。

(1)制度的制定要切实可行,具有很强的操作性。使员工对制度一目了然,清楚知道自己的岗位职责,认清哪些行为是违反规章制度的,将受到什么样的处罚。这是从制度层面杜绝"破窗理论"效应的发生。

(2)执行制度要严格。管理者要及时发现被打破的"第一块玻璃",并找出打破玻璃的人作出处罚,防止此类行为的发酵。制度执行要程序化、规范化、严格化,各级管理者要明确管理职责,管理失职就将受到处罚。这是从管理层面杜绝"破窗理论"效应的发生。

(3)要建立遵章守纪的良好环境。所谓"冰冻三尺,非一日之寒",企业任何重大问题的出现,均是由日常的、细小的问题堆积而成。即使好的员工在"破窗"的环境中,也会去打破玻璃。加强环境建设,就是企业文化建设,和谐、先进的企业文化,能造就员工良好的心态、良好的习惯,"破窗"就不会发生,也从文化层面杜绝了"破窗理论"效应的发生。

第三节 安全生产管理体系

一、安全组织机构保证体系

《安全生产法》第二十一条和《建设工程安全生产管理条例》第二十三条规定,施工单位应设立安全生产管理机构,配备专职安全生产管理人员。企业应根据《安全生产法》及相关法律法规建立企业安全组织保证体系。企业安全组织保证体系分为企业、项目及班组三个层级的保障体系,三个层级的保障体系互相联系互相影响,并由此构成企业统一的安全保障体系。企业安全组织保证体系主要由安全生产管理机构和安全生产管理人员组成,主要包括安全生产委员会(或安全生产领导小组)、企业第一负责人、安全生产专职管理机构和专职安全生产管理人员等。

1. 企业级安全组织保证体系

企业级各级安全组织保证体系主要表现为安全生产委员会或安全生产领导小组。安全生产委员会或安全生产领导小组是企业安全生产最高权力机构。大型集团公司往往在集团公司层面设立安全生产委员会、在分(子)公司设立安全生产领导小组。图4-4为某集团公司的安全生产组织机构保证体系图。

公司层面的安全生产委员会(安全生产领导小组)由公司党政负责人、总经理、总工、总监、安全部负责人等组成。项目层面的安全生产领导小组一般由工程项目经理、主管生产和技术的副经理、安全部负责人、分包单位负责人以及人事、财务、机械、工会等有关部门负责人组成。安全生产委员会(安全生产领导小组)的职责主要包括:负责贯彻执行国家有关安全生产、建设工程安全生产、劳动保护、环境保护、消防等法律法规,定期召开安全生产会议;对工程安全生产的重大事项做出决策;研究解决企业生产建设中的不安全因素,提出整改措施,督促有关单位及时或限期整改;制定工程的安全生产规划和各项安全管理制度;定期进行全面的安全生产大检查,召开专门会议,分析安全生产事务,并制定包括消除重大安全隐患的预防措施;负责并落实企业对全体职工的安全培训和新工人入厂前的三级教育(即:厂矿、车间、班组);协助上级主管部门进行伤亡事故的调查、分析和处理等。

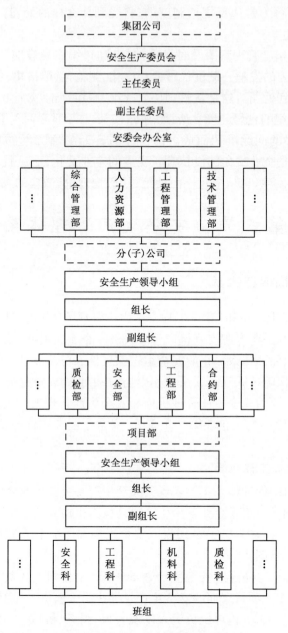

图 4-4 安全生产组织机构保证体系图

公司级安全组织保证体系中,设有安全生产专职管理机构——安全部,并配备一定数量的专职安全管理人员。安全部受安全生产委员会或安全生产领导小组的领导,专门从事安全生产管理。安全生产专职管理机构的主要职责主要包括:协助工程项目经理开展各项安全生产业务工作;定时准确地向工程项目经理和安全生产委员会(小组)汇报安全生产情况;落实国家有关安全生产、建设工程安全生产、劳动保护、环境保护、消防等法律法规、标准规范和工程建设法制性标准;编制并适时更新安全生产管理制度;组织开展全员安全教育培训及安全检查活动;监督安全生产措施的落实;及时整改各种安全事故隐患以及日常的安全检查等。专职安全生产管理人员职责是负责施工现场安全生产巡视督查,并做好记录;发现现场存在安全事故隐患时,应及时向企业安全生产管理机构和工程项目经理报告;对于违章指挥、违章操作的,应当立即制止等。

公司级安全组织保证体系中,应设置安全生产总监(工程师)职位。其职责为:协助工程项目经理开展安全生产工作,为工程项目经理进行安全生产决策提供依据;每月向项目安全生产委员会(或小组)汇报本月工程项目安全生产状况;定期向公司(厂、院)安全生产管理部门汇报安全生产情况;对工程项目安全生产工作开展情况进行监督;有权要求有关部门和分部分项工程负责人报告各自业务范围内的安全生产情况;有权建议处理不重视安全生产工作的部门负责人、班组长、工长及其他有关人员;组织并参加各类安全生产检查活动;监督工程项目正、副经理的安全生产行为;对安全生产委员会或领导小组做出的各项决议的实施情况进行监督;行使工程项目副经理的相关职权。

2. 项目级安全组织保证体系

建设工程项目应当成立由施工单位项目经理负责的安全生产管理小组,小组成员应包括企业派驻到项目的专职安全生产管理人员。工程项目采用新技术、新工艺、新材料或致害因素多、施工作业难度大的工程项目,施工现场专职安全生产管理人员的数量应当根据施工实际情况,在上述规定的配置标准上增配。

项目安全组织保证体系受公司安全保障组织的领导,同时在项目层面建立完善的安全组织保证体系,其中项目经理负责主要安全生产责任;安全员负责施工现场的所有安全工作;施工管理人员负责现场的安全检查工作,发现安全隐患及时上报;施工各班组长配合专职安全员,做好班组安全生产管理;施工作业人员遵守安全技术规程和操作规程,做好自我防护。

3. 班组级安全组织保证体系

班组长作为班组安全工作的第一责任人,对本班组的生产工作负责的同时,还应对本班组的安全工作负全面责任。班组设一名兼职或专职安全员,主要是协助班组长全面开展班组的安全管理工作。班组长不在时,安全员有权安排班组成员解决与安全工作有关的事宜。班组应设一名兼职的群众安全监督员,其业务受分管安全管理人员领导,主要职责是监督班组长和班组安全员是否按上级要求认真开展班组的安全管理工作,是否遵章守纪,是否按"五同时"的要求开展安全生产。群众安全监督员发现班组的安全管理工作存在问题时,通过有效途径及时向上级反馈。

分包队伍按规定建立安全组织保证体系,其管理机构以及人员纳入工程项目安全生产保证体系,接受工程项目安全部的业务领导,参加工程项目统一组织的各项安全生产活动,并按时向项目安全部传递有关安全生产的信息。班组长、分包专业队长是兼职安全员,负责本班组工人的健康和安全,负责消除本工种的安全隐患,对施工现场实行目标管理。

二、安全生产的目标管理

安全目标管理是施工项目重要的安全管理措施之一。它通过确定安全目标,明确责任,落实措施,实行严格的考核与奖励,奖励企业员工积极参与全员、全方位、全过程的安全生产管理,严格按照安全生产的奋斗目标和安全生产责任制的要求,落实安全措施,消除人的不安全行为和物的不安全状态,实现施工生产安全。施工项目推行安全生产目标管理不仅能进一步优化企业安全生产责任制,强化安全生产管理,体现"安全生产,人人有责"的原则,而且使安全生产工作实现全员管理,有利于提高企业全体员工的安全素质。

安全生产目标设定的内容和范围如下:

(1)伤亡事故控制目标:如企业千人重伤率、千人死亡率、伤害频率和火灾事故的控制指标等。

(2)安全教育培训目标:如全员安全教育率、全员安全教育次数和教育时间、特种作业人员上岗持证率、特种作业人员教育复审率、厂长(经理)和安全管理人员上岗教育、新员工"三级"安全教育、班组长教育、变换工种教育和复岗教育等。

(3)尘毒有害作业场所达标率目标:主要指作业场所的尘毒检测合格率等。

(4)重大危险源和事故监控管理目标:如对事故隐患整改的目标等。

(5)安全检查的目标:如安全检查的次数、特种设备检查率等。

(6)现代化的科学管理方法应用的目标:如安全检查表的运用范围、电化教育运用、事故树分析方法等。

三、我国安全管理的模式

目前,我国在安全生产管理领域构建了一个以政府部门、企业和生产项目各方现场安全管理相结合的安全管理系统。总体可以概括为三个层面:第一个层面是国家政府部门,通过各种法律、法规和条例对安全生产管理进行强制性约束;第二个层面是鼓励企业通过《职业健康安全管理体系 要求》(GB/T 28001),使企业的安全管理走向国际化、标准化;第三个层面是具体生产项目各方的现场安全管理,结合现场情况,各参与方通过安全生产要素管理,群众参与监督,使安全生产落到实处。

国务院2004年1月9日颁发了《国务院关于进一步加强安全生产工作的决定》(国发[2004]2号)。该《决定》指出:要努力构建"政府统一领导、部门依法监管、企业全面负责、群众参与监督、社会广泛支持"的安全生产工作格局。

(1)政府统一领导。指国务院以及县级以上地方人民政府有关部门对建设工程安全生产进行的综合和专业的管理。主要是监督有关国家法律、法规和方针政策的执行情况,预防和纠正违反法律、法规和方针政策的现象。

(2)部门依法监管。指各级建设行政主管部门要组织贯彻国家的法律、法规和方针政策。依法制定建设行业的规章制度和规范标准,对建设行业的安全生产工作进行计划、组织、监督检查和考核评价,指导企业搞好安全生产。

(3)企业全面负责。指施工单位主要负责人依法对本单位的安全生产工作全面负责,同时也包括建设单位、勘察单位、设计单位、工程监理单位及其他与建设工程安全生产有关的单位必须遵守安全生产法律、法规的规定,保证建设工程安全生产,依法承担建设工程安全生产责任。所有有关单位都必须坚决贯彻执行国家的法律、法规和方针政策,建立和保持安全生产管理体系。

(4)群众参与监督。指群众组织和劳动者个人对于建设工程安全生产应负的责任。工会是代表群众的主要组织,工会有权对危害职工健康安全的现象提出意见、进行抵制,也有权越级控告,工会也担负着教育劳动者遵章守纪的责任。

(5)社会广泛支持。指提高全社会的安全意识,形成全社会广泛"关注安全、关爱生命"的良好氛围。

四、职业健康安全管理体系

职业健康安全管理体系是总的管理体系的一个部分,便于组织对与其业务相关的职业健康安全风险的管理。它包括为制定、实施、实现、评审和保持职业健康安全方针所需的组织结构、策划活动、职责、惯例、程序、过程和资源。

职业健康安全管理体系遵循了 PDCA 管理模式:策划(PLAN)—实施(DO)—检查(CHECK)—改进(ACTION)。即策划管理活动要达到的目的和遵循的原则;在实施阶段实现目标并在实施过程中体现以上原则;检查和发现问题,及时采取纠正措施,保证实施与实现过程不会偏离原有目标与原则,实现过程与结果的改进提高。职业健康安全管理体系运行模式如图 4-5 所示。

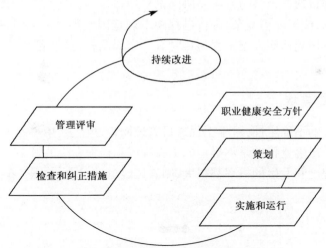

图 4-5 职业健康安全管理体系运行模式

五、安全生产管理的长效管理机制

安全生产长效机制是指在职业活动过程中的安全与健康,所涉及工作领域(核心要素)的功能及其各领域(核心要素)间能够长期有效地相互影响、相互作用的过程和方式。

安全生产长效机制的基本内涵是以企业自主活动为中心的、以政府安全生产监督与指导体系为保障的、以研究与服务机构体系为科技支撑的、以社会参与体系为公众监督促进的、四方体系有机结合并融入社会经济过程的国家安全生产可持续性发展过程与方式。

2003年,国家安全生产监督管理局成立后,开始大力推进安全生产的长效机制建设,努力通过抓好完善工作机制、队伍建设和法制建设"三件大事",构建安全生产法律法规、信息工程、技术保障、宣传教育和培训、特大事故应急救援"五个支撑体系",推进思想观念和职能、事故防范机制、对非公有制企业安全监管、科学技术等"五个创新",以实现安全生产工作的五个转变。一是安全生产工作从人治向法治转变,依法规范,依法监管,建立和完善安全生产法制秩序;二是安全生产工作从被动防范向源头管理转变,建立安全生产行政许可制度,严格市场准入,管住源头,防止不具备安全生产条件的单位进入生产领域;三是安全生产工作从集中开展安全生产专项整治向规范化、经常化、制度化管理转变,建立安全生产长效管理机制;四是安全生产工作从事后查处向强化基础转变,在各类企业普遍开展安全质量标准化活动,夯实安全生产工作基础;五是安全生产工作从以控制伤亡事故为主向全面做好职业健康工作转变,把职工安全健康放在第一位。各地方政府也对安全生产长效机制建设十分重视,例如,黑龙江省专门出台了《关于建立煤矿安全生产长效机制的决定》,在风险抵押金、工伤保险、约束激励机制等方面做出明确规定。

第四节 安全生产风险管理

由于建设工程项目的各个参与方需要协同参与项目风险的防范与管理,而且现代大型工程项目往往投资很高,施工环境复杂,进行过程中不确定因素很多。同时,传统风险管理的一些手段,如保险,在应用到这些大型工程项目时有一定局限性,这些都促使大型项目需要更多的风险管理。

一、风险与风险管理

风险指的是损失的不确定性,对于工程项目管理而言,风险是指可能出现的影响项目目标实现的不确定因素。风险量指的是不确定的损失程度和损失发生的概率。若某个可能发生的事件其可能的损失程度和发生的概率都很大,则其风险量就很大,如图4-6中的风险区A。

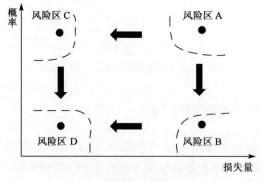

图4-6 事件风险量的区域

若某事件经过风险评估,它处于风险区A,则应采取措施,降低其概率,即使它移位至风险区B;或采取措施降低其损失量,即使它移位至风险区C。风险区B和C的事件则应采取措施,使其移位至风险区 D。

风险管理是为了达到一个组织的既定目标,而对组织所承担的各种风险进行管理的系统过程,其采取的方法应符合公众利益、人身安全、环境保护以及有关法规的要求。风险管理包括策划、组织、领导、协调和控制等方面的工作。建设工程项目的风险管理是一个体系和制度,通过它,项目的管理方能做到:

(1) 识别项目中可能带来问题的因素,并在这些因素真正发生之前进行控制,减少风险带来的影响;

(2) 注重项目的统一目标,使所有过程都围绕着项目目标而努力,并且能够事先考虑那些影响项目安全的各种因素;

(3) 利用"上兵伐谋"的道理,在项目早期对影响项目的因素进行分析,并在今后的决策中对这些因素继续进行监控、分析;

(4) 制定明确的过程来管理风险,而且融入到项目管理过程中,使得项目管理过程更加完善;

(5) 为今后的项目管理积累经验和历史数据,以获得更高的项目管理水平。

风险管理包括策划、组织、领导、协调和控制等方面的工作。风险管理的工作流程如下:

(1) 风险辨识,分析存在哪些风险;

(2) 风险分析,对各种风险衡量其风险量;

(3) 风险控制,制定风险管理方案,采取措施降低风险量;

(4) 风险转移,如对难以控制的风险进行投保等。

二、全面风险管理的过程与方法

全面风险管理是用系统的、动态的方法进行风险控制,以减少项目实行过程中的不确定性。它不仅使各层次的项目管理者建立风险意识,重视风险问题,防患于未然,而且在各个阶段、各个方面实施有效的风险控制,形成一个前后连贯的管理过程。

全面风险管理有四个方面的涵义:一是项目全过程的风险管理,从项目的立项到项目的结束,都必须进行风险的研究与预测、过程控制以及风险评价,实行全过程的有效控制以及积累经验和教训;二是对全部风险的管理;三是全方位的管理;四是全面的组织措施。

运用全面风险管理的方法进行建筑工程项目的风险管理需要遵循八大原则:

(1) 确定项目的目标,做好项目前期工作,并文档化;

(2) 经过分析的某些不确定风险可以在计划过程中忽略,以更多的精力控制那些确定的风险因素;

(3) 计划时应当为项目多留余地,比如多准备一套应急方案,这对大型项目更为重要;

(4) 项目过程中要随时掌握风险的真实情况;

(5) 尽量避免风险因素变成问题;

(6) 工程项目的参与方应当相互沟通,共同了解风险因素,并齐心协力控制风险因素;

(7) 充分利用历史项目的经验以及风险管理数据;

(8) 业主和承包商需要合理分担并共同应对风险,在合同中确定业主和承包商之间的风险责任。

一般将全面风险管理分为五个过程：

(1) 风险的预测和识别。风险的预测和识别是指通过一定的方式，系统而全面地识别出影响建设工程目标实现的风险事件并加以适当归类的过程，必要时，还需要对风险事件的后果做出定性的估计。风险的预测和识别的过程主要立足于数据收集、分析和预测。要重视经验在预测中特殊作用（即定性预测）。为了使风险识别做到准确、完善和有系统性，应从项目风险管理的目标出发，通过风险调查、信息分析、专家咨询及实验论证等手段进行多维分解，从而全面认识风险，形成风险清单。风险识别的结果是建立风险清单，识别的核心工作是工程风险分解和识别工程风险因素、风险事件及后果。

(2) 风险分析和评估。这一过程将工程风险事件的发生的可能性和损失后果进行定量化，评价其潜在的影响。它包括的内容是：确定风险事件发生的概率和对项目目标影响的严重程度，如经济损失量、工期迟延量等；评价所有风险的潜在影响，得到项目的风险决策变量值，作为项目决策的重要依据。风险分析的评估可以采用定性和定量两类方法。定性风险评价方法有专家打分法、层次分析法等，其作用是区分不同风险的相对严重程度以及根据预先确定的可接受的风险水平做出相应的决策。从广义上讲，定量风险评价方法也有许多，如敏感性分析、盈亏平衡分析、决策树、随机网络等。风险分析与评价流程如图4-7所示。

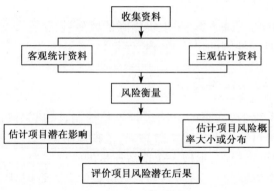

图4-7　风险分析与评价过程

(3) 风险控制对策的规划。风险对策的规划是确定工程风险事件最佳组合的过程。一般来说来，风险管理中所运用的对策有以下四种：风险回避、损失控制、风险自留和风险转移。这些风险对策的适用对象各不相同，需要根据风险评价的结果，对不同的风险事件选择最适宜的风险对策，从而形成最佳的风险对策组合。

(4) 实施决策。风险管理人员在选择风险对策时，要根据建设工程的自身特点，从系统的观点出发，从整体上考虑风险管理的思路和步骤，从而制定一个与建设工程总体目标相一致的风险管理原则。这一原则需要指出风险管理各基本对策之间的联系，为风险管理人员进行风险对策提供参考。实施决策的内容是制订安全计划、损失控制计划、应急计划，确定保险内容、保险额、保险费、免赔额和赔偿额等，并签订保险合同。

(5) 检查。检查是指在项目实施过程中，不断检查以上四个步骤的实施情况，包括计划执行情况及保险合同执行情况，以实践效果评价决策效果。还要确定在条件变化时风险处理方案，检查是否有被遗漏的风险项目。对新发现的风险应及时提出对策。

全面风险管理的方法有风险识别的方法、风险分析的方法和风险管理沟通的方法三种。

(1) 风险识别的方法。风险识别是根据风险的来源等特征对风险因素进行统计,并对风险的各种影响因素分类统计,最后汇编成册。风险识别主要采用的方法包括:文件审查、信息收集技术、核对表、假设分析和图解技术。

(2) 风险分析的方法。风险分析可利用加权平衡法,对风险因素划分优先级。风险分析方法可参考表4-2。

风险分析的加权平衡表　　　　　　表4-2

序号	分类	因素	权重	影响大小	影响总计	加权平衡值
1	A	a				
2		b				
3		c				
4	B	d				
5		e				
6		f				
7	C	g				
	合计		100			

根据上述表格,可绘制出风险因素优先级对比图,示例如图4-8所示。

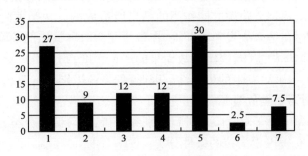

图4-8　风险因素优先级对比图

计算结束后,可以给出按照风险轻重缓急排序的项目风险清单。

(3) 风险管理沟通的方法。在对建设工程进行全面风险管理时,可将表4-3作为项目中风险管理任务安排与沟通的工具。

项目风险管理任务安排表　　　　　　表4-3

编号:		分类:		优先级:	
描述:					
可能性:		影响:		频率:	
前提条件:					
控制方法:					
责任方:		影响时期:	年　月　日　~	年　月　日	

表 4-3 记录了工程项目中针对某个风险因素管理的相关信息。其中"描述"一栏记录该风险因素的具体特征,如风险因素的来源等;"可能性"指该风险因素发生问题的概率,可分为高、中、低三档;"影响"指描述风险因素一旦实际发生,将对项目产生的影响;"频率"指为控制该风险因素而采取行动的周期,可以是每天、每周或每月一次;"前提条件"描述该风险因素在什么环境下容易转化成问题;"控制方法"描述如何控制该风险因素,以及风险发生时如何减轻风险带来的影响。

三、危险源识别与风险评价

1. 危险源及其分类

危险源是指导致人身伤害或疾病、财产损失、工作环境破坏或这些情况组合的危险和有害因素。在一般情况下,对危险因素和有害因素不加以区分,统称为危险、有害因素。危险、有害因素主要是指客观存在的危险、有害物质或能量超过一定限值的设备、设施和场所,也就是所谓危险源。

尽管危险、有害因素各有其表现形式,但从本质上讲,造成危险、有害的后果的原因无非是:存在危险、有害的物质或能量(称为第一类危险源);危险、有害的物质或能量可能失去控制(称为第二类危险源),导致危险、有害物质的泄露、散发或能量的意外释放。因此,存在危险有害物质、能量和危险有害物质、能量失去控制是危险、有害因素转换为事故的根本原因。

事故的发生往往是两类危险源共同作用的结果所造成的。两类危险源相互关联、相互依存。第一类危险源的存在是事故发生的前提,在事故发生时释放出的危险、有害物质和能量是导致人员伤害或财物损坏的主体,决定事故后果的严重程度;第二类危险源是第一类危险源造成事故的必要条件,决定事故发生的可能性。因此,危险源识别的首要任务是识别第一类危险源,在此基础上再识别第二类危险源。

危险源的分类是为了便于对危险源进行识别和分析,危险源的分类方法有多种。

(1) 按诱发危险、有害因素失控的条件分类

危险、有害物质和能量失控主要体现在人的不安全行为、物的不安全状态和管理缺陷等三个方面。

在现行《企业职工伤亡事故分类》(GB 6441)中,将人的不安全行为分为操作失误、造成安全装置失效、使用不安全设备等 13 大类;将物的不安全状态分为防护、保险、信号等装置缺乏或有缺陷,设备、设施、工具、附件有缺陷,个人防护用品、用具缺少或有缺陷,以及生产(施工)场地环境不良等 4 大类。

管理缺陷方面可参考以下分类:

①对物(含作业环境)性能控制的缺陷,如设计、监测和不符合处置方面要求的缺陷。

②对人的失误控制的缺陷,如教育、培训、指示、雇佣选择、行为监测方面的缺陷。

③工艺过程、作业程序的缺陷,如工艺、技术错误或不当,无作业程序或作业程序有错误。

④用人单位的缺陷,如人事安排不合理、负荷超限、无必要的监督和联络、禁忌作业等。

⑤对来自相关方(供应商、承包商等)的风险管理的缺陷,如合同签订、采购等活动中忽略

了安全健康方面的要求。

⑥违反安全人机工程原理,如使用的机器不适合人的生理或心理特点。此外一些客观因素,如温度、湿度、风雨雪、照明、视野、噪声、振动、通风换气、色彩等也会引起设备故障或人员失误,是导致危险、有害物质和能量失控的间接因素。

(2)按导致事故和职业危害的直接原因进行分类

根据现行《生产过程危险和有害因素分类与代码》(GB/T 13861)的规定,将生产过程中的危险、有害因素分为6类。此种分类方法所列危险、危害因素具体、详细、科学合理,适用于安全管理人员对危险源识别和分析,经过适当的选择调整后,可作为危险源提示表使用。

①物理性危险、有害因素包括:设备、设施缺陷、防护缺陷、电危害、噪声危害、振动危害、电磁辐射、运动物危害、明火、能造成灼伤的高温物质、能造成冻伤的低温物质、粉尘与气溶胶、作业环境不良、信号缺陷、标志缺陷以及其他物理性危危险、有害因素。

②化学性危险、有害因素包括:易燃易爆性物质、自燃性物质、有毒物质、腐蚀性物质以及其他化学性危险、有害因素。

③生物性危害危险、有害因素包括:致病微生物、传染病媒介物、致害植物以及其他生物性危险、有害因素。

④心理、生理性危险、有害因素包括:负荷超限、健康状况异常、从事禁忌作业、心理异常、辨识功能缺陷以及其他心理、生理性危害因素。

⑤行为性危险、有害因素包括:指挥错误、操作错误、监护错误、其他错误以及其他行为性危险、有害因素。

⑥其他危险、有害因素包括:搬举重物、作业空间、工具不合适以及标识不清。

(3)按引起的事故类型分类

参照现行《企业职工伤亡事故分类》(GB 6441),综合考虑事故的起因物、致害物、伤害方式等特点,将危险源及危险源造成的事故分为以下16类。此种分类方法所列的危险源与企业职工伤亡事故处理调查、分析、统计、职业病处理及职工安全教育的口径基本一致,也易于接受和理解,便于实际应用。

①物体打击,指落物、滚石、锤击、碎裂崩块、碰伤等伤害,包括因爆炸而引起的物体打击。

②车辆伤害,是指企业机动车辆在行驶中引起的人体坠落和物体倒塌、飞落、挤压伤亡事故,不包括起重设备提升、牵引车辆和车辆停驶时发生的事故。

③机械伤害,是指机械设备运动(静止)部件、工具、加工件直接与人体接触引起的夹击、碰撞、剪切、卷入、绞、碾、割、刺等伤害,不包括车辆、起重机械引起的机械伤害。

④起重伤害,是指各种起重作用(包括起重机安装、检修、试验)中发生的挤压、坠落、(吊具、吊重)物体打击和触电。

⑤触电,包括雷击伤害。

⑥淹溺,包括高处坠落淹溺,不包括矿山、井下透水淹溺。

⑦灼烫,指火焰烧伤、高温物体烫伤、化学灼伤(酸、碱、盐、有机物引起的体内外灼伤)、物理灼伤(光、放射性物质引起的体内外灼伤),不包括电灼伤和火灾引起的烧伤。

⑧火灾。
⑨高处坠落,是指在高处作业中发生坠落造成的伤亡事故,不包括触电坠落事故。
⑩坍塌,是指物体在外力或重力作用下,超过自身的强度极限或因结构稳定性破坏而造成的事故,如挖沟时的土石塌方、脚手架坍塌、堆置物倒塌等,不适用于矿山冒顶片帮和车辆、起重机械、爆破引起的坍塌。
⑪放炮,是指爆破作业中发生的伤亡事故。
⑫火药爆炸,指生产、运输、储藏过程中发生的爆炸。
⑬化学性爆炸,是指可燃性气体、粉尘等与空气混合形成爆炸性混合物,接触引爆能源时,发生的爆炸事故(包括气体分解、喷雾爆炸)。
⑭物理性爆炸,包括锅炉爆炸、容器超压爆炸、轮胎爆炸等。
⑮中毒和窒息,包括中毒、缺氧窒息、中毒性窒息。
⑯其他伤害,是指除上述以外的危险因素,如摔、扭、挫、擦、刺、割伤和非机动车碰撞、轧伤等(矿山、井下、坑道作业还有冒顶片帮、透水、瓦斯爆炸危险因素)。

(4)按职业健康分类

参照《职业病范围和职业病患者处理办法的规定》和《职业病目录》,将职业病基本分类分为折叠职业中毒、尘肺、折叠物理因素职业病、职业传染病、折叠职业性皮肤病、职业性眼病、职业性耳鼻喉疾病、折叠职业性肿瘤、其他职业病等。

2. 危险源的识别

(1)危险源识别的方法

识别施工现场危险源方法有许多,如现场调查、工作任务分析、安全检查表、危险与可操作性研究、事件树分析、故障树分析等。其中,现场调查法是安全管理人员采取的主要方法。

①现场调查方法。通过询问交谈、现场观察、查阅有关记录,获取外部信息,加以分析研究,可识别有关的危险源。

②工作任务分析。通过分析施工现场人员工作任务中所涉及的危害,可识别出有关的危险源。

③安全检查表。运用编制好的安全检查表,对施工现场和工作人员进行系统的安全检查,可识别出存在的危险源。检查表的内容一般包括分类项目、检查内容及要求、检查以后处理意见等。可以用"是""否"作回答或"√""×"符号作标记,同时注明检查日期,并由检查人员和被检单位同时签字。安全检查表法的优点是:简单易懂、容易掌握,可以事先组织专家编制检查项目,使安全检查做到系统化、完整化,缺点是只能做出定性评价。

④危险与可操作性研究。危险与可操作性研究是一种对工艺过程中的危险源实行严格审查和控制的技术。它是通过指导语句和标准格式寻找工艺偏差,以识别系统存在的危险源,并确定控制危险源风险的对策。

⑤事件树分析。事件树分析是一种从初始原因事件起,分析各环节事件"成功(正常)"或"失败(失效)"的发展变化过程,并预测各种可能结果的方法,即时逻辑分析判断方法。应用这种方法,通过对系统各环节事件的分析,可识别出系统的危险源。

⑥故障树分析。故障树分析是一种根据系统可能发生的或已经发生的事故结果,去寻找

与事故发生有关的原因、条件和规律。通过这样一个过程分析,可识别出系统中导致事故的有关危险源。

上述几种危险源识别方法从着眼点和分析过程上,都有其各自特点,也有各自的适用范围或局限性。因此,安全管理人员在识别危险源的过程中,往往使用一种方法,还不足以全面地识别其所存在的危险源,必须综合地运用两种或两种以上方法。

(2)危险源辨识的步骤

危险源辨识的步骤可分为以下几步:划分作业活动;危险源辨识;风险评价;判断风险是否容许;制订风险控制措施计划。

(3)危险源识别应注意事项

识别危险源应充分了解危险源的分布。

从范围上讲,应包括施工现场内受到影响的全部人员、活动与场所,以及受到影响的社区、排水系统等,也包括分包商、供应商等相关方的人员、活动与场所可施加的影响。

从状态上,应考虑以下三种状态:正常状态,指固定、例行性且计划中的作业与程序;异常状态,指在计划中,但不是例行性的作业;紧急状态,指可能或已发生的紧急事件。

从时态上,应考虑到以下三种时态:过去,以往发生或遗留的问题;现在,现在正在发生的,并持续到未来的问题;将来,不可预见什么时候发生且对安全和环境造成较大的影响。

从内容上,应包括涉及所有可能的伤害与影响,包括人为失误,物料与设备过期、老化、性能下降造成的问题。弄清危险源伤害与影响的方式或途径;确认危险源伤害与影响的范围;要特别关注重大危险源与重大环境因素,防止遗漏;对危险源与环境因素保持高度警觉,持续进行动态识别;充分发挥全体员工对危险源识别的作用,广泛听取意见和建议。

3. 风险评价

在识别处危险源后,进行风险评价,给出安全生产风险,按照安全生产的实际情况和管理要求确定可接受风险标准,为采取风险控制措施提供科学依据。因此风险评价是安全生产风险管理的主要内容。

风险评价的目的是要给出安全生产风险的高低以及给出安全生产风险的级别,为安全生产风险管理提供依据。按照风险评价结果的量化程度,评价方法可分为定性风险评价法和定量风险评价法。在进行风险评价时,应该在认真分析并熟悉评价系统的前提下,选择风险评价方法。

(1)定性风险评价方法

定性风险评价方法主要是根据经验和直观判断能力,对生产系统的工艺、设备、设施、环境、人员和管理等方面的状况进行定性的分析,评价结果是一些定性的指标,如是否达到了某项指标、事故类别和导致事故发生的因素等。属于定性风险评价方法的有安全检验表、专家现场询问观察法、因素图分析法、事故引发和发展分析、作业条件危险性评价法(格雷厄姆—金尼法或 LEC 法)、故障类型和影响分析、危险可操作性研究等。定性风险评价方法的特点是容易理解、便于掌握,评价过程简单。目前,定性风险分析方法在国内外企业安全管理工作中被广泛使用。但定性风险评价方法往往依靠经验,带有一定的局限性,评价结果有时因参加评价人员的经验和经历等有相当的差异。同时由于评价结果不能给出量化的危险度,所以不同类型的对象之间评价结果缺乏可比性。

(2) 定量风险分析评价方法

定量风险分析评价方法是运用基于大量的实验结果和广泛的事故资料统计分析获得的指标或规律(数学模型),对生产系统的工艺、设备、设施、环境、人员和管理等方面的状况进行定量的计算,评价结果是一些定量的指标,如事故发生的概率、事故的伤害(或破坏)范围、定量的危险性、事故致因因素的事故关联度或重要度等。

(3) 风险评价的原则

风险评价方法选择应遵循充分性、适应性、系统性、针对性和合理性的原则。

充分性原则。充分性是指在选择评价方法之前,应该充分分析评价的系统,掌握足够多的评价方法,并充分了解各种评价方法的优缺点、适应条件和范围,同时为评价工作准备充分的资料。

适应性原则。适应性是指选择的评价方法应该适应评价的系统。要评价的系统可能是有多个子系统构成的复杂系统,评价的重点各子系统可能有所不同,各种评价方法都有其适应的条件和范围,应该根据系统和子系统、工艺的性质和状态,选择实行适应的评价方法。

系统性原则。系统性是指评价方法与评价的体系所能提供的风险评价初始条件和边界条件应形成一个和谐的整体,也就是说,评价方法获得的可信的评价结果,是必须建立在真实、合理和系统的基础数据之上的,评价的系统应该能够提供所需的系统化数据和资料。

针对性原则。针对性是指所选择的评价方法应该能够提供所需的结果。由于评价的目的不同,需要评价提供的结果可能是:危险有害因素类别、事故发生的原因、事故发生的概率、事故后因、系统的危险性等,评价方法能够给出所要求的结果才能被选用。

合理性原则。在满足评价目的、能够提供所需的评价结果的前提下,应该选择计算过程最简单、所需基础数据最少和最容易获取的评价方法,使评价工作量和要获得的评价结果都是合理的,不要使评价出现无用的工作和不必要的麻烦。

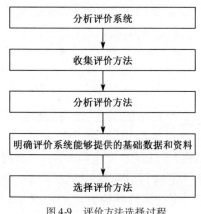

图4-9 评价方法选择过程

不同的评价系统选择不同的风险评价方法,风险评价方法选择过程有所不同,一般可按如图4-9所示的步骤选择风险评价方法。

在选择评价方法时,应首先详细分析评价的系统,明确通过评价要达到的目标,即通过评价需要给出哪些、什么样的评价结果;然后应收集尽量多的评价方法;将评价方法进行分类整理;再就是明确评价的系统能够提供的基础数据、工艺和其他资料;最后是根据评价要达到的目标以及所需的基础数据、工艺和其他资料,选择适用的评价方法。

4. 事故风险等级评价方法

根据风险的概念,用某一特定危险情况发生的可能性和它可能导致后果的严重程度的乘

积来表示风险的大小,用以下公式表达:

$$R = P \cdot F$$

式中:R——风险的大小;
　　P——危险情况发生的可能性;
　　F——发生危险造成后果的严重程度。

根据上述公式计算风险的大小,可以用近似的方法来估计。首先把危险发生的可能性(P)分为"很大""中等"和"极小"三个等级;然后把发生危险可能产生后果的严重程度(F)分为"轻度损失(轻微伤害)""中度损失(伤害)"和"重大损失(严重伤害)"三个等级;P和F的乘积就是风险的大小(R),可以近似按级别分为"可忽略风险""可容许风险""中度风险""重大风险"和"不容许风险"共5级,如表4-4所示。

风险等级评估表　　　　　　　　　　　　　　表4-4

风险级别(R) 后果(F) 可能性(P)	轻度损失 (轻微伤害)	中度损失 (伤害)	重大损失 (严重伤害)
很大	Ⅲ	Ⅳ	Ⅴ
中等	Ⅱ	Ⅲ	Ⅳ
极小	Ⅰ	Ⅱ	Ⅲ

四、公路水运施工安全事故发生的内在规律性

在公路水运施工中发生的生产安全事故,包括造成人员伤亡的和未造成人员伤亡的事故。公路水运施工安全事故的发生都是由于存在事故要素并孕育发展的结果,在未及时发现和消除存在的事故要素,或者阻止其孕育和发展的情况下,则事故必将发生,这就是由其内在规律性所决定的事故发生的必然性。由于相同的事故要素会存在于不同的建筑工地及其施工过程的不同阶段,由其必然性又形成了安全事故的多发(常发)性和反复性。在安全防范意识不强、不能警钟长鸣和居安思危(可能发生事故)的情况下,或者认为根据当时的安全工作、安全作业条件、安全技术措施和安全工作经验"不会""不可能""不应当"出事故时,一旦出了事故,就会产生"意外"或者"偶然"的感觉。这种感觉上的"偶然性"和"意外性",其实都是没有很好地掌握事故发生的内在规律的必然性的表现。

当能够及时发现和消除存在的事故要素,或者及时阻止其孕育和发展(这就是我们常讲的"消除事故隐患")时,则安全事故就不会发生,这就是生产安全事故的可预防性或可防止性。

因此,只有认真研究和掌握事故发生的内在规律,才能有效地确保生产安全和防止事故的发生。

1. 事故五要素及其引发事故时的七种组合

（1）引发事故的五个基本因素及其存在或表现形式

不安全状态、不安全行为、起因物、致害物和伤害方式，是引发生产安全事故的五个基本因素，简称"事故五要素"，其定义与存在或表现形式分述于下。

①不安全状态。

在建筑工程施工中存在的不安全状态，是指在施工场所和作业项目之中存有事故的起因物和致害物，或者能使起因物和致害物起作用（造成事故和伤害）的状态。

当在施工的场所和作业状态之中存在有起因物和致害物时，它们就可以通过自身的孕育发展或者在不安全行为的激发启动下，引发事故，因而是一种不安全的状态。而某些场所状态，虽并不存在某种事故的起因物和致害物，但却可以使其起作用，例如毗邻在施工程建筑的无防护（没有搭设防护棚）通道这一场所状态，其本身并不存有落物伤害事故的起因物和致害物，但却可以使得其所毗邻的在施工程建筑的高空落物（事故的起因物、致害物）起作用（即伤害通道中的行人），因此，也是一种不安全状态。

施工场所状态为施工场所提供的工作（作业）与生活条件的状态，包括涉及安全要求的场地（地面、地下、空中）、周围环境、原有和临时设施以及使用安排状态；作业项目状态为分项分步工程进行施工时的状态，包括施工中的工程状态，脚手架、模板和其他施工设施的设置状态和各项施工作业的进行状态等。

一般说来，凡是违反或者不符合安全生产法律、法规、工程建设标准和企业（单位）安全生产制度规定的状态，都是不安全状态。但建设工程安全生产法律、法规、标准和制度没有或未予规定的状态，也会成为不安全状态。因此，应当按照前述的定义，针对具体的工程条件、现场安排和施工措施情况，研究、认识可能存在的不安全状态，并及时予以排除。

不安全状态有 4 个属性：事故属性（属于何种事故）；场所属性（在何种场所存在）；状态属性（属于何种状态）和作业属性（属于何种施工作业项目），并可按这 4 个属性划分相应不安全状态的类型，列入表 4-5 中。从表中可以看出，4 种划分方法从 4 个不同的侧面反映出不安全状态的存在与表现形式，且在它们之间存在着相互补充、交叉、渗透、作用和影响的关系。由于其中的任何一个侧面都不能全面和完整地反映出在建筑施工中可能存在的不安全状态，因此，不应只按一种划分去研究和把握，而应将其综合起来，并根据主管工作的范围有所重点地去实施管理（即消除不安全状态的安全管理工作），使相应的侧面成为主要负责人、管理部门和有关管理人员分抓的重点，或者作为企业（单位）在某一时期、某一工程项目、某一施工场所或某种作业的安全生产工作中的重点。

一般情况下，负责全面工作的企业主要负责人和大的、综合性工程项目负责人，宜以其事故属性为主（为核心）并兼顾其他属性抓好消除不安全状态的工作；企业安全管理部门和从事安全措施技术与设计工作的人员宜以其状态属性为主兼顾其他属性做好相应工作；而现场管理和施工指挥人员则应以其场所和作业属性并兼顾其他属性做好工作。所谓"兼顾"，就是将主抓属性中未能涉及的或直接涉及的其他属性的项目与要求考虑进来。

不安全状态类型表   表 4-5

划分方法（不同属性）	不安全状态的类型
按引发事故的类型划分（事故属性）	①引发坍塌和倒塌事故的不安全状态；②引发倾倒和倾翻事故的不安全状态；③引发冒水、透水和坍陷事故的不安全状态；④引发触电事故的不安全状态；⑤引发断电和其他电气事故的不安全状态；⑥引发爆炸事故的不安全状态；⑦引发火灾事故的不安全状态；⑧引发坠落事故的不安全状态；⑨引发高空落物伤人事故的不安全状态；⑩引发起重安装事故的不安全状态；⑪引发机械设备事故的不安全状态；⑫引发物击事故的不安全状态；⑬引发中毒和窒息事故的不安全状态；⑭引发其他事故的不安全状态
按施工场所的安全条件划分（场所属性）	①现场周边围挡防护的不安全状态；②周边毗邻建筑、通道保护的不安全状态；③对现场内原高压线和地下管线保护的不安全状态；④现场功能区块划分及设施情况的不安全状态；⑤现场场地和障碍物处理的不安全状态；⑥现场道路、排水和消防设施设置的不安全状态；⑦现场临时建筑和施工设施设置的不安全状态；⑧现场施工临电线路、电气装置和照明设置的不安全状态；⑨洞口、通道口、楼电梯口和临边防护设施设置的不安全状态；⑩现场警戒区和警示牌设置的不安全状态；⑪深基坑、深沟槽和毗邻建（构）筑物坑槽开挖场所的不安全状态；⑫起重吊装施工区域的不安全状态；⑬预应力张拉施工区域的不安全状态；⑭试压和高压作业区域的不安全状态；⑮安装和拆除施工区域的不安全状态；⑯整体式施工设施升降作业区域的不安全状态；⑰爆破作业安全警戒区域的不安全状态；⑱特种和危险作业场所的不安全状态；⑲生活区域、设备及材料存放区域设置的不安全状态；⑳其他的场所不安全状态
按设置和工作状态划分（状态属性）	①施工用临时建筑自身结构构造和设置中的不安全状态；②脚手架、模板和其他支架结构构造和设置中的不安全状态；③施工中的工程结构、脚手架、支架等承受施工荷载的不安全状态；④附着升降脚手架、滑模、提模等升降式施工设施在升降和固定工况下的不安全状态；⑤塔式起重机、施工升降机、垂直运输设施（井架、泵送混凝土管道等）设置的不安全状态；⑥起重、垂直和水平运输机械工作和受载的不安全状态；⑦现场材料、模板、机具和设备堆（存）放的不安全状态；⑧易燃、易爆、有毒材料保管的不安全状态；⑨缺氧、有毒（气）作业场所安全保障和监控措施设置的不安全状态；⑩高处作业、水下作业安全防护措施设置的不安全状态；⑪施工机械、电动工具和其他施工设施安全防护、保险装置设置的不安全状态；⑫坑槽上口边侧土方堆置的不安全状态；⑬采用新工艺、改变工程结构正常形成程序措施执行中的不安全状态；⑭施工措施执行中出现某种问题和障碍时所形成的不安全状态；⑮其他设置和工作状态中的不安全状态
按施工作业划分（作业属性）	①立体交叉作业的不安全状态；②夜间作业的不安全状态；③冬期、雨期、风期作业的不安全状态；④应急救援作业的不安全状态；⑤爆破作业的不安全状态；⑥降水、排水、堵漏、止流沙、抗滑坡作业的不安全状态；⑦土石方挖掘和运输作业的不安全状态；⑧材料、设备、物品装卸作业的不安全状态；⑨洞室作业的不安全状态；⑩起重和安装作业的不安全状态；⑪整体升降作业的不安全状态；⑫拆除作业的不安全状态；⑬电气作业的不安全状态；⑭电热法作业的不安全状态；⑮电、气焊作业的不安全状态；⑯洞室、压力容器和狭窄场地作业的不安全状态；⑰高处和架上作业的不安全状态；⑱预应力作业的不安全状态；⑲脚手架、支架装拆作业的不安全状态；⑳模板及支架装拆作业的不安全状态；㉑钢筋加工和安装作业的不安全状态；㉒试验作业的不安全状态；㉓水平和垂直运输作业的不安全状态；㉔顶进和整体移位作业的不安全状态；㉕深基坑支护作业的不安全状态；㉖混凝土浇筑作业的不安全状态；㉗维修、检修作业的不安全状态；㉘水上、水下作业的不安全状态；㉙其他作业的不安全状态

消除不安全状态的工作关系如图 4-10 所示。

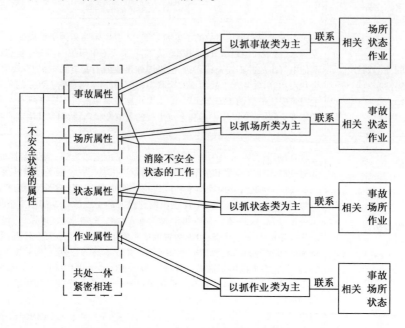

图 4-10　消除不安全状态的工作关系

②不安全行为。

在建筑工程施工中存在的不安全行为,是指在施工作业中存在的违章指挥、违章作业以及其他可能引发和招致发生安全事故发生的行为。不安全行为可以分为以下 4 类:a.违章指挥,指在施工作业中,违反安全生产法律、法规、工程建设和安全技术标准、安全生产制度和规定的指挥;b.违章作业,指违反安全生产法律、法规、标准和制度和规定的作业;c.其他主动性不安全行为,指其他由当事人发生的不安全行为;d.其他被动性不安全行为,指当事人缺乏自我保护意识和素质的行为(会受到伤害物或主动不安全行为的伤害)。其中的"其他主动性不安全行为"包括违反上岗身体条件、违反上岗规定和不按规定使用安全护品等三种行为,故共有六种(类)不安全行为,列入表 4-6 中。

常见不安全行为的表现形式　　　　表 4-6

类　别	常见表现形式
违反上岗身体条件规定	①患有不适合从事高空和其他施工作业相应的疾病(精神病、癫痫病、高血压、心脏病等);②未经过严格的身体检查,不具备从事高空、井下、高温、高压、水下等相应施工作业规定的身体条件;③妇女在经期、孕期、哺乳期间从事禁止和不适合的作业;④未成年工从事禁止和不适合的作业;⑤疲劳作业和带病作业
违反上岗规定	①无证人员从事需证岗位作业;②非定机、定岗人员擅自操作;③单人在无人辅助、轮换和监护情况下进行高、深、重、险等不安全作业;④在无人监管电闸的情况下从事检修、调试高压、电气设备作业;⑤在无人辅助拖线情况下从事宜扯断动力线的电动机具(如蛙石打夯机)作业

续上表

类　　别	常见表现形式
不按规定使用安全护品	①进入施工现场不戴安全帽、不穿安全鞋；②高空作业不佩挂安全带或挂置不可靠；③进行高压电气作业或在雨天、潮湿环境中进行有电作业不使用绝缘护品；④进入有毒气环境作业不使用防毒用具；⑤电气焊作业不使用电焊帽、电焊手套、防护镜；⑥在潮湿环境不使用安全（电压）灯和在有可燃气体环境作业不使用防爆灯；⑦其他不使用相应安全护品的行为
违章指挥	①在作业条件未达到规范、设计和施工要求的情况下，组织和指挥施工；②在已出现不能保证作业安全的天气变化和其他情况时，坚持继续进行施工；③在已发现事故隐患或不安全征兆，未予消除和排除的情况下继续指挥冒险施工；④在安全设施不合格，工人未使用安全护品和其他安全施工措施不落实的情况下，强行组织和指挥施工；⑤违反有关规范规定（包括修改、降低或取消）的指挥；⑥违反施工方案和技术措施的指挥；⑦在施工中出现异常情况时，做出了不当的处置（可能导致出现事故或使事态扩大）决定；⑧在技术人员、安全人员和工人提出对施工中不安全问题的意见和建议时，未予重视、研究并做出相应的处置，不顾安全地继续指挥施工
违章作业	①违反程序规定的作业；②违反操作规定的作业；③违反安全防（监）护规定的作业；④违反防爆、防毒、防触电和防火规定的作业；⑤使用带病机械、工具和设备进行作业；⑥在不具备安全作业条件下进行作业；⑦在已发现有事故隐患和征兆的情况下，继续进行作业
缺乏安全意识，不注意自我保护和保护他人的行为	①在缺乏安全警惕性的情况下发生的误扶（不可靠物）、误人（"四口"）、误碰（致伤物）、误触（带电物）、误食（毒物）、误闻（有毒气体）情况以及滑、跌、闪失、坠落的行为；②在作业中出现的工具脱手、物品飞溅掉落、碰撞和拖拉别人等行为；③在出现异常和险情时不及时通知别人的行为；④在前道工序中留下隐患而未予消除或转告下道工序作业者的行为

注：当在施工中因某种情况需要对规范和技术措施作某些变动和修改，并已经过主管部门审查同意（应有书面审批依据）时，不算违章指挥。不安全行为在施工工地不同程度的存在，带有普遍性，常与其安全工作的环境氛围有关。当安全工作的环境氛围淡薄时，不安全行为就会大量存在和不断滋长。适于不安全行为存在和滋长的环境为：①不正规的工程施工工地和施工队伍；②违法转包和建设费用缺口很大的工地；③领导不重视、安全无要求、安全工作无专人管理的工地；④无安全工作制度和安全工作岗位责任制度或者制度不健全的工地；⑤不按规定进行集中和日常安全教育培训的工地；⑥在一段时间内未出生产安全事故，思想麻痹、安全工作放松的工地。因此，营造良好的安全工作氛围是减少和消除不安全行为存在和滋长的重要条件。

③事故的起因物、致害物和伤害方式。

直接引发生产安全事故的物体（品），称为"起因物"；在生产安全事故中直接招致（造成）伤害发生的物体（品），称为"致害物"；致害物作用于被伤害者（人和物）的方式，称为"伤害方式"。

在某一特定的生产安全事故中，起因物可能是唯一的或者为多个。当有多个起因物存在时,按其作用情况会有主次和前后(序次)之分、组合和单独作用之分。在某一特定的伤害事故中,致害物也可能是一个或多个。在同一生产安全事故中,起因物和致害物可能是不同的物体(品)或同一物体(品)。

起因物和致害物的存在构成了不安全状态和安全(事故)隐患,不及时发现并消除它们时,就有可能引发或发展成为事故。而一旦发生生产安全事故时,对起因物和致害物的分析确定工作,又是判定事故性质和确定事故责任的重要依据。

起因物和致害物的类别有两种划分方法:一种为按其自身的特征划分,见表4-7,表中同时注出了其变为起因物和致害物的条件;另一种按其引发的事故划分,见表4-8,表中分别列出了相应事故的起因物和致害物。

按自身特性划分的起因物和致害物　　表4-7

自身特征	可成为起因物和致害物的物体(品)
单件硬物	①工程结构件;②脚手架的杆(构)配件;③模板及其支撑件;④机构设备的传动件、工作件和其他零部件;⑤附着固定件;⑥支撑(顶)和拉结件;⑦围挡防护件;⑧底座和支垫件;⑨连(拼)接件;⑩安全限控、保险件;⑪平衡(配重)件;⑫电器件;⑬吊具、索具和吊物;⑭梯笼、吊盘、吊斗;⑮手持和电动工具;⑯照明器材;⑰钢材、管件、铁钉及其他硬物件;⑱阀门和压力控制设备
线路管道	①电气线路;②控制线路和系统;③泵送混凝土管道;④煤气和压缩空气管道;⑤氧气和乙炔气管道;⑥液压和油品管道;⑦压力水管道;⑧其他管线
机械设备	①塔吊和起重机械(具);②土方机械;③运输车辆;④泵车;⑤搅拌机;⑥其他机械设备;⑦附着升降脚手架;⑧脚手架和支架;⑨整体提(滑、倒)升模板;⑩生产和建筑设备;⑪其他机械和整体式施工设施
易燃和危险物品	①易燃的材料、物品;②易爆的材料物品;③外露带电物体;④亚硝酸钠和其他有毒化学品;⑤一氧化碳、瓦斯和其他有毒气体;⑥炸药、雷管
作业场所、地物和地层状态	①高温、高湿的作业环境;②密闭容器、洞室和狭窄、通风不畅作业环境;③地基;④毗邻开挖坑槽的房屋和墙体等地物;⑤涌水层、滑坡层、流沙层等不稳定地层;⑥临时施工设施;⑦挡水、挡土、护坡措施;⑧各种地面堆物
其他	①飓风、暴雨、大雪、雷电等恶劣和灾害天气;②突然停、断电;③爆炸的冲击波和抛射物;④地震作用;⑤其他突发的不可抗力事态
注释(成为起因物和致害物的诱发条件)	当表列物体(品)有以下情况之一时,就有可能成为事故的起因物、致害物:①本身的规格、材质和加工不符合标准(或规定)要求;②本身已发生变形、损伤或磨损;③设计缺陷;④安装和维修缺陷;⑤各种带病使用情况;⑥超额定状态(超载、超速、超位、超时等)或设计要求工作;⑦超检(维)修期工作;⑧杆构件和零部件脱离正常工作位置;⑨出现各种不正常工作状态;⑩出现变形、沉降和失衡状态;⑪发生超出设计考虑的意外事态;⑫任意改变施工方案和安全施工措施的规定;⑬出现不安全行为;⑭安全防(保)护措施和安全装置失效情况;⑮出现破断、下坠事态;⑯危险场所和危险作业的安全保障、监控工作不到位;⑰其他诱发条件

部分常见伤害事故的起因物和致害物　　　　　　　　　　　　　表 4-8

事故类型	起 因 物	致 害 物
物体(击)打击	由各种原因引起的同一落物、崩块、冲击物、滚动体、摆动体以及其他足以产生打击伤害的运动硬物	
	引发其他物体状态突变(弹出、倾倒、吊落、滚动、扭转等)的物体,如撬杠、绳索、拉曳物和障碍物等	产生状态突变的模板、支撑、钢筋、块体材料和器具等,以及作业人员
高处坠落	由于不当操作或其他原因造成失稳、倾倒、掉落并拖带施工人员发生高空坠落的手推车和其他器物	
	脚手架面未满铺脚手板,脚手架侧面和"临边"未按规定设防护	吊落的施工人员受自身重力运动伤害
	"四口"未加设盖板或其他覆盖物	
	失控掉落的梯笼和其他载人设备	
	高处作业未佩挂安全带	
机械和起重伤害	进行车、刨、钻、铣、锻、磨、镗加工时的工作部件	
	未上紧的夹持件	脱(飞)出的加工件
	没有、拆去或质量与装设不符合要求的安全罩	机械的转动和工作部件
	超重的吊物	失稳、倾翻的起重机
	软弱和受力不均衡的地基、支垫物	
	变形、破坏的吊具(架),破断、松脱、失控的索具	倾翻、吊落、折断、前冲的吊物
	破断、松脱、失控的索具	
	失控、失效的限控、保险和操作装置	失控的臂杆、起重小车,索具吊钩、吊笼(盘)和机械的其他部件
	滑脱、折断的撬杠	失控、倾翻、吊落的重物和安装物
	失稳、破坏的支架	
	启闭失控的料笼、容器	掉落、散落的材料、物品
	拴挂不平衡的吊索	严重摆动、不稳定回转和下落的吊物
	失控的回转和限速机构	
触电伤害	未加可靠保护、破皮损伤的电线、电缆	
	架空高压裸线	误触高压线的起重机臂杆和其他运动中的导电物体
	未设或设置不合格的接零(地)、漏电保护设施	带(漏)电的电动工具和设备
	未设门或未上锁的电闸箱	易发生误触的电器开关

续上表

事故类型	起因物	致害物
坍塌伤害	由流沙、涌水、沉陷和滑坡引起的塌方	坍落的土方、机械、车辆和堆物
	过高、过陡和基地不牢的堆置物	
	停于坑槽边的机械、车辆和过重堆物	
	没有或不符合要求的降水和支护措施	
	受坑槽开挖伤害的建(构)筑物的基础和地基	整体或局部沉降、倾斜、倒塌的建(构)筑物
	设计和施工存在不安全问题的临时建筑和设施	整体或局部坍塌、破坏的工程建筑、临时设施及其杆部件和载存物品
	发生不均匀沉降和显著变形的地基	
	附近有强烈的震动和冲击源	
	强劲的自然力(风、雨、雪等)	
	因违规拆除结构件、拉结件或其他原因造成破坏的局部杆件和结构	
	受载后发生变形、失稳或破坏的支架或支撑杆件	发生倾倒、坍塌的现浇结构、模板、设备和材料物品
火灾伤害	火源与靠近火源的易燃物	
	雷击、导电物体与易燃物	
	爆炸引起的溢漏的易燃物(液体、气体)和火源	
中毒、窒息和爆炸伤害	一氧化碳、瓦斯和其他有毒气体	
	亚硝酸钠和其他有毒化学品	
	密闭容器、洞室和其他高温、不通风作业场所	
	爆炸(破)引起的飞石和冲击波	
	保管不当的雷管和其他引爆源	爆炸的雷管和炸药
	"瞎炮"与引起其爆炸的引爆物	飞溅块体和气浪
其他	朝天钉子、突出的铁件、散落的钢筋、管子和其他硬物以及伸入作业空间的杆件和其他硬物	

伤害方式包括伤害作用发生的方式、部位和后果。对人员伤害的部位为身体的各部位(包括内脏器官),伤害的后果分为轻伤、重伤和死亡。而伤害作用发生的方式则有以下18种:碰撞、击打、冲击、砸压、切割、绞缠、掩埋、坠落、滑跌、滚压、电击、灼(烧)伤、爆炸、射入、弹出、中毒、窒息、穿透等。

对伤害方式的研究,一可改进和完善劳动(安全)保护用品的品种和使用;二可相应加强针对那些没有适用安全护品的伤害方式的安全预防和保护措施。

(2)事故要素作用的七种组合

在发生的生产安全事故中,五种事故要素可能同时存在,或者部分存在。某些由人为作用引起的事故,其不安全行为同时也是起因物和致害物,而起因物和致害物有时是同一个,因此形成引发事故的七种作用组合,见表4-9。

事故要素在引发事故时的七种组合 表4-9

类 型	事故要素的组合
E 型	不安全状态,不安全行为,起因物,致害物,伤害方式
D-1 型	不安全状态,起因物,致害物,伤害方式
D-2 型	不安全行为,起因物,致害物,伤害方式
D-3 型	不安全状态,不安全行为,起因(致害)物,伤害方式
C-1 型	不安全状态,起因(致害物),伤害方式
C-2 型	不安全行为,起因(致害物),伤害方式
B 型	不安全行为(起因、致害物),伤害方式

不安全状态或不安全行为的存在(或者二者同时存在)是事故的"起因",伤害方式直接导致"后果",而起因物和致害物则是"事故的载体",它将起因和后果连接起来。当没有不安全状态和不安全行为存在时,也就没有起因物和致害物的存在,或者即使存在、也不能起作用而引发事故(例如架空的高压裸线是起因物,没有不安全状态和不安全行为造成触及高压线时,就不会引发触电事故);而当有效地控制起因物和致害物、使其不能起作用时,即使有不安全状态和不安全行为存在,也不会导致伤害事故的发生(但不安全行为又是起因物和致害物的情况除外)。

2. 施工安全隐患和事故征兆

(1)施工安全隐患的构成、类别和检查

在建筑施工中能够或者有可能引发生产安全事故的现存问题称为"施工安全隐患",简称"安全隐患"。只有及时发现和消除在施工各个阶段、各个部位和各个环节上存在的安全隐患,才能避免生产安全事故的发生。因此,必须掌握安全隐患的构成、类别、基本表现形式和检查要求。

①安全隐患的构成。

在生产安全事故的五个基本要素中,由于致害物和伤害方式一般只有在事故发生时方能表现出来,因此,有不安全状态、不安全行为和起因物存在时,就构成了安全隐患,其构成方式有以下三种。

第一种:不安全状态 + 起因物。

第二种:不安全行为 + 起因物或者不安全行为(同时也是起因物)。

第三种:不安全状态 + 不安全行为 + 起因物。

②安全隐患的类别。

按安全隐患可能引发的事故种类划分一般可划分为以下十二种:用电事故安全隐患;火灾事故安全隐患;爆炸事故安全隐患;坍塌事故安全隐患;施工机械和设备倾翻、倾倒事故安全隐患;施工机械和施工设施局部损坏(折断、垮塌等)事故安全隐患;自升(滑升、提升、爬升、倒升)式整体施工装置(模板、脚手架、工作台等)坠落和失控事故安全隐患;窒息和中毒事故安全隐患;高处作业和交叉作业伤害事故的安全隐患;安全防护设施、护品的配置与使用不到位的安全隐患;违章指挥和违章作业事故安全隐患;预防灾害措施不到位事故的安全隐患。

按安全隐患涉及的安全工作方面划分可以划分为五种:安全作业环境和条件缺陷隐患;安全施工措施缺陷隐患;安全工作制度缺陷隐患;安全岗位责任不落实隐患;现场安全监控管理工作不到位隐患。

③安全隐患的检查。

检查安全隐患就是为了及时发现和消除它的存在,以避免其发展为生产安全事故。

制定和落实齐全到位的安全预防措施、检查和及时发现与消除安全隐患、及时发现事故征兆并立即采取应急处置措施,是施工(生产)安全管理工作中防止生产安全事故发生的三道关口。由于在发现事故征兆时,不一定都能有时间和条件阻止事故的发生(多数只能做到应急撤离人员),因此,把好检查、发现和消除安全隐患这第二道关,就显得异常的重要。

对安全隐患的检查工作,应当采取阶段检查与日常检查相结合,全面检查与专项检查相结合,安全管理部门、专职安全管理人员检查、施管人员检查与班组检查相结合以及安全隐患检查与安全生产教育相结合(即在进行安全生产教育之后,随即进行相应的安全隐患检查;在检查、发现和消除安全隐患的过程中,相应进行安全生产教育)。

检查、发现和消除安全隐患,是一项必须认真、细致和深入进行的工作,应特别注意以下各点:认真查找在施工中以各种形式存在的不安全状态、不安全行为和引发事故的起因物;认真查找由于不安全状态和起因物的存在,可能已经有初期表现的事故征兆;按照安全隐患的分类,确定安全隐患的类别,并及时采取相应消除与应急处置措施。

(2)施工安全事故的征兆

在建筑工程生产安全事故发生之前所显示出的即将或可能要出事的迹象称为事故的征兆。如能及早地发现并及时采取应急排险措施,则有可能阻止事故的发生;即使不能阻止其发生,也可以及时撤出人员和采取应急保护措施,减轻事故的伤害和损失。因此,事故征兆是事故发生的内在规律性的又一重要组成部分。

事故的征兆通常出现在事故的起因物开始起动到事故发生的这段孕育和发展的时段内,但也有相当多的事故是突发性的,如物体(击)打击、高空坠落、机械和触电伤害等,几乎没有孕育过程,因而即使有征兆,也很难及时做出应急反应。一些涉及面大,且伤害和损害也严重的事故,如各类坍塌、倾翻、破坏事故,一般都或长或短地存在着相应的孕育和发展过程,从而显示出某种事故征兆。研究、认识和掌握这些征兆,具有重大作用,同时也是一项细致而且困难的工作。

①事故征兆的类别。

事故征兆的类别有以下两种划分方式:

a.按征兆出现的顺序划分,可分为早期、中期和晚期三类。

早期征兆——在事故起因物启动后初现的迹象,如初现的变形、开裂和滑移等;

中期征兆——早期征兆的发展与扩大迹象,如变形迅速发展、裂缝显著扩大以及局部开始出现过大的滑移、沉降乃至损坏迹象;

晚期(临发)征兆——在事故发生前出现的原有状态面临突变的迹象,如即将发生断裂、脱离、倾倒等险情,预示事故即至。

b.按征兆所示的事故划分,一般都有某种征兆提前出现的事故有基坑(槽)塌方、脚手架和多层转运平台倾倒、脚手架局部垮架、脚手架垂直坍塌、支撑架垮架和倒塌、独立墙体倒塌、建筑物倒塌、机械设备倾翻、自升式施工设施的坠落、火灾等。

在研究事故征兆时，一般将两种分类结合起来，即按事故的类别分别研究其前期、中期和晚期征兆及发现征兆后的相应处置措施。

②常见的事故征兆。

表4-10和表4-11分别列出了一些事故发生前的常见征兆和有孕育过程事故一般可能出现的征兆。虽然不少事故都有一定的孕育和发展过程，总会有一些迹象显露出来，但由于事故发生前的状态和起因物千变万化，使其事故征兆及其显示程度也不尽相同，因此，不应只注意表列的征兆，而应更广泛深入地研究可能出现的异常迹象，以便及早发现异常并及时采取应对措施。

部分事故发生前的常见征兆　　　　　　　　表4-10

事故类别	早期征兆	中期征兆	晚期（临发）征兆
基坑（槽）坍塌和其他塌方	①坑槽边壁（坡）或洞室顶、壁轻度渗水、涌沙、落渣；②出现剥离层裂纹和小块剥离	①渗水、涌沙、落渣情况加剧；②剥离层裂纹扩展、加大；③底部（或其他部位）土（石）层开始大块剥离；④深度裂纹（缝）向上（或向下）扩展	①坑槽底部土（石）块大面积剥离，上部土（石）体裂纹急剧扩展到地面上；②由局部开始的塌方连续不断，迅速扩展
脚手架和多层转运栈桥（平台）架倾倒	①脚手架靠转运架一侧立杆的基础出现较为明显的沉降；②脚手架立杆上部明显地向转运架一侧倾斜；③连墙件有初期的拉、压或剪切变形	①早期出现的变形迅速扩大；②架子上部出现晃动；③立杆根部明显脱离其支垫物或位置	上部急剧向外倾倒，并伴发异常的响声（多为杆件、连接件破坏时的伴发声）
脚手架局部垮架	①脚手架局部的平（横）杆和脚手板出现显著的弯曲变形和损伤；②局部连接件出现裂纹或松动下滑	①早期出现的变形和损伤继续发展；②连接件裂纹扩展或严重下滑；③连接点开始变形	①脚手板、平（横）杆出现折断或滑脱；②局部构架结构出现严重变形；③可能会有异常响声出现
脚手架垂直坍塌	下部和长度大的立杆开始出现侧向拱曲变形	①成片立杆自下至上出现明显的多波拱曲变形；②节点和连接件出现破坏迹象	开始出现节点和连墙件破坏的异常声响
支撑架跨架和坍（倒）塌	直接承受模板和设备荷载的受弯与受压杆件开始出现明显变形	①变形迅速扩大；②立杆根部位移；③节点开始出现破坏迹象	①部分杆件开始折断掉落；②支撑结构出现严重变形或失稳迹象

续上表

事故类别	早期征兆	中期征兆	晚期(临发)征兆
独立墙体倒塌	①墙体开始出现不均匀沉降裂缝;②墙体开始出现倾斜	①裂缝和倾斜继续发展;②墙体内外出现贯通裂缝	①墙体下部开始出现滑移;②伴有拉裂和错动作用产生的异常声响
建筑物倒塌	基础和主要承重结构(及构件)出现明显的沉降、开裂或倾斜变形	①变形、裂缝和倾斜加速扩展;②基础错动;③部分构件或结构开始出现破坏迹象	建筑物出现倒塌前的晃动、严重倾斜和发出开始破坏产生的异常声响
机械设备倾翻	①一侧开始出现明显沉降,另一侧开始上抬;②一侧缆绳、锚固设施开始出现松动	①机械设备明显出现倾斜;②缆锚点出现被拉出或破坏迹象	机械设备严重倾斜,伴有锚拉点开始破坏时的早期声响
火灾事故	①绝缘皮线过热、发软、变色;②保险丝熔断;③初期引(暗)燃产生的焦煳味;④电、气焊火花(星)落在易燃物上	①开始出现明显的烟雾;②开始燃烧的焦煳味变浓;③已有开始燃烧的声响	①明火初起;②烟雾和焦煳味浓烈;③燃烧的声响加剧

有孕育过程事故一般可能出现的征兆　　　表4-11

序次	事故征兆(迹象)
1	水平杆、构件出现不断发展的弯曲变形
2	水平杆、构件出现45°斜裂纹并向扩大和贯通发展
3	基础(地)出现不断发展的沉降、滑(位)移变形
4	结构节点和连接件出现开裂、松脱、拔出等损伤和初期破坏情况
5	连墙、附着、锚拉构造及其支承结构出现损伤和初期破坏情况
6	结构、机械、设备的状态急剧地改变
7	施工设施出现晃动、倾斜、下坠、扭转以及其他改变稳定状态的变化
8	部分杆配件、零部件发生位置变化或破坏
9	基坑沟槽边坡出现不断发展的渗水、涌沙、裂纹、剥落和塌方
10	出现异常的烟雾、气味和声响

3. 施工安全事故发生的内在规律和特性

(1)施工安全事故发生的内在规律

事故的五个基本要素形成三类安全隐患;在未能及时发现和消除和情况下,起因物开始启动,向三期事故征兆发展;在未能及时发现和采取应急处置措施的情况下,发生由事故五要素的七种组合形式事故。这就是造成事故发生的基本的内在规律。

而防止事故发生的安全措施也就在事故发生的内在规律中产生,可以分为前期预防、中期消除(隐患)和晚期应对(征兆)。前期预防的任务是"四消除一保护"(消除不安全状态、消除不安全行为、消除起因物、消除致害物的存在和针对伤害方式进行保护),中期消除隐患的任务是及时进行"两消除一制止"(即消除存在的不安全状态、消除存在的起因物和制止存在的不安全行为),晚期应对事故征兆的任务是"两阻止一撤离"(阻止起因物继续作用,阻止事态继续发展和及时撤离人员)。在这三个阶段所采取的安全措施之间,具有前后交叉、连接和延续的关系,即前一阶段措施的缺陷和执行效果的问题,要由后一阶段予以弥补,如果仍然未能制止住,则事故将必然发生。

以上所述施工安全事故发生的内在规律和预防、制止事故发生的安全措施如图4-11所示。

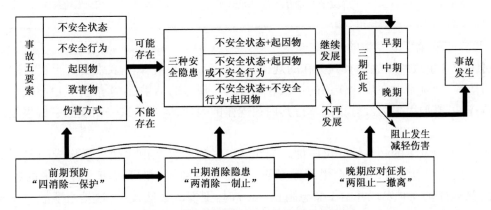

图4-11 事故发生的内在规律及三期安全措施

研究、认识事故的内在规律是为了把握它,并据此采取有效的预防、消除、阻止和保护措施,以避免事故的发生或者降低其伤害和损失。具体要求为:掌握各种事故的因素在施工过程与安全管理工作中存在的具体表现及其内在联系;掌握事故要素得以存在、孕育、发展、启动与造成伤害作用所需的条件和因素;消除蕴发事故、因素应当采取的安全技术与管理措施。此外,还应从事故发生的内在规律中正确认识事故的特性(必然性、偶然性、多发性、可防性和难控性)。

使得事故要素得以存在、孕育、发展、启动和作用的条件与因素很多,可归纳为认识因素、技术因素、条件因素和管理因素等4个方面,具体详见表4-12。

使得事故要素得以存在、孕育、发展、启动和作用的因素 表4-12

类 别	使得事故要素得以存在、孕育、发展、启动与作用的条件和因素
主观认识方面	①对安全工作认识不足,乃至缺乏应有的认识;②对安全工作的法律责任认识不足,乃至无视安全法律的要求;③对防范安全事故的发生抱有"未必会发生事故"的侥幸心理;④满足于已取得的安全工作成绩,滋生麻痹思想,放松安全工作要求;⑤为利益驱使,降低乃至无视安全工作要求
安全技术水平方面	①主要负责人、技术人员和安全工作人员达不到相应的安全工作素质要求;②安全技术研究工作开展不够,习惯于一般化的管理;③缺乏高素质的安全技术研究人才,对重大(要)工程的安全技术研究不够;④对事故信息的收集和研究不够

续上表

类　别	使得事故要素得以存在、孕育、发展、启动与作用的条件和因素
工程和施工条件方面	①对工程安全施工的有关条件摸底不够,存在疏忽或未能考虑的问题;②基于各种原因,达不到确保施工安全的作业环境和条件;③基于各种原因违反程序施工、冒险施工、违规施工以及使用不合格材料与带病机械设备;④对高安全要求的施工和作业要求缺乏相应的安全保障条件
安全管理工作方面	①没有建立起包括组织、制度、技术、投入和信息等方面的全面的施工安全保证体系,或者不健全和执行不严格;②没有实行严格的安全教育,职工安全素质(意识和能力)低下;③没有建立起以安全责任为核心的严格的安全管理及其监督保证,各级人员的安全责任没有落实;④没有实行严格的安全交底制度,安全宣传和警示工作不到位

（2）施工安全事故发生的特性

施工安全事故的发生都有其内在的规律,并遵守其内在规律。事故发生所表现出的必然性和可防性,分别是内在规律作用的结果和掌握内在规律的结果;而事故发生也会表现出偶然性和难控性,其原因多为没有很好掌握其内在规律的表现,应当从这一角度去掌握事故发生的特性。

第一,事故发生的必然性和可防性。当在施工过程中存在由事故要素构成的安全隐患未能被及时发现和消除时,它就会继续其孕育、发展和启动;当在事故蕴发过程中的各种迹象（征兆）又未能被及时发现并给予紧急阻止、排除时,则事故必然发生,这是由事故内在规律所决定的必然性。事故发生的必然性也直接暴露了安全生产工作中三期防范的缺陷与相应施工管理人员的责任。由于前期预防工作的不到位和缺陷,使得不安全状态、不安全行为和起因物得以存在;由于中期检查工作的不到位和缺陷,使得安全隐患未能被及时发现和消除、并得以继续其蕴发;由于后期检查工作的不到位和警觉意识的缺陷,使得事故蕴发的迹象被忽视、而未能及时进行有效的阻止。因此,安全生产工作的不到位和缺陷,就使得事故的发生有可能变为必然,并形成了事故多方位和反复出现的多发性。

引发事故的基本要素及其蕴发过程是有规律性的,但我们认识和掌握了各类事故的基本要素及其蕴发规律,并深入细致地做好前期预防、中期检查和后期阻止工作时,就可以防止事故的发生,这就是事故的可防性。除了自然灾害和其他不可抗力因素作用引发的事故（这类事故也有一定的可防性）外,其他各类事故,应当都是完全可以防止的。之所以未能完全防止,则是由于我们还未能完全认识它并相应做好防止其发生的安全工作所导致。

第二,事故发生的偶然性和难控性。施工安全事故有多发（经常发生的）事故和偶发事故（偶然发生的事故）,偶发事故所表现出的偶发性常有以下两种含义：

一是少见或者想不到会发生的事故,包括事故的类型和事故发生的原因。有三个这类事故的案例:20世纪60年代,东北某炼油厂加氢车间在停产检修过程中,因电焊引燃了未予排净的油品,从而引起接续的两次爆炸,造成了43人死亡,而其中相当一部分的遇难者是发生第一次爆炸后的围观者;20世纪70年代在北京某炼油厂工地发生了担负安装火炬燃烧头的直升飞机坠毁事故和检修凉水塔排风扇的工人被"搅肉"的事故。前者为了换转180m高火炬（废气燃烧塔）的燃烧头，动用了当时最先进的直升飞机。试验时一切正常，安装那天还安排了隆重的现场观摩。在飞机起吊将燃烧头已放置在火炬上时，突然刮来一阵风，使吊绳扭转不出吊钩，驾驶员怕放脱吊绳会伤及塔顶的安装工，只好降低飞行高度，造成机尾触塔后坠毁燃烧的惨痛事故。后者事故中，电工上塔维修排风扇前，曾拉掉车间的电闸，并已安排人员看管电闸，后该管闸人员有事离开时又安排另一工人看管，在中午吃饭时，该工人被朋友喊走时忘了看管任务，不知情者误合上了闸，致使作业电工被开始转动的排风扇搅碎。

二是在对其安全工作放心的情况下竟然也会出现的事故。有两个典型的脚手架和支架事故案例：20世纪80年代初在北京发生的装修脚手架垂直坍塌事故，发生事故的施工单位的安全工作一向做的很好，在下边（地面上）的人员还按以往经验，在脚手架倾倒时，根据自救经验往里躲，结果造成重大伤亡；20世纪末发生在南京的高模板支撑架在浇筑屋盖混凝土时坍塌的重大伤亡事故，为了搞好这一工程，还专门从上海调来有同类工程施工经验、安全工作优秀的队伍。因此，客观上的"少见"和主观上的"想不到"是事故发生的偶然性的基本表现。它既反映出在建筑技术发展的情况下会出现一些过去没有发生或很少见的事故，也反映了我们对安全工作以及事故是否发生的认识还与实际情况有相当的距离，即我们的安全工作及防止事故发生的实践还不能使我们做出符合实际的判断。因此，偶然性是我们还未掌握的事故的必然性的反映。

"多发事故难控、偶发事故难防"，搞安全工作的同志大都有这样的体会。无论是事故的多发性，还是事故的偶发性，反映的都是事故的难控性。所谓难控性，就是对事故的预防控制难以达到完全杜绝各类大小事故发生的要求。之所以存在事故的难控性，并成为使各级施工管理人员常常提心吊胆、难以摆脱的"梦魇"，这是因为在我们的安全工作中还存在不少对影响实现杜绝或有效控制事故发生要求的因素，归纳起来有"六个研究、认识、掌握不够""五个不到位"和"四个不高"，简称"六、五、四"。

"六个研究、认识、掌握不够"：对事故发生内在规律的研究、认识和掌握不够；对"高、难、新、特"工程施工安全保障要求的研究、认识和掌握不够；对造成事故发生的反复性（多发性）和偶然性原因及其解决措施的研究、认识和掌握不够；对已发生各类事故的细节及引发因素的研究、认识和掌握不够；对安全作业的环境条件、安全施工措施和安全管理工作的全面性、切实性、有效性、保证性及其影响因素的研究、认识和掌握不够；对全面落实各级施管人员的安全责任及监督工作的研究、认识和掌握不够；

"五个不到位"：全面的施工安全保证体系建立、健全和落实工作不到位；对职工的安全生产教育工作不到位；班前安全交底和班中检查工作不到位；安全监控管理工作不到位；应急预案及其配置工作不到位；

"四个不高"：主要负责人和专职安全工作人员的安全工作素质不高；技术人员的安全技术工作素质不高；作业人员的安全素质不高；安全投入不高（达不到相应要求）。

因此，我们应当努力解决好上述"六、五、四"中所存在的问题和不足，做好各项施工安全工作，警钟长鸣、保持对事故的高度警惕性，就一定能够较好地解决难控性，实现可防性的要求。

五、风险控制

1. 风险控制策划的原则

风险评价后,应分别列出所找出的所有危险源和重大危险源清单。有关单位和项目部一般需要对已经评价出的不容许的和重大风险(重大危险源)进行优先排序,由工程技术主管部门的有关人员制定危险源控制措施和管理方案。对于一般危险源可以通过日常管理程序来实施控制。

风险控制策划可以按照以下顺序和原则进行考虑:

(1)尽可能完全消除有不可接受风险的危险源,如用安全品取代危险品。
(2)如果是不可能消除有重大风险的危险源,应努力采取降低风险的措施,如使用低压电器等。
(3)在条件允许时,应使工作适合于人,如考虑降低人的精神压力和体能消耗。
(4)应尽可能利用技术进步来改善安全控制措施。
(5)应考虑保护每个工作人员的措施。
(6)将技术管理与程序控制结合起来。
(7)应考虑引入诸如机械安全防护装置的维护计划的要求。
(8)在各种措施还不能绝对保证安全的情况下,作为最终手段,还应考虑使用个人防护用品。
(9)应有可行、有效的应急方案。
(10)预防性测定指标是否符合监视控制措施计划的要求。

2. 风险控制措施计划

不同的组织、不同的工程项目需要根据不同的条件和风险量来选择适合的控制策略和管理方案。表4-13中所表示的是针对不同风险水平的风险控制措施计划表的范例。在实际应用中,应该根据风险评价所得出的不同危险源的风险量大小(风险水平),选择不同的控制策略。

基于不同风险水平的风险控制措施计划表　　　　　　表4-13

风　险	措　施
可忽略的	不采取措施且不必保留文件记录
可容许的	不需要另外的控制措施,应考虑投资效果更佳的解决方案或不增加额外成本的改进措施,需要监视来确保控制措施得以维持
中度的	应努力降低风险,但应仔细测定并限定预防成本,并在规定的时间期限内实施降低风险的措施。在中度风险与严重伤害后果相关的场合,必须进一步的评价,以更准确地确定伤害的可能性,以确定是否需要改进控制措施
重大的	直至风险降低后才能开始工作。为降低风险有时必须配给大量的资源。当风险涉及正在进行中的工作时,就应采取应急措施
不容许的	只有当风险已经降低时,才能开始或继续工作。如果无限的资源投入也不能降低风险,就必须禁止工作

3. 危险源的控制方法

（1）第一类危险源的控制方法

防止事故发生的方法：消除危险源、限制能量或危险物质、隔离。

避免或减少事故损失的方法：隔离、个体防护、设置薄弱环节、使能量或危险物质按人们的意图释放、避难与援救措施。

（2）第二类危险源的控制方法

减少故障：增加安全系数、提高可靠性、设置安全监控系统。

故障—安全设计：包括故障—消极方案（即故障发生后，设备、系统处于最低能量状态，直到采取校正措施之前不能运转）；故障—积极方案（即故障发生后，在没有采取校正措施之前使系统、设备处于安全的能量状态之下）；故障—正常方案（即保证在采取校正行动之前，设备、系统正常发挥功能）。

六、生产安全事故隐患排查与治理

生产安全事故隐患，是指生产经营单位违反安全生产法律、法规、规章、标准、规程和安全生产管理制度的规定，或者因其他因素在生产经营活动中存在可能导致事故发生的物的危险状态、人的不安全行为和管理上的缺陷。

生产安全事故隐患分为一般事故隐患和重大事故隐患。一般事故隐患，是指危害和整改难度较小，发现后能够立即整改排除的隐患。重大事故隐患，是指危害和整改难度较大，应当全部或者局部停产停业，并经过一定时间整改治理方能排除的隐患，或者因外部因素影响致使生产经营单位自身难以排除的隐患。

《安全生产事故隐患排查治理暂行规定》对安全生产事故隐患排查治理做出了明确规定。

生产经营单位是事故隐患排查、治理和防控的责任主体。生产经营单位应当建立健全事故隐患排查治理和建档监控等制度，逐级建立并落实从主要负责人到每个从业人员的隐患排查治理和监控责任制。生产经营单位应当保证事故隐患排查治理所需的资金，建立资金使用专项制度。同时，生产经营单位应当定期组织安全生产管理人员、工程技术人员和其他相关人员排查本单位的事故隐患。对排查出的事故隐患，应当按照事故隐患的等级进行登记，建立事故隐患信息档案，并按照职责分工实施监控治理。

对于重大事故隐患，由生产经营单位主要负责人组织制定并实施事故隐患治理方案。重大事故隐患治理方案应当包括以下内容：①治理的目标和任务；②采取的方法和措施；③经费和物资的落实；④负责治理的机构和人员；⑤治理的时限和要求；⑥安全措施和应急预案。

生产经营单位在事故隐患治理过程中，应当采取相应的安全防范措施，防止事故发生。事故隐患排除前或者排除过程中无法保证安全的，应当从危险区域内撤出作业人员，并疏散可能危及的其他人员，设置警戒标志，暂时停产停业或者停止使用；对暂时难以停产或者停止使用的相关生产储存装置、设施、设备，应当加强维护和保养，防止事故发生。

第五节　安全生产应急管理

施工生产安全事故多具有突发性、群体性等特点,如果施工单位事先根据本单位和施工现场的实际情况,针对发生事故的类型、性质、特点和范围等,事先制定当事故发生时有关的组织、技术措施和其他应急措施,做好充分的应急救援准备工作,不但可以采用预防技术和管理手段,降低事故发生的可能性,而且一旦发生事故时,还可以在短时间内就组织有效抢救,防止事故扩大,减少人员伤亡和财产损失。

一、应急组织体系

应急救援是安全生产工作的重要组成部分,加强安全生产应急救援组织体系建设,有效防范和减少事故,对于保障人民群众的生命财产安全,维护社会稳定和促进经济又好又快发展意义深远,责任重大。

《中华人民共和国安全生产法》第六十八条规定,县级以上地方各级人民政府应当组织有关部门制定本行政区域内特大安全生产事故应急救援预案,建立应急救援体系。《突发事件应对法》规定,国家建立统一领导、综合协调、分类管理、分级负责、属地管理为主的应急管理体制。国家安全监管总局印发的《安全生产应急管理"十二五"规划》规定,到2015年,基本建成符合我国国情的安全生产应急管理体系,完善分类管理、分级负责、条块结合、属地为主的应急管理体制和统一指挥、反应灵敏、协调有序、运转高效的应急管理机制,应急能力全面加强,适应有效应对各类生产安全事故灾难的需要,并为其他灾害的应急救援提供有力支持。在机构、机制建设方面,建立完善国家、省、市、重点县以及高危行业(领域)大中型企业应急管理机构,形成完善的应急管理机制。

上述方针、政策、法律法规和规定要求,充分体现了国家高度重视应急组织体系的建设。因此,加强安全生产应急救援体系建设,是当前乃至今后一个时期一项十分重要而且非常紧迫的战略任务,并且与当前形势及实际工作有着紧密而必然的联系。

二、应急救援预案

应急救援预案是事先制定的、应对可能发生的需要进行紧急救援工作的生产安全事故,以便及时救助受伤的和处于危险境况下的人员、防止事态和伤害扩大、并为善后工作创造较好条件的组织、程序、措施和协调工作及其责任的方案。

应急救援预案分为三级(政府级、企业级和项目级):①政府级预案为县级以上地方人民政府建设行政主管部门制定的本行政区域内建设工程特大生产安全事故应急救援预案。由于是针对危险性大、救援难度大、事态严重、时间紧急("时间就是生命")、社会影响和震动大、群众和上级高度关注的特大事故,因此,需要迅速调集和投入巨大的应急救援资源(人力、物力、财力),并在强有力的统一组织和指挥下进行抢险救援工作,以实现迅速排除险情、抢救人员和减轻损失的要求。②企业级预案为具有法人资格的施工企业(单位)制定的本企业发生生产安全事故的应急救援预案。由于限于企业可能出现的生产安全事故的情况和自身的条件，因此需针对事故(态)的严重程度和救援难度，分别采取企业全部承担(或基本上承担)、大部承担和先行抢险救助求援、而后服从上级统一指挥的预案。③项目级预案为施工单位针对在施工程项目情况和条件制定的特定施工现场生产安全事故的应急救援预案。预案的适应范围逐级缩小。

三、应急培训与演练

《国务院关于坚持科学发展安全发展促进安全生产形势持续稳定好转的意见》规定，定期开展应急预案演练，切实提高事故救援实战能力。企业生产现场带班人员、班组长和调度人员在遇到险情时，要按照预案规定，立即组织停产撤人。

《生产安全事故应急预案管理办法》进一步规定，生产经营单位应当采取多种形式开展应急预案的宣传教育，普及生产安全事故预防、避险、自救和互救知识，提高从业人员安全意识和应急处置技能。生产经营单位应当组织开展本单位的应急预案培训活动，使有关人员了解应急预案内容，熟悉应急职责、应急程序和岗位应急处置方案。应急预案的要点和程序应当张贴在应急地点和应急指挥场所，并设有明显的标志。

生产经营单位应当制订本单位的应急预案演练计划，根据本单位的事故预防重点，每年至少组织一次综合应急预案演练或者专项应急预案演练，每半年至少组织一次现场处置方案演练。

应急预案演练结束后，应急预案演练组织单位应当对应急预案演练效果进行评估，撰写应急预案演练评估报告，分析存在的问题，并对应急预案提出修订意见。

第五章 安全生产管理职责

第一节 公路工程从业单位安全生产管理责任

建设工程安全生产的重点是施工现场,其主要责任单位是施工单位,但与施工活动有关单位如建设单位、勘察单位、设计单位、工程监理单位的活动也密切相关。

一、建设单位的安全生产职责

建设单位是建设工程项目的投资主体或管理主体,在整个工程建设中居于主导地位。但长期以来,我国对建设单位的工程项目管理行为缺乏必要的法律约束,对其安全管理责任更没有明确规定,由于建设单位的某些工程项目管理行为不规范,直接或者间接导致施工生产安全事故的发生是有着不少惨痛教训的。为此,《建设工程安全生产管理条例》中明确规定,建设单位必须遵守安全生产法律、法规的规定,保证建设工程安全生产,依法承担建设工程安全生产责任。建设单位的安全生产职责主要如下。

1. 依法办理有关批准手续

《建筑法》规定,有下列情形之一的,建设单位应当按照国家有关规定办理申请批准手续:①需要临时占用规划批准范围以外场地的;②可能损坏道路、管线、电力、邮电通信等公共设施的;③需要临时停水、停电、中断道路交通的;④需要进行爆破作业的;⑤法律、法规规定需要办理报批手续的其他情形。这是因为,上述活动不仅涉及工程建设的顺利进行和施工现场作业人员的安全,也影响到周边区域人们的安全或是正常的工作生活,并需要有关方面给予支持和配合。为此,建设单位应当依法向有关部门申请办理批准手续。

2. 向施工单位提供真实、准确和完整的有关资料

《建筑法》规定,建设单位应当向建筑施工企业提供与施工现场相关的地下管线资料,建筑施工企业应当采取措施加以保护。《建设工程安全生产管理条例》进一步规定,建设单位应当向施工单位提供施工现场及毗邻区域内供水、排水、供电、供气、供热、通信、广播电视等地下管线资料,气象和水文观测资料,相邻建筑物和构筑物、地下工程的有关资料,并保证资料的真实、准确、完整。

3. 不得提出违法要求和随意压缩合同工期

《建设工程安全生产管理条例》规定,建设单位不得对勘察、设计、施工、工程监理等单位提出不符合建设工程安全生产法律、法规和强制性标准规定的要求,不得随意压缩合同约定的工期。由于市场竞争相当激烈,某些建设单位为了追求利益最大化而提出一些非法要求,甚至

明示或者暗示相关单位进行一些不符合法律、法规和强制性标准的活动。因此,建设单位必须依法规范自身的行为。同时,也不能片面为了早日发挥建设项目的效益,迫使施工单位大量增加人力、物力投入,或者是简化施工程序,随意单方面压缩合同约定的工期。

4. 确定建设工程安全作业环境及安全施工措施所需费用

《建设工程安全生产管理条例》规定,建设单位在编制工程概算时,应当确定建设工程安全作业环境及安全施工措施所需费用。多年的实践表明,要保障施工安全生产,必须有合理的安全投入。因此,建设单位在编制工程概算时,就应当合理确定保障建设工程施工安全所需的费用,并依法足额向施工单位提供。

5. 不得要求购买、租赁和使用不符合安全施工要求的用具设备等

《建设工程安全生产管理条例》规定,建设单位不得明示或者暗示施工单位购买、租赁、使用不符合安全施工要求的安全防护用具、机械设备、施工机具及配件、消防设施和器材。建设单位对工程建设的各个环节都非常关心,包括材料设备的采购、租赁等,这就要求建设单位与施工单位应当在合同中约定双方的权利义务,包括采用哪种供货方式等。无论施工单位购买、租赁或是使用有关安全防护用具、机械设备等,建设单位都不得采用明示或者暗示的方式,违法向施工单位提出不符合安全施工的要求。

6. 申领施工许可证应当提供有关安全施工措施的资料

按照《建筑法》的规定,申请领取施工许可证应当具备的条件之一,就是"有保证工程质量和安全的具体措施"。《建设工程安全生产管理条例》进一步规定,建设单位在领取施工许可证时,应当提供建设工程有关安全施工措施的资料。依法批准开工报告的建设工程,建设单位应当自开工报告批准之日起15日内,将保证安全施工的措施报送建设工程所在地的县级以上地方人民政府建设行政主管部门或者其他有关部门备案。

7. 装修工程和拆除工程的规定

《建筑法》规定,涉及建筑主体和承重结构变动的装修工程,建设单位应当在施工前委托原设计单位或者具有相应资质条件的设计单位提出设计方案;没有设计方案的,不得施工。《建筑法》还规定,房屋拆除应当由具备保证安全条件的建筑施工单位承担。《建设工程安全生产管理条例》进一步规定,建设单位应当将拆除工程发包给具有相应资质等级的施工单位。建设单位应当在拆除工程施工15日前,将有关资料报送建设工程所在地的县级以上地方人民政府建设行政主管部门或者其他有关部门备案。

二、监理单位的安全生产职责

工程监理单位和监理工程师应当按照法律法规和工程建设强制性标准实施监理,对公路工程安全生产承担监理责任。

工程监理单位应当审查施工组织设计中的安全技术措施或者专项施工方案是否符合工程建设强制性标准。

工程监理单位在实施监理过程中,发现存在安全事故隐患的,应当要求施工单位整改;情况严重的,应当要求施工单位暂时停止施工,并及时报告建设单位。施工单位拒不整改或不停

止施工的,工程监理单位应当及时向有关主管部门报告。

三、勘察、设计单位安全职责

建设工程安全生产是一个大的系统工程。工程勘察、设计作为工程建设的重要环节,对于保障安全施工有着重要影响。

1. 勘察单位的安全责任

《建设工程安全生产管理条例》规定,勘察单位应当按照法律、法规和工程建设强制性标准进行勘察,提供的勘察文件应当真实、准确,满足建设工程安全生产的需要。勘察单位在勘察作业时,应当严格执行操作规程,采取措施保证各类管线、设施和周边建筑物、构筑物的安全。

工程勘察是工程建设的先行官。工程勘察成果是建设工程项目规划、选址、设计的重要依据,也是保证施工安全的重要因素和前提条件。因此,勘察单位必须按照法律、法规的规定以及工程建设强制性标准的要求进行勘察,并提供真实、准确的勘察文件,不能弄虚作假。

此外,勘察单位在进行勘察作业时,也易发生安全事故。为了保证勘察作业的安全,要求勘察人员必须严格执行操作规程,并应采取措施保证各类管线、设施和周边建筑物、构筑物的安全,为保障施工作业人员和相关人员的安全提供必要条件。

2. 设计单位的安全责任

工程设计是工程建设的灵魂。在建设工程项目确定后,工程设计便成为工程建设中最重要、最关键的环节,对安全施工有着重要影响。设计单位的安全责任主要有:

(1)按照法律、法规和工程建设强制性标准进行设计。《建设工程安全生产管理条例》规定,设计单位应当按照法律、法规和工程建设强制性标准进行设计,防止因设计不合理导致生产安全事故的发生。工程建设强制性标准是工程建设技术和经验的总结与积累,对保证建设工程质量和施工安全起着至关重要的作用。从一些生产安全事故的原因分析,涉及设计单位责任的,主要是没有按照强制性标准进行设计,由于设计的不合理导致施工过程中发生了安全事故。因此,设计单位在设计过程中必须考虑施工生产安全,严格执行强制性标准。

(2)提出防范生产安全事故的指导意见和措施建议。《建设工程安全生产管理条例》规定,设计单位应当考虑施工安全操作和防护的需要,对涉及施工安全的重点部位和环节在设计文件中注明,并对防范生产安全事故提出指导意见。采用新结构、新材料、新工艺的建设工程和特殊结构的建设工程,设计单位应当在设计中提出保障施工作业人员安全和预防生产安全事故的措施建议。设计单位的工程设计文件对保证建设工程结构安全至关重要。同时,设计单位在编制设计文件时,还应当结合建设工程的具体特点和实际情况,考虑施工安全作业和安全防护的需要,为施工单位制定安全防护措施提供技术保障。特别是对采用新结构、新材料、新工艺的建设工程和特殊结构的建设工程,设计单位应当在设计中提出保障施工作业人员安全和预防生产安全事故的措施建议。在施工单位作业前,设计单位还应当就设计意图、设计文件向施工单位做出说明和技术交底,并对防范生产安全事故提出指导意见。

(3)对设计成果承担责任。《建设工程安全生产管理条例》规定,设计单位和注册建筑师等注册执业人员应当对其设计负责。"谁设计,谁负责",这是国际通行做法。如果由于设计责任造成事故,设计单位就要承担法律责任,还应当对造成的损失进行赔偿。建筑师、结构工程师等注册执业人员应当在设计文件上签字盖章,对设计文件负责,并承担相应的法律责任。

四、施工单位的安全生产职责

施工单位是建设工程施工活动的主体,必须加强对事故安全生产的管理,落实施工安全生产主体责任。

《安全生产法》规定,生产经营单位的安全生产责任制应当明确各岗位的责任人员、责任范围和考核标准等内容。生产经营单位应当建立相应的机制,加强对安全生产责任制落实情况的监督考核,保证安全生产责任制的落实。《建筑法》还规定,建筑施工企业必须依法加强对建筑安全生产的管理,执行安全生产责任制度,采取有效措施,防止伤亡和其他安全生产事故的发生。

公路工程施工单位的安全生产职责主要体现在公路工程施工企业各类安全生产管理人员的职责上。

第二节 公路工程施工企业安全生产管理人员职责

一、主要负责人的安全生产职责

施工单位的主要负责人,通常是指对施工单位全面负责、有生产决策权的人。具体说,可以是施工企业的董事长,也可以是总经理或总裁。

《安全生产法》规定,生产经营单位的主要负责人是本单位安全生产工作的第一责任人,对本单位的安全生产工作全面负责。具体负有下列职责:①建立健全本单位安全生产责任制;②组织制定本单位安全生产规章制度和操作规程;③组织制定并实施本单位安全生产教育和培训计划;④保证本单位安全生产投入的有效实施;⑤督促、检查本单位的安全生产工作,及时消除生产安全事故隐患;⑥组织制定并实施本单位的生产安全事故应急救援预案;⑦及时、如实报告生产安全事故。

不少生产安全事故表明,如果施工单位的主要负责人忽视安全生产,缺乏保证安全生产的主要有效措施,就会给职工的生命安全和身体健康带来威胁,给国家和人民的财产带来损失,企业的经济效益也会得不到保障。因此,施工单位主要负责人必须摆正安全与生产的关系,切实克服安全、生产"两张皮"的现象。

二、分管安全生产负责人的安全生产职责

公路工程施工企业分管安全生产负责人是本单位安全生产工作的直接责任人,对企业安全生产负直接领导责任,主要履行以下职责:

负责落实本单位关于安全生产的法律法规,对方针政策等重大事项的贯彻落实情况督查

检查和督促指导,亲自抓部署、抓督促、抓检查、抓落实。

负责落实企业安全生产责任制,组织制定企业安全生产各项规章制度和年度管理目标,并监督落实。

按照相关规定负责审核企业年度安全生产专项资金投入计划,督促本单位按规定比例提取安全费用,并督促落实到位。

定期组织召开安全生产专门会议,分析安全生产状态,总结经验教训,布置阶段性工作,解决存在的问题,制定防范措施。

对承建工程项目的安全生产进行检查督察,加强对事故隐患和职业危害的监控预防,定期组织对企业安全生产管理人员和从事危险性较大工种的作业人员的教育培训,真正做到防患于未然。

组织制定应急救援预案,组织开展应急救援演练,依法做好生产安全事故报告和应急救援工作。

采用职业安全健康管理体系认证、风险评估、安全生产条件认证和安全评价评估等方法改进安全管理,落实安全防范措施,提高安全生产管理水平。

合理调配企业专职安全生产管理人员,并对其工作进行监督、指导以及考评。定期检查企业各部门、分支机构以及各施工项目安全生产情况,对出现的问题及时督办等。

三、分管技术工作负责人的安全生产职责

公路工程施工企业分管技术工作负责人对本单位的安全生产负技术领导责任,主要履行以下职责:

负责组织制定本单位安全技术规程和现场安全生产、文明施工管理标准并监督执行。

定期主持召开本单位安全技术会议,分析本单位的安全生产形势,研究解决安全技术问题。

负责新设备、新技术、新工艺和新材料的安全技术保证工作。

施工生产过程中,保证安全防护措施符合要求,确保新建工程项目安全措施与主体工程同时设计、同时施工、同时验收投产,把好设计审查和竣工验收关。

根据相关技术标准和规范、规定要求,对所承担建设工程项目的施工组织设计进行审批,并组织相关专家对项目中危险性较大专项工程施工方案进行论证。

参与重大伤亡事故的调查,从技术方面分析事故原因,提出技术鉴定意见,制定和改进防范安全生产事故的技术措施。

对职工进行经常性安全技术教育。

其他应当承担的责任。

四、安全管理机构专职安全员的安全生产职责

公路工程施工企业安全管理机构专职安全员对分管的安全生产工作负直接管理责任,主要履行以下职责:

承担本单位安全生产委员会以及安全生产各项日常工作,贯彻落实安全生产委员会的各项决议,协助主管领导检查落实情况。

贯彻落实有关建设工程安全生产的法律法规和政策性规定,监督、指导企业分支机构和各承建项目严格执行国家、地方有关安全生产技术标准和规范,负责组织起草本单位安全生产规章制度和安全操作规程。

指导和评价企业各部门和分支机构以及所承担建设工程项目的安全生产管理工作,并负责企业分支机构和所承担建设工程项目专职安全生产管理人员的管理、指导和考评。

对企业所承担建设工程项目施工组织设计中的安全技术措施提出指导性意见,并协助企业技术负责人组织专家对所承担建设工程项目中危险性较大的专项工程施工方案进行论证。

负责组织开展安全生产检查活动,定期组织对企业各施工项目的安全生产专项检查,发现安全生产的问题和隐患及时责成项目部限期或停工整改,并督促整改到位。情节严重的,应立即向企业分管负责人汇报。针对检查发现的问题,制定防范措施。

参与编制企业重大生产事故救援预案,并审查企业各施工项目的重大生产事故救援预案,定期组织相关人员进行演练。

负责企业安全生产信息的收集、统计、上报,定期制定安全生产专项资金投入计划,并对企业安全生产的相关投入情况进行统计、核实,监督企业各项目施工安全生产费用的投入和使用情况。

生产安全事故发生后,及时组织相关人员进行救援或采取有效措施,保护现场并及时报告,积极协助有关部门调查处理。

其他应当承担的责任。

五、项目经理的安全生产职责

认真贯彻执行国家有关安全生产的法律法规、标准和规范,建立本项目的安全生产保证体系,明确各岗位安全生产管理人员职责,组织编制本项目安全生产各项管理规章制度、管理方案和项目重大生产事故应急救援预案。

根据企业下达的年度安全生产、文明施工总目标,确定项目的安全生产、文明施工管理目标,并与分包单位、作业班组签订安全生产、文明施工管理责任书,督促分包单位编制各项安全生产管理规章制度,落实项目安全防护和文明施工各项措施。

工程项目开工前,按照《公路水运工程安全生产监督管理办法》的要求,完善项目开工安全生产条件,保证本项目安全费用的提取和有效使用,对安全培训和安全技术交底进行监督检查。

定期召开安全生产会议,组织安全生产检查和分析,针对存在的安全隐患制定相应的整改和预防措施并落实。

组织本项目安全生产事故隐患排查整治工作,对发现的安全隐患,及时提出整改意见;对重大安全隐患,督促制定整改措施,并指定专人负责。

编制本项目安全措施和分部分项工程安全施工要点,制定项目安全保障措施或管理方案,组织施工现场施工临建设施的验收等工作。

组织制定项目施工现场生产安全事故应急救援预案,并组织演练。

发生事故后,积极组织抢救人员,按照规定的程序及时报告,积极配合事故的调查处理,并制定防止同类事故发生的安全技术和管理措施。

其他应当承担的责任。

六、项目主管安全生产副经理的安全生产职责

协助项目经理认真贯彻执行国家安全生产方针、政策、法规,落实各项安全生产管理制度。

每月主持召开一次项目安全生产会议,分析安全生产动态,研究、解决安全生产中的重大问题,及时将安全生产情况向项目经理汇报。

落实施工组织设计、施工方案中各项安全技术要求,组织实施项目总体和施工各阶段安全生产工作规划,严格执行安全技术措施审批制度,不断改善施工工作条件,保证安全生产。

随时掌握安全生产动态,保证安全保障体系工作的正常运转,配合项目经理组织定期、不定期安全生产检查,及时消除事故隐患,制止违章指挥和违章作业,杜绝重大事故的发生。

对施工过程中的安全技术交底、安全施工措施的落实执行情况进行监督检查。

组织工程项目安全生产的宣传教育工作,负责组织领导分包施工队伍各类人员的安全教育培训和考核审查工作。

负责因工伤亡事故的现场保护、伤员抢救及协助事故调查、报告与处理。

负责组织制定、审核安全生产应急救援预案,组织应急预案的演习和评审工作,组织项目部安全技术人员进行危险源辨识和风险评价工作。

其他应当承担的责任。

七、项目总工程师的安全生产职责

认真贯彻执行国家安全技术标准、规范、规程和安全生产规章制度,对项目的安全技术工作负直接责任,结合项目工程特点,主持工程项目的安全技术交底。

负责编制工程项目施工组织设计、分部分项安全技术方案和专项方案,保证其可行性与针对性,并随时检查、监督、落实。

负责向专业技术人员进行特殊或关键部位的安全技术交底,并监督实施。

组织对从事特殊施工人员进行安全技术培训,对施工人员进行安全操作规程的日常培训,及时解决施工中出现的安全技术问题。

工程项目应用新技术、新工艺、新材料时,项目总工程师要及时上报,经批准后方可实施,并严格执行相应的安全技术措施与安全操作规程与要求。

参加安全生产检查,对施工中存在的不安全因素,从技术方面提出整改意见和办法予以消除;参加因工伤亡及重大未遂事故的调查,从技术上分析事故原因,提出防范措施和意见。

负责应急救援和抢险工作的专家组织工作,参与生产安全事故的调查、分析及处理工作,协助总指挥(项目经理)进行技术方面的咨询、决策及技术协调。

其他应当承担的责任。

八、项目专职安全生产管理人员的安全生产职责

负责贯彻执行有关安全生产的法律、法规、规范、政策、标准,参与编制本项目安全生产各项管理规章制度和管理方案,分解、监督落实项目安全生产管理责任,并签字确认。每月定期对项目各管理岗位安全生产责任落实情况进行考评,并形成记录。

根据企业下达的年度安全生产总目标,确定项目的安全生产管理目标,并协助项目负责人与分包单位、作业班组签订安全责任书,督促落实、执行。

参与安全生产各项措施与方案的编制,严格监督检查施工班组对各项安全生产规章制度和安全操作规程的执行情况。配合有关部门做好对施工人员三级安全教育、各工种换岗教育和特殊工种培训的取证工作,并记录在案,健全各种安全管理台账。

对施工现场进行安全生产日常巡查和定期检查,制止违章指挥和违章作业,及时排除施工现场安全隐患,制定防范措施,当安全与生产发生冲突时,有权制止冒险作业,签发限时整改通知单。

在分部分项工程或重点部位、重点环节施工前,应及时督促现场技术员对施工作业人员进行安全技术交底。安全技术交底应当明确工程作业特点和所存在的重大危险源,提出危险源的具体预防措施和相应的安全标准以及相关应急救援预案的内容,并做好交底记录。

收集整理工程项目施工安全重大危险源清单,并经项目负责人审核确认后,负责在施工现场醒目位置予以公示。制定重大危险源管理方案和保证措施,建立重大危险源的监控管理制度,对施工现场安全重大危险源实施动态监控。

检查劳动保护用品的质量,以及监督检查现场操作人员是否正确使用,对进入现场使用的各种安全用品及机械设备,配合材料部门进行验收检查工作。

负责项目特种作业人员持证情况的验证工作,参与施工现场施工起重设备、挂篮、架桥机等临时设施及安全防护设施的验收工作,并保存验收记录。对不符合规定要求的,应及时向项目负责人和企业安全生产管理机构书面报告。

参加因工伤亡和重大未遂事故的调查,分析事故原因,提出改进意见和防范措施,并监督检查执行情况。负责项目一般事故的调查、分析,提出处理意见,协助处理重大工伤事故,并参与制订纠正和预防措施,防止事故再发生。

对项目安全生产管理资料进行归档整理。要与工程进度同步,资料内容要完整、真实有效。

其他应当承担的责任。

第六章 安全生产管理制度

第一节 安全生产管理制度概述

一、建立安全生产管理制度的目的和意义

安全生产管理是针对生产过程中的安全问题,进行有关决策、计划、组织和控制等活动。生产经营单位在生产经营过程中,必须把管理工作放在各项工作的首位,正确处理安全生产和工程进度、经济效益等的关系。安全生产管理的目标是减少和控制危害,减少和控制事故。《安全生产法》第四条规定:生产经营单位必须遵守本法和其他有关安全生产的法律、法规,加强安全生产管理,建立、健全安全生产责任制和安全生产规章制度,改善安全生产条件,推进安全生产标准化建设,提高安全生产水平,确保安全生产。施工企业是公路工程建设施工项目中的安全主体,要全面落实安全生产责任,就必须根据自身特点和实际状况,建立健全适合本单位的各项安全生产管理制度,通过制度来提高全体从业人员的安全意识、安全知识和安全操作技能。安全生产管理制度是约束企业各级安全管理人员在安全生产工作中的行为的准则,是安全生产法律法规的要求与本单位的安全生产实际紧密联系的桥梁和纽带。建立一整套规范有效的安全生产管理制度,是企业做好安全生产工作的前提。

实践证明,安全生产事故大多是因为违章指挥、违章作业、违反劳动纪律造成的,只有通过制度来约束人的不安全行为、物的不安全状态,通过科学的管理制度来保证施工活动的顺利实施,才能保证生产经营活动的健康有序,保证从业人员的生命安全和企业的财产安全。同时,国家的安全生产方针、政策和部门规章也必须通过企业规章制度去实现、去落实。只有通过建立健全企业安全生产规章制度,促进广大从业人员树立"安全第一,预防为主,综合治理"的思想,促使企业最高管理者正确处理安全与生产、安全与效益、安全与进度的关系,才能真正做到当安全与生产发生矛盾时,安全永远是第一位的。

二、安全生产管理制度的主要内容

安全生产管理包括行政管理、监督检查、设备设施管理、作业环境管理等。建立一套切实可行的安全生产规章制度并不是有简单的几条规则就行了,必须由专门部门或者专人负责,对本单位安全生产状况进行深入调查研究,才能制定出政策性、科学性和可操作性较强的安全生产管理制度。同时,在制度的实施过程中还要采取严格的管理措施和手段,加强对制度执行力和落实情况的考核,确保安全生产管理制度的有效实施。

1. 建立安全生产管理制度的基本要求

(1)政策性。安全管理制度必须符合现行的国家、地方、行业和部门有关安全生产的法律法规、规范标准,即安全生产制度是将政策和法规具体化。

(2)科学性。保证安全生产管理活动正常运行,必须全面贯彻执行安全生产管理制度。因此安全生产管理制度必须要有科学性和前瞻性,既不能盲目制定,也不能朝令夕改。

(3)可操作性。安全生产管理制度一定要符合本单位安全生产实际,便于操作,并针对执行过程中出现的问题和企业内外部环境变化及时修订、修改完善甚至重新制定,安全管理制度建设必须实行 PDCA 闭环管理。

现代管理重视标准化管理,生产经营单位安全生产标准化工作采用"策划、实施、检查、改进"动态循环的模式,建立并保持安全生产标准化系统。安全标准化建设的重点内容中的作业安全,包括生产现场管理和生产过程控制、安全警示标志、相关方管理、变更管理等内容。

2. 安全生产管理制度的主要内容

施工企业安全生产管理制度一般包括以下五个大的方面的内容:安全生产责任制度;安全生产管理制度;岗位安全操作规程和规定;安全生产技术管理制度;安全生产事故和应急管理制度。

具体制度包括:安全生产责任制度;安全生产组织管理制度;安全生产会议制度;安全生产管理人员考核制度;安全教育与培训制度;安全生产费用管理制度;安全风险评估与管控制度;安全技术交底制度;危险性较大工程专项施工方案审批论证制度;特种设备及作业人员安全管理制度;职业健康安全和劳动防护用品管理制度;安全生产事故隐患排查和治理制度;安全检查制度;安全生产事故应急管理制度;分包单位安全生产管理考评制度;生产安全事故报告及调查处理制度;企业项目负责人带班生产制度;平安工地考核评价制度;重大事故隐患清单管理制度;生产安全重大事故隐患挂牌督办制度(暂行);消防安全管理制度等。

第二节 安全生产责任制度

一、建立安全生产责任制度的目的和意义

安全生产责任制度是根据我国"安全第一、预防为主、综合治理"的安全生产方针,按照"管生产必须管安全"的原则建立的。安全生产责任制度是企业岗位责任制的一个重要的组成部分,是安全生产管理各项制度中最基本、最核心的规章制度,也是落实安全生产事故行政责任追究的主要依据。

《安全生产法》第四条明确规定:生产经营单位必须遵守本法和其他有关安全生产的法律、法规,加强安全生产管理,建立、健全安全生产责任制和安全生产规章制度,改善安全生产条件,推进安全生产标准化建设,提高安全生产水平,确保安全生产。第五条规定:生产经营单位的主要负责人对本单位的安全生产工作全面负责。第十四条规定:国家实行生产安全事故责任追究制度,依照本法和有关法律、法规的规定,追究生产安全事故责任人员的法律责任。

生产经营单位的安全生产责任制大体可分为两个方面:一是纵向方面各级人员的安全生产责任制;二是横向方面各职能部门的安全生产责任制。

建立健全安全生产责任制不仅可以明确企业各部门和各级管理人员的安全责任,还可以提高企业的安全生产管理水平,有效预防、控制、减少伤亡事故的发生。因此,企业必须建立安全生产责任制。

建立安全生产责任制,一方面明确了企业各职能部门、各级管理人员及各岗位工作人员在安全生产工作中所承担的工作任务;另一方面确定了他们在企业安全生产中应履行的职责和所应承担的责任,使安全生产真正做到有法可依、有人负责、有人监督、有人落实。由此可见,建立安全生产责任制的意义体现在两方面:一是落实我国安全生产方针和有关安全生产具体法规和政策;二是通过明确责任使各类人员真正重视安全生产工作,把每个岗位的安全职责一一对应,实现"一岗双责",对全面做好安全生产工作具有重要作用。

值得指出的是,安全生产责任制度和安全生产责任制是两个不同的概念,安全生产责任制是安全生产责任制度的一项重要内容,是指各项工作由专人负责,并明确责任范围的管理制度,主要包括部门责任制和岗位责任制。

二、物资保障责任

生产经营单位物资保障责任主要包括:
(1)具备法律、法规和国家标准、行业标准规定的安全生产条件。
(2)保证履行建设项目安全设施"三同时"的规定。
(3)依法为从业人员提供劳动防护用品,并监督、教育其正确佩戴和使用。

三、资金保障责任

安全保障资金是项目安全生产措施实现的物资基础,是保障从业人员生命安全和人身健康、项目生产发展的一项重要措施。《安全生产法》第二十条规定:生产经营单位应当具备的安全生产条件所必需的资金投入,由生产经营单位的决策机构、主要负责人或者个人经营的投资人予以保证,并对由于安全生产所必需的资金投入不足导致的后果承担责任。

有关生产经营单位应当按照规定提取和使用安全生产费用,专门用于改善安全生产条件。安全生产费用在成本中据实列支。安全生产费用提取、使用和监督管理的具体办法由国务院财政部门会同国务院安全生产监督管理部门征求国务院有关部门意见后制定。相关具体规定请参见本章第七节内容。资金保障责任主要表现在以下几个方面:
(1)按规定提取和使用安全生产费用,确保资金投入满足安全生产条件需要。
(2)按规定存储安全生产风险抵押金。
(3)依法为从业人员缴纳工伤保险费,保证安全生产教育培训的资金。

四、机构设置和人员配备责任

《安全生产法》第二十一条规定:矿山、金属冶炼、建筑施工、道路运输单位和危险物品的生产、经营、储存单位,应当设置安全生产管理机构或者配备专职安全生产管理人员。上述规定以外的其他生产经营单位,从业人员超过一百人的,应当设置安全生产管理机构或者配备专职安全生产管理人员;从业人员在一百人以下的,应当配备专职或者兼职的安全生产管理人员。

五、安全生产规章制度制定责任

建立健全安全生产责任制度和各项规章制度、安全生产操作规程。

六、教育培训责任

《安全生产法》第二十五条规定:生产经营单位应当对从业人员进行安全生产教育和培训,保证从业人员具备必要的安全生产知识,熟悉有关的安全生产规章制度和安全操作规程,掌握本岗位的安全操作技能,了解事故应急处理措施,知悉自身在安全生产方面的权利和义务。未经安全生产教育和培训合格的从业人员,不得上岗作业。生产经营单位使用被派遣劳动者的,应当将被派遣劳动者纳入本单位从业人员统一管理,对被派遣劳动者进行岗位安全操作规程和安全操作技能的教育和培训。劳务派遣单位应当对被派遣劳动者进行必要的安全生产教育和培训。生产经营单位接收中等职业学校、高等学校学生实习的,应当对实习学生进行相应的安全生产教育和培训,提供必要的劳动防护用品。学校应当协助生产经营单位对实习学生进行安全生产教育和培训。生产经营单位应当建立安全生产教育和培训档案,如实记录安全生产教育和培训的时间、内容、参加人员以及考核结果等情况。

依法组织从业人员参加安全生产教育培训,组织有关人员取得相关上岗资格证书。

七、安全管理责任

根据《安全生产法》及相关法律法规,生产经营单位的安全管理责任主要表现在:
(1)依法加强安全生产管理。
(2)定期组织开展安全检查。
(3)依法取得安全许可。
(4)依法对重大危险源实施监控。
(5)及时消除事故隐患。
(6)开展安全生产宣传教育。
(7)统一协调管理承包、承租单位的安全生产工作。

八、事故报告和应急救援责任

生产经营单位的事故报告和应急救援责任主要表现在:
(1)按规定报告生产安全事故。
(2)及时开展事故抢险救援。
(3)妥善处理事故善后工作。

九、法律、法规、规章规定的其他安全生产责任

生产经营单位的法律、法规、规章规定的其他安全生产责任主要表现在：

(1)《安全生产法》明确规定：生产经营单位负责人为本单位第一责任人，对本单位安全生产负总责。

(2)《安全生产法》对生产经营单位负责人的安全生产责任作了专门的规定：建立健全安全生产责任制；组织制定安全生产规章制度和操作规程；保证安全生产投入；督促检查安全生产工作，及时消除生产安全事故隐患；组织制定并实施生产安全事故应急救援预案；及时如实报告生产安全事故。

(3)《安全生产法》第四十八条规定：生产经营单位必须依法参加工伤保险，为从业人员缴纳保险费。

生产经营单位应当建立相应的机制，加强对安全生产责任制落实情况的监督考核，保证安全生产责任制的落实。为贯彻落实《安全生产法》，进一步健全安全生产责任体系，强化企业安全生产主体责任落实，国家安全生产监督管理总局制定了《企业安全生产责任体系五落实五到位规定》(安监总办〔2015〕27号)，即领导机构人员落实、责任体系监管职责落实、安全管理制度落实、安全保障和预警防范措施落实、安全宣传教育落实，做到单位主要负责人认识到位、安全生产责任主体履职到位、日常管理与阶段性监督检查到位、隐患排查及整改到位、危险源监控到位。

第三节　安全生产组织管理制度

一、建立安全生产组织管理制度的目的和意义

安全生产的组织管理制度是企业为了有效实施安全生产的组织管理所建立的一种规章，是指导、协调安全生产机构和部门的责任，实现安全生产各项工作目标的制度保证。企业要想实现安全生产的总目标，就必须建立完善的安全生产组织保障体系，建立相应约束机制，这是企业安全生产管理组织工作实际的需要。

实现企业安全生产自我约束机制，首先必须在企业内部建立完善的安全组织管理体系。建立安全生产组织管理制度就是为了有效规范、指导、协调企业安全生产各级组织和各职能部门的工作行为，是保障安全管理工作正常、有效运转的依据，是控制安全生产事故、实现安全工作目标、指标的根本途径和方法，对强化企业安全生产组织管理，促进安全生产管理机构正常运行具有一定的指导意义。

二、机构的建立及设置要求

1. 安全生产委员会或安全生产领导小组的建立及设置要求

(1)公路工程施工企业应当建立由单位主要负责人任主任，主管生产、安全副职或总工程

师任副主任,各职能部负责人任组员的安全生产委员会。安委会应设办事机构,一般办事机构设在本单位安全生产管理部门。

(2)项目经理部要建立由项目经理任组长,主管生产、安全副经理任副组长,各职能部门负责人和所属工区主任或工班长任组员的安全生产领导小组,组织落实本单位安全生产规章制度,贯彻安全生产会议的决议,检查指导各作业队、工区、工班专(兼)职安全员的工作等。建立公路施工企业安全组织管理体系,第一步要做的工作是建立安全监督机构。

2. 安全生产管理机构的建立及设置要求

安全生产管理机构是生产经营单位中专门负责安全生产监督管理的内设机构,其工作人员是专职安全生产管理人员。《安全生产法》第二十一条规定:矿山、金属冶炼、建筑施工、道路运输单位和危险物品的生产、经营、储存单位,应当设置安全生产管理机构或者配备专职安全生产管理人员。上述规定以外的其他生产经营单位,从业人员超过一百人的,应当设置安全生产管理机构或者配备专职安全生产管理人员;从业人员在一百人以下的,应当配备专职或者兼职的安全生产管理人员。

(1)《公路水运工程安全生产监督管理办法》(交通运输部令2016年第9号)第二十一条规定:施工单位应当设立安全生产管理机构,配备专职安全生产管理人员。施工现场应当按照每5000万元施工合同额配备1名的比例配备专职安全生产管理人员,不足5000万元的至少配备1名。

(2)《建筑施工企业安全生产管理机构设置及专职安全生产管理人员配备办法》(建质〔2008〕91号)规定:建筑施工企业应当依法设置安全生产管理机构,在企业主要负责人的领导下开展本企业的安全生产管理工作。

(3)《建筑施工企业安全生产管理机构设置及专职安全生产管理人员配备办法》规定,建筑施工企业安全生产管理机构专职安全生产管理人员的配备应满足下列要求,并应根据企业经营规模、设备管理和生产需要予以增加:①建筑施工总承包资质序列企业:特级资质不少于6人;一级资质不少于4人;二级和二级以下资质企业不少于3人。②建筑施工专业承包资质序列企业:一级资质不少于3人;二级和二级以下资质企业不少于2人。③建筑施工劳务分包资质序列企业:不少于2人。④建筑施工企业的分公司、区域公司等较大的分支机构(以下简称分支机构)应依据实际生产情况配备不少于2人的专职安全生产管理人员。

三、安全生产管理机构的主要工作内容

《安全生产法》第二十二条规定,生产经营单位的安全生产管理机构以及安全生产管理人员履行下列职责:

(1)组织参与拟订本单位安全生产规章制度、操作规程和生产安全事故应急救援预案。
(2)组织或者参与本单位安全生产教育和培训,如实记录安全生产教育和培训情况。
(3)督促落实本单位重大危险源的安全管理措施。
(4)组织或者参与本单位应急救援演练。
(5)检查本单位的安全生产状况,及时排查事故隐患,提出改进安全生产管理的建议。

(6)制止和纠正违章指挥、强令冒险作业、违反操作规程的行为。
(7)督促落实本单位安全生产整改措施。

四、企业内部安全组织管理的重点

根据《安全生产法》及相关法律法规的规定,企业内部安全组织管理的重点包括:
(1)落实各级人员、各个岗位的安全生产责任制。
(2)建立健全安全规章制度、安全操作规程并严格执行。
(3)实行安全目标管理,加强信息反馈和控制。
(4)坚持安全教育和培训,逐步提高全体职工安全技术水平和安全素质。
(5)开展各种安全检查、评价工作,将安全考核纳入职工绩效考核之中。
(6)保证安全技术措施的经费和施工项目安全生产的实施效果。
(7)重视事故的预防、事故的调查处理。
(8)不断总结经验,研究安全生产的新情况、新问题,应用新技术、新方法,以适应企业管理环境的不断变化。

五、安全生产组织管理制度的实施流程

安全生产组织管理制度的具体实施流程见图6-1。

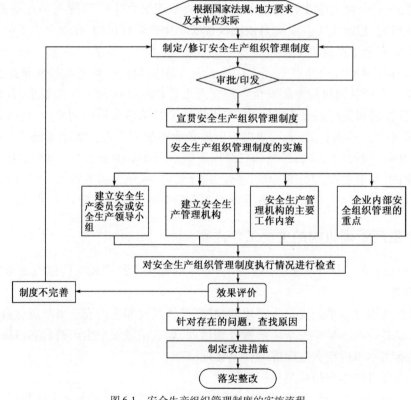

图6-1 安全生产组织管理制度的实施流程

第四节 安全生产会议制度

一、建立安全生产会议制度的目的和意义

为加强企业安全生产工作的组织领导,及时传达贯彻上级有关安全生产工作的要求,有效加强企业内部的沟通与联系,必须建立安全生产会议制度,以明确安全生产例会❶的形式、内容、时间、地点等会议要求,全面实现安全生产例会的各项议程。

建立安全生产例会制度的目的在于,通过有计划地召开安全生产例会,全面了解和掌握安全生产工作动态,全面布置和安排安全生产工作,认真落实各项预防、预控和预警措施,达到减少违章、避免安全生产事故发生的目的。

二、安全生产会议制度的主要内容

安全生产例会制度必须包括该制度的适用范围、职责和主要工作程序。

安全生产例会分为以下三类:

(1)安全生产委员会会议

①企业的安全生产委员会会议一般每季度召开一次,由安委会办公室负责召集,企业主要负责人主持,全体委员参加;时间、地点由会议组织者决定。

②会议主要内容包括:传达国家、行业、地方及上级有关部门的重要文件和重要指示精神;总结一个阶段以来的安全生产工作经验,取得的效果,安全生产现状、难点和急需解决的突出问题,确定切实可行的对策;根据存在问题和下一阶段生产经营的实际,确定安全管理的具体工作任务、安全监控的重点和阶段性目标;研究确定对为安全工作做出突出贡献的单位、部门、人员的表彰决定,通报安全生产事故及对有关单位和责任人的处罚决定等。

③会议所议事项以及做出的决定应形成会议纪要,企业安委会办公室应负责督促、检查、考核会议决议的执行情况。

(2)安全生产会议

①企业的安全生产会议每月至少应该召开一次,由企业安全生产部门负责组织召开,会议由企业主管安全生产的负责人主持。参加会议的人员一般有:安全生产负责人、技术负责人、专职安全员等。

②会议主要内容包括:传达贯彻上级有关安全生产方面的方针政策有关文件,并研究提出本企业的贯彻落实措施;检查上阶段的安全生产工作,部署下阶段的安全生产工作;对生产中存在的问题和事故隐患,研究落实解决问题的措施和方法;对发生的安全生产事故,按照"四

---

❶ 例会是依据约定的惯例每隔一定期限举行一次的会议。通常例会的进行需要制度的规范,称为例会制度。例会制度是会议制度的主体部分。所以一般所说的会议制度,即例会制度。

不放过"的原则做出处理和决定;表彰和奖励安全生产典型任务和事迹等。

(3)不定期安全生产会议

不定期安全生产会议是指由企业安全生产各职能部门根据建设单位的要求、工程进展、生产的季节性和突发性情况等随时召开的安全生产会议。

三、安全生产会议制度的实施流程

安全生产例会制度的具体实施流程见图6-2。

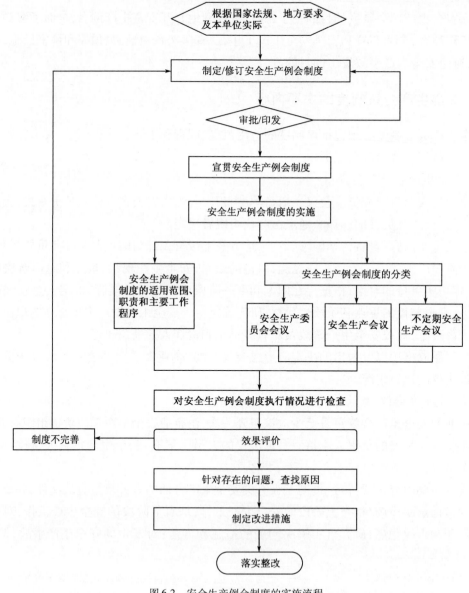

图6-2 安全生产例会制度的实施流程

第五节　安全生产管理人员考核制度

一、建立安全生产管理人员考核制度的目的和意义

为规范企业主要负责人、项目负责人和专职安全生产管理人员的行为,提高安全生产管理人员的责任感和使命感,增强安全生产管理人员的整体素质,企业必须建立安全生产管理人员考核制度。值得指出的是,本书为安全生产管理人员考核培训教材,仅论及安全生产管理人员的考核。但是,对其他管理部门如生产、物资、技术、设备等部门管理人员也要落实安全生产责任,进行安全量化考核。

为提高安全生产管理人员安全生产知识水平和管理能力,各施工企业应当在《安全生产法》《建设工程安全生产管理条例》《生产安全事故报告和调查处理条例》《公路水运工程安全生产监督管理办法》《公路水运工程施工企业主要负责人和安全生产管理人员考核管理办法》的基础上,建立健全本单位的安全生产管理人员考核制度,只有这样,才能确保工程施工安全生产,杜绝各类安全生产责任事故发生。

二、安全生产管理人员考核制度的主要内容

《安全生产法》第二十四条规定:生产经营单位的主要负责人和安全生产管理人员必须具备与本单位所从事的生产经营活动相应的安全生产知识和管理能力。危险物品的生产、经营、储存单位以及矿山、金属冶炼、建筑施工、道路运输单位的主要负责人和安全生产管理人员,应当由主管的负有安全生产监督管理职责的部门对其安全生产知识和管理能力考核合格。考核不得收费。危险物品的生产、储存单位以及矿山、金属冶炼单位应当由注册安全工程师从事安全生产管理工作。鼓励其他生产经营单位聘用注册安全工程师从事安全生产管理工作。注册安全工程师按专业分类管理,具体办法由国务院人力资源和社会保障部门、国务院安全生产监督管理部门会同国务院有关部门制定。《公路水运工程施工企业主要负责人和安全生产管理人员考核管理办法》也明确规定:安管人员应具备从事公路水运工程安全生产管理工作必要的安全生产知识和管理能力。应为与施工企业存在劳动关系,被正式任命或授权任命相关职务及岗位的在岗人员。经施工企业年度安全生产教育和培训合格,且上一年度至考核时无严重安全生产失信信息记录的,经考核部门考核合格,取得安全生产考核合格证书。施工企业应当建立安管人员安全生产教育和培训制度并建立档案,按有关规定对安管人员进行年度安全生产教育和培训,保证其具备必要的安全生产知识和管理能力。安全生产考核内容包括安全生产知识考核和管理能力考核。考核方式包括笔试或网络考试等,得分率不低于60%时合格。

1. 安全生产知识考核要点

《公路水运工程施工企业主要负责人和安全生产管理人员考核管理办法》第七条规定的安全生产知识的考核内容包括以下几个方面:国家或行业安全生产工作的基本方针政策,安全

生产方面的法律法规、规章制度和标准规范,安全生产基本理论和管理方法,公路(水运)工程安全生产技术等。

2. 安全生产管理能力考核要点

《公路水运工程施工企业主要负责人和安全生产管理人员考核管理办法》第七条规定的安全生产管理能力的考核内容包括以下几个方面:公路(水运)工程安全生产组织管理或执行力,建立和执行安全生产管理制度,发现和消除安全事故隐患,报告和处置生产安全事故等。

三、安全生产管理人员考核制度的实施流程

安全生产管理人员考核制度的具体实施流程见图6-3。

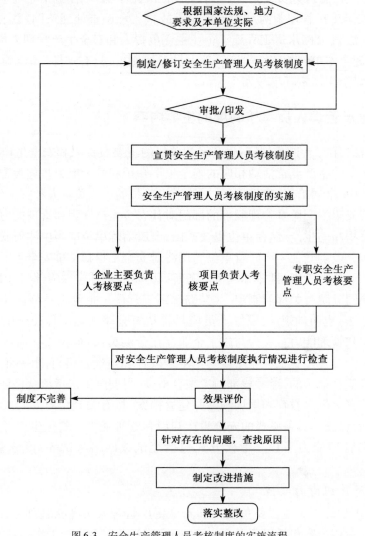

图6-3 安全生产管理人员考核制度的实施流程

第六节 安全生产教育与培训制度

一、建立安全生产教育与培训制度的目的和意义

《安全生产法》明确规定:生产经营单位应当对从业人员进行安全生产教育和培训,保证从业人员具备必要的安全生产知识,熟悉有关的安全生产规章制度和安全操作规程,掌握本岗位的安全操作技能,了解事故应急处理措施,知悉自身在安全生产方面的权利和义务。未经安全生产教育和培训合格的从业人员,不得上岗作业。

目前,公路工程施工企业由于生产设施、设备状况参差不齐,安全可靠条件不同,大部分直接接触危险源的从业人员大多都是文化程度相对较低的农民工,从事公路工程施工作业的时间短,自保互保的意识和能力不足,安全意识不强。因此,企业建立健全安全生产教育与培训制度,对于提高从业人员的安全意识和安全技能,防止人的不安全行为有着非常重要的作用。

安全生产教育与培训不仅能提高各级领导和广大从业人员对安全生产方针和政策的认识,增强搞好安全生产工作的责任感、使命感和法律意识,提高贯彻执行安全法律、法规以及各项规章制度的自觉性,而且能促使广大从业人员掌握所需的安全生产知识,普及和丰富员工的安全技术知识,增强安全操作技能和提高应急自救能力,达到提高全员安全素养、提高企业安全生产管理水平和防止事故、实现安全生产的目的。

二、安全生产教育与培训制度的主要内容

1. 安全生产教育与培训的主要内容

安全生产教育与培训的主要内容应包括:安全意识、安全知识和安全技能等。

(1)安全意识教育。包括安全法规、安全思想和劳动纪律三个方面内容。

(2)安全知识教育。包括施工生产的概况、生产过程、作业方法或者工艺流程;生产经营单位内特别危险的设备和区域情况;专业安全技术操作规程;安全防护基本知识和注意事项;有关特种设备的基本安全知识;有关预防生产经营单位常发生事故的基本知识;个人防护用品的构造、性能和正确使用的有关常识等。

(3)安全技能教育。内容包括设备的性能、一般的结构原理和正确操作知识;设备的使用、维护和事故的预防措施、紧急救援技能等。

(4)特定情况下的适时教育。特定情况包括:冬季、夏季、汛台期、雨雪天施工;节假日前后;节假日加班或突击赶任务;工作对象改变;工种交换;新工艺、新材料、新技术、新设备施工;发现事故隐患或发生事故后;进入新环境现场等。

(5)经常性安全教育。根据终身教育的观念,生产经营单位应当对在岗的从业人员进行经常性安全生产教育培训。安全环保部门要在规定时间内对施工人员进行经常性安全生产教育培训工作。主要培训内容包括公路施工安全管理相关标准规范等。根据工程特点,抓住关键部位进行施工安全教育。

2. 安全生产教育与培训的主要形式

（1）企业组织的各类安全教育培训班。

（2）三级安全教育培训。例如公路工程施工行业的生产经营单位新进场的从业人员，必须进行公司、项目经理部（或工区、工程队等）、作业队（或班组等）的三级安全培训教育。

（3）岗前安全教育培训。在新工人上岗前要对其进行必要的安全教育，重点包括项目的安全规定、如何使用个人防护用品、施工现场的安全隐患、工作和生活中要注意的安全事项等，还要针对其所担任的工作按工种进行教育。作业人员进入新的岗位或者新的施工现场前，应当接受安全生产教育培训。未经教育培训或者教育培训考核不合格的人员，不得上岗作业。施工单位在采用新技术、新工艺、新设备、新材料时，应当对作业人员进行相应的安全生产教育培训。

（4）在作业现场作业前进行的班前"五分钟"安全宣传教育。

（5）企业组织的各种安全技术知识讲座、竞赛。

（6）企业组织的"安全生产月"活动期间的技术交流，以展览、张贴宣传画、标语，设置警示标志，以及利用媒体等方式进行的安全教育。

（7）召开安全例会、事故分析会、现场会，分析造成事故的原因、责任、教训，制定事故防范措施。

（8）日常进行的广播、电影、电视、录像、网络等声像式安全教育。

3. 安全生产教育与培训的主要对象

《公路水运工程施工企业主要负责人和安全生产管理人员考核管理办法》（交安监发〔2016〕65号）规定的施工企业安全生产管理人员是指企业授权的工程项目负责人、具体分管项目安全生产工作的负责人、项目技术负责人、企业或工程项目专职从事安全生产工作的管理人员。安管人员应具备从事公路水运工程安全生产管理工作必要的安全生产知识和管理能力，应为与施工企业存在劳动关系，被正式任命或授权任命相关职务及岗位的在岗人员。经施工企业年度安全生产教育与培训合格，且上一年度至考核时无严重安全生产失信信息记录的，经考核部门考核合格，取得安全生产考核合格证书。施工企业应当建立安管人员安全生产教育与培训制度并建立档案，按有关规定对安管人员进行年度安全生产教育与培训，保证其具备必要的安全生产知识和管理能力。安全生产考核内容包括安全生产知识考核和管理能力考核。考核方式包括笔试或网络考试等，得分率不低于60%时合格。申请考核人经所在施工企业通过管理系统向企业工商注册地的省（自治区、直辖市）人民政府交通运输主管部门提出申请考核材料。申请考核材料信息不全或信息内容不符合要求的，考核部门不予受理并告知企业理由，整改后可再次提交。申请考核材料信息的真实性由申请考核人及其所在施工企业负责。考核部门审核申请考核人的申请考核材料合格后，对其进行考核。考核合格的，其考核结果须经7天公示，无异议的，在公示期满后20个工作日内由省级交通运输主管部门核发安全生产考核合格证书。对考核不合格的，应当通过企业通知本人并说明理由。

4. 企业三级安全教育的具体要求

企业三级安全教育的具体要求主要包括以下几个方面：

（1）公司级安全教育的主要内容是：国家和地方有关安全生产的方针、政策、法规、标准、规范、规程和企业的安全规章制度等。培训教育的时间不得少于15学时。

（2）项目安全教育的主要内容是：工地安全制度、施工现场环境、工程施工特点及可能存在的不安全因素等。培训教育的时间不得少于15学时。

（3）班组安全教育的主要内容是：本工种的安全操作规程、事故安全案例、劳动纪律和岗位讲评等。培训教育的时间不得少于20学时。

5. 安全生产教育与培训的注意事项

人的安全素质一般包括三个方面，一是安全意识，二是安全知识，三是安全技术。企业提高员工安全素质最直接、最有效的一个途径就是加强对职工的安全教育与安全培训。在安全生产教育与培训制度的实施过程中，应当注意以下问题：

（1）首先要经本单位安委会或上级安全生产主管部门审批下发后实施。

（2）要制定企业年度安全生产教育与培训计划。

（3）要建立本单位安全生产教育与培训档案，详细记录有关教育与培训信息。

（4）制度执行过程中要严格监督检查，对制度不重视或执行力不强的应严格整改，并把相关信息反馈到有关部门，实施制度的修改修订工作。

三、安全生产教育与培训制度的实施流程

安全生产教育与培训制度的具体实施流程见图6-4。

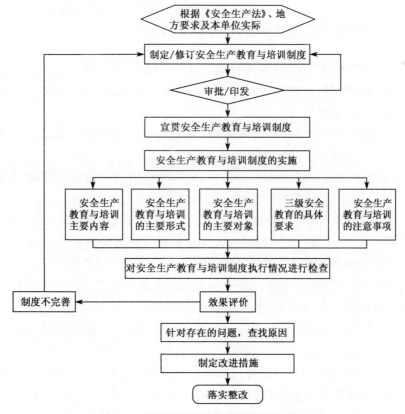

图6-4　安全生产教育与培训制度的实施流程

第七节 安全生产费用管理制度

一、建立安全生产费用管理制度的目的和意义

《安全生产法》及相关法规规定,公路工程施工企业当具备安全生产条件所必需的资金投入,应当安排用于配备劳动保护用品、进行安全生产培训的经费,并对由于安全生产所必需的资金投入不足导致的后果承担责任。因此,企业要想解决安全生产措施经费足额提取、及时到位、合理使用等问题,就必须建立安全生产费用管理制度。企业建立安全生产费用管理制度的目的是加强企业安全生产费用的统一管理;保证安全生产资金的有效投入;改善从业人员工作条件和工作环境,保障职工职业健康安全;进一步实现安全生产、文明施工和安全生产标准化管理;减少和防止生产安全事故的发生。

只有建立科学合理的安全生产费用管理制度,才能加强建设工程安全生产费用管理,建立施工企业安全生产投入长效机制,改善施工企业作业条件,减少施工伤亡事故发生,切实保障施工人员人身安全。

二、安全生产费用管理制度的主要内容

1. 安全生产资金保障制度的主要内容

(1)安全生产资金是指企业按规定标准提取、在成本中列支、专门用于完善和改进企业安全生产条件所发生的各项资金。

(2)企业进行安全生产资金管理必须坚持"企业提取、政府监管、确保需要、规范使用"的原则。

(3)企业安全生产资金必须做到专项立户,由本单位财务部门统一管理,实行专款专用,不得挪作他用。

(4)企业安全生产第一责任人全面负责安全生产资金计划的审批,并保证资金的落实及合理使用等工作。生产经营单位的决策机构、主要负责人或者个人经营的投资人应当保证生产经营单位具备的安全生产条件所必需的资金投入。

(5)企业的安监部门负责安全生产资金相关情况的监督检查,审计部门应定期对安全生产投入资金使用情况进行专项审计,并出具报告。

(6)企业安全生产资金保障制度还要明确使用计划、统计上报的时间、相关工作程序、职责权限、奖励与处罚等。

(7)上级安监、财务等主管部门要加强安全生产资金的监督管理,对未按照相关规定落实安全生产资金保障制度的单位给予处罚。对因未建立或不严格执行安全生产资金保障制度的单位和个人,造成企业安全生产责任事故的还应追究相关责任人的责任。

2. 安全生产资金的使用范围

2012年2月14日财政部、安监总局印发的《企业安全生产费用提取和使用管理办法》第七条规定，建设工程施工企业以建筑安装工程造价为计提依据。各建设工程类别安全费用提取标准如下：

①矿山工程为2.5%；

②房屋建筑工程、水利水电工程、电力工程、铁路工程、城市轨道交通工程为2.0%；

③市政公用工程、冶炼工程、机电安装工程、化工石油工程、港口与航道工程、公路工程、通信工程为1.5%。

该办法第十九条规定，建设工程施工企业安全费用应当按照以下范围使用：

①完善、改造和维护安全防护设施设备支出（不含"三同时"要求初期投入的安全设施），包括施工现场临时用电系统、洞口、临边、机械设备、高处作业防护、交叉作业防护、防火、防爆、防尘、防毒、防雷、防台风、防地质灾害、地下工程有害气体监测、通风、临时安全防护等设施设备支出；

②配备、维护、保养应急救援器材、设备支出和应急演练支出；

③开展重大危险源和事故隐患评估、监控和整改支出；

④安全生产检查、评价（不包括新建、改建、扩建项目安全评价）、咨询和标准化建设支出；

⑤配备和更新现场作业人员安全防护用品支出；

⑥安全生产宣传、教育、培训支出；

⑦安全生产适用的新技术、新标准、新工艺、新装备的推广应用支出；

⑧安全设施及特种设备检测检验支出；

⑨其他与安全生产直接相关的支出。该规定相较原来的规定而言大大提高了安全费用提取标准。

在公路工程施工中，建设单位列入建设工程概算的安全生产资金应主要用于施工安全防护用具及设施的采购和更新、安全施工保障措施的落实、安全生产条件的改善等。

安全生产资金保障制度建立后的关键在于落实，各施工企业在落实安全生产资金管理工作时必须做到"三到位"，即：责任到位、措施到位、资金到位。同时，各级财务部门、安全生产部门还应对安全生产费用提取标准、使用范围和结余处理等进行可行性分析评价，并结合本单位实际，在监督有关部门实施的同时，适时修订，确保安全生产资金的有效使用，做到科学、合法、合理、有效。

三、安全生产费用管理制度的实施流程

安全生产费用管理制度的具体实施流程见图6-5。

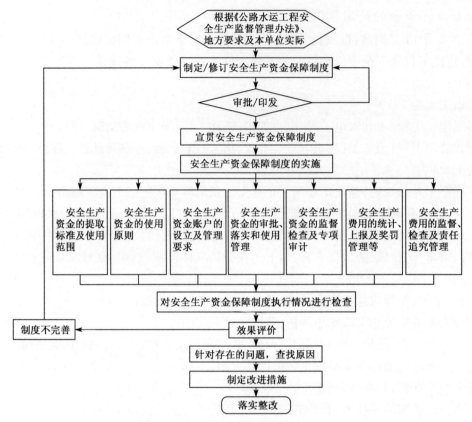

图 6-5 安全生产资金保障制度的实施流程

第八节 安全风险评估与管控制度

一、建立安全风险评估与管控制度的目的和意义

安全风险评估制度是风险评估理论和方法在安全生产管理工作中的具体运用,是在科学分析施工生产当中危险危害因素的基础上,在安全风险的预防、风险的控制、风险的转移、风险的补偿、风险的分散等之间做出适当选择的决策过程。企业的安全生产工作都应该在安全风险评估的基础上进行,只有在正确地、全面地了解安全风险后,才能在控制风险、减少风险、转移风险之间做出正确的判断,决定调动多少资源、以什么样的代价、采取什么样的应对措施去化解风险、控制风险。建立安全风险评估制度,及时识别、评价和控制危险源,可以有针对性地采取防范措施,是实现安全生产"可控、能控、在控"的必然要求。

在公路工程施工过程中,诱发安全生产事故的原因很多,控制的方法和手段也不断推陈出新,建立安全风险评估制度是现代企业安全管理的重要手段之一,其目的就是对施工中的不同环境或不同时期的安全风险进行识别与分析,以及对安全风险产生的后果进行综合评价,并通过安全风险评价查找存在的危险、有害因素并确定危险程度,提出合理可行的安全对策、措施及建议,使企业在生产运行期内的安全风险控制在安全、合理的范围内。建立安全风险评估制度对于企业建立健全符合企业实际的安全预控机制,整体提高企业安全管理水平,科学预测事故发生的后果都具有重大的意义。

二、安全风险评估与管控制度的主要内容

建立安全风险评估制度就是要牢固树立"任何风险都可以控制"的理念,坚持"以人为本、安全发展、实事求是、注重实效、稳步推进"的基本原则,按照"分专业、分层次、理流程"的工作思路,密切结合企业安全生产实际和安全管理基础,稳步推进企业安全风险管理。

安全风险评估一般有以下三个步骤:安全风险的辨识与评价→危险危害因素的分析、分类及管理措施→安全风险评估。

1. 安全风险的辨识与评价

(1)危险源辨识的准备及要求

根据工程项目所在地、自然环境、气候特点等客观条件,依据合同工期的要求,首先应制定出施工工序流程图,并确定具体工作内容;辨识小组应由具有丰富施工经验的人员组成,如生产经理、技术经理、专职安全员、施工队长、现场工程师、现场施工人员,要力求考虑周全、详尽;危险源识别所应用的法律法规要全,辨识范围应覆盖本单位、本项目的所有施工、作业(工作)区域及设备(设施);参加辨识的人员应掌握辨识范围和类别的基本情况,了解法律法规对本单位、本项目安全管理的具体要求;辨识的各项资料准备要齐全。

(2)危险源辨识的法律依据

对于公路工程施工危险源的辨识,应主要依据《建设工程安全生产管理条例》(国务院令第393号)、《公路水运工程安全生产监督管理办法》(交通运输部令2016年第9号)和《危险化学品重大危险源辨识》(GB 18218)等有关法规和标准进行。

(3)危险源的分类

目前我国关于危险源的分类方法,有按照生产过程危险分类、按照有害因素分类以及按照企业职工伤亡事故分类等方法。《生产过程危险和有害因素分类与代码》将生产过程中的危险、有害因素分为六大类,分别是:物理性危险、有害因素;化学性危险、有害因素;生物性危险、有害因素;心理、生理性危险、有害因素;行为性危险、有害因素;其他危险、有害因素。

(4)危险源辨识与评价方法

危险源辨识方法大致可分为经验分析法、材料性质和生产条件分析法、作业条件危险性评价法三大类。

①经验分析法:包括直观判断、对照分析和类比分析法。

直观判断法仅限于有可供参考先例、有以往经验可以借鉴的建设项目;对照分析法是对照有关法律法规、标准、检查表或依靠分析人员的观察能力,借助于经验和判断能力直观地对评价对象的危险因素进行分析,缺点是容易受到分析人员的经验和知识等方面的限制,对此,可采用安全检查表加以弥补;类比分析法是利用相同或类似工程或作业条件的经验和劳动安全卫生的统计资料来类推、分析评价对象的危险因素。总结以往的生产经验,对以往发生过的事

故或未遂事故的原因进行分析，不难找出危险因素。

施工现场的危险源主要是通过经验分析法来辨识。

②材料性质和生产条件分析法。

了解生产或使用材料的性质是危害辨识的基础，危害辨识中常用的材料性质有：毒性、物理化学性质、燃烧和爆炸特性等。生产条件也会产生危险或使生产过程中材料的危险性质加剧。

③作业条件危险性评价法。

作业条件危险性评价法认为影响危险性的三个主要因素是：发生事故的可能性大小，用符号 L 表示；人体暴露于危险环境的频繁程度，用符号 E 表示；发生事故可能产生的后果，用符号 C 表示。作业条件危险性分值用符号 D 表示，$D=L\times E\times C$，D 值越大，说明危险性越大；当 D 值超过不可容许或不可接受的值时，就认定为重大危险源。

a. 事故发生的可能性（L）。

事故发生的可能性，具体数值可参照表6-1。

事故发生的可能性（L） 表6-1

分数值	事故发生的可能性	分数值	事故发生的可能性
10	完全可以预料	0.5	很不可能，可以设想
6	相当可能	0.2	极不可能
3	可能，但不经常	0.1	实际不可能
1	可能性小，完全意外		

b. 暴露于危险环境的频繁程度（E）。

人员暴露于危险环境的时间越多，危险性越大。因此将人员连续暴露于危险环境的情况定为10，将非常罕见暴露于危险环境的情况定为0.5，而介于两者之间的各种情况分别规定出若干中间值。具体数值可参照表6-2。

暴露于危险环境的频繁程度（E） 表6-2

分数值	暴露于危险环境的频繁程度	分数值	暴露于危险环境的频繁程度
10	连续暴露	2	每月一次暴露
6	每天工作时间内暴露	1	每年几次暴露
3	每周一次或偶然暴露	0.5	非常罕见暴露

c. 发生事故的后果（C）。

在公路工程施工范围内所有的活动、服务过程中，对因各种过失酿成机械设备损坏和安全设施失当造成人身伤亡或重大经济损失的事故，按其可能产生的后果即人员受到伤害的程度、经济损失的额度进行分值界定（经济损失指直接经济损失，泛指因事故造成人身伤亡及善后处理支出的费用和损坏财产的价值）。由于范围广阔，所以依据《企业职工伤亡事故分类》（GB 6441）规定分数值为1~100。具体数值可参照表6-3。

d. 危险性分值（D）。

根据公式（$D=L\times E\times C$）就可以计算作业的危险程度，但关键是如何确定各分值和总分的评价。根据计算结果,总分在400以下,认为是低度风险,则可以采用加强培训的方式增强意识和提高能力;通过建立健全有关规章制度、强化安全检查等方法进行管理。如果风险分数值在400以上,则认为是要采取措施进行整改的重大风险。具体如表6-4所示。

发生事故的后果(C)　　　　　　　　　　　　　　　　表6-3

分数值	发生事故产生的后果	分数值	发生事故产生的后果
100	10人以上死亡/直接经济损失100万~300万元	7	伤残/直接经济损失1万~10万元
40	3~9人死亡/直接经济损失30万~100万元	3	重伤/直接经济损失1万元以下
15	1~2人死亡/直接经济损失10万~30万元	1	轻伤(损失1~105工日的失能伤害)

作业条件危险性分值(D)　　　　　　　　　　　　　　表6-4

D值	危险程度	风险等级	备注
>720	极其危险,不能继续操作	5	重大风险
500~720	高度危险,要立即整改	4	
400~500	显著危险,需整改	3	
100~400	一般危险,需注意	2	低度风险
<100	稍有危险,可以接受	1	

同时,危险源的确定要防止遗漏,不仅要分析正常施工、操作时的危险因素,更重要的是要充分考虑施工活动三种时态(过去、现在、将来)和三种状态(正常、异常、紧急)下潜在的各种危险,分析支护失效,设备、装置破坏及操作失误可能产生严重后果的危险因素。对于已经评价为重大危险源的还要制定相应的管理措施或管理方案。

2. 危险危害因素的分析、分类及管理措施

此项工作应由工程技术人员、安全管理人员、设备使用与施工现场管理人员等各方面专家共同讨论完成,要以可能发生或者历史上曾经发生过的事故和事件为借鉴,以有关安全技术操作规程为依据,从以下几个方面进行危害分析:

(1)物(设备、设施)的不安全状态,包括可能导致事故发生和危害扩大的设计缺陷、工艺缺陷、设备缺陷、停放位置保护措施和安全装置的缺陷等。

(2)人的不安全因素,如上岗人员未按要求培训、不采取安全措施、不按规定方法操作、疲劳等。

(3)可能造成职业病、中毒的劳动环境和条件,包括物理的(噪声、振动、湿度、辐射粉尘)、化学的(易燃、易爆、有毒、危险气体、氧化物等)以及生物因素。

(4)管理缺陷,包括安全监督、检查、事故防范、应急措施、作业人员安排、劳保防护用品不足或质量缺陷、工艺过程和操作方法不正确等。

(5)自然灾害,如地震、台风、洪水、雷击、泥石流、塌方等。

对危险源进行分析、分类后,采取相应的控制措施是控制事故的关键。

3. 安全风险评估

根据以上几个方面的危害分析,应对所分析的结果进行风险评估,根据事故隐患危害程度和产生后果的不同进行分类,从而为制定防范措施奠定基础。风险评估时,应从以下几个方面

进行：
(1) 人身伤害（包括烧伤、烫伤、挤伤、砸伤、摔伤、电伤、咬伤、磁力伤、溺水等）和死亡。
(2) 职业病发生（如粉尘、静电、有害气体、放射源等所致）。
(3) 环境污染（如对大气、水源、农作物、动物等）。
(4) 企业财产损失。
(5) 可能受到上级单位的批评、处罚或承担法律责任。
(6) 企业信誉的影响。
(7) 其他影响。
(8) 得出评价结论。

4. 出具安全风险评估报告

安全风险评估报告的内容包括：工程项目概况、安全风险评估的主要内容和风险评估结论等。

三、安全风险评估与管控制度的实施流程

安全风险评估与管理制度的具体实施流程见图6-6。

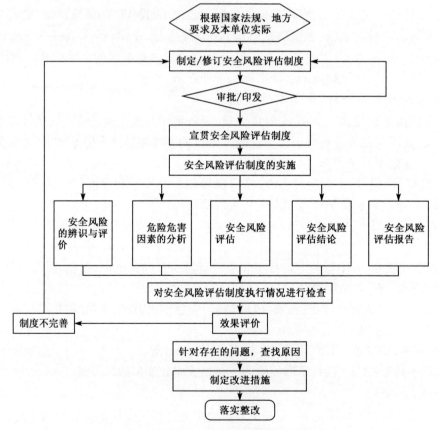

图6-6 安全风险评估与管控制度的实施流程

四、高速公路路堑高边坡及桥隧工程施工安全风险评估制度

1. 高速公路路堑高边坡工程施工安全风险评估制度

为完善高速公路施工安全风险体系,加强路堑高边坡工程施工安全风险管理,完善专项施工方案,加强施工现场安全风险预控,根据交通运输部编制的《高速公路路堑高边坡工程施工安全风险评估指南(试行)》,公路施工企业应当建立健全高速公路路堑高边坡工程施工安全风险评估制度。

凡列入国家和地方基本建设计划的新建、改建、扩建的高速公路,在施工阶段均应进行路堑高边坡施工安全风险评估。同时应充分重视对老滑坡体、岩堆体、老错落体等不良地质体地段,膨胀土、高液限土、冻土、黄土等特殊岩土地段,以及居住区、地下管线分布区、高压塔等周边地段的施工安全风险评估。

高速公路路堑高边坡工程施工安全风险评估分为总体风险评估和专项风险评估。总体风险评估以高速公路全线的路堑工程整体为评估对象,根据工程建设规模、地质条件、工程特点、施工环境、诱发因素、资料完整性等,评估全线路堑边坡施工安全风险,确定风险等级并提出控制措施建议。总体风险评估结论应作为编制路堑边坡工程施工组织设计的依据。专项风险评估是在总体风险评估的基础上,将风险等级达到高度风险(Ⅲ级)及以上的路堑段作为评估单元,以施工作业活动为评估对象,根据其施工安全风险特点及类似工程事故情况,进行风险辨识、分析、估测;并针对其中的重大风险源进行量化评估,提出具体的风险控制措施。专项风险评估可分为施工前专项评估和施工过程专项评估。专项风险评估结论应作为编制或完善专项施工方案的依据。

总体风险评估工作由建设单位负责组织,专项风险评估工作由施工单位负责组织。组织单位按照"谁组织谁负责"的原则对评估工作质量负责。总体风险评估和施工前专项风险评估应分别形成评估报告,施工过程专项风险评估可简化形成评估报表。评估报告应反映风险评估过程的全部工作,报告内容应包括编制依据、工程概况、评估方法、评估步骤、评估内容、评估结论及对策建议等。总体风险评估报告由建设单位(或工程总承包单位、代建单位)组织专家审查,专项风险评估报告由施工单位组织专家审查。评审专家组不得少于5人,专家应由建设、设计、勘察、监理、施工等单位具有高边坡勘察、设计、施工管理经验的人员组成。评估小组根据专家评审意见对评估报告进行修改,形成最终报告。专项风险评估报告评审通过后应向项目建设单位报备。当专项风险评估等级达到Ⅳ级(极高风险)时,建设单位应组织专家论证。

新建高速公路项目,应组织进行项目总体风险评估。对重大风险源应按规定报备。施工单位应根据风险评估结论,完善路堑高边坡工程施工组织设计和专项施工方案,分类制定相应的专项应急预案,对项目施工过程实施预警预控。对重大风险源应建立日常巡查、监测预警、定期报告、销号等制度,并严格实施。对暂时无有效措施的Ⅳ级风险,应立即停工。

高速公路路堑高边坡工程施工安全风险评估工作费用在项目安全生产费用中列支。

各省级交通运输主管部门及其监管机构在履行施工安全监督检查职责时,应将高速公路

路堑高边坡工程施工安全风险评估实施情况纳入检查范围。对未按规定开展风险评估的项目,责令限期整改。对Ⅳ级风险的施工作业,应切实加强重点督查。

2. 桥隧工程施工安全风险评估制度

公路桥梁和隧道工程(以下简称"桥隧工程")因工程结构复杂、建设环境恶劣、施工条件差、不安全因素多等原因,作业风险居高不下,一直以来是行业安全监管的重点环节。近几年来,事故呈现"易发、频发、多发"等特点,且许多重特大事故基本都发生在桥隧工程上,社会影响极大。因此,控制好桥隧工程安全事故是改善交通建设领域安全形势的关键。安全生产重在预防。风险评估作为行之有效的风险预防措施,已被各行业广泛采用。因此,桥隧工程安全风险评估是预防桥隧工程安全事故的有效手段。

自2009年交通运输部立项开展"桥隧工程施工安全风险评估管理制度与试点研究"到交通运输部决定自2011年8月1日起在施工阶段实行公路桥梁和隧道工程安全风险评估制度,桥隧风险评估制度取得了巨大成就并逐渐趋于成熟。

列入国家和地方基本建设计划的新建、改建、扩建以及拆除、加固等高等级公路桥梁和隧道工程项目,在施工阶段,应按相关要求,进行施工安全风险评估。其他公路工程项目,可参照执行。公路桥梁和隧道工程施工安全风险评估范围,可由各地根据工程建设条件、技术复杂程度和施工管理模式,以及当地工程建设经验,参考以下标准确定。

(1)桥梁工程

①多跨或跨径大于40m的石拱桥,跨径大于或等于150m的钢筋混凝土拱桥,跨径大于或等于350m的钢箱拱桥,钢桁架、钢管混凝土拱桥。

②跨径大于或等于140m的梁式桥,跨径大于400m的斜拉桥,跨径大于1000m的悬索桥。

③墩高或净空大于100m的桥梁工程。

④采用新材料、新结构、新工艺、新技术的特大桥、大桥工程。

⑤特殊桥型或特殊结构桥梁的拆除或加固工程。

⑥施工环境复杂、施工工艺复杂的其他桥梁工程。

(2)隧道工程

①穿越高地应力区、岩溶发育区、区域地质构造、煤系地层、采空区等工程地质或水文地质条件复杂的隧道,黄土地区、水下或海底隧道工程。

②浅埋、偏压、大跨度、变化断面等结构受力复杂的隧道工程。

③长度3000m及以上的隧道工程,Ⅵ、Ⅴ级围岩连续长度超过50m或合计长度占隧道全长的30%及以上的隧道工程。

④连拱隧道和小净距隧道工程。

⑤采用新技术、新材料、新设备、新工艺的隧道工程。

⑥隧道改扩建工程。

⑦施工环境复杂、施工工艺复杂的其他隧道工程。

公路桥梁和隧道工程施工安全风险评估分为总体风险评估和专项风险评估。总体风险评估是指在桥梁或隧道工程开工前,根据桥梁或隧道工程的地质环境条件、建设规模、结构特点等孕险环境与致险因子,估测桥梁或隧道工程施工期间的整体安全风险大小,确定其静态条件下的安全风险等级。专项风险评估是指当桥梁或隧道工程总体风险评估等级达到Ⅲ级(高度风险)及以上时,将其中高风险的施工作业活动(或施工区段)作为评估对象,根据其作业风险特点以及类似工程事故情况,进行风险源普查,并针对其中的重大风险源进行量化估测,提出相应的风险控制措施。

评估方法应根据被评估项目的工程特点,选择相应的定性或定量的风险评估方法。主要评估方法有:定性分析法、半定量分析法、定量分析法和综合分析法等,具体评估方法的选择,可参照《公路桥梁和隧道工程施工安全风险评估指南(试行)》。

公路桥梁和隧道工程施工安全风险评估工作包括制定评估计划、选择评估方法、开展风险分析、进行风险估测、确定风险等级、提出措施建议、编制评估报告等内容。评估步骤一般为:

①开展总体风险评估。根据设计阶段风险评估结果(若有),以及类似结构工程安全事故情况,用定性与定量相结合的方法初步分析本项目孕险环境与致险因子,估测施工中发生重大事故的可能性,确定项目总体风险等级。

②确定专项风险评估范围。总体风险评估等级达到Ⅲ级(高度风险)及以上的桥梁或隧道工程,应进行专项风险评估。其他风险等级的桥梁或隧道工程可视情况开展专项风险评估。

③开展专项风险评估。通过对施工作业活动(或施工区段)的风险源普查,在分析物的不安全状态、人的不安全行为的基础上,确定重大风险源和一般风险源。宜采用指标体系法等定量评估方法,对重大风险源发生事故的概率及损失进行分析,评估其发生重大事故的可能性与严重程度,对照相关风险等级标准,确定专项风险等级。

④确定风险控制措施。根据风险接受准则的相关规定,对专项风险等级在Ⅲ级(高度风险)及以上的施工作业活动(或施工区段),应明确重大风险源的监测、控制、预警措施以及应急预案。其他风险等级的桥梁、隧道工程可根据工程实际情况,按照成本效益原则确定相应的风险控制措施。

公路桥梁和隧道工程施工安全风险评估工作原则上由项目施工单位具体负责。当被评估项目含多个合同段时,总体风险评估应由建设单位牵头组织,专项风险评估工作仍由合同施工单位具体实施。当施工单位的施工经验或能力不足时,可委托行业内安全评估机构承担相关风险评估工作。

第九节 安全技术交底制度

一、建立安全技术交底制度的目的和意义

公路工程施工地质条件复杂,要跨越大江大河、峡沟深谷,经过各种不良地质路段,修建大桥、隧道、高边坡等结构物不可避免,施工任务艰巨,安全风险巨大;同时,目前我国修建的公路

等级越来越高,深水、高墩、大跨危险工程越来越多,机械化程度越来越高,建设随着国家经济的高速发展而日新月异,施工范围逐渐由近海向远海发展,由浅水有掩护向深水无掩护扩展;新技术、新结构、新工艺、新材料和新设备也不断地被应用于水运工程中,安全生产技术和管理工作也随之更加复杂、多变。在这样错综复杂的环境下,安全技术交底能真正起到指导施工、预防事故、保证施工安全的作用。

建立技术交底制度的目的是规范项目安全技术交底工作,提高从业人员的安全意识、丰富安全知识和增强安全操作技能,是减少伤亡事故发生的必要手段和根本途径。

二、安全技术交底制度的主要内容

1. 安全技术交底的主要内容

(1)告知施工过程中的作业危险点、重大危险源及危害因素。

(2)针对危险点和重大危险源制定具体预防措施。

(3)作业过程中应注意的安全事项。

(4)特殊工序的操作方法、相应的安全操作规程和标准要求。

(5)发生安全生产事故后应该采取的自救方法、紧急避险和紧急救援措施等。

2. 安全技术交底的具体要求

(1)安全技术交底由项目经理部技术负责人负责实施,实行逐级安全技术交底制度。横向涵盖各相关部门,纵向延伸到班组全体作业人员。项目管理者、现场施工负责人和现场具体操作人员都应接受安全技术交底,任何人未经安全技术交底不准作业。

(2)安全技术交底的内容必须具体、明确、针对性和可操作性强。

(3)技术交底的内容应针对分部分项工程施工给作业人员带来的潜在或隐含的危险因素和存在问题。

(4)安全技术交底应优先交底采用的新的安全技术方法和技术措施。

(5)安全技术交底应涵盖工程概况、施工方法、施工程序、安全技术措施等内容。

(6)安全技术交底必须保留书面签字记录。公路施工企业施工任务书及对应的安全技术交底书由总工程师签发,并对其安全性负责。

三、安全技术交底制度的实施流程

安全技术交底制度的具体实施流程见图6-7。

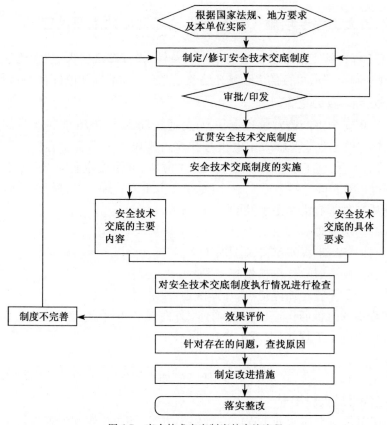

图 6-7 安全技术交底制度的实施流程

第十节 危险性较大工程专项施工方案审批论证制度

一、建立危险性较大工程专项施工方案审批论证制度的目的和意义

由于危险性较大工程施工中危险危害因素众多,成为安全生产管理的重点和难点,因此其专项施工方案必须经过严格的审批和论证,确保每个施工工艺、施工方法中存在的危险危害因素得到有效控制和防护,才能确保施工过程中的安全生产能够实现。建立危险性较大工程专项施工方案审批论证制度就是要保证方案审批和论证的过程科学严谨,只有这样,工程方案才能有效落实。

危险性较大工程施工过程中往往安全生产隐患多、治理难度大、安全生产事故发生率高。只有建立危险性较大工程专项施工方案审批论证制度,在施工前充分考虑施工过程中可能存在的各种安全生产隐患,适当调整施工工艺和施工方法,研究制定可操作性强的预防和治理措施,才能避免或减少安全生产事故的发生,保障施工人员人身安全、企业财产不受损失,确保安全生产能够顺利进行。

二、危险性较大工程专项施工方案审批论证制度的主要内容

危险性较大工程在施工前必须根据地质水文条件、设计图纸要求、技术规范标准及国家和地方性法律法规等制定严谨可行的专项施工方案,然后经过审批和论证程序后方可施工。

1. 危险性较大工程的范围

《公路水运工程安全生产监督管理办法》(交通运输部令 2016 年第 9 号)第二十三条规定,下列危险性较大的工程以及临时用电设备在 5 台及以上或设备总容量在 50kW 及以上的施工现场临时用电工程,施工前应当编制专项施工方案,并附安全验算结果,经施工单位技术负责人、监理工程师审查同意签字后实施,由专职安全生产管理人员进行现场监督:

(1)不良地质条件下有潜在危险性的土方、石方开挖。
(2)滑坡和高边坡处理。
(3)桩基础、挡墙基础、深水基础及围堰工程。
(4)桥梁工程中的梁、拱、柱等构件施工等。
(5)隧道工程中的不良地质隧道、高瓦斯隧道、水底海底隧道等。
(6)水上工程中的打桩船作业、施工船作业、外海孤岛作业、边通航边施工作业等。
(7)水下工程中的水下焊接、混凝土浇筑、爆破工程等。
(8)爆破工程。
(9)大型临时工程中的大型支架、模板、便桥的架设与拆除;桥梁、码头的加固与拆除。
(10)其他危险性较大的工程。

必要时,施工单位对上述所列工程的专项施工方案,还应当组织专家进行论证、审查。

2. 专项施工方案的编制

专项施工方案应由施工单位组织编制,编制人员应具有本专业中级及以上专业技术职称。实行施工总承包的,应由施工总承包单位组织编制。其中,超深基坑、高大模板、大型边坡、大型脚手架等专业工程的专项施工方案,应由专业承包单位负责编制。

专项施工方案的主要内容应包括:工程概况、编制依据、施工计划、施工工艺技术、施工安全保证措施、劳动力计划、计算书及相关图纸。

(1)专项施工方案编制应遵循以下原则:

①进行施工平面布置时,生活、生产设施要避开周边重大危险因素并不得对周边环境造成安全影响,同时要对具有危险性的临时设施按有关规定进行布置并进行标识。

②确定对施工作业有可能造成重大安全影响的周边危险因素,并制定相应的安全技术措施,消除这些危险因素。在无法消除的情况下,要制定相应的监控措施,必要时设计修建符合国家有关标准的安全防护设施,将其影响降至最小程度。

③根据设计文件、工期要求、施工环境,具体分析本项目施工的特点,找出施工过程中可能出现的不安全状态,针对这些不安全状态制定相应的技术措施。

④对施工过程进行作业流程分析,找出危险点,针对这些危险点制定相应的技术防范措施。

⑤安全技术措施的处置方法包括:消除与预防法、替代隔离法、设置薄弱环节法、错位布局法、连锁法、警告法。

(2)在编制安全技术措施时,需要特别注意的事项有:

①编制前应收集施工项目所处的施工环境资料、工程图纸、设计文件、工期要求并深入施工现场进行查勘。

②收集有关的安全生产法律法规、行业标准、安全防护设施标准、安全操作规程、施工工艺、同类技术文件。

③收集有关的危险因素辨识、评价资料。

④根据施工机械具体状况和使用条件,从技术角度考虑,对设备的使用制定相应的规定,尤其是一些老旧设备、工作环境特别差的设备。对安全保护装置的使用做出明确规定,防止设备超负荷运行。

⑤根据相关的安全操作规程和作业过程特点,规定作业程序,规范施工人员的作业行为。

⑥在使用新工艺、新技术、新材料、新设备时,要对作业过程进行认真的分析,找出其薄弱点和危险点,并有针对性地编制相应的安全技术措施,对作业人员专门进行培训,考核合格后方能上岗。

⑦在进行有毒有害作业时,要根据作业特点从技术上对作业场所、防护设施、个人防护装备、作业时间进行具体的规定,最大限度地降低对作业人员的危害。

⑧对安全事故出现前的事故征兆、异常情况分析清楚并进行描述,制订出现事故征兆后应立即采取的应急措施,以避免安全事故的发生或将事故损失减小到最低程度。专项施工方案的具体编制流程见图6-8。

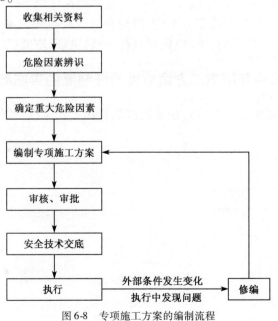

图6-8 专项施工方案的编制流程

3.专项施工方案的审核、审批

(1)专项施工方案应当由施工单位技术部门组织本单位生产、安全、技术质量等部门的专业技术人员进行审核。

(2)实行施工总承包的,专项施工方案应当由总承包单位技术负责人及相关专业承包单位技术负责人审核。

(3)不需专家论证的专项施工方案,须经施工单位审核合格后报施工监理单位,项目监理工程师审核通过、签字后,由项目技术负责人批准实施。

4.专项施工方案的论证

具有一定规模的危险性较大的分部分项工程,专项施工方案应当由施工单位组织召开专家论证会。工程实行施工总承包的,应由施工总承包单位组织召开专家论证会。论证审查的专项施工方案,须在审核论证会通过后实施。

方案中需要专家论证的主要内容包括:

(1)专项施工方案内容是否完整。

(2)专项施工方案计算书和验算依据是否符合有关工程建设标准,采用新技术、新工艺、新材料、新设备的工程专项施工方案的数学模型是否准确。

(3)专项施工方案是否可行,是否符合施工现场实际情况。

专家组认为专项施工方案需做重大修改的,施工单位应当根据论证报告组织修改,并重新组织专家进行论证。

施工单位应当根据专家组提交的论证报告对专项施工方案进行修改完善,经施工单位技术负责人、工程项目总监理工程师和建设单位签字后,方可实施。实行施工总承包的,还应经施工总承包单位技术负责人审核签字。

施工单位必须严格执行专项施工方案,不得擅自修改经过审批的专项施工方案。如因设计、结构等因素发生变化,确需修订的,应重新履行审核、论证、审批程序。

三、危险性较大工程专项施工方案审批论证制度的实施流程

危险性较大工程专项施工方案审批论证制度的具体实施流程见图6-9。

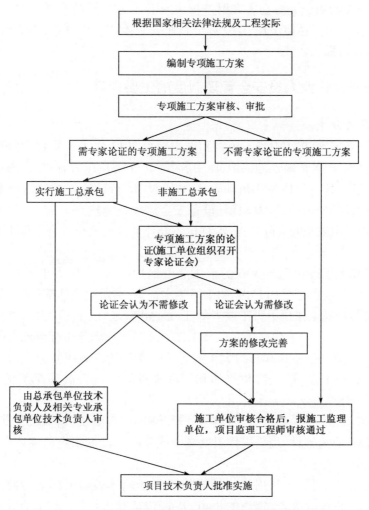

图 6-9　危险性较大工程专项施工方案审批论证制度的实施流程

第十一节　特种设备及作业人员安全管理制度

一、建立特种设备及作业人员安全管理制度的目的和意义

当前公路工程建设施工机械化程度越来越高,机械设备在使用中不安全因素增加,稍有疏忽,就可能发生机械伤害事故。为了杜绝或减少机械伤害事故的发生,确保机械设备及人员的安全,创造良好的施工环境,必须建立特种设备及作业人员安全管理制度,以加强对特种设备及作业人员的安全管理。

建立特种设备及作业人员安全管理制度,对于保证特种设备的本质安全,加强设备的检验检测,规范特种作业人员的教育培训、持证上岗等安全管理,杜绝违章指挥、违章操作、违反劳动纪律的"三违"行为,避免人身伤害和财产损失有着十分重要的意义。建立此项制度,有利于企业贯彻落实国家有关法律法规,建立健全企业安全生产管理体系,提高保障能力,完成既定的安全生产管理目标。

二、特种设备及作业人员安全管理制度的主要内容

1. 特种设备的分类

根据《特种设备安全法》(中华人民共和国主席令2013年第4号)的规定,特种设备是指对人身和财产安全有较大危险性的锅炉、压力容器(含气瓶)、压力管道、电梯、起重机械、客运索道、大型游乐设施、场(厂)内专用机动车辆,以及法律、行政法规规定适用本法的其他特种设备。根据《特种设备安全法》以及《特种设备安全监察条例》(国务院令第549号)等相关法律法规,结合公路工程施工的实际特点,特种设备及作业人员安全管理制度中包含的特种设备如下。

(1)锅炉:容积大于或者等于30L的承压蒸汽锅炉;出口水压大于或者等于0.1MPa(表压),且额定功率大于或者等于0.1MW的承压热水锅炉;有机热载体锅炉。

(2)压力容器:最高工作压力大于或者等于0.1MPa(表压),且压力与容积的乘积大于或者等于2.5MPa·L的气体、液化气体和最高工作温度高于或者等于标准沸点的液体的固定式容器和移动式容器;盛装公称工作压力大于或者等于0.2MPa(表压),且压力与容积的乘积大于或者等于1.0MPa·L的气体、液化气体和标准沸点等于或者低于60℃的液体的气瓶;氧舱等。

(3)压力管道:最高工作压力大于或者等于0.1MPa(表压)的气体、液化气体、蒸汽介质或者可燃、易爆、有毒、有腐蚀性、最高工作温度高于或者等于标准沸点的液体介质,且公称直径大于25mm的管道。

(4)电梯:是指动力驱动,利用沿刚性导轨运行的箱体或者沿固定线路运行的梯级(踏步),进行升降或者平行运送人、货物的机电设备,包括载人(货)电梯、自动扶梯、自动人行道等。

(5)起重机械:是指用于垂直升降或者垂直升降并水平移动重物的机电设备,其范围规定为额定起重量大于或者等于0.5t的升降机;额定起重量大于或者等于1t,且提升高度大于或者等于2m的起重机和承重形式固定的电动葫芦等。

(6)场(厂)内专用机动车辆:是指除道路交通、农用车辆以外仅在工厂厂区、旅游景区、游乐场所等特定区域使用的专用机动车辆。特种设备包括其所用的材料、附属的安全附件、安全保护装置和与安全保护装置相关的设施。

(7)其他危险性较大的特种设备。

2. 特种设备的安装与调试

(1)对特种设备进行安装调试的单位应该具有相应的资格,使用单位需对承接该项工作的单位进行安全资格验证。

(2)特种设备在安装调试前,使用单位应对特种设备安装调试承揽单位进行安全资质审

查、验证后报上级质量技术监督行政主管部门备案,方可进行特种设备的安装调试。

(3)特种设备安装调试必须按照国家相关安全法规、标准进行。

(4)设备安装调试完成后,安装单位必须出具有关安装合格报告。使用单位还应组织有关部门组织验收,验收合格后方可投入使用。

3.特种设备的管理

我国实行特种设备安全全过程一体化监察制度,该制度包括对设计和制造、安装和使用、检验和修理等环节的监察。

(1)特种设备生产管理

《安全生产法》规定:生产经营单位使用的危险物品的容器、运输工具,以及涉及人身安全、危险性较大的海洋石油开采特种设备和矿山井下特种设备,必须按照国家有关规定,由专业生产单位生产,并经取得专业资质的检测、检验机构检测、检验合格,取得安全使用证或者安全标志,方可投入使用。

国家按照分类监督管理的原则对特种设备生产实行许可制度。特种设备生产单位应当具备下列条件,并经负责特种设备安全监督管理的部门许可,方可从事生产活动:①有与生产相适应的专业技术人员;②有与生产相适应的设备、设施和工作场所;③有健全的质量保证、安全管理和岗位责任等制度。

特种设备生产单位应当保证特种设备生产符合安全技术规范及相关标准的要求,对其生产的特种设备的安全性能负责。不得生产不符合安全性能要求和能效指标以及国家明令淘汰的特种设备。锅炉、气瓶、氧舱、客运索道、大型游乐设施的设计文件,应当经负责特种设备安全监督管理的部门核准的检验机构鉴定,方可用于制造。特种设备产品、部件或者试制的特种设备新产品、新部件以及特种设备采用的新材料,按照安全技术规范的要求需要通过型式试验进行安全性验证的,应当经负责特种设备安全监督管理的部门核准的检验机构进行型式试验。特种设备出厂时,应当随附安全技术规范要求的设计文件、产品质量合格证明、安装及使用维护保养说明、监督检验证明等相关技术资料和文件,并在特种设备显著位置设置产品铭牌、安全警示标志及其说明。电梯的安装、改造、修理,必须由电梯制造单位或者其委托的依照本法取得相应许可的单位进行。电梯制造单位委托其他单位进行电梯安装、改造、修理的,应当对其安装、改造、修理进行安全指导和监控,并按照安全技术规范的要求进行校验和调试。电梯制造单位对电梯安全性能负责。

特种设备安装、改造、修理的施工单位应当在施工前将拟进行的特种设备安装、改造、修理情况书面告知直辖市或者设区的市级人民政府负责特种设备安全监督管理的部门。特种设备安装、改造、修理竣工后,安装、改造、修理的施工单位应当在验收后三十日内将相关技术资料和文件移交特种设备使用单位。特种设备使用单位应当将其存入该特种设备的安全技术档案。锅炉、压力容器、压力管道元件等特种设备的制造过程和锅炉、压力容器、压力管道、电梯、起重机械、客运索道、大型游乐设施的安装、改造、重大修理过程,应当经特种设备检验机构按照安全技术规范的要求进行监督检验;未经监督检验或者监督检验不合格的,不得出厂或者交付使用。

国家建立缺陷特种设备召回制度。因生产原因造成特种设备存在危及安全的同一性缺陷的,特种设备生产单位应当立即停止生产,主动召回。国务院负责特种设备安全监督管理的部门发现特种设备存在应当召回而未召回的情形时,应当责令特种设备生产单位召回。

(2)特种设备经营管理

特种设备销售单位销售的特种设备,应当符合安全技术规范及相关标准的要求,其设计文件、产品质量合格证明、安装及使用维护保养说明、监督检验证明等相关技术资料和文件应当齐全。特种设备销售单位应当建立特种设备检查验收和销售记录制度。禁止销售未取得许可生产的特种设备,未经检验和检验不合格的特种设备,或者国家明令淘汰和已经报废的特种设备。

特种设备出租单位不得出租未取得许可生产的特种设备或者国家明令淘汰和已经报废的特种设备,以及未按照安全技术规范的要求进行维护保养和未经检验或者检验不合格的特种设备。特种设备在出租期间的使用管理和维护保养义务由特种设备出租单位承担,法律另有规定或者当事人另有约定的除外。

进口的特种设备应当符合我国安全技术规范的要求,并经检验合格;需要取得我国特种设备生产许可的,应当取得许可。进口特种设备随附的技术资料和文件应当符合《特种设备法》第二十一条的规定,其安装及使用维护保养说明、产品铭牌、安全警示标志及其说明应当采用中文。特种设备的进出口检验,应当遵守有关进出口商品检验的法律、行政法规。进口特种设备,应当向进口地负责特种设备安全监督管理的部门履行提前告知义务。

(3)特种设备使用管理

特种设备使用单位应当使用取得许可生产并经检验合格的特种设备。禁止使用国家明令淘汰和已经报废的特种设备。特种设备使用单位应当在特种设备投入使用前或者投入使用后三十日内,向负责特种设备安全监督管理的部门办理使用登记,取得使用登记证书。登记标志应当置于该特种设备的显著位置。特种设备使用单位应当建立岗位责任、隐患治理、应急救援等安全管理制度,制定操作规程,保证特种设备安全运行。

特种设备使用单位应当建立特种设备安全技术档案。安全技术档案应当包括以下内容:①特种设备的设计文件、产品质量合格证明、安装及使用维护保养说明、监督检验证明等相关技术资料和文件;②特种设备的定期检验和定期自行检查记录;③特种设备的日常使用状况记录;④特种设备及其附属仪器仪表的维护保养记录;⑤特种设备的运行故障和事故记录。

电梯、客运索道、大型游乐设施等为公众提供服务的特种设备的运营使用单位,应当对特种设备的使用安全负责,设置特种设备安全管理机构或者配备专职的特种设备安全管理人员;其他特种设备使用单位,应当根据情况设置特种设备安全管理机构或者配备专职、兼职的特种设备安全管理人员。

特种设备使用单位应当对其使用的特种设备进行经常性维护保养和定期自行检查,并做出记录。特种设备使用单位应当对其使用的特种设备的安全附件、安全保护装置进行定期校验、检修,并做出记录。

特种设备使用单位应当按照安全技术规范的要求,在检验合格有效期届满前一个月向特种设备检验机构提出定期检验要求。特种设备检验机构接到定期检验要求后,应当按照安全技术规范的要求及时进行安全性能检验。特种设备使用单位应当将定期检验标志置于该特种设备的显著位置。未经定期检验或者检验不合格的特种设备,不得继续使用。

特种设备安全管理人员应当对特种设备使用状况进行经常性检查,发现问题应当立即处理;情况紧急时,可以决定停止使用特种设备并及时报告本单位有关负责人。特种设备作业人员在作业过程中发现事故隐患或者其他不安全因素,应当立即向特种设备安全管理人员和单位有关负责人报告;特种设备运行不正常时,特种设备作业人员应当按照操作规程采取有效措施保证安全。

特种设备出现故障或者发生异常情况,特种设备使用单位应当对其进行全面检查,消除事故隐患,方可继续使用。

客运索道、大型游乐设施在每日投入使用前,其运营使用单位应当进行试运行和例行安全检查,并对安全附件和安全保护装置进行检查确认。电梯、客运索道、大型游乐设施的运营使用单位应当将电梯、客运索道、大型游乐设施的安全使用说明、安全注意事项和警示标志置于易于为乘客注意的显著位置。公众乘坐或者操作电梯、客运索道、大型游乐设施,应当遵守安全使用说明和安全注意事项的要求,服从有关工作人员的管理和指挥;遇有运行不正常时,应当按照安全指引,有序撤离。

(4)特种设备检测检验管理

检验、定期检验的特种设备检验机构,以及为特种设备生产、经营、使用提供检测服务的特种设备检测机构,应当具备下列条件,并经负责特种设备安全监督管理的部门核准,方可从事检验、检测工作:①有与检验、检测工作相适应的检验、检测人员;②有与检验、检测工作相适应的检验、检测仪器和设备;③有健全的检验、检测管理制度和责任制度。

特种设备检验、检测机构的检验、检测人员应当经考核,取得检验、检测人员资格,方可从事检验、检测工作。特种设备检验、检测机构的检验、检测人员不得同时在两个以上检验、检测机构中执业;变更执业机构的,应当依法办理变更手续。特种设备检验、检测工作应当遵守法律、行政法规的规定,并按照安全技术规范的要求进行。

4.特种设备作业人员的管理

特种设备作业人员是指从事特种设备安装调试、维修保养、指挥、操作等的人员。

(1)特种设备的使用单位应当加强对特种设备作业现场和作业人员的安全管理,履行下列义务:

①制定特种设备安全操作规程和有关安全管理制度。
②保证特殊工种人员持证上岗,建立特种设备作业人员管理档案。
③对特种作业人员及时进行安全教育和培训。
④进行专项安全检查,确保持证上岗和按章操作。
⑤提供必要的安全作业条件,发放必要的个人安全防护用品、用具。
⑥定期组织从事危险危害作业的特殊工种作业人员进行身体健康检查。
⑦及时进行安全技术交底和危险危害因素书面告知。

(2)按照《特种作业人员安全技术培训考核管理规定》(安监总局令第30号)的规定,对从事特种设备操作的作业人员有下列要求:

①年满18周岁,且不超过国家法定退休年龄。

②经社区或者县级以上医疗机构体检健康合格,并无妨碍从事相应特种作业的器质性心脏病、癫痫病、美尼尔氏症、眩晕症、癔症、震颤麻痹症、精神病、痴呆症以及其他疾病和生理缺陷。

③具有初中及以上文化程度。

④具备必要的安全技术知识与技能。

⑤相应特种作业规定的其他条件。

(3)特种设备作业人员应当遵守以下规定:

①作业时随身携带证件,并自觉接受用人单位的安全管理和质量技术监督部门的监督检查。

②积极参加特种设备安全教育和安全技术培训。《安全生产法》规定,特种作业人员必须按照国家有关规定接受专门的安全作业培训。取得相应资格,方可上岗作业。

③严格执行特种设备操作规程和有关安全规章制度。

④拒绝违章指挥。

⑤发现事故隐患或者不安全因素应当立即向现场管理人员和单位有关负责人报告。

⑥接受安全技术交底,熟悉现场危险源及应急措施。

三、特种设备及作业人员安全管理制度的实施流程

特种设备及作业人员安全管理制度的具体实施流程见图6-10。

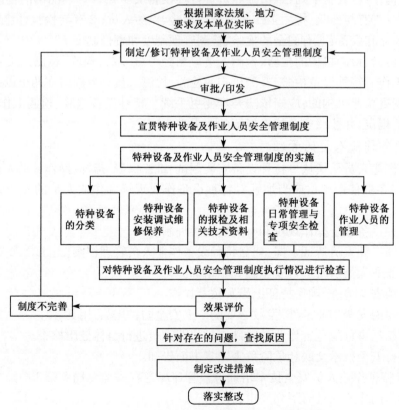

图6-10 特种设备及作业人员安全管理制度的实施流程

第十二节　职业健康安全和劳动防护用品管理制度

一、建立职业健康安全和劳动防护用品管理制度的目的和意义

劳动防护用品是指保护劳动者在生产过程中的安全与健康所必备的个人安全防护用具。事实证明：作业人员配备和正确使用劳动防护用品能够有效避免或减少职业危害，预防职业病和工伤事故的发生。建立职业健康安全和劳动防护用品管理制度是国家法律法规的要求，是保护劳动者在劳动施工生产中的人身安全和健康，避免和减少职业危害的重要手段，是构建和谐社会、贯彻"以人为本、安全发展"安全生产理念的必要措施；也是各单位职业健康安全管理体系的重要组成部分，是保障安全生产不可缺少的重要手段。

建立职业健康安全和劳动防护用品管理制度，规范企业劳动防护用品的管理，减少作业场所职业危害，降低职业病发生率，提高企业对于职业病和职业伤害的防控能力，一方面有助于劳动者合法权益的实现，有助于劳动者生产作业环境的持续改进；另一方面有助于企业完善职业健康安全管理体系，有助于企业更好地开展职业病防治工作，预防或减少安全生产责任事故的发生。

二、职业健康安全和劳动防护用品管理制度的主要内容

职业健康安全和劳动防护用品管理制度应根据国家和地方有关法律法规要求，并结合企业施工生产实际和劳动者作业环境的特点来制定。

1. 职业病防治管理要求

列入国家主管部门公布的职业病目录的职业病称为法定职业病。界定法定职业病的基本条件主要包括：①在职业活动中产生；②接触职业危害因素；③列入国家职业病范围；④与劳动用工行为相联系。

企业是职业病防治和职业健康安全的责任主体，应采取以下管理措施：

（1）设置职业卫生管理机构或者组织，全面负责本单位的职业病防治工作；制定管理方案，制定职业病防治计划和实施方案，制定和实施职业健康安全计划，确保职业健康安全目标的实现；建立健全职业卫生管理制度和操作规程；建立健全职业卫生档案和劳动者健康监护档案；建立健全工作场所职业病危害因素监测及评价制度；建立健全职业病危害事故应急救援预案。生产经营单位的职业安全健康管理体系的管理者代表的工作包括：①建立、实施、保持和评审职业安全健康管理体系；②定期向最高管理层报告职业安全健康管理体系的绩效；③推动企业全体员工参加职业安全健康管理活动。职业安全健康管理体系中的计划与实施应包括目标、管理方案、初始评审、运行控制。

（2）设置有效的职业病防护设施，并为劳动者提供合格的职业病防护用品。

（3）优先采用有利于防治职业病和保护劳动者健康的新技术、新工艺、新材料。

（4）对产生严重职业病危害的作业岗位，应当在其醒目位置，设置警示标志和中文警示说明。警示说明应当载明产生职业病危害的种类、后果、预防以及应急救治措施等内容。

（5）对可能发生急性职业损伤的有毒、有害工作场所，设置报警装置，配置现场急救用品、

冲洗设备、应急撤离通道和必要的危险区。

(6)按照卫生行政部门的规定,定期对工作场所进行职业病危害因素检测、评价,检测、评价结果存入用人单位职业卫生档案,定期向所在地卫生行政部门报告并向劳动者公布。

(7)不得安排未成年人从事接触职业病危害的作业;不得安排孕期、哺乳期的女职工从事对本人和胎儿、婴儿有危害的作业。

2. 常用的劳动防护用品

公路工程常用的个人安全防护用品有:安全帽、安全带、安全网、防毒面具、防尘口罩、护目镜、高温鞋、绝缘鞋等。一般的劳动防护用品还包括:工作服、工作帽、风镜、雨衣、水靴、防寒服、毛巾、手套等。

3. 劳动防护用品的配备与使用要求

(1)应当按照现行《劳动防护用品选用规则》(GB 11651)和国家颁发的劳动防护用品配备标准以及有关规定,为从业人员配备劳动防护用品。

(2)应当安排用于配备劳动防护用品的专项经费。企业不得以货币或者其他物品替代应当按规定配备的劳动防护用品。

(3)为从业人员提供的劳动防护用品,必须符合国家标准或者行业标准,不得超过使用期限。劳动防护用品必须具有产品合格证、生产许可证和安全鉴定证"三证"。企业应督促、教育从业人员正确佩戴和使用劳动防护用品。依据《劳动防护用品监督管理规定》,劳动防护用品生产企业必须具备满足生产需要的生产场所和技术人员、完善的质量保证体系、产品标准和相关技术文件等条件。

(4)应当建立健全劳动防护用品的采购、验收、保管、发放、使用、报废等管理制度。

(5)不得采购和使用无安全标志的特种劳动防护用品;购买的特种劳动防护用品须经本单位的安全生产技术部门或者管理人员检查验收。

(6)从业人员在作业过程中,必须按照安全生产规章制度和劳动防护用品使用规则,正确佩戴和使用劳动防护用品;未按规定佩戴和使用劳动防护用品的,不得上岗作业。

4. 施工安全"三宝"的内容及使用方法

施工安全"三宝"指的是:安全帽、安全带、安全网。

(1)安全帽的正确使用

①凡进入施工现场的所有人员,都必须佩戴安全帽。作业中不得将安全帽脱下、搁置一旁,或当坐垫使用。

②国家标准中规定佩戴安全帽的高度,为帽箍底边至人头顶端(以试验时木质人头模型为代表)的垂直距离为80~90mm。国家标准对安全帽最主要的要求是能够承受500N的冲击力。

③要正确使用安全帽,扣好帽带,调整好帽衬间距(一般约40~50mm),避免轻易松脱或颠动摇晃。缺衬缺带或破损的安全帽不准使用。

(2)安全带的正确使用

①使用时要高挂低用,防止摆动碰撞,绳子不能打结,钩子要挂在连接环上。当发现有异常时要立即更换,换新绳时要加绳套。使用3m以上的长绳要加缓冲器。

②在攀登和悬空等作业中,必须佩戴安全带并有牢靠的挂钩设施,严禁只在腰间佩戴安全带,而不在固定的设施上拴挂钩环。

③安全带不使用时要妥善保管。不可接触高温、明火、强酸、强碱或尖锐物体。使用频繁的绳要经常做外观检查;使用两年后要做抽检,抽验过的样带要更换新绳。

(3)安全网的正确使用

①网内不得存留建筑垃圾,网下不能堆积物品,网身不能出现严重变形和磨损,防止受化学品与酸、碱烟雾的污染及电焊火花的烧灼等。

②支撑架不得出现严重变形和磨损,其连接部位不得有松脱现象。网与网之间及网与支撑架之间的连接点亦不允许出现松脱。所有绑拉的绳都不能使其受严重的磨损或有变形。

③网内的坠落物要经常清理。保持网体洁净,还要避免大量焊接或其他火星落入网内,并避免高温或蒸汽环境。当网体受到化学品的污染或网绳嵌入粗砂粒或其他可能引起磨损的异物时,应及时进行清洗,洗后使其自然干燥。

④安全网在搬运中不可使用铁钩或带尖刺的工具,以防损伤网绳。网体要存放在仓库或专用场所,并将其分类、分批存放在架子上,不允许随意乱堆。对仓库要求具备通风遮光、隔热、防潮、避免化学物品的侵蚀等条件。在存放过程中,亦要求对网体做定期检验,发现问题,立即处理,以确保安全。

三、职业健康安全和劳动防护用品管理制度的实施流程

职业健康安全和劳动防护用品管理制度的具体实施流程见图6-11。

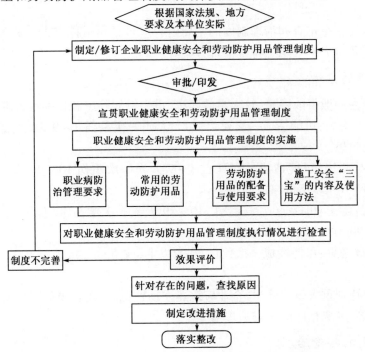

图6-11 职业健康安全和劳动防护用品管理制度的实施流程

第十三节　安全生产事故隐患排查和治理制度

一、建立安全生产事故隐患排查和治理制度的目的和意义

安全生产事故隐患,是指未被事先识别或未采取必要防护措施而可能导致安全生产事故的危险源或不利环境因素,包括人的活动场所、设备及设施的不安全状态;或者由于人的不安全行为和管理上的缺陷,可能导致人身伤害或者经济损失的潜在危险。就是指潜在的对人身安全或健康构成伤害,造成财产损失或兼具其他损失的根源或情况。公路工程施工中人、机、料、物的协同作业、交叉作业频繁,安全管理难度大、事故隐患多。加强安全生产事故隐患的排查治理工作,建立企业安全生产事故隐患排查和治理制度是提高安全生产事故防控能力,保障安全生产顺利进行的必要手段和措施。

为了建立安全生产事故隐患排查治理长效机制,加强事故隐患监督管理,预防和减少事故的发生,保障人的生命财产安全,企业应建立安全生产事故隐患排查和治理制度。这是建立完善安全生产长效机制的基本措施之一,对落实企业安全生产主体责任,加强事故隐患排查治理力度,提高企业安全生产管理水平,保障人民群众生命财产安全有着重大意义。

二、安全生产事故隐患排查和治理制度的主要内容

安全生产事故隐患排查和治理制度的主要内容应包括事故隐患的分级管理、事故隐患的排查治理与报告及重大事故隐患排查治理方案等。

1. 事故隐患的分级

事故隐患分为一般事故隐患、较大事故隐患、重大事故隐患和特别重大事故隐患。

（1）一般事故隐患:可能造成一次死亡1~2人或一次重伤3~9人,或直接经济损失100万元以下的事故隐患。

（2）较大事故隐患:可能造成一次死亡3~9人或一次重伤10~29人,或直接经济损失100万元以上500万元以下的事故隐患。

（3）重大事故隐患:可能造成一次死亡10~29人或一次重伤30人以上,或直接经济损失500万元以上1000万元以下的事故隐患。

（4）特大事故隐患:可能造成一次死亡30人以上,或直接经济损失1000万元以上的事故隐患。

针对重大和特别重大事故隐患,企业应该建立预警机制,按隐患危害程度分红色、橙色、黄色、蓝色4级预警,采取相应的排查治理措施。

2. 事故隐患的排查治理

（1）企业是事故隐患排查、治理和防控的责任主体。应当把隐患排查治理工作贯穿到生

产活动全过程,建立实时检查、班检查、日排查等隐患排查治理制度,明确排查地点、项目、标准、责任,将隐患排查治理日常化。企业主要负责人对本单位事故隐患排查治理工作全面负责。

(2)企业应成立事故隐患排查治理小组,由单位安全生产第一责任人任组长,定期组织安全生产管理人员、工程技术人员和其他相关人员排查本单位的事故隐患,并逐级落实从主要负责人到每个从业人员的隐患排查治理的范围和责任,做到不留空当,不留死角。

(3)企业应依照有关法律法规和文件要求制定具体方案,对安全生产规章制度、责任落实、安全管理组织体系、资金投入、人员培训、劳动纪律、现场管理、防控手段、事故查处以及安全生产基本条件、工艺系统、基础设施、技术装备、作业环境等方面组织检查。每月至少组织一次事故隐患排查工作,并下发隐患整改通知,限期整改,落实事故隐患排查治理工作责任。

(4)企业应将排查出的事故隐患分级建档,登记编号,对重大及特别重大的事故隐患应报上级管理部门。当事故隐患等级可能随时间、外界条件变化时,应注重动态监控并在档案中及时调整其等级,对升级为重大及特别重大的事故隐患予以补报,对降级的事故隐患亦应进行相应报告。

(5)受检单位在接收隐患整改通知后,应立即按照隐患整改通知的要求采取有效措施,按照"三限"原则对隐患进行整改治理;隐患整改完成后应形成隐患整改回执,将隐患整改情况及时报送至检查单位,并组织召开会议进行总结;受检单位在接到隐患整改回执后,应对整改情况进行复查核实。

(6)企业应加强对自然灾害的预防。对于因自然灾害可能导致事故灾难的隐患,应当按照有关法律、法规、标准的要求排查治理,采取可靠的预防措施,制定应急预案。在接到有关自然灾害预报时,应当及时向所属单位发出预警通知;发生自然灾害可能危及企业和人员安全的情况时,应当采取撤离人员、停止作业、加强监测等安全措施,并及时向当地人民政府及有关部门报告。

(7)企业接到有关部门下达的责令停产整改指令,必须立即停止生产,由主要负责人组织制定整改方案,并及时报送有关部门。制定整改方案应确定整改项目、整改目标、整改时限、整改作业范围、从事整改的作业人员,落实整改责任人、资金,还应包括安全技术措施和应急预案,以及职工安全教育和培训等内容。

(8)企业应建立奖惩机制,促进事故隐患的排查和治理工作。

3.事故隐患排查治理的报告

(1)企业应每季或每半年对事故隐患排查治理情况进行统计分析,写出隐患排查治理报告,并定期向有关部门报送隐患排查治理情况。

(2)企业应当及时向所属单位和部门通报隐患排查与治理情况,提出下阶段事故隐患排查治理工作要点。

(3)重大事故隐患治理报告还应包括:隐患的现状及其产生原因;隐患的危害程度和整改难易程度分析;隐患治理方案等。

(4)隐患治理方案应包括:治理的目标和任务;采取的方法和措施;经费和物资的落实;负责治理的机构和人员;治理的时限和要求;安全措施和应急预案等。

4. 事故隐患排查结果公示

企业应当如实向施工作业班组、作业人员详细告知作业场所和工作岗位存在的危险因素、危险特征及防范措施,由双方签字确认。在作业场所明显部位设置重大及特别重大事故隐患的公示牌;制定应急预案并告知作业人员与现场相关人员,必要时组织演练。

在上述场所应设置明显的安全警示标志,在无法封闭施工的工地,还应当悬挂当日施工现场危险告知牌,以将危险告知路人和社会车辆。

5. 事故隐患治理和验收销号

(1)事故隐患的治理

企业应对处在危险区域或有潜在危险的驻地坚决搬迁,对有危险的作业点进行有效防范,对施工机具登记管理,在使用维修保养前应加强检查,对所有隐患的防范措施应一一审核是否有操作性,是否有效。监理单位应加强对防范整改的监督检查,并对施工单位的整改情况加以书面确认。工程建设单位也应制定相应的奖惩措施,对无防范措施或措施无效及整改不力的施工项目部严格惩处,对仍存在重大及特别重大事故隐患的场所、部位,应立即停工整顿。

(2)事故隐患治理的验收与销号

企业应建立本单位的安全生产事故隐患排查治理的验收销号标准。对已经按要求治理的事故隐患及时销号,解除监控。对难以按时消除的事故隐患,应编制监控措施,落实专门的责任人和整改时限。

①重大事故隐患整改,要落实跟踪督办的责任部门和责任人,督促落实各项防范措施,对整改治理情况进行跟踪督办。

②督促整改的责任人要深入现场,跟踪检查有关防范和监控措施落实情况,及时掌握重大事故隐患治理情况,确保按整改方案进行治理,彻底消除重大事故隐患。

③重大事故隐患整改结束后,整改单位应向督办的责任部门和责任人提出验收申请。督办的责任部门和责任人在接受申请后,应当在10日内组织有关人员进行现场核查。对于彻底治理的事故隐患,经有关部门验收合格后,及时摘牌销号,将有关档案或台账整理后归档管理。

三、安全生产事故隐患排查和治理制度的实施流程

事故隐患排查和治理制度的具体实施流程见图6-12。

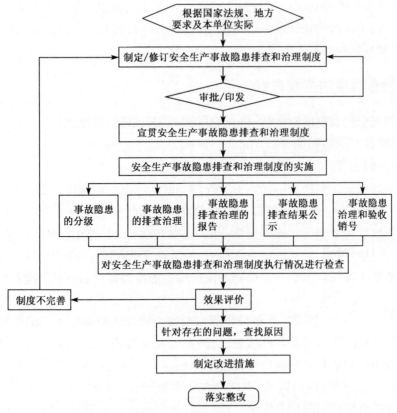

图6-12 安全生产事故隐患排查和治理制度实施流程

第十四节 安全检查制度

一、建立安全检查制度的目的和意义

安全检查是指对生产过程及安全管理中可能存在的隐患、有害与危险因素、缺陷等进行查证。施工企业进行的安全检查工作是发现和消除事故隐患、落实安全措施、预防事故发生的重要手段;是改善劳动条件,促进安全生产的有效措施;是企业安全生产管理体系运行中的重要环节,是安全生产管理工作的重要内容,也是发动群众共同搞好安全生产工作的一种有效形式。通过安全检查可以及时掌握安全管理体系的运行情况和生产经营过程中的危险危害因素,以便有计划地制定相应措施,保证企业安全生产顺利进行。因此,企业必须建立、完善安全检查制度。《安全生产法》明确规定,生产经营单位的安全生产管理人员在对本单位安全生产状况进行检查时,对发现的安全问题,应当立即处理;不能处理的,应当及时报告本单位有关负责人。

检查工作应经常化、规范化、制度化,各企业应根据国家和地方性法律法规的要求,结合企业生产特点,建立安全检查制度。这项制度的建立有助于企业更好地贯彻执行安全生产有关的法律、法规;有助于及时纠正安全生产违法违规行为,排查和消除事故隐患;有助于不断提高管理水平,防范和减少各类事故的发生。

二、安全检查制度的主要内容

企业建立的安全检查制度应包括:检查的目的、要求、依据、标准、形式、内容、分工职责、频次、整改以及对检查效果的评价等。

1. 安全检查的形式

安全检查可以分为定期性、经常性、季节性、专业性、综合性安全检查等形式。

(1)定期性检查。指企业或主管部门组织的定期全面的安全检查。公路水运施工企业内部必须建立其分级检查的制度。检查周期一般为:中型以上的公路工程施工单位,每季度组织一次检查;所属项目经理部,每月组织一次检查;施工作业队(班组),每周进行一次检查;施工现场比较集中的单位可每月组织一次检查。定期检查的覆盖面广、有深度,能及时发现并解决问题。

(2)经常性检查。指由各级生产单位负责人或安全管理人员根据生产情况和各项安全生产规章制度的执行情况进行的经常性检查,目的在于及时发现隐患,消除隐患,保证施工生产正常进行。检查中要狠抓易发生和可能发生事故的主要因素,变事后处理为事前预防。这类检查通常有:作业队(班组)进行班前、班后岗位安全检查;各级安全管理人员巡回安全检查;各级管理人员在检查生产同时检查安全。

(3)季节性检查。指由各级生产单位根据季节变化,按事故发生的规律对易发生的潜在危险,突出重点进行的季节性检查。如冬季防冻保温、防火、防煤气中毒;夏季防暑降温、防汛、防雷电等检查。这类检查可提前发现问题,及时整改,消除隐患,做到防患于未然。

(4)专业性检查。指各级生产部门组织,以各类专业技术人员为主,根据各专业特点,而进行的专业安全检查。这类检查具有较强的针对性和专业要求,用于检查难度较大的项目。通过检查可发现潜在问题,研究整改对策,进行技术改造,及时消除隐患。

(5)综合性检查。一般由主管部门或行业主管组织,是对所属各企业或生产单位进行的全面综合性检查。综合性检查能引起各职能部门的重视,整改措施能及时落实,必要时也可组织进行系统的安全性评价。

2. 安全检查的方法

常用的安全检查方法有一般检查法和安全检查评分表法。

(1)一般检查法

一般检查法主要包括:看、听、闻、问、查、测、析。

①看:看施工现场的环境和作业条件;看实物和施工人员的实际操作;看施工人员在施工过程中所做的记录和资料;看施工安全设施等。

②听:听汇报、听介绍、听反映、听意见或批评、听建议、听机械设备的运转响声或承重物发

出的微弱声等。

③闻：对施工现场存在的包括油漆、化学材料、腐蚀物等的泄漏或挥发引起的有毒气体进行辨别。

④问：向项目经理部的对某项工作和作业有经验的人询问工作中的危险源和不利环境因素；对影响安全的问题进行详细询问、寻根究底。

⑤查：在企业内部除了在现场查明问题、查出隐患、查对数据、查清原因、追查责任外，还可以查阅企业相关的事故、职业病记录，从中发现在本项目中可能存在的危险源与不利因素；从企业外部获取信息，例如从有关类似企业、类似项目、文献资料、专家咨询等方面获取有关危险源和不利因素的信息，加以分析研究。

⑥测：对重要的施工控制点进行测量；对重要的施工机械、安全防护设施以及重要的附件进行测试；对重要的物资进行检测以及进行必要的试验或化验。

⑦析：实事求是分析安全事故的隐患、原因；弄清事故的时间、地点；研究事故受害者的工作环境、本人的情况，包括身体思想状况，作业中的工具、材料、机具设备情况，技术交底情况，对操作规程是否熟悉，是否持证上岗，现场管理情况等是否存在不安全因素，是哪些不安全因素，是如何诱发事故的等等。

（2）安全检查评分表法

安全检查评分表法是一种原始的、初步的定量分析方法，它通过事先拟定安全检查明细或清单从而对生产安全进行初步的诊断和控制。

①安全检查评分表的含义：安全检查评分表是为系统地发现人—机—环境系统中的危险源和不利安全因素而事先拟定好的问题清单。它根据安全系统工程分解和综合的原理，事先对所要检查的对象加以剖析，把大系统分割成若干个小的子系统，然后确定检查项目，查出不安全因素所在，采用对各分项打分的方式，将检查项目按系统或子系统的顺序编制成表，以便用于检查，这种表就叫安全检查评分表。

②安全检查评分表的内容及要求。

安全检查评分表的项目：安全检查评分表的检查项目应包括所有可能导致事故发生的因素或状态。

安全检查评分表采用的方式：安全检查评分表一般采用对各分项打分的方式。

扣分标准：根据相应的规章制度、规范规程制定合适的检查标准或要求。

检查结果：将检查中发现的问题实事求是地记录在表格内。

改进措施：根据具体问题制定切实可行的改进措施。

③安全检查评分表的优点如下：

一是在安全检查前能够有充足的时间编制和讨论检查表，这样可以做到系统化、完整化、全面化，不漏掉任何可能导致危险发生的关键因素，可以避免目的不明确、走过场的安全检查，提高检查质量。

二是安全检查评分表采用对各分项打分的方式，给人的印象深刻，能够比较直观地反映安全程度。

三是可以和安全生产责任制相结合,对不同检查对象用不同的检查表,易于分清责任;检查表还可以注明对改进措施的要求,对安全因素进行动态管理。

四是安全检查评分表简明易懂,容易掌握,既适合我国现阶段施工安全生产管理使用,又可以为进一步使用更先进的安全系统工程方法,进行事故预测和安全评价打下基础。

五是可以根据已有的规章制度、规程标准要求及检查执行、遵守的情况,得出较为准确的评价。

(3)安全检查后必须进行总结,检查中发现安全隐患,应立即下达隐患整改通知书,被检查单位应立即组织整改。对于检查中发现重大隐患,不能够立即解决的,应下达停工指令。被检查单位接到停工指令,必须定人员、定措施,在规定时间内完成整改,经复验合格才能继续施工。

3. 安全检查的内容

从被检查的对象来说,安全检查的内容主要是查意识、查制度、查隐患、查整改落实、查岗位责任。

(1)查意识

安全意识是人脑对生活、生产等活动中安全观念的反映,是对客观现实的反映,意识的存在会对事物发展进程起到巨大的促进或阻碍作用。应注意检查企业领导的思想路线,检查他们对安全生产是否认识正确;是否把员工的安全健康放在了第一位;其次,检查企业领导和员工的安全意识。

(2)查制度

安全检查也是对企业安全管理制度的大检查,包括安全生产组织管理制度的落实情况和企业的安全教育与培训制度的执行情况等。

(3)查隐患

安全检查的内容,主要以查现场、查隐患为主,通过深入生产现场工地,检查企业的劳动条件、生产设备以及相应的安全防护设施是否符合安全要求。

(4)查整改落实

检查任何部位、环节出现的隐患,检查是否严格按照整改要求及时落实整改,检查是否把安全隐患消灭在萌芽状态中,确保安全生产。检查企业对工伤事故是否及时上报,是否按照"四不放过"的原则严肃处理;是否已采用有效措施,防止类似事故重复发生。

(5)查岗位责任

企业岗位的责任落实至关重要,在检查中,必须对企业各级岗位人员的责任落实情况进行检查,尤其是企业负责人(包括董事长、总经理、安全总监等)、项目经理、专职安全员的责任落实情况。

4. 公路工程施工企业安全检查的主要内容

由于各企业的生产性质和特点不同,以及检查的目的、要求不同,安全检查的具体内容应根据企业的实际情况来制定。

公路工程施工企业的安全检查,可依据《公路工程施工安全技术规范》(JTG F90)、《建筑施工安全检查标准》(JGJ 56)进行。对施工中易发生伤亡事故的主要环节、部位和工艺等按照检查评分表内容进行检查。表中各检查项目得分应为按规定检查内容所得分数之和,每张表总得分应为各自表内各检查项目实得分数之和,共分为优良、合格、不合格三个等级。对不合格单位,应按照有关规定给予相应处罚。

5. 安全生产评价标准

公路施工企业应采取听取汇报、查阅安全规章制度和安全档案资料、全面检查所有在建施工现场等方法进行安全生产评价。在检查过程中,依据《施工企业安全生产评价标准》(JGJ/T 77)所列项目对建筑施工企业安全生产条件,安全生产业绩,安全生产管理制度,资质、机构与人员管理,安全技术管理,设备与设施管理等逐项打分,然后结合目标责任状(书)综合评价安全生产能力,分为合格、基本合格、不合格三个等级。对不合格的单位或项目,应对其限期整改;对不合格单位或项目整改后仍达不到合格标准的,要进行相应处罚。

三、安全检查制度的实施流程

安全检查制度的具体实施流程见图6-13。

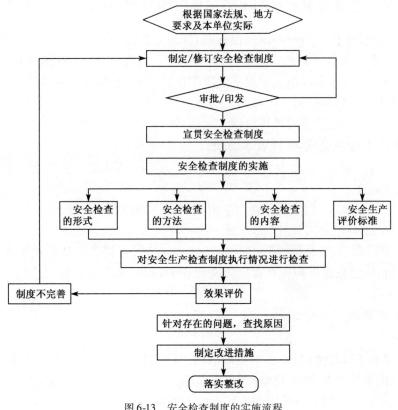

图6-13 安全检查制度的实施流程

第十五节　安全生产事故应急管理制度

一、建立安全生产事故应急管理制度的目的和意义

为了预防和控制潜在的事故，或在紧急情况发生时做出应急准备和响应，最大限度地减轻可能产生的事故后果，企业作为安全生产管理的责任主体，有义务对职工的安全、企业的信誉和社会的稳定负责，必须建立安全生产事故应急管理制度，落实安全生产事故应急措施，降低突发和偶然事件对安全生产的影响，不断提高对安全生产事故的应急能力。

企业建立应急管理制度的目的是规范企业的安全生产事故应急救援行为，从容有效地应对重大生产安全事故，最大限度地减少事故中的人员伤亡、财产损失、环境损害和社会影响，以更好地适应施工生产的需求，给施工人员的工作和施工场区周边居民提供更好、更安全的环境，保证各种应急反应资源处于良好的备战状态，指导应急反应行动按计划有序地进行，实现应急反应行动的快速、有序、高效，充分体现应急救援的"应急精神"的目标。

对企业而言，建立事故处理制度有利于企业支持和配合事故调查工作，并认真汲取事故教训，开展警示教育，制定实施切实可行的整改和防范措施，避免类似事故再次发生。

二、安全生产事故应急管理制度的主要内容

应急管理是对安全生产事故的全过程管理，贯穿于事故发生前、中、后的各个过程，充分体现了"预防为主，常备不懈"的应急思想。应急管理是一个动态的过程，包括预防、准备、响应和恢复四个阶段。尽管在实际情况中这些阶段往往是交叉的，但每一阶段都有自己明确的目标，而且每一阶段又是构筑在前一阶段的基础之上，因而预防、准备、响应和恢复的相互关联，构成了安全生产事故应急管理的循环过程。

1. 安全生产事故应急管理的基本原则

（1）坚持"防止事故扩大，减少人员伤亡"的第一原则。发生各类安全生产事故时，以最快速度实施救援和处置。

（2）坚持"以人为本，时间就是生命"的原则，立即实施救援和处置。

（3）坚持"分工合作，落实责任"的原则。

（4）坚持"服从命令，听从指挥"的原则。发生事故时，各相关人员必须坚守工作岗位，保证联系方式畅通，应急救援机构所有成员必须无条件服从应急救援指挥机构的统一调度、统一指挥。

2. 安全生产事故应急管理的过程

（1）预防

在应急管理中预防有两层含义，一是事故的预防工作，即通过安全管理和安全技术等手段，尽可能地防止事故的发生，实现本质安全；二是在假定事故必然发生的前提下，通过预先采取的预防措施，降低或减缓事故的影响或后果的严重程度。

(2) 准备

应急准备是应急管理过程中一个极其关键的过程。它是针对可能发生的事故,为迅速有效地开展应急行动而预先所做的各种准备,包括应急体系的建立、有关部门和人员职责的落实、预案的编制、应急队伍的建设、应急设备(施)与物资的准备和维护、预案的演练、与外部应急力量的衔接等,其目标是保持重大事故应急救援所需的应急能力。

(3) 响应

应急响应是在事故发生后立即采取的应急与救援行动,包括事故的报警与通报、人员的紧急疏散、急救与医疗、消防和工程抢险、信息收集与应急决策和外部求援等。其目标是尽可能地抢救受害人员,保护可能受威胁的人群,尽可能控制并消除事故。具体而言主要应做好:①遇有事故发生,现场安全员应立即组织施工人员撤离至安全区。②当事人应立即报告总监办,总监办启动应急救援预案。及时向项目管理处应急领导小组、当地有关部门报告。同时,迅速联系119、120处理事故现场。③总监办启动应急救援预案组织抢险救援。第一,采取措施防止事故蔓延、扩大。第二,抢救、营救人员。第三,保护现场,确因抢险需要移动现场物件时,必须做出详细记录,配合有关部门的调查工作。针对事故对人体、动植物、土壤、水源、空气造成的现实危害和可能产生的危害迅速采取封闭、隔离、洗消等措施。对危险品事故造成的危害进行监测、处置,直至符合国家环境保护标准。④总监办查明人员伤亡情况,估算经济损失等情况,调查分析事故原因,形成文字材料,上报项目管理处应急领导小组。

(4) 恢复

恢复工作应在事故发生后立即进行。首先应使事故影响区域恢复到相对安全的基本状态,然后逐步恢复到正常状态。要求立即进行的恢复工作包括事故损失评估、原因调查、清理废墟等。在短期恢复工作中,应注意避免出现新的紧急情况,长期恢复包括厂区重建和受影响区域的重新规划和发展。在长期恢复工作中,应汲取事故和应急救援的经验教训,开展进一步的预防工作和减灾行动。

3. 事故应急救援体系的建立

(1) 事故应急救援体系的基本构成

由于潜在的事故风险多种多样,所以相应每一类事故灾难的应急救援措施可能千差万别,但其基本应急模式是一致的。构建应急救援体系,应贯彻顶层设计和系统论的思想,以事件为中心,以功能为基础,分析和明确应急救援工作的各项需求,在应急能力评估和应急资源统筹安排的基础上,科学地建立规范化、标准化应急救援体系,保障各级应急救援体系的统一和协调。

一个完整的应急体系应由组织体制、运作机制、法制基础和应急保障系统四部分构成。

①组织体制

应急救援体系组织体制建设中的管理机构是指维持应急日常管理的负责部门;功能部门包括与应急活动有关的各类组织机构,如消防、医疗机构等;应急指挥是在应急预案启动后,负责指挥场外与场内应急救援活动的系统;而救援队伍则由专业和志愿人员组成。

②运作机制

应急救援活动一般划分为应急准备、初级响应、扩大应急和应急恢复四个阶段,应急机制与这四阶段的应急活动密切相关。应急运作机制主要由统一指挥、分级响应、属地为主和公众动员这四部分组成。统一指挥是应急活动的最基本原则;分级响应是指从初级响应到扩大应急的过程中实行分级响应的机制;属地为主强调"第一反应"的思想和以现场应急、现场指挥为主的原则;公众动员机制是应急机制的基础,也是整个应急体系的基础。

③法制基础

法律法规是应急体系的基础和保障,也是开展各项应急活动的依据。与应急有关的法规可分为四个层次:由立法机关通过的法律,如紧急状态法、公民知情权法和紧急动员法等;由政府颁布的规章,如应急救援管理条例等;包括预案在内的以政府令形式颁布的政府法令、规定等;与应急救援活动直接有关的标准或管理办法等。

④应急保障系统

列于应急保障系统第一位的是信息与通信系统,构筑集中管理的信息通信平台是应急体系最重要的基础建设。应急信息通信系统要保证所有预警、报警、警报、报告、指挥等活动的信息交流快速、顺畅、准确,以及信息资源共享;物资与装备不但要保证有足够的资源,而且还要实现快速、及时供应到位;人力资源保障包括专业队伍的加强、志愿人员以及其他有关人员的培训教育;应急财务保障应建立专项应急科目,如应急基金等,以保障应急管理运行和应急反应中各项活动的开支。

(2)事故应急救援体系的响应机制

安全生产事故应急救援体系应根据事故的性质、严重程度、事态发展趋势和控制能力实行分级响应机制,对不同的响应级别,相应地明确事故的通报范围、应急管理的启动程度、应急力量的出动和设备、物资的调集规模、疏散的范围、应急总指挥的职位等。典型的响应级别通常可分为一级紧急情况、二级紧急情况和三级紧急情况。

①一级紧急情况

是指必须利用所有有关部门及一切资源的紧急情况,或者需要各个部门同外部机构联合处理的各种紧急情况,通常要宣布进入紧急状态。在该级别中,做出主要决定的通常是紧急事务管理部门。现场指挥部可在现场做出保护生命和财产安全以及控制事态所必需的各种决定。解决整个紧急事件的决定,应该由紧急事务管理部门负责。

②二级紧急情况

是指需要两个或更多部门响应的紧急情况。该级别事故的救援需要有关部门的协作,并且提供人员、设备或其他资源。该级响应需要成立现场指挥部来统一指挥现场的应急救援行动。

③三级紧急情况

是指能被一个部门正常可利用的资源处理的紧急情况。正常可利用的资源指在该部门权力范围内通常可以利用的应急资源,包括人力和物力等。必要时,该部门可以建立一个现场指挥部,所需的后勤支持、人员或其他资源增援由本部门负责解决。

(3)事故应急救援体系的响应程序

事故应急救援系统的应急响应程序按过程可分为接警与响应级别确定、应急启动、救援行动、应急恢复和应急结束等五个过程。

①接警与响应级别确定

接到事故报警后,按照工作程序,对警情做出判断,初步确定相应的响应级别。如果事故不足以启动应急救援体系的最低响应级别,响应关闭。

②应急启动

应急响应级别确定后,按所确定的响应级别启动应急程序,如通知应急中心有关人员到位、开通信息与通信网络、通知调配救援所需的应急资源(包括应急队伍和物资、装备等)、成立现场指挥部等。

③救援行动

有关应急队伍进入事故现场后,迅速开展事故侦测、警戒、疏散、人员救助、工程抢险等有关应急救援工作,专家组为救援决策提供建议和技术支持。当事态超出响应级别无法得到有效控制时,向应急中心请求实施更高级别的应急响应。

④应急恢复

救援行动结束后,进入临时应急恢复阶段。该阶段主要包括现场清理、人员清点和撤离、警戒解除、善后处理和事故调查等。

⑤应急结束

执行应急关闭程序,由事故应急总指挥宣布应急结束。

(4)现场指挥系统的组织结构

发生安全生产事故的现场情况往往十分复杂,且汇集了各方面的应急力量与大量的资源,应急救援行动的组织、指挥和管理成为重大事故应急工作所面临的一个严峻挑战。

对事故势态的管理方式决定了整个应急行动的效率。为保证现场应急救援工作的有效实施,必须对事故现场的所有应急救援工作实施统一的指挥和管理,即建立事故指挥系统,形成清晰的指挥链,以便及时地获取事故信息,分析和评估势态,确定救援的优先目标,决定如何实施快速、有效的救援行动和保护生命的安全措施,指挥和协调各方应急力量的行动,高效地利用可获取的资源,确保应急决策的正确性和应急行动的整体性和有效性。

现场应急指挥系统的结构应当在紧急事件发生前就已建立,预先对指挥结构达成一致意见,将有助于应急各方明确各自的职责,并在应急救援过程中更好地履行职责。现场指挥系统的模块化结构由指挥、行动、策划、后勤以及资金/行政五个核心应急响应职能部门组成。

①总指挥部

总指挥部负责现场应急响应所有方面的工作,包括确定事故处理目标及实现目标的策略,批准实施书面或口头的事故处理行动计划,高效地调配现场资源,落实保障人员安全与健康的措施,管理现场所有的应急行动。总指挥部可为应急过程中的安全问题、信息收集与发布以及与应急各方的通信联络工作分别指定相应的负责人,各负责人直接向总指挥部汇报。其中,信息负责人负责及时收集、掌握准确完整的事故信息,包括事故原因、大小、当前的形势、使用的资源和其他综合事务,并及时公布事故的有关信息;联络负责人负责与有关支持和协作机构联络,包括到达现场的上级领导、地方政府领导等;安全负责人负责对可能遭受的危险或不安全情况提供及时、完善、详细、准确的危险预测和评估,制定并向总指挥部建议确保人员安全和健康的措施,从安全方面审查事故行动计划,制定现场安全计划等。

②行动部

行动部负责所有主要的应急行动,包括消防与抢险、人员搜救、医疗救治、疏散与安置等。所有的战术行动都应依据事故行动计划来完成。

③策划部

策划部负责收集、评价、分析及发布事故相关的战术信息,准备和起草事故行动计划,并对有关的信息进行归档。

④后勤保障部

后勤保障部负责为事故的应急响应提供设备、设施、物资、人员、运输、服务等。

⑤资金/行政部

资金/行政部负责跟踪事故的所有费用并进行评估,承担其他职能未涉及的管理职责。

4. 安全生产事故应急救援预案的制定与演练

应急救援预案在应急救援中的重要作用表现在其明确了应急救援的范围和体系。生产经营单位应当根据本单位建设工程的施工特点、范围,针对施工现场易发生重大事故的部位、环节进行监控,制定符合本单位实际的安全生产事故应急救援预案。

安全生产事故应急救援预案包括综合应急预案和专项应急预案。生产经营单位的应急预案体系主要由综合应急预案、专项应急预案和现场处置方案构成。

(1)综合应急预案

综合应急预案是生产经营单位应急预案体系的总纲,主要从总体上阐述事故的应急工作原则,包括生产经营单位的应急组织机构及职责、应急预案体系、事故风险描述、预警及信息报告、应急响应、保障措施、应急预案管理等内容。综合应急预案的主要内容如下。

①总则:编制的目的、依据、适用范围、应急预案体系、应急工作原则。

②企业的危险性分析:企业概况、危险源与风险分析。

③组织机构及职责:应急组织体系、指挥机构及职责。

④预防与预警:危险源监控、预警行动、信息报告与处置。

⑤应急响应:响应分级、响应程序、应急结束。

⑥信息发布。

⑦后期处置。

⑧保障措施:通信与信息保障、应急队伍保障、应急物资装备保障、经费保障、其他保障。

⑨培训与演练。

⑩奖惩与附则。附则主要有术语和定义、应急预案备案、维护和更新、制定和解释、应急预案实施等。

(2)专项应急预案

专项应急预案是生产经营单位为应对某一类型或某几种类型事故,或者针对重要生产设施、重大危险源、重大活动等内容而制定的应急预案。专项应急预案主要包括事故风险分析、应急指挥机构及职责、处置程序和措施等内容。专项应急预案的主要内容如下。

①事故类型和危害程度分析。
②应急处置基本原则。
③组织机构及职责：应急组织体系、指挥机构及职责。
④预防与预警：危险源监控、预警行动。
⑤信息报告程序。
⑥应急处置：响应分级、响应程序、处置措施。
⑦应急物资与装备保障。

（3）现场处置方案

现场处置方案是生产经营单位根据不同事故类型，针对具体的场所、装置或设施所制定的应急处置措施，主要包括事故风险分析、应急工作职责、应急处置和注意事项等内容。生产经营单位应根据风险评估、岗位操作规程以及危险性控制措施，组织本单位现场作业人员及安全管理等专业人员共同编制现场处置方案。

（4）应急救援预案编制的其他要求

①搜集、整理信息。在编制预案前，需对所涉及的区域进行全面调查。掌握详细而准确的资料，是预案编制的基础。

②重大危险源排查。通过对重大危险源的排查，确定可能导致的重大安全事故的类型和严重程度。对于公路水运施工单位，建议根据工程量清单和当地水文、地质、气候等自然环境情况进行重大危险源排查。

③预案的编写格式。参考依据是《生产经营单位生产安全事故应急预案编制导则》（GB/T 29636）。

④预案的演练。演练的目的是检验预案是否安全、可行、合理、实用，主要有桌面演练、功能演练和全面演练三种方式。桌面演练是指由应急组织的代表或关键岗位人员参加的，按照应急预案及其工作程序讨论紧急情况时应采取的行动的演练活动。功能演练是指针对某项应急响应功能或其中某些应急响应行动举行的演练活动。全面演练是指针对应急预案中全部或大部分应急响应功能，检验、评价应急组织运行能力的演练活动。

⑤预案的修订。在预案演练过程中发现问题，如：危险设施和危险物质发生变化、组织机构或人员发生变化、救援技术改进等，应当及时对预案进行修订，并及时通知相关人员。

三、安全生产事故调查和处理制度的主要内容

事故的调查处理必须依照国家相关法律法规来进行，一般由依法组成的调查组做出调查报告，并提出处理建议，再按照法定程序处理。企业在事故调查处理过程中，主要是积极协助配合调查工作，搞好善后赔偿，汲取教训，防止事故再次发生。本节不进行详述，详细内容见本章第十七节。

四、安全生产事故应急管理制度的实施流程

安全生产事故应急管理制度的具体实施流程见图6-14。

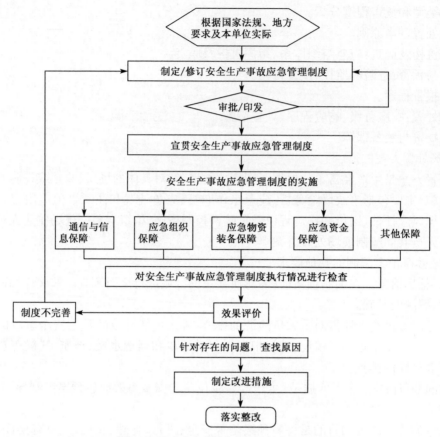

图 6-14 安全生产事故应急管理制度的实施流程

第十六节 分包单位安全生产管理考评制度

一、建立分包单位安全生产管理考评制度的目的和意义

生产经营单位在法律和合同允许范围内把所承揽工程的低端生产资源部分分包给劳务分包队伍和专业协作队伍,自身专注于增强和提高项目管理优势,是大型生产经营单位应对市场竞争、获得长足发展的有效途径之一。随着生产经营单位不断发展壮大,对于协作队伍的管理逐渐成为企业安全生产管理的重点。因此,大型生产经营单位必须抓好对分包单位安全生产管理考评制度的建设。为了加强对分包单位的安全管理,促使协作队伍提高安全管理水平,规范安全生产考评工作,优化分包单位选择,保证分包工程安全、顺利地按照总包方计划施工,生产经营单位应根据相关法律法规的要求,结合企业实际生产特点,建立分包单位安全生产管理考评制度。

建立分包单位安全生产管理考评制度,对于生产经营单位合理规避分包工程的施工风险,增强事故风险的防控能力,完善安全生产管理体系,提高企业安全生产管理水平具有重要意义。

二、分包单位安全生产管理考评制度的主要内容

生产经营单位应组织生产、安全、技术质量等部门对分包单位进行安全生产考评,并建立分包单位安全生产考评档案。评价工作应遵循公平、公正、公开的原则,评价结果实行签认和公示、公告制度。安全生产管理考评工作实行统一管理、分级负责。

1. 安全生产考评的方法

安全生产考评工作实行定期评价和动态评价相结合的方式。定期评价工作每年应开展一次,对分包单位上一年度的安全生产行为进行评价。动态评价根据实际生产情况随时进行,并根据评价结果及时调整安全生产评价等级。评价结果应实行分级管理,并逐级上报,经公示后加入分包单位安全生产考评档案。安全生产考评档案,内容包括:

(1)守法经营、从业,安全生产业绩突出,受到表彰、奖励的记录。

(2)违反安全生产法律法规、强制性标准等受到行政处罚的记录。

(3)发生生产安全责任事故的记录。

(4)其他守法、诚信及不良失信行为记录。

2. 安全生产信息评价的主要内容

(1)生产经营单位在进行工程分包时,必须严格遵守法律规定,对首次分包工程的队伍,应做好以下资质审查:

①严格审查施工方的营业执照、资质证书、安全生产许可证书、安全管理人员和特种作业人员持证情况等。

②严格审查施工方的人员素质、机械设备、安全防护设备设施的使用和管理状况。

③调研相关方以往工作业绩,是否发生过安全生产事故等。

在这里需要强调的是:安全生产信用评价应每年进行一次,评价结果分合格、基本合格及不合格。对年内发生了安全生产责任事故的单位一律评为不合格,严格实行"一票否决"制。

(2)安全生产评价分为阶段性评价和综合评价。阶段性评价包括投标行为评价、履约行为评价和其他行为评价;综合评价是分包单位安全生产信用的最终评价。

①投标行为评价。分包工程项目招标时,应开展对投标单位的资质审查,对于已合作过的投标单位,可参考其安全生产信用评价结果。

②履约行为评价。生产经营单位应与分包单位签订《安全生产管理协议》,明确双方权责。生产经营单位结合日常安全生产管理,对分包单位履行《安全生产管理协议》的情况进行评价,对分包合同中承诺满足安全生产要求的施工人员和机械设备进行检查考评。

③其他行为评价。主要包括安全生产事故控制能力、安全生产奖罚情况、施工现场安全管理制度执行情况、施工安全检查及隐患排查治理情况等。

④综合评价。分包工程验收交付前,生产经营单位应对分包单位整个施工阶段的安全生产情况进行总结,结合投标行为评价、履约行为评价和其他行为评价结果对分包单位做出安全生产信用评价。

3. 安全生产考评的应用

(1)安全生产考评结果可作为生产经营单位及其所属单位在分包工程招标时,对投保单位综合考核评价的重要依据。

(2)安全生产考评结果可作为对分包单位阶段性考评的重要依据。

(3)安全生产考评价结果可作为督促分包单位加大安全生产投入、提高安全生产管理水平的依据。

(4)安全生产考评结果可作为企业清理、淘汰不合格分包单位的依据。

三、分包单位安全生产管理考评制度的实施流程

分包单位安全生产管理考评制度的具体实施流程见图6-15。

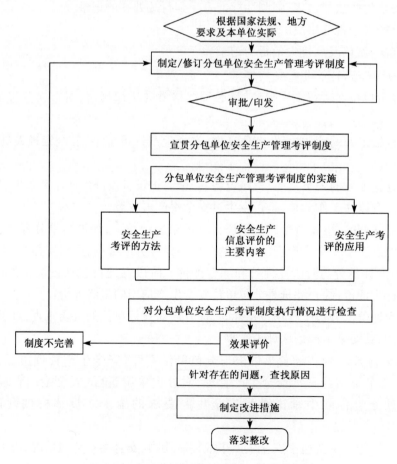

图6-15 分包单位安全生产管理考评制度的实施流程

第十七节 生产安全事故报告及调查处理制度

一、建立生产安全事故报告及调查处理制度的目的和意义

安全生产事故发生后,为迅速、准确、全面地掌握安全生产事故情况,规范安全生产事故的报告和调查处理,落实安全生产责任追究制度,防止和减少安全生产事故,根据《生产安全事故报告和调查处理条例》(国务院令第493号)及国家有关安全事故报告和调查处理有关规定的要求,企业必须建立生产安全事故报告及调查处理制度来规范安全生产事故的报告的相关要求,以便及时开展布置事故应急救援等应对措施,防范次生灾害和减少事故损失。

二、生产安全事故报告及调查处理制度的主要内容

1. 生产安全事故分类

根据《生产安全事故报告和调查处理条例》(国务院令第493号)中的有关规定,按照造成的人员伤亡或者直接的经济损失,安全生产事故分为以下四个等级。

(1)特别重大事故:是指造成30人以上死亡,或者100人以上重伤,或者1亿元以上直接经济损失的事故。

(2)重大事故:是指造成10人以上30人以下死亡,或者50人以上100人以下重伤,或者5000万元以上1亿元以下直接经济损失的事故。

(3)较大事故:是指造成3人以上10人以下死亡,或者10人以上50人以下重伤,或者1000万元以上5000万元以下直接经济损失的事故。

(4)一般事故:是指造成3人以下死亡,或者10人以下重伤,或者1000万元以下直接经济损失的事故。

2. 生产安全事故报告程序和主要内容

(1)事故报告的内容

事故报告应当包括下列内容:

①事故发生单位概况。
②事故发生的时间、地点以及事故现场情况。
③事故的简要经过。
④事故已经造成或者可能造成的伤亡人数(包括下落不明的人数)和初步估计的直接经济损失。
⑤已经采取的措施。
⑥其他应当报告的情况。

事故报告应当及时、准确、完整,任何单位和个人对事故不得迟报、漏报、谎报或者瞒报。

报告可采取电话、传真、电子邮件的形式先行报告事故概况,有新情况及时续报,但应在

12 小时内补齐书面材料。

事故报告后出现新情况的,应当及时补报。自事故发生之日起 30 日内,事故造成的伤亡人数发生变化的,应当及时补报。道路交通事故、火灾事故自发生之日起 7 日内,事故造成的伤亡人数发生变化的,应当及时补报。

(2) 事故报告的程序

事故发生后,现场有关人员应当立即报告现场安全生产负责人。现场安全生产负责人接到报告后应立即报告单位安全管理部门和企业主要负责人,并立即启动事故相应应急预案,或者采取有效措施,组织抢救,防止事故扩大,减少人员伤亡和财产损失。单位负责人接到报告后,应当于 1 小时内向事故发生地县级以上人民政府安全生产监督管理部门和负有安全生产监督管理职责的有关部门报告。

发生重大生产安全事故后,施工单位除向项目建设和监理单位报告外,还应立即将事故情况如实向事故所在地交通主管部门、地方安全监管部门报告。实行工程总承包的交通建设项目,由总承包单位负责上报。

各施工企业要高度重视生产安全事故报告及调查处理制度,在严格执行制度的同时,应确保报告渠道畅通,报告内容真实、准确,对隐瞒不报、谎报或拖延不报的单位和个人应追究相关责任人的责任。事故发生单位主要负责人有下列行为之一的,处上一年年收入 40% ~ 80% 的罚款;属于国家工作人员的,并依法给予处分;构成犯罪的,依法追究刑事责任:①不立即组织事故抢救的。②迟报或者漏报事故的。③在事故调查处理期间擅离职守的。事故发生单位及其有关人员有下列行为之一的,对事故发生单位及主要负责人、直接负责的主管人员和其他直接责任人员处罚款;属于国家工作人员的,并依法给予处分;构成违反治安管理行为的,由公安机关依法给予治安管理处罚;构成犯罪的,依法追究刑事责任:①谎报或者瞒报事故的。②伪造或者故意破坏事故现场的。③转移、隐匿资金、财产,或者销毁有关证据、资料的。④拒绝接受调查或者拒绝提供有关情况和资料的。⑤在事故调查中作伪证或者指使他人作伪证的。⑥事故发生后逃匿的。

3. 事故处理的一般要求

《安全生产法》规定:事故调查处理应当按照"科学严谨、依法依规、实事求是、注重实效"的原则,及时、准确地查清事故原因,查明事故性质和责任。事故处理应遵循"统一指挥、快速反应、各司其职、协同配合"的要求,各相关部门共同做好事故的应急处置工作。施工单位或上级交通主管部门可视具体情况派现场督导组参与事故调查处理工作。建设、施工等单位,在公安、消防、卫生等专业抢险力量到达现场前,应立即启动本单位的应急救援预案,全力开展事故抢险救援工作,防止事故扩大,尽量减少人员伤亡和财产损失。同时协助有关部门保护现场,维护现场秩序,妥善保管有关物证,配合有关部门收集证据。

特别重大事故由国务院或者国务院授权有关部门组织事故调查组进行调查。重大事故、较大事故、一般事故分别由事故发生地省级人民政府、设区的市级人民政府、县级人民政府负责调查。省级人民政府、设区的市级人民政府、县级人民政府可以直接组织事故调查组进行调查,也可以授权或者委托有关部门组织事故调查组进行调查。未造成人员伤亡的一般事故,县级人民政府也可以委托事故发生单位组织事故调查组进行调查。上级人民政府认为必要时，可以调查由下级人民政府负责调查的事故。自事故发生之日起30日内（道路交通事故、火灾事故自发生之日起7日内），因事故伤亡人数变化导致事故等级发生变化，依照《生产安全事故报告和调查处理条例》规定应当由上级人民政府负责调查的，上级人民政府可以另行组织事故调查组进行调查。特别重大事故以下等级事故，事故发生地与事故发生单位不在同一个县级以上行政区域的，由事故发生地人民政府负责调查，事故发生单位所在地人民政府应当派人参加。

国家有关法规关于事故调查的基本程序（步骤）包括：事故的通报、事故现场处理、事故图（表）的绘制、事故原因的分析等。事故现场的保护对于事故调查取证、确定事故责任以及责任追究十分重要。为了抢险救灾，需要移动事故现场物件时，应做出标志、绘制现场简图、做出书面记录、妥善保护现场主要痕迹和物证。

事故调查组的组成应当遵循精简、效能的原则。根据事故的具体情况，事故调查组由有关人民政府、安全生产监督管理部门、负有安全生产监督管理职责的有关部门、监察机关、公安机关以及工会派人组成，并应当邀请人民检察院派人参加。事故调查组可以聘请有关专家参与调查。事故调查组履行下列职责：①查明事故发生的经过、原因、人员伤亡情况及直接经济损失。②认定事故的性质和事故责任。③提出对事故责任者的处理建议。④总结事故教训，提出防范和整改措施。⑤提交事故调查报告。事故调查组应当自事故发生之日起60日内提交事故调查报告；特殊情况下，经负责事故调查的人民政府批准，提交事故调查报告的期限可以适当延长，但延长的期限最长不超过60日。事故调查中，事故调查报告是事故调查工作成果的集中体现。

事故调查报告应当包括下列内容：
①事故发生单位概况。
②事故发生经过和事故救援情况。
③事故造成的人员伤亡和直接经济损失。
④事故发生的原因和事故性质。
⑤事故责任的认定以及对事故责任者的处理建议。
⑥事故防范和整改措施。
事故调查报告应当附具有关证据材料。事故调查组成员应当在事故调查报告上签名。

三、生产安全事故报告及调查处理制度的实施流程

生产安全事故报告及调查处理制度的具体实施流程见图6-16。

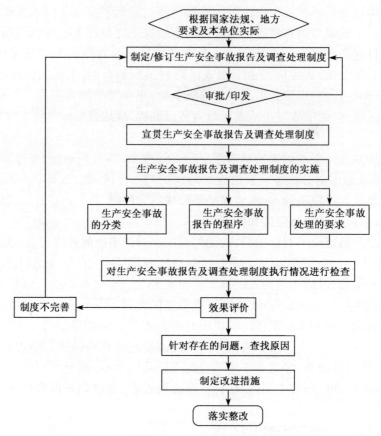

图 6-16　生产安全事故报告及调查处理制度的实施流程

第十八节　企业项目负责人带班生产制度

一、建立企业项目负责人带班生产制度的目的和意义

企业项目负责人施工现场带班生产，是指企业项目负责人在施工现场组织协调和指导公路工程项目的安全生产活动，第一时间负责组织现场突发事件应急处置。

根据交通运输部《公路水运工程施工企业项目负责人施工现场带班生产制度（暂行）》（交质监发〔2012〕576号）的相关规定，公路工程施工企业项目负责人施工现场带班生产制度对强化企业生产过程管理的领导责任，进一步改进和加强安全基础与现场管理，更好地落实安全生产主体责任，加强公路工程施工现场安全生产管理，落实企业安全生产责任，有着十分重要的意义。

项目负责人在施工现场带班时，生产企业负责人按计划实施带队检查，主要对企业辖区域、项目部进行检查。在检查中需全面了解每一级领导的带班情况，听取带班情况汇报并检查带班记录。

二、企业项目负责人带班生产制度的主要内容

项目安全带班管理应遵循"全面兼顾,重点防范,带班在工地,解决在现场"的原则,使风险始终处于可控状态,确保施工安全。公路工程施工合同段项目经理部,应根据项目施工特点,建立项目负责人施工现场轮流带班生产制度,明确工作内容、职责权限、人员安排和考核奖惩等要求,制定月度带班生产计划,并严格实施。对于有专业(或劳务)分包的合同段,分包单位应制定月度带班生产计划,并报承包单位项目经理部备案。对于施工总承包的项目,项目分段(分部或工区)实施单位应制定月度带班生产计划,并报施工总承包项目经理部备案。

项目负责人即工程项目的项目经理是安全管理的第一责任人,应对工程项目落实带班制度负责,在同一时期只能承担一个工程项目的管理工作。项目负责人每月带班生产时间不得少于本月施工时间的80%。因其他事务需离开施工现场时,应向工程项目的建设单位请假,经批准后方可离开。离开期间应委托项目相关负责人负责其外出时的日常工作。

项目负责人带班生产方式主要有:①现场巡视检查。对当日本合同段内施工作业区进行巡视检查,了解掌握施工现场安全生产状况,重点检查危险性较大的分部分项工程、事故多发易发的施工环节或部位。②蹲点带班生产。巡视检查后,项目负责人根据施工现场安全生产状况,选择当日事故多发易发的施工环节或部位,或危险性较大的分部分项工程,或本合同段首件工程等作业区蹲点带班生产。

项目负责人带班生产时,应履行以下职责:①检查本合同段安全生产条件落实情况:专职安全员施工现场履责情况;作业人员个人防护和施工现场临边防护的规范性;特种作业人员持证上岗情况;起重机械和整体提升式脚手架、滑模爬模、架桥机等设备检验验收与安全运行情况;承重支架或满堂脚手架、施工挂篮运行情况;安全技术交底与班前会落实情况。②检查施工组织设计或专项施工方案中安全措施的落实情况。③加强对重点部位、关键环节的施工指导,及时制止"三违"行为。④及时发现、报告并组织消除事故隐患和险情。⑤填写带班生产工作日志并签字归档备查。

项目负责人施工现场带班实行交接班制度。带班领导应当向接班的领导详细告知当前施工现场存在的安全问题、需要注意的事项等,并认真填写交接班记录。

项目部应当建立项目负责人施工现场带班生产档案管理制度。建筑施工企业负责人带班检查、项目负责人施工现场带班生产、值班交接班记录应有专人负责整理,并存档备查。

公路工程施工企业应建立本企业项目负责人施工现场带班生产的责任考核制度,每半年至少组织1次对所承揽工程项目经理部的定期检查考核并进行总结,检查考核结果应报备项目监理和建设单位。项目负责人现场轮流带班生产制度执行情况纳入对施工企业的信用评价范围。各级交通运输主管部门及其安全监督机构应加强对施工企业项目负责人施工现场带班生产制度落实情况的督查。

三、企业项目负责人带班生产制度的实施流程

企业项目负责人带班生产制度的具体实施流程见图6-17。

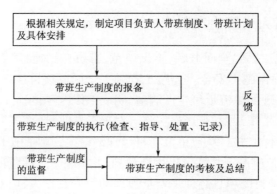

图 6-17　企业项目负责人带班生产制度的实施流程

第十九节　其他管理制度

一、平安工地考核评价制度

"平安工地"建设"围绕一个目标、健全两个机制、提高三个能力",即:以"平安工地"建设活动为载体,紧紧围绕"杜绝重特大事故、遏制较大事故、控制和减少一般事故"这一目标,将安全生产法律法规、技术标准落实到基层,将各项安全生产工作措施真正落到实处,逐步建立健全项目部安全管理责任机制,全面夯实安全生产工作基础,做到施工现场安全防护标准化、场容场貌规范化、安全管理程序化,将建设各方安全生产责任落实,强化安全培训教育,使施工安全风险得到有效控制,安全监管能力、应急救援能力和安全技术保障能力不断提高,努力创建"零伤亡"工程,全面提升项目部的安全生产管理水平。

考核评价按照《关于开展公路水运工程"平安工地"考核评价工作的通知》(交质监发〔2012〕679 号)及《公路水运工程"平安工地"考核评价标准(试行)》的要求进行。"平安工地"考核评价按照百分制计算得分。考核评价评分 90 分(含)以上为示范工程,评分 70 分(含)~90 分为达标工程,评分 70 分以下为不达标工程。

交通运输部负责对全国公路工程"平安工地"考核评价工作进行指导,对高速公路和大型水运工程项目考核评价结果进行汇总、分析、公示和抽查。公路工程平安工地考核评价的创建达标单位包括建设单位、施工单位、监理单位。

二、重大事故隐患清单管理制度

为强化安全生产管理工作,加强重大事故隐患排查治理,遏制重特大生产安全事故发生,根据《安全生产法》《建设工程安全生产管理条例》《公路水运工程安全生产监督管理办法》等,制定本制度。

公路工程建设重大事故隐患是指在公路工程施工过程中,存在因违法违规行为可能导致重大以上生产安全事故或造成重大经济损失和恶劣社会影响的人的不安全行为或物的不安全状态。

列入国家和地方基本建设计划的公路、水运基础设施新建、改建、扩建等工程项目相关单位实施重大事故隐患清单管理等工作,适用重大事故隐患清单管理制度。

重大事故隐患清单是依据法律法规、标准规范和安全管理经验制定的管理式台账,其包括工程类别、施工环节、隐患编码、隐患内容、易引发事故类型等内容。

国务院交通运输主管部门监督指导各地交通运输主管部门开展公路工程重大事故隐患排查治理的督办工作。省级交通运输主管部门负责指导及督办本地区公路工程建设项目重大事故隐患排查治理工作。

公路工程施工企业是公路工程建设生产安全事故隐患排查治理的责任主体,负责制定本企业生产安全事故隐患排查治理制度,编制本企业承担公路工程建设项目的重大事故隐患清单,开展重大事故隐患排查治理工作。公路工程施工企业主要负责人应建立本企业生产安全事故隐患排查治理责任制,审定本企业承担公路工程建设项目的重大事故隐患清单,组织检查本企业安全生产工作,及时消除生产安全事故隐患。企业安全生产管理人员应督促落实重大风险源管理措施,及时排查生产安全事故隐患,提出改进安全生产管理的建议,建立隐患排查治理台账并督促实施。

公路工程建设项目开工前,施工单位应依据本地区交通运输主管部门及本企业发布的重大事故隐患清单,结合工程项目实际及风险评估报告,制定本工程项目可能的重大事故隐患排查治理台账。重大事故隐患排查治理台账在清单基础上增加排查负责人、排查频率或时间,治理负责人、治理时限、治理措施等内容。确定的重大事故隐患排查治理台账应报工程项目监理单位和建设单位备案。建设单位应制定重大事故隐患排查治理工作的监督检查制度,配合各级交通运输主管部门开展相关管理工作。

当工程建设条件、施工环境发生变化时,施工单位应对重大事故隐患排查治理台账及时调整,并向工程项目监理单位和建设单位重新备案。施工单位应在施工现场相应位置公示重大事故隐患清单,并对从业人员进行岗前培训教育。施工单位项目负责人应对照重大事故隐患排查治理台账,组织项目安全生产管理人员开展隐患排查。排查中发现存在重大事故隐患的,应立即停止施工,按照相关治理措施消除重大事故隐患。排除过程中无法保证安全的,应当从危险区域内撤出作业人员。相关治理措施不能满足治理需要时,需进一步详细编制治理措施,可进行相关论证工作。重大事故隐患排除后,经监理单位审查同意后方可复工。

县级以上交通运输管理部门应按照职责权限对本地区工程项目重大事故隐患清单和排查治理台账及排查治理工作进行监督检查。

三、生产安全重大事故隐患挂牌督办制度

为倡导"隐患就是事故"的预防理念,建立公路工程事故隐患排查治理的长效机制,消除重大事故隐患,防止或减少生产安全事故的发生,根据国务院《建设工程安全生产管理条例》、交通运输部《公路水运工程安全生产监督管理办法》以及国家安全生产监督管理总局《安全生产事故隐患排查治理暂行规定》等,交通运输部制定了《公路水运工程生产安全重大事故隐患挂牌督办制度(暂行)》,要求公路水运建设项目重大隐患排查治理实行业主组织、监理核实、

施工治理的工作机制。

公路工程生产安全重大事故隐患(以下简称"重大隐患")是指在公路工程施工过程中存在的危害程度较高、整改难度较大,可能导致群死群伤的安全事故隐患或造成重大经济损失和恶劣社会影响的安全事故隐患。列入国家和地方基本建设计划的公路、水运基础设施在新建、改建、扩建以及拆除、加固等活动中的生产安全重大事故隐患排查治理、挂牌督办等,应当遵守生产安全重大事故隐患挂牌督办制度。

各级交通运输主管部门应当对以下重大隐患实行挂牌督办:①交通运输主管部门(或项目管辖部门)督查、巡视发现的重大隐患。②企业或个人报告或举报并经查实的重大隐患。③同级安全监管部门移交的重大隐患。④其他需要挂牌督办的重大安全生产问题。

公路工程重大隐患挂牌督办按照属地管理的原则进行。国务院交通运输主管部门负责监督指导各地区重大隐患挂牌督办工作;省级交通运输主管部门负责挂牌督办下一级交通运输主管部门上报的重大隐患,或认为应当直接督办的重大隐患;设区的市级交通运输主管部门按职责负责督办本地区存在的重大隐患。跨地区、跨部门的工程项目存在重大隐患的,由项目管辖部门进行挂牌督办;对于问题特别严重、可能导致重特大事故或重大不良社会影响的重大隐患,可视情况上报省、自治区、直辖市交通运输主管部门或同级政府安全生产委员会挂牌督办。重大隐患应由其他部门处理的,移送其他部门并登记备查。

公路水运建设项目重大隐患排查治理实行"业主组织、监理核实、施工治理"的工作机制。参与各方应确保隐患排查登记、公示公告、治理销号等过程闭合,档案完整。项目施工单位是重大隐患排查治理的责任主体,应建立相应的工作机制,并层层落实责任人。项目施工单位的主要负责人对重大隐患排查治理工作全面负责。施工企业总部质量安全管理部门应对企业所承揽的全部公路水运建设项目的重大隐患排查治理情况开展经常性巡视检查。项目施工单位应定期组织开展安全生产隐患排查。公路工程中的深基坑、高支模、长大隧道或地质不良隧道、水(海)上作业、大型起重吊装作业以及爆破作业等技术难度大、风险高、参与人员多的施工环节应实施动态排查。对确认存在重大隐患的,在施工现场应设立风险告知牌,并对一线作业人员进行风险告知。重大隐患经项目监理单位确认后,应向项目建设单位备案。项目监理、建设单位应及时主动向具有项目管辖权的交通运输主管部门报告。

各级交通运输主管部门(或项目管辖部门)应对接报或了解到的重大隐患予以确认。重大隐患一经确认,则由负责督办的交通运输主管部门(或项目管辖部门)下发挂牌督办通知书给项目建设单位;工程项目实施总承包或代建制的,挂牌督办通知书则下发给项目总承包单位或项目代建单位。对因外部因素影响致使企业靠自身力量难以治理的重大隐患,各级交通运输主管部门应明确具体牵头单位组织隐患治理。挂牌督办通知书同时抄送施工企业总部质量安全管理部门。挂牌督办通知书应包括以下内容:①负责挂牌督办的交通运输主管部门(或项目管辖部门)名称。下发给下级部门的,要有下级交通运输主管部门的名称。②存在重大隐患的工程项目及标段的名称,该项目的建设单位、施工单位、监理单位名称。③重大隐患的内容简述,包括隐患的类型、部位、违反的法律法规或标准规范的条款等。④督办要求,包括要求整改的内容、范围、整改期限以及为保障安全需要停工的作业区域等。

项目建设单位应及时将挂牌督办通知书转达给项目施工单位并告知项目监理单位。项目施工单位应结合施工特点制定重大隐患治理整改方案,明确治理责任、措施、资金、期限、应急预案、过程监控等要求。项目建设单位应积极协调勘察、设计、监理、监测等其他从业单位共同参与重大隐患治理整改,项目监理单位应加强对隐患治理过程的检查核实与整改督促。对整改不及时或不到位的施工单位,应及时反馈项目建设单位。项目施工单位项目经理组织编制的重大隐患治理方案,应经施工企业总部质量安全管理部门确认,报项目监理单位审核、项目建设单位批准后实施。

四、消防安全管理制度

为加强消防安全管理,实施消防安全责任制,预防和减少火灾危害,保护公私财产和人民生命安全,根据《中华人民共和国消防法》及相关法律法规,公路工程施工企业必须建立健全消防安全管理制度。消防工作是全体工作人员的共同责任,应当督促和动员各施工单位力量参与项目消防工作,实行消防安全责任制。消防安全责任制实行"预防为主,防消结合"的方针,坚持"谁主管,谁负责""谁在岗,谁负责"的原则。

1. 消防安全教育、培训制度

为提高广大职工对消防安全工作的认识,提高遵守规章制度的自觉性,避免火灾事故的发生,保证各项工作的顺利进行,必须对班组(队、科)进行普遍、深入、经常的消防安全技术知识教育及操作技术培训。凡从事锅炉、电工、特殊危险操作工种的员工,由专业主管部门组织专门培训班,经培训考试合格后,方可参加操作。承包单位从事工程施工,对施工人员必须进行防火安全知识及消防安全注意事项教育,施工中的防火措施由施工队进行组织负责实施。

2. 消防安全检查制度

消防安全检查是做好消防安全管理工作的重要手段之一,主要任务是及时发现事故隐患,及时处理整改,监督各项安全规章制度的实施,制止违章作业,做到防患于未然。

3. 消防设施、器材维护管理制度

消防设施日常使用管理由专职管理员负责,专职管理员每日检查消防设施的使用状况,保持设施整洁、卫生、完好。消防设施及消防设备的维修保养和定期技术性能检测由消防工作归口管理部门负责,专职管理员每日按时检查了解消防设备的运行情况。查看运行记录,听取值班人员意见,发现异常及时安排维修,使设备保持完好的技术状态。

4. 安全疏散设施管理制度

施工单位应保持疏散通道、安全出口畅通,严禁占用疏散通道,严禁在安全出口或疏散通道上安装栅栏等影响疏散的障碍物。应按规范设置符合国家规定的消防安全疏散指示标志和应急照明设施。应保持防火门、消防安全疏散指示标志、应急照明、机械排烟送风、火灾事故广播等设施处于正常状态,并定期组织检查、测试、维护和保养。严禁在营业或工作期间将安全出口上锁。严禁在营业或工作期间将安全疏散指示标志关闭、遮挡或覆盖。

5. 火警、火灾事故报告、调查处理制度

凡发生火警、火灾事故,首先发现者应立即向站主管领导报告,并采取扑救措施和触发报火警。发生火警、火灾事故的部门应在24小时内将具体情况报告消防安全领导小组,并积极组织事故分析会,找出事故原因,查明责任,吸取教训。并配合联合调查组进行事故的调查工作,不得拒绝、阻碍、干涉事故调查的正常工作,不得以任何理由拒绝提供真实情况,更不准谎报、瞒报。对事故处理应坚持"四不放过"原则,依法查处肇事者和责任人。

安全技术篇

公路工程施工具有线长点多、工种复杂、工程量大,涉及的人员、材料、机械设备多,特种作业多,施工协作性要求高等特点,同时施工过程受自然因素及外界干扰的影响很大,建设项目规模大,作业人员露天作业多,受天气、温度影响大,恶劣的施工作业环境及气候容易使施工管理人员与作业人员的体力和注意力下降,施工现场存在大量的危险和有害因素,事故隐患多,易产生坍塌、高处坠落、物体打击、机械伤害、爆炸、触电等各类安全事故。因此,实行工程施工现场规范化管理,加强施工安全技术管理,是防止事故发生、顺利实现安全管理目标的保障。本篇主要讨论公路工程施工安全技术准备、现场布设与安全防护、通用作业的安全控制要点,介绍路基与路面、桥涵、隧道、改扩建、交通安全设施与机电、特殊季节与特殊环境施工等工程的安全控制要求。

第七章　施工安全技术准备

施工单位应重视施工本质安全技术管理,做好施工安全技术准备,规范安全技术交底工作,提高从业人员的安全意识、丰富安全知识和增强安全操作技能,这是指导施工、预防事故、保障施工安全的必要手段和根本途径。

施工安全技术准备的重点包括施工组织设计的安全技术措施、危险性较大的分部分项工程专项施工方案、安全技术交底等。

为保障施工安全,在工程项目施工中,安全培训必不可少,安全培训的重点包括各级安全技术交底,危险性较大的分部分项工程专项施工方案实施前的交底,以及法律法规、标准规范、操作规程等。

第一节　施工组织设计的安全技术措施

按照现行《公路工程施工安全技术规范》(JTG F90)的要求,公路工程施工应进行现场调查,在施工组织设计中编制安全技术措施和施工现场临时用电方案。

一、施工组织设计安全技术措施的编制要求

(1)开工前,施工单位应编制针对本工程项目特点的施工组织设计,其中包括安全技术措施内容。

(2)监理单位应对安全技术措施内容是否符合强制性标准要求进行重点审查,审查合格后方可同意工程开工。

施工组织设计安全技术措施的审批流程见图7-1。

二、施工组织设计安全技术措施的主要内容

施工组织设计的安全技术措施主要包含如下内容:
(1)安全生产管理目标。
(2)安全生产组织体系、责任体系以及安全生产条件(包括施工企业"三类人员"考核合格证书)。
(3)安全生产责任制、安全管理规章制度、安全生产操作规程。
(4)符合有关安全要求的施工场地布置图及说明。
(5)符合国家有关安全规定的安全防护用具、机械设备、施工机具清单。

(6)施工现场防火措施。
(7)危险性较大工程及施工现场重大危险源清单及监控措施。
(8)项目安全技术控制要点。
(9)生产安全事故应急救援预案。
(10)施工人员安全教育计划、安全技术交底安排。
(11)安全生产专项费用使用计划。

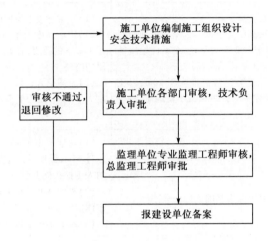

图 7-1 施工组织设计安全技术措施的审批流程

第二节 专项施工方案

根据《建设工程安全生产管理条例》《公路水运工程安全生产监督管理办法》,以及《公路工程施工安全技术规范》的规定,公路工程施工应在做好现场调查的前提下,对工程项目危险性较大的分部分项工程编制专项施工方案,并附具安全验算结果;对于超过一定规模的危险性较大的分部分项工程,还需组织专家对专项施工方案进行论证、审查,论证审查通过后方可实施。

专项施工方案实施时,应落实项目负责人轮流带班生产制度。

一、危险性较大工程的分类

危险性较大的分部分项工程,是指公路工程在施工过程中存在的、可能导致作业人员群死群伤或造成重大不良社会影响的分部分项工程。

按照现行《公路工程施工安全技术规范》(JTG F90)的规定,危险性较大工程的分类见表 7-1。

危险性较大工程的分类

表 7-1

序号	类别	需编制专项施工方案	需专家论证、审查
1	基坑开挖、支护、降水工程	(1)开挖深度不小于3m的基坑(槽)开挖、支护、降水工程。 (2)深度小于3m但地质条件和周边环境复杂的基坑(槽)开挖、支护、降水工程。	(1)深度不小于5m的基坑(槽)的土(石)方开挖、支护、降水工程。 (2)开挖深度虽小于5m,但地质条件、周围环境和地下管线复杂,或影响毗邻建(构)筑物安全,或存在有毒有害气体分布的基坑(槽)的土方开挖、支护、降水工程
2	滑坡处理和填、挖方路基工程	(1)滑坡处理。 (2)边坡高度大于20m的路堤或地面斜坡坡率陡于1∶2.5的路堤,或不良地质地段、特殊岩土地段的路堤。 (3)土质挖方边坡高度大于20m,岩质挖方边坡高度大于30m,或不良地质、特殊岩土地段的挖方边坡。	(1)中型及以上滑坡体处理。 (2)边坡高度大于20m的路堤或地面斜坡坡率陡于1∶2.5的路堤,且处于不良地质地段、特殊岩土地段的路堤。 (3)土质挖方边坡高度大于20m,岩质挖方边坡高度大于30m,且处于不良地质、特殊岩土地段的挖方边坡
3	基础工程	(1)桩基础。 (2)挡土墙基础。 (3)沉井等深水基础	(1)深度不小于15m的人工挖孔桩或开挖深度不超过15m,但地质条件复杂或存在有毒有害气体分布的人工挖孔桩工程。 (2)平均高度不小于6m且面积不小于1 200m²的砌体挡土墙的基础。 (3)水深不小于20m的各类深水基础
4	大型临时工程	(1)围堰工程。 (2)各类工具式模板工程。 (3)支架高度不小于5m;跨度不小于10m,施工总荷载不小于10kN/m²;集中线荷载不小于15kN/m。 (4)搭建高度24m及以上的落地式钢管脚手架工程;附着式整体和分片提升脚手架工程;悬挑式脚手架工程;吊篮脚手架工程;自制卸料平台、移动操作平台工程;新型及异型脚手架工程。 (5)挂篮。 (6)便桥、临时码头。 (7)水上作业平台	(1)水深不小于10m的围堰工程。 (2)高度不小于40m墩柱、高度不小于100m索塔的滑模、爬模、翻模工程。 (3)支架高度不小于8m;跨度不小于18m,施工总荷载不小于15kN/m²;集中线荷载不小于20kN/m。 (4)搭设高度50m及以上落地式钢管脚手架工程;用于钢结构安装等的满堂承重支撑体系,承受单点集中荷载7kN以上。 (5)猫道、移动模架
5	桥涵工程	(1)桥梁工程中的梁、拱、柱等构件施工。 (2)打桩船作业。 (3)施工船作业。 (4)边通航边施工作业。 (5)水下工程中的水下焊接、混凝土浇筑等。 (6)顶进工程。 (7)上跨或下穿既有公路、铁路、管线施工	(1)长度不小于40m的预制梁的运输与安装,钢箱梁吊装。 (2)跨度不小于150m的钢管拱安装施工。 (3)高度不小于40m墩柱、高度不小于100m索塔等的施工。 (4)离岸无掩护条件下的桩基施工。 (5)开敞式水域大型预制构件的运输与吊装作业。 (6)在三级及以上通航等级的航道上进行的水上水下施工。 (7)转体施工

续上表

序号	类别	需编制专项施工方案	需专家论证、审查
6	隧道工程	(1)不良地质隧道。 (2)特殊地质隧道。 (3)浅埋、偏压及邻近建筑物等特殊环境条件隧道。 (4)Ⅳ级及以上软弱围岩地段的大跨度隧道。 (5)小净距隧道。 (6)瓦斯隧道	(1)隧道穿越岩溶发育区、高风险断层、沙层、采空区等工程地质或水文地质条件复杂地质环境;Ⅴ级围岩连续长度占总隧道长度10%以上且连续长度超过100m;Ⅵ级围岩的隧道工程。 (2)软岩地区的高地应力区、膨胀岩、黄土、冻土等地段。 (3)埋深小于1倍跨度的浅埋地段;可能产生坍塌或滑坡的偏压地段;隧道上部存在需要保护的建筑物的地段;隧道下穿水库或河沟地段。 (4)Ⅳ级及以上软弱围岩地段跨度不小于18m的特大跨度隧道。 (5)连拱隧道;中夹岩柱小于1倍隧道开挖跨度的小净距隧道;长度大于100m的偏压棚洞。 (6)高瓦斯或瓦斯突出隧道。 (7)水下隧道
7	起重吊装工程	(1)采用非常规起重设备、方法,且单件起吊重量在10kN及以上的起重吊装工程。 (2)采用起重机械进行安装的工程。 (3)起重机械设备自身的安装、拆卸	(1)采用非常规起重设备、方法,且单件起吊重量在100kN及以上的起重吊装工程。 (2)起吊重量在300kN及以上的起重设备安装、拆卸工程
8	拆除、爆破工程	(1)桥梁、隧道拆除工程。 (2)爆破工程	(1)大桥及以上桥梁拆除工程。 (2)一级及以上公路隧道拆除工程。 (3)C级及以上爆破工程、水下爆破工程

二、专项施工方案的主要内容

危险性较大的分部分项工程专项施工方案,是指在公路工程建设中,施工单位在编制施工组织设计的基础上,针对危险性较大的分部分项工程单独编制的质量安全技术措施文件。

按照现行《公路工程施工安全技术规范》(JTG F90)的规定,专施工方案应包括下列主要内容。

(1)工程概况:工程基本情况、施工平面布置、施工要求和技术保证条件。
(2)编制依据:相关法律、法规、规范性文件、标准、规范及图纸(国标图集)、施工组织设计等。
(3)施工计划:包括施工进度计划、材料与设备计划。
(4)施工工艺技术:技术参数、工艺流程、施工方法、检查验收等。
(5)施工安全保证措施:组织保障、技术措施、应急预案、监测监控等。

(6)劳动力计划:专职安全管理人员、特种作业人员等。

(7)计算书及相关图纸。

三、专项施工方案的审批

专项施工方案宜经施工单位技术、安全、质量等部门的专业技术人员审核,经审核合格后,由施工单位技术负责人签字。分包单位制定的专项施工方案应由总承包单位技术负责人审核签字。

不需专家论证的专项施工方案,经施工单位审核合格后报监理单位,由项目总监理工程师审核签字后即可实施。

超过一定规模的危险性较大的分部分项工程专项施工方案,应由施工单位组织召开专家论证会。专家组成员应由 5 名及以上符合相关专业要求的专家组成。专家论证的主要内容如下:

(1)专项施工方案内容是否完整、可行。

(2)专项施工方案计算书和验算依据是否符合有关标准规范。

(3)安全施工方案的基本条件是否满足现场实际情况。

专项施工方案经论证后,专家组应提交论证报告,对论证的内容提出明确意见,并在论证报告上签字。该报告作为专项施工方案修改完善的指导意见。

施工单位应根据论证报告修改完善专项施工方案,并经施工单位技术负责人、项目总监理工程师、建设单位技术负责人签字后,方可组织实施。

专项施工方案经论证后需做重大修改的,施工单位应按照论证报告修改,并重新组织专家进行论证。

施工单位应严格按照专项施工方案组织施工,不得擅自修改、调整专项施工方案。如因设计、结构、外部环境等因素发生变化确需修改的,修改后的专项施工方案应重新履行审核程序。对于超过一定规模危险性较大工程的专项施工方案,修改后的专项施工方案应重新组织专家进行论证。专项施工方案的审批流程见图 7-2。

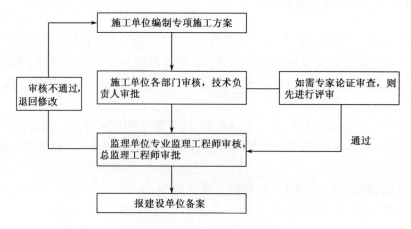

图 7-2 专项施工方案的审批流程

四、专项施工方案的实施

专项施工方案应按照如下要求实施：

(1) 施工单位方案编制人员或项目技术负责人应向现场管理人员和作业人员进行安全技术交底。

(2) 施工单位指定专人对专项施工方案实施情况进行现场监督和按规定进行监测。施工单位技术负责人应定期巡查专项施工方案实施情况。

(3) 在检查巡视中发现问题的，应责令整改并且立即采取有效安全防护措施；发现不按照专项施工方案施工的，应要求其立即整改；发现有危及人身安全紧急情况的，应立即组织作业人员撤离危险区域；发生险情或事故的，施工单位应停止作业，及时启动并实施相应的应急预案，防止事态恶化；险情或事故处理后，应对施工现场进行清理，全面核查安全生产条件，经有关部门同意后，方可恢复施工。

(4) 对于按规定需要验收的危险性较大的分部分项工程，施工单位、监理单位应组织有关人员进行验收。验收合格的，经施工单位项目技术负责人及项目总监理工程师签字后，方可进入下一道工序。

第三节 安全技术交底

一、设计安全技术交底的要求

(1) 工程开工前，设计单位应向建设单位、施工单位和监理单位进行施工图设计交底，设计单位在交底过程中应突出安全要点。

(2) 设计单位应对涉及施工安全的重要部位和环节，如深基坑处理、施工顺序、预留和开凿剪力墙空洞位置等，在设计文件中注明，并对防范生产安全事故提出交底意见。

(3) 对于采用"四新技术"、特殊工艺要求、特殊结构、特殊构造的工程项目，设计单位应在设计中提出保障施工作业人员安全和防范生产安全事故的措施建议。

(4) 针对施工过程中由于设计原因造成的不安全因素，应及时进行设计方案的修改和完善，以满足施工安全作业要求。

二、施工安全技术交底的要求与主要内容

公路工程施工前应逐级进行安全技术交底，主要包括安全技术要求、风险状况、应急处置措施等内容。

1. 安全技术交底的要求

安全技术交底由施工单位项目技术负责人负责实施，实行逐级安全技术交底制度。横向涵盖项目部内各职能部门，纵向延伸到施工班组全体作业人员，任何人未经安全技术交底不准作业。安全技术交底应涵盖工程概况、施工方法、施工程序、安全技术措施等内容。

(1)分部分项工程开工前,施工方案(施工专项方案)的编制人员应向项目部管理人员、分包单位或作业班组负责人进行安全技术交底。

(2)危险性较大的分部分项工程施工前,应由专项施工方案编制人会同施工员,将安全技术措施、施工方法、施工工艺、施工中可能出现的风险因素、安全施工注意事项和紧急避险措施等,向参加施工的全体管理人员(包括分包单位现场负责人、安全管理员)、作业人员进行交底。

(3)各工种作业安全技术交底采用层级交底制,主要工序和特殊工序由项目技术负责人对主管施工员进行交底,主管施工员再向施工班组负责人进行技术交底;班组负责人还应对作业人员进行技术交底。一般工序由施工技术员直接向各施工班组进行交底。

(4)安全技术交底要具体、明确、及时,有针对性和可操作性,符合有关安全技术标准和操作规范的规定。

(5)安全技术交底应优先交底采用的新的安全技术方法和技术措施。

(6)安全技术交底应按规定程序进行,并履行书面交底签字手续,相关责任人各执一份。

(7)施工单位应加强对安全技术交底工作的监督检查、效果评价和督促整改。

2. 施工安全技术交底的主要内容

(1)施工组织设计方案交底的主要内容如下:

①采用的施工方法、施工机械、实施方案应注意的问题,要求达到的安全、质量、进度以及文明施工目标。

②有关班组的配合与支持,人员的管理办法与措施。

③有关施工机械的性能、进场及运行线路要求,原材料的数量、质量及进厂时间要求等。

④主要劳动力、主要技术工种人员的技能要求、进厂时间要求。

⑤施工工艺要求,工艺标准等。

(2)工程总承包单位向专业分包单位进行安全技术交底的主要内容如下:

①施工部位、内容和环境条件。

②专业分包单位、施工作业班组应掌握的相关现行标准规范及安全生产、文明施工规章制度和操作规程。

③资源的配备及安全防护、文明施工技术措施。

④动态监控以及检查、验收的组织、要点、部位及节点等相关要求。

⑤与之衔接、交叉的施工部位、工序的安全防护、文明施工技术措施。

⑥潜在事故的应急措施及相关注意事项。

(3)当施工项目出现下列情况时,应重新组织安全技术交底:

①更新仪器、设备和工具,推广新技术、新工艺,使用新材料。

②发生因工伤亡事故、机械损坏事故及重大未遂事故。

③出现其他不安全因素和安全生产环境发生变化。

三、班组交底

(1)施工技术人员应向施工作业班组负责人和作业人员进行安全技术交底。

(2)班(组)长(工区施工负责人)每天应根据当天作业的施工要求、作业环境等,分部位、分工种向工人进行工(班)前安全技术交底并做好记录,履行签字手续。重点部位的施工安全技术交底宜由施工单位技术人员组织。

(3)专职安全生产管理人员应参与班(组)安全技术交底工作,并监督实施;施工单位内设的质量、安全管理部门人员等应督促施工班(组)做好班(组)的交底工作。

(4)新进场工人在上岗操作前,施工单位质量、安全管理部门应联合对其进行本工种的安全技术交底。操作内容或作业场地变化时应重新进行安全技术交底。

(5)作业人员应按交底的要求施工,不得擅自变更。

(6)施工班组安全技术交底应突出以下内容:

①告知施工过程中的作业危险点、重大危险源及危害因素。

②针对危险点和重大危险源制定具体的预防措施。

③作业过程中应注意的安全事项。

④特殊工序的操作方法和相应的安全操作规程和标准要求。

⑤发生安全生产事故后应采取的自救方法、紧急避险和紧急救援措施等。

第八章 施工现场布设安全要求

公路工程施工必须遵守国家有关法律法规，符合安全生产条件要求，建立安全生产责任制，健全安全生产管理制度，设立安全生产管理机构，足额配备具相应资格的安全生产管理人员。

施工现场、生产区、生活区、办公区应按要求布设，按规定配备满足要求且有效的消防设施和器材。公路工程施工前，应全面检查施工现场、机具设备及安全防护设施等，施工条件应符合安全要求。

第一节 施工现场标志标牌

一、一般规定

（1）施工现场出入口、施工起重机械等设备出入通道口和沿线交叉口应设置安全标志，安全标志包括禁止标志、警告标志、指令标志和提示标志。其使用按照现行《安全标志及其使用导则》(GB 2894)规定执行。

（2）标牌用于工程驻地、施工现场明示相关信息，主要包括工程概况牌、质量安全目标牌、管理人员名单及监督电话牌、安全文明施工牌、重大风险源告知牌、施工现场布置图等。

（3）标志应采用坚固耐用的材料制作。有触电危险的场所应使用绝缘材料。边缘和尖角应适当倒棱，呈圆滑状，带有毛边处应打磨光滑。

（4）标志的设置位置应合理、醒目，能使观测者引起注意、迅速判读、有必要的反应时间或操作距离。主要机具、设备及施工工序操作规程牌，应设置在操作室或操作区域。

（5）标志不应设在门、窗、架等可移动的物体上。标志前不得放置妨碍认读的障碍物。

（6）经常检查标志的状态，保持清洁醒目、完整无损。如发现有破碎、变形、褪色等不符合要求的情况，应及时修整或更换。

（7）根据工程特点和不同的施工阶段，现场安全标志牌要及时准确地增补、删减或变动，实施动态管理。

二、施工现场标志标牌的设置要求

1. 标牌内容

（1）工程概况牌

工程概况牌应标明工程名称、工程范围、建设单位、设计单位、质量安全监督单位、监理单位、施工单位等内容。

（2）质量安全目标牌

质量安全目标牌应标明施工合同段的安全目标、考核指标、质量目标、分项工程一次验收合格率、创奖（杯）等内容。

（3）管理人员名单及监督电话牌

管理人员名单及监督电话牌应对项目经理、技术负责人、安全负责人、工点相关负责人员、总监、监理工程师、现场监理员姓名及监督电话等进行公示。

（4）安全文明施工牌

安全文明施工牌应将安全生产管理制度、文明生产管理制度相关内容在现场告知；必要时可将"三宝""四口""五临边"的相关内容一起宣传告知。

（5）重大风险源告知牌

①重大风险源告知牌应明确风险位置、风险源特征、风险防范措施、现场监督负责人及电话号码等内容。

②施工单位负责及时填写更新重大风险源告知内容，监理单位负责监督。

（6）施工现场布置图

施工现场布置图应对现场的布置采用图示方式表达，注明位置、面积、功能。

2. 标牌的设置要求

施工单位项目部驻地、工区驻地、拌和场、钢筋加工场、预制场、大型桥梁、互通立交、隧道洞口、港口施工区等集中作业区域应设置工程概况牌、质量安全目标牌、管理人员名单及监督电话牌、安全文明施工牌、重大风险源告知牌和施工现场布置图等，具体设置要求见表8-1。

标牌设置原则　　　　　　　　　　　　　　　表8-1

序号	场所/专项工程	设置部位	标志标牌名称
1	项目部驻地	醒目位置	工程概况牌 质量安全目标牌 管理人员名单及监督电话牌 安全文明施工牌 重大风险源告知牌 施工现场布置图
2	工区驻地	醒目位置	工程概况牌 质量安全目标牌 管理人员名单及监督电话牌 安全文明施工牌 重大风险源告知牌 施工现场布置图
3	拌和场	工地入口的醒目位置	工程概况牌 质量安全目标牌 管理人员名单及监督电话牌 安全文明施工牌

续上表

序号	场所/专项工程	设置部位	标志标牌名称
4	钢筋加工场	工地入口的醒目位置	工程概况牌 质量安全目标牌 管理人员名单及监督电话牌 安全文明施工牌
5	预制场	工地入口的醒目位置	工程概况牌 质量安全目标牌 管理人员名单及监督电话牌 安全文明施工牌
6	大型桥梁	桥头的醒目位置	工程概况牌 质量安全目标牌 管理人员名单及监督电话牌 安全文明施工牌 重大风险源告知牌 施工现场布置图
7	互通立交	互通区的醒目位置	工程概况牌 质量安全目标牌 管理人员名单及监督电话牌 安全文明施工牌 重大风险源告知牌 施工现场布置图
8	隧道洞口	洞口的醒目位置	工程概况牌 质量安全目标牌 管理人员名单及监督电话牌 安全文明施工牌 重大风险源告知牌 施工现场布置图
9	港口施工区	进场的醒目位置	工程概况牌 质量安全目标牌 管理人员名单及监督电话牌 安全文明施工牌 重大风险源告知牌 施工现场布置图

第二节 施工现场驻地和场站建设

一、施工现场平面图设计

施工场地标准化布置是工程施工过程中的重要组成部分。它对施工安全、质量、进度的影响相当大。因此，必须通过施工现场平面图设计来实现施工现场的合理、优化布置。

1. 施工现场平面图设计的依据

(1)安全生产及环境保护等相关的法律法规与管理办法。

(2)工程所在地区的原始资料,包括建设、勘察、设计单位提供的资料。

(3)原有和拟建工程的位置和尺寸。

(4)施工方案、施工进度和资源需要计划。

(5)全部施工设施建造方案。

(6)建设单位可提供的房屋和其他设施。

2. 施工现场平面布置的原则

(1)满足施工要求,场内道路畅通,运输方便,各种材料能按计划分期分批进场,做到充分利用场地。材料尽量靠近使用地点,减少二次搬运。

(2)电器设施、线路、油库、易燃易爆品库、大型吊装设备、拌和设备以及加工场地等的布置必须符合安全、消防、环保的要求。

(3)现场布置紧凑,减少临时设施用地,特别要少占农田。

(4)临时建筑、设施的布置应便于职工办公、生产和生活。办公区、生产区、生活区应分离设置,并保持适当距离,不宜过远或过近。

(5)临时建筑、设施、加工场地布置时,必须充分考虑当地的气候、水文、地质等因素,选择在便于施工、视野开阔、安全可靠的位置搭建。

(6)施工驻地不应设在洪水位以下或有滑坡、泥石流威胁的地方。

(7)在保证施工顺利进行的条件下,尽可能减少临时设施费用。尽可能利用施工现场附近的原有建筑物作为施工临时设施。

3. 施工现场平面图的内容

施工现场平面图应表示下列内容:

(1)施工现场总平面上已建和拟建的地上和地下的一切公路、桥梁、隧道、构造物及其他设施的位置和尺寸。

(2)移动式起重机(包括有轨起重设备)开行路线及垂直运输设备、设施的位置。

(3)地形等高线、测量放线标桩的位置和取舍土方的地点。

(4)各种加工场地、各种拌和设备的位置。

(5)现场运输道路。

(6)承建工程及其临时设施与铁路、公路、航道相交叉的部位。

(7)引入施工现场的铁路、公路、航道及临时搭建的便桥、码头、趸船等的位置。

(8)各种材料、半成品、构件等的仓库和堆场。

(9)办公室、宿舍、厨房、食堂、厕所、浴室、警卫室等的位置。

(10)临时给水排水管线、供电线路、蒸汽和压缩空气管道等的位置。

(11)一切安全及防火设施的位置(消防栓、高压泵房位置)。

(12)发电机房、油库、炸药库房等重点防火区域。

二、施工现场驻地和场站建设的一般要求

（1）工程项目场站建设必须根据工程所在地自然条件，在满足环境保护、周边环境、安全距离、安全管理等方面要求的基础上做好选址工作；应有利于生产，方便职工生活，符合防洪、防火等安全要求，具备文明生产、文明施工的条件。

（2）场站建设时，应先组织相关人员按场地选址的相关要求进行现场查勘。预制构件场应编制临时设施选址方案，绘制施工场地总体平面布置图，在方案实施前必须报监理单位审查批准。其他场站建设可按照合同约定履行相关手续。

（3）场地必须进行混凝土硬化处理，场地硬化按照四周低、中心高的原则进行，面层排水坡度不应小于1.5%，必要时可适当增大排水坡度。场地四周应设置排水沟，排水沟底面采用M7.5砂浆进行抹面，做到雨天场地不积水、不泥泞，晴天不扬尘。

（4）施工现场临时用房、临时设施、生产区、生活区、办公区的防火间距以及场站的消防设施应符合现行《建设工程施工现场消防安全技术规范》（GB 50720）的相关要求，场站应保证消防通道畅通。场站内的临时用电均应符合现行《施工现场临时用电安全技术规范》（JGJ 46）的有关规定。

（5）施工现场驻地和场站等临时设施应设在水文地质、地基良好的地段，应避开易发生滑坡、塌方、泥石流、崩塌、落石、洪水、雪崩等的危险区域，避开泥沼、悬崖、危岩、陡坡、低洼等危险地区，或受风暴、涨潮、台风等自然气候影响严重的地区。

（6）场站选址应避开雷电高发区，建设时应采取防雷避雷措施。

（7）办公区、生活区宜避开存在噪声、粉尘、烟雾或对人体有害物质的区域，无法避开时应设在噪声、粉尘、烟雾或对人体有害物质所在区域最大频率风向的上风侧。对环境有污染的设施和材料应存放在远离人员居住的较为空旷的地点。污染严重的工程场站应配有防污染设施。

（8）施工现场生产区、生活区、办公区应分开设置，场站应避开高压线路及高大树木，与通信线路保持一定距离，避开取土、弃土场地，距离集中爆破区应不小于500m；不得将项目部选在拌和站、料场的下风口。

（9）施工现场原材料、半成品、成品、预制构件等的堆放及机械、设备停放应整齐、稳固、规范、标识清楚，且不得侵占场内道路或影响安全。

（10）施工现场应设置相应的安全标志，并不得擅自拆除。场地狭小、行人和运输繁忙的地段应设专人指挥交通。施工现场内坑洞、沟坎、水塘等的边缘应设安全护栏、围挡、盖板和警示标志，夜间应设置警示灯。

（11）施工现场的管线处理：路基用地范围内的既有通信、电力设施、上下水道（管）等，均应协助有关部门事先拆迁或改造；对文物古迹应妥善保护；下挖工程施工前应根据设计文件复查地下构造物（电缆、管道等）的埋置位置及走向，并采取防护措施，施工中如发现危险品及其他可疑物品，应停止下挖，报请有关部门处理。

三、施工驻地的设置要求

（1）临时设施选址方案及施工场地总体平面布置图获得批复后，项目部负责人应立即组

织相关技术人员,对项目部的办公区、生活区、拌和站、钢筋加工场、预制场、各类库房及施工便道等临时设施编写设计方案(包括位置平面布置图、临时设施结构图、使用的建筑材料、占地面积、功能区划分、场内道路布置、排水设施布置、水电设施设置、消防设施设置及施工设备的型号、数量等)。经监理单位审批同意后方可建设,并报建设单位备案。

(2)临时设施建设完成后,施工单位应填写建设验收表并报监理单位进行验收。不符合要求的临时设施不得使用,须待整改并验收合格后方能使用。

(3)施工单位项目部经理部驻地房屋可采用自建或租用沿线合适房屋。项目部办公区与生活区应分开设置,以满足工作需要。

(4)施工单位应按照投标文件有关承诺,规范用房及场地建设。施工现场主要出入口的大门和门柱应牢固,高度不得低于2m。

(5)项目部办公区、生活区及车辆停放区等功能设置应科学合理,区内场地及道路应做硬化处理,排水设施完善,庭院适当绿化,环境优美整洁。

(6)办公、生活区用房应坚固、实用、美观、隔热通风,满足工作、生活需求,自建房屋还应安装、拆卸方便且满足环保要求。办公区、生活区宜集中供暖或采用冷暖空调设施。

(7)自建用房最低标准为活动板房,建设应选用阻燃材料,所用材料必须符合国家相关标准并附有合格证书。活动板房搭建高度不宜超过两层,食堂、厕所只限一层。房间净空高度不低于2.6m,会议室应设在第一层。

(8)自建用房屋顶排水应通畅,砖混结构墙体下部设0.5m高的墙裙。拼装式活动板房应能够抵抗10级台风,在台风、季风期间,应采取相应的加固措施。

(9)生活用房一般应设置宿舍、食堂、淋浴室、办公室、厕所等,且应满足以下要求:

①所有班组(含劳务人员)应纳入施工工区集中居住,统一管理。

②房屋地面应硬化,门窗齐全,结构坚固,通风、照明良好。

③宿舍区应挂设治安、卫生、防火管理制度;严禁使用通铺;室内严禁存放易燃、易爆物品,严禁乱拉电线、明火做饭和使用大功率电器设备;应设有专人保洁;夏季应设有消暑、防蚊虫措施;冬季应设有保暖和防煤气中毒措施。

④食堂内应挂设卫生管理责任制度,炊事员(包括工作人员)应持有健康证,工作时必须戴帽子、口罩,穿工作服;应配备必要的消毒设施、冷藏设施、隔油设施和排风设施;燃气罐应单独设置存放间,存放间应通风良好并严禁存放其他物品;必须保证供应符合卫生标准的饮用水;高温季节期间,应配有降温、防暑和卫生防疫措施。

⑤施工现场应配备常用药品及紧急救助医疗设施,有条件的可配备医务人员。

(10)监理驻地办和总监办公室应相对独立设置,严禁驻地办和总监办合署办公。

四、材料加工场的设置要求

钢筋等材料的加工场应符合下列规定:

(1)宜设围墙或围栏防护,实行封闭管理,材料堆放区、成品区、作业区应分开或隔离,并宜设排水设施。

(2)场内应设置明显的安全警示标志及相关工种的操作规程。

(3)加工棚宜采用轻钢结构,并应采取防雨雪、防风等措施。
(4)严禁使用非起重设备或自行组装的门吊进行吊装作业。
(5)金属加工机械(如卷扬机等)的工作台应稳固可靠,防止受力倾斜。
(6)根据加工量大小,可将加工场地分为大、中、小三种规模,加工场地面积应符合规定。钢筋加工场的原材料堆放区、半成品堆放区应满足材料的堆放要求。
(7)原材料及成品、半成品的堆放要求如下:
①钢筋应垫高堆放,离地面20cm以上,下部支点应以保证堆放的钢筋不变形为原则。
②钢绞线的存放应保持干燥,防止被雨水淋湿。

五、拌和场设置及施工安全要求

1. 拌和站设置要求

(1)拌和站应远离生活区、居民区,尽量设在生活区、居民区的下风向。
(2)通往拌和站及作业区的施工便道,应保证混凝土运输车等施工车辆晴雨天均能顺畅通行。
(3)拌和及起重设备基础的地基承载力应满足要求,材料及成品存放区地基应稳定。
(4)拌和站建设应根据工程实际情况集中布置,宜采用封闭式管理,合理划分拌和作业区、材料计量区、材料库、运输车辆停放区、试验区、集料堆放区及生活区等,内设洗车池(台)、污水沉淀池和排水系统。拌和站场地应硬化。
(5)拌和站宜设置视频监控系统,拌和站的生活区应同其他区隔离开。
(6)拌和站库房包括水泥、掺合料、外加剂库房。拌和站库房建设过程中应注意以下几方面:
①使用袋装水泥的,应建造库房,袋装水泥垛高不得超过10袋,宜一车一垛。
②库房面积按照不小于$1.5t/m^2$的荷载标准建设,库房内地面应做硬化、防潮处理;水泥应架空存放,且离墙(地)距离不小于30cm。
③库房内外加剂的存放高度不超过1.5m,液态外加剂应分罐存放。
(7)拌和站堆料场建设过程中应注意以下几方面:
①砂石料堆存区的分隔墙应稳固,宜采用不小于30cm厚的混凝土或厚度不小于60cm的浆砌片石。料仓墙体强度和稳定性应满足要求,料仓墙体外围应设警戒区,距离宜不小于墙高的2倍。
②料仓容量应满足最大单批次连续施工的需要,并留有一定的余地,同时还应满足运输车辆和装载机等安全作业要求。
③水泥混凝土、路面面层储料场应加设轻型钢结构顶棚,顶棚须经相应资质的设计单位设计后方可施工,顶棚起拱线高度不小于7m,顶棚雨水采用PVC-U管集中排至四周的排水沟,两端的储料仓外侧面与端面设置封闭围挡,防止雨水在风力作用下进入料仓。
(8)拌和站在建设前应充分考虑对周边环境的影响,注意以下几方面:
①根据场地条件合理设置废水沉淀池和洗轮池,布设排水系统,沉淀池的四周应采用金属

隔离棚封闭,树立安全警示标识牌,无关人员不得进入沉淀池。

②作业平台、储料仓、集料仓、水泥罐等涉及人身安全的部位均应设置安全防护装置。传动系统裸露的部位应设有防护装置和安全检修保护装置。

③每次混凝土拌和作业完成后,应及时清洗机具,清理现场,做到工完场清。

④施工机械设备产生的废水、废油及生活污水不得直接排入河流、湖泊或其他水域中,也不得排入饮用水附近的土地中。

⑤水泥、粉煤灰等材料进料时,应注意材料罐顶的密封性能;当粉尘较大时,应暂时停止上料,待处理完后方可继续。

⑥拌和站宜按全封闭设置,减少或防止灰尘污染空气。

⑦拌和及起重设备应设置防倾覆和防雷设施。拌和站的各罐体宜连接成整体,安装缆风绳和避雷设施。

⑧临近居民区施工产生的噪声不应大于现行《建筑施工场界环境噪声排放标准》(GB 12523)的规定,否则应进行监控。

(9)沥青拌和站还应满足以下要求:

①作业前,热料提升斗、搅拌器及各种秤斗内不得有存料。

②配有湿式除尘系统的拌和设备,其除尘系统的水泵应完好,以保证喷水量稳定且不中断。

③卸料斗处于地下底坑时,应防止坑内积水淹没电气元件。

④拌和站启动、停机,必须按规定程序进行。点火失效时,及时关闭喷燃油门,待充分通风后再行点火。需要调整点火时,必须先切断高压电源。

⑤液化器点火时,应有减压阀及压力表。燃烧器点燃后,应关闭总阀门。

⑥连续式拌和设备的燃烧器熄火时,应立即停止喷射沥青;当烘干拌和筒着火时,应立即关闭燃烧器鼓风机及排风机,停止供给沥青,再投入含水率高的细集料。

⑦烘干拌和筒,并在外部卸料口用干粉或泡沫灭火器进行灭火。关机后清除皮带上、各供料斗及除尘装置内外的残余积物,清洗沥青管道。

⑧料仓内保温、通风措施得当。避免生火取暖加温造成废气集中,防止一氧化碳中毒。

⑨拌和楼内不得采用碘钨灯照明,不得用电热管等设施取暖,严防火灾。

2. 作业前检查项目应符合的要求

(1)搅拌筒内和各配套机构的传动、运动部位及仓门、斗门、轨道等均无异物卡住。

(2)各润滑油箱的油面高度应符合规定。

(3)打开阀门排放气路系统中气水分离器的过多积水,打开贮气筒排污螺塞放出油水混合物。

(4)提升斗或拉铲的钢丝绳安装、卷筒缠绕均正确,钢丝绳及滑轮符合规定,提升料斗及拉铲的制动器灵敏有效。

(5)各部位螺栓已紧固,各进、排料阀门无超限磨损,各输送带的张紧度适当,不跑偏。

(6)称量装置的所有控制和显示部分工作正常,其精度符合规定。

(7)各电器装置能有效控制机械动作,各接触点和动、静触头无明显损伤。

(8)拌和站和水泥罐仓应按规定设置避雷装置。

3. 拌和场施工的安全操作要点

(1)搅拌机的操纵台应使操作人员能看到各部工作情况,仪表、指示信号准确可靠,操纵台应垫上橡胶板或干燥木板。

(2)传动机构、工作装置、制动器等均应坚固可靠,保证正常工作,关键部位应装设防护罩。

(3)集料规格应与搅拌机的性能相符,超出许可范围的不得使用。

(4)搅拌站各转动磨损部位应经常检查保养,使其保持良好的工作状态。

(5)进料时,严禁将头或手伸入料斗与机架之间察看或探摸进料情况,运转中不得用手或工具等物伸入搅拌筒扒料出料。

(6)搅拌站工作时,严禁在其下方工作或穿行。

(7)向搅拌筒内加料应在运转中进行,添加新料必须先将搅拌机内原有的混凝土全部卸出后才能进行。不得中途停机或在满载荷时起动搅拌机,反转出料者除外。

(8)作业中,如发生故障不能继续动转时,应立即切断电源,将搅拌筒内的混凝土清除干净,然后进行检修。

(9)作业后,应对搅拌机进行全面清洗,及时进行维护。

(10)冬季作业后应将水泵、放水开关、量水器中的存水放尽。

(11)按要求填写日常运转记录及加换油记录。

六、预制场安全要求

1. 预制场设置要求

(1)混凝土构件预制场宜采用封闭式管理,场地内宜按办公区、生活区、制梁区、存梁区、构件加工区域、废料处理区等科学合理设置,预制场宜设置视频监控系统。生活区应与其他区隔开,生活区应参考项目部生活区建设。

(2)预制场周边存在边坡时,应提前进行安全防护,设置排水设施。

(3)预制场设置在填方路堤或线外填方场地时,为防止产生不均匀沉降变形而影响预制的质量,应对场地分层碾压密实并强夯,并对台座基础进行加固,尤其台座两端用C20以上的片石混凝土扩大基础进行加固,以满足梁板张拉起拱后基础两端的承载力要求。

(4)台座上应设置沉降观测点进行持续监控,并建立观测数据档案。定期对台座进行检查,分析台座沉降情况,发现异常应及时处理。

(5)存梁区的枕梁应视地基承载力情况适当配筋,台座尺寸应满足使用要求。用于存梁的枕梁应设在离梁两端面各50~80cm处,且不影响梁片吊装,支垫材质应采用满足承载力要求的非刚性材料。

(6)梁片最多存放层数应符合设计文件和相关技术规范要求。设计文件无规定时,空心板叠层不得超过3层,小箱梁和T梁叠层不得超过2层。预制梁存放时(特别是叠层存放),应采取支撑等措施,确保安全稳定。

(7)预制场宜按照工厂化生产方式布设,道路和排水畅通,场地四周用砖砌围墙(或通透式围栏)。占地面积应满足要求。

(8)拌和及起重设备应设置防倾覆和防雷设施。

(9)张拉作业中应设置可移动式钢板防护设施。

2. 混凝土拌和

(1)搅拌站设置的各种电气接线必须由电工引接、拆卸。作业中发现漏电征兆、缆线破损等必须立即停机、断电,由电工处理。

(2)搬运袋装水泥必须自上而下顺序取运。堆放时,垫板应平稳、牢固,按层码垛整齐,高度不得超过10袋。

(3)使用手推车向搅拌机料斗内倾倒砂石料时,应设挡掩,严禁撒把倒料。

(4)作业人员向搅拌机料斗内倾倒水泥时,脚下不得蹬踩料斗。

(5)机械运转过程中,机械操作工应精神集中,不得离岗;机械发生故障时必须立即关机、断电。

(6)固定式搅拌机的料斗在轨道上移动提升(降落)时,严禁其下方有人;料具悬空放置时,必须锁固。

(7)搅拌机运转中不得将手或木棒、工具等伸进搅拌筒或在筒口清理混凝土。

(8)现场机拌混凝土应规定作业区,非施工人员不得入内。拌和机运行时,严禁人员进入储料区和卸料斗下。

(9)需进入搅拌筒内作业时,必须先关机、断电、固锁电闸箱,并在搅拌筒外设专人监护,严禁离开岗位。

(10)落地材料、积水应及时清扫,保持现场环境整洁。

(11)使用外掺剂应加强管理,并遵守下列规定:

①外掺剂应在库房中存放,专人管理。

②使用外掺剂应建立领发料制度。

③使用外掺剂应专人负责,正确使用。

④混凝土浇筑完成后,剩余外掺剂应交回库房保存。

(12)作业后应及时清理拌制场地,废水应排至规定地点,不得污染环境、河道,不得堵塞雨污水排放设施。

(13)机械设备安装完成后,应在施工技术人员的主持下,组织调试、检查,确认各项技术性能指标全部符合施工设计和机械设备生产企业说明书的规定,并经验收合格,形成文件后方可使用。

3. 混凝土浇筑

(1)浇筑混凝土前,应检查模板、支架的稳定状况,且钢筋经验收合格,并形成文件后方可浇筑混凝土。

(2)浇筑现场必须设专人指挥运输混凝土的车辆。指挥人员必须站在车辆的安全一侧。车辆卸料处必须设牢固的挡掩。

(3)使用混凝土泵车时,现场应提供平整、坚实、位置适宜的场地停放泵车。现场有电力架空线时,应设专人监护。

(4)人工现场倒运混凝土应遵循下列规定:

①一次倒运高度不得超过2m。

②作业平台上应设钢板放置混凝土。

③平台倒料口设活动栏杆时,倒料人员不得站在倒料口处。倒料完成后,必须立即将活动栏杆复位。

④作业平台下方严禁有人。

⑤混凝土入模应服从振捣人员的指令。

(5)使用移动式龙门吊运送混凝土的安全要求如下:

①龙门吊须由专业人员设计,满足安全使用的要求。

②龙门吊安装与拆除前,应根据设备情况和现场环境状况编制施工方案,作业前应制定安全技术措施。作业前,现场应设作业区,并设专人值守。

③作业时必须设信号工指挥。

④提升机的安全防护装置必须齐全、有效,符合产品技术文件的要求。

⑤提升机的总电源必须设短路保护和漏电保护装置;电动机的主回路上应同时装设短路、失压、过电流保护装置。

⑥移动式龙门吊卷扬机应安装在平整、坚实的地基上,宜远离作业区,视线应良好。由于条件限制,需安装在作业区内时,卷扬机操作棚的顶部应设防护棚,其结构强度应能承受10kPa的均布荷载。卷扬机必须与地锚连接牢固,严禁与树木、电线杆、建筑物连接。

⑦移动式龙门吊架体及其提升机安装完成后,必须经检查、试运行、验收合格,并形成文件后方可交付使用。

⑧浇筑混凝土时,应设模板工监护,发现模板和支架、支撑出现位移、变形等,应及时处理,排除险情确认安全,方可恢复施工。

⑨使用插入式振动器进入模板仓内振捣时,应对缆线加强保护,防止磨损漏电。仓内照明必须使用12V电压。

⑩用附着式振动器时,模板和振动器的安装应坚固牢靠,经试振动确认合格后方可使用。

4. 预应力施工

(1)预应力钢筋的技术条件和质量应符合现行国家标准的规定,进场后应分批验收,确认合格,并形成文件。

(2)在施工组织设计中,应根据设计要求和现场条件规定预应力张拉程序、控制应力和伸长值,选择适宜的张拉机具,并制订相应的安全技术措施。

(3)张拉现场必须规定作业区,并设护栏,非施工人员严禁入内。

(4)预应力张拉施工应由主管施工技术人员主持,张拉作业应由作业组长指挥。

(5)预应力操作工必须经过安全技术培训,经考核合格后方可上岗。

(6)预应力钢筋的张拉方法、顺序和控制应力应符合施工设计的要求。

(7)使用高压油泵应遵循下列规定:

①操作工应经安全技术培训,考核合格后方可上岗。

②油泵应置于构件侧面。
③操作工必须戴护目镜和手套。

七、储油罐的设置要求

储油罐的设置应符合下列规定：
(1)储油罐与在建工程的防火间距应不小于15m，并应远离明火作业区、人员密集区、建(构)筑物集中区。
(2)储油罐顶部应设置遮阳棚。
(3)应按要求配备泡沫灭火器、干粉灭火器、沙土袋、沙土箱等灭火消防器材及沙土等灭火消防材料。
(4)应设防静电、防雷接地装置及加油车接地装置，接地电阻不得大于10Ω。
(5)应悬挂醒目的"禁止烟火"等警示标志。

第三节 施工便道、临时码头和栈桥

一、施工便道设置要求

(1)施工便道应根据运输荷载、使用功能、环境条件进行设计和施工，不得破坏原有水系、降低原有泄洪能力，并应符合下列规定：
①双车道施工便道宽度不宜小于6.5m。
②单车道施工便道宽度不宜小于4.5m，并宜设置错车道；错车道应设在视野良好地段，间距不宜大于300m。设置错车道路段的施工便道宽度宜不小于6.5m，有效长度不宜小于20m。
③路拱坡度应根据路面类型和现场自然条件确定，并应大于1.5%。
④施工便道应根据需要设置排水沟和圆管涵等排水设施。
⑤施工便道在急弯、陡坡、连续转弯等危险路段应进行硬化，设置警示标志，并根据需要设置防护设施。
⑥施工便道中易发生落石、滑坡等危险路段，应根据需要设置防护设施。
(2)施工便道与既有道路平面交叉处应设置道口警示标志，有高度限制的应设置限高架。

二、临时码头和栈桥设置要求

(1)临时码头宜选择在水域开阔、岸坡稳定、波浪和流速较小、水深适宜、地质条件较好、陆路交通便利的岸段。
(2)临时码头宜设置在桥梁、隧道、大坝、架空高压线、水下管线、取水泵房、危险品库、水产养殖场等区域的下游方向，与其他构筑物的安全距离应符合现行《海港总平面设计规范》(JTJ 211)和《河港工程总体设计规范》(JTJ 212)的有关规定。

(3)临时码头应按照使用要求和相应的技术规范进行设计、施工和验收,并应设置安全警示标志,配备相应的安全防护设施。

(4)施工便桥应根据使用要求和水文条件进行设计,执行"设计—审批—制作—安装—建成验收—投入使用"的程序,并设置限宽、限速、限载标志;还应在两侧护栏的适当位置布置一定数量的照明灯具和设置醒目的警示反光标志,水上便桥护栏应每50m布置一个救生圈,通航施工区域应按照相关部门批复的要求设置防撞墩等措施。

(5)栈桥和栈桥码头应按照使用要求和相应的技术规范进行设计、施工和验收,并应符合下列规定:

①通航水域搭设的栈桥和栈桥码头应取得海事和航道管理部门批准,并应按要求设置航行警示标志。

②栈桥和栈桥码头的设计应考虑自重荷载、车辆荷载、波浪力、风力、水流力、船舶系靠力及漂浮物、腐蚀等,并应按施工期可能出现的最不利荷载组合进行验算。

③栈桥和栈桥码头应设置行车限速、防船舶碰撞、防人员触电及落水等安全警示标志和救生器材。

④栈桥上车辆和人员行走区域的面板应满铺,并应与下部结构连接牢固;悬臂板应采取有效的加固措施。

⑤栈桥两侧和栈桥码头四周应设置高度不低于1.2m的防护栏杆。防护栏杆上杆任何部位应能承受1000N的外力。

⑥栈桥行车道两侧宜设置护轮坎。

⑦长距离栈桥应设置会车、掉头区域,间隔不宜大于500m。

⑧通过栈桥的电缆应绝缘良好,并应固定在栈桥的一侧。

⑨发生栈桥面或栈桥码头面被洪水、潮汛淹没,或栈桥被船舶撞击,或桩柱受海水严重腐蚀等情况,应重新检修、复核原构筑物。

⑩栈桥应设置满足施工安全要求的照明设施。

⑪栈桥和栈桥码头应设专人管理,非施工车辆及人员不得进入,非施工船舶不得靠泊。

第四节 临 时 用 电

一、施工现场临时用电的一般规定

(1)施工现场临时用电应符合现行《施工现场临时用电安全技术规范》(JGJ 46)的有关规定。

(2)施工用电设备数量在5台及以上,或用电设备容量在50kW及以上时,应编制用电组织设计。临时用电组织设计及变更,必须履行"编制—审核—批准"的程序;施工现场临时用电方案编制人员应具备电气工程师资格,方案经相关部门审核及施工单位技术负责人批准,报监理单位审查通过后实施。

(3)施工现场临时用电工程专用电源中性点直接接地的220/330V三相四线制低压电力

系统,必须符合下列规定:
①采用三级配电系统。
②采用 TN-S 接零保护系统。
③采用二级保护系统。
(4)临时用电工程必须经编制、审核、批准部门和使用单位共同验收,合格后方可投入使用。
(5)安装、巡检、维修或拆除临时用电设备和线路必须由电工完成,并应有人监护。

二、施工现场临时用电管理要求

1. 临时用电组织设计

施工现场临时用电设备在 5 台及以上或设备总容量在 50kW 及以上者,应编制用电组织设计。施工现场临时用电组织设计应包括下列内容:
(1)现场勘测。
(2)确定电源进线、变电所或配电室、配电装置、用电设备位置及线路走向。
(3)负荷计算。
(4)变压器的选择。
(5)设计配电系统:
①设计配电线路,选择导线或电缆;
②设计配电装置,选择电器;
③设计接地装置;
④绘制临时用电工程图纸,主要包括用电工程总平面图、配电装置布置图、配电系统接线图、接地装置设计图。
(6)设计防雷装置。
(7)防护措施。
(8)安全用电措施和电气防火措施。
临时用电工程图纸应单独绘制,临时用电工程应按图施工。

2. 电工
(1)电工须经技术资格考核合格后,并持有效操作证方可上岗工作,并按规定及时办理延期复审;其他用电人员必须通过相关安全教育培训和技术交底,考核合格后方可上岗工作。
(2)施工现场不同工程部位电工的配备数量应满足相关要求。
(3)施工现场临时用电必须建立安全技术档案,并由主管现场的电气技术人员负责管理。
(4)临时用电工程应定期检查,定期检测绝缘电阻和接地电阻,对安全隐患必须及时处理,并应履行复查验收手续。

三、配电系统与变配电装置安全要求

1. 配电系统安全要求
(1)配电系统应设置总配电箱、分配电箱、开关箱,实行三级配电。

（2）总配电箱应设在靠近电源的区域，分配电箱应设在用电设备或负荷相对集中区域。

（3）动力开关箱与照明开关箱必须分设，每台用电设备必须有各自的专用开关箱，开关箱必须做到"一机、一箱、一闸、一漏"，有门、有锁和防雨、防尘。

（4）配电箱、开关箱的电源进线端严禁采用插头和插座做活动连接。

（5）配电箱、开关箱应装设端正、牢固。固定式配电箱、开关箱的中心点与地面的垂直距离应为1.4~1.6m。移动式配电箱、开关箱应装设在坚固、稳定的支架上，其中心点与地面的垂直距离宜为0.8~1.6m。

（6）配电箱、开关箱应有名称、用途、分路标记及系统接线图。配电箱、开关箱应装设在干燥、通风及常温场所；装设应端正、牢固；周围不得堆放任何妨碍操作、维修的物品，应有能满足2人同时工作的空间和通道。

（7）配电箱、开关箱定期维修、检查时，必须将其前一级相应的电源隔离开关分闸断电，并悬挂"禁止合闸、有人工作"停电标志牌，严禁带电工作。

（8）施工现场的总配电箱和开关箱至少设置两级漏电保护器，漏电保护器的选择应符合现行《剩余电流动作保护器的一般要求》（GB/Z 6829）和《剩余电流动作保护装置安装和运行》（GB 13955）的要求，总配电箱内漏电保护器应安装在配电箱电源隔离开关的负荷侧，开关箱的漏电保护器应装设在电源隔离开关的负荷侧。

（9）总配电箱内漏电保护器的额定漏电动作电流应大于30mA，额定漏电动作时间应大于0.1s，但其乘积不大于30mA·s。配电箱内电器、规格参数与设备容量相匹配，按规定位置紧固在电器安装板上，熔断器具有可靠灭弧分段功能。

（10）开关箱内漏电保护器的额定漏电动作电流不应大于30mA，额定漏电动作时间不应大于0.1s，潮湿、腐蚀环境下额定漏电动作电流不应大于15mA。电箱安置应适当，周围无杂物，标注电工联系电话、检查记录。

2. 变配电装置

（1）配电室应靠近电源，宜设在灰尘少、潮气少、振动小、无腐蚀介质、无易燃、易爆物及道路通畅的地方。配电室宜自然通风，并采取防止雨雪侵入和动物进入的措施。

（2）配电室的建筑物和构筑物的耐火等级不低于3级，室内应配置砂箱和可用于扑灭电气火灾的灭火器。配电室门向外开并配锁。配电室的照明分别设置工作照明和事故照明。配电室应保持整洁，不得堆放任何妨碍操作、维护的杂物。

（3）配电柜应装设电源隔离开关及短路、过载、漏电保护器。

四、配电线路安全要求

1. 电线架设

（1）架空线路宜避开施工作业面、作业棚、生活设施与器材堆放场地。

（2）架空线路边线无法避开在建工程（含脚手架）时，其安全距离应符合表8-2的规定。

外电架空线路边线外侧边缘与在建工程(含脚手架)之间安全距离　　　　表 8-2

外电线路电压等级(kV)	<1	1~10	35~110	220	330~500
安全距离(m)	4	6	8	10	15

(3)施工现场的机动车道与外电架空线路交叉时,架空线路的最低点与路面的垂直安全距离应符合表 8-3 的规定。

施工现场的机动车道与外电架空线路交叉时的垂直安全距离　　　　表 8-3

外电线路电压等级(kV)	<1	1~10	35
垂直安全距离(m)	6	7	8

2. 铺设电缆线路

(1)三相五线制配电电缆线路须采用五芯线缆,五芯线缆中包含淡蓝、绿/黄两种颜色绝缘芯线,淡蓝色芯线须用作 N 线,绿/黄双色芯线须用作 PE 线,严禁混用。

(2)施工现场开挖沟槽边缘与埋设电缆沟槽边缘的安全距离不得小于 0.5m。

(3)通往水上的岸电应采用绝缘物架设,电缆线应留有余量,作业过程中不得挤压或拉拽电缆线。

(4)水上或潮湿地带的电缆线必须绝缘良好并具有防水功能,电缆线接头必须经防水处理。

(5)电缆线路应采用埋地或架空敷设,地下埋设电缆应设防护管,严禁沿地面明设。

(6)电缆直接埋地敷设的深度不应小于 0.7m,在电缆周边均匀敷设不少于 50mm 厚的细砂,并覆盖砖或混凝土板等硬质保护层,保护层应超过电缆两侧各 50mm。埋地电缆在穿越建筑物、构筑物、道路、易受机械损伤、介质腐蚀场所及引出地面,从 2.0m 高到地下 0.2m 处,应加设防护套管,防护套管内径不应小于电缆外径的 1.5 倍。在拐弯、接头、终端和进出建筑物等地段,应装设明显的方位标志,直线段上适当增设标桩,桩需露出地面 150mm。

(7)架空电缆应沿电杆、支架或墙壁敷设,并采用绝缘卡固定,绑扎线须采用绝缘线,固定点间距应保证电缆能承受自重带来的荷载。橡皮电缆的最大弧垂距地面不得小于 2.0m。

3. 室内配线

(1)进户线的室外端应采用绝缘子固定,过墙应穿管保护,距地面不得小于 2.5m,并采取防雨措施。

(2)室内必须采用绝缘铜导线,塑料夹等敷设,距地面的高度不得小于 2.5m,应尽量减少接头,管内、槽板内不得有接头,接头应放在接线或分线盒内。线路交叉或与管道交叉时,每根导线应穿绝缘管进行防护。

(3)室内配线所用导线截面,应根据用电设备的计算负荷确定,但铜线截面面积不小于 1.5mm^2。

(4)室外灯具距地面不小于 3m,室内灯具距地面不小于 2.5m,插座接线时应符合相关规范要求。

(5)各种用电设备、灯具的相线应经开关控制,不得将相线直接引入灯具。

4. 外电线路防护要求

(1)不得在外电架空线路正下方搭设临时用房、堆放材料和机具等。

(2)起重机严禁越过无防护设施的外电架空线路作业,上、下脚手架的斜道不宜设在高压线路的一侧。在建工程(含脚手架)周边与外电架空线路边线之间、施工现场的机动车道与架空线路交叉时、起重机与架空线路边线之间、防护设施与外电线路之间的最小安全距离必须符合相关规范要求。

(3)现场开挖沟槽的边缘与埋地外电缆沟槽边缘之间的距离不得小于0.5m。

(4)达不到所规定的安全距离时,必须采取绝缘隔离防护措施,防护设施顶面必须采用木、竹或其他绝缘材料搭设,宽度应超过架空线路两侧各0.75m左右,长度应超过横跨道路两侧各1m,并悬挂昼夜醒目的"高压危险"警告标志。

(5)防护设施与外电线路的安全距离无法实现时,必须与电力等部门协商,采取停电、迁移外电线路或改变工程位置等措施。

五、用电防护与防雷安全要求

1. 一般作业场所临时用电防护

(1)一般作业场所的配线线路,三级开关箱与施工机具之间应使用电缆线,不使用护套线。

(2)电缆沿作业场所悬挂敷设时应用绝缘子固定,严禁使用金属裸线做绑扎;电缆的接头应牢固可靠,绝缘包扎后的接头不能降低原来的绝缘强度,并不得承受张力。

(3)电缆拖地敷设时,宜采用套PVC管等保护措施。

2. 桥梁临时用电防护

(1)高墩施工时,电缆用三脚架悬挑瓷瓶架设在结构物或脚手架上。瓷瓶应绝缘,间距不宜超过15m。

(2)桥面施工时,电缆宜采用PVC等材质套管保护;布设的电缆应避免受到车辆通行、钢筋加工等影响;在施工区域内不大于60m距离设置1个二级分配箱。

(3)栈桥电缆宜采用支架或瓷瓶悬挑,设置在护栏外侧。栈桥的施工临时用电,末端开关箱到施工机械之间应使用电缆,禁止使用护套线。在施工区域内不大于60m间距设置1个二级分配箱。

3. 隧道临时用电防护

(1)短隧道宜采用高压至洞口,再低压进洞,长隧道及特长隧道可考虑高压进洞,以满足施工需要。

(2)隧道施工供电应采用三相五线供电系统;动力设备应采用三相380V;照明电压一般作业地段不应大于36V,成洞段和不作业地段可采用220V,瓦斯地段不超过110V,手提作业灯为12~24V,特别潮湿、导电良好的地面及金属容器内照明电压不得大于12V。高压分线部位应设明显危险警告标志;所有配电箱和开关应全部进行责任人和用途标识。

(3)供电线路架设一般要求高压线和低压线、动力线和照明线分开,根据"高压在上、低压在下、干线在上、支线在下,动力线在上、照明线在下"的原则布设。照明和动力线路安装在同一侧时,必须分层架设。隧道内电缆布设采用瓷瓶在二衬上悬挑,瓷瓶间距为15m。电缆悬挂高度满足:110V以下电线离地面距离不小于2m;动力线380V时离地面距离大于或等于2.5m;高压电缆6~10kV时离地面距离大于或等于3.5m。

(4)施工期间"三管两线"(通风管道、高压风管道、水管道,动力线、照明线)应架设、安装顺直、整齐。

(5)洞外变电站设置防雷击和防风装置,且宜设在靠近负荷集中地点和设在电源来线一侧;当变电站电源线需跨越施工地区时,其最低点距人行道和运输线路的最小高度满足表8-3中的关于施工现场的机动车道与外电架空线路交叉时垂直安全距离的规定。

(6)隧道内台架、衬砌台车安装行灯变压器,使用不高于36V安全电压作为照明,电源设置红色警示灯提醒过往行走机械。开挖台架及衬砌台车在行走时,必须由专人指挥、专人收放电缆,防止电缆被压断和强制拉断而引起安全事故。隧道内架设电缆、电线要求平顺,接头不外露,若在漏水处须设置遮防水措施。

(7)成洞地段固定的电线路,应采用绝缘良好的胶皮线架设;施工地段的临时电线路应采用橡套电缆;瓦斯地段的输出线必须使用密封电缆,不得使用皮线;涌水隧道的电动排水设备应采用双回路输电,并有可靠的切换装置;动力干线上每一分支线,必须装设开关及保险装置;严禁在动力线路上加挂照明设施。

4.防雷

(1)在土壤电阻率低于200Ω·m区域的电杆可不另设防雷接地装置,但在配电室的架空进线或出线处,应将绝缘子铁脚与配电室的接地装置相连接。

(2)施工现场内的起重机、井字架、龙门架等机械设备,以及钢脚手架和正在施工的在建工程等的金属结构,当在相邻建筑物、构筑物等设施的防雷装置接闪器的保护范围以外时,应按表8-4的规定安装防雷装置。

施工现场内机械设备及高架设施需安装防雷装置的规定　　　表8-4

地区平均年雷暴日(d)	机械设备高度(m)	地区平均年雷暴日(d)	机械设备高度(m)
≤15	≥50	≥40及<90	≥20
>15及<40	≥32	≥90及雷害特别严重地区	≥12

(3)当最高机械设备上避雷针(接闪器)的保护范围能覆盖其他设备,且又最后退出现场,则其他设备可不设防雷装置。

(4)机械设备或设施的防雷引下线可利用该设备或设施的金属结构体,但应保证电气连接。

(5)机械设备上的避雷针(接闪器)长度应为1~2m。塔式起重机可不另设避雷针(接闪器)。

(6)装有避雷针(接闪器)的机械设备,所有固定的动力、控制、照明、信号及通信线路,宜采用钢管敷设。钢管与该机械设备的金属结构体应做电气连接。

(7)施工现场内所有防雷装置的冲击接地电阻值不得大于30Ω。

(8)防雷接地机械上的电气设备,所连接的 PE 线必须同时做重复接地,同一台机械电气设备的重复接地和机械的防雷接地可共用同一接地体,但接地电阻应符合重复接地电阻值的要求。

5. 自备发电机发电

(1)发电机组及其控制、配电、维修室等可分开设置;在保证电气安全距离和满足防火要求情况下可合并设置。

(2)发电机组的排烟管道必须伸出室外。发电机组及其控制、配电室内必须配置可用于扑灭电气火灾的灭火器,严禁存放储油桶。

(3)发电机组电源必须与外电线路电源连锁,严禁并列运行。

(4)发电机组应采用电源中性点直接接地的三相四线制供电系统和独立设置 TN－S 接零保护系统,其工作接地电阻值应符合:

①单台容量大于 100kVA,工作接地电阻值不得大于 4Ω;

②单台容量不超过 100kVA,工作接地电阻值不得大于 10Ω;

③土壤电阻率大于 1000Ω·m 区域,工作接地电阻值可提高到 30Ω。

(5)发电机供电系统应设置电源隔离开关及短路、过载、漏电保护器。电源隔离开关分断时应有明显可见分断点。

(6)发电机组并列运行时,必须装设同期装置,并在机组同步运行后再向负载供电。

第五节 ××高速公路施工项目部山体滑坡致35人死亡案例

一、工程背景及事故经过

××年5月11日凌晨1时55分,××省××县××高速公路正在施工的××大桥3号墩附近发生山体滑坡,滑体总方量约20余万 m^3,其中右侧部分约3万 m^3 淹埋了××工程局三标段施工项目经理部一栋工棚(17间)及棚内35人。灾害发生后,党中央、国务院领导十分重视,国务院立即派出调查组赶赴现场协助××省全力以赴抢救被埋人员,尽一切可能减少伤亡,做好善后工作,查明山体滑坡灾害原因,制订防治措施。在××省委、省政府的领导下,经全力抢险救灾,避免了灾害进一步扩大,但被淹埋的35人无一幸存。

二、事故原因分析

经国务院事故调查组认定,这次事故主要是由于山体滑坡自然灾害造成的,属于非责任事故。

三、经验教训

虽然这次事故主要是因山体滑坡自然灾害造成的,但也给我们增强建设项目安全隐患防范意识敲响了警钟。公路沿线特别是山区地质条件复杂路段极易发生地质灾害。为此,在事故发生后交通运输部发出了紧急通知,要求加强公路沿线地质灾害防治工作。

四、预防对策

(1)加强公路建设前期工作。在自然条件恶劣,地形、地质条件复杂,新构造运动活跃,地震活动频繁地区修建公路时,一定要慎之又慎。应采用航测、遥感、地质判释、GPS等综合勘察设计手段,加强基础资料的收集和调查工作;在路线方案比选中要综合考虑生态环境保护、水土保持、地质灾害等影响因素,特别注意设计方案实施的可能性;新建公路工程应避免设计高陡边坡、深挖路堑,路堤高度>20m应采用高架桥,路堑深度>30m应采用隧道方案;对岩石破碎、易于发生石块崩落的路段,应及时封闭坡面并设置牢固的坡面防护系统,确保安全。

(2)地质灾害危险性评估有助于预防地质灾害。建设、设计、施工及监理等单位必须充分重视评估报告提出的防治建议,在公路基本建设各阶段,采取切实可行的防治地质灾害措施。设计文件上报时,应附环境保护、水土保持、地质灾害危险性评估意见;招标文件应明确对环境保护、水土保持、地质灾害危险性评估意见的工程处治措施;工程监理应增加预防地质灾害记录。

(3)在自然环境恶劣,地质条件复杂的地区修建公路时,项目法人和监理要监督施工单位按照安全生产的有关规定选择临时办公、居住地及设备安置场地,要特别注意避开易于发生崩塌、滑坡、泥石流、岩溶或洞穴坍陷等地质灾害的高陡边坡、不稳定斜坡和沟口低洼处,以避免地质灾害造成人员伤亡和经济财产损失。

第九章 施工现场安全防护

公路工程施工前,应全面检查施工现场、个体安全防护、安全防护设施及机具设备等,防止事故发生。

机械设备上各种安全防护、保险限位装置及各种安全信息装置必须齐全有效。必须按照使用说明书规定的技术性能、承载能力和使用条件操作、使用,严禁超载、超速作业或任意扩大使用范围。公路工程施工使用的特种设备应按相关规定取得生产许可,并经检验合格并取得使用登记证书。

危险作业场所应按规定设置警戒区或其他安全防护、逃生设施。施工现场出入口、沿线各交叉口、施工起重机械、临时用电设施以及脚手架等临时设施、民爆物品和易燃易爆危险品库房、孔洞口、基坑边沿、桥梁边沿、码头边沿、隧道洞口和洞内等危险部位,应设置明显的安全警示标志和必要的安全防护设施。

第一节 个体安全防护

一、一般规定

(1)公路工程施工企业应为从业人员配备合格的安全防护用品和用具,并定期更换。从业人员在施工作业区域内,必须按照安全生产管理制度和劳动防护用品使用规则,正确佩戴和使用安全防护用品和用具;未按规定佩戴和使用安全防护用品的,不得上岗作业。

(2)安全防护用品必须符合相关国家标准和行业标准,不得超期使用。

(3)安全防护用品包括:安全帽、安全带、救生衣、防护服、防护鞋、防护手套、防护面具等。

二、个人防护用品安全要求

1. 安全帽

(1)安全帽应有以下永久性标志:制造厂名称、商标、型号、制造日期、生产合格证和检验证明、生产许可证编号、"LA"安全标志。

(2)安全帽应在有效期内使用。每年进行一次定期检查,发现异常现象不得佩戴。

(3)戴安全帽前,应将帽后调整带按自己头形调整到适合位置,然后将帽内弹性带系牢。缓冲衬垫的松紧由带子调节,人的头顶和帽体内顶部的空间垂直距离应控制在 25~50mm,一般不应小于 32mm。不得将安全帽歪戴,或把帽檐反戴。安全帽的下颌带必须扣在颌下,并系牢,松紧应适度。

(4)安全帽应保持整洁,不应涂刷油漆,禁止搁置在火源周边,或在阳光下暴晒。在现场室内作业也应佩戴安全帽。

2. 安全带

(1)安全带类型有全身式安全带、双肩式安全带等。

(2)安全带的有效期一般为3～5年,发现异常应提前报废。使用频繁的绳子,应经常进行外观检查,发现异常时,应立即更换或报废。

(2)每条安全带应有以下永久性标志:制造厂名称、商标、型号、制造日期、生产合格证和检验证明、生产许可证编号、"LA"安全标志。

(4)2m以上的悬空作业,必须使用安全带。使用中,应可靠地挂在牢固的地方,高挂低用,且应防止摆动,避免明火和刺割。在无法直接挂设安全带的地方,应挂设能供安全带钩挂的安全母索、安全栏杆等。

(5)安全带严禁擅自接长使用,使用3m及以上的长绳时必须增加缓冲器。

3. 救生衣

(1)水上作业必须穿戴救生衣,救生衣有工作式救生衣、救生式救生衣、气胀式救生衣等。

(2)穿着泡沫类工作式救生衣前,应先检查浮力袋、领门带、腰带等是否完好,救生衣不得有损坏,否则不应穿戴。穿着时,把救生衣从头套下穿在身上,浮力袋大的一面置于身体前面,把腰带分别从左右侧绕身一周,在胸前用力收紧,采用一缩帆结(救生时采用平结)系牢。

4. 防护服

(1)现场作业人员应按工种要求配置棉质工作服,特殊作业人员应配置特殊作业防护服。

(2)焊工工作服宜为帆布等材质的阻燃服。

(3)为防止潜水时体温散失过快,水下作业人员必须穿着潜水服。潜水服按潜水方式分为轻装潜水服和重装潜水服两种。

5. 防护鞋

(1)作业人员应根据现场情况正确穿着防护鞋,电工、电焊工必须穿着电绝缘鞋。

(2)绝缘鞋必须在规定的电压范围内使用,每半年进行一次预防性试验。

6. 防护手套

(1)从事电工、电焊作业以及接触强酸、强碱材料的作业人员应使用防护手套。

(2)防水、耐酸碱手套使用前应仔细检查,不得破损。

7. 防护用具

(1)从事金属切割、混凝土及岩石打凿作业人员必须使用护目镜。

(2)电焊作业人员必须配备焊接防护面罩,气焊作业人员应配备焊接防护眼镜。

(3)防灰尘、烟雾、轻微毒性或刺激性较弱的有毒气体的防护镜必须密封、遮边无通风孔,与面部接触严密,镜架应耐酸、耐碱。

(4)混凝土作业人员、沥青作业人员、隧道钻孔清渣作业人员必须佩戴防尘口罩或防尘面罩。

第二节 施工现场临边防护

一、一般规定

(1)高处作业中的安全标志、工具、仪表、电气等设施和各种设备,必须在施工前进行检查,确认其完好,方能投入使用。

(2)施工中对高处作业的安全技术设施,发现有缺陷或隐患时,必须及时解决;危及人身安全时,必须停止作业。

(3)高处作业中所用的物料,均应堆放平稳,不应妨碍通行和装卸。工具应随手放入工具袋;作业中的走道、通道板和登高用具,应随时清扫干净;拆卸下的物件及余料和废料应及时清理运走,不得任意乱置或向下丢弃;传递物件时禁止抛掷。

(4)雨天进行高处作业时,必须采取可靠的防滑措施。遇有六级以上强风、浓雾等恶劣气候,不得进行露天攀登或悬空高处作业。台风暴雨后,应对高处作业安全设施逐一加以检查,发现有松动、变形、损坏或脱落等现象时,应立即修理、完善。

(5)因作业需要临时拆除或变动安全防护设施时,必须经施工负责人同意,采取相应的可靠措施,作业后应立即恢复。

(6)高处作业安全设施的主要受力杆件构造应符合现行规范标准的要求。

(7)临边、洞口防护设施必须符合下列要求:

①使用的钢管、扣件、安全网等,必须有国家生产许可证、产品合格证、产品检测报告等。

②临边作业必须设置栏杆。上横杆高度为1.2m,下横杆高度为0.6m,立杆间距不得大于2m。栏杆根部设置高度不低于18cm的挡脚板,挡脚板应固定牢固。栏杆应能承受1kN的水平推力。

③使用的钢管应做防锈处理,并刷间距为300mm、红白相间的油漆。

④明显部位必须按规定设置安全警示标志牌。

(8)离网和平网必须严格区分,绝不允许混用。动火作业区应使用阻燃型的密目式安全网。

二、桥面临边防护要求

(1)桥面施工前,在梁两侧应设置防护栏杆,并挂设安全网。

(2)防护栏杆的横杆及立柱均采用 $\phi48$ 的管材,用扣件或焊接固定;横杆搭接时,接头必须错开,相邻的两个接头不得在同一跨间(两根立杆之间)。

(3)若无法采用钢管搭设,可用 $\phi20$ 以上的圆钢作栏杆柱,$\phi16$ 以上的圆钢作横杆。

(4)用其他钢材(角钢、槽钢)作防护栏时,应满足强度要求。栏杆底部应焊接固定。

(5)栏杆立柱的固定及其与横杆的连接应牢固。

(6)在无条件防护情况下的高处作业,应采用钢索作悬挂安全带和行走扶手用。

(7)桥梁等长距离的临边防护警示标志设置的距离不应大于50m。

三、高墩防护要求

(1)高墩施工中高处作业时,应设置操作平台,其净宽不低于80cm,必须设置供人员上下的爬梯。

(2)根据工程实际,5m以下的高处作业,可采用带防护笼的直爬梯。

(3)5~40m的高处作业时,应设置"之"字形人行斜梯。

(4)40m以上的上部结构采用现浇、悬浇的桥梁,宜安装附着式施工电梯。各种升降电梯、吊笼等升降设备,必须有可靠的安全装置。严禁使用各种起重机械进行吊人。

(5)爬梯、脚手架、工作平台应搭设牢固,不得与模板及其支撑体系连接。夜间施工必须配备足够的照明设施、发光警示标志。

(6)高墩柱施工时,在墩柱10m范围内,设警戒区,并应派专人监护。墩台施工靠近既有道路时,应采取可靠的安全防护措施,确保过往行人和车辆的安全。作业高度超过20m时,宜设置避雷设施。

四、洞口防护要求

1. 预留孔洞防护

(1)短边边长小于50cm的洞口,一般加设竹、木板等进行遮盖,盖板须能保持四周搁置均衡,并有固定其位置的措施,洞口周边应设置醒目标志,防止车辆、人员误入。

(2)短边边长为50~150cm的洞口,必须设置以扣件扣接钢管搭设的临边防护栏杆,并在其洞口上满铺竹笆或脚手板。也可采用贯穿于混凝土板内的钢筋构成防护网,钢筋网络间距不得大于20cm。

(3)边长或直径在150cm以上的洞口,四周除了设置防护栏杆外,洞口下还必须张设安全平网。

2. 桩孔口安全防护

(1)挖孔桩施工时,桩位处应设立警示标志、工程标示牌等,孔口应设置锁口,锁口高度应高于地表300mm以上,孔口周边1.0m范围内进行环形硬化。孔口四周必须搭设防护围栏;停止作业时,应派人值班,孔口加盖,夜间加强照明。

(2)桩孔内应有足够照明、通风、排气设施,同时备有逃生安全爬梯。

(3)钻孔灌注桩施工时,桩机作业区域应平整,必须采取安全防护措施,在醒目位置设立警示标志、工程标示牌等。

3. 泥浆池及孔口防护

(1)钻孔泥浆池四周应设有明显的警示标志和防护围栏,并挂设安全网。对位于岸上的泥浆池,在桩基施工完成后,应及时做回填处理。

(2)对于已埋设护筒未开钻或已成桩护筒尚未拔除的,应加设护筒顶盖或铺设安全网遮罩。

(3)对夜间未有照明设施的孔口及泥浆池,应在防护栏四周设置警示灯。

(4)钻孔中使用泥浆时,应设置泥浆循环净化系统。

五、深基坑防护要求

(1)深度超过2m的基坑施工,必须设有临边防护栏杆,基坑防护栏距坑边距离应大于0.5m。

(2)基坑深度超过5m的,必须有专项支护设计,支护设计方案必须经专家论证审查合格后方可采用。

(3)基坑施工应设置排水设施,并满足施工、防汛要求。

(4)深基础施工采用坑外降水的,应有防止临近建筑危险沉降的有效措施。

(5)坑(槽)沟边1m以内不得堆土、堆料,不得停放机械。

(6)基坑内必须设置专用人员上下通道。

六、水上作业防护要求

(1)水上作业必须在大型临时设施两侧及平台周边设置临边防护栏杆,并挂设安全网。

(2)一般栏杆采用$\phi 48$的管材,穿过立柱预留孔固定,栏杆下边设置高度不低于18cm的挡脚板。

(3)一般立柱围焊在大型临时设施两侧及平台周边的横梁上固定。若桥面板为混凝土面板,中线两侧应各预埋一块6mm×80mm×100mm的钢板,以便焊接栏杆立柱。

(4)栏杆内侧每隔50m距离应安放救生圈、救生衣等水上安全防护物品。作业人员工作时,必须系安全带、穿救生衣。

七、高边坡防护要求

(1)高边坡作业时,必须系好安全带,戴好安全帽,穿着防护鞋。严禁在同一安全桩上系多根安全绳或在一根安全绳上系两人以上,安全桩必须牢固可靠。

(2)施工前应检查坡体表面,及时清理坡面的危石、悬石,并设置醒目的安全警示标志。

(3)边坡施工应严格按照"自上而下、分级进行"的原则,开挖一级,防护一级,严禁立体交叉作业。

(4)作业时必须搭设牢固的落地脚手架,严禁采用悬挑脚手架。脚手架应按搭设方案搭设,验收合格后方可使用。

(5)坡面防护工程施工应挂设截式被动防护网。

第三节 跨线工程安全防护

一、一般规定

(1)凡桥梁施工下方道路均应搭设跨线桥梁安全防护棚。防护棚选用如表9-1所示。

防护棚选用推荐表 表9-1

公 路 等 级		类 型	防护棚形式
高速公路、一级公路	三车道以上、两车道弯道	承重	桁架支撑体系
	两车道		桁架或满堂支架
	三车道以上、两车道弯道	非承重	桁架
	两车道		脚手架
二级公路以下	两车道	承重	桁架或满堂支架
	两车道	非承重	脚手架

（2）安全防护棚必须具备较强的防砸、抗冲击的能力。搭设方案必须由施工单位技术负责人审核并组织专家论证审查通过，由总监理工程师批复同意后方可施工。施工完成后应组织验收，并在验收记录上签字。

（3）现场作业车辆、机械必须配备作业警示灯。现场作业人员须穿戴具备反光或部分反光性能的安全服和安全帽。

（4）跨线作业交通安全标志必须按照现行《道路作业交通安全标志》（GA 182）的规定设置，施工前应编制专项方案报有关部门批准后实施。

（5）安全防护棚长度必须大于自由坠落的防护半径。跨线桥坠落高度、防护等级和防护半径分类情况如表9-2所示。

跨线桥坠落高度、防护等级和防护半径分类 表9-2

序号	坠落高度（m）	防 护 等 级	防护半径（m）
1	2～5	一级	2
2	5～15	二级	3
3	15～30	三级	4
4	30以上	特级	5以上

（6）当上部施工高度超过24m时，下方应设间距600mm的双层防护棚，必须满铺能承受大于10kPa的均布静荷载的材料，或50mm厚木板，或符合要求的其他材料。

二、安全防护棚设置与施工要求

1. 桁架式安全防护棚

（1）严格按批复的交通布控方案进行交通疏导，合理安排现场管理人员和布控交通安全设施。

（2）在防护棚搭设位置周边的导行路段内，各种导行设施应齐全，标志应明显，标线应准确，有条件的区域还可设置减速带。对施工区域应尽可能进行封闭，无法封闭的应采用警示路锥、反光水马等进行现场围拦。

（3）基础一般采用钢筋混凝土结构，其外观尺寸和强度应按照满足防碰撞的要求进行设计和施工，且满足承载力要求，周边应做好防水。

(4)防护棚两端支墩立柱须及时贴红白相间反光膜或涂反光漆,钢管立柱侧面张挂安全网。

(5)防护棚必须按坠落半径设置挑檐长度,双层防护棚顶棚四周设钢管架与纵横梁可靠联系,并安装彩钢板,其上贴贴红白相间反光膜或刷反光漆,其上沿需超出防护棚顶板顶面0.6m形成封闭围护,以防止跨线桥梁上部物件及施工材料抛物坠落影响下方行车安全。

(6)按照现行《道路交通标志和标线》(GB 5768)的规定及交通管理部门的要求,在通车门洞前后10m处各搭设一座限高门架,限高4.5m,采用组合桁架梁搭设。跨中设置车辆限高、限宽、限速等标志牌。

(7)防护棚应设置轮廓灯、警示灯、爆闪灯等设施。在夜间警示灯应持续亮灯,通道内须保证充足的照明。

2.钢管脚手架式安全防护棚

(1)防护棚应采用外径$\phi48\sim51mm$、壁厚为3.5mm的钢管扣件脚手架或其他型钢材料搭设,严禁采用竹木杆件搭设。

(2)立杆基础必须做硬化处理,底座加50mm厚垫板,立杆必须沿通行方向设置扫地杆和剪刀撑,侧面立杆间距不大于2m。水平横杆第一道距地600mm,第二道起间距1500mm,防护棚横向悬挑尺寸为0.3~0.5m。外侧斜撑挂密目网。

(3)防护棚净空高度和宽度,应根据通道所处位置及人、车通行要求确定,高度不低于3.5m,宽度不小于3m。

(4)宽度超过3.5m或高度超过4m的防护棚,立杆间距应加密或使用双立杆、型钢、脚手架等格构式立柱,纵向横杆应采用型钢制作或搭设承重脚手架。

(5)安全通道檐板侧面应粘贴间距300mm红白相间反光膜或刷反光漆。

(6)防护棚两侧边应设置反光水马等设施,引导行人从安全通道内通过,必要时满挂密目网封闭。

三、跨线工程施工安全要求

1.跨公路施工安全控制要点

(1)施工前应根据施工要求加强车辆车道管制,包括限速、封闭、警示、设施防护、车流疏导等,同时做好人员的安全防护工作和事故应急预案;按标准设置好临时行车道灯和有关限速警示牌,并经高速管理部门验收合格后施工。

(2)根据公路临时施工相关要求,在互通施工区以外1000m及200m处分别设置施工预告标志和限速标志。此外,还应根据现场情况设置如道路变窄、警示灯、夜间施工频闪灯,在超车道与中间行车道分界线处摆放反光防撞圆桶,并开始摆放反光圆锥筒至施工现场边缘,在车辆驶出施工现场处设置解除限速牌标志等。

(3)施工期间应联系交巡警进行交通维护,项目部配备安全员在施工区段两头24小时配合值班;做好防撞墩、警示锥筒等维护和紧急情况报告;所有设备在施工区域内作业,专人指挥,避免吊装设备等侵入行车区域。

(4)做好防台风安全生产措施。台风来临前,加强与气象部门的联系,掌握台风情况,及时调整施工计划;加强安全检查,所有电气设备均应有安全防护装置、防雨水措施,台风期间生产场区可采取断电措施;加强对临时设施的安全监控;桥梁墩台身、台顶、脚手架、桥面、起重设备不得留有未固定的构件和有隐患的物品;对于可移动设备,台风期间停在安全地带或转移;非移动设备在台风前检查基础锚固情况,松动部位及时加固,台风期间所有机械设备上的活动部位能取下的取下,放回仓库,不能取下的做好加固措施。起重小车、平衡重均移到非工作状态位置,吊钩升到离臂杆顶端2~3m处,起重臂杆要放在顺风自由回转位置。

(5)严格按照消防要求设置防火设施。施工现场配备足够的灭火器材,定期对灭火器等消防设施器材进行检查,保证消防设施的使用性能。消除一切可能造成火灾、爆炸事故的根源,严格控制火源、易燃物和助燃物的储放。

在重要电气设施周围,设置接地或避雷装置,防止雷击起火引起火灾。对工地及生活区的照明系统经常检查、维护,防止漏电失火引起火灾。

(6)为确保桥梁上部结构施工与桥下公路车辆的正常通行,应根据公路的车流量及净空要求搭设施工所需要的防护棚架(门洞)。防护棚架(门洞)与公路同宽,上设醒目的闪烁黄灯,并有限速标志,提醒驾驶员减速慢行。

防护棚架(门洞)的承重贝雷桁架上铺设横向工字钢作横梁,再纵向铺设工字钢作分配梁,满铺一层木板或竹胶板。在支架四周设钢管防护栏并拉设安全防护网,防止施工期间杂物坠落到路面影响行车安全或伤及行人。

(7)拆除门式支架时,应自上而下逐层进行,同一层的构配件和加固件应按先上后下、先外后里的顺序进行,同时必须防止管件坠落;工人必须站在临时设置的脚手板上进行拆除作业,并按规定配备好防护用品。拆除、运走超车道上的一切施工物资,并恢复公路设施。

(8)高空作业应按照施工方案中制订的各项技术措施,组织工程施工,严格按照规范和安全作业规则佩戴安全帽、安全带、设置安全网,水上作业要穿救生衣。大风、大雨、大雾等不良气候条件下不得进行高空作业。

高墩施工吊装作业严格按安全规则进行施工,吊装作业时,墩身附近严禁人员、机械进入停留,并设立明显的作业和禁入标志。各种起重系统要派专人经常检查保养。

(9)桥梁上部浇筑应与当地公路路政部门沟通,做好现场交通维护和协调,对全桥支架进行全面安全检查,确保支架体系安装牢固,特别是公路上桥面两侧防护措施到位,确保桥下行车及桥上作业人员安全。

采用挂篮施工应安排专人对挂篮进行实时变形监控,挂篮组拼后进行静载预压试验。灌注混凝土前,对挂篮限位装置进行全面检查;挂篮移动前,确保模板系统全部脱离梁体,由挂篮作业工班负责人检查确认,对后锚系统进行全面检查,确保锚固可靠,结构没有损伤,锚挂系统受力与设计相符。

现场作业设备特别是泵送设备,在满足作业半径和浇筑顺序的前提下,注意避免泵管爆裂混凝土溅至高速公路上。

2.跨铁路施工安全控制要点

(1)一般要求

①在未设好施工防护前不进行施工作业,施工前对施工人员进行铁路施工、安全技术知识培训。

②为避免既有铁路沿线两侧的回流线造成对施工过程中的危险,降低或消除接触网感应电,应与相关铁路部门联系对后续防护框架范围内(72m)的接触网回流线采取绝缘措施,做绝缘处理。加强线路的防护,派有经验的电工作业,配合施工,做好接地工作。

③对于影响施工的既有线专用电缆及其他电缆设备应采取防护或迁改。

④为及时并准确控制施工时既有线路基的稳定,在线路附近桩基施工前应进行路基沉降观测桩的埋设工作。墩身施工时为确保杂物不坠落到既有线内,在靠近铁路侧悬挂双层防护网并在其两端加设挡板防护。

⑤在铁路路基附近挖基、钻孔时,不得损坏铁路设施,包括各种信号、通信设施,不得影响行车的瞭望视线。在作业处应设围栏、支撑及其他安全防护措施。防止火车振动,导致基础塌陷或路基塌方。

⑥既有线有列车通过时,必须停止一切现场作业。

⑦按照规定设好驻站联络员和工地防护员,带齐相应的防护用品,做好各项联络和工地防护工作。

(2)接触网安全技术措施

①作业人员和工具与接触网必须保持 2m 以上的距离。在离接触网带电部分不到 2m 的建筑物上作业时,得到许可停电命令,并有接触网工区派人安设临时地线后方能施工;在距离接触网带电部分 2~4m 的建筑物上施工时,接触网可不停电,但必须由接触网工或经专门训练的人员现场监护。在接触网支柱及接触网带电部分 5m 范围内的金属结构必须接地,在与接触网的支柱及金属结构上,若未装设接地线或接地线已损坏时,严禁人员与之接触。

②发现接触网断线及其部件损坏或在其上挂有线头、绳索等物时,人员不准直接或间接与之接触;在接触网检修人员未到达前,应距断线接地处 10m 以外设置防护,严禁人员接近。

③接触网上方不准用自由射水方式进行圬工养生。

④施工中,任何作业均不得影响接触网支柱、地锚等设施的稳定。

(3)铁路路基监测

为控制桩基施工对既有线路基及边坡的影响,在桩基施工前靠近既有线侧插打观测桩。在基坑开挖前利用精密水准仪测得原始的观测桩桩顶高程,开挖过程中,每 1 小时观测一次,当沉降量达到 2mm/h 时,停止开挖,分析原因,解决后再继续施工。当开挖过程中无明显沉降,开挖后每 3 小时观测一次。所有测量均形成书面记录,若出现情况及时处理。

(4)搭设棚架施工注意事项

上部结构施工时,为防止施工过程中设备、材料、杂物等物品坠落损坏既有线设施,确保营业线行车安全,在上部结构斜跨既有线的范围内搭设棚架防护。

棚架施工的注意事项如下:

①在连续梁挂篮拼装前完成搭设,合拢后及时组织拆除。

②棚架立柱、横梁等主要构件安装采用汽车起重机吊装,吊装作业安排在白天进行,并要对线路进行封锁(接触网停电)施工。为了确保棚架施工(特别是既有线)安全,首次棚架安

装,至少在既有线两侧各安装两根立柱,并完成立柱间纵向联结和横向横梁联结,以形成稳定的框架结构。首次要点时间根据完成工作量计算,时间要考虑充足,由施工单位与路局运输处联系确定。

③棚架整体稳定性检算应考虑台风影响,检算资料由设计单位进行复核。

④施工前,施工单位应与设备管理单位签订配合施工协议。施工期间,加强同设备管理单位联系,提前1~3天通知配合单位人员到场。封锁施工现场按规定设置防护人员、备齐防护用品。挂篮及连续梁施工过程中,当有列车通过时,停止所有作业。

⑤加强棚架各组成部分连接,每次安装(拆除)作业须确保已安装(未拆除)部分结构的稳定和安全。

⑥防护棚架的施工,除基础施工不需封锁线路外,其他所有施工作业(包括拆除)均需封锁线路。施工时,联系既有线设备管理单位,在施工天窗时间内施工,同时申请停电并办理停电手续。

⑦距离回流线较近一侧立柱施工前,应与相关部门联系,对在立柱施工范围内的回流线路进行绝缘处理或迁改回流线。

⑧所有吊装施工作业,地面上用方向绳控制吊装材料,保证吊装材料不倾入和掉入既有铁路建筑限界内。机械操作人员必须是取得特种作业操作证并具有相关操作经验的人员,项目部和工区专职安全人员必须现场指挥操作。

(5)施工阶段安全控制要求

①在棚架安装、拆除前,联系管段车站、路局行车部门和设备管理单位,加强沟通协调,在施工作业时根据需要封锁线路,同时接触网停电。

②施工现场按要求配置安全员、现场防护员,现场必须设施工负责人专人(技术人员)全程监控。施工负责人、安全员、防护员、技术人员、带班员和工班长均经过铁路局有关部门培训。参加营业线施工的劳务工均由具有带班资格的正式职工(即带班人员)带领,劳务工不得单独上道作业。对劳务工要进行施工安全培训、法制教育和日常管理,并认真坚持"先培训、后上岗"制度。

③施工过程中,发生影响既有线运营安全的情况时,及时通知两端车站封锁线路,并配合设备管理单位采取相应的措施,处理完毕后经批准方可复工。

④棚架施工属于高空作业范围,施工人员作业操作时,系好安全带。

⑤棚架基础与立柱的连接、立柱与横梁连接、横梁与纵梁连接,以及各连接部位的螺栓连接紧固和焊接情况等在施工过程中,必须严格坚持自检、复检、抽检的制度,并做好检查记录;台风期间加强棚架监测;棚架安装(拆除)作业须确保已安装(或待拆除)部分结构稳定和安全。

⑥棚架顶面用铁皮防、排水,其横向适当做成排水坡,以防漏水。

⑦桥梁上部梁施工前对特种作业人员(包括起重工、吊车司机、电焊工、电工)、架子工、木工、混凝土工、钢筋工及安全员、防护员等进行营业线施工安全培训,取得合格证书后持证上岗。

⑧制订安全操作规程并对相关工种进行有针对性的安全技术交底,编制棚架、挂篮安装及

拆除作业指导书。

⑨所有高空作业人员必须佩戴安全帽、系安全绳、穿防滑鞋，并从专用操作梯上下，专用梯四周用安全网围裹防护。

⑩设专人指挥吊装作业，严格遵守大型设备操作规程。吊装机械和吊装材料严禁侵入既有线建筑限界，保持与接触网之间的安全距离。为防止起吊设备和构件侵限，制订专门的吊装方案，包括场地平整压实、硬化、吊车及起吊物摆放位置、吊点设置、转动方向、吊装指挥系统等，以防止侵限。

⑪混凝土浇筑等作业时，设专职安全防护员，对大型设备机械实行"一机、一人"防护；安排驻站联络员，负责来车通知，列车通过时禁止任何机械作业。

⑫施工车辆在桥下作业或行驶时，其速度控制在10km/h以下，在任何情况下，都不得碰撞桥墩、桥梁或电气化立柱。

⑬施工车辆倒车时，现场安排专人指挥。

⑭立现场监护制度，施工现场建立签到簿，跨线桥梁支架施工及悬臂施工中挂篮移动、混凝土浇筑过程中，提前以书面形式通知设备管理单位人员到现场监控，双方相关人员都应挂牌上岗。

⑮建桥上施工期间产生的杂物（如水泥块、木料、焊渣等）由专人清扫袋装后，人工转运至桥下，严禁抛掷。

⑯梁上养护用人工喷洒养护水，禁止用水管水流直接浇水养护。

（6）安全控制重点

根据工程特点，将以下内容作为施工过程中的安全控制重点，严格监控：

①对既有线及设备的防护；

②高空作业安全；

③用电作业安全；

④施工机械作业安全；

⑤台风期间上部结构施工安全。

第四节 施工机械设备管理

随着公路建设的迅速发展，公路工程施工机械化程度越来越高。由于使用机械比手工操作有更高的技术要求，也存在更多的不安全因素，稍有疏忽，轻则机械损坏，重则破坏性事故使机械报废，还可能发生人身伤亡的重大事故。为了在机械化施工中杜绝或减少事故的发生，确保机械设备及人员的安全，创造良好的施工经济效益，就必须做好设备的安全管理。

机械设备的安全管理包括：制定机械安全生产管理制度，制定严格的机械安全操作规程，完善全员安全教育培训制度。

一、施工机械设备安全生产管理要求

1. 机械安全生产管理制度

对机械的安全生产管理应贯穿在选型、购置、安装、使用、维修、改造、更新直到报废的全过程管理,除状态管理外,还要把防止公害、安全技术、工业卫生等内容包括在内。

(1)机械技术责任制

机械是企业开展生产活动,创造经济效益的工具,从管理机械的实际出发,机械故障和其他事故的预防都应落实在技术责任制中。技术责任制是机械设备正常进行工作和安全生产的有力保证,在施工企业中,分别由各级机械技术人员承担。因为在机械设备管、用、养、修的各个环节中,关系比较复杂,头绪繁多,如果在技术指挥系统中没有明确的技术责任制,必然影响正常工作的进行,甚至发生混乱和事故。所以施工单位必须建立一套完整的技术责任制,以确保生产秩序正常和安全施工。

各级机械技术人员的主要职责如下:

①审定机械施工方案的技术措施,组织机械化施工。

②负责机械技术革新、技术改造方案和自制设备的审定,组织革新成果和自制设备的技术鉴定。

③负责机械的安全技术工作,主持机械事故的分析和处理。

④组织新机械的技术试验和技术交底。

⑤负责检查机械各项技术规定的执行情况,对不合理使用机械设备的行为,有权制止并加以纠正。

⑥组织机械操作人员的技术培训、考核和取证工作,组织参加本单位有关施工机械使用过程中的安全检查。

(2)"三定"制度

定人、定机、定岗位的"三定"制度,是机械使用负责制的表现形式。长期以来,被认为是管好、用好机械的好办法,并把它作为机械管理中应该遵循的重要原则。"三定"就是把人和机的关系固定下来,把机械使用、保养和维护等各个环节都落实到每个人身上,做到台台设备有人管,人人有专责。

(3)机械操作证制度

实行技术考核和操作证制度,是为了正确使用机械,加强机械使用责任制,有效地防止非驾驶操作人员或不熟练人员乱操作机械,减少机械的损坏,确保人身和机械安全,提高生产效率。属特殊工种的,必须按照《特种设备作业人员监督管理办法》要求持证上岗。

机械操作证由相应管理机构考核下发。具体要求如下:

①各种机械驾驶、操作人员,要懂得机械技术性能、机械构造、工作原理、操作规程和保养规程,确实掌握操作技术,经考试、考核合格后,发给操作证,方可操作机械。

②机动车驾驶员须有车辆管理部门发给的机动车驾驶证;锅炉工须有劳动部门发给的司炉工执照;电工、电焊工等经当地主管部门考核合格发证后,方可从事相关工作。

③发证考试、考核工作由相应管理机构进行。考试、考核合格后,发给其操作证。不合格者必须在机长和班(队)长的指导下进行操作实习和培训,力争下次考试、考核合格。经过三次考试、考核不合格者,应分配其他工种。

④操作证应定期审验,一般应一年审验一次。对于违反操作规程造成机械损坏或生产安全事故者,应在操作证上说明,情节严重者应吊销操作证。

⑤机械操作证和机动车辆驾驶证一样,是职工技术技能的证明,必须有专人管理,定期检查。考试、考核和发证要严格、认真、细致,防止流于形式。

(4)机械交接班制度

为了使机械设备在多班作业或多人轮班作业时,能互相了解情况,进行机械技术状况交底,分清责任,防止机械损坏和附件丢失,保证施工的安全和连续,必须建立交接班制度,它是贯彻责任制的组成部分。

机械设备交接班时,双方都要全面检查,做到项目不漏、交接清楚,由交接双方填写"交接班记录",接方核对相符验收后,交方才能下班。交接双方应对存在问题会否引发事故作出判断,对可能引发生事故的问题,必须上报机械主管和安检主管部门。交接班的内容如下:

①交清本班生产任务情况、技术要求及注意事项;

②交清机械设备运转和使用情况,燃油、润滑油消耗和准备情况;

③交清机械设备技术状况和存在的问题;

④交清随机工具、附件情况;

⑤填好原始记录;

⑥交班操作人员负责搞好机械的例行保养及清洁工作。

(5)机械验收制度

设备故障率及重大事故的发生都与设备的原始状态、技术性能、完好率有关。因此选购设备时,应尽可能选择性能先进、自动化程度高、安全可靠性高、耐用性好的设备,远离性能落后、安全无保证的设备。订货合同必须注明执行的相关标准和法规。机械验收制是安全管理的第一关,对企业经济效益至关重要,未经验收的机械设备不能投入使用。

(6)设备更新报废制度

①对已达规定的使用年限,或技术性能落后,经济效益差,故障率高,安全性低的机械设备,必须按照国家有关规定,有步骤地进行更新。

②因长期使用或因事故原因而造成的严重损坏,其主要性能严重劣化,不能满足生产与安全使用要求,或严重污染环境,危害人身健康,进行改造又不经济的机械设备,必须报废。

2. 施工机械设备安全管理要求

(1)应制定施工机械设备安全技术操作规程,建立设备安全技术档案。

(2)施工机械设备进场前,应查验机械设备证件、性能、状况;进场后,应向操作人员进行安全技术交底。

(3)特种设备现场安装、拆除应按相关规定具有相应作业资质。

(4)龙门吊、架桥机等轨道行走类设备应设置夹轨器和轨道限位器。轨道的基础承载力、宽度、平整度、坡度、轨距、曲线半径等应满足说明书和设计要求。

(5)机械设备集中停放的场所应设置消防通道,并应配备消防器材。

(6)施工现场专用机动车辆驾驶人员应按相关规定经过专门培训,并应取得相应资格证书。

(7)施工现场运输车辆应状态良好,车身应设置反光警示标志。

3. 起重机的安全管理

(1) 起重机操作手必须持有特种设备作业人员操作证,轮胎式起重机还必须持交通车辆管理部门核发的驾驶证方可驾机。

(2) 起重机在作业前,应检查工作装置及附属件是否牢固,是否有损伤,工作场地是否平整坚实,驻车制动器是否有效;塔式起重机的轨道是否平直,轨距及轨道的高低偏差是否符合规定要求;工作有效半径 5m 以内障碍物应予消除;启动机械,检查各仪表、工作装置、安全装置是否正常,经试运转,确认安全后方可开始作业。

(3) 作业中操作人员必须听从作业指挥人员指挥,得到信号后方可操作。操作前必须鸣号示意,如发现指挥信号不清,操作人员有权停机查明情况后再操作。工作现场只许有一人指挥,多人指挥或指挥错误,操作人员有权拒绝执行。

(4) 起重质量不得大于制造厂规定允许值,严禁超负荷起重和起重不明重量的物体,遇有风速大于 10m/s 时,不准工作。

(5) 注意架空输电线,工作场地尽量远离高压网线,如必须在架空线附件作业时,必须采取必要的安全措施并与高压线保持足够的安全距离。雨雾天工作时安全距离还应适当放大。

(6) 起重机工作时,在起重臂下严禁站人。禁止被起吊的重物从人、汽车驾驶室上方通过,禁止无关人员在施工现场附近停留或通过。

(7) 起吊易燃易爆危险品时,应采取必要的安全措施,无安全措施不得随意起吊。

(8) 起重物不得长时间悬在空中,起吊物在空中时,驾驶员不得离开驾驶室。

(9) 工作中不准进行任何维修保养工作,任何人不准站在起吊物和吊杆上,以免发生人身伤亡事故。

(10) 轮式或履带式起重机行驶时,应选择平坦、坚实的路面并尽量能选择正向行驶。行驶较长距离时,必须正向行驶。通过桥梁、水坝、排水沟时,必须查明允许承载力后再通过,必要时应予以加固;通过铁路、高级路面、水管、电缆等物时,必须铺设木板保护,禁止在这些设施上转向。通过立交桥、隧道、架空电线等地方时,要注意高度是否影响通过。

(11) 双机抬吊宜选用同类型或性能相近的起重机,负载分配应合理,单机载荷不得超过额定起重量的 80%。两机应协调起吊和就位,起吊速度应平稳缓慢。

4. 电气设备的安全管理

电气设备的安全使用至关重要,一旦发生安全事故,轻则造成停电事故,影响生产,重则损坏设备,甚至引起火灾,危及人身安全。因此,所有工作人员都要遵守安全用电规则,按照使用要求进行操作,确保生命财产的安全。

5. 锅炉压力容器安全管理

严格执行国务院颁布的《锅炉压力容器安全监察暂行条例》等规定。

(1) 锅炉压力容器的使用单位,在压力容器投入使用前,应按劳动部颁布的《锅炉压力容器使用登记管理规则》的要求,向当地、市级技术监督部门锅炉、压力容器安全监察机构申报和办理使用登记手续,取得使用证后,方可投入运行。

(2) 使用单位应根据设备的数量和对安全性能的要求,设置专门机构或专职技术人员,加强对锅炉、压力容器的安全技术管理,建立和健全安全管理制度。

(3)使用锅炉、压力容器的单位,必须对操作人员进行技术培训和考核。司炉工必须经过考试,取得当地锅炉、压力容器安全监察机构颁发的合格证后,才准独立上岗操作。

(4)使用锅炉、压力容器的单位,对运行的锅炉、压力容器,每年必须经当地锅炉、压力容器安全监察机构年检合格并发合格证后方可继续使用。

(5)锅炉、压力容器的操作人员应熟悉锅炉安全知识,按章作业,坚决执行有关锅炉、压力容器安全运行的各项制度,做好运行值班记录和交接班记录,对任何违章指挥与操作应拒绝执行。

(6)锅炉、压力容器使用单位及主管部门,应指定专职或兼职人员负责锅炉设备的安全管理,制定出锅炉安全运行的操作规程和防爆、防火、防毒等安全管理制度以及事故处理办法,并认真执行。

二、特种设备及专用设备安全防护要求

公路工程施工中常用的特种设备包括吊索吊具、塔式起重机、门式起重机、缆索起重机、架桥机等,专用设备包括自升式爬模、滑模系统、翻模系统、挂篮、移动模架等,其安全防护的一般要求如下:

(1)机械设备进场后,应建立机械设备分类管理台账,特种设备应按照"一机一档"原则建立管理档案。

(2)设备应实施编号管理,现场悬挂安全操作规程、机械设备标识牌。

(3)特种设备进场前,应按照有关规定进行检验,证件必须齐全、有效,技术性能应满足要求,安全防护设施应可靠。

(4)特种设备的安装调试、拆除等工作应由具备相关资质的单位承担。特种设备安装完毕并经当地特种设备技术质量监督管理部门检验检测合格后方可使用,使用过程中应按规定对设备进行检查、维修、保养,并予以记录。

(5)特种设备操作人员必须经专门的安全技术培训并考核合格,取得相应资格证书后,方可上岗作业。

(6)起重作业前,必须严格检查起重设备各部件的可靠性和安全性。当被吊物的重量达到起重设备额定起重能力的90%及以上时,应进行试吊。

(7)起重作业时,严禁超载、斜拉或起吊埋在地下等不明重量的物件。提升重物时严禁自由下降,严禁使用起重设备运输施工人员。

(8)缆索起重机操作人员必须持证上岗。

(9)挂篮、滑模及自升式滑模等未列入国家特种设备的专用大型设备,安装完成后应组织验收工作。

三、常用设备及机具安全防护要求

公路工程施工中的常用设备及机具包括焊割机具、钢筋加工及木工机具、混凝土机械、卷

扬机、潜水作业设备等,其安全防护的一般要求如下:

(1)禁止使用缺少安全装置或安全装置已失效的机具。

(2)严禁拆除、改装、自制施工机具上的监测、指示、仪表、报警及警示等安全装置。

(3)冬季使用机具应采取防冻、防寒和防滑措施。

(4)机具运转时,禁止保养、修理、调整等作业。

(5)禁止在没有保险装置的机具下面进行保养、修理。进入机械内部相对封闭空间时,必须设监护人。

(6)机具应进行编号管理,现场悬挂安全操作规程、设备操作管理牌。

(7)机具的用电必须符合现行《施工现场临时用电安全技术规范》(JGJ 46)的规定,使用TN-S系统。机具的接地电阻不应大于4Ω;漏电保护器参数应匹配,安装应正确,动作应灵敏可靠;电气保护(短路、过载、失压)应齐全有效。

四、机械事故的预防和处理

1. 机械安全事故的类型

通常机械设备引起的安全事故包括如下几种类型:

(1)机械设备本身受到不正常损坏的单纯机械事故。

(2)由于机械设备事故而引发的人身伤亡事故。

(3)由于机械设备发生事故而引起的其他性质的灾害,如火灾、停电、停产等。

(4)由于机械设备的原因(机械设备本身不一定发生事故)而引起的有关人员职业病,以及对环境的污染等。

从企业内部常规的业务分工出发,上述第(1)类事故由机管部门单独管理;第(2)、(3)类事故则由机管部门与安全管理部门共同管理,以安全管理部门为主;至于第(4)类事故,虽然事故的后果也可能相当严重,但由于机械设备本身往往并未受到任何损坏,也不需要任何用于修复的直接费用支出,所以在业务上往往不作为机械事故上报处理,一般由企业劳动保护部门管理这项工作。但从安全管理角度出发,企业应及时组织有关部门分析事故发生原因,研究防止这类事故的发生。

2. 机械事故的预防

机械事故的预防措施如下:

(1)首先要贯彻好"安全为了生产,生产必须确保安全"的原则;建立专职安全机构,由专职人员负责机械安全管理工作,制定安全操作规程、安全责任制、安全考核标准和安全奖罚办法。

(2)各级机务管理部门应坚持对操作人员定期和不定期地进行安全教育,定期对操作人员进行安全技术考核。

(3)开展技术培训,提高业务素质和操作技能。

(4)坚持"三定"制度,严禁无证操作机械或非本机械操作人员未经批准乱开机械的情况发生。

(5)结合机械设备检查,定期对机械的安全操作、安全保护和安全指示装置以及施工现场、使用机械情况和操作工安全操作情况进行检查,发现问题及时处理,把事故苗头消灭在萌芽之中,杜绝事故的发生。

3. 机械事故的处理

处理的目的是为了分析原因,划清责任,找出规律,吸取教训。具体处理方法如下:

(1)机械事故发生后,如有人员受伤,要迅速抢救受伤人员,在不妨碍抢救人员的条件下,注意保留现场,并迅速报告领导和上级主管部门,进行妥善处理。

(2)事故无论大小,均应按照相关要求与程序如实上报。

(3)机械事故发生后,肇事单位必须严肃认真对待,按照"四不放过"(事故原因分析不清不放过、事故责任者和从业人员受不到教育不放过、没有防范措施不放过、责任者得不到责任追究不放过)的原则对责任者进行批评教育。

(4)在处理过程中,对责任者要根据情节轻重、态度好坏和造成损失的大小分别予以批评教育、纪律处分、经济制裁,直至追究刑事责任和法律责任。对非责任事故也要总结教训。

(5)单位领导忽视安全生产,对人民生命财产不负责者,追究领导责任,并应严肃处理。

(6)对长期坚持安全生产和采取措施、消除隐患,避免重大机械事故发生的人员,要给予表彰和奖励。

(7)在机械事故处理完毕后,将事故详细情况记入机械履历书的"事故记录栏"内,以备查考。

第五节 文明施工与施工现场环境保护

一、文明施工要求

(1)施工单位应当在施工现场入口处等醒目位置设置工程概况牌、管理人员名单及监督电话牌、消防保卫牌、安全生产牌、文明施工牌、施工现场总平面图等。

(2)各施工便道、平交道口要经常清扫,加强日常养护,保证晴雨通车。要经常洒水,防止尘土飞扬,影响当地群众正常生产、生活。

(3)各道口及与群众出行有直接接触的施工现场,要设置围挡或拉彩旗分隔,并设立警示标志,悬挂质量、安全、文明施工标语。

(4)进入施工现场,必须戴安全帽。在没有防护设施的高处、悬崖、陡坡作业时,必须系安全带。施工现场坑井、沟和各种孔洞,易燃易爆场所,都要设置围栏、盖板和安全标志,夜间要设置红灯示警。上下交叉作业有危险的出入口要设置防护棚或其他隔离设施。安全帽、安全带、安全网要定期检查,不符合要求的,禁止使用。

(5)施工现场的用电线路、用电设施的安装和使用必须符合规范和安全操作规程,并按照施工组织设计进行架设,严禁任意拉线接电。施工现场必须设有夜间照明,危险潮湿场所的照明以及手持照明灯具,必须采用安全电压。

（6）各种机电设备的安全装置和起重设备的限位装置，都要齐全有效，要建立定期维修保养制度。

（7）施工现场要建立防火管理制度，配备防火设施和灭火器材，并保持良好状态。

（8）加强季节劳动保护工作，夏季防暑降温，冬季防寒防冻防煤气中毒，雨季来临之前要做好防洪抢险准备。

（9）合理安排施工工序及施工时间，可能对周围群众及环境造成的噪声、空气、废料等污染要采取保护措施。

二、施工现场环境保护

施工现场应当主要针对施工方案建立环境保护管理方案，从源头遏制住污染源。在日常的工作、生活过程中要有责任人管理和检查。应当与当地政府主管部门以及周围村镇、社区等保持畅通的沟通渠道，经常听取意见，对合理意见应当及时采纳处理。有条件的还应对环境情况进行必要的监测或请当地政府主管部门进行监测。相关工作应当有记录。

国家关于保护和改善环境，防治污染的法律、法规主要有：《环境保护法》《大气污染防治法》《固体废物污染环境防治法》《环境噪声污染防治法》等。施工单位应当自觉遵守。

《环境保护法》规定："积极试验和采用无污染或少污染环境的新工艺、新技术、新产品"；"加强企业管理，实行文明施工，对于污染环境的废气、废水、废渣，要综合利用、化害为利；需要排放的，必须遵守国家规定的标准；一时达不到国家标准的要限期治理；预期达不到国家标准的要限制企业的生产规模"；"散发有害气体、粉尘的单位，要积极采用密闭的生产设备和生产工艺，并安装通风、吸尘和净化、回收设施。劳动环境的有害气体和粉尘含量，必须符合国家工业卫生标准的规定"。

1. 施工现场环境保护的意义

（1）保护和改善施工环境是保证人们身体健康的需要；

（2）保护和改善施工环境是消除外部干扰，保证施工顺利进行的需要；

（3）保护和改善施工环境是现代化大生产的客观要求；

（4）环境保护是国法和政府的要求，是企业的行为准则；

（5）环境保护是企业生存发展的重要条件；

（6）施工环境保护是保证施工安全的重要条件。

2. 环境保护的措施

（1）实行环境保护目标责任制。

实行环境保护目标责任制是目标管理的具体运用，而目标管理的特征主要表现在：

①有一套完整的、科学的目标体系；

②重视协商、实行自我控制；

③强调成果，注重实效；

④重视职工教育与培训，不断提高职工素质。

（2）加强检查和监控工作。

(3)保护和改善施工现场环境,要进行综合治理,全员参与。
(4)要有技术措施,严格执行国家的法律法规。
(5)采取有效措施,防止污染,具体包括:

①防治大气污染。

a. 施工现场宜采取硬化措施,其中主要道路、料场、生活办公区必须进行硬化处理,土方应集中堆放。

b. 拆除旧有建筑物时,应采用隔离、洒水等措施防止扬尘,并应在规定期限内将废弃物清理完毕。

c. 不得在施工现场熔融沥青,严禁在施工现场焚烧含有有毒、有害化学成分的装饰废料、油毡、油漆、垃圾等各类废弃物。

d. 从事土方、渣土和施工垃圾运输时,应采取措施防止大气污染。经过城镇应当保证车辆清洁,并采取密闭式运输车辆或采取覆盖措施。

e. 施工现场应根据风力和大气湿度安排施工生产任务,以避免污染事故。

f. 水泥和其他易飞扬的细颗粒施工材料应密闭存放,砂石等散料应采取覆盖措施。

g. 施工现场的各类搅拌场所应当采取降尘措施。

h. 施工垃圾和生活垃圾应设置专门垃圾存放点且分类存放,并及时清运。存放时,应采取防止垃圾飞扬的措施。

i. 城区、旅游景点、疗养区、重点文物保护地及人口密集区的施工,应使用清洁能源。

j. 施工现场的机械设备、车辆尾气排放应符合国家环保排放标准的要求。

②防治水污染。

a. 施工现场应设置排水沟和沉淀池,现场泥浆、废水等不得随意排放。

b. 现场存放的油料、化学溶剂等应设有专门的库房,地面应进行防渗处理。

c. 食堂应设置隔油池,并应及时清理。

d. 厕所的化粪池应进行抗渗处理。

e. 食堂、盥洗室、淋浴间等的下水应妥善处理,保证不污染周围水源。

③防治施工噪声污染。

a. 应有保证施工噪声不扰民的措施,经常监测和听取周围群众的反映。

b. 在城镇和人口居住密集的地区施工时,应严格按照国家现行《建筑施工场界噪声排放标准》(GB 12523)标准制定降噪措施,应当对现场噪声进行监测和记录。对产生噪声和振动的施工机械、机具的使用,应采取消声、吸声、隔离等有效控制措施。

④防治施工照明污染。

夜间施工严格按照当地建设和行业行政主管部门以及有关部门的规定执行。对施工照明器具的种类、灯光亮度加以严格控制。特别是在城市市区居民居住区内,减少施工照明的不良影响。

⑤防治施工固体废弃物污染。

a. 应制订防治施工固体废弃物污染的措施方案,制订复垦复耕等计划,并认真组织落实。

b. 对施工产生的废弃物,如沥青块、混凝土块等应当及时清理,按照要求处置。

c. 含有毒有害物质的工程检测仪器等,应专人负责,严格管理,切勿遗失。

d. 注意做好办公场所产生的废硒鼓、废灯管等的统一回收工作。

第六节 施工现场消防安全管理

公路工程施工现场的防火工作是保证施工安全顺利进行的一项重要工作,其涉及面广,项目繁多,情况复杂。如果忽视施工现场的防火工作,就会使我们辛勤建造起来的各种建筑物受到严重损失,同时,也会给人员带来伤害,影响施工正常进行。因此,做好施工现场的防火工作十分重要。

工程施工现场一般可分为:建筑结构过程工程、建筑安装工程、建筑装修工程、建筑修缮工程。公路工程施工现场应包括在结构工程中。公路工程现场有其特殊性,工地范围大,点多线长。公路施工现场,还包括:工程建设服务的大型机械设备、水上船舶、堆放各种建筑材料、设备仓库、生活区用房、大量临时用房和加工车间、油料危险品等。为此,公路工程施工现场的防火工作非常重要。

一、施工现场防火要求

1. 一般要求

(1)施工开工前,施工单位应结合施工现场水源和周围环境、占地面积和地理特点,首先编制施工组织设计,绘制施工现场平面图,将消防安全与施工方法工序考虑进去,安保部门要按照消防法规,结合施工现场的实际和防火方案报当地消防监督机关备案或审批。

(2)实行总承包的建设工程,总承包单位要负责安全消防工作,按照"谁施工,谁负责"的原则,与分包单位逐一签订《消防安全责任书》,明确消防责任,并监督检查分包单位消防工作开展落实情况。

(3)施工单位要确定一名施工现场的行政领导为防火责任人,全面负责施工现场的消防安全工作,组织制订和审查消防保卫方案及措施,落实关于上级消防安全的指示精神,组织消防宣传和防火检查。

(4)施工现场应根据工程规模和火灾危险性配备专(兼)职消防人员,负责日常的消防监督检查工作,协助防火负责人抓好现场的防火工作。重点工程和规模较大的工程要成立施工现场保卫组,配备数名专(兼)职安全防火干部,组织义务消防人员,制订各个阶段具体的消防保卫方案。

(5)施工现场的平面布局应以在施工工程为中心,明确划分用火作业区、材料堆放区、仓库区,以及暂设生活、办公区,和废品集中区,各区域之间的防火间距符合相关要求。

2. 冬季、雨季、高温季节防火要求

冬季是建筑工地防火的重点期间,因风大物燥,而且在冬季施工中采取多种保温、保暖方法,火灾的危险性增大,如施工中所采用的蓄热法、保温法、电热法、暖棚法,都是采用大量的易燃物品。所以防火措施必须针对上述情况采用有效的方法防止火灾发生。雨季和高温季节,

也应针对气候潮湿、雨季、高温易发生雷击、漏电、危险品易自燃等情况,采取以下防火措施:

(1)使用电热法宜设电压调整器,以便控制电压。

(2)导线接头,导线与电极接头要接牢固,并用绝缘胶布包好,防止由于接触不良等原因而发生火灾。

(3)做好定点定时测温,电极要加瓷管保护,加热温度不得超过80℃,发现问题应立即停电检查。

(4)配备相应的消防器材,如用于扑灭电器起火的干粉灭火机。

(5)雨季与高温施工时,对外露的电气设备及线路应有防破损及遮雨设施,以防雷击;对石灰、电石等常用的遇水燃烧物品应防雨防潮。对易燃易爆的物品,应严格妥善保管,防止火灾发生。

二、施工现场消防设施要求

(1)施工现场、生产区、生活区、办公区应按照有关规定配备相应的消防安全标识以及满足要求且有效的消防设施和器材,并经常进行检查、维护、保养。

(2)施工现场内应设置临时消防车通道,临时消防车通道与在建工程、临时用房、可燃材料堆场及其加工场的距离,不宜小于5m,且不宜大于40m;当施工现场周边道路满足消防车通行及灭火救援要求时,施工现场内可不设置临时消防车通道。

(3)施工现场临时办公、生活、生产、物料储存等功能区宜相对独立布置。易燃易爆危险品库房与在建工程的防火间距不应小于15m,可燃材料堆场及其加工场、固定动火作业场与在建工程的防火间距不应小于10m,其他临时用房、临时设施与在建工程的防火间距不应小于6m。

(4)固定动火作业场应布置在可燃材料堆场及其加工场、易燃易爆危险品库房等全年最大频率风向的下风侧;宜布置在临时办公用房、宿舍、可燃材料库房、在建工程等全年最大频率风向的下风侧。动火作业前应按相关要求审批。

(5)易燃易爆危险品库房应远离明火作业区、人员密集区和建筑物相对集中区。

(6)可燃材料堆场及其加工场、易燃易爆危险品库房不应布置在架空电力线下。

(7)宿舍内严禁烧火做饭,违章搭接电源,现场严禁焚烧垃圾。

(8)临时设施办公和生活区等区域灭火器数量每$100m^2$应不少于2具;可燃材料存放、加工和使用区域灭火器每$75m^2$应不少于2具;动火作业区域、易燃易爆危险品存放和使用场所等重点防火部位的灭火器数量每$50m^2$应不少于3具。

(9)消防器材应有专人管理,存放整齐,挂设醒目标志,并进行定期巡查和养护,及时发现并更换过期的灭火器材。

(10)施工单位应成立防火领导小组和义务消防队,定期开展防火安全检查,发现火灾隐患必须立即消除。发生火灾后,应立即组织抢救,并及时报警。此外,施工单位应定期组织消防培训和演练。

(11)隧道内堆放防水板、土工布区域,二次衬砌台车及掌子面等作业点,办公场所、钢筋加工场、预制场、拌和站等重点区域,严禁吸烟,有条件时可设置吸烟室。

三、消防器材的配置和使用

1. 消防器材的配置

灭火器配置场所系指生产、使用、储存可燃物并要求配置灭火器的房间或部位,但由于施工现场面积较大,点多线长,因此只能对施工现场的重点部位设置消防器材,如:油漆间、油库、木工间、实验室、仓库、木材堆存处、机械设备存放处、停车场、泵站、沥青拌和场等处。

根据施工现场的防火要求,本着实用、有效、经济的原则配置消防器材,按防火控制面积、保护距离、物品、对象配备相应数量的消防器材,如木材堆料场就可以因地制宜地选择水、沙、土。有条件的施工现场,有消防栓的就可以多考虑用水灭火。无消防栓的施工现场可以从周围环境和可以借用的设施,如:利用河、湖取水和工程用水井、水池、工程用水车等,但对重点部位必须使用质量符合国家标准的灭火器材。

施工项目经理部必须定期进行义务消防队灭火演习,演练防火预案,实施突发事件的处置措施,使职工群众有防火意识和灭火知识,掌握方法。做到有防火灭火的准备。

2. 常用消防器材的使用方法

施工现场常用的灭火器材,有干粉灭火器、泡沫灭火车、1211灭火器、消防水龙带。常用的灭火器,主要是指干粉灭火器。干粉灭火器是将以干粉为灭火剂,二氧化碳或氮气为驱动气体的灭火器。干粉是指用来灭火的粉末,一般由灭火剂和添加剂组成。由于干粉能迅速覆盖燃烧面,使可燃物与空气隔离并具有有效的抑制窒息作用。干粉灭火器按驱动气体储存方式,可分为储气式和储压式两种类型;按充入的干粉灭火剂种类,可分为碳酸氢钠干粉灭火器(也称 BC 干粉灭火器)和磷酸铵盐干粉灭火器(也称 ABC 干粉灭火器)两种。

使用方法:灭火时,可手提或肩扛灭火器快速奔赴火场,在距燃烧处 5m 左右放下灭火器。如在室外,应选择上风方向喷射。如果干粉灭火器是外挂式储气瓶的,操作者一手紧握喷枪,另一手提起储气瓶上的开启提环。如果储气瓶上的开启提环是轮式的,则按逆时针方向旋开,并旋到最高位置,随即提起灭火器,当干粉喷出后,迅速对准火焰的根部扫射。如果干粉灭火器是内置式储气瓶或者是储压式的,操作者应先将开启把上的保险销拔下,然后握住喷射软管前端喷嘴根部,另一只手将开启压把压下,打开灭火器进行喷射灭火。有喷射软管的灭火器或储压式灭火器,在使用时,一手应始终压下压把不能放开,否则,会中断喷射。

干粉灭火器扑救可燃、易燃液体火灾时,应对准火焰根部扫射。如被扑救的液体火灾里流淌燃烧时,应对准火焰根部由近而远,并左右扫射,直到火焰全部扑灭。

第十章　通用作业安全要求

公路工程项目建设施工,存在大量的施工通用作业,人工、材料、机械等一般都在通用作业过程中流动、集中,因此,施工安全的基点也在通用作业之中。如果通用作业的安全能得到保障,则工程项目建设的安全管理也就有了基本保证。抓安全生产,必须从通用作业抓起,通用作业是项目建设安全生产的基点、着手点。下面就通用作业中的安全要点分别加以说明。本章主要介绍施工测量、支架与模板工程、钢筋工程、混凝土工程、电焊与气焊、起重吊装、高处作业、水上作业与潜水作业、爆破作业、小型机具、涂装作业等重要通用作业施工的安全控制要点。

第一节　施　工　测　量

一、陆地测量

(1)密林丛草间施工测量应探明周边环境,遵守护林防火规定,并应采取预防有害动物、植物伤人的个体防护措施。

(2)外电架空线路附近工作时,测量人员的身体和测量设备外沿与外电架空线路之间的安全距离应符合现行《施工现场临时用电安全技术规范》(JGJ 46)的有关规定。安全距离无法实现时,应与有关部门协商,采取停电、迁移外电线路或改变工程位置等措施。

(3)不中断交通道路上测量,应设置交通安全标志,并应设专人指挥或警戒。测量人员应穿反光标志服。

(4)陡坡及不良地质地段测量,测量人员应系安全带、穿防滑鞋等,并应加强监护。桥墩等高处测量,测量人员应正确佩戴和使用个体防护用品。

(5)夜间测量照明应满足作业要求,测量人员应穿反光标志服。

二、水上与冰上测量

(1)水上测量作业,测量船应悬挂号灯或号型,并应设专人负责瞭望。测量人员应穿救生衣。

(2)水上测量平台应稳固可靠,并应设置防护围栏和警示标志,作业时应派交通船守护。

(3)在通航河流上,测量船应有信号设备。在江中抛锚时,应按港航监督部门的规定设置信号并有专人负责瞭望。

(4)冰上测量前应掌握冰封情况,冰封情况应满足作业要求。冰封不稳定的河段及春季冰融期间不得进行冰上测量。

第二节 支架与模板工程

一、一般规定

(1)支架与模板施工一般属于危险性较大的工程,施工单位应编制施工组织设计和专项施工方案,并按相关要求办理。

(2)从事模板支撑体系作业的人员,应经安全技术培训。

(3)操作人员必须是经过考核合格的专业架子工。上岗人员应定期体检,合格者方可持证上岗。作业时应佩戴安全帽、系安全带、穿紧口工作服和防滑鞋。

二、支架

(1)支架基础处理要求如下:

①支架基础施工前,应根据现场实际情况采取针对性的措施处理地基。

②支架地基表层1.2m范围内的土体必须达到200kPa以上的强度,支架基础宜采用厚度不少于10cm的C20混凝土,并高于周边地表20~30cm,基础四周须设置排水沟,保证排水畅通。

③支架基础应尽量使用桥梁等建筑物本身的基础,如桥梁的桩柱、承台等均可利用,但注意不要损害建筑物本身的构件,并防止对构件外观造成缺陷。

(2)支架、模板的强度、刚度和稳定性,应按照现行《公路桥涵施工技术规范》(JTG/T F50)设计并验算,水中支架基础尚应考虑水流冲刷的影响。

(3)支架周转材料使用前,应按照有关规范要求进行检查,达不到设计要求时不得使用。

(4)支架支撑体系应符合下列规定:

①支架基础应根据所受荷载、搭设高度、搭设场地地质等情况进行设计及验算。

②支架基础的场地应设排水措施,遇洪水或大雨浸泡后,应重新检验支架基础、验算支架受力。冻胀土基础应有防冻胀措施。

③支架基础施工后应检查验收。

④支架在安装完成后应检查验收。

⑤使用前应预压,预压荷载应为支架需承受全部荷载的1.05~1.10倍。

⑥预压加载、卸载应按预压方案要求实施,使用砂(土)袋预压时应采取防雨措施。

⑦支架应设置可靠的接地装置。

(5)使用碗扣式、门式或扣件式钢管脚手架作为支架时,脚手架构造应分别符合现行《建筑施工碗扣式钢管脚手架安全技术规范》(JGJ 166)、《建筑施工门式钢管脚手架安全技术规范》(JGJ 128)和《建筑施工扣件式钢管脚手架安全技术规范》(JGJ 130)的规定。扣件应符合现行《钢管脚手架扣件》(GB 15831)的规定。

（6）桩、柱梁式支架应符合下列规定：

①钢管桩的承载力应满足要求。

②纵梁之间应设置安全可靠的横向连接。

③搭设完成后应检查验收。

④跨通行道路时，应按照现行《道路交通标志和标线》(GB 5768)的要求设置交通标志。

⑤跨通航水域时，应设置号灯、号型。

（7）跨通行道路、通航水域的支架应根据道路、水域通行情况设置防撞设施。

（8）支立排架时，不得与便桥或脚手架相连，防止支架失稳。

（9）施工中，应随时检查支架和模板，发现异常状况时应及时采取措施。支架、模板拆除，应按设计和施工有关规定的拆除程序进行。

（10）满堂支架架体要求如下：

①底座和顶托。

托撑伸出长度以不大于200mm为宜。底座和托撑应密贴地面或楞梁，不得悬空或托空。

②立杆、水平杆和扫地杆。

a. 根据所承受的荷载效应组合，选择立杆间距和步距。

b. 扣件式支架立杆接头必须采用对接扣件连接。

c. 支架高度较高时，立杆底部应设置可调底座或固定底座，并悬挂醒目安全网。

d. 支架底层必须设置纵、横向水平杆作为扫地杆，纵向水平杆宜设置在立杆内侧，长度不宜小于3跨，作业层上非主节点处的横向水平杆，宜根据支承脚手板的需要等间距设置，最大间距不得大于纵距的1/2。

e. 纵向水平杆接长宜采用对接扣件连接，也可以采用搭接；如果采用搭接，搭接长度不小于1m，应设置3个旋转扣件固定。

f. 所有扣件的拧紧扭力矩不应小于45N·m，且不应大于60N·m。

③剪刀撑、斜撑。

a. 满堂支架设置的水平剪刀撑和竖向剪刀撑应符合设计要求，外围剪刀撑应从底至顶连续设置，采用旋转扣件与之相交的横向水平杆和立杆连接，旋转扣件中心线距主节点的距离不应大于150mm。

b. 剪刀撑宜采用搭接连接，搭接长度≥1000mm，搭接处应用不少于2个旋转扣件等距连接。

c. 每道剪刀撑宽度应不小于4跨，且不小于6m，斜杆与地面倾角宜为45°~60°。

（11）贝雷架要求如下：

①钢立柱。

a. 钢立柱应支撑在混凝土预制垫块上，立柱纵、横向间距和高度根据架体设计方案确定。

b. 底座与基础垫块预埋件焊接应牢固，同时进行横向和斜向连接固定，形成整体承重体系。

②贝雷梁。

a. 贝雷梁吊装前,应对贝雷梁拼装质量进行复检,吊装时严格按设计方案位置进行就位。
b. 跨径较大的贝雷梁拼装时,应增设加强悬杆,以增强贝雷梁的稳定性。
c. 贝雷梁就位后必须增设横向联系;两侧临空面必须采用设置限位的措施,防止侧向滑移;下方必须挂设兜网和密目式安全网预防高空坠物。

三、脚手架

(1)脚手架的强度、刚度和稳定性应能承受施工期间可能产生的各项荷载。搭设高度24m及以上的落地式钢管脚手架的钢管、扣件应进行抽样检测,脚手架设计计算应以钢管抽样检测的壁厚及力学性能为依据。

(2)不宜使用竹、木质脚手架。

(3)搭设场地应平整无杂物,并应设防、排水设施。

(4)脚手架地基与基础应根据所受荷载、搭设高度、搭设场地等情况进行设计及验算。

(5)脚手架应设排水措施,遇洪水或大雨浸泡后,应重新检验脚手架基础。冻胀土基础应设防冻胀措施。

(6)脚手架的脚手板应满铺、固定,与结构物立面的距离不得大于0.15m。

(7)脚手架拆除必须严格执行专项施工方案,拆除作业必须由上而下逐层进行,严禁上下同时作业。连墙件必须随脚手架逐层拆除,严禁提前拆除。

(8)作业层上的施工荷载应符合设计要求,不得超载。不得将模板支架、缆风绳、泵送混凝土和砂浆的输送管等固定在脚手架上;严禁悬挂起重设备。

(9)脚手架验收合格后,应按规定设置安全警示标志牌等。

(10)脚手架使用期间,严禁擅自拆除架体结构杆件;如需拆除必须修改施工方案,并报请原方案审批人批准,确定补救措施后方可实施。

(11)严禁在脚手架基础及邻近处进行挖掘作业。

(12)临街搭设脚手架时,外侧应有防止坠物伤人的防护措施。

(13)在脚手架上进行电、气焊作业时,必须有防火措施和专人看守。

(14)工地临时用电线路的架设及脚手架接地、避雷措施等,应符合有关规定。

(15)搭拆脚手架时,地面应设围栏和警戒标志,并派专人看守,严禁非操作人员入内。

(16)遇六级及以上大风、雨雪、大雾天气时,应停止脚手架的搭设与拆除作业。雨、雪后上架作业应有防滑措施,并扫除积雪。

(17)脚手架搭设构造要求如下:

①各种脚手架应根据施工要求选择合理的构架形式,并制订搭设、拆除作业的程序和安全措施。

②脚手架材料及配件应符合下列规定:

a. 钢管材质应符合 Q235-A 级标准,不得使用有明显变形、裂纹、严重锈蚀材料。钢管规格宜采用 $\phi48mm \times 3.5mm$,也可采用 $\phi51mm \times 3.0mm$ 钢管。

b. 同一脚手架中,不得混用两种材质,也不得将两种规格钢管用于同一脚手架中。

c. 扣件应与钢管管径相配合,并符合国家现行标准的规定。

③钢管脚手架连接材料应使用扣件,接头应错开,螺栓应紧固。立杆底端需使用立杆底座。

④脚手板必须铺满、绑牢,无探头板,并牢固地固定在脚手架的支撑上。脚手架的任何部分不得与模板相连。

⑤脚手架作业层外侧,应按规定设置防护栏杆和挡脚板。敷设的安全设施应经常检查,确保操作人员和小型机械安全通行。

⑥脚手架应按规定采用密目式安全立网封闭,并在作业层和通道外侧设置踢脚板。脚手架上的材料和工具应堆放整齐,积雪和杂物应及时清除。有坡度的脚手板,可加设防滑木条。

⑦落地式脚手架的基础应坚实、平整,并定期检查。立杆不埋设时,每根立杆底部应设置垫板或底座,并设置纵、横向扫地杆。纵向扫地杆应采用直角扣件固定在距底座上方不大于200mm处的立杆上。横向扫地杆应采用直角扣件固定在紧靠纵向扫地杆下方的立杆上。脚手架底层步距不大于2m。脚手架立杆横距不大于1.5m,纵距不大于1.8m。立杆必须用连墙件与建筑物可靠连接。

⑧脚手架高度大于10m时,应按规定设置缆风绳。每增高10m应再加设一组。缆风绳与地面夹角为45°~60°。缆风绳的地锚应设围栏,防止碰撞破坏。

⑨搭设在水中的脚手架,应经常检查受水冲刷情况,发现松动、变形或沉陷应及时加固。脚手架上作业人员应佩戴救生设备。

四、模板

(1)模板作业场地应符合下列规定:

①模板作业场地必须符合安全要求,木料、钢模、模板半成品的堆放,废料堆集和场内道路的修建,应做到统筹安排,合理布局。

②作业场地应搭设简易作业棚,修有防火通道,配备必需的防火器具。四周应设置围栏,作业场内严禁烟火。相关人员均应了解防火要求,会使用防火器材,有相应的防火知识。

③钢模、木材应堆放平稳,作业场地应避开高压线路。

④下班前应将锯末、木屑、刨花等杂物清除干净,并运出场地进行妥善处理。

(2)模板加工制作应符合下列规定:

①制作模板时应细致选料。制作钢模不得使用扭曲严重、螺钉孔过多,开裂等材料。木模不得使用腐朽、扭裂和大横节疤等木料。

②制作钢木结合模板,钢、木加工场地应分开,并应及时清除锯末、刨花和木屑。

③模板所用材料应堆放稳固。

④制作中应随时检查工具,如发现松动、脱落现象应立即修好。

⑤模板堆放高度不宜超过2m。

(3)模板吊环不得采用冷拉钢筋,且吊环的计算拉应力不得大于50MPa。

(4)模板应按设计方案设置纵、横、斜向支撑和水平拉杆,拉杆不得焊接。

(5)大型钢模板应设置工作平台和爬梯。工作平台应设置防护栏杆、挡脚板和限载标志。

(6)模板安装应符合下列规定:

①在基坑或围堰内支模时,应检查基坑有无塌方现象,围堰是否坚固,确认无误后,方可操作。

②向基坑内吊送材料和工具时,应设溜槽或绳索系放,不得抛掷。机械吊送应有专人指挥。模板要捆绑结实,基坑内的操作人员要避开吊送的料具。

③用人工搬运、支立较大模板时,应有专人指挥,所用的绳索要有足够的强度,绑扎牢固。支立模板时,底部固定后再进行支立,防止滑动倾覆。

④支立模板要按工序操作。当一块或几块模板单独竖立和竖立较大模板时,应设立临时支撑,上下必须顶牢。整体模板合拢后,应及时用拉杆斜撑固定牢靠,模板支撑不得钉在脚手架上。

⑤高处作业应将所需工具装在工具袋内。传递工具不得抛掷或将工具放在平台和木料上,更不得插在腰带上。

⑥吊装模板前,应检查模板和吊点。吊装应设专人指挥。模板未固定前,不得实施下道工序。

⑦模板安装就位后,应立即支撑和固定。支撑和固定未完成前,不得升降或移动吊钩。

⑧模板应按设计要求准确就位,且不宜与脚手架连接。

⑨模板安装完成后节点联系应牢固。

⑩基准面以上2m安装模板应搭设脚手架或施工平台。

(7)模板存放应符合下列规定:

①模板存放场地应坚实平整。

②大型模板应存放在专用模板架内或卧倒平放,不得直靠其他模板或构件。特型模板应存放在专用模板架内。

③台风频发区或台风到来前,存放的大型模板应采取加固措施。

④清理模板或刷脱模剂时,模板应支撑牢固,两片模板间应留有足够的人行通道。

五、支架与模板的拆除

(1)模板、支架的拆除期限和拆除程序等应按施工组织设计和施工方案要求进行,危险性较大模板、支架的拆除尚应遵守专项施工方案的要求。

(2)模板、支架的拆除应遵循先拆非承重模板、后拆承重模板、自上面下、分层分段拆除的顺序和原则。

(3)承重模板应横向同时、纵向对称均衡卸落。

(4)简支梁、连续梁结构模板宜从跨中向支座方向依次循环卸落;悬臂梁结构模板宜从悬臂端开始顺序卸落。

(5)承重模板、支架,应在混凝土强度达到设计要求后拆除。

(6)模板、支架的拆除应设立警戒区,非作业人员不得进入。

(7)拆除人员应使用稳固的登高工具、防护用品。

第三节 钢筋工程

一、一般规定

（1）钢筋施工场地、钢筋制作棚应满足作业要求，照明灯具必须加装防护网罩。制作棚内的各种原材料、半成品、废料等应按规格、品种分别堆放整齐。作业前应对机械设备进行检查，合格后方可使用。

（2）钢筋加工机械的安装应坚实稳固，保持水平位置。固定式机械应有可靠基础，移动式的机械作业时应对行走轮进行制动。

（3）各种钢筋机械应由熟悉机械构造、性能和操作方法，并经安全培训考试合格的人员按规程操作。作业前，必须检查机械设备、作业环境、照明设施等，待运转正常后再开始工作。

（4）操作人员必须熟悉钢筋机械的构造性能和用途，并按照清洁、调整、紧固、防腐、润滑的要求保养机械。

（5）机械运行中停电时，应立即切断电源。收工时，按顺序停机、拉闸、锁好电闸箱门、清理作业场所。电路故障必须由专业电工排除，严禁非持证电工接、拆、修电气设备。

（6）采用机械进行除锈、调直、断料和弯曲等加工时，机械传动装置要设防护罩，并由专人使用和保管。电机等设备要妥善进行保护接地或接零。

（7）作业后应清理场地，切断电源，锁好电闸箱。

（8）预应力张拉施工各种仪表应保持完好，并进行定期标定。

（9）钢筋冷弯作业时，弯曲钢筋的作业半径内和机身不设固定销的一侧不得站人或通行。

（10）钢筋冷拉作业区两端应装设防护挡板，冷拉钢筋卷扬机应置于视线良好位置并应设置地锚。钢筋或牵引钢丝两侧3m内及冷拉线两端不得站人或通行。

（11）钢筋对焊机应安装在室内或防雨棚内，并应设可靠的接地、接零装置。多台并列安装对焊机的间距不得小于3m。对焊作业闪光区四周应设置挡板。

（12）作业高度超过2m的钢筋骨架应设置脚手架或作业平台，钢筋骨架应有足够的稳定性。

（13）吊运预绑钢筋骨架或成捆钢筋应确定吊点的数量、位置和捆绑方法，不得单点起吊。

（14）作业平台等临时设施上存放钢筋不得超载。

二、钢筋切断

（1）启动前，必须检查切刀应无裂纹，刀架螺栓紧固，防护罩牢靠；然后用手转动皮带轮，检查齿轮啮合间隙，调整切刀间隙。

（2）钢筋切断机作业前，应先进行试运转，检查刃口是否松动，运转正常后，方能进行切断作业。切长料时应有专人把扶，切短料时应用钳子或套管夹牢。不得因钢筋直径小而集束切割。

(3) 电气系统装置应齐全，线路排列整齐，卡固牢靠；电气设备安装应牢固，电气接触良好；电气控制设备和元件应置于柜（箱）内，电气柜（箱）门锁齐全有效。

(4) 接送料工作台面应和切刀下部保持水平，工作台的长度可根据加工材料长度决定。

(5) 机械未达到正常转速时不得切料。切料时必须使用切刀的中下部位，紧握钢筋对准刃口迅速送入。

(6) 运转中，严禁用手直接消除切刀附近的断头和杂物。钢筋摆动周围和切刀附近，非操作人员不得停留。

(7) 发现机械运转不正常有异响或切刀歪斜等情况，应立即停机检修。

(8) 作业后，用钢刷消除切刀间的杂物，进行整机清洁保养。

三、钢筋调直

(1) 钢筋调直应设置防护挡板，作业时非作业人员不得进入现场。

(2) 料架、料槽应安装平直，对准导向筒、调直筒和下切刀孔的中心线。

(3) 操作时必须将钢筋卡紧，机械前方须设铁板加以防护。

(4) 机械开动后，非操作人员应在两侧2m区域以外，不准靠近钢筋行走。

(5) 钢筋调直到末端时，人员必须离开。

(6) 在调直块未固定、防护罩未盖好前不得送料；作业中严禁打开各部防护罩及调整间隙。

(7) 作业后，应松开调直筒的调直块并回到原来位置，同时预压弹簧必须回位。

四、钢筋弯曲

(1) 机械的安装应坚实稳固，保持水平位置。工作台和弯曲机台面应保持水平。

(2) 固定式机械应有可靠的基础，移动式机械作业时应对行走轮进行制动。

(3) 在弯曲钢筋的作业半径内和机身不设固定销的一侧严禁站人。弯曲好的半成品，应堆放整齐，弯钩不得朝上。

(4) 不直的钢筋，禁止在弯曲机上弯曲。

(5) 检查芯轴、挡块、转盘应无损坏和裂纹，防护罩紧坚固可靠，经空运转确认正常后，方可作业。

(6) 作业时，将钢筋需弯的一头插在转盘固定销的间隙内，另一端紧靠机身固定销，并用手压紧，检查机身固定销子确实安在挡住钢筋一侧，方可开动。

(7) 作业中，严禁更换芯轴、销子和变换角度以及调速等作业，亦不得加油或清扫。

(8) 弯曲高强度或低合金钢筋时，应按机械铭牌规定换算最大限制直径并调换相应的芯轴。

(9) 转盘换向时，必须在停稳后进行。

五、预应力张拉

(1) 预应力张拉区域应标示明显的安全标志，禁止非操作人员进入。

(2)张拉钢筋的两端必须设置挡板。

(3)根据冷拉钢筋的直径,合理选用卷扬机,卷扬钢丝绳应经封闭式导向滑轮并和被拉钢筋方向成直角。卷扬机的位置必须使操作人员能见到全部冷拉场地。

(4)作业前应检查冷拉夹具,夹齿必须完好,滑轮、拖拉小车润滑灵活,拉钩及防护装置均齐全牢固,确认良好后方可作业。

(5)冷拉时,应缓慢、均匀地进行,随时注意停车信号或见到有人进入危险区时,应立即停拉,并稍稍放松卷扬钢丝绳。

(6)在运行中遇突然停电时,必须立即关闭冷拉机械的电源。

(7)钢筋张拉时,千斤顶支脚必须与构件对准,放置平正。测量拉伸长度或加楔、拧紧螺栓时,应站在钢筋两侧操作,并停止卷扬机或千斤顶拉伸操作。采用电热张拉时,若带电操作,应设置绝缘保护和防触电措施。预应力钢绞线张拉时,操作应平稳、均匀,张拉端的正面不得站人。采用延伸率控制时,应设置限位标志。

六、钢筋冷拉

(1)根据冷拉钢筋的直径,合理选用卷扬机,卷扬钢丝绳应经封闭式导向滑轮并和被拉钢筋方向成直角。卷扬机的位置必须使操作人员能见到全部冷拉场地,距离冷拉中线不少于5m。

(2)冷拉场地在两端地锚外侧设置警戒区,装设防护栏杆及警告标志。严禁无关人员在此停留。操作人员在作业时必须离开钢筋至少2m以外。

(3)用配重控制的设备必须与滑轮匹配,并有指示起落的记号,没有指示记号时,应有专人指挥。配重框提起时高度应限制在离地面300mm以内,配重架四周应有栏杆及警告标志。

(4)作业前应检查冷拉夹具,夹齿必须完好,滑轮、拖拉小车应润滑灵活,拉钩及防护装置均应齐全牢固,确认良好后方可作业。

(5)卷扬机操作人员必须看到指挥人员发出信号,并待所有人员离开危险区后方可作业。冷拉应缓慢、均匀地进行,随时注意停车信号或见到有人进入危险区时,应立即停拉,并稍稍放松卷扬钢丝绳。

(6)用延伸率控制的装置,必须装有明显的限位标志,并要有专人负责指挥。

(7)作业后,应放松卷扬钢丝绳,落下配重,切断电源,锁好电闸箱。

第四节 混凝土工程

一、一般规定

(1)混凝土拌和前,应确认搅拌、供料、控制等系统运行正常。

(2)搅拌机及皮带运输机所有外露齿轮、皮带等传动机件都应设防护罩,不得随意拆除。

(3)搅拌前,操作人员应确认搅拌、供料、控制等系统运行正常。运转时,严禁将头或手伸入料斗与机架之间查看,不得拿工具或物件伸入搅拌筒内。更不得在运转中检修,以免发生事故。

(4)搅拌机不得超负荷使用,运转中严禁维修、保养。维修、保养、清理搅拌机时,必须拉闸断电、锁好电箱、挂好"严禁合闸"安全警示标志牌,并有专人监护。

(5)料斗或送料机运转前应打铃,一旦运转,任何人不得在料斗或送料机下通行或停留。

(6)维修、保养或检查清理搅拌系统、供料系统应封闭下料门、切断电源、锁定安全保护装置、悬挂"严禁合闸"安全警示标志,并派专人看守。

(7)水泥隔离垫板的刚度及稳定性应满足要求。袋装水泥应交错整齐码放,高度不得超过10袋,且不得靠墙。砂石料堆放不得超过规定高度。

(8)混凝土浇筑的顺序、速度应符合施工方案的要求,不得随意更改。

(9)吊斗灌注混凝土应设专人指挥起吊、运送、卸料,人员、车辆不得在吊斗下停留或通行,不得攀爬吊斗。

(10)混凝土浇筑过程中,应检查模板、支架、钢筋骨架的稳定、变形情况,发现异常应立即停止作业,并应整修加固。

二、拌和站作业

(1)混凝土拌和站的安装,应由专业人员按出厂说明书规定进行,并应在技术人员主持下组织调试,在各项技术性能指标全部符合规定并验收合格后,方可投产使用。

(2)机组各部分应逐步启动。启动后,各部件运转情况和仪表指示情况应正常,油、气、水的压力符合要求后,方可开始作业。

(3)作业过程中,在储料区内和提升斗下,严禁人员进入。

(4)搅拌机满载搅拌时,不得停机,当发生故障或停电时,应立即切断电源,锁好开关箱,将搅拌筒内的混凝土清除干净,然后排除故障或等待电源恢复。

(5)搅拌站各机械不得超载作业;应检查电动机的运转情况,当发现运转声音异常或温度过高时,应立即停机检查;电压过低时不得强制运行。

三、泵送混凝土

(1)混凝土输送泵应安装稳固,管道布设应平顺,安装应固定牢靠,接头和卡箍应密封、紧固。

(2)泵送前应检查泵送和布料系统。首次泵送前应进行管道耐压试验。泵送混凝土时,操作人员应随时监视各种仪表和指示灯,发现异常应立即停机检查。

(3)输送泵出料软管应设专人牵引、移动,布料臂下不得站人。

(4)混凝土输送管道接头拆卸前,应释放输送管内剩余压力。

(5)清理管道时应设警戒区,管道出口端前方10m内不得站人。

(6)混凝土输送泵停止作业后,各部位操纵开关、调整手柄、手轮、控制杆、旋塞等均应复位,液压系统应卸荷。

四、混凝土振捣

(1)不得用电缆线、软管拖拉或吊挂振捣器。

(2)装置振捣器的构件模板应坚固牢靠。

(3)操作振捣器作业时,应穿戴好胶鞋和绝缘橡皮手套。

(4)振捣棒软管不得存在断裂现象,当软管使用过久而使长度增加时,应及时修复或更换。

(5)电缆线应满足操作所需的长度要求。电缆线上不得堆压物品或让车辆挤压,严禁用电缆线拖拉或吊挂振捣器。

(6)振捣器不得在初凝的混凝土、地板、脚手架及干硬的地面上进行试振。在检修或作业间断时,应断开电源。

五、混凝土养护

(1)覆盖养护时,预留孔洞周围应设置安全护栏或盖板,并应设置安全警示标志,且不得随意挪动。

(2)洒水养护时,应避开配电箱和周围电气设备。

(3)蒸汽、电热养护时,应设围栏和安全警示标志,并应配置足够、适用的消防器材,非作业人员不得进入养护区域。

第五节 电焊与气焊

一、一般规定

(1)电工、焊接与热切割作业人员应按照有关规定经专业机构培训,并应取得相应的从业资格。

(2)电工、焊接与热切割作业人员应按规定正确佩戴、使用劳动防护用品。

(3)在焊、割工作现场10m范围内,应配备相应的消防器材,禁止存放易燃、易爆物品。焊接铜、铝、铁、锡等有色金属时,必须通风良好,采取防毒措施(戴防毒面罩或呼吸滤清器等)。

(4)在高空焊割或施焊稳定性差的工作时,应配备安全带,采取安全防护措施,防止高空坠落或工件倒塌;禁止将导线绕挂在身上,地面应指定专人监护。

(5)焊接、切割完后要及时清理工作场所,切断电源,将焊接、切割设备和工具摆放在指定地点,灭绝余火后,才可离开工作场所。

(6)使用过危险化学品的容器、设备、桶槽、管道、舱室等,动火前必须清洗,并经测爆合格。

(7)密闭空间内实施焊接及切割,气瓶及焊接电源应置于密闭空间外。

(8)密闭空间焊接作业应设置通风、绝缘、照明装置和应急救援装备。

(9)密闭空间焊接作业应设专人监护,金属容器内照明设备的电压不得超过12V。

(10)高处电焊、气割作业,作业区周围和下方应采取防火措施,按要求配备消防器材,并应设专人巡视。

(11)雨天严禁露天电焊作业。潮湿区域作业人员必须在干燥绝缘物体上焊接作业。

二、电焊机

(1)电焊机一次侧电源线长度不得大于5m;二次侧焊接电缆线应采用防水绝缘橡胶护套铜芯软电缆,长度不宜大于30m,且进出线处应设置防护罩。

(2)电焊钳的绝缘和隔热性能应满足要求,钳柄与导线应连接牢固,电缆芯线不得外露。

(3)电焊机应置于干燥、通风的位置,露天使用电焊机应设防雨、防潮装置,移动电焊机时应切断电源。

(4)电焊机外壳有可靠保护零线,进出线处应设置防护罩。

(5)焊机导线和接地线均不应安放在易燃、易爆或带有热源的物品上,不应与机械设备或管道及建筑物金属构件或轨道连接。

(6)电焊机外壳接地电阻不得大于4Ω,接地线不得使用建(构)筑物的金属结构、管道、轨道或其他金属物体搭接形成焊接回路。

(7)不宜使用交流电焊机。使用交流电焊机时,除应在开关箱内装设一次侧漏电保护器外,尚应安装二次侧空载降压触电保护器。

(8)电焊机应使用专用开关箱,漏电保护器匹配合理、灵敏可靠,设置二次侧空载降压保护器。

(9)焊钳握柄必须用绝缘耐热材料制作,握柄与导线连接处应牢靠,并包好绝缘布。

(10)焊机存放地点应通风良好、清洁干燥、无杂物放置,并在焊机下加垫干燥木板。现场使用的电焊机,应设有防雨、防潮、防晒的机棚,并装设相应的消防器材。单台电焊机使用专用小推车,多台电焊机可搭设防护棚。

三、电弧焊

(1)焊接设备上的电机、电器、空压机等应有完整的防护外壳,二次接线柱处应有保护罩。

(2)焊接时,焊接和配合人员必须采取防止触电、高空坠落、瓦斯中毒和火灾等事故的安全措施。

(3)严禁在运输中的压力管道、装有易爆易燃物品的容器和受力构件上进行焊接和切割。

(4)在容器内施焊时,必须采取以下措施:

①容器上必须有进、出风口并设置通风设备;

②焊接时必须有专人在场监护,严禁在已喷涂过油漆或塑料的容器内焊接。

(5)焊接预热件时,应设挡板隔离焊件发出的辐射热。

(6)电焊线通过道路时,必须架高或穿入防护管内埋设在地下,如通过轨道时,必须从轨道下面穿过。

（7）长期停用的电焊机，使用前，必须检查其绝缘电阻不得低于 0.5MΩ，接线部分不得有腐蚀和受潮现象。

（8）焊钳应与手把线连接牢固，不得用胳膊夹持焊钳。清除焊渣时，面部应避开被清的焊缝。

（9）在载荷运动中，焊接人员应经常检查电焊机的温升，如超过 A 级 60℃、B 级 80℃时，必须停止运转并降温。

（10）施焊现场的 10m 范围内，不得堆放氧气瓶、乙炔发生器、木材等易燃易爆物。

（11）作业后，清理场地、灭绝火种，切断电源，锁好电闸箱，消除焊料余热后，方可离开。

四、交流电焊机

（1）应注意初、次级线，不可接错，输入电压必须符合电焊机的铭牌规定。严禁接触初级线路的带电部分。

（2）次级抽头连接铜板必须压紧，接线柱应有垫圈。合闸前详细检查接线螺母、螺栓及其他部件应无松动或损坏。

（3）移动电焊机时，应切断电源，不得用拖拉电缆的方法移动焊机，如焊接中突然停电，应切断电源。

五、直流电焊机

（1）新机使用前，应将换向器上的污物擦干净，使换向器与电刷接触良好。

（2）启动时，检查转子的旋转方向应符合焊机标志的箭头方向。

（3）启动后，应检查电刷和换向器，如有大量火花时，应停机查明原因，经排除后，方可使用。

（4）数台焊机在同一场地作业时，应逐台启动，并使三相载荷平衡。

（5）硅整流电焊机的使用应符合下列规定：

①电焊机应在原厂使用说明书要求的条件下工作。

②使用时，必须先开启风扇电机。电压表指示值应正常，仔细察听应无异响。停机后，应清洁硅整流器及其他部件。

③严禁用摇表测试电焊机主变压器的次级线圈和控制变压器的次级线圈。

六、埋弧自动、半自动焊机

（1）检查送丝滚轮的沟槽及齿纹应完好。滚轮、导电嘴（块）磨损或接触不良时应更换。

（2）检查减速箱油槽中的润滑油，不足时应添加。

（3）软管式送丝机构的软管槽孔应保持清洁，定期吹洗。

七、对焊机

（1）焊机应安装在室内，并有可靠的接地（接零）。如多台对焊并列安装时，间距不得少于

3m,并应分别接在不同相位的电网上,分别有各自的刀型开关。导线的截面应不小于表10-1的规定。

导线的截面面积 表10-1

对焊机的额定功率(kVA)	25	50	75	100	150	200	500
一次电压为220V时的导线截面积(mm^2)	10	25	35	45			
一次电压为380V时的导线截面积(mm^2)	6	16	25	35	50	70	150

(2)作业前,检查对焊机的压力机构应灵活,夹具应牢固,气、液系统无泄漏,确定正常后,方可施焊。

(3)焊接前,应根据所得钢筋截面,调整二次电压,不得焊接超过对焊机规定直径的钢筋。

(4)断路器的接触点、电极应定期光磨,二闪电路全部连接螺栓应定期紧固。冷却水温度不得超过40℃;排水量应根据温度调节。

(5)焊接较长钢筋时,应设置托架。配合搬运钢筋的操作人员,在焊接时要注意防止火花烫伤。

(6)闪光区应设挡板,焊接时无关人员不得入内。

(7)冬季施工时,室内温度应不低于8℃。作业后,应放尽机内冷却水。

八、点焊机

(1)作业前,必须清除上、下两极的油污。通电后,机体外壳应无漏电。

(2)启动前,首先应接通控制线路的转向开关和调整好极数,再接通水源、气源,最后接通电路。

(3)认真检查电极触头,应保持其光洁,如有漏电时,应立即更换。

(4)作业时,气路、水冷系统应畅通。气体必须保持干燥。排水温度不得超过40℃,排水量应根据气温调节。

(5)严禁在引燃电路中加大熔断器。当负载过小使引燃管内电弧不能发生时,不得闭合控制箱的引燃电路。

(6)控制箱如长期停用,每月应通电加热30min。如更换闸流管,亦应预热30min,正常工作的控制的预热不得少于5min。

九、氧气瓶、乙炔瓶

(1)储存、搬运、使用氧气瓶、乙炔瓶,除应符合现行《焊接与切割安全》(GB 9448)的有关规定外,尚应符合下列规定:

①气瓶、阀门、焊具、胶管等均不得沾污油脂,作业人员不得使用油污手套操作。

②压力表、安全阀、橡胶软管和回火保护器等均应定期校验或试验,标识应清晰。

③使用的气瓶应稳固竖立或装在专用车(架)或固定装置上。

④气瓶与实际焊接或切割作业点的距离应大于10m,无法达到的应设置耐火屏障。

⑤气割作业氧气瓶与乙炔瓶之间的距离不得小于5m。

⑥电、气焊作业点和气瓶存放点应按规定配备灭火器材。

(2)储装气体的罐瓶及其附件应合格、完好和有效,氧气瓶、乙炔瓶设防振圈,夏季高温有防暴晒措施,乙炔瓶必须设回火阀,立放牢固,严禁使用乙炔专业减压器、回火防止器及其他附件缺损的乙炔瓶。

(3)备用待用的氧气瓶、乙炔瓶应分别存于氧气间、乙炔间,存放间距应大于10m,并设置安全警示标志及配备灭火器材。

(4)各种气瓶应有标准色标,不应平放,宜使用专用小推车。

十、气焊

(1)乙炔发生器应采用定型产品,必须备有灵敏可靠的防止回火的安全装置。

(2)乙炔发生器与氧气瓶不得同放一处,距易燃易爆品不得少于10m。严禁用明火检验是否漏气。氧气、电石应随用随领,下班后送回专用库房。

(3)氧气瓶、乙炔发生器受热不得超过35℃,防止火花和锋利物件碰撞胶管。气焊枪点火时应按"先开乙炔,先关乙炔"的顺序作业。

(4)乙炔发生器应每天换水。严禁在浮筒上放置物件,不得用手在浮筒上加压和摇动,添加电石时严禁明火照明。

(5)乙炔发生器不得放在电线的正下方,焊接场地距离明火不得少于10m。

(6)氧气瓶应设有防振胶圈,并旋紧安全帽,避免碰撞、剧烈振动和强烈阳光暴晒。

(7)乙炔气管用后需清除管内积水。胶管回火的安全装置结冻时,应用热水溶化,不得用明火烘烤。

(8)点火时焊枪不得对人。正在燃烧的焊枪不得随意乱放。

(9)电石应放在干燥的地方,移动或搬运时应将桶上的小盖打开,轻移、轻放。开桶时头部要闪开,不得用金属工具敲击桶盖。

(10)施焊时,场地应通风良好。施焊完毕,应将氧气阀门关好,拧紧安全罩。乙炔浮筒提出时,头部应避开浮筒上升方向,提出后应挂放,不得扣放在地上。

第六节 起重吊装

一、一般规定

(1)特种设备进场前,应按照有关规定进行检验,证件必须齐全、有效,技术性能应满足要求,安全防护设施应可靠。

(2)特种设备的安装调试、拆除等工作应由具备相关资质的单位承担。特种设备安装完成并经当地特种设备技术质量监督管理部门检验检测合格后方可使用;使用过程中应按规定对设备进行检查、维修、保养,并予以记录。

(3)起重作业前,必须严格检查起重设备各部件的可靠性和安全性。

(4)起重作业时,严禁超载、斜拉或起吊埋在地下等不明重量的物件。提升重物时严禁自由下降,严禁使用起重设备运输施工人员。

(5)起重机械司机、起重信号司索工、起重机械安装拆卸工应按照有关规定经专业机构培训,并应取得相应的从业资格持证上岗。

(6)起重作业人员应穿防滑鞋、戴安全帽,高处作业时应按规定佩挂安全带。

(7)吊装作业应设警戒区,警戒区不得小于起吊物坠落影响范围。

(8)作业前应检查起重设备安全装置、钢丝绳、滑轮、吊索、卡环、地锚等。

(9)吊点位置应符合设计规定,设计无规定的应经计算确定。

(10)流动式起重设备通行的道路、作业场地应平整坚实,吊装前支腿应全部打开,并应按要求铺设垫木。

(11)高空吊装梁等大型构件应在构件两端设溜绳。

(12)安装所使用的螺栓、钢楔(或木楔)、钢垫板、垫木和电焊条等材质应符合设计要求。

(13)吊装大、重、新结构构件和采用新的吊装工艺前,应先进行试吊。

(14)起重机与架空输电线的安全距离应满足现行《施工现场临时用电安全技术规范》(JGJ 46)的规定。当需要在小于规定的安全距离范围内进行作业时,必须采取严格的安全保护措施,并应按照相关规定经有关部门批准。

(15)双机抬吊宜选用同类型或性能相近的起重机,负载分配应合理,单机载荷不得超过额定起重量的80%。两机应协调起吊和就位,起吊速度应平稳缓慢。

(16)起重机严禁吊人。

(17)严禁采用斜拽、斜吊,严禁超载吊装,严禁吊装起吊重量不明、埋于地下或黏结在地面上的构件。

(18)吊起的构件上不得堆放或悬挂零星物件。

(19)作业人员严禁在已吊起的构件下或起重臂下旋转范围内作业或通行。

(20)吊装作业临时固定工具应在永久固定的连接稳固后拆除。

(21)雨、雪后,吊装前应清理积水、积雪,并应采取防滑和防漏电措施,作业前应先试吊。

二、吊索吊具

(1)起重吊装设备所使用的钢丝绳及索具,应具备有生产资质的制造厂商提供的出厂合格证和材质证明。

(2)钢丝绳吊索的安全系数应符合下列规定:

①当利用吊索上的吊钩、卡环钩挂重物上的起重吊环时,安全系数不得小于6。

②当用吊索直接捆绑重物,且吊索与重物棱角间采取了妥善的保护措施时,安全系数不得小于6。

(3)吊钩、吊环应定期检查,表面应光滑,不得有剥痕、刻痕、锐角、裂纹。

(4)一台起重设备的两个主吊钩起吊同一重物时,两钩升降应协调,两吊索开口度不应大于60°,且每个钩的吊重不得大于其额定负荷。卸扣使用时不得超过规定载荷,严禁钢丝绳在卸扣两侧起重。

(5)起重机的吊钩和吊环严禁补焊。当出现下列情况之一是,应予更换:

①表面有裂纹、破口;

②钩尾和螺纹部分等危险截面及钩颈有永久变形;

③挂绳处断面磨损超过原高度10%;

④钩衬套磨损超过原厚度50%;

⑤板钩芯轴(销子)磨损超过其尺寸的3%~5%;

⑥开口度比原尺寸增加15°,开口扭转变形超过10°。

(6)当起重设备制动器的制动鼓表面磨损达1.5~2.0mm(小直径取小值,大直径取大值)时,应更换制动鼓;当起重设备制动器的制动带磨损超过原厚度50%时,应更换制动带。

(7)手拉葫芦(吊链)的安全作业要点如下:

①悬挂支承点必须牢固,使用三脚架悬挂时,基础应坚实,三支架腿受力要均匀,防止滑动和倾覆;

②严禁斜拉重物;

③重物吊起后发生卡链时,应在重物下方支垫后进行检查修理,不得硬拉。

(8)千斤顶的安全作业要点如下:

①顶升重物必须在重心位置;如需用千斤顶纠正偏斜物体时,放置千斤顶的台座必须坚固可靠;

②升重物过程中,千斤顶出现故障时,应在重物支垫稳固后,再取出修理;

③用多台千斤顶起升同一重物时,动作应同步、均衡。

三、轮胎式起重机和履带式起重机

(1)作业地面应坚实平整,支脚必须支垫牢靠,回转半径内不得有障碍物。两台或多台起重机吊运同一重物时,钢丝绳应保持垂直,各台起重机升降应同步,各台起重机不得超过各自的额定起重能力。

(2)吊起重物时,应先将重物吊离地面10cm左右,停机检查制动器灵敏性和可靠性,以及重物绑扎的牢固程度,确认情况正常后,方可继续工作。作业中不得悬吊重物行走。

(3)起升或降下重物时,速度要均匀、平衡、保持机身的稳定,防止重心倾斜。严禁起吊的重物自由下落。

(4)在驳船上作业,应用绳索系牢在船上,前后轮(或履带)下应用三角木块楔紧。遇有4~5级风时,应根据驳船载重吨位适当调整吊机负荷。工作完毕应将起重臂放下,制动器刹牢。

(5)配备必要的灭火器,驾驶室内不得存放易燃品。雨天作业,制动带淋雨打滑时,应停止作业。

(6)在输电线路下作业时,起重臂、吊具、辅具、钢丝绳等与输电线的距离不得小于表10-2的规定。

起重机与架空线路边线的最小安全距离　　　　表 10-2

电压(kV) 安全距离	<1	10	35	110	220	330	500
沿垂直方向(m)	1.5	3.0	4.0	5.0	6.0	7.0	8.5
沿水平方向(m)	1.5	2.0	3.5	4.0	6.0	7.0	8.5

(7)工作完毕,应将机车停放在坚固的地面上,吊钩收起,各部制动器刹牢,操纵杆放到空挡位置。

四、塔式起重机

(1)塔式起重机的安装、拆除和检验应符合现行《塔式起重机安全规程》(GB 5144)及使用说明书中的有关规定。

(2)塔式起重机安装完毕后,应通过有资质的检测机构的检测和验收后,向工程所在地县级以上技术监督主管部门办理使用登记备案。

(3)塔式起重机基础应能承受工作状态和非工作状态下的最大载荷,并满足塔机抗倾抗翻稳定性的要求。

(4)塔式起重机附墙杆件与建(构)筑物之间的固定连接应牢固可靠。

(5)两台及两台以上塔式起重机之间任何部位(包括吊物)的距离不应小于 2m。

(6)遇六级以上大风或大雨、大雾、雷雨天气时,禁止起重作业。

(7)塔式起重机安全装置包括力矩限制器、起重量限制器、塔式起重机起升限位、制动器等。

(8)设备使用前,应对安全装置进行试运转,并保留记录。

(9)施工作业前,应对主要安全装置进行安全检查,并保留检查记录。发现安全装置存在缺陷时,应立即停止施工进行更换。

五、门式起重机

(1)门式起重机轨道的铺设应符合设备安装规定,轨道接地电阻不应大于 4Ω。

(2)露天作业的门式起重机,当遇六级及以上大风或停止作业时,锁紧夹轨器,并将吊钩升到顶端位置,吊钩上不得悬挂重物。防抗台风时宜加设缆风绳。

(3)门式起重机作业前应进行空载运转,再确认各机构运转正常、制动可靠、各限位开关灵敏有效后,方可作业。

(4)门式起重机应加装声光报警装置,行走时应发出声光报警信号。

(5)重物提升和下降操作应平稳匀速,在提升大件时不得快速,同时防止栓拉绳摆动。

(6)门式起重机行走轨道端头应设置车挡及防缓冲装置。

(7)门式起重机小车、大车行走前,应检查行走限位器是否可靠有效。

(8)门式起重机停止使用时,应使用夹轨器,临时停止时使用垫木固定。

(9)门式起重机吊钩应设置灵敏有效的防脱钩装置。

(10)门式起重机应设置带有护栏的爬梯供作业人员使用。

(11)门式起重机司机室应具有良好视线,设备完善,配备高音喇叭。

(12)拖地电缆宜设置在塑料或金属管材或电缆槽中。

六、缆索起重机

(1)缆索吊机系统施工应符合下列规定:

①吊塔、扣塔及相应索具、风缆、锚碇均应进行稳定性验算,安全系数应满足最不利工况要求。

②缆索吊机所用材料、设备等进场前,应进行验收,材料应无损伤无变形,强度、刚度应满足设计要求;主缆宜采用钢丝绳,安全系数不得小于3。

③吊塔、扣塔塔架前后及侧向应设置缆风索,缆风索安全系数应大于2。

④缆索吊机正式吊装前,应分别按1.25倍设计荷载的静荷和1.1倍设计荷载的动荷进行起吊试验。

⑤塔架顶部应设置可靠的避雷装置;人员上下塔架应配备符合要求的电梯或爬梯,不得徒手攀爬。

(2)跨越公路、铁路施工时,缆索起重机必须按相关规定设置防护措施。

(3)缆索起重机塔架基础和地锚应选址得当,并进行相关受力计算。

(4)塔架安装时,周围5m范围应设置隔离带,安装后对塔架必须及时清理,避免遗落在塔架上的小构件坠落砸人。雨雪、大风等不良天气禁止施工,夜间不宜施工。

(5)缆索起重机所用材料、设备等进场前,应验收合格后方可使用,材料应无损伤、无变形,强度、刚度满足设计要求,塔架受力应经过计算,塔架前后及侧向必须设置缆风绳,确保吊装时塔架稳定。

(6)人员上下塔架应配备符合要求的电梯或爬梯,严禁徒手攀爬。

(7)缆索起重机所用各种索的规格选用应经过计算,确保安全系数符合相关规定要求,投入施工前和使用过程中,应严格验收,当断丝、变形、锈蚀等超出相应规定时禁止使用。缆索起重机吊装过程中,缆索起重机与吊件之间应连接牢固。

(8)缆索起重机所用的各种索安装时,下方及侧向20m范围内不得有非工作人员通行或机械交叉作业。

(9)缆索起重机架设完成后,应对缆索起重机后锚碇进行防护,非工作人员禁止入内。

(10)若用钢绞线作为缆风索,张拉完成后,必须采取加固措施防止退锚,同时避免钢绞线被火烤、通电。

(11)缆索起重机应设垂直起吊和水平运输限位装置,具备条件的,还可对最大索力进行控制。

(12)缆索起重机吊装时,必须实时观测塔架偏位情况,当偏位超出规定值时应停止作业。

(13)吊装时构件应垂直起吊,构件应捆扎牢固并保持平衡稳定,构件不得超出设计吊重;当侧向起吊时,应确保主索与跑车轮槽不脱离;构件吊运应平稳前行,在接近安装部位时,不得碰撞已安装完的构件及其他作业设施,构件到位稳定后,方可进行作业,且吊装构件上方严禁站人。

(14)缆索起重机应定期进行全面检查、维护。

(15)在吊装过程中,吊装构件下方严禁有人员过往。

(16)吊装作业应指派专人统一指挥,起重工必须掌握吊装作业安全要求,其他人员必须明确分工,操作人员每人配备一台通信工具。

(17)吊装时间过长、气温温差大时,应对承重索垂度进行调整,保证承重索受力均匀,且索力在设计范围之内。

(18)缆索起重机闲置一段时间后再次运行时,应空载往返行走一次。

(19)任何缆索拆除时,下方应设隔离带,无关人员禁止入内,拆除过程中必须保持塔架稳定。

第七节 高处作业

按照我国《高处作业分级》标准,将高处作业的高度表述为:作业区各作业位置至相应坠落高度基准面之间的垂直距离中的最大值,称为该作业区的高处作业高度。凡在坠落高度基准面2m以上(含2m)有可能坠落的高处进行的作业,均称为高处作业。坠落高度基准面是指可能坠落范围内最低处的水平面。

高处作业高度分为2~5m(包括5m);5~15m(包括15m);15~30m(包括30m)及30m以上四个区段。

(1)高处作业高度分为2~5m(包括5m);5~15m(包括15m);15~30m(包括30m)及30m以上四个区段。

(2)直接引起坠落的客观危险因素分为如下11种:

①阵风风力五级(风速8.0m/s)以上。

②《高温作业分级》(GB/T 4200)规定的Ⅱ级或Ⅱ级以上的高温作业。

③平均气温等于或低于5℃的作业环境。

④接触冷水温度等于或低于12℃的作业。

⑤作业场地有冰、雪、霜、水、油等易滑物。

⑥作业场所光线不足,能见度差。

⑦作业活动范围与危险电压带电体的距离小于表10-3的规定。

作业活动范围与危险电压带电体的距离 表10-3

危险电压带电体的电压等级(kV)	距离(m)	危险电压带电体的电压等级(kV)	距离(m)
≤10	1.7	220	4.0
35	2.0	330	5.0
63~110	2.5	500	6.0

⑧摆动,立足处不是平面或只有很小的平面,即任一边小于500mm的矩形平面、直径小于500mm的圆形平面或具有类似尺寸的其他形状的立足面,致使作业者无法维持正常姿势。

⑨《体力劳动强度分级》(GB 3869)规定的Ⅱ级或Ⅱ级以上的体力劳动强度。

⑩存在有毒气体或空气中含氧量低于0.195的作业环境。

⑪可能会引起各种灾害事故的作业环境和抢救突然发生的各种灾害事故。

(3)高处作业分级。高处作业根据是否存在上述的客观危险因素分为A类和B类。不存在以上列出的任一种客观危险因素的高处作业按表10-4规定的A类分级,存在以上列出的一种或一种以上客观危险因素的高处作业按表10-4规定B类分级。

高处作业分级表   表10-4

级别	高处作业高度(m)			
	$2 \leq h_w \leq 5$	$5 < h_w \leq 15$	$15 < h_w \leq 30$	$h_w > 30$
A	Ⅰ	Ⅱ	Ⅲ	Ⅳ
B	Ⅱ	Ⅲ	Ⅳ	Ⅳ

一、一般规定

(1)高处作业不得同时上下交叉进行。

(2)高处作业下方警戒区设置应符合现行《高处作业分级》(GB 3608)的有关规定。

(3)高处作业人员不得沿立杆或栏杆攀登。高处作业人员应定期进行体检。诊断患有心脏病、贫血、高血压、癫痫病、恐高症及其他不适宜高处作业的疾病时,不得从事高处作业。

(4)高空作业人员应头戴安全帽,身穿紧口工作服,脚穿防滑鞋,腰系安全带。在有坠落可能的部位作业时,必须把安全带挂在牢固的结构上,安全带应高挂低用,不可随意缠在腰上,安全带长度不应超过3m。作业时要严格遵守各项劳动纪律和安全操作规程,严禁酒后和过度疲劳的人员进行登高作业。

(5)高处作业中的安全标志、工具、仪表、电气等设施和各种设备,必须在施工前进行检查,确认其完好,方能投入使用。

(6)施工中对高处作业的安全技术设施,发现有缺陷或隐患时,必须及时解决;危及人身安全时,必须停止作业。

(7)高处作业中所用的物料,均应堆放平稳,不应妨碍通行和装卸。工具应随手放入工具袋;作业中的走道、通道板和登高用具,应随时清扫干净;拆卸下的物件及余料和废料应及时清理运走,不得任意乱置或向下丢弃;传递物件禁止抛掷。

(8)雨天进行高处作业时,必须采取可靠的防滑措施。遇有六级以上强风、浓雾等恶劣气候,不得进行露天攀登或悬空高处作业。台风暴雨后,应对高处作业安全设施逐一加以检查,发现有松动、变形、损坏或脱落等现象时,立即修理、完善。

(9)因作业需要临时拆除或变动安全防护设施时,必须经施工负责人同意,采取相应的可靠措施,作业后应立即恢复。

(10)高处作业安全设施的主要受力杆件构造应符合现行规范标准。

(11)雨雪季节应采取防滑措施。

(12)高处作业上下应设置联系信号或通信装置,并指定专人负责。

二、梯道

(1)高处作业上下通道应根据现场情况,选用钢斜梯、钢直梯、人行塔梯,各类梯子安装应牢固可靠。

(2)钢斜梯使用应符合下列规定:

①长度不宜大于5m,扶手高度宜为0.9m,踏步高度不宜大于0.2m,梯宽宜为0.6~1.1m。

②长度大于5m的应设梯间平台,并分段设梯。

(3)钢直梯应符合下列规定:

①攀登高度不宜大于8m,踏棍间距宜为0.3m,梯宽宜为0.6~1.1m。

②高度大于2m应设护笼,护笼间距宜为0.5m,直径宜为0.75m,并设纵向连接。

③高度大于8m应设梯间平台,并分段设梯。

④高度大于15m应每5m设一梯间平台,平台应设防护栏杆。

(4)高架桥等大型构件作业场所上下通道宜采用人行塔梯。

(5)人行塔梯宜采用专业厂家定型产品。

(6)自行搭设人行塔梯应根据施工需要和工况条件设计,踏步高度不宜大于0.2m,踏步梯应设置防滑设施和安全护栏。

(7)人行塔梯安装应符合下列规定:

①顶部和各节平台应满铺防滑面板并牢固固定,四周应设置安全护栏。

②人行塔梯基础应稳固,四脚应垫平,并应与基础固定。

③塔梯连接螺栓应紧固,并应采取防退扣措施。

④人行塔梯高度超过5m时应设连墙件。

⑤用电线路不宜装设在塔梯上,必须装设时,线路与塔体间应绝缘。

⑥人行塔梯通往作业面通道的两侧宜用钢丝网封闭。

三、吊篮

(1)吊篮作业应符合现行《高处作业吊篮》(GB 19155)的有关规定,且应使用专业厂家制作的定型产品,不得自行制作吊篮。

(2)高处作业吊篮安装拆卸工应按照有关规定经专业机构培训,并应取得相应的从业资格。

(3)登高梯上端应固定,吊篮和临时工作台应绑扎牢靠。

(4)吊篮和工作台的脚手板必须铺平绑牢,严禁出现探头板。

第八节 水上作业与潜水作业

一、水上作业

(1)应及时了解当地气象、水文、地质等情况,掌握施工区域附近的桥梁、隧道、大坝、架空高压线、水下管线、取水泵房、危险品库、水产品养殖区以及避风锚地、水上应急救援资源等情况。

(2) 开工前,应根据施工需要设置安全作业区,并办理水上水下施工作业许可证,发布航行通告。

(3) 水上作业人员应正确穿戴救生衣等个人安全防护用品。

(4) 工程船舶必须持有效的船检证书,船员必须持有与其岗位相适应的适任证书,船员配备必须满足最低安全配员要求。

(5) 工程船舶应按规定配备有效的消防、救生、堵漏和油污应急设施,制订安全技术措施和应急预案,并应按规定定期演练。施工船舶应安装船舶定位设备,保证有效的船岸联系。

(6) 工程船舶甲板、通道和作业场所应根据需要设有防滑装置。施工船舶楼梯、走廊等应保持通畅,梯口、应急场所应设有醒目的安全标志。

(7) 工程船舶必须在核定航区和作业水域内作业。

(8) 工程船舶作业、航行或停泊时,应按规定显示号灯或号型。

(9) 水上工况条件超过施工船舶作业性能时,必须停止作业。

(10) 在狭窄水道和来往船舶频繁的水域施工时,应设专人值守通信频道。

(11) 遇雨、雾、霾等能见度不良天气时,工程船舶和施工区域应显示规定的信号,必要时应停止航行或作业。

(12) 遇大风天气,船舶应按规定及时进避风锚地或港池。

(13) 靠泊船舶上下人或两船间倒运货物,应搭设跳板、扶手及安全网。

(14) 交通船舶必须配有救生设备,载人严禁超过乘员定额。

(15) 定位船及抛锚作业船,其锚链、锚缆滚滑区域不得站人,锚缆伸出的水域应设置警示标志。

(16) 运输船舶装货时必须均匀加载,严禁超载、超宽、偏载。卸货时必须分层均匀卸载。

(17) 起重船作业应符合下列规定:

①作业前,人员应熟悉吊装方案,明确联系方式和指挥信号。

②根据吊装要求,起重船应指导驳船选择锚位和系缆位置。

③吊装前,吊钩升降、吊臂仰俯、制动性能应良好,安全装置应正常有效。

④吊装结束后,起重船应退离安装位置,并对起重吊钩进行封钩。

(18) 打桩船作业应符合下列规定:

①打桩船作业应统一指挥。

②打桩架上的活动物件应放稳、系牢,打桩架上的工作平台应设有防护栏杆和防滑装置。

③穿越群桩的前缆应选择合适位置,绞缆应缓慢操作,缆绳两侧 10m 范围内不得有工程船舶或作业人员进入。

④桩架底部两侧悬臂跳板的强度和刚度应满足作业要求,跳板的移动和封固装置应灵活、牢固、有效。

(19) 打桩船电梯笼必须设防坠落安全装置,笼内必须设置升降控制开关。桩锤检修或加油时,严禁启动吊锤卷扬机。

(20)甲板驳需要配备履带吊、打桩架等机械时,必须符合下列规定:
①船舶的稳定性必须核算。
②机械就位处的船体甲板和船舱骨架必须加固。
③履带吊等机械底盘与船体必须整体固结。

(21)拖轮配合非自航工程船舶作业,应由拖轮船长和工程船船长共同商定顶推、绑拖、吊拖的编队方式,拖轮拖力应满足要求。

(22)水中围堰(套箱)和水中作业平台应设置船舶靠泊系统和人员上下通道,临边应设置高度不低于1.2m的防护栏杆,挂设安全网和救生圈。四周应设置警示标志和夜间航行警示灯光信号,通航密集水域应配备警戒船和应急拖轮。

二、潜水作业

(1)潜水员应按照有关规定经专业机构培训,并应取得相应的从业资格。

(2)施工前,潜水员应熟悉现场的水文、气象、水质和地质等情况,掌握作业方法和技术要求,了解工程船舶的锚缆布设及移动范围等情况。

(3)潜水最大安全深度和减压方案应符合相关规范的有关规定。

(4)潜水员使用的水下电气设备、装备、装具和水下设施,应符合相关的有关规定。

(5)潜水作业现场应备有急救箱及相应的急救器具,作业水深超过30m时应配备预备潜水员和减压舱等设备。

(6)水温低于5℃、流速大于1.0m/s或具有噬人海生物、障碍物或污染物等的潜水作业区,潜水员潜水作业必须采取安全措施。

(7)潜水作业时,潜水作业船应按规定显示号灯、号型。

(8)潜水员的作业时间和替换周期应符合相关规定。

(9)潜水员水下作业时,必须有专人值守,严禁向作业区域抛掷物件。

(10)为潜水员递送工具、材料和物品应使用绳索进行递送,不得直接向水下抛掷。

(11)通风式重装潜水作业应符合下列规定:
①通风式重装潜水作业组应由指挥员、潜水员、电话员、收放供气管线人员和空压机操作人员组成。远离基地外出作业应具备两组潜水同时作业的能力。
②应设专人负责信号绳、潜水电话和供气管线。
③下水应使用专用潜水爬梯。挂设爬梯的悬臂杠应满足强度和刚度要求,并与潜水船、爬梯连接牢固。

(12)潜水员水下安装构件应符合下列规定:
①潜水员应在构件基本就位和稳定后靠近待安装构件。
②供气管不得置于构件缝中,流速较大时,潜水员应逆水流操作。
③应使用专用工具调整构件的安装位置。潜水员身体的任何部位不得置于两构件之间。

(13)潜水员在沉井或大直径护筒内作业应符合下列规定:
①作业前应清除沉井或护筒内障碍物和内壁外露的钢筋、扒钉和铁丝等尖锐物。

②沉井和大直径护筒内侧水位应高于外侧水位。
③潜水员不得在沉井刃脚下或护筒底口以下作业。

第九节 爆破作业

一、一般规定

(1)从事爆破工作的爆破员、安全员、保管员应按照有关规定经专业机构培训,并取得相应的从业资格。

(2)爆破作业单位实施爆破项目前,应按规定办理审批手续,批准后方可实施爆破作业。

(3)爆破作业和爆破器材的采购、运输、储存等应按照现行《民用爆炸物品安全管理条例》和《爆破安全规程》(GB 6722)执行。

(4)预裂爆破、光面爆破、大型土石方爆破、水下爆破、重要设施附近及其他环境复杂、技术要求高的工程爆破应编制爆破设计方案,制订相应的安全技术措施;其他爆破可编制爆破说明书,并经有关部门审批同意。

(5)经审批的爆破作业项目,爆破作业单位应于施工前3天发布公告,并在作业地点张贴,施工公告内容应包括:工程名称、建设单位、设计施工单位、安全评估单位、安全监理单位、工程负责人及联系方式、爆破作业时限等。

(6)爆破作业必须设警戒区和警戒人员,起爆前必须撤出人员并按规定发出声、光等警示信号。

(7)爆炸源与人员、其他保护对象的安全距离应按地震波、冲击波和飞散物三种爆破效应分别计算,取最大值。

(8)钻孔装药应拉稳药包提绳,配合送药杆进行。在雷管和起爆药包放入之前发生卡塞时,应用长送药杆处理,装入起爆药包后,不得使用任何工具冲击和挤压。

(9)盲炮检查应在爆破15min后实施,发现盲炮应立即安全警戒,及时报告并由原爆破人员处理。电力起爆发生盲炮时应立即切断电源,爆破网络应置于短路状态。

(10)雷电、暴雨雪天不得实施爆破作业。强电场区爆破作业不得使用电雷管。遇能见度不超过100m的雾天等恶劣天气,不得露天爆破作业。

(11)水下电爆网路的主线和连接线应强度高、电阻小、防水、柔韧、绝缘。波浪、流速较大水域中的爆破主线应呈松弛状态,并应与伸缩性小的导向绳固定。

(12)投药船离开投放药包地点前,应进行详细检查,船底、船舵、螺旋桨、缆绳和其他附属物不得挂有药包、导线等物品。

(13)水下爆破引爆前,警戒区内不得滞留船舶和人员。

二、爆破警戒与信号

(1)爆破工作开始前,必须确定危险区的边界,并设置明显的标志。

（2）地面爆破应在危险区的边界设置岗哨，使所有通路经常处于监视之下，每个岗哨应处于相邻岗哨视线范围之内。

地下爆破应在有关的通道上设置岗哨。回风巷应使用木板交叉钉封或设支架路障，并挂上"爆破危险区，不准入内"的警示标志。爆破结束，巷道经过充分通风后，方可拆除回风巷的木板及标志。

（3）爆破前必须同时发出音响和视觉信号，使危险区内的人员都能清楚地听到和看到。

第一次信号——预告信号。所有与爆破无关人员应立即撤到危险区以外，或撤至指定的安全地点。向危险区边界派出警戒人员。

第二次信号——起爆信号。确认人员、设备全部撤离危险区，具备安全起爆条件时，方准发出起爆信号。根据这个信号准许爆破员起爆。

第三次信号——解除警戒信号。未发出解除警戒信号前，岗哨应坚守岗位。除爆破工作领导人批准的检查人员以外，不准任何人进入危险区，经检查确认安全后，方准发出解除警戒信号。

三、爆破后的安全检查和处理

（1）爆破后，爆破员必须按规定的等待时间进入爆破地点，检查有无冒顶、危石、支护破坏和盲炮等现象。

（2）爆破员如果发现冒顶、危石、支护破坏和盲炮等现象，应及时处理，未处理前应在现场设立危险警戒标志。

（3）只有确认爆破地点安全后，经当班爆破班长同意，方准人员进入爆破地点。

（4）每次爆破后，爆破员应认真填写爆破记录。

四、盲炮处理

（1）处理盲炮必须遵守下列规定：

①发现盲炮或怀疑有盲炮，应立即报告并及时处理。若不能及时处理，应在附近设明显标志，并采取相应的安全措施。

②难处理的盲炮，应请示爆破工作领导人，派有经验的爆破员处理，大爆破的盲炮处理方法和工作组织，应由单位总工程师批准。

③处理盲炮时，无关人员不准在场，应在危险区边界设警戒，危险区内禁止进行其他作业。

④禁止拉出或掏出起爆药包。

⑤盲炮处理后，应仔细检查爆堆，将残余的爆破器材收集起来，未判明爆堆有无残留的爆破器材前，应采取预防措施。

⑥每次处理盲炮必须由处理者填写登记卡片。

（2）处理裸露爆破的盲炮，允许用手小心地去掉部分封泥，在原有的起爆药包上重新安置新的起爆药包,加上封泥起爆。

(3)处理浅眼爆破的盲炮可采用下列方法:

①经检查确认炮孔的起爆线路完好时,可重新起爆。

②打平行眼装药爆破。平行眼距盲炮孔口不得小于0.3m,对于浅眼药壶法,平行眼距盲炮壶边缘不得小于0.5m。为确定平行炮眼的方向,允许从盲炮孔口起取出长度不超过20cm的填塞物。

③用木制、竹制或其他不发生火星的材料制成的工具,轻轻地将炮眼内大部分填塞物掏出,用聚能药包诱爆。

④在安全距离外用远距离操纵的风水管吹出盲炮填塞物及炸药,但必须采取措施,回收雷管。

⑤盲炮应在当班处理,当班不能处理或未处理完毕,应将盲炮情况(盲炮数目、炮眼方向、装药数量和起药包位置,处理方法和处理意见)在现场交接清楚,由下一班继续处理。

(4)处理深孔盲炮可采用下列方法:

①爆破网路未受破坏,且最小抵抗线无变化者,可重新连线起爆;最小抵抗线有变化者,应验算安全距离,并加大警戒范围后,再连线起爆。

②在距盲炮孔口不小于10倍炮也直径处另打平行孔装药起爆,爆破参数由爆破工作领导人确定。

③所用炸药为非抗水硝铵类炸药,且孔壁完好者,可以预见部分填塞的,向孔内灌水,使之失效,然后做进一步处理。

(5)处理硐室爆破的盲炮可采用下列方法:

①如能找出起爆网路的电线、导爆索或导爆管,经检查正常,仍能起爆者,可重新测量最小抵抗线,重划警戒范围,连线起爆。

②沿竖井或平硐清除填塞物,重新敷设网路,连线起爆或取出炸药和起爆体。

(6)处理水下裸露爆破的盲炮可采用下列方法:

①在盲炮附近另行投放裸露药包,使之殉爆。

②小心地将药包提出水面,用爆炸法销毁。

(7)处理水下炮孔盲炮可采用下列方法:

①造成盲炮的因素消除后,可重新起爆。

②填塞长度小于炸药的殉爆距离或全部用水填塞者,可另装入起爆药包起爆。

③在盲炮附近投放裸露药包爆破。

(8)破冰爆破发生盲炮,可在盲炮药包处投放新起爆药包诱爆。

(9)处理地震探勘爆破的盲炮可采用下列方法:

①从爆孔中小心地取出药包,用爆炸法销毁。

②不可能从炮孔或炮井中取出药包者,可装填新起爆药包进行诱爆。

(10)处理金属、金属结构物和热凝物爆破的盲炮,应吹出部分填塞物,重新装起爆药包诱爆。处理热凝物爆破盲炮,必须使孔壁温度冷却到40℃以下,才准重新装药爆破。

第十节 小型机具

一、一般规定

(1) 小型机具应有出厂合格证和操作说明书。

(2) 小型机具应制定管理制度,建立台账,并按要求维修、保养和使用。现场悬挂安全操作规程、设备操作管理牌。

(3) 作业人员应了解所用机具性能并熟悉掌握其安全操作常识,施工中应正确佩戴各类安全防护用品。

(4) 各种机具不得带病运转。运转中发现不正常时,应先停机检查,排除故障后方可使用。

(5) 不得站在不稳定的地方使用电动或气动机具,必须使用时应有专人监护。

(6) 齿轮传动、皮带传动、联轴器传动的小型机具应设有安全防护装置。

(7) 手持式电动工具应配备安全隔离变压器、漏电保护器、控制箱和电源连接器。

(8) 禁止使用缺少安全装置或安全装置已失效的机具。

(9) 严禁拆除、改装、自制施工机具上的监测、指示、仪表、报警及警示等安全装置。

(10) 冬季使用机具应采取防冻、防寒和防滑措施。

(11) 机具运转时,禁止保养、修理、调整等作业。

(12) 禁止在没有保险装置的机具下面进行保养、修理。进入机械内部相对封闭空间时,必须设监护人。

(13) 机具的用电必须符合现行《施工现场临时用电安全技术规范》(JGJ 46)的规定,使用 TN-S 系统。机具的接地电阻不应大于 4Ω;漏电保护器参数应匹配,安装应正确,动作应灵敏可靠;电气保护(短路、过载、失压)应齐全有效。

(14) 严禁 2 台及以上手拉葫芦同时起吊重物。

(15) 手持式电动工具的作业应符合现行《手持式电动工具的安全 第一部分:通用要求》(GB 3883.1)的规定。

二、混凝土机械

1. 拌和设备

(1) 搅拌机及皮带运输机所有外露齿轮、皮带等传动机件都应设防护罩,不得随意拆除。

(2) 搅拌前,操作人员应确认搅拌、供料、控制等系统运行正常。运转时,严禁将头或手伸入料斗与机架之间查看,不得拿工具或物件伸入搅拌筒内,更不得在运转中检修,以免发生事故。

(3) 搅拌机不得超负荷使用,运转中严禁维修、保养。维修、保养、清理搅拌机时,必须拉闸断电、锁好电箱,挂好"严禁合闸"安全警示标志牌,并有专人监护。

(4)料斗或送料机运转前应打铃,一旦运转,任何人不得在料斗或送料机下通行或停留。如需检修,必须拉闸断电,采取安全和保险措施后,方可修理。

2.混凝土输送泵

(1)混凝土输送泵作业前,应检查并确认泵机各部螺栓紧固,防护装置齐全可靠,各部位操纵开关、调整手柄、手轮、控制杆、旋塞等均在正确位置,液压系统正常无泄漏,液压油符合规定,搅拌斗内无杂物,上方的保护格网完好无损并盖严。泵送混凝土时,操作人员应随时监视各种仪表和指示灯,发现异常,立即停机检查。

(2)混凝土输送泵停止作业后,各部位操纵开关、调整手柄、手轮、控制杆、旋塞等均应复位,液压系统应卸荷。

3.混凝土振捣器

(1)操作振捣器作业时,应穿戴好胶鞋和绝缘橡皮手套。

(2)振捣棒软管不得存在断裂现象,当软管使用过久而使长度增加时,应及时修复或更换。

(3)电缆线应满足操作所需的长度要求。电缆线上不得堆压物品或让车辆挤压,严禁用电缆线拖拉或吊挂振捣器。

(4)振捣器不得在初凝的混凝土、地板、脚手架及干硬的地面上进行试振。在检修或作业间断时,应断开电源。

4.切缝机、锯缝机

(1)切缝机锯缝时,刀片夹板的螺母应紧固,各连接部位和安全防护罩应完好正常。切缝前应先打开冷却水,冷却水中断时应停止切缝。

(2)切缝时刀片应缓缓切入,并注意观察切割深度指示器,当遇有较大切割阻力时,立即升起刀片检查。停止切缝时应先将刀片提离板面后才可停止运转。

三、小型起重机具

(1)千斤顶应垂直安装在坚实可靠的基础上,底部宜用枕木等垫平。

(2)电动葫芦应设缓冲器,轨道两端应设挡板。电动葫芦不得超载起吊,起吊过程中,手不得握在绳索与吊物之间。

(3)卷扬机应定期检查电气线路、制动器,确保安全可靠。

(4)卷扬机使用时齿轮啮合声音应正常,如有杂音应停机检修。

(5)卷扬机的后锚应稳固,钢丝轴上方宜设置防护装置,防止飞绳伤人。

(6)卷扬机卷筒上的钢丝绳应排列整齐,不得在转动中用手拉或脚踩钢丝绳。作业中,不得跨越卷扬机钢丝绳。卷筒剩余钢丝绳不得少于3圈。

四、圆盘锯

(1)操作人员应佩戴防护眼镜,站在锯片一侧,禁止站在与锯片同一直线上。锯片上方必须安装保险防护罩和滴水设施。锯片不得有连续断齿。

(2)锯片运转正常后方可进行作业。接料应待料出锯片15cm后进行,不得用手硬拉,木料锯到接近端头时,有下手拉曳,上手不得用手推进。

(3)作业过程中不得将木料抬高或左右扳动,必须紧贴挡板。送料力量应均匀,不得用力过猛,遇木节应减速。不得用木料挡刹锯片强制停车。调换锯片时,应待锯片自然停稳后方可进行。

(4)长度不足50cm的短料,不得上锯。半成品、边角料应堆放整齐。

第十一节 涂 装 作 业

涂装作业施工安全要求一般规定如下:
(1)作业、储存场所严禁明火。
(2)涂装作业除应符合现行《涂装作业安全规程 安全管理通则》(GB 7691)的规定外,尚应符合下列规定:
①从事涂装作业人员应正确佩戴安全防护用品并穿防静电服。
②涂装作业设备属于特种设备的,应由国家认可的检验机构检验并取得使用登记证书。
③储存、作业场所应设立安全警戒区,配备消防设备。
④积聚有机溶剂蒸发的低凹死角区域,应设置局部排风装置。
⑤涂装作业结束后,应及时清理现场,撤出涂装作业设备和原料,清除沾污涂料及有机溶剂、废弃物。
(3)有限空间涂装作业必须符合下列规定:
①作业场所必须配备检测设备、定时检查作业场所氧气及可燃气体浓度。
②作业场所必须设通风设备,作业条件必须符合安全要求。
③热加工作业必须设专人监护,烘烤涂层必须使用防爆灯具。

第十二节 某高架桥桥墩盖梁模板支架坍塌事故案例

一、工程背景及事故经过

20××年××月××日,某高架桥桥墩盖梁施工发生支架模板坍塌事故,造成9人死亡,6人受伤,一辆客车报废、一辆混凝土搅拌运输车受损的较大安全生产事故。现场图片见图10-1~图10-4。

二、事故原因分析

车行横通道Ⅰ45a工字钢横梁及其支撑体系应力严重超限、刚度明显不足、稳定性太差,是造成本次坍塌事故的直接原因。

图 10-1 模拟事故发生前的现场

图 10-2 桥墩盖梁支架模板坍塌现场

图 10-3 施工中的桥墩盖梁支架

图 10-4 桥墩盖梁支架坍塌后的左侧局部

三、经验教训

（1）擅自变更经审核的专项施工方案。将通道上方的工字钢横梁由 I 56a@250mm 改为 I 45c@600mm，导致单根工字钢横梁承受的荷载显著增加、抗弯承载能力明显降低；取消了工字钢横梁之间的型钢联系，降低了工字钢横梁的整体稳定性；将通道右侧支腿 ϕ720 钢管改为 ϕ529 钢管，将左侧支腿 ϕ720 钢管改为 ϕ48×3.5mm 碗扣式钢管，严重降低了支撑结构的承载能力。

（2）支架的整体稳定性不足。支架高约 17m，宽约为 4.2m，高宽比约为 4，未扩大下部架体尺寸，也未设置缆风绳，与桥墩的连接薄弱，支架的整体稳定性不足。

（3）支架搭设不规范。支架底部未设置扫地杆，底层水平杆距地面高度约 700mm；支架顶部、中部和底部均未设置水平剪刀撑，支架纵、横向剪刀撑数量不满足规范要求，部分斜杆搭接长度不足，没有与立杆扣接。

（4）支架车行通道宽度太大（达到 8.75m），工字钢横梁型号由 I 56a 改为 I 45c，缺少有效的横向联系，在传递集中力的支点处没有按规定设置腹板加强劲板。横梁的应力严重超限、挠度过大、整体稳定性太差。

（5）通道左侧支腿承载能力严重不足。采用 ϕ48×3.5mm 碗扣式钢管搭设，没有进行力学验算，没有设置斜杆，没有形成稳定结构，钢管上方没有设置刚性分配梁，工字钢梁对应搁置在钢管立杆顶部的方木上,没有发挥其他钢管的支撑作用(仅1/6的钢管受力),显著地降低了支架的承载能力。钢管立杆应力严重超限。

(6)通道右侧支腿工字钢横梁与ϕ529钢管支腿没有采用刚性连接,且钢管支腿地脚螺栓仅为4棵ϕ12mm螺栓,锚固力明显不足,ϕ529钢管支腿稳定性差。

(7)防撞墩没有进行防撞击安全验算。右侧防撞墩施工分成3段浇筑,整体性不好,抗撞击能力差。部分碗扣式钢管搭设悬出防撞墩之外,防护挡板设置不规范,增加了车辆撞击风险。

四、预防对策

(1)施工单位应严格按照已批准的专项施工方案组织施工。

在桥墩盖梁施工过程中,施工单位擅自变更支架和车行通道的专项施工方案,未按照通过专家论证、经修改完善和审批的专项方案施工;将通道上方的工字钢横梁由 I 56a@250mm 改为 I 45c@600mm,擅自取消工字钢横梁间的型钢联系,擅自改变工字钢横梁的支撑体系。

(2)当实际情况发生明显变化时,施工单位应进行安全验算,重新报批,监理单位应督促施工单位整改。

施工单位擅自取消工字钢横梁间的型钢联系,擅自改变工字钢横梁的支撑体系,不进行安全验算,不重新进行审核,技术、安全管理混乱,必将造成严重后果。

在施工方法、构件材料、技术参数发生明显变化的情况下,监理单位未发出任何整改指令,未要求暂时停止施工,也为向建设单位或有关主管部门报告,未进行支撑架验收,就同意转入下一道工序施工,且参与出具虚假预压报告。违反了《建设工程安全生产管理条例》第十四条"工程监理单位在实施监理过程中,发现存在安全事故隐患的,应当要求施工单位整改;情况严重的,应当要求施工单位暂时停止施工,并及时报告建设单位。施工单位拒不整改或者不停止施工的,工程监理单位应当及时向有关主管部门报告"的规定。

第十一章 路基与路面工程施工安全要求

路基路面工程施工易产生机械伤害、爆炸、触电、中毒、滑坡、泥石流、坍塌等安全事故,安全生产管理难度较大。因此,在安全生产管理中,应紧密围绕减少或消除人的不安全行为、物的不安全状态和改善生产环境及保护自然环境的目标,设立安全生产管理机构,配备安全生产管理人员,配置安全防护设施和劳动保护用品,建立健全各项安全生产规章制度,消除和控制安全隐患,以减少或避免安全事故的发生。本章主要介绍路基工程施工安全一般规定、土方工程、石方工程、防护工程、特殊路基的施工安全要求以及路面工程施工安全一般规定,基层与底基层、路面面层施工的安全要求。

第一节 路基工程

一、路基工程施工安全一般规定

(1)路基施工前应掌握影响范围内地下埋设的各种管线情况,制订安全措施。施工中发现危险品及其他可疑物品时,应立即停止施工,按照规定报请有关部门处理。

(2)路基施工应做好施工期临时排水设施总体规划,临时排水设施应与永久性排水设施综合考虑,并与工程影响范围内的自然排水系统相协调。

(3)机械作业范围内不得同时进行人工作业。

(4)施工机械设备不宜在坡度大的边坡区域作业,必要时应采取防止设备倾覆的措施。

(5)多台机械同时作业时,各机械之间应保持安全距离。

(6)路基边坡、边沟、基坑边缘地段上作业的机械应采取防止机械倾覆、基坑坍塌的安全措施。

(7)弃方除应符合现行《公路路基施工技术规范》(JTG F10)的有关规定外,尚应符合下列规定:

①施工前,应现场核实弃土场的具体情况,弃土场四周应设立警示标志。

②弃方不得影响排洪、通航,不得加剧河岸冲刷;水库、湖泊、岩溶漏斗及暗河口处不得弃方;桥墩台、涵洞口处不得弃方。

③弃方作业应遵循"先支护、后弃土"的原则。

④弃土堆不得高于路面。

(8)路基与通道、桥梁、隧道过渡段防排水,确保水能安全引出,不冲坏路基。

二、土方工程

(1)取土场(坑)的边坡、深度等应满足设计要求,且不得危及周边建(构)筑物等既有设施的安全。

(2)取土场(坑)底部应平顺并设有排水设施,取土场(坑)边周围应设置警示标志和安全防护设施,宜设置夜间警示和反光标识。

(3)地面横向坡度陡于1:1.0的区域,取土坑应设在路堤上侧。

(4)取土坑与路基间的距离应满足路基边坡稳定的要求,取土坑与路基坡脚间的护坡道应平整密实,表面应设1%~2%向外倾斜的横坡。

(5)路堑开挖应采取保证边坡稳定的措施,边坡有防护要求的应开挖一级防护一级,且应自上而下开挖,不得掏底开挖、上下同时开挖、乱挖超挖。开挖应按施工方案执行,并应符合下列规定:

①宜按规定监测土体稳定性。
②应采取临时排水措施。
③应及时排除地表水、清除不稳定孤石。

(6)深挖路堑施工应及时施作临时排水设施。边坡应严格按设计坡度开挖,并应监测边坡的稳定性。

(7)填方作业区边缘应设置明显的警示标志,并应做好临时排水。

(8)高填方路堤施工应符合下列规定:

①路堤预留宽度应符合设计要求。
②应及时施作边坡临时排水设施。
③作业区边缘应设置明显的警示标志。
④应进行位移监测。

(9)靠近结构物处挖土应采取安全防护措施。路基范围内暂时不能迁移的结构物应预留土台,并应设警示标志。

(10)土方开挖前,必须了解土质、地下水等情况;查清地下埋设的管道、电缆和有毒有害气体等危险物以及文物古迹的位置、深度、走向,并加设标记、设置防护栏杆。施工现场技术负责人在开工前,必须对作业人员详细交底,内容包括:地下设施情况及其危险性、施工作业方法、安全技术措施要点等。

(11)开挖深度超过2m时,其边缘上面作业同样应视为高处作业,要设置警告标志,特别是在街道、居民区、行车道和现场通道附近开挖土方时,不论深度大小都要设置警告标志和高度不低于1.2m的双道防护栏,夜间还要设红色警示灯。

(12)在沟槽(坑)边缘1m以内不准堆土或堆放物料;距沟槽(坑)边缘1~3m间堆土高度不得超过1.5m;距沟槽(坑)边缘3~5m间堆土高度不得超过2.5m;小翻斗车往沟槽内卸料时,要设专道,并在距沟槽(坑)边缘1m处设限制器。

(13)要特别注意在靠近建筑物、设备基础、电杆及各种脚手架附近挖土时,必须采取安全防护措施。

(14)开挖沟槽时,应当根据土质情况进行放坡或支撑防护。挖掘深度超过1.5m且不加支撑时,应按规定确定放坡坡度。如果因施工区域狭窄等原因不能放坡,则应按规定采取围壁措施。

(15)人力挖掘土方必须遵守下列规定:

①对锹、镐、锤等操作工具应随时检查,确保木柄结实,连接牢靠。

②开挖土方,操作人员之间必须保持足够的安全距离,横向间距不小于2m,纵向间距不小于3m。

③开挖土方必须自上而下顺序放坡进行,严禁采用挖空底脚的操作方法。

(16)高陡边坡处施工,必须遵守下列规定:

①作业人员必须绑系安全带,绑挂安全带的绳索应牢固地拴在树干或插固的钢钎上,绳索应垂直。不得在同一安全桩上拴2根及以上安全绳或在一根安全绳上拴2人以上。

②边坡开挖中如遇地下水涌出,应先排水,后开挖。

③开挖工作应与装运作业面相互错开,严禁上、下双重作业。

④弃土下方和有滚石危及的区域,应设警告标志,下方有道路时,作业时严禁通行;清理路堑边坡上突出的块石和整修边坡时,应从上而下顺序进行,坡面上的松动土、石块必须及时清除。坡面上的操作人员需戴安全帽。严禁在危石下方作业、休息和存放机具。边坡上方有人工作时,边坡下方不准站人。

⑤高边坡开挖:作业人员要戴安全帽,并安排专职人员对上边坡进行监视,防止上部塌方和物体坠落。现场施工负责人、技术人员和安全人员要随时观察高边坡是否有滑动的可能并及时采取安全措施。

⑥深基坑开挖:班组长应安排作业人员指挥,安全员负责监控,要及时地指挥作业人员将基坑边缘的土移到规定距离之外。

⑦高边坡浆砌和干砌:班组长要安排专职人员查看边坡上的情况,以防止边坡上有异物坠落,作业人员必须戴安全帽。

(17)设有支挡工程的地质不良地段,应根据设计文件要求并结合实际情况,在认真确定分段开挖的同时,及时分段修建支挡工程,应待支挡结构的强度达到设计规定后,方可开挖土方。在开挖过程中,应严密注意土体的稳定情况,并应有相应的安全措施,同时注意弃土的堆放,以免影响不良地段的原有稳定状态。

(18)施工中如发现山体有滑动、崩坍迹象危及施工安全时,应暂停施工,撤出人员和机具,并根据实际情况,研究制订新的施工方案和安全措施。

(19)滑坡地段的开挖,应从滑坡体两侧向中部自上而下进行,严禁全面拉槽开挖。弃土不得堆在主滑区内。开挖挡墙基槽也应从滑坡体两侧向中部分段跳槽进行,并加强支撑,及时砌筑和回填墙背。施工中要设专人观察,严防塌方。

(20)在落石与岩堆地段施工,应先清理危石和设置拦截设施后再行开挖。其开挖面坡度应按设计进行,坡面上的松动石块应边挖边清除,严防岩堆松动滑脱伤人。

(21)岩溶地区施工,应认真处理岩溶水的涌出,以免导致突发性的塌陷。

(22)泥沼地段施工,应制订和落实预防人、机下陷的安全技术措施。挖出的废土应堆置在合适的地方,以防汛期造成人为的泥石流。

(23)施工中遇有土体不稳,发生坍塌危险,水位暴涨或山洪暴发以及在爆破警戒区内听到爆破信号时,应立即停工,人机撤至安全地点。当工作场所出现陷机或工作面不足、难以保证安全作业时,应暂停施工。

(24)沟槽(坑)回填时,必须在构筑物两侧对称回填夯实。使用推土机回填土时,严禁从一侧直接将土推入沟槽(坑);使用手推车回填土时,沟槽(坑)边应设挡板,卸土时不得撒把。

(25)使用机械破冻土时,机械5m以内禁止站人,并应注意附近建筑物的安全。人工打钎开挖冻土时,扶钎要用长把工具夹住,打锤人要站在扶钎人的侧面。钢钎要经常盘头,以防毛刺飞崩伤人。

(26)运土方的车辆会车时,应轻车让重车。通过窄路、交叉路口、铁路道口和交通繁忙地段以及转弯时,应注意来往行人和车辆。重车运行,前后两车间距必须大于5m,下坡时,间距不小于10m,严禁车上乘人,过道(包括施工便道以及便道与路基的连接道)应设专人管理、维修。悬崖陡壁处应设防护栏杆。

(27)电动蛙式夯机的电源线必须完好无损,并应安装漏电保护器。操作时,应戴绝缘手套,并要求一人操作、一人扶持电缆进行辅助。辅助与操作人员必须密切配合,严禁在夯机前方隔机扔电缆或背级拖拉前进。电缆线不应扭结和缠绕,不得夯及电缆线,也不得在斜坡上夯打。停用或搬运打桩机时,应切断电源。

(28)机械在危险地段作业时,必须设明显的安全警告标志,并应设专人站在操作人员能看清的地方指挥。驾机人员只能接受指挥人员发出的规定信号。

(29)配合机械作业的清底、平地、修坡等辅助工作应与机械作业交替进行。机上、机下人员必须密切配合,协同作业;必要时设专人指挥。当必须在机械作业范围内同时进行辅助工作时,应停止机械运转后,辅助人员方可进入。

(30)机械进场前,应查清所通过道路、桥梁的净宽、限高和承载力是否满足通过要求,否则应拓宽和加固或绕行。机械应有临时停机场地或机棚,棚内严禁烟火,机械人员必须掌握所备灭火器材的使用方法。

(31)在电杆附近挖土时,对于不能取消的拉线地垄及杆身,应留出土台。土台半径:电杆为$1\sim1.5m$,拉线为$1.5\sim2.5m$,并视土质决定边坡坡度。土台周围应插标杆示警。

(32)机械在边坡、边沟附近作业时,应与边缘保持必要的安全距离,使轮胎(履带)压在坚实的地面上。

(33)挖掘机安全作业要点如下:

①发动机启动或操作开始前应发出信号。启动后,严禁在铲斗内、臂杆、履带和机棚上站人。

②装载作业时,应待汽车停稳后,再进行装料。

③卸料时,在不碰击自卸汽车任何部位的情况下,铲斗应尽量降低,并禁止铲斗从汽车驾驶室上越过。

④作业时,禁止任何人上下机械和传递物件,不准边工作边维修、保养。

⑤作业时,不要随便调节发动机、调速器以及液压系统、电器系统。

⑥作业时,要注意选择和创造合理的工作面,严禁掏洞挖掘。
⑦禁止用铲斗击(破)碎坚固物体,也不准用回转机械方式使铲斗破碎坚固物体。
⑧禁止将挖掘机布置在上下两个采掘段(面)内同时作业。在工作面内移动时,应先平整地面并排除通道内的障碍物。如需在松软地面上移动时,须在行走装置下垫方木,同时视下陷情况及时进行处理。
⑨作业时,如遇较大石块或坚硬物体时,应先清除再继续作业。
⑩禁止用铲斗杆或铲斗油缸全伸出顶起挖掘机。铲斗没有离开地面时,挖掘机不得做横向行驶或回转运动。
⑪禁止在电线等架空物下作业,不准将满载铲斗长时间滞留在空中。
⑫禁止用挖掘机动臂拖拉位于侧面的重物;禁止用液压挖掘机工作装置突然下落冲击方式进行挖掘。
⑬回转平台上部在做回转运动时,回转手柄不能做相反方向的操作。
⑭操作人员必须随时注意机械各部件的运转情况,发现异常应立即停机,及时检修。
⑮正铲装置处于履带行走装置对角线位置(45°左右)时,不得在停机面以下作业。
⑯机械传动式挖掘机的安全作业要点如下:
a. 作业时,禁止用手触摸滑轮和钢丝绳。
b. 对动臂顶端滑轮和钢丝绳进行检修或拆换时,应将铲斗和动臂放落到地面或使用带钩的梯子。
⑰液压挖掘机在工作中应经常检查液压油温度是否正常。
⑱挖掘机行走过程中,遇电线、交叉道、管道和桥梁时,须有专人指挥,挖掘机与高压电线的距离不得少于5m,应尽可能避免倒退行走。
⑲行走时,动臂应和履带平行,回转台应止住铲斗离地面1m左右。下坡应用低速行驶,禁止变速和滑行。
⑳挖掘机行走路线应与路面、沟渠、基坑边缘保持足够的安全距离,以免滑翻。
(34)推土机安全作业要点如下:
①了解作业区的地势和土壤种类,测定危险点及选定最佳的操作方法。
②如果作业区有大块石头或大坑穴时,应预先清除或填平。
③除驾驶室外,机上其他地方禁止载人,行驶中任何人不得上下推土机。
④行驶时,铲刀应离地面40~50cm。
⑤严禁在运转中或在斜坡上进行紧固、润滑保养和修理推土机。
⑥上下斜坡时,先选择最合适的斜坡运行速度,在斜坡上不得改变运行速度。行驶时,应直接向上或向下行驶,不得横向或对角线行驶。下坡时,禁止空挡滑行或高速行驶;下陡坡时,应放下推土铲使之与地面接触并倒退下坡。避免在斜坡上转弯掉头。轮胎推土机不能在超过规定坡度的场地上作业。
⑦在坡地上工作时,若发动机熄火,应立即将推土机制动,用三角木等将推土机履带楔紧后,将离合器杆置于脱开位置,变速杆置于空挡位置,方能启动发动机,以防推土机溜坡。
⑧工作中驾驶员需要离开机器时,必须将操纵杆置于空挡位置,将推土机放下并将机器制

动,熄灭发动机后方可离开。

⑨在危险或视线受限的地方,一定要下机检视,确认能安全作业后方能继续工作。严禁推土机在斜坡的状态下爬过障碍物,爬过障碍物时不得脱开一个离合器。

⑩避免突然起步、加速或停止,避免高速行驶或急转弯。

⑪填沟或回填土时,禁止推土机铲超出沟槽边缘,可用一铲顶一铲的推土方法填土,并换好倒车挡后,才能提升推土铲进行倒车。在深沟、陡坡的施工现场作业时,应由专人指挥,以确保安全。

⑫多机在同一作业面作业时,前后两机相距不应小于8m,左右相距应大于1.5m。两台或两台以上推土机并排推土时,两推土机刀片之间应保持20~30cm间距;推土机下坡时,其坡度不得大于30°,在横坡上作业,其横坡度不得大于10°。下坡时,宜采用后退下行,严禁空挡滑行,必要时可放下刀片作辅助制动。

⑬在垂直边坡的沟槽作业时,对于大型推土机,沟槽深度不得超过2m;对于小型推土机,沟槽深度不得超过1.5m。若沟槽深度超过上述规定值时,必须按规定放好安全装置或采取其他安全措施后,方可进行施工。

⑭轮胎推土机用于除冰、除雪作业时,轮胎要加防滑链。用于清除石料作业时,要加装轮胎保护链。

⑮工作现场有电线杆时,应根据电线杆的结构、埋入深度和土质情况,使其周围保持一定的安全土堆。电压超过380V的高压线,其保留土堆大小应征得电业部门或电业专业人员的同意。

⑯在爆破现场作业时,爆破前必须把推土机开到安全地带。进入现场前,操作人员必须了解现场有无瞎炮等情况,确认安全后,方可将推土机开入现场。如发现有不安全之处,必须待处理后再继续施工。

⑰若必须要在推土铲下进行维修等作业,则首先应将推土铲升到所需的位置,先锁好分配器,锁住安全锁,并用垫块将推土机刀铲垫牢固后,方可进行作业。

⑱履带推土机不准在沥青路面上行驶,当必须从沥青路面上通过时,应铺设道木、草袋等以免破坏路面。通过铁道时,应在轨道两边和中间铺设道木,直行通过,禁止转向。通过交叉口时,应注意来往行人和车辆,确保安全通过。

⑲倒车时,应特别注意块石或其他障碍物,防止碰坏油底壳。

⑳推土机在摘卸推土刀片时,必须考虑下次挂装的方便。摘刀片时辅助人员应同驾驶员密切配合,抽穿钢丝绳时应带帆布手套,严禁将眼睛挨近绳孔窥视。

㉑用推土机伐除大树或清除残墙断壁时,应提高着力点,防止其上部反向倒下。

(35)铲运机安全作业要点如下:

①拖式铲运机。

a. 作业前应先将运行道路刮平,其宽度应大于机身宽2m;

b. 行驶中严禁把铲斗和斗门提升到最高点,以免在转弯时将钢丝绳崩断,下坡时,应放下铲运机斗作辅助制动,严禁空挡滑行;

c. 铲斗与机身不正时,不得铲土;

d. 驾驶员离开机车时,应将变速杆放在空挡,并关闭发动机,将铲斗放落在地上;

e. 在新填的土堤上作业,应离开土堤边缘 1m 以上,靠路堤边缘填土时,必须保持外侧高内侧低和纵向基本平顺,卸土时铲斗应放低,防止铲运机滑落;

f. 多台铲运机作业,前后净距不得小于 10m,左右净距不得小于 2m;

g. 清除铲斗内积土时,必须先把铲斗牢固支起,推土板回复常位后,人员才能进入铲斗内清除积土;

h. 拖运铲运机时,必须用挂钩将铲斗挂牢,解除钢丝绳负荷。

② 自行式铲运机。

a. 运行车道必须平整坚实,单行道的宽度不得小于 4.5m(或 1.5 倍车宽),超、会车时,两车净距不得小于 1m;

b. 多台机械在工地纵队行驶时,前后间距不得小于 20m;

c. 在作业过程中发现主离合器制动不灵、机械有异响、警报器报警时,应立即停车检修;

d. 特别注意严禁在大于 15°的横坡上行驶,不应在陡坡上进行危险性作业。

(36)平地机安全作业要点如下:

① 启动发动机时,时间一次不得超过 30s,如需再次启动,须将钥匙转回关闭位置,待 2min 后再启动。

② 在作业过程中,如遇报警信号灯闪亮或报警音鸣响时,应尽快停止平地机的工作,查明故障并予以排除后,方可继续进行作业。

③ 发动机启动后,各仪表读数均应在规定值的范围内。发动机转动时,不得操纵冷启动开关,否则会造成发动机严重损坏。

④ 驾驶平地机时,不得把脚放在离合器或制动踏板上。起步、停车或转向应使用离合器。

⑤ 行驶中应把刮刀升高,并保持在平地机的宽度内,确保转向时前轮不碰刮刀。

⑥ 在发动机处于高速运转状态下时,不得切换转入较低挡位,以免损坏变速器。

⑦ 转向或使用轴驱动轮转向时,可使前轮倾斜以减少平地机转向半径,但在高速行驶时不得使用,以防止出现急剧的反作用力。转向后应把前轮定在垂直的位置。

⑧ 在陡坡上作业时,不得使用铰接机架,以防止翻车造成严重的人机损伤。在陡坡上来回进行作业时,刮刀伸出的方向应始终朝向下坡方向。

⑨ 平地机作业时,刮刀与机架中心线的工作夹角应在 15°~75°的范围内。刮刀的回转与铲土角的调整以及向机外倾斜都必须在停机时进行,作业时刮刀的升降量不得过大。

⑩ 一旦刮刀操作开始后,可使用增减开关来改变"坡度跟踪控制器"的提升,这样可以使泥土带出刮刀外。

⑪ 在"S"形弯道路肩右(左)起点作业时,前轮需稍向左(右)倾斜,向右(左)打方向,把刀尖定在左(右)前轮外侧后面。平地时,始终让刀尖处在接近边沟的路肩边缘上。

⑫ 在右侧开"V"形边沟时,让刀尖处于右前轮外缘,刀尾处于左双轴驱动轮之前,刮刀后倾,升起刀尾,以便将泥土运向左双轴驱动轮内侧,同时前轮左倾,沿着标线慢慢前进。如果使用铰线式平地机在硬土质上作业时,需调直机架,以免阻力过大,引起平地机侧移;在松土质上作业时,应使驱动轮在硬地上行走。在第二遍作业时,右前轮在第一遍作业刮处的斜面上行

走,并以稍快的速度切出规定的坡度。

⑬高坡切削时,应确保双轴驱动轮靠近坡脚,同时让转盘和刮刀尽可能地朝向平地机工作的一边侧移。

⑭做路拱时,先将路料堆放在路中央,使平地机的刮刀前倾60°~70°角,稍提刀尾,平地机沿堆料中央匀速行驶,使路料沿刮刀向两侧移动。用同样的方法在路两侧作业,刮出路面的横坡。在接近路肩时,让刀尾和双轴驱动轮成一条直线。

⑮维修道路作业时,应确保转盘居中,刮刀与机架中心线成30°角,刮刀后倾,可使刮刀做最大切削以清除隆起的坑槽。朝向路中央工作时,前轮向刀尾一侧倾斜。

⑯作业后的要求:应把平地机停放在平地上,变速器置于空挡位置,拉上驻车制动,刮刀及附属工作装置降至地面,但不得向下施压,以减轻液压油缸负荷;关掉发动机,把蓄电池开关拨到断开位置,取下点火钥匙;装好铰接式平地机的锁销;用压缩空气(与正常气流方向相反)清洁散热器,清洁时应注意安全。

⑰平地机工作中,前进、倒退时,设专人手持明显标志指挥,作业范围内禁止人员做其他工作,垂直地面管口内作业人员撤出。

(37)装载机安全作业要点如下:

①除驾驶室外,机上其他地方严禁载人。

②装料时铲斗的装料角度不宜过大,以免增加装料阻力。

③装料时应低速进行,不得采用加大油门、高速将铲斗插入料堆的方式进行装料。

④装料时,驱动轮如有打滑现象,应微升铲斗,再装料。如某些料场打滑现象严重时,应使用防滑链条。

⑤在土质坚硬的情况下,不宜强行装料,应先用其他机械松动后,再用装载机装料。

⑥向车上卸料时,必须将铲斗提升到不会触及车厢挡板的高度,严防铲斗碰撞车厢。

⑦向车内卸料时,不准将铲斗从汽车驾驶室顶上越过。

⑧装载机不能在坡度较大的场地上作业。在松散不平的地上作业,可将铲背置于浮动位置,使铲斗平稳地推进。

⑨装载机一般应采用中速行驶。在平坦的路面上行驶时,可以短时间采用高速挡。上坡及不平坦的道路上应采用低速挡。采用高速挡行驶时,不得进行升降和翻转铲斗。

⑩下坡时,应采用制动减速,不可踩离合器踏板,以防切断动力而发生溜车事故。

⑪行驶中,在不妨碍通过性能的前提下,铲斗应尽可能降低高度。

⑫通过桥涵时,应先注意交通标志所限定的载重吨位及行驶速度,确认可以通过后再匀速通过。在桥上应避免变速、制动和停车。

⑬涉水时,应在发动机正常有力、转向机构灵活可靠的情况下进行,并应对河流的水深、流速及河床情况了解后再通过。涉水深度不得超过发动机油底壳离地高度。

⑭涉水后应立即停机检查,如发现浸水造成制动失灵时,则应进行连续制动,利用发热排除制动片内的水分,以尽快使制动器回复正常。

⑮装载机作业时,铲斗下面严禁站人。

(38)汽车安全作业要点如下:

①运土车辆必须遵守交通法规,不得超载、偏载、超高,不得人货混装,驾驶室内不得超员。
②装、卸土场地都要设专人指挥车辆行走和装卸土。
③卸土时,严禁在驾驶室外进行翻斗操作,翻斗内严禁站人。
④卸料起斗时,应检视上空有无电线,防止挂断。卸土后,要确认货斗复位,起翻装置的发动机关闭后,才开始行走。
⑤特别注意,严禁边倒车边起斗或在猛进猛退中起斗。
⑥在陡坡、高坡、坑边或填方边坡处卸土时,停歇地点必须平整坚实,地面宜有反坡,与边缘必须保持安全距离。

(39)压路机安全作业要点如下:
①压路机启动时,要特别注意前后左右的情况,确认没有人员和障碍物。
②压路机靠近路堤边缘作业时,应根据路堤高度留有必要的安全距离。碾压傍山道路时,必须由里侧向外侧碾压。
③特别注意压路机不能上陡坡,上坡时变速应在制动后进行,下坡时,严禁脱挡滑行。
④两台以上压路机同时作业,其前后间距不得小于3m,在坡道上纵队行驶时,其间距不得小于20m。
⑤振动压路机起振和停振必须在压路机行走时进行;在坚硬路面上行走,严禁振动。
⑥换向离合器、起振离合器和制动器的调整,必须在主离合器脱开后进行,不得在急转弯使用快速挡;严禁在尚未起振情况下调节振动频率。
⑦变换压路机前进或后退方向时,应待滚轮停止后进行,严禁利用换向离合器作制动用。

三、石方工程

(1)爆破作业前应设置警戒区。
(2)石方开挖严禁采用硐室爆破。
(3)近边坡部分宜采用光面爆破或预裂爆破。
(4)高填方路基施工应符合现行《公路工程施工安全技术规范》(JTG F90)第6.3.7条的规定。
(5)深挖路堑施工过程中,应及时施作临时排水设施。边坡应严格按设计坡度开挖,并应监测边坡的稳定性。
(6)石方爆破作业,以及爆破器材的管理、加工、运输、检验和销毁等工作必须严格遵守国家现行《爆破安全规程》(GB 6722),主动接受当地公安部门的监督管理。
(7)选择炮位时,炮口应避开正对的电线、路口和构造物。
(8)凿打炮眼时,坡面上的浮岩危石应予处理。
(9)凿眼所用的工具和机械要详加检查,确认完好。
(10)严禁在残眼上打孔。
(11)采用人力冲击法打松软岩眼时,应清理现场的障碍物。双人、多人冲钎时,动作应协调一致。
(12)人工打眼时,使锤人应站立在掌钎人的侧面,严禁对面使锤。

（13）机械扩眼，宜采取湿式凿岩或带有捕尘器的凿岩机。凿岩机支架要牢固，严禁用胸部和肩头紧顶把手。风动凿岩机的管道要顺直，接头要紧密，气压不应过高。电动凿岩机的电缆线宜悬空挂设，工作时应注意观察电流值是否正常。

（14）空压机必须在无荷载状态下启动。开启送气阀前，应将输气管道连接好，不得扭曲。在征得凿眼机操作人员同意后方可送气，出气口前方不得有人工作或站立。储气瓶内压力不得超过规定值，安全阀应灵敏有效。运转中应注意检查是否有异常情况，不得擅离岗位。

（15）爆破器材库的选址和搭建以及配套设施应请当地公安部门进行监督和指导，运输爆破器材要使用专用运输工具，在公安部门的押运下进行，并应避开人员密集地段，中途不得停留。

（16）要根据当地的气候和水文等情况，制订缜密的爆破器材保护预案，防止因为施工过程中突遇气候等环境因素骤变等不测，导致爆破器材的流失。

（17）作业人员在保管、加工、运输爆破器材过程中，严禁穿着化纤服装。

（18）爆破器材应按规定要求进行检验，对失效和不符合技术条件要求的不得使用。

（19）装炮作业必须遵守以下规定：

①装药前应对炮眼进行验收和清理。对刚打成的炮眼应待其冷却后装药，湿炮眼应擦干后才能装药。

②严禁烟火和明火照明。无关人员必须远离现场。

③应用木质炮棍装药，严禁使用金属器皿装药。深孔装药出现堵塞时，在未装入雷管和起爆药前，可采用铜和木质长杆处理。

④装好的炸药包（柱）和硝化甘油类炸药，严禁投扔或冲击。

⑤不得采用无填塞爆破（扩壶除外），也不得使用石块和易燃材料填塞炮孔。不得捣固直接接触药包的填塞材料或用填塞材料冲击起爆药包，也不得在深孔装入起爆药包后直接用木楔填塞。填塞炮眼时不得破坏起爆线路。

（20）已装药的炮孔必须当班爆破，装填的炮孔数量应以一次爆破的作业量为限。

（21）爆破作业必须有专人指挥。确定的危险边界应有明显标志，警戒区四周必须派设警戒人员。警戒区内的人员、牲畜必须撤离，施工机具应妥善安置。预告、起爆、解除警戒等信号应有明确的规定。

（22）爆破时，应按照相关规定确定防止个别飞散物对人员伤害的安全距离。

（23）爆破时，应点清爆炸数与装炮数量是否相符。确认炮响完并过 5min 后，方准爆破人员进入爆破作业点。

（24）电力起爆必须遵守下列规定：

①在同一爆破网路上必须使用同厂、同型号的电雷管，其电阻值差应控制在 $\pm 0.2\Omega$ 以内。

②爆破网路主线应绝缘良好，并设中间开关，与其他电源线路应分开敷设。

③必须严格检查主线、区域线、端线、电源开关和插座等的断通与绝缘情况，在联入网络前各自的两端必须短路。

④爆破网络的连接必须在全部炮孔装填完毕，无关人员全部撤至安全地点后方可进行。连接必须由工作面向中起爆站依次进行，两线的接点应错开 10cm，接点必须牢固，绝缘良好。

⑤用动力或照明电源起爆时,起爆开关必须放在上锁的专用起爆箱内,起爆开关箱和起爆器的钥匙在整个爆破作业时间里,必须由爆破工作的负责人严加保管,决不能交给他人。

⑥装好炸药包后,必须撤除作业现场的一切电源。

⑦雷雨季节、潮湿场地等情况下,应采用非电起爆法。

(25)裸露爆破必须保证先爆的药包不致破坏其他药包,否则应用齐发起爆。严禁用石块覆盖裸露药包和将炸药包插入石缝中进行爆破。

(26)各种类型的"盲炮"处理必须按照国家现行《爆破安全规程》(GB 6722)有关规定办理。

(27)大型爆破必须按审批的爆破设计书,并证得当地县(市)以上公安部门同意后,由专门成立的现场指挥机构组织人员实施。

大型爆破的安全距离,除考虑个别飞散物的因素外,还必须考虑爆破引起地震及冲击波对人员、设施及建筑物的影响,按规定经计算后确定安全距离。

(28)石方地段爆破后,必须确认已经解除警戒,作业面上的悬岩危石也经检查处理后,经过履行必要的确认手续,清理石方人员方准进入现场。

(29)撬动岩石必须由上而下逐层撬(打)落,严禁上下双重作业,不得将下面撬空使其上部自然坍落。撬棍的高度不要超过人的肩部,不得将棍端紧抵腹部,也不得把撬棍放在肩上施力。

(30)抬运石块的铁链或绳索应理顺并拴牢,抬运时要同起同落、步调一致。

四、防护工程

1. 砌筑施工安全要求

(1)边坡防护作业应设警戒区,并应设置明显的警示标志。

(2)砌筑作业人员应佩戴安全帽、防滑鞋等防护用品。

(3)高度超过 2m 作业应设置脚手架,并应符合现行《公路工程施工安全技术规范》(JTG F90)第 5.7 节的有关要求。

(4)砌筑作业中,脚手架下不得有人操作及停留,不得重叠作业。

(5)不得自上而下顺坡卸落、抛掷砌筑材料。

(6)高处运送材料宜使用专用提升设备。

(7)高边坡的防护应编制专项安全方案。

2. 人工开挖支挡抗滑桩施工安全要求

(1)现场应配备气体浓度检测仪器,进入桩孔前应先通风 15min 以上,并经检查确认孔内空气符合现行《环境空气质量标准》(GB 3095)规定的三级标准浓度限值。人工挖孔作业时,应持续通风,现场应至少备用 1 套通风设备。

(2)土石层变化处和滑动面处不得分节开挖。应及时加固防护壁内滑裂面。

(3)同排桩施工应跳槽开挖,相邻桩孔不得同时开挖,相邻两孔中的一孔浇筑混凝土,另一孔内不得有作业人员。

(4)土层或破碎岩石中挖孔桩应采用钢筋混凝土护壁,并应根据计算确定护壁厚度和配筋量。

(5)孔内作业人员应戴安全帽、系安全带、穿防滑鞋,安全绳应系在孔口。作业人员应通过带护笼的直梯进出,人员上下不得携带工具和材料。作业人员不得利用卷扬机上下桩孔。

(6)绞车、绞绳、吊斗、卷扬机等设备应完好,起吊设备应装设限位器和防脱钩装置。

(7)孔口处应设置护圈,护圈应高出地面0.3m。孔口应设置护栏和临时排水沟,夜间应悬挂示警红灯。孔口四周不得堆积弃渣、无关机具及其他杂物。

(8)非爆破开挖的挖孔桩雨季施工,孔口应设置防雨棚,雨天孔内不得施工。

(9)在含有毒有害气体的地区,孔内作业应至少每2h检测一次有毒有害气体及含氧量,保持通风,同时应配备不少于5套且满足施救需要的隔绝式压缩氧自救器等应急救援器材。

(10)孔深不宜超过15m,孔径不宜小于1.2m。

(11)孔深超过15m的桩孔内应配备有效的通信器材,作业人员在孔内连续作业不得超过2h;桩周支护应采用钢筋混凝土护壁,护壁上的爬梯应每间隔8m设一处休息平台。孔深超过30m的应配备作业人员升降设备。

(12)孔口应设专人看守,孔内作业人员应检查护壁变形、裂缝、渗水等情况,并与孔口人员保持联系,发现异常应立即撤出。

(13)挖孔作业人员的头顶部应设置护盖。弃渣吊斗不得装满,出渣时,孔内作业人员应位于护盖下。

(14)孔内照明电压应为安全电压,应使用防水带罩灯泡,电缆应为防水绝缘电缆。

(15)孔内爆破作业应专门设计,采用浅眼松动爆破法,并应严格控制炸药用量,炮眼附近孔壁应加强防护或支护。孔深不足10m时,孔口应做覆盖防护。爆破作业的安全管理应按照现行《爆破安全规程》(GB 6722)中的有关规定执行。爆破前,相邻桩孔人员必须撤离。

(16)混凝土护壁应随挖随浇,每节开挖深度应符合专项施工方案要求,且不得超过1m。护壁外侧与孔壁间应填实。混凝土护壁浇筑前,上下段护壁的钩拉钢筋应绑扎牢固。护壁模板应在混凝土强度达到5MPa以上后拆除。

3.挡土墙施工安全要求

(1)挡土墙施工应设警戒区。

(2)回填作业应在挡土墙墙身的强度达到设计强度的75%后实施,墙背1.0m以内不宜使用重型振动压路机碾压。

(3)挡土墙墙高大于2m时,施工应符合现行《公路工程施工安全技术规范》(JTG F90)第5.7节的有关规定。

(4)锚杆挡土墙施工前,应清除岩面松动石块,并整平墙背坡面。

五、特殊路基

1.滑坡地段路基施工安全要求

(1)路基施工应加强对滑坡区内其他工程和设施的保护。滑坡区内有河流时,施工不得使河流改道或压缩河道。

(2)滑坡影响范围应设安全警示标志,根据现场情况设置围挡等防护措施。

(3)滑坡影响范围内不得设置临时生产、生活设施或停放机械、堆放机具等。

(4)施工前应先做好截、排水设施,并应随开挖随铺砌。施工用水不得浸入滑坡地段。

(5)滑坡体上开挖路堑和修筑抗滑支挡构筑物时,应分段跳槽开挖,不得大段拉槽开挖,并随挖、随砌、随填、随夯;开挖与砌筑时应加强支撑和临时锚固,并监测其受力状态;采用抗滑桩挡土墙共同支挡时,应先做抗滑桩后做挡土墙。

(6)冰雪融化期不得开挖滑坡体,雨后不得立即施工,夜间不得施工。

2. 崩塌与岩堆地段施工安全要求

(1)施工前应对影响范围进行评估,并应对既有建(构)筑物和交通设施等采取相应的安全防护或迁移措施。

(2)施工前应先清理危岩,并根据现场情况修建拦截建(构)筑物等防护措施。防治工程应及时配套完成。

(3)刷坡时应明确刷坡范围,并设置围挡和警示标志。

(4)爆破开挖时应采取控制爆破技术,并加强现场防护的检查。

3. 岩溶地区施工安全要求

(1)施工前应根据洞穴的位置和分布情况,设置明显的警示标志和防护设施。

(2)洞内存在有害气体和物质未排除前人员不得进入。不稳定洞穴应采取临时支撑等安全措施。

(3)应先疏导、引排对路基稳定有影响的岩溶水、地面水。

(4)注浆处理时,应观测注浆压力和周边情况,发现异常应及时采取相应措施。

4. 泥石流地区施工安全要求

泥石流地区施工取土和弃土应避开泥石流影响。

5. 采空区施工安全要求

(1)施工前应在施工现场对采空区塌陷影响范围进行标识,并设置警示标志,规定作业人员和施工机械作业范围。

(2)路基边沟及排水沟底部,应采取防止地表水渗漏到采空区内的措施。

6. 沿江、河、水库等地区施工安全要求

(1)沿河、沿溪地区的高填方、半挖半填、拓宽路段的新老交界面应按设计要求采取保证路基稳定的措施,峡谷地段宜采用石质填料。

(2)汛期应采取防洪措施。

第二节 路 面 工 程

一、路面工程施工安全一般规定

(1)施工中,拌和楼、发电站(机)、摊铺机等大型机械设备及其辅助机械(具)运输车、滑模摊铺机、轨道摊铺机、沥青操作手不得擅自离开操作台。

(2) 施工现场出入口、沿线各交叉口等处应设明显警示、警告标志,并应设专人指挥。

(3) 机械设备停放位置应平整,周围应设置明显的警示标志,夜间应设警示灯。

(4) 开挖下承层沟槽或施作伸缩缝应设置明显的安全警示标志。

(5) 夜间施工,现场作业人员应身穿反光服,路口、危险路段和桥头引道应设置警示灯或反光标志,施工设备均应有照明设备和明显的警示标志,照明应满足夜间施工要求。

(6) 隧道内摊铺沥青混凝土路面应符合下列规定:

①应采用机械通风排烟,隧道内空气中的有毒气体和可燃气体的浓度不得超过相关规定。

②隧道内作业人员应佩戴符合要求的防毒面具。

③隧道内应有照明和排风等设施,作业人员应穿反光服。

二、基层与底基层

(1) 消解石灰、浸水过程中不得投料、翻拌,人员应远避并采取个体防护措施。

(2) 拌和作业开机前应警示,拌和机前不得站人,拌和过程中人员不得跨越皮带或调整皮带运输机。

(3) 混合料运输应按指定线路行走,不得超载、超速。卸料升斗时,人员不得在车斗的正下方停留。

(4) 整平和摊铺作业应临时封闭交通、设明显警示标志,下承层内的各类检查井口应稳固封盖,辅助作业人员应面向压路机方向作业,设备之间应保持安全距离。

(5) 碾压作业应符合下列规定:

①多台压路机同时作业时,各机械之间应保持安全距离。

②作业人员应在行驶机械后方清除轮上黏附物。

③碾压区内人员不得进入,确需人员进入的应安排专人监护。

(6) 集中拌和基层材料作业的安全要求如下:

①拌和场应根据材料种类、规模、工艺要求和现场状况进行专项设计,合理布置;各机具设备之间应设安全通道。机具设备支架及其基础应进行受力验算,其强度、刚度和稳定性应满足机具运行的安全要求。

②拌和机具设备发生故障或检修时,必须关机、断电后方可进行,同时必须固锁电源闸箱,设专人监护。

③拌和机具应置于坚实的基础上,安装牢固,防护装置安全有效,电气接线应符合施工用电安全技术交底的具体要求。

④拌和机运转时,严禁人员触摸传动机构;拌和场地应采取降尘措施,空气中粉尘等有害物含量应符合国家现行规定。

⑤拌和场应配备消防器材。

(7) 基层施工机械的安全要求如下:

①碎石机作业安全要点。

a. 对碎石机、电源、线路、开关等均应进行检查,必须保证符合安全要求和使用要求。线路挂设应稳定,不宜贴近地面。

  b.进料要均匀,原材料尺寸不得过大,严防金属块等混入。出料口上方应设有挡板。

  c.不得从上方向碎石机口内窥视。

  d.若石料卡住进料口,应用铁钩翻动,严禁用手搬动。

  e.场内道路应经常平整,保持畅通。

  f.搬运块料和堆放要注意安全,大块石料人工铁锤破碎时,要注意周围情况。

  g.进料口设置作业平台,大块石料宜采用机械破碎,遇到卡料时宜采用机械设备起吊。

  ②稳定土拌和机作业的安全要点。

  a.应根据不同的拌和材料,选用合适的拌和齿,并对机械及相关的配件进行安全检查。

  b.拌和机作业时,应先将转子提起离开地面空转,然后再慢慢下降至拌和深度。

  c.在拌和过程中,不能急转弯或原地转向,严禁使用倒挡进行拌和作业。遇到底层有障碍物时,应及时提起转子,进行检查处理。

  d.拌和机在行走和作业过程中,必须采用低速,保持匀速。液压油的温度不得超过规定。

  e.停车时应拉上制动器,将转子置于地面。

  ③场拌稳定土机械作业安全要点。

  a.对机械及配套设施进行安全检查。

  b.皮带运输机应尽量降低供料高度,以减轻物料冲击。在停机前必须将料卸尽。

  c.在拌和机仓壁振动器在作业中,铁心和衔铁不得碰撞。如发生碰撞,应立即调整振动体的振幅和工作间歇。仓内不出料时,严禁使用振动器。

  d.拌和结束后,给料斗、储料仓中不得有存料,应清理干净。

  e.搅拌壁及叶桨的紧固状况应经常检查,如有松动应立即拧紧,如有损坏,必须更换。

  ④碎石撒布机作业的安全要点。

  a.碎石撒布机械与配套设施应进行检查。

  b.自卸汽车与撒布机联合作业,应紧密配合,以防碰撞。

  c.撒布碎石时,车速要稳定,不应在撒布过程中换挡。严禁撒布机长途自行转移。

  d.在工地短距离转移时,必须停止拨料辊及皮带运输机的传动,并注意道路状况,以防碰坏机件或出现其他事故。

  e.撒布机在工作过程中要布置警戒人员,注意行人和车辆,无关人员不得进入现场,以防发生碰撞和碎石伤人。

  f.石料的最大粒径不得超过说明书中的规定。

  ⑤洒水车作业中的安全要点。

  a.洒水车在公路上抽水时,不得妨碍交通。

  b.在有水草和杂物的水道中抽水,吸水管端应加设过滤网罩。

  c.洒水车在上下坡及弯道运行中,不得高速行驶,并避免紧急制动。

  d.洒水车驾驶室外不得载人。

  ⑥摊铺及碾压作业的安全要求。

  a.施工现场卸料应由专人负责指挥;卸料时,作业人员应位于安全地区;基层施工中,现场的地下管线的检查井(室)应随各结构层相应升高或降低,严禁掩埋。

b. 人工摊铺基层材料应由作业组长统一指挥,协调摊铺人员和运料车辆及碾压机械操作工的相互配合关系;作业人员应相互协调,保证安全施工;作业人员之间应保持1m以上的安全距离,摊铺时不得扬撒。

c. 机械摊铺基层作业应符合下列要求:

(a)作业中,应设专人指挥机械,协调各机械操作工、筑路工之间的相互配合关系,保证安全施工。

(b)作业中,机械指挥人员应随时观察作业环境,使机械避开人员和障碍物,当人员妨碍机械作业时,必须及时疏导人员离开并撤至安全地方;机械运转时,严禁人员上下机械,严禁人员触摸机械的传动装置。

(c)沥青碎石基层施工时,应符合热拌沥青混合料面层施工安全技术交底要求。

(d)水泥混凝土路面基层施工时,应符合水泥混凝土面层施工安全技术交底要求。

(e)作业后,机械应停放在平坦、坚实的场地,不得停置于临边、低洼、坡度较大处。停放后必须熄火、制动。

(f)使用的推土机、平地机、压路机等在道路、公路上行驶时,必须遵守国家现行法律法规的有关规定。在施工现场道路上行驶时,应遵守现场限速等交通标识的管理规定。

三、路面面层

1. 沥青面层施工的安全要求

(1)沥青混凝土路面施工前,应进行详细的施工组织设计,建立健全安全生产管理体系和制度,制定安全生产操作规程,工地应设有分管安全生产的领导,班组设有负责安全生产管理人员,并编写具体的安全生产手册,经常检查执行情况,开工前应向作业人员进行安全技术教育和技术交底。建立完善的施工安全保障体系,采取切实可靠的先进技术、设备和防护措施。

(2)沥青混凝土路面施工必须加强对通行车辆和施工车辆的安全管理,确保施工、交通安全。在施工路段的两端及中途出入口处,应设专职人员指挥交通。在施工路段的两端及其延伸一定安全距离外,应竖立鲜明、醒目的正在施工的警告标志。在车辆驶入(出)前方应设置指示方向和减速慢行的标志。

(3)沥青操作人员均应进行体检,凡患有结膜炎、皮肤病及对沥青过敏反应者,不宜从事沥青作业。

(4)从事沥青作业人员,皮肤外露部分均须涂抹防护药膏。工地上应配有医务人员。

(5)沥青操作工的工作服及防护用品,应集中存放,严禁穿戴回家和进入集体宿舍。

(6)沥青加热及混合料拌制,宜设在人员较少、场地空旷的地段。加热人员应站在上风口。产量较大的拌和设备,有条件的应增设防尘设施。

(7)块状沥青搬运一般宜在夜间和阴天进行,尤应避免炎热季节。搬运时,宜采用小型机械装卸,不宜用于直接装运。用手装运时,必须要有相应的防护,如坎肩、帆布手套、工作服等。

(8)液态沥青宜采用液态沥青车运送。对沥青下出口阀门应认真检查其可靠性和密封性。使用时应遵守下列规定：

①用泵抽送热沥青进出油罐时，工作人员应避让。

②向储油罐注入沥青时，当浮标指标达到允许最大容量时，要及时停止注入。

③满载运行时，遇有弯道、下坡时要提前减速，避免紧急制动。油罐装载不满时，要始终保持中速行驶。

（9）采用吊耳吊装桶装沥青时应遵守下列规定：

①吊具应严格检查，达到合格要求。吊装作业应有专人指挥。沥青桶的吊索应绑扎牢固。

②吊起的沥青桶不得从运输车辆的驾驶室上空越过，并应高于车厢板，以防碰撞。

③吊臂旋转半径范围内不得站人。

④沥青桶未稳妥落地前，严禁卸、取吊绳。

（10）人工装卸桶装沥青时，应遵守下列规定：

①运输车辆应停放在平坡地段，并拉上手闸。

②跳板应有足够的强度，坡度不应过徒。

③沥青桶不得漏油。否则应先堵漏，后搬运。

④放倒的沥青桶经跳板上（下）滚动装车时，要在露出跳板两侧的铁桶上各套一根绳索，收放绳索时要缓慢，并应两端同步上下。

（11）人工运送液态沥青，装油量不得超过容器的2/3。

（12）蒸汽加温沥青时，其蒸汽管道应连接牢固，严加保护，在人员容易触及的部位，必须用保温材料包扎。锅炉的安全应符合标准规定要求。

（13）太阳能油池上面的工作梯必须具有防滑措施，并严禁非作业人员攀登。

（14）远红外加热沥青，应遵守下列规定：

①使用前应检查机电设备和短路过载保安装置是否良好，电气设备有无接地，确认符合要求后方可合闸作业。

②沥青油泵应进行预热，当用手能转动联轴器时，方可启动油泵送油。输油完毕后将电机反转，使管道中余油流回锅内，并立即用柴油清洗沥青泵及管道。清洗前必须关闭有关阀门，严防柴油流入油锅。

（15）导热油加热沥青，应遵守下列规定：

①加热炉使用前必须进行耐压试验，水压力应不低于额定工作压力的两倍。

②对加热炉及设备应全面检查，各种仪表应齐全完好。泵、阀门、循环系统和安全附件应符合技术和安全要求，超压、超温报警系统应灵敏可靠。

③必须经常检查循环系统有无渗漏、振动和异声，定期检查膨胀箱的液面是否超过规定，自控系统的灵敏性和可靠性是否符合要求，并定期清除炉管及除尘器内的积灰。

④导热油的管道应有防护设施。

（16）明火熬制沥青中的安全要点。

①锅灶设置。

a.支搭的沥青锅灶，应距建筑物30m，距电线垂直下方在10m以上。周围不得有易燃易爆物品，并应备有锅盖、灭火器等防火用具。

b. 油锅上方搭设的防雨棚,严禁使用易燃材料。

c. 沥青锅的前沿(有人操作的一面)应高出后沿 10cm 以上,并高出地面 0.8~1.0m。

d. 舀、盛热沥青的勺、桶、壶等不得锡焊。

e. 沥青锅与烟囱的净距应大于 80cm,锅与锅的净距应大于 2m,火口顶部与锅边应设置高度 70cm 的隔离设施。

② 沥青预热。

a. 打开沥青桶上的大、小盖。当只有一个桶盖时,应在其相对方向另开一孔,以便通气出油。桶内如有积水则必须先予排除。

b. 操作人员应注意沥青突然喷出,如发现沥青从桶的砂眼中喷出,应在桶外的侧面,铲以湿泥涂封,不得用手直接涂封。

c. 烤油中如发现沥青桶口堵塞时,操作人员应站在侧面用热铁棍疏通。

d. 烤油时必须用微火,不得用大火猛烤。

e. 卧桶烤油时的油槽应搭设牢固,流向储油锅(池)的通道要畅通。

f. 卧桶烤油时,如搭设有排灶,油桶在微火口上开始时应不断转动油桶,不得局部过分受热,当沥青开始处于流动状态时,应将油桶小口朝下,大口朝上,油从小口流入油槽。同时,应在排灶火口和油槽前,设置安全墙。

g. 桶装沥青中,往往含有成团的水,因此在预热后沥青流入油锅熬制前,应注意除去,以免入锅后,引起涨锅。

③ 沥青熬制。

a. 熬油锅应清洁,不得有水和杂物。

b. 沥青应缓缓投入,以免因一次投入量过多而造成涨锅。投入总量不得超过油锅容积的 2/3。块状沥青应改小并装在铁丝瓢内下锅,不得直接向锅内抛掷,以免溅油伤人。

c. 严禁烈火加热空锅时加入沥青。

d. 预热后的沥青宜用溜油槽流下油锅,并应视油锅中涨锅情况控制油量。如用油桶直接倒入油锅时,应小心搬运,桶口应尽量放低,以防被热沥青溅伤。

e. 在熬制沥青时,如发现油锅漏油,必须立即熄灭炉火,妥善处理。

f. 应用长柄勺舀油,并要经常检查其连接是否牢固。

g. 油料脱水应缓慢加热,经常搅动,使水蒸气不断溢出消散,以免由涨锅而导致溢锅。

h. 严禁猛火加温而导致沥青溢锅,如发现有漫油迹象时,应立即熄灭炉火。

i. 熬油工应随时掌握油温变化的情况,当白色烟转为红、黄色烟时,应立即熄灭炉火。

j. 熬油现场临时堆放的沥青及燃料不应过多,堆放位置距沥青锅炉应在 5m 以上。

k. 经常检查熬油现场用电照明设施的情况,应保证安全、完好。

l. 熬油操作人员应穿工作服、工作鞋、戴工作帆布手套等,做好防护工作。

m. 防火器材应处于良好状态,并应有足够数量。

n. 沥青一旦着火,必须立即用锅盖将沥青锅盖上,并封炉熄火;外溢的沥青着火,必须立即用干砂、湿麻袋等灭火;严禁在着火的沥青中浇水。

(17) 矿粉供应安全要点。

①球磨机作业时,应遵循下列要求:

a. 巡检人员应随时对设备进行巡视检查,发现问题及时和设备操作人员联系,并采取相应措施。

b. 作业人员听到第一次开机信号后,必须迅速离开危险部位。

c. 作业人员必须在安全线以外进行监控操作。

d. 开机准备就绪,必须发出开机信号,待发出第二次信号后方可开机。

e. 作业人员应随时与本班组及相关班组人员保持联系,发现问题应及时采取措施处理。

f. 旋转部位发生故障,必须立即关机。

g. 作业结束后,必须切断电源。

②矿粉输送作业时,应遵循下列要求:

a. 矿粉罐中存有矿粉时,严禁进罐检查。

b. 气力输送矿粉装置的气压不得超过设备使用说明书的规定值。

c. 螺旋输送装置的螺旋输送机、提升机在运行中严禁清理杂物。

(18)洒布机(车)工作地段的安全要点:

①洒布现场应设专人警戒。

②施工现场的障碍物应清除干净。

③洒油时作业范围内不得有人。

④施工现场严禁使用明火。

(19)沥青洒布车作业中的安全要点:

①检查机械、洒布装置及防护、防火设备是否齐全有效。

②采用固定式喷灯向沥青箱的火管加热时,应先打开沥青箱上的烟囱口,并在液态沥青淹没火管后,方可点燃喷灯。加热喷灯的火焰过大或扩散蔓延时应立即关闭喷灯,待多余的燃油烧尽后再行使用。

③喷灯使用前,应先封闭吸油管及进料口。手提式喷灯点燃后不得接近易燃品。

④满载沥青的洒布车应中速行驶。遇有弯道、下坡时,应提前减速,尽量避免紧急制动。行驶时严禁使用加热系统。

⑤驾驶员与机上操作人员应密切配合,操作人员应齐全佩戴防护用品,注意自身安全。作业时,在喷洒沥青方向10m以内不得有人停留。

(20)沥青洒布机作业中的安全要点:

①工作前应将洒布机车轮固定,检查高压胶管与喷油管连接是否牢固,油嘴和节门是否畅通,机件有无损坏,检查确认完好后,再将喷油管预热、安装喷头,经过在油箱内试喷后,才可正式喷洒。

②装载热沥青的油桶应坚固、不得漏油,其装油量要低于桶口10cm。向洒布机油箱注油时,油桶要靠稳,在油箱口缓慢向下倒油,不得猛倒。

③喷洒沥青时,手握喷油管部分应加缠旧麻袋或石棉绳等隔热材料。操作时,喷头严禁向上。喷头附近不得站人。注意风向,不得逆风操作。

④压油时,速度要均匀,不得突然加快。喷油中断时,应将喷头放在洒布机油箱内,固定好

喷管,不得滑动。

⑤移动洒布机,油箱中的沥青不得过满。

⑥喷洒沥青时,如发现喷头堵塞或其他故障,应立即关闭阀门,等修理完好后再行作业。

(21)人工拌和作业时,应使用铁壶或长柄勺倒油,壶嘴或勺口不应提得过高,防止热油溅起伤人。油注入壶中时要匀慢,提动行走时要稳,不得晃动太大,以免油从壶嘴射出伤人。

(22)强制式沥青混合料拌和设备作业安全要点:

①巡视人员检查完毕,确认正常后,鸣警铃,工作人员就位。

②各部位就绪后,按顺序启动并使整机空转,巡视人员检查有无异常,将结果及时反馈给操作人员。

③点火用的液化气装置必须有减压阀和压力表。打开阀门,进行点火。点火失败应充分通风后再点火,点燃后关闭阀门。

④点火正常后,观察除尘器工作是否正常,保证烘干滚筒在正常负压下燃烧。

⑤烘干滚筒达到一定温度后,方可投料生产。观察实际供料量是否与设定值相符。

⑥根据生产要求,调整燃烧火焰及供料量,稳定后再转入自动控制。

⑦用手动计量配料进行试拌,正常后转入自动控制,及时取样送检。

⑧经常查看冷料供料、仪表显示、分集料仓料位等情况,并及时调整。

⑨定时在成品料提升斗内喷入雾状清洁油,以免沥青料黏附在斗壁上。

⑩操作人员必须了解运输车辆的载重吨位,卸料应保证车辆满载,避免撒漏。

(23)连续式沥青混合料拌和设备作业安全要点:

①巡视人员检查完毕,确认正常后,鸣警铃,工作人员就位。

②各部位就绪后,按顺序启动并使整机空转,巡视人员检查有无异常,将结果及时反馈给操作人员。

③检查液化气的减压阀及压力表是否正常,点火后立即关闭总阀门。

④空载运行正常后,进行点火试验,若点火失败,应充分通风后再点火。点火后应适当调节油门控制系统,使温度平缓上升,不得突然加大火焰。

⑤滚筒内温度达到要求后启动供料系统,依次投料试生产,待各工作装置运行参数稳定后方可使用自动控制系统。

⑥为防止沥青老化,滚筒拌和区内温度不得超过180℃。作业中,要经常查看温度控制系统,检查粒料、沥青温度是否符合要求,对成品料要经常抽检并及时反馈抽验结果。

⑦定时在成品料提升斗内喷入雾状清洁油,以免沥青料黏附在斗壁上。

⑧操作人员必须了解运输车辆的载重吨位,卸料应保证车辆满载,避免撒漏。

⑨定时进行巡视检查,观察各仪表指示情况,发现异常应及时采取措施。

⑩尽量避免中途停机,如不可避免时,应提前将产量降低,以免机械重载启动造成损坏。意外停电时,应尽快使用备用电源恢复生产。

(24)沥青混合料拌和站作业安全要点:

①沥青混合料拌和站的各种机电(包括使用计算机控制进料的)设备,在运转前均需由机工、电工、计算机操作人员进行仔细检查,确认正常完好后才能合闸运转。

②机组投入运转后,各部门、各工种都要随时监视各部位运转情况,不得擅离岗位。

③运转中严禁人员靠近各种运转机构。

④运转过程中,如发现有异常情况,应报机长,并及时排除故障。停机前应首先停止进料,等各部位(拌鼓、烘干筒等)卸料完后,才可提前停机。再次启动时,不得带荷启动。

⑤搅拌机运行中,不得使用工具伸入滚筒内掏挖或清理。需要清理时,必须停机。如需人员进入搅拌鼓内工作时,鼓外要有人监护。

⑥料斗升起时,严禁有人在斗下工作或通过。检查料斗时,应将保险链挂好。

⑦拌和站机械设备需经常检查的部位应设置铁爬梯。采用皮带机上料时,储料仓应加防护。

(25)沥青混合料摊铺作业时的安全要点:

①摊铺机上所有的安全防护设施必须配备齐全,熨平板接长后,应有相应的安全防护措施。脚踏板宽度必须与摊铺机宽度相等。

②驾驶台及作业现场要视野开阔,清除一切有碍工作的障碍物。作业时无关人员不得在驾驶台上逗留。驾驶员不得擅离岗位。

③运料车向摊铺机卸料时,应协调动作,同步进行,防止互撞。

④换挡必须在摊铺机完全停止时进行,严禁强行挂挡和在坡道上换挡或空挡滑行。

⑤轮式摊铺机的差速装置,应在地面附着力不足时使用,结合或断开差速装置时必须停机。在结合差速装置时,只允许直行,不得转向。

⑥熨平板预热时,应控制热量,防止因局部过热而变形。加热过程中,必须设专人看管。

⑦熨平板预热使用空气压力喷射燃油的燃烧系统,其压力必须达到规定值。必须在燃烧器点火之后,才允许启动鼓风机,并调节风门,使之完全燃烧。

⑧预热时,应加强对燃烧情况的观察,若火焰熄灭,应立即关闭燃油或燃气开关,找出原因,排除故障,并清除溢出的燃油或待燃气排尽后方可重新点燃。

⑨自动找平装置各元件应小心使用,须防止碰撞或雨水、尘土的损害。

⑩驾驶力求平稳,不得急剧转向。弯道作业时,熨平装置的端头与路缘石的间距不得小于10cm,以免发生碰撞。

(26)压路机安全作业要点:

①作业时操作人员应始终注意压路机的行驶方向,并遵照施工人员规定的压实工艺进行碾压。

②作业时应注意各仪表读数,若发现异常,必须查明原因并及时排除,严禁带病作业。

③作业时应将振动压路机的振幅及频率控制在规定的范围内。

④振动压路机在改变行驶方向、减速或停驶前,应先停止振动,振动压路机不允许在硬质路面上振动行驶。

⑤多台压路机联合作业时,应保持规定的队形及间隔距离,并应建立相应的联络信号。

⑥必须在规定的碾压段外转向,应平稳地改变运行方向,不允许压路机在惯性滚动的状态下变换方向。

⑦必须遵照规定的碾压速度进行碾压作业,在碾压过程中,不得随意变更碾压速度及方

向,不得中途停机。

⑧三轮压路机在正常情况下禁止使用差速锁上装置,特别是在转弯时严禁使用。

⑨压路机在坡道上行驶时,禁止换挡,禁止脱挡滑行。

⑩严禁用牵引法拖动压路机,不允许用压路机牵引其他机具。

2. 水泥混凝土路面面层施工的安全要求

(1)水泥混凝土路面施工一般安全要求

①水泥混凝土路面施工前,应详细核对技术设计、图纸、文件。进行详细的施工组织设计,建立完善的施工安全保障体系,采取切实可靠的先进技术、设备和防护措施。

②建立和健全安全生产管理体系和制度,制定安全生产操作规程,工地应设有分管安全生产的领导,班组设有负责安全生产人员,并编写具体的安全生产手册,经常检查执行情况,开工前应向作业人员进行安全技术教育和技术交底。

③施工现场机电设备,应由专人管理,专人负责修理,确保安全。

④现场操作人员必须按规定佩戴安全防护用品。有毒、易燃材料施工时,严格执行防毒、防火等规定。

⑤工地应设有消防设施,并处理好污水,做好环境保护工作。

(2)水泥混凝土路面模板施工

①施工前,应对模板进行施工设计,模板及支架的强度、刚度和稳定性应满足各施工阶段荷载的要求,能承受浇筑混凝土的冲击力、混凝土的侧压力和施工中产生的各项荷载。

②模板与支架宜采用标准件,需加工时,宜由有资质的企业集中生产制作,具有合格证。

③支模使用的大锤应坚固,安装应牢固,锤顶平整、无飞刺。钢钎应顺直,顶部平整无飞刺。不得对面使锤,打锤范围内不得有其他人员。

④模板、支架必须设置在坚实的基础上。

⑤支设、组装较大模板时,操作人员必须站位安全,且相互呼应;支撑系统安装完成前,必须采取临时支撑设施,保持稳定。

⑥模板、支撑连接应牢固,支撑杆件不得撑在不稳定的物体上;模板、支架不得使用腐朽、锈蚀、扭裂等劣质材料。

⑦现场加工模板及其附件等应按规格码放整齐;废料、余料应及时清理,集中堆放,妥善处置。

⑧高处安装模板必须设安全梯或斜道,上、下高处或沟槽必须设攀登设施,严禁攀登模板和支架。

⑨吊运组装模板时,吊点应合理布置,吊点构造应经计算确定;起吊时吊装模板下方严禁站人。

⑩装卸、搬运模板应轻抬轻放,严禁抛掷;模板支设、安装应稳固,符合施工设计要求。

⑪模板拆除应符合下列要求:

a. 模板拆除应待混凝土强度达到设计规定后,方可进行。

b. 预拼装组合模板宜整体拆除。拆除时,应按规定方法和程序进行,不得随意撬、砸、摔和大面积拆落。

c.暂停拆除模板时,必须将已活动的模板、拉杆、支撑等固定牢固,严禁留有松动或悬挂的模板、杆件。

d.拆除的模板应分类码放整齐。带钉的木模板必须集中码放,并及时拔钉、敲平或清理。

(3)水泥混凝土拌和与运送中的安全控制要点

①混凝土搅拌站搭设应符合下列要求:

a.施工前,应对搅拌站进行施工设计。平台、支架、储料仓的强度、刚度和稳定性应满足搅拌站在拌和水泥混凝土过程中的荷载要求。搅拌站搭设完成,应经检查、验收、确认合格,并形成文件后方可使用。

b.搅拌站不得搭设在电力架空线路下方。

c.搅拌机等机械旁应设置机械操作程序牌。

d.搅拌站的作业平台应坚固、安装稳固并置于坚实的地基上。

e.搅拌机等机电设备应设工作棚,工作棚应具有防雨(雪)、防风功能。

f.现场混凝土搅拌站应单独设置,具有良好的供电、供水、排水、通风等条件与环保措施,周围应设围挡。

g.搅拌机、输送装置等应完好,防护装置应齐全有效,电气接线应符合施工用电安全技术交底的要求。

h.现场应按施工组织设计的规定布置混凝土搅拌机、各种料仓和原材料输送、计量装置,并形成运输、消防通道,配置消防设施,现场应设废水预处理设施。

②机械操作工应精神集中,不得离岗;机械发生故障时必须立即停机、断电;作业人员向搅拌机料斗内倾倒水泥时,脚不得蹬踩料斗;混凝土拌和过程中,严禁人员进入储料区和卸料斗下方。

③需设置作业平台时,平台结构应经计算确定,满足施工安全要求,支搭必须牢固;使用前应验收,使用中应随时检查,确认安全。

④搅拌站设置的各种电气设备必须由电工引接、拆除;作业中发现漏电征兆、缆线破损等必须立即停机、断电,由电工处理。

⑤需进入搅拌筒内作业时,必须先关机、断电、固锁电源闸箱,设安全标志,并在搅拌筒外设专人监护,严禁离开岗位。

⑥搬运袋装水泥必须自上而下按顺序取运。堆放时,垫板应平稳、牢固;按层码垛整齐,高度不得超过10袋。

⑦固定式搅拌机的料斗在轨道上移动升降时,严禁下方有人;料斗悬空放置时,必须锁固;搅拌机运转中不得将手、木棒、工具等伸进搅拌筒或筒口清理混凝土。

⑧手推车向搅拌机料斗内倾倒砂石料时,应设挡掩,严禁撒把卸料;手推车运输应平稳推行,空车让重车,不得抢道。

⑨落地材料、积水应及时清扫,保持现场环境整洁;搅拌场地内的检查井应设人管理,井盖必须盖牢。

⑩手推车或小型翻斗车装运混凝土时,车辆之间应保持一定的安全距离。

(4)水泥混凝土路面摊铺施工中的安全控制要点

①人工摊铺作业中的安全要点：
a. 装卸钢模板时，必须逐片轻抬轻放，不得随意抛掷。堆砌时，应规则有序并稳妥。
b. 操作时，特别是多人同时操作摊铺时，因工作面小，锄、锹等均为长物工具，必须相互关照，注意安全。
c. 固定模板时，插钉或长圆头钉等不得乱放乱搁，以免伤人，完工后，应收捡干净。
d. 使用振捣器时：
（a）使用电动振捣器，操作人员要佩戴安全防护用品。配电盘（箱）的接线宜使用电缆线。
（b）注意保护好电力线，不得割伤，绝缘良好，应经常注意检查。
e. 如采用木模板，拆模后的模板应堆放整齐，并及时取钉，砌放稳妥。
②机械摊铺作业中的安全要点：
a. 轨模摊铺机。
（a）布料机与振平机之间应保持 5～8m 的安全距离。
（b）要认真检查布料机传动钢丝的松紧是否适度。不得将刮板置于运行方向垂直的位置，也不得借助整机的惯性冲击料堆。
（c）作业中严禁驾驶员擅离岗位。无关人员不得在驾驶台上停留或上下摊铺机。在弯道上作业时，要注意防止摊铺机脱轨。
b. 滑模摊铺机。
公路水泥混凝土路面滑模施工在我国是新型工艺技术，在设计上和施工工艺上均有其特点和不同的要求。因此，我们就其安全生产中的要点做更详细的介绍。
（a）基本要求：
应根据滑模机械化施工特点，做好安全生产和保卫工作。施工前，施工单位应对员工进行安全生产教育，树立安全第一的思想。
（b）滑模施工安全生产规定：
施工过程中，应制定搅拌楼、运输车辆、滑模摊铺机及其辅助机械设备的安全操作规程，并在施工中严格执行。
· 在搅拌楼的拌和锅内清理黏结混凝土，无电视监控的搅拌楼，必须两人以上，方可进行，一人清理，一人值守操作台。有电视监控的搅拌楼，必须打开电视监控系统，关闭主电视电源，并在主开关上挂警示红牌。搅拌楼机械上料时，在铲斗及拉铲活动范围内，人员不得逗留和通过。
· 运输车辆倒退时，车辆应鸣后退警报，并有专人指挥和查看车后。
· 施工中，布料机支腿臂、松铺高度梁和滑模摊铺机支腿臂、搓平梁、抹平板上严禁站人及操作。夜间施工，在滑模摊铺机上应有明亮的照明和明显的示警标志。滑模摊铺机停放在通车道路上，周围必须设置明显的安全标志，夜间应用红灯示警。
· 施工中所有机械设施禁止机手擅离操作台，严禁吸烟和任何明火。
（c）交通安全。
施工现场必须做好交通安全工作。交通繁忙的路口应设立标志，并有专人指挥。夜间施工，路口及基准线桩附近应设置夜间施工红色警示灯或反光标志，专人管理灯光照明。

(d)用电安全。

施工机电设备应有专人负责保养、维修和看管,确保安全生产。施工现场的电线、电缆应尽量放置在无车辆、人、畜通行部位。

(e)安全防护。

现场操作人员必须按规定佩戴防护用具。有毒、易燃的燃料、填缝材料操作时,其防毒防火等应按有关规定严格执行。

(f)其他。

滑模摊铺机、搅拌楼、储油站、发电站、配电站等重要施工设备上应配备消防设施,确保防火安全。

工地所有施工设备和机具,在停工或夜间必须有专人值班保卫,严防原材料、机械、机具及零件等丢失。

c. 真空吸水作业中的安全要点。

(a)认真检查真空吸水所有配套机具,均应处于良好状态。电气设施、电源、开关等应有人负责。

检查泵垫、脱水前,应打开真空泵机组水箱盖,向真空室注入清水,使水面与箱内管口相平或略高,调节搭扣松紧,盖严箱盖,用3~4mm厚橡胶板堵住进水口,检查泵的空载真空度(应>86.7~93.9kPa)。检查连接软管、吸垫表面、黏缝及管接头。如发现有损坏、漏气、阻塞时,要及时修补或更换。

(b)真空吸水作业时,严禁操作人员在吸垫上行走或将物件置压在吸垫上。检查、补漏亦不准穿硬底带钉的鞋子。

(c)吸垫存放、搬移时,应避免与带尖角的硬物接触。

(d)每班施工完毕,应将吸垫清洗干净,并冲净真空泵箱内沉积物,排净存水。

d. 抹平机作业的安全要点。

使用混凝土抹平机作业时,应确保抹平机的叶片光洁平整,并处于同一水平面,其连接螺栓应坚固不松动,并在无负荷状态下起动。电缆要有专人收放,确保不打结,不砸压,如发现有异常现象应立即停机检查。

e. 切缝与养护的安全要点。

(a)切缝机锯缝时,刀片夹板的螺母应紧固,各连接部位和安全防护罩应检查,必须完好正常。切缝前应先打开冷却水,冷却水中断时,应停止切缝。

切缝时,刀片要缓缓切入,并注意切入深度指示器,当遇有较大切割阻力时,应立即升起刀片检查。停止切缝时,应先将刀片提离板面后才可停止运转。

(b)薄膜养护的溶剂,一般具有毒性和易燃性等特性,应做好储运装卸的安全工作。喷洒时应站在上风,穿戴安全防护用品。

f. 其他安全要点。

水泥混凝土路面施工,不管采用哪种工艺方式,除上述的各项安全要点外,还必须做到:

(a)施工前,应进行安全生产教育,树立安全生产质量第一的思想。建立和健全安全生产管理制度,制定安全生产操作规程,工地应有领导分管安全生产工作,班组要有负责安全生产人员,并制定具体的安全生产手册,经常检查执行情况。

(b)施工现场必须做好交通安全工作,在不中断交通的情况下,应在施工现场设立明显标志,有专人守管和负责指挥,维持交通,确保施工和交通安全。

(c)施工机电设备,应有专人负责保管修理,确保安全生产。

(d)现场操作人员必须按规定佩戴防护用品。有毒、易燃材料施工时,其防毒、防火等严格执行有关规定。

(e)工地应有消防设施,并应处理好污水,做好环境保护工作。

第三节　某公路路基坍塌事故案例

一、工程背景及事故经过

××高速公路分四个阶段施工,其中软基段长达14km,该段软基处理采用清除鱼塘淤泥及田地杂物,回填河砂至地表,再铺设60cm厚的砂砾垫层,打塑料板间距1.2m,长度为11m,其上铺两层土工布,土工布之间是50cm砂,第二层土工布上仍是填砂。施工单位自××年3月底开始施工到××年10月底填砂已达到设计高程。路基填筑高度为4m左右,后因邻近的××路立交桥高程提高,线路纵坡重新调整,12月底,路基填筑高度增加2.32~2.85m,施工单位接到变更设计图纸后继续施工,到××年12月底,路基填筑高度高达5.8m。次年元旦,该段路基产生了滑坍,路基平均下沉2m,工人L、H正在此段路基填筑土,L及时跳离逃生,H则随路基滑下,后被救起,经医院抢救1h后死亡。

二、事故原因分析

1. 技术方面

该段路基由于变更设计,路基高程平均提高2.5m左右,使填土高达7m多,设计单位对此段路基仍按打塑料板加铺土工布的排水固结方法处理,而未增设反压护道,这在设计上是不安全的。

施工单位在施工中,未能严格按照××高速公路技术规范关于"软基段路基填筑时,路基竖向沉降每日不能超过1.5cm,坡角水平位移每日不能超过0.5cm"的要求控制填土速率和进行沉降监测。

2. 管理方面

(1)设计单位对设计方案考虑欠周全。

(2)施工方案未经严格审核,更没有按规范编制专项的工程安全施工组织设计。

(3)缺乏专门的管理人员进行现场指挥和监管。

三、经验教训

本次事故属于责任事故。建设单位设计方案不合理,项目部缺乏施工经验,盲目施工。建设单位和施工单位均缺乏足够的经验,理论上研究不够、不系统、不全面,致使在设计上、施工上都出现失误,因此建设单位和施工单位均应承担部分事故责任。

四、预防对策

(1)在设计上,首先对软基进行详细的勘探。对软基在勘察设计上钻探点要加密,设计上要精益求精,对不同情况的软基,要考虑不同的设计方案。

(2)在施工方面,软土路基填筑时,必须严格控制填土速率或进行沉降监测,避免盲目施工,使路基填筑时,在软基中产生的附加应力增长与软基的强度增长相适应。要达到这个目的,除设计上的考虑外,施工中路基的沉降及水平位移观测都是十分重要的。

第十二章　桥涵工程施工安全要求

　　桥涵工程施工是公路工程施工中危险性较大的类型之一,工序复杂,施工难度大,影响因素多,现场安全隐患多。在施工中可能出现诸如坍塌、高处坠落、机械伤害、触电等安全事故。因此,施工前必须对桥涵作业人员(包括农民工)进行岗前培训,落实岗位职责、安全技术措施、专项施工方案以及技术交底制度,加强对生产安全事故隐患的排查和治理,防止和有效遏制生产安全事故的发生。同时制订有效的生产安全事故应急救援预案,并定期组织演练。

第一节　桥涵工程安全施工的一般规定

　　(1)桥涵工程施工前,应详细核对技术设计、图纸、文件。高墩、大跨、深水、结构复杂的大型桥梁施工,应对施工安全技术措施做专题调查研究,采取切实可靠的先进技术、设备和防护措施。中、小桥涵工程施工应制订针对性的安全技术措施计划。每个单项工程,在开工前应根据规范要求制定安全操作细则,并向施工人员进行安全技术交底。
　　(2)桥涵施工前,应对施工现场、机具设备及安全防护设施等,进行全面检查,确认符合安全要求后方可施工。
　　(3)桥涵工程施工的辅助结构、临时工程及大型设施等,均应按有关规定做好安全防护措施,各项安全设施完成后,应经检验合格,方能使用。
　　(4)特殊结构的桥涵,采用新技术、新工艺、新材料、新设备时,必须制订相应的有针对性的安全技术措施,通过试验和检验,证明可行后方可实施。
　　(5)桥涵工程施工,应尽量避免双层或多层同时作业。
　　(6)架桥机临近、穿越、跨越高压线时应设防电护网。
　　(7)架桥机作业平台处应设密目式安全网,人员行走平台及楼梯周边应设置护栏。
　　(8)跨既有公路施工,通行区应搭设安全通道,安全通道应满足通行要求,施工作业面底部应悬挂安全网。安全通道应设防撞设施及限高、限宽、减速标志和设施,梁式桥的模板支架及其他设施宜在防撞栏等上部构造施工完成后拆除。
　　(9)泥浆池、沉淀池周围应设置防护栏杆和警示标志。
　　(10)手持式电动工具,应按规定加设漏电保护器。
　　(11)高处露天作业、缆索吊装及大型构件起重吊装时,应根据作业高度和现场风力大小、对作业的影响程度,制定适于施工的风力标准。遇有六级(含六级)以上大风等恶劣天气时,上述施工应停止作业。
　　(12)对于通航江河上的桥涵工程,施工前应与当地港航监督部门联系,制定有关通航、作业安全事宜,办理水上施工许可证等必要的手续,否则,不得开始施工。

第二节 预应力混凝土工程

一、预应力张拉机具设备要求

(1)预应力张拉机具设备及仪表应由专人使用和管理,并应按规定定期维护、校验、标定。

(2)张拉用的千斤顶与压力表应配套标定、配套使用,标定应在国家授权的法定计量技术机构定期进行,标定时千斤顶活塞的运行方向应与实际张拉工作状态一致。当处于下列情况之一时,应重新进行标定:

①使用时间超过6个月;
②张拉次数超过300次;
③使用过程中千斤顶或压力表出现异常情况;
④千斤顶检修或更换配件后。

二、张拉作业的一般安全规定

(1)施工现场已具备确保全体操作人员和设备安全的必要的预防措施。

(2)张拉作业应设警戒区,无关人员,严禁入内。

(3)张拉及放张程序应符合设计要求。张拉过程中出现异常现象(如:油表振动剧烈,发生漏油,电机声音异常,发生断丝、滑丝等),应立即停止张拉作业,检查、排除异常。

(4)预应力钢束(钢丝束、钢绞线)张拉施工前,还应做好下列工作:

①检查张拉设备工具(如:千斤顶、油泵、压力表、油管、顶楔器及液控顶压阀等)是否符合施工安全的要求。压力表应按规定周期进行检定。

②锚环和锚塞使用前,应认真仔细检查及试验,经检验合格后,方可使用。

③高压油泵与千斤顶之间的连接点各接口必须完好无损,螺母拧紧。油泵操作人员要戴防护眼镜。

④油泵开动时,进、回油速度与压力表指针升降保持一致,并平稳、均匀。安全阀保持灵敏可靠。

⑤张拉前,操作人员要确定联络信号。张拉两端应设便捷的通信设备。

(5)在已拼装或悬浇的箱梁上进行张拉作业,应事先搭好张拉作业平台,并保证张拉作业平台、拉伸机支架搭设牢固,平台四周应加设护栏。高处作业时,应设上下扶梯及安全网。施工用的吊篮,应安挂牢固,必要时可另备安全保险设施。

(6)张拉时,千斤顶的对面及后面严禁站人,作业人员应站在千斤顶的两侧,以防锚具及销子弹出伤人。

(7)钢束张拉应严格按规定程序进行。在事先穿好钢丝束,并经检查确认合格后,方可张拉。张拉作业中,应集中精力,仪表要看准,记录要准确无误。

（8）张拉时，张拉方向与预应力钢材在一条直线上。

（9）台座两端应设置防护措施。张拉时，沿台座长度方向每隔4~5m应放一防护架。工作人员不得站在台座两端或进入台座。

（10）当预应力钢筋张拉到控制张拉力后，宜停2~3min再打紧夹具或拧紧螺母，此时，操作人员应站在侧面。

（11）张拉钢束完毕，退销时，应采取安全防护措施，防止销子弹出伤人。卸销子时，不得强击。

（12）张拉时和完毕后，对张拉施锚两侧均应妥善保护，不得压重物。张拉完毕，尚未灌浆前，梁端应设围护和挡板。严禁撞击锚具、钢束及钢筋。不得在梁端附近作业或休息。

（13）精轧螺纹钢筋张拉前，除对张拉台座检查外，还应对锚具、连接器进行试验检查。

（14）预应力钢筋冷拉时，在千斤顶的端部及非张拉端部均不得站人，以防钢筋断裂，螺母滑脱，张拉设备出现事故而伤人。

（15）钢筋张拉或冷拉时，螺丝端杆、套筒螺丝必须有足够的长度，夹具应有足够的夹紧能力，防止锚夹不牢，滑出伤人。

（16）管道压浆时，应严格按照规定压力进行。施压前应调整好安全阀，先进行检验，确认无误后，方可作业。管道压浆时，操作人员戴防护眼镜和其他防护用品。关闭阀门时，作业人员应站在侧面，以确保安全。

三、先张法施工的安全要求

（1）张拉端后方应设立防护挡墙。

（2）正式施工前应进行试张拉。

（3）张拉及放张过程中预制台座区域及张拉台座两端不得站人。

（4）已张拉的预应力钢筋不得电焊、站人。

（5）先张法施工，张拉台座应经设计验算，强度、刚度和稳定性应符合要求。

（6）先张法张拉施工，除遵守张拉作业一般安全规定外，先张法张拉台座结构，应满足设计要求。张拉前，对台座、横梁及各种张拉设备、仪器等进行详细检查，合格后方可施工；先张法张拉中和未浇筑混凝土之前，周围不得站人和进行其他作业。浇筑混凝土时，严防振动。张拉完毕后，应妥善保护张拉施锚两端。

（7）先张法张拉中浇筑混凝土时，振捣器不得撞击钢丝（钢束）。用卷扬机滑轮组张拉小型构件时，张拉完成后，应切断电源和卡固钢丝绳。现浇混凝土，不得停留时间过长。养生期内应妥善防护，确保安全。

四、后张法施工的安全要求

（1）对预应力筋施加预应力之前，应对构件进行检查，外观尺寸应符合质量标准要求。张拉时，结构或构件混凝土的强度、弹性模量（或龄期）应符合设计规定；设计未规定时，混凝土的强度应不低于设计强度等级值的80%，弹性模量应不低于混凝土28d弹性模量的80%。当块体拼装构件的竖缝采用砂浆接缝时,砂浆强度不低于15MPa。

(2)预应力筋的张拉顺序应符合设计要求,当设计未规定时,可采取分批、分段对称张拉。

(3)高处张拉作业应搭设张拉作业平台、张拉千斤顶吊架,平台应加设防护栏杆和上下扶梯。

(4)梁端应设围护和挡板。

(5)张拉作业时千斤顶后方不得站人。

(6)预应力筋张拉锚固后,孔道应尽早压浆,且应在48h内完成。否则,应采取避免预应力筋锈蚀的措施。压浆用水泥浆的强度应符合设计规定。

(7)管道压浆作业人员应佩戴护目镜。

(8)后张法张拉时,应检查混凝土强度,必须达到设计要求强度后,方可进行张拉。

(9)对后张预制构件,在管道压浆前不得安装就位,在压浆强度达到设计要求后方可移运和吊装。孔道压浆应填写施工记录。

第三节 桥梁基础工程

一、钻(挖)孔灌注桩施工安全要求

(1)施工作业区域应设置警戒区。

(2)临近堤防及其他水利、防洪设施施工应符合相关部门的有关规定。

(3)山坡上钻(挖)孔灌注桩施工应清除坡面上的危石和浮土,存在裂缝的坡面或可能坍塌区域应采取必要的防护措施。

(4)钻机就位后,对钻机及其配套设备,应进行全面检查,如卷扬机、钢丝绳、浮吊车、钻头、泥浆泵、水泵及电气设备等是否完好正常。

(5)停止施工的钻、挖孔桩,孔口应加盖防护,四周应设置护栏及明显的警示标志,夜间应悬挂示警红灯。

(6)钻机等高耸设备应按规定设置避雷装置。

(7)钢筋笼下放应采用专用吊具。钢筋笼孔口连接时,孔内钢筋笼应固定牢靠。作业人员不得在钢筋笼内作业,安全带不得扣挂在钢筋笼上。

(8)浇筑混凝土时,孔口应设防坠落设施。

(9)钻孔中,发生故障需排除时,严禁作业人员下孔内处理故障。

(10)钻孔过程中,必须设有专人负责,按规定指标,保持孔内水位的高度及泥浆的稠度,严防坍孔。

(11)钻孔使用的泥浆,应设置泥浆循环净化系统,防止对环境的污染。

(12)钻孔灌注桩钻机施工作业应符合下列规定:

①施工场地及行走道路应平坦坚实,满足钻机正常工作和移动的要求。

②钻机安设应平稳、牢固。钻架应加设斜撑或缆风绳。钻机平台和作业平台,特别是水上钻机平台应搭设坚固牢靠,并满铺脚手板,设防护栏、走道。杂物及障碍物应及时清除。

③发生卡钻时,不得强提,应查明原因并处理。

④停钻时,钻头、钻杆应置于孔外安全位置。严禁将钻头停留孔内过久。

⑤钻机电缆线接头应绑扎牢固,不得透水、漏电;电缆线不得浸泡于水、泥浆中,不得挤压电缆线及风水管路。

(13)冲击钻机的卷扬机应制动良好,钻架顶部应设置行程开关。钢丝绳应无死弯和断丝,安全系数不应小于12;钢丝绳夹数量应与钢丝绳直径相匹配,并应设置保险绳夹。

(14)采用冲击钻孔时,选用的钻锥、卷扬机和钢丝绳的损伤情况,当断丝已超过5%时,必须立即更换。

(15)卷扬机套筒上的钢丝绳应排列整齐。卷扬机在卷扬钢丝绳操作时,严禁作业人员在其上面跨越;卷扬机卷筒上的钢丝绳,不得全部放完,最少保留3圈。严禁手拉钢丝绳卷绕;钻机钻进时,卷扬机变速器的换挡,应事先停车,挂上挡后,方可开车操作。

(16)回旋钻机成孔应符合下列规定:

①回旋钻机钻进时,高压胶管下不得站人。水龙头与胶管应连接牢固。钻机旋转时,不得提升钻杆。

②钻机移动不得挤压电缆线及管路。

③潜水钻机钻孔时,每完成一根钻孔桩后应检查电机的密封状况。

(17)旋挖钻机成孔应符合下列规定:

①钻孔作业过程中,应观察主机所在地面变化情况,发现下沉现象应及时停机处理。因故长时间停机应挂牢套管口保险钩。

②场内墩位间转移旋挖钻机应预先检查转移路线、放倒机架,并应设专人指挥。

(18)岩溶、采空区和其他特殊地区钻孔灌注桩施工作业应符合下列规定:

①施工前,应核对桩位处的地质勘察资料;地质情况有疑问时,应补充完善地质资料。

②发生漏浆及坍孔等现象,应立即停止作业,采取保证平台、钻机和作业人员安全的措施。

(19)大直径、超长桩钢护筒作为平台支撑时,最小埋置深度应满足工作平台受力和稳定性要求。

(20)无法采用机械成孔且无地下水或有少量地下水,无不良地质的地区,可采用人工挖孔。

(21)人工挖孔桩作业应制订专项施工方案,其安全要求还应符合本书"第十一章,第一节,四、防护工程"中的"人工开挖支挡抗滑桩施工的安全要求"。

二、沉入桩施工安全要求

(1)钢筋混凝土桩、预应力混凝土桩和钢管桩的吊运、存放和运输应符合现行《公路桥涵施工技术规范》(JTG/T F50)的有关规定。

(2)在高压线下两侧安装打桩机,应根据电压,保证打桩机与高压线最近距离大于安全距离。打桩机顶部上方2m内不准有任何架空障碍物。

(3)各种沉桩及桩架等拼装完成后,应对机具设备及安全防护设施,如作业平台、护栏、扶梯、跳板等进行全面检查验收,确认合格,方可施工。降雪或冰冻时,应及时清扫。

（4）沉入桩施工应符合下列规定：

①沉桩施工区域应设置明显的安全警示标志，非作业人员不得进入施工区域。

②起吊桩或桩锤作业人员不得在桩、桩锤下方或桩架龙门口停留或作业。

③吊点应符合设计要求，桩身应设溜绳，桩身不得碰撞桩锤或桩机。

（5）锤击沉桩作业应符合下列规定：

①打桩机移动轨道应铺设平顺、轨距一致，轨道与轨枕应钉牢，钢轨端部应设止轮器，打桩机应设夹轨器。

②应设专人指挥打桩机移动，机体应平稳，桩锤应置于机架最低位置，打桩机应按要求配重。

③滚杠滑移打桩机，工作人员不得在打桩机架内操作。

④应经常检查维护打桩架及起重工具。检查维护的桩锤应放落在地面或平台上。工作状态不得维护打桩机。

⑤锤击沉桩应按要求观测邻近建（构）筑物和周边土体的沉降和位移，发现异常应停止沉桩并采取措施处理。

⑥沉桩时，桩锤、送桩与桩应保持在同一轴线上。

（6）振动沉桩作业应符合下列规定：

①沉桩时，作业人员应远离基桩。沉桩过程遇有异常情况应立即停振，并妥善处理。

②振动打桩机的导向架及四周脚手架等，应经常进行检查。振动下沉过程中，严禁进行机械维修和保养。

③桩机停止作业时应立即切断动力源。

④电动振动锤使用前应测定电动机的绝缘值，且不得小于 $0.5M\Omega$，并应对电缆芯线进行通电试验。电缆绝缘层应完好无损。电缆线应采取有效的防止磨损、碰撞的保护措施。沉桩或拔桩作业时，电动振动锤的电流不得超过规定值。

（7）拔桩的起重设备应配超载限制器，不得强制拔桩。

（8）打桩机拆装时，桩架长度半径（并加一定安全系数）内不准拆装作业以外的人员进行。在起落机架时，要专人指挥，并禁止任何人在机架底下穿行或停留。

（9）旋转钻机提钻时，不准钻头旋转，落锤时，不准一次骤落到底，钻完的孔应随时盖好。

（10）旋转钻机间歇时，不得使钻头悬在钻孔中间，应拉放到原来位置，并摘除动力挡，切断电源。

（11）水上打桩采用的固定平台、自升式平台应搭设牢固。打桩机底座应与打桩平台连接牢靠。在水上采用浮式沉桩机锤击沉桩时，柱架与船体必须连接牢固，对其稳定性应进行验算和试验。施工中，应防止浮船晃动或偏载。

（12）遇有大风及恶劣天气，应停止打桩作业。雷雨时，作业人员不得在桩架附近停留。

三、沉井施工安全要求

（1）沉井制作场地应符合现行《公路桥涵施工技术规范》（JTG/T F50）的有关规定。

（2）沉井下沉四周影响区域内，不宜有高压线杆、地下管道、固定式机具设备和永久性建筑。必须设置时,应采取安全措施。

(3)沉井施工,应尽量避开汛期,特别是初沉阶段不得在汛期内。如需度过汛期、凌期时,应采取稳定可靠的安全防护措施。

(4)沉井下沉,采用人工挖掘时,劳动组织要合理,井内人员不宜过多。在刃脚处挖掘,应对称均匀掘进,并保持沉井均匀下沉。下井操作人员,安全防护用品必须佩戴齐全。沉井各室均应备有悬挂钢梯及安全绳,以应急需。涌水、涌砂量大时,不宜采用人工开挖下沉。

(5)筑岛制作沉井应符合下列规定:
①筑岛围堰应牢固、抗冲刷。
②筑岛围堰顶高程应高于施工期间可能出现的最高水位0.7m以上,同时应考虑波浪的影响。

(6)施工机械设备应在坚实的基础上作业,其承载力应满足设备施工要求。

(7)沉井顶部作业应搭设作业平台。平台结构应依跨度、荷载经计算确定;作业平台的脚手板应满铺且绑扎牢固;临边防护栏杆及安全网的设置与高处作业的要求相同。

(8)制作沉井应同步完成直爬梯或梯道预埋件的安设,各井室内应悬挂钢梯和安全绳。

(9)沉井的内外脚手架,如不能随同沉井下沉,应和沉井的模板、钢筋分开。井字架、扶梯等设施均不得固定在井壁上,防止沉井突然下沉时被拉倒。

(10)沉井照明应充足,作业施工用电应符合现行《施工现场临时用电安全技术规范》(JGJ 46)的规定。

(11)沉井内的水泵、水力机械、管道、起重等施工设备应安装牢固。

(12)沉井内的潜水作业应符合现行《公路工程施工安全技术规范》(JTG F90)第5.9节的有关规定。

(13)施工过程中,应安排专人负责观察现场情况,发现涌水、涌砂时,井内作业人员应及时撤离。

(14)下沉前,应对周边的建(构)筑物和施工设备采取有效的防护措施。下沉过程中,应对邻近建(构)筑物、地下管线进行监测,发现异常应停止作业,并采取相应措施。

(15)沉井取土下沉应符合下列规定:
①不宜采用爆破法进行沉井内取土,必须爆破时应经专项设计。
②开挖沉井刃脚或井内横隔墙附近时,无关人员不得进入现场。
③井内起重作业应符合现行《公路工程施工安全技术规范》(JTG F90)第5.6节的有关规定。

(16)采用配重下沉沉井,配重物件应堆码整齐,沉井纠偏应逐级增加荷载,并连续观测。

(17)高压射水辅助下沉时,高压水不得直接对人或机械设备、设施喷射。

(18)空气幕辅助下沉的储气罐应放置在通风遮阳位置,不得暴晒或高温烘烤。

(19)沉井顶端距地面小于1m时,应在井口四周架设防护栏杆和相关安全警示标志。

(20)沉井的制作高度不宜使重心离地太高,以不超过沉井短边或直径的长度为宜。特殊情况允许加高,但应有可靠的计算数据,并采取必要的安全技术措施。

(21)沉井接高应停止沉井内取土作业。倾斜的沉井不得接高。

(22)拆除沉井垫板应在沉井混凝土达到设计强度后进行。抽拔垫板时,应有专人统一指挥,分区、分层、同步、对称进行。抽拔垫板及下沉时,严禁人员从刃脚、底梁和隔墙下通过。抽掉垫板后,应及时回填、夯实,并注意检查是否有倾斜及险情。

(23)浮式沉井应制订专项施工方案,浮运、就位、下沉等施工阶段应设专人观测沉井的稳定性。

(24)浮运沉井的防水围壁露出水面高度,在任何时候均不得小于1m。

(25)浇筑沉井封底混凝土应搭设工作平台。平台的荷载除考虑人员和机具重量外,还应考虑漏斗和导管堵塞后,装满混凝土时的悬吊重量。

(26)沉井在淤泥质黏土或亚黏土中下沉时,井内的工作平台应用活动平台,禁止固定在井壁、隔墙或底梁上。

(27)在严重流冰的河流上,进行沉井施工必须避开流冰期。确实不能避开时,应将沉井井顶下沉至冰底面的安全水位。

(28)沉井施工中,严防船舶及漂流物等的撞击。通航的河道,应与航道管理部门联系,办理有关水上施工的手续,设置导航标志,在水流斜交处,应备有导航船引导过往船只,缓慢安全驶过施工区。

四、地下连续墙施工安全要求

(1)施工前应编制专项施工方案,在堤防等水利、防洪设施及其他既有构筑物周边施工应进行风险评估,施工过程中应持续观测。

(2)施工应设警戒区,施工现场和施工道路应平整,地基承载力应满足施工要求。

(3)地下连续墙安放钢筋笼、浇筑混凝土应符合下列规定:

①钢筋笼下放应采用专用吊具。钢筋笼孔口连接时,孔内钢筋笼应固定牢靠。作业人员不得在钢筋笼内作业,安全带不得扣挂在钢筋笼上。

②浇筑混凝土时,孔口应设防坠落设施。

(4)开挖作业应在地下连续墙的混凝土达到设计强度后进行。开挖挡土墙结构的地下连续墙时,应严格按照程序设置围檩支撑或土中锚杆。

五、围堰施工安全要求

(1)围堰内作业应及时掌握水情变化信息,遇有洪水、流冰、台风、风暴潮等极端情况,应立即撤出作业人员。

(2)基坑抽水时应安排专人经常检查土层变化。

(3)在围堰内施工,遇有流水应立即撤出作业人员。

(4)水中围堰(套箱)和水中作业平台作业应符合下列规定:

①应设置船舶靠泊系统和人员上下通道。

②临边应设置高度不低于1.2m的防护栏杆。

③四周挂设安全网和救生圈。

④四周应设置警示标志和夜间航行警示灯光信号。

⑤通航密集水域应配备警戒船和应急拖轮。

(5)土石围堰施工应符合现行《公路桥涵施工技术规范》(JTG/T F50)的有关规定。

(6)水上作业应符合现行《公路工程施工安全技术规范》(JTG F90)第5.8节的有关规定。

(7)钢板(管)桩围堰施工应符合下列规定：

①地下水位高或水中围堰应采取可靠的止水措施。

②水中围堰抽水应及时加设围檩和支撑系统。

③钢板桩围堰施工时,插打钢板桩的顺序应从上游依次对称向下游插打。

④采用板桩围堰施工,应随时检查板桩的稳定状况。

(8)双壁钢围堰施工应符合下列规定：

①应按设计要求制造钢围堰,焊缝应检验,并应进行水密试验。

②采用沉浮式双壁钢套箱时,应具备能组拼、能分解、能注水下沉、能排水上浮的性能。注水下沉或排水上浮时,必须对称均衡进行施工,防止产生过大的倾斜；施工要经过周密设计计算,必要时,要经过试验,方可进行。

③浮船或浮箱上组装双壁钢围堰,钢围堰应稳固。

④双壁钢围堰浮运、吊装应制订专项施工方案。

⑤钢围堰接高和下沉作业过程中,应采取保持围堰稳定的措施。悬浮状态不得接高作业。

⑥施工过程中应注意监测水位变化,围堰内外的水头差应在设计范围内。

(9)钢吊(套)箱围堰施工应符合下列规定：

①应验算悬吊装置、吊杆的安全性以及有底钢吊(套)箱的抗浮性。

②吊装所用设备、机具,状态应良好。

③吊(套)箱就位后应及时与四周的钢护筒连成整体。

④吊(套)箱内排水应在封底混凝土强度符合设计规定后进行,排水不应过快并应加强监测吊箱变化情况、及时设置内支撑。

(10)围堰拆除应符合专项施工方案的要求,内外水位应保持一致,拆除时应设置稳固装置,潜水作业应符合现行《公路工程施工安全技术规范》(JTG F90)第5.9节的有关规定。

六、明挖基坑施工安全要求

(1)基坑开挖的方法、顺序以及支撑结构的安设,均应按照施工组织设计中的规定进行。开挖较大较深和地质水文复杂的基坑,必须制订详细的施工方案和安全措施方案。开挖深度超过3m的基坑(槽)的土方开挖、支护、降水工程或地质水文复杂的基坑开挖,必须制订详细的施工方案和安全专项方案。开挖深度超过5m的基坑土方开挖、支护、降水工程,或开挖深度虽未超过5m但地质条件、周围环境复杂的基坑,其土方开挖、支护、降水工程专项施工方案,应组织专家进行论证。

(2)开挖基坑时,要指派专人检查对邻近建(构)筑物或临时设施的安全是否有影响,并留有检查记录。如有影响或不安全时,应采取安全防护措施后,才能开挖；基坑深度超过1.5m

时，为便利上下，必须挖设专用坡道或铺设跳板，其宽度应超过60cm，深狭沟槽应设靠梯或软梯，禁止脚踏固壁支撑上下。

（3）开挖基坑时，要根据土壤、水文等情况，按规定的边坡坡度分层下挖，严禁局部深挖，掏洞开挖。基坑深度超过1.5m且不加支撑时，应按要求进行放坡；如施工地区狭小或受其他条件限制，不能按标准放坡时，应采取固壁支撑措施，支撑方法应根据土质和施工具体情况事先做好施工设计。

（4）基坑、井坑开挖过程中，必须随时检查坑壁边坡有无裂缝和坍塌现象（特别是雨后和解冻时期），如果突发流砂、涌砂，发现边坡有裂缝、疏松或支撑有折断、走动等危险征兆，应立即采取措施，加固防护，在确认安全后方可恢复施工。在雨季、地下水及流砂地区挖土时，必须视具体情况增加坡度或加固支撑。

（5）开挖的边坡应保持稳定，随基坑的挖深，要及时拆除已裸露的无砂混凝土管，以防其倾倒伤人。

（6）遇有流砂，应采取围堰或打板桩支撑等防护措施。

（7）基坑边缘有表面水时，应采取截流措施，开挖排水沟或排水槽，不得使水流沿基坑边缘留下；在有大量地下水流的情况下进行挖基时，应配足抽水机具，施工人员应穿绝缘胶鞋，并设置出入基坑的安全通道，以防意外。

（8）挖基施工宜在枯水或少雨季节进行，并应连续施工，有支护的基坑应采取防碰撞措施，基坑附近有管网或其他结构物时，应有可靠的防护措施。中等以上降雨期间基坑内不得施工。

（9）大型深基坑除应遵循边开挖、边支护的原则施工外，尚应建立边坡稳定信息化动态临控系统。

（10）开挖和降水施工应符合下列规定：

①开挖应视地质和水文情况、基坑深度按规定坡度分层进行，不得采用局部开挖深坑或从底层向四周掏土的方法施工。

②开挖影响邻近建（构）筑物或临时设施时，应采取安全防护措施。

③开挖过程中应监测边坡的稳定性、支护结构的位移和应力、围堰及邻近建（构）筑物的沉降与位移、地下水位变化、基底隆起等项目。

④基坑顶面应设置截水沟。多年冻土地基上开挖基坑，坑顶截水沟距基坑上边缘不得小于10m，排出水的位置应远离基坑。

⑤排水作业不得影响基坑安全，排水困难时，应采用水下挖基方法，并应保持基坑中原有水位。

⑥爆破开挖宜采用浅眼松动爆破法。爆破作业应符合现行《爆破安全规程》（GB 6722）的规定。

⑦开挖影响既有道路车辆通行时，应制订交通组织方案。

⑧冻结法开挖时，制冷设备的电源应采用不同供电所双路输电，应分层冻结、逐层开挖，不得破坏周边冻结层，基础工程施工应在冻融前完成。

⑨弃方不得阻塞河道、影响泄洪。

⑩基坑周边1m范围内不得堆载、停放设备。
⑪深基坑四周距基坑边缘不小于1m处应设立钢管护栏、挂密目式安全网,靠近道路侧应设置安全警示标志和夜间警示灯带。

(11)坑壁及支护施工应符合下列规定:
①应根据水文、地质、开挖方式及施工环境条件等因素,确定坑壁的支护措施,并严格执行。
②顶面有动载的基坑,其边沿与动载之间应留有不小于1m宽的护道,动荷载较大时宜适当加宽护道;水文和地质条件较差时,应采取加固措施。
③支护结构应通过设计计算确定,支护结构和支撑的强度、刚度及稳定性应满足基坑开挖施工的要求。
④直接喷射混凝土加固坑壁,喷射前应清除坑壁上的松软层及岩渣。锚杆、预应力锚索和土钉支护施工参数应通过抗拉拔力试验确定。
⑤加固坑壁应按照设计要求逐层开挖、逐层加固,坑壁或边坡上有明显出水点处应设置导管排水。

第四节 桥梁下部结构

一、承台与墩台施工安全要求

(1)承台开挖基坑应符合下列规定:
①基坑开挖一般采用机械开挖,并辅以人工清底找平,基坑的开挖尺寸要求根据承台的尺寸,支模及操作的要求,设置排水沟及集水坑的需要等因素进行确定。
②基坑的开挖坡度以保证边坡的稳定为原则,根据地质条件、开挖深度、现场的具体情况确定,当基坑壁坡不易稳定,或放坡开挖受场地限制,或放坡开挖工作量大、不经济时,可按具体情况采取加固坑壁措施,如挡板支撑、混凝土护壁、钢板桩、锚杆支护、地下连续墙等。
③基坑顶面应设置防止地面水流入基坑的措施,如截水沟等。
④当基坑地下水采用普通排水方法难以解决,可采用井点法降水,井点类型根据其土层的渗透系数,降水的深度及工程的特点进行确定。
(2)承台施工模板和混凝土作业应符合现行《公路工程施工安全技术规范》(JTG F90)第5.2节和第5.4节的有关规定。
(3)承台模板支承方式的选择应根据水深、承台类型、现有的条件等因素综合考虑。
(4)墩台钢筋施工除应符合规范相关规定外,尚应符合下列规定:
①对高度大于30m的桥墩,在钢筋安装时宜设置劲性骨架。
②钢筋施工时其分节高度不宜大于9m,以确保施工安全。
③下一节段钢筋绑扎时,上一级混凝土强度应达到2.5MPa以上。
(5)模板制作安装与脚手架施工除应符合规范相关规定外,尚应符合下列规定:
①高墩施工宜采用翻转模板、爬升模板或滑升模板。

②模板采用分段整体吊装时,应连接牢固,保证其整体性,可视吊装能力确定分段尺寸。

③高墩施工时,首节模板安装平面位置和竖直度应严格控制,模板安装过程中必须采取可靠的调整措施,以保证高墩的垂直度满足《公路桥涵施工技术规范》(JTG/T F50)的要求。

④钢筋与模板之间保持间距的垫块,厚度不允许有负偏差,正偏差不得大于5mm。

⑤模板在安装过程中,必须设置防倾覆设施,对高度大于30m的桥墩或风力较大地区,应设置风缆。

⑥墩台身施工时应搭设脚手架工作平台,上铺木板,下挂安全网,周围设扶手栏杆。

(6)现浇墩、台身、盖梁施工除应符合现行《公路桥涵施工技术规范》(JTG/T F50)的有关规定外,尚应符合下列规定:

①脚手架及作业平台应搭设牢固,不得与模板及其支撑体系连接,高处作业应符合现行《公路工程施工安全技术规范》(JTG F90)第5.7节的有关规定。

②墩身高度在2~10m时,平台外侧应设栏杆及上下扶梯。墩身高度超过40m宜设施工电梯,电梯操作员应按照有关规定经过专门培训,并应取得相应资格证书。

③墩身钢筋绑扎高度超过6m应采取临时固定措施。

④混凝土浇筑应符合现行《公路工程施工安全技术规范》(JTG F90)第5.4节的有关规定。

(7)预制墩身吊装应符合现行《公路工程施工安全技术规范》(JTG F90)第5.6节的有关规定。

二、高墩翻模施工安全要求

(1)翻模应专门设计,刚度、强度应满足施工要求。

(2)翻模分节分块的重量应满足起重设备的使用规定,吊装作业应符合现行《公路工程施工安全技术规范》(JTG F90)第5.6节的有关规定。

(3)模板提升到位后,应安装好内外吊架、脚手架,铺好脚手板,挂设安全网。

(4)每层模板均应设工作平台,安全防护设施应符合现行《公路工程施工安全技术规范》(JTGF 90)第5.7节的有关规定。工作平台必须对中调平,平台上设备、材料对称均匀布置。

(5)第一节模板组装时必须确保中线水平精度要求,模板间连接缝保证平顺密贴,安装第一节顶杆时,必须用不同长度顶杆交替排列,避免顶杆接头在同一水平高度,影响平台的稳定性。内外模之间必须设拉筋和支撑。

(6)夜间不宜进行翻模作业。

三、高墩爬模与滑模施工安全要求

(1)高桥墩(台)、塔墩、索塔等高层结构,采用滑升模板施工时,应按照高处作业的安全规定,加设安全防护设施,穿戴好个人防护用品,并须根据工程特点,编制专项施工方案及其安全技术措施,并向参加滑模施工人员进行安全技术交底。

(2)采用滑模施工,滑模及提升结构应按设计制作和施工,并严格按照施工设计安装。作业前,要对滑升模板进行验算和试验,并应有足够的安全系数。顶杆和提升设备,应符合墩身的形状和要求。

(3)爬(滑)模系统应专门设计,爬升架体系、滑升机具、模板、操作平台、脚手架等,强度、刚度和稳定性应满足施工要求。安全防护设施应符合现行《公路工程施工安全技术规范》(JTG F90)第5.7节的有关规定。预埋件设置应符合设计要求。锚锥、连接螺栓、承重销轴、对拉螺杆等受力构件应按要求设置。架体提升时,要另设保险装置。模板爬升,作业人员不得站在爬升的模板或爬架上。

(4)模板提升到2m高以后,应安装好内外吊架、脚手架,铺好脚手板,挂设安全网。模板内设置升降设施及安全梯。每层操作平台必须设爬梯,人员可由爬梯上下。进行爬架和附墙架工作应在爬架内上下,禁止攀爬模板、脚手架或由爬架外侧上下。

(5)操作平台上的施工荷载,应均匀对称,不得超负荷。不得多人聚集一处。

(6)浇筑混凝土,不得用大罐漏斗直接灌入,防止冲击模板。振捣时,不得振动顶杆、钢筋及模板。在提升模板时,不得进行振捣。

(7)液压系统组装完毕后及模板每次提升前,必须进行全面检查。施工过程中,液压设备应由专人操作,并应经常维护,发现问题及时处理。

(8)液压系统顶升应保持同步、平稳。顶杆和平台应稳固,如顶杆有失稳或混凝土有被顶出的可能时,应及时加固。

(9)用手动或电动千斤顶做提升工具,千斤顶丝扣的旋转方向,应以左右方向对称安装,使其力矩相互抵消,防止平台被扭动而失稳。

(10)操作平台的水平度、倾斜度应经常检查,发现问题应及时采取措施。平台上应规定人群荷载和堆放材料的限量标准。材料应均匀摆放,不得多人聚集一处。

(11)主要机具、电器、运输设备等,应定机定人,严格执行交接班制度。接班时,必须对机具检查一遍,并做好记录。

(12)墩上混凝土养生人员必须系好安全带。输水管路及其他设备应拴绑牢固。

(13)运送人员、材料的罐笼或外用电梯,应有安全卡、限位开关等安全装置。

(14)为防止模板发生倾斜、扭转,滑模施工宜采用油压千斤顶,并保持同步提升。提升速度控制在10~30cm/h。

(15)应经常检查、及时更换预埋爬锥配套螺栓。

(16)夜间不宜进行爬(滑)模升降作业,遇六级及以上大风时禁止进行爬模提升或模板前后移动作业。

(17)模板组装完毕,经检验合格后方可浇筑混凝土。拆模应在混凝土强度达2.5MPa以上后按设计与规范规定实施。爬升时承载体受力处的混凝土强度应大于15MPa。

(18)爬模爬升时,爬模下方应设置警戒区和明显标志,严禁人员进入。爬升过程中必须随时检查,发现异常,应停止爬升。滑模滑升时,应随时调整平台水平、中心的垂直度使其满足要求,以防平台扭转和水平移位。

(19)拆除滑模设备时,应做好安全防护措施。拆除时可视吊装设备能力,分组拆除或吊至地面上解体,以减少高处作业量和杆件变形。拆除现场应划定警戒区。警戒线到建筑物边缘的安全距离不得小于15m。

第五节 桥梁上部结构

一、钢筋混凝土和预应力梁式桥施工安全要求

(1)支架现浇施工应符合下列规定：

①支架、模板和混凝土浇筑应符合现行《公路工程施工安全技术规范》(JTG F90)第5.2节和第5.4节的有关规定。

②支架在承重期间,不得随意拆除任何受力杆件。承重模板支架应在张拉完成后拆除。

③梁体底模、支架应严格按设计要求顺序卸载。

(2)移动模架施工应符合下列规定：

①模架应按产品的操作手册拼装,并由移动模架设计制造厂家派专人现场指导安装与调试。移动模架在使用前应设置临边防护设施。

②首孔梁浇筑位置就位后应按设计要求进行试拼装和预压静载试验,验收合格后方可使用。

③在混凝土浇筑过程中,应随时检查模架的关键受力部位和支撑系统,应采取有效措施及时处理;移动过孔时,应监控模架的运行状态。

④每完成一孔梁的施工,均应对模架的关键部位及支撑系统进行检查,发现问题应及时处理。

⑤模架横向移动和纵向移动过孔时,应解除作用于模架上的全部约束。纵向移动时两侧的承重钢梁应保持同步控制。模架在移动过孔时的抗倾覆系数不得小于1.5。

⑥移动模架整体应满足强度、刚度和稳定性要求,模架整体刚度不大于主梁挠度1/700,总体稳定(纵横向)系数应大于1.5。

(3)装配式桥施工应符合下列规定：

①装配式桥构件移动、存放和吊装时的混凝土强度不应低于设计吊装强度;设计未规定时,不得低于设计强度的80%。

②存梁台座应坚固稳定,且应高出地面0.2m以上,存放地点应设置排水系统。梁、板构件存放支点位置应符合设计规定。上下层垫木应在同一条竖线上;叠放的高度宜按构件强度、台座地基的承载力、垫木强度及叠放的稳定性等计算确定,大型构件不宜超过2层,小型构件不宜超过6层。

③架桥机的抗倾覆稳定系数不得小于1.3;架桥机过孔时,起重小车应位于对稳定最有利的位置,且抗倾覆稳定系数不得小于1.5。架桥机的安装、使用、检修、检验等应符合现行《架桥机安全规程》(GB 26469)的有关要求。

④梁、板构件移动吊点位置应符合设计规定,经冷拉的钢筋不得用作构件吊环,吊环应顺直,吊绳与起吊构件的交角小于60°时应设置吊梁或起吊扁担。

⑤吊移高宽比较大的预应力混凝土T形梁和I形梁应采取防止梁体侧向弯曲的有效

措施。

⑥架桥机纵向移动应一次到位,不得中途停顿。起吊天车提升与携梁行走不得同时进行,天车携梁应平稳前移。停止作业的架桥机应临时锚固。

⑦运梁、架设应在相邻梁片之间的横向主筋焊接完成后实施。

⑧架梁和湿接缝施工期间应设置母索系统。

⑨梁、板安装及架桥机移动过孔期间,作业区域下方应设警戒区。

⑩就位后的梁、板应及时固定,T形梁、I形梁应与先安装的构件形成横向连接。

⑪架桥机施工时还应符合以下安全要求:

a.架桥机支腿处应铺设垫木并进行临时固结。

b.当现场实测风力达到6级(含)以上或雨雪中级(含)以上时,必须停止作业,并做好防护工作。

c.应设专人监控吊具、钢丝绳、制动装置、限位开关、防护栏和安全网等重要安全设备,并做好记录。

d.为保护架桥机电机,应设置防雨棚及检修平台,检修平台应设护栏。

e.架桥机临近、穿越、跨越高压线时应设防电护网。

f.架桥机作业平台处应设密目式安全网,人员行走平台及楼梯应设置护栏。

g.架桥机应设置有效的限位器,架桥机轨道尽头应设置缓冲器。

h.架桥机垫木应使用硬杂木,一般不多于三层。

(4)悬臂浇筑除应符合现行《公路桥涵施工技术规范》(JTG/T F50)的有关规定外,还应符合下列规定:

①挂篮制作加工完成后应进行试拼装。现场组拼后,应检查验收,并应按最大施工组合荷载的1.2倍做荷载试验。

②挂篮使用时,应经常检查后锚固筋、千斤顶、手拉葫芦、张拉平台及保险绳等是否完好可靠。底模高程调整时,应设专人统一指挥。作业人员脚下应铺设稳固的脚手板,身系安全带。

③挂篮在安装、行走及使用中,应严格控制荷载,防止过大的冲击、振动。如需在挂篮上另行增加设施(如防雨棚、立井架、防寒棚等),不得损坏挂篮结构及改变其受力形式。

④挂篮拼装及悬臂组装中,危险性较大,在高处及深水处作业时,应设置安全网,满铺脚手板,设置临时护栏。操作人员必须按规定佩带安全防护用品,配备救生设施。

⑤使用水箱做平衡配重时,其位置、加水量等应符合设计要求。给排水设施和方法,应稳妥可靠。施工中,对上述情况要进行经常性安全检查。

⑥在底模荡移前,必须详细检查挂篮位置、后端压重及后吊杆安装情况是否符合要求。应先将上横梁两个吊带与底模下横梁连接好,确认安全后,方可荡移。

⑦挂篮行走时,要缓慢进行,速度应控制在0.1m/min以内。挂篮后部,各设一组溜绳,以保安全。

⑧挂篮行走滑道铺设应平顺,锚固应稳定。行走前应检查行走系统、吊挂系统、模板系统等。

⑨挂篮应在混凝土强度符合要求后移动,墩两侧挂篮应对称平稳移动;就位后应立即锁

定;挂篮每次移动后,应经检查验收。

⑩浇筑混凝土时,挂篮桁架后端,应锚固在已完成的梁段上,并配重使与浇筑的混凝土重量保持平衡状态。挂篮桁架行走和浇筑混凝土时,其稳定系数不得小于1.5。

⑪雨雪天或风力超过挂篮设计移动风力时,不得移动挂篮。

⑫滑移斜拉式挂篮施工,应遵守下列规定:

a. 采用滑动斜拉式挂篮,所用的活动铰、销、斜拉钢带等,采用高强钢材制作,材质要经检验,并打上标记,必须满足设计的要求。

b. 挂篮安装时或主梁行走到位后,应先安装好后锚固和水平限位装置,方可安装斜拉带悬挂底模平台。严防挂篮倾覆、坍落。

c. 底模和侧模沿滑梁行走前,需将斜拉带和后吊带拆除,用倒链起降和悬吊底模平台,同时,必须在倒链的位置加保险绳。

d. 采用四根斜拉带的挂篮,在斜拉带安装和使用过程中,要注意检查,保证受力均衡。

e. 浇筑混凝土前,应对挂篮锚固、水平限位、吊带起升和限位装置进行全面检查,确认安全可靠,方可作业。

f. 主梁及其吊梁系统安装后,应进行全面检查和验收,进行加载试验。自行设计、加工的挂篮首次使用前,应按要求进行加载试验。

g. 在墩帽上作业,应制作并安设适合操作需要的脚手架,脚手架应满足安全标准。

h. 挂篮行走前,应认真检查后锚固及各部受力情况,有无隐患及不安全因素。行走时,应密切注意有无异状,并应慢速稳步到位,以防坍落事故。

(5)悬臂拼装应符合下列规定:

①预制构件,采用悬臂拼装法施工时,属于高处作业,应针对工程的具体情况,制订和实施相应的安全施工组织设计或专项施工方案。

②梁段装车、装船运输应平稳安放,梁段与车、船之间应安装防倾覆固定装置。

③梁段起吊时混凝土强度应符合设计规定。

④拼装施工前应按施工荷载对起吊设备进行强度、刚度和稳定性验算,其安全系数不得小于2。梁段起吊安装前,应对起吊设备进行全面安全技术检查,并应分别进行1.25倍设计荷载的静荷和1.1倍设计荷载的动荷起吊试验。梁段正式起吊拼装前,起吊条件应符合要求。

⑤龙门架或起重吊机进行悬臂拼装时,应遵照下列安全规定进行作业:

a. 吊机的定位、锚固应按设计进行,并进行荷载试验。龙门架起重吊机及轨道的下面,必须具有坚实的基础,不得有下沉、偏斜。

b. 预制构件运至现场后,如需暂时存放,应放置在平整坚实的场地上,并按设计设置支点及支撑。不得使吊装构件在设备上滞留时间过长,吊具必须在构件正式就位,经检查确认无误后,方可拆卸。

c. 现场拼装机具设备后,还必须经过检查验收,如有隐患及不符合安全规定时,不得使用。

d. 构件起吊前,应对起吊机具设备及构件进行全面检查、验收,并进行起吊试验。如发现吊环部位有损伤,接合面有突出外露物,构件上有浮置物件等情况时,不得起吊。

e. 构件应垂直起吊,并保持平衡稳定。在接近安装部位时,不得碰撞已安装的构件和其他作业设施。

f. 运送构件的车辆(或船只),构件起升后应迅速撤出。

g. 通过栈桥、码头,用吊机或龙门架吊装预制构件时,栈桥、码头应根据构件吊装的需要进行设置。

⑥遇有下列情况时,必须停止吊装作业,并应采取相应的应急避险措施:

a. 指挥信号系统失灵。

b. 天气突然变化,影响作业安全。

c. 卷扬机、电机过热,起重吊机或托梁部件变形,或其他机械设备、构件等发现有异常情况。

(6)顶推施工应符合现行《公路桥涵施工技术规范》(JTG/T F50)的有关规定,墩台上宜设置导向装置,顶推过程中,宜监测梁体的轴线位置、墩台的变形、主梁及导梁控制截面的挠度和应力变化等;发现异常,应停止顶推并处理。

(7)整孔预制安装箱梁施工应符合现行《公路桥涵施工技术规范》(JTG/T F50)的有关规定,架设安装时,箱梁在起落过程中应保持水平;顶落梁时梁体的两端应同步缓慢起落,并不得冲击临时支座。

二、拱桥施工安全要求

(1)各类拱桥施工涉及高空作业,安全防护设施均应符合现行《公路工程施工安全技术规范》(JTG F90)第5.7节的有关规定。

(2)拱架制作与安装,应按设计要求,具有足够的强度、刚度和稳定性。拱架须经验算,必须经试验或预压,并满足防洪、流水、排水、航运等安全要求。

(3)拱架浇(砌)筑拱圈应符合下列规定:

①拱架及模板应进行专项设计,强度、刚度和稳定性应满足最不利工况要求。落地式拱架弹性挠度不得大于相应结构跨度的1/2000,且不得超过50mm;拱式拱架弹性挠度不得大于相应结构跨度的1/1000,且不得超过100mm。拱架抗倾覆稳定系数不得小于1.5,并应满足现行《公路工程施工安全技术规范》(JTGF 90)第5.2节的有关规定。

②拱架正式施工前应进行预压,预压应符合现行《公路工程施工安全技术规范》(JTG F90)第5.2节的有关规定。

③拱圈混凝土浇筑或圬工砌筑顺序应按设计要求实施,两端应同步、对称浇(砌)筑。浇(砌)筑时应观测拱架变形情况,发现异常应及时处理。

④拱架拆除应设专人指挥,不得使用机械强行拽拉拱架。

⑤现浇混凝土拱圈的拱架应按设计要求拆除,设计无规定时应在拱圈混凝土达到设计强度的85%后拆除。浆砌圬工拱桥的拱架应在砂浆强度达到设计强度的85%后拆除。

⑥拱架应纵向对称均衡拆除、横向同时拆除。

⑦满布式落地拱架应从拱顶向拱脚依次循环拆除。

⑧多孔拱桥拱架应多孔同时或各连续孔分阶段拆除;桥墩允许承受单孔施工荷载的可单孔拆除。

(4)拱肋、横撑、斜撑应在其混凝土强度达到100%后,按设计要求的顺序拆除支架。

(5)悬臂浇筑混凝土拱圈除应符合前述关于悬臂浇筑的规定外,还应符合下列规定:

①扣塔、扣索、锚碇组成的系统强度、刚度和稳定性应满足最不利工况要求。

②扣索应在拱圈混凝土达到设计规定的强度后分批、分级张拉,扣索、锚索的钢丝绳和卡具的安全系数应大于2。

③应按设计要求调索,并应设专人检查张拉段和扣锚段工作状况、记录索力和位移变化。

④扣索和锚索应在合龙段混凝土强度符合设计规定的强度或达到设计强度的85%后拆除;挂篮应在拱脚处拆除。

(6)斜拉扣挂法悬拼拱肋施工应符合下列规定:

①扣塔架设及扣锚索张拉应搭设操作平台及张拉平台。

②扣塔上应设缆风索,缆风索安全系数应大于2。

③扣索、锚索应逐根分级、对称张拉、放张,扣索、锚索安全系数应大于2。

(7)拱上吊机施工拱肋应符合下列规定:

①拱上吊机抗倾覆稳定性应满足最不利工况要求。

②拱上吊机前行到位后,前支后锚应牢固。非工作状态时应收拢吊钩,臂杆应与钢梁固定。

③吊机纵、横移轨道上应配备止轮器。

(8)钢管拱肋内混凝土应按设计顺序两端对称浇筑。

(9)转体施工应符合下列规定:

①桥梁转体的转动体系、锚固体系、动力体系等应进行专项设计。

②转体施工前,应掌握转体作业期间的天气情况,遇恶劣天气不得进行转体施工。

③正式转体前应进行试转,明确转动角速度、拱圈悬臂端线速度、牵引力等相关技术参数。

④转体完成后应及时约束固定,并应浇筑施工球铰处混凝土。

⑤合龙段施工时,悬臂端的临时压重及卸载应按照设计方案要求的重量、位置及顺序作业。

(10)有平衡重平转施工应符合下列规定:

①转体前,应核对平衡体的重量和转动体系的重心;采用临时配重,应设置锚固设施。

②转动体系应平衡可靠.抗倾覆安全系数应大于1.5,四周的保险支腿应稳固。

③转动铰低于水面应设围堰保护,低于地平面应在基坑周围砌护墙,围堰和基坑周围应设护栏,非转体作业人员不得入内。

④扣索和后锚索应牢固可靠。扣索张拉应符合设计要求,应检测扣索的索力,允许偏差不得超过±3%。

⑤采用内、外锚扣体系时,扣索宜采用钢绞线和带镦头锚的高强钢丝等高强材料,其安全系数应大于2;大跨径拱桥采用多扣点张拉时,应确保张拉过程同步。

⑥扣索张拉到位、拱圈卸架后,应进行24h观测,检验锚固、支撑体系的可靠程度。

⑦转动时应控制转动速度,千斤顶应同步牵引。转动角速度应控制在0.01~0.02rad/min,拱圈悬臂端的线速度应控制在1.5~2.0m/min。

⑧钢丝绳牵引索应在千斤顶直接顶推启动后再牵引转动。
⑨接近止动距离时应按方案要求进行止动操作,并应设专人负责限位工作。
⑩合龙段混凝土达到设计强度后,应分批、分级松扣,拆除扣、锚索。
(11)无平衡重平转施工应符合下列规定:
①尾索张拉、扣索张拉、拱体平转、合龙卸扣作业应监测索力、轴线、高程等。
②无平衡重平面转体锚固体系的抗剪强度、抗滑稳定性应符合设计要求。锚碇系统两方向的平撑及尾索应形成三角稳定体。转动体系应灵活自如、安全可靠。位控体系应能控制转动体的转动速度和位置。
③两组尾索应上下左右对称、均衡张拉,桥轴向和斜向的尾索应分次、分组交叉张拉,各尾索的内力应均衡。
④扣索张拉前,应检查支撑、锚梁、轴套、拱铰、拱体和锚碇等部位(件)。扣索应锚固可靠,拱圈(肋)卸架应对称拴扣风缆。
⑤扣索应对称于拱体按由下向上的次序分级张拉。张拉过程中各索内力相对偏差应控制在5kN以内。
⑥风缆的走速在启动和就位阶段应控制在0.5~0.6m/min,中间阶段应控制在0.8~1.0m/min。
⑦合龙后扣索应对称、均衡、分级拆除,拆除过程中应监控拱轴线及扣索内力。
(12)竖转法施工应符合下列规定:
①扣索应选用钢丝绳或钢绞线,钢丝绳的安全系数不得小于6,钢绞线的安全系数不得小于2,锚碇的抗拔、抗滑安全系数不得小于2。
②索塔的偏载、荷载变化和风力等不得超出设计要求。
③转动铰应转动灵活,接触面应满足局部承压要求;索塔顶端滚轴组鞍座内应无异物;拱上多余约束应解除。
④遇恶劣天气不得进行转体施工。
⑤转动前应进行试转,竖转速度应控制在0.005~0.01rad/min。
⑥转动过程中扣索应同步提升,速度应均匀、可控,并应不间断观测吊塔顶部位移、检测后锚索与扣索的索力差,并应控制在允许范围以内。
⑦拱顶两侧应对称拴扣缆风索,释放索距应与扣索提升同步。
(13)吊杆(索)、系杆施工应搭设稳定、安全的施工平台,张拉应同步、对称。
(14)拱上结构施工应符合现行《公路桥涵施工技术规范》(JTG/T F50)的有关规定。

三、斜拉桥施工安全要求

(1)斜拉桥施工中,电气设备和线路的绝缘必须良好,各种电动机械必须接地,接地电阻不得大于4Ω。电气设备和线路检修时,应先切断电源。
(2)施工现场要有防火措施并备有消防器材,要防止电焊火花溅落在易燃物料上。
(3)混凝土索塔施工应符合下列规定:
①参加索塔施工的人员应体检,患高血压、心脏病、高空作业禁忌症及医生认为其他不适

合从事高空作业的人员不得从事索塔施工作业。

②塔吊上部应装设测风仪。塔吊停机作业后,吊臂应按顺风方向停放。

③索塔施工作业,应在劲性骨架、模板、塔吊等构筑物顶部设置有效的避雷设施,并应定期检测防雷接地电阻。

④索塔、横梁等悬空作业,应形成绕索塔塔身封闭的高空作业系统,每层施工面应设置安全平网和立网,立网高度不得小于1.5m,平网应随施工高度提升,网格、网距、受力等应符合要求。

⑤索塔施工应设警戒区,通往索塔人行通道的顶部应设防护棚。

⑥索塔上部、下部、塔腔内部等通信联络应畅通有效。

⑦起重作业应执行现行《公路工程施工安全技术规范》(JTG F90)第5.6节的有关规定。

⑧索塔施工超过40m时应设置施工升降机。

⑨索塔施工机具、设备和物料的提升和吊运应使用专用吊具。

⑩采用泵送浇筑塔身混凝土,混凝土泵管应附墙设置,泵管附墙件应经计算、审核,应定期检查。

⑪索塔施工平台四周及塔腔内部应按要求配备消防器材。

⑫索塔施工应设置劲性骨架,劲性骨架的刚度、强度应能满足钢筋架立、模板安装的要求。

⑬倾斜索塔施工应验算索塔内力,并应分高度设置水平横撑或拉杆。

(4)索塔横梁及塔身合龙段施工应符合下列规定:

①支架系统应进行专门设计,其强度、刚度和稳定性应满足最不利工况要求。

②支架焊接、栓接作业应设置牢固的作业平台。

③支架系统安装完成后,应组织验收,并应详细记录。

④横梁与索塔采用异步施工时,上部索塔、下部横梁均应采取防止高空坠落和物体打击的安全措施。

⑤下横梁和中横梁钢筋混凝土施工时,在支撑模板的分配梁四周应安装不低于1.2m的安全护栏,护栏外侧应满挂安全网。

⑥索塔横梁及塔身合龙段预应力施工,应搭设操作平台,防护设施应符合现行《公路工程施工安全技术规范》(JTG F90)第5.7节的有关规定。

⑦在横梁、塔身合龙段内部空心段拼装、拆除模板时,应配备消防器材和照明设施,必要时应采取通风措施。

(5)钢梁施工应符合下列规定:

①钢梁施工应编制专项施工方案,超过一定规模的危险性较大工程应按要求进行专家论证。

②钢梁构件和梁段运输应采取临时固定措施。

③钢梁存放场地应平整、稳固、排水良好,基础承载力应满足要求,钢梁存放堆码不得大于两层。

④吊装作业应设置缆风绳等软固定设施。

⑤非定型桥面悬臂吊机应进行专门设计,委托具有相应资质的专业单位加工制造,并组织

验收。

⑥梁段吊装前,应检查桥面悬臂吊机的前支点和后锚固点等关键受力部位。

⑦不得用桥面悬臂吊机调整梁段之间的缝宽及梁端高程。

⑧压锚前应校验液压千斤顶、测力设备。压索前应检查张拉系统,连接丝杆与斜拉索应顺直。

⑨在现场高空焊接、栓接梁段,宜采用桥梁永久检修小车作为焊接、栓接操作平台。梁段焊缝探伤作业人员应穿戴有防辐射功能的防护背心。

⑩已拼接的桥面钢箱梁临边应设置防护栏杆。

⑪钢箱梁悬拼过程中,箱梁内应保持通风,箱梁内照明应使用安全电压。

⑫主梁施工过程中,在梁端安装斜拉索后,应在梁端采取控制斜拉索的措施。

⑬大跨径斜拉桥施工安排应合理,长悬臂状态下的主梁施工不宜在大风或台风季节进行;不可避免时,应验算长悬臂主梁的稳定性,并应采取临时抗风加固措施。

(6)混凝土主梁挂篮悬浇除应符合前述挂篮施工的规定外,还应符合下列规定:

①挂篮安装调试后,应按最大施工组合荷载的1.2倍做荷载试验。

②采用挂篮浇筑主梁0号段及相邻梁段浇筑施工时,应设置可靠的支架系统,施加在支架上的临时施工荷载应包括悬浇挂篮的重量。

③浇筑混凝土前,应检查挂篮锚固、水平限位、吊带等部件。

④浇筑混凝土应保持挂篮对称平衡,偏载量不得超过设计规定。

⑤挂篮后端应与已完成的梁段锚固,稳定系数不得小于2。

⑥挂篮行走速度应小于0.1m/min,前移滑道应铺设平整、顺直,不得偏移。前移时应检查后锚固及各部件受力情况,后锚固的稳定系数不得小于2。就位后,后锚固点应立即锁定。

⑦挂篮后锚固解除后,挂篮应沿箱梁中轴线对称向两端推进,每前进0.5m应观测一次。

(7)斜拉索施工应符合下列规定:

①在船上放置索盘架,应保持放索船平衡。索盘架底部与船体甲板应焊牢,索盘架的4个承重点应置于船体骨架上,索架应焊斜支撑。

②斜拉索展开时,索头小车应保持平衡,操作人员与索体距离不得小于1m。

③塔端挂索施工平台应搭设牢固,作业平台关键部位焊接应牢固,平台四周及人员上下平台的通道应设置防护栏杆,护栏外侧应满挂安全网。人员上下通道跳板应满铺。

④塔内脚手架应稳定可靠,操作平台应封闭,操作平台底应挂安全网。作业人员不得向索孔外扔物品。

⑤塔腔内应设人员疏散安全通道。

⑥塔腔内照明应采用安全电压,并应配备消防器材。塔腔内不得存放易燃易爆物品。

⑦塔端挂索前,应检查塔顶卷扬机、导向轮钢丝绳及卷扬机与塔顶平台的连接焊缝。

⑧挂索前,应检查塔腔内撑脚千斤顶、手拉葫芦及千斤顶的吊点情况。

⑨挂索或桥面压索前,应检查张拉机具。连接丝杆与斜拉索应顺直,夹板应无变形,焊缝应无裂纹,螺栓应无损伤。

⑩梁端移动挂索平台应搭设牢固,滑车及轨道应保持完好。

⑪塔腔内放软牵引索应同步,安装工具夹片应及时。

⑫千斤顶、油泵等机具及测力设备应校验。张拉杆的安全系数应大于2,每挂5对索应用探伤仪检查一次张拉杆,不得使用有裂纹、疲劳及变形的张拉杆。

四、悬索桥施工安全要求

(1)重力式锚碇基坑作业应符合下列规定:

①基坑开挖施工除应符合现行《公路工程施工安全技术规范》(JTG F90)第8.8节的有关规定外,还应沿等高线自上而下分层进行开挖,及时支护坑壁,在坑外和坑底应分别设置截水沟和排水沟。

②夜间施工基坑周围应设置警示灯。

(2)重力式锚碇基础施工应符合下列规定:

①沉井作为锚碇基础施工除应符合现行《公路工程施工安全技术规范》(JTG F90)第8.5节的有关规定外,还应在施工下沉过程中注意观察江边堤防等水利设施的稳定情况,发现异常应及时采取相关措施。

②地下连续墙基础的施工除应符合现行《公路工程施工安全技术规范》(JTG F90)第8.6节的有关规定外,还应在基坑开挖前对地下连续墙基底的基岩裂隙进行压浆封闭,并应采取防渗措施。

③高处作业和脚手架施工应符合现行《公路工程施工安全技术规范》(JTG F90)第5.7节的有关规定。

(3)隧道锚洞室开挖和岩锚开挖宜在开挖场所附近选取一处地质相似的地方进行爆破试验,对爆破施工方案的各种参数应进行试验和修正,并应据此确定爆破方案。

(4)索塔施工应符合现行《公路桥涵施工技术规范》(JTG/T F50)和《公路工程施工安全技术规范》(JTG F90)第8.13节的有关规定。

(5)索鞍吊装施工应符合下列规定:

①对设置在塔顶或鞍部顶面的起重支架及附属的起重装置等应进行专门设计,其强度、刚度和稳定性应符合要求。

②地面各作业施工区域场地应设置警戒区,并应设置地面安全通道、作业卷扬机防护顶棚等安全防护设施。

③起重支架在索鞍吊装作业前,应进行荷载试验。试吊加载的重量分别为设计吊重的80%、100%、110%和125%,其中80%和125%加载时为静载试验,100%和110%加载时为动载试验。

④索鞍吊装时应垂直起吊,吊装过程中构件下方不得站人或有人员过往。

⑤索鞍吊装施工还应按现行《公路工程施工安全技术规范》(JTG F90)第5.6节、第5.7节的有关规定执行。

(6)猫道施工设计应符合下列规定:

①猫道应根据悬索桥的跨径、主缆线形、施工环境条件等因素进行专门设计,其结构形式和各部件尺寸应满足主缆工程施工的需要。

②猫道的线形宜与主缆空载时的线形平行。猫道面层宜由阻风面积小的两层大、小方格钢丝网组成,面层顶部与主缆下沿的净距宜为1.3~1.5m;猫道的净宽宜为3~4m,扶手高宜为1.2~1.5m;猫道在桥纵向应左右对称于主缆中心线布置,猫道间宜设置横向人行通道。

③猫道的强度、刚度和抗风稳定性应符合要求;猫道承重索计算时,其荷载组合与安全系数应符合表12-1的规定。

施工猫道承重索强度计算荷载组合及安全系数取值表　　　表12-1

荷 载 组 合		安 全 系 数	备　　注
静力结构强度验算	恒载	≥3.5	
	恒载+活载	≥3.0	
	恒载+活载+温度荷载	≥3.0	温度荷载按降温15℃考虑
风荷载组合结构强度验算	恒载+活载+施工阶段风荷载组合	≥3.0	按6级风力考虑
	恒载+最大阵风荷载组合	≥2.5	

④承重索的锚固系统每端宜设大于2m的调整长度。

⑤猫道锚固系统及其他各种预埋件应满足设计受力要求,拉杆应按照设计要求调整,拉杆加工制作单位应按规定具备相关资质,拉杆制作完成后应做探伤和抗拉试验。

(7)先导索施工应符合下列规定:

①先导索施工前应对施工方案进行专项论证,并应加强先导索跨越区域的监控。

②采用火箭牵引先导索施工,应由专业机构操作,并按规定经相关部门批准。火箭发射及着陆区域应设置安全警戒区。

③采用拖轮牵引先导索施工,拖力应满足牵引技术要求,并应经海事、航道管理部门批准,施工期间应封航。

④采用直升机、无人机牵引先导索施工,直升机、无人机性能应满足牵引技术要求,并应按规定经有关部门批准。

⑤恶劣天气不得进行先导索牵引作业。

(8)猫道架设应符合下列规定:

①猫道架设应遵循横桥向对称、顺桥向边跨和中跨平衡的原则,裸塔塔顶的变位及扭转应控制在设计允许范围内。

②承重索及其他钢丝绳投入使用前应严格验收,严禁使用断丝、变形、锈蚀等超出相应规定的钢丝绳,施工过程中应注意检查和防护。

③承重索和抗风缆采用钢丝绳时,架设前应通过预张拉消除钢丝绳非弹性变形,预张拉荷载不得小于其破断拉力的0.5倍。

④横桥向架设承重索,两侧应同步架设,数量差不宜超过1根;顺桥向架设承重索,边跨与中跨应连续架设,且中跨的承重索宜采用托架法架设。

⑤面层及横向通道铺设,宜从索塔塔顶开始,同时向跨中和锚碇方向对称、平衡架设安装,并应设置牵引及反拉系统,控制面层铺设下滑速度。

⑥猫道面层应每隔0.5m绑扎一根防滑木条,每3m交替设置面层小横梁和大横梁,并应

与猫道牢固连接。

⑦猫道外侧应设置扶手绳及钢丝密目网。

⑧猫道单根承重索宜采用整根钢丝绳，接长的连接方式应安全、可靠，应进行工艺评定，并应进行静载试验，连接部位实际抗拉力应大于钢丝绳最小破断力。

(9)猫道拆除应符合下列规定：

①猫道拆除前应制订专项施工方案，对承重索、扶手索、横向通道等构件进行受力计算，拆除使用的各种机具应满足受力要求。

②猫道拆除前应收紧承重索。

③猫道面层和底梁宜按中跨从塔顶向跨中方向、边跨从塔顶向锚碇方向的顺序分段拆除。

④猫道下放前，下放的垂直方向不得有障碍物。

⑤猫道拆除前，影响拆除作业区域的翼缘板不得施工。

(10)主缆施工应符合下列规定：

①索股放索速度不得超过方案规定值，索股牵引过程中应有专人跟踪牵引锚头，且宜在沿线设观测点监测索股的运行状况。

②索股整形入鞍时，握索器与索股应连接可靠，索股应保持在限位轮中，操作人员不得处于索股下方。

③索股锚头入锚后应临时锚固，索鞍位置处调整好的索股应临时压紧固定，不得在鞍槽内滑移。

(11)索夹与吊索施工应符合下列规定：

①在满足施工需要的前提下，应减小猫道面层开孔面积，并应在开孔位置四周绑扎防滑木条，设立警示标志。

②索夹在主缆上定位后，应紧固螺栓。紧固同一索夹的螺栓时，各螺栓受力应均匀。

③采用缆索吊安装索夹及吊索时，应符合现行《公路工程施工安全技术规范》(JTG F90)第5.6节、第5.7节中的有关规定。

④吊运物体时，作业人员不得沿主缆顶面行走。

⑤猫道上摆放索夹的位置处应铺设木板。

⑥缆索吊吊装索夹、吊索时，运行速度应平稳，作业人员应在吊运构件到位稳定后作业。

⑦制动不良不得吊运作业。

(12)加劲梁施工应符合下列规定：

①加劲梁安装前应制订专项施工方案，并应对桥位处的自然环境条件进行勘察，掌握当地的有关气象资料。

②安装加劲梁的吊机、吊索具等应进行专门设计，加劲梁吊装作业前应按各工况进行试吊，试吊荷载为最大梁段重量的1.2倍。

③钢箱加劲梁接头焊缝的施焊宜从桥面中轴线向两侧对称进行，接头焊缝强度和刚度不符合要求时，不得解除临时刚性连接。

④钢桁架梁吊装，桥面吊机、铰接设备、吊索牵引机具、片架运输台车、行走轨道铰点过渡梁和移动操作台车等设备应做专项设计、加工及试验。桥面吊机应满足拼装过程中顺桥向坡

度变化的要求,底盘应设止滑保险装置。

⑤吊装设备应安排专人负责监测,发现吊绳松弛、油泵漏油、吊具偏位等情况应立即停止作业。

⑥吊装加劲梁,梁体上不得搭载人员、材料及设备。

⑦顶推安装钢箱梁型自锚式悬索桥加劲梁应符合现行《公路工程施工安全技术规范》(JTG F90)第8.11.3条、第8.11.6条的有关规定,顶推设备的能力不得小于2倍的计算顶推力;拼装平台、临时墩墩顶均应设导向及纠偏装置。

五、钢桥施工安全要求

(1)钢桥安装应编制专项施工方案,应附具临时支架、支承、吊机等临时结构和钢桥结构本身在不同受力状态下的强度、刚度及稳定性验算结果。

(2)平板拖车运输钢桥构件应符合下列规定:

①平板拖车速度宜小于5km/h。

②牵引车上应悬挂安全标志。超高的部件应有专人照看,并应配备适当工具清除障碍。

③除驾驶员外,还应指派1名助手,协助瞭望。平板拖车上不得坐人。

④重车下坡应缓慢行驶,不得紧急制动。驶至转弯或险要地段时,应降低车速,同时注意两侧行人和障碍物。

⑤装卸车应选择平坦、坚实的路面为装卸地点。装卸车时,机车、平板车均应驻车制动。

(3)水上运输钢桥构件应符合下列规定:

①水上运输前,应根据所经水域的水深、流速、风力等情况,制订运输方案,并按规定审批。

②需临时封闭航道时,应按规定报相关管理部门批准,并办理相关手续。

③装船前应进行稳定性验算。

④驳船装载的钢桥构件应安放平稳。拖轮牵引驳船行进速度应缓慢,不得急转弯。

(4)轨道平车运输钢桥构件应符合下列规定:

①轨道路基宽度、平整度、强度应满足施工要求。铺设轨道应平直、圆顺,轨距应在允许误差值之内,轨道半径不得小于25m,纵坡不宜大于2%,纵坡大于2%的区域应采取相应的安全措施。轨道与其他道路交叉时,应按规定铺设交叉道口。

②轨道平车运输大型构件前,应检查平车的转向托盘或转盘、支撑制动器等。

③大型构件运输过程中应检查构件的稳定状况及轨道平车运行情况,发现异常应停止作业。

④下坡时应以溜绳控制速度,并应人工拖拉止轮木块跟随前进。

(5)钢桥安装应设置避雷设施并应符合现行《建筑物防雷设计规范》(GB 50057)的规定。

(6)起重吊装作业应符合现行《公路工程施工安全技术规范》(JTG F90)第5.6节的有关规定。

(7)水上安装应符合现行《公路工程施工安全技术规范》(JTG F90)第5.8节的有关规定。

(8)构件组拼和钢桥安装属于高处作业时,应符合现行《公路工程施工安全技术规范》(JTG F90)第5.7节的有关规定。

(9)钢梁杆件组装,应在平整的作业台上进行,基础承载力应满足要求。

(10)支架上拼装钢梁应符合下列规定:

①冲钉和粗制螺栓总数不得少于孔眼总数的1/3,其中冲钉不得多于2/3。

②冲钉和粗制螺栓总数不得少于6个,少于6个时,应将全部孔眼插入冲钉或粗制螺栓。

③采取悬臂或半悬臂法拼装钢梁时,连接处冲钉数量应按所承受荷载计算确定,且不得少于孔眼总数的一半,其余孔眼宜布置精制螺栓,冲钉和精制螺栓应均匀布置。

④高强度螺栓栓合梁拼装时,其余孔眼宜布置高强度螺栓。吊装杆件时,应在杆件完全固定后松钩卸载。

(11)装拆脚手架、上紧螺栓、铆合等不得交叉作业。杆件拼装对孔应采用冲钉探孔。

(12)钢梁上的各种电动机械和电缆线、照明线路等,应保持绝缘良好。

(13)拼装杆件时,应安装好梯子、溜绳、脚手架。斜杆应安拴保险吊具。杆件起吊时,应先试吊。杆件起吊时,先提升0.3m左右,确认安全再继续起吊。

(14)架梁用的扳手、小工具、冲钉及螺栓等应存放在工具袋内,不得抛掷。多余的料具应及时清理。

(15)悬臂拼装法施工应符合下列规定:

①吊机应按设计就位、锚固,并应做动、静荷载试验。

②构件起吊前,应检查构件,吊环应无损伤,结合面不得有突出外露物,构件上不得有浮置物件。

③构件应垂直起吊,并应保持平衡稳定,不得碰撞已安装构件和其他作业设施。

④构件起升后,运送构件的车辆或船舶应迅速撤出。

⑤卷扬机电机过热或其他机械设备出现故障时,应暂停吊运作业。

(16)钢桥顶推施工应符合前述顶推施工的有关规定。

(17)钢桥现场检验检测涉及高处作业时应符合现行《公路工程施工安全技术规范》(JTG F90)第5.7节的有关规定。

(18)钢桥的X射线探伤作业应符合现行《工业X射线探伤放射卫生防护标准》(GBZ 117)的规定。

六、桥面及附属工程施工安全要求

(1)桥面系施工前,上下行桥之间空隙处应满布安全网。

(2)栏杆、护栏施工应做好临边防护工作,非工作面应予以封闭,工作面应设专人值守,非作业人员不得进入作业区域。

(3)栏杆、护栏安装期间应避免双层作业,对桥下一定区域进行安全围蔽和安全警示。

(4)钢制栏杆或预制混凝土护栏安装,应做好人、物防坠落措施,临边应挂网或做硬质防护。

(5)现浇混凝土护栏模板应安装牢固,并有防坠落措施。

(6)混凝土防撞护栏的施工应符合下列规定:
①装配式梁式桥防撞护栏施工前,边梁应与中梁连接牢固。
②单柱墩桥梁防撞护栏应两侧对称施工。
(7)大风或其他不良天气条件下应停止栏杆、护栏作业。
(8)伸缩缝安装区域应设置临边防护措施,通道应有明显的警示标志。
(9)大型伸缩缝的安装,要防止机械伤害事故,起重设备应有专人指挥,安装牢固后方可松除吊钩。
(10)反开槽安装的伸缩装置槽口应临时铺设钢板或砂袋,并应在开槽处设置警示标志。
(11)桥面铺装施工时应在桥面钢筋上铺设一定的人行通道和小型机具堆放点。
(12)采用洒水养护时,严禁向电器上洒水,应对电器进行合理覆盖。
(13)如果桥面有检查孔洞的,在桥面施工期间必须进行有效防护,防止人员等坠落。
(14)桥面清扫垃圾、冲洗弃渣等应集中收集后运往指定地点,不得直接抛往桥下。

第六节　涵洞与通道

(1)顶进法施工涵洞或通道桥涵应编制专项施工方案。
(2)涵洞基坑和顶进工作坑开挖应符合现行《公路工程施工安全技术规范》(JTG F90)第8.8节的有关规定。
(3)现场浇筑涵洞或通道桥涵时,支架、模板应安装牢固,应符合现行《公路工程施工安全技术规范》(JTG F90)第5.2节的有关规定。
(4)顶进前应编制公路中断和抢修预案,并应配备抢修人员和物资。
(5)雨季不宜顶进作业,无法避开时,应采取防洪、排水措施。
(6)顶进作业时,地下水位应降至涵洞或通道桥涵基础底面1m以下,且降水作业应控制土体沉降。
(7)顶进前,应注浆加固易坍塌土体,并应通过现场试验确定注浆参数,注浆时土体不得隆起。
(8)传力柱支承面应密贴,方向应与顶力轴线一致。宜4~8m加一道横梁,应采用填土压重等防止传力柱崩出伤人的措施,传力柱上方不得站人。顶进时应安排专人密切观察传力柱的变化,有拱起、弯曲等变形时,应立即停止顶进,进行调整。
(9)顶入路基后,宜连续顶进。
(10)顶进挖土时,应派专人监护。发现异常情况时,作业人员及机械应立即撤离危险区域,并应视情况采取交通安全保障措施。
(11)顶进挖土作业应坚持"勤挖快顶"的原则。不得掏洞取土、逆坡挖土。顶进暂停期内不得挖土。
(12)挖土机械不得碰撞加固设施和桥涵主体结构。人工清理开挖工作面时,挖土机械应退出开挖面。
(13)支点桩不得爆破拆除。

第七节 某桥梁挂篮坠落致4人死亡案例

一、工程背景及事故经过

1999年7月15日上午9点,某桥梁工程进行挂篮施工的准备工作,浮箱上的起吊机正在往0号块桥面上吊运万能杆件(吊物重1.5t,长2m),当吊物上升到挂篮左侧上方时,站在0号块上的指挥人员指示吊车主臂向右旋转,以使吊物绕过挂篮落位于桥面上。在吊臂旋转的过程中,吊物的一端突然碰撞到支撑锚固蹬筋的千斤顶,并把千斤顶打倒,致使挂篮的两组后锚从横梁两端滑脱,挂篮失稳,整体从20m的高处坠落,正在挂篮上进行作业的7人随同挂篮一同坠入江中,3人获救,4人溺水死亡。

二、事故原因分析

1. 技术方面

(1)在建设单位对工期一再要求提前的情况下,施工单位组织挂篮施工大会战。为了赶进度,在没有制订"挂篮施工工艺方案"的情况下,仓促进行挂篮施工。作业现场多项工作齐头并进,管理十分混乱。该施工单位在安全与进度发生矛盾时,无奈地选择了"进度第一",严重忽视了安全生产工作。

(2)按照挂篮施工设计要求,对挂篮的四个锚固点均应进行锚固,但为了省事,该挂篮只锚固了两个点。对此,工程负责人及现场技术人员视而不见,不检查、不纠正。造成挂篮整体稳定性差,埋下事故隐患。

(3)吊车司机在起吊作业过程中,看不见指挥人员的手势和信号(指挥吊车者无手旗和哨子),当吊物偏移视线完全被挂篮挡住时,司机仅凭感觉操纵旋转吊车主臂,根本看不见吊物所在的高度和位置,盲目操作,导致事故发生。

2. 管理方面

(1)该工地管理混乱,既未编制"挂篮施工方案",也未进行安全技术交底。

(2)施工负责人与现场技术人员对存在的问题和隐患不检查,不纠正,隐患未能得到及时解决。

(3)《安全生产法》要求,在进行吊装等有较大危险作业时,必须有专人进行指挥,但该工地指挥吊车人员没有明显的指挥信号,当吊物进入吊车司机看不见的"盲区"时,依然指挥主臂旋转,严重违反了吊车"十不准吊"的原则。

三、经验教训

该起事故属于较大生产安全责任事故,责任认定如下:

(1)项目负责人不按施工规范编制挂篮施工方案及进行安全技术交底,抢进度,赶工期,盲目组织大会战,应负主要领导责任。

(2)吊车指挥人员违章指挥,信号不明,判断失误,应负直接责任。

(3)吊车司机违章操作,严重违反了吊车"十不准吊"的原则,凭感觉盲目操作,应负直接责任。

四、预防对策

(1)对建设单位提出的不合理、不符合施工客观规律的要求,要冷静对待,谨慎行事,不能盲目顺从而赶工期、抢进度,在工期与安全发生矛盾时,必须把安全生产放在首位。

(2)对危险性较大的分部分项工程必须编制专项施工方案,并严格执行技术交底制度。对施工的重点部位要进行专项安全检查,对事故隐患及时进行整改和纠正。

(3)加强安全教育与培训工作,健全项目部安全管理制度。特别是对吊车司机应加强"十不准吊"原则的学习,严格执行吊车操作规程。

第十三章 隧道工程施工安全要求

隧道工程施工是公路工程施工中危险性较大的类型之一。由于地质勘查的局限性,常常导致工程地质、水文地质状况的未知性,受地形、气候因素的不利影响及施工技术的局限性,致使在施工过程中可能出现诸如坍塌、突水、突泥、瓦斯爆炸等安全事故,有时甚至发生特大安全事故。因此,在隧道工程施工中应特别注重安全管理制度的建设和执行、安全技术措施的采用和实施、施工安全行为的监督与规范、现场安全隐患的发现和消除,以减少或避免安全事故的发生。由于隧道施工工法多样,实际的地质情况也复杂多变,施工手段丰富多样,具体安全技术措施的制订需要紧密结合实际情况,进行细致分析,采用科学的方法,才能确保隧道施工安全。本章从隧道施工工艺、方法、步骤着手,介绍了一些安全技术要求。另外结合现场施工中可能存在的各种危险,从施工措施和管理要求的角度出发,提出了一些安全施工方法和要求。

第一节 一般规定

隧道工程施工,由于危险性较大,因此应将安全工作贯穿到从施工准备到交工验收的施工全过程;在思想上要重视、措施上要具体、行动上要积极。为了处理好隧道工程施工中"人、机、物、方法、环境"之间的关系,预防安全事故发生,首先要从总体上切实做好安全工作,以确保安全施工。隧道施工一般规定如下:

(1)隧道施工前应开展安全风险评估,辨识施工过程中的主要危险源及危害因素,制订安全防护措施,并应根据工程建设条件、技术复杂程度、地质与环境条件、施工管理模式,以及工程建设经验对隧道工程实施动态风险控制和跟踪处理。

(2)隧道施工应按设计文件规定的施工方法制订施工方案,地质条件发生变化时,应及时进行设计变更。

(3)压力容器操作人员应按照有关规定经专业机构培训,并应取得相应的从业资格。

(4)施工现场布设应符合下列规定:

①临时设施的设置除应符合现行《公路工程施工安全技术规范》(JTG F90)的有关规定外,尚应避开高边坡、陡峭山体下方、深沟、河流、池塘边缘等区域。

②弃渣场地应设置在不易溃塌、不产生滑坡的安全地段,不得堵塞河流、泄洪通道。

③隧道内供风、供水、供气管线与供电线路应分别架设,照明和动力线路应分层架设。

④供电线路架设应遵循"高压在上、低压在下,干线在上、支线在下,动力线在上、照明线在下"的原则。110V以下线路距地面不得小于2m,380V线路距地面不得小于2.5m,6~10kV线路距地面不得小于3.5m。

(5)隧道洞口管理应符合下列规定：

①隧道洞口应设专人负责进出人员登记及材料、设备与爆破器材进出隧道记录和安全监控等工作。

②隧道施工应建立洞内外通信联络系统。

③长、特长及高风险隧道施工应设置稳定可靠的视频监控系统、门禁系统和人员识别定位系统。

(6)隧道洞口与桥梁、路基等同一个工点有多个单位同时施工或洞内不同专业交叉作业时，应共同制订现场安全措施。

(7)隧道内施工不得使用以汽油为动力的机械设备。

(8)通风机、抽水机等隧道安全设备应配备备用设备。

(9)隧道内作业台车、台架应满足施工安全要求，高处作业安全防护设施应符合现行《公路工程施工安全技术规范》(JTG F90)的有关规定。

(10)隧道洞口、开关箱、配电箱、台车、台架、仰拱开挖等危险区域应设置明显的警示标志。洞内施工设备均应设反光标识。

(11)隧道内应按要求配备消防器材。

(12)应根据危险源辨识情况编制隧道坍塌、突水突泥、触电、火灾、爆炸、窒息、有害气体等应急预案并应配备相应的应急资源。

(13)高压富水隧道钻孔作业应采取防突水、突泥冲出的反推或拴锚等措施。

(14)不良地质隧道地段应遵循"早预报、预加固、弱爆破、短进尺、强支护、早封闭、勤量测、快衬砌"的原则施工。

(15)超前地质预报和监测方案应作为必要工序统一纳入施工组织管理。

(16)施工隧道内不得明火取暖。

(17)隧道内严禁存放汽油、柴油、煤油、变压器油、雷管、炸药等易燃易爆物品。

第二节　洞口与明洞

洞口与明洞工程施工安全控制要求：

(1)洞口各项工程，应结合洞外场地与相邻工程统筹安排尽早完成。地形、地质条件不利时，宜安排在冬季、雨季前做好，以便洞口稳定和正洞施工安全。当洞口可能出现滑坡、斜面崩坍、地表下沉、偏压、地基承载力不足、开挖工作面坍塌、涌水等危险时，应及时分别采取针对性的注浆加锚固与抗滑桩，从地表加固围岩和地表排水、洞内排水、墙部打桩、超前钢管、开挖工作面锚喷、初期支护闭合、加固底部围岩、护坡、钢架支撑下部垫板等措施，防止险情扩大，发生重大事故"封口""坍方关门"，造成严重后果。

(2)洞口施工前，应先清理洞口上方及侧方可能滑塌的表土、灌木及山坡危石等。

(3)洞口的截、排水系统应在进洞前完成，并应与路基排水顺接，不得冲刷路基坡面、桥台锥体、农田屋舍，土质截水沟、排水沟应随挖随砌。

(4)石质边、仰坡应采用预留光爆层法或预裂爆破法，不得采用深眼大爆破或集中药包爆破开挖。

(5)洞口边、仰坡坡面防护应符合要求,洞口施工应监测边、仰坡变形。

(6)洞口开挖应先支护后开挖、自上而下分层开挖、分层支护。不得掏底开挖或上下重叠开挖。陡峭、高边坡的洞口应根据设计和现场需要设安全棚、防护栏杆或安全网,危险段应采取加固措施。洞口工程应及早完成。

(7)洞口附近存在建(构)筑物且使用爆破掘进的,应采用控制爆破技术,并应监测震动波速及建(构)筑物的沉降和位移。

(8)洞口施工应采取措施保护周围建(构)筑物、既有线、洞口附近交通道路。

(9)洞口开挖宜避开雨季、融雪期及严寒季节。

(10)明洞施工应符合下列规定:

①明洞开挖前,洞顶及四周应设防水、排水设施。

②明洞应自上而下开挖。石质地段开挖应控制爆破炸药用量,开挖后应立即施作边坡防护。

③开挖松软地层边、仰坡应随挖随支护。

④衬砌强度未达到设计的70%、防水层未完成时,不得回填。

⑤明洞槽不宜在雨天开挖。

第三节 开挖、装渣与运输

一、开挖施工安全要求

(1)长度小于300m的隧道,起爆站应设在洞口侧面50m以外;其余隧道洞内起爆站距爆破位置不得小于300m。

(2)装药、起爆、通风、盲残炮处置等应符合现行《爆破安全规程》(GB 6722)的有关规定。

(3)爆破后应按先机械后人工的顺序找顶,并应安全确认。

(4)机械开挖应根据断面和作业环境选择机型、划定安全作业区域,并应设置警示标志。

(5)人工开挖应设专人指挥,作业人员应保持安全操作距离。

(6)两座平行隧道开挖,同向开挖工作面纵向距离应根据两隧道间距、围岩情况确定,且不宜小于2倍洞径。

(7)隧道双向开挖面间相距15~30m时,应改为单向开挖。停挖端的作业人员和机具应撤离。土质或软弱围岩隧道应加大预留贯通的安全距离。

(8)涌水段开挖宜采用超前钻孔探水查清含水层厚度、岩性、水量与水压。

(9)全断面法施工应符合下列要求:

①应控制一次同时起爆的炸药量。

②地质条件较差地段应对围岩进行超前支护或预加固。

(10)台阶法和环形开挖预留核心土法施工,除应符合现行《公路隧道施工技术规范》(JTG F60)的有关规定外,尚应符合下列规定:

①围岩较差、开挖工作面不稳定时,应采用短进尺、上下台阶错开开挖或预留核心土措施,宜采用喷射混凝土、注浆等措施加固开挖工作面。

②应根据围岩条件和初期支护钢架间距确定台阶上部开挖循环进尺,上台阶每循环开挖支护进尺Ⅴ、Ⅵ级围岩不应大于1榀钢架间距,Ⅳ级围岩不得大于2榀钢架间距。

③围岩较差、变形较大的隧道,上部断面开挖后应立即采取控制围岩及初期支护变形量的措施。

④台阶下部断面一次开挖长度应与上部断面相同,且不得超过1.5m。

⑤台阶下部开挖后应及时喷射混凝土封闭。

(11)中隔壁法施工应符合现行《公路隧道施工技术规范》(JTG F60)的有关规定,且同侧上、下层开挖工作面应保持3~5m距离。

(12)双侧壁导坑法施工应符合下列规定:

①及时施工初期支护并尽早封闭成环。

②侧壁导坑形状应近似于椭圆形断面。

③导坑跨度宜为隧道跨度的1/3。

④左右导坑前后距离不宜小于15m。

⑤导坑与中间土体同时施工时,导坑应超前30~50m。

(13)仰拱开挖施工应符合下列规定:

①Ⅳ级及以上围岩仰拱每循环开挖长度不得大于3m,不得分幅施作。

②仰拱与掌子面的距离,Ⅲ级围岩不得超过90m,Ⅳ级围岩不得超过50m,Ⅴ级及以上围岩不得超过40m。

③底板欠挖硬岩应采用人工钻眼松动、弱爆破方式开挖。

④开挖后应立即施作初期支护。

⑤栈桥等架空设施强度、刚度和稳定性应满足施工要求;栈桥基础应稳固;桥面应做防侧滑处理;两侧应设限速警示标志,车辆通过速度不得超过5km/h。

二、装渣与运输施工安全要求

(1)装渣与运输应符合现行《公路隧道施工技术规范》(JTG F60)的有关规定。

(2)运渣车辆应状态完好、制动有效,不得载人,不得超载、超宽、超高运输。

(3)装渣、卸渣及运输作业场地的照明应满足作业人员安全的需要,隧道内停电或无照明时,不得作业。

(4)长、特长隧道施工有轨运输应配备载人列车,并设专人操作。

(5)无轨运输应设置会车场所、转向场所及行人的安全通道。

第四节 支 护

支护施工安全控制要求:

(1)围岩自稳程度差的地段应先进行超前支护、预加固处理,并应符合设计要求。

(2)应随时观察支护各部位,支护变形或损坏时,作业人员应及时撤离现场。

(3)喷射混凝土、锚杆、钢筋网、超前小导管、管棚支护施工应符合现行《公路隧道施工技术规范》(JTG F60)的有关规定。焊接作业区域内不得有易燃易爆物品,下方不得有人员站立或通行。

(4)钢架施工除应符合现行《公路隧道施工技术规范》(JTG F60)的有关规定外,尚应符合下列规定:

①钢架底脚基础应坚实、牢固。

②相邻的钢架应连接成整体。

③已安装的钢架发生扭曲变形时,应及时逐榀更换,不得同时更换相邻的钢架。

④下部开挖后,钢架应及时接长、落底,钢架底脚不得左右同时开挖。

⑤拱脚开挖后应立即安装拱架、施作锁脚锚杆,锁脚锚杆数量、长度、角度应符合设计要求。

⑥拱脚不得脱空,不得有积水浸泡。

⑦临时钢架支护应在隧道钢架支撑封闭成环并满足设计要求后拆除。

第五节 衬　　砌

衬砌施工安全控制要求:

(1)软弱围岩及不良地质隧道的二次衬砌应及时施作,二次衬砌距掌子面的距离Ⅳ级围岩不得大于90m,Ⅴ级及以上围岩不得大于70m。

(2)隧道内不得加工钢筋。

(3)衬砌钢筋安装应设临时支撑,临时支撑应牢固可靠并有醒目的安全警示标志。

(4)钢筋焊接作业在防水板一侧应设阻燃挡板。

(5)衬砌台车应经专项设计,衬砌台车、台架组装调试完成应组织验收,并应试行走,日常使用应按规定维护保养。

(6)拱架、墙架和模板拆除应符合现行《公路隧道施工技术规范》(JTC F60)的有关规定。

(7)仰拱应分段一次整幅浇筑,并应根据为围岩情况严格限制分段长度。

(8)混凝土由下至上分层、左右交替、对称灌注,振捣密实。为防止浇筑时两侧压力偏差过大造成台车移位,两侧混凝土灌注面高差宜控制在50cm以内,同时应合理控制混凝土浇筑速度。

(9)对已完成衬砌地段,应继续观察衬砌的稳定状态,注意变形、开裂、侵入净空等现象。

第六节　辅　助　坑　道

辅助坑道施工安全要求:

(1)横洞、平行导坑施工应符合现行《公路隧道施工技术规范》(JTG F60)的有关规定。

平行导坑宜采用单车道断面,间隔200m左右应设置一处错车道。错车道的有效长度宜为1.5倍施工车辆的长度。

(2) 开挖前应妥善规划并完成斜井、竖井井口周边的截水、排水系统和防冲刷设施,斜井洞门、竖井锁口圈应及早施作。

(3) 开挖前应检查斜井、竖井与正洞连接处的围岩稳定情况,应根据检查结果确定并实施超前预加固措施。开挖后,应及时支护和监控量测。

(4) 斜井施工应符合下列规定:

①无轨运输斜井内运输道路应硬化,并应采取防滑措施;长隧道斜井无轨运输道路综合纵坡不得大于10%;单车道的斜井,每隔一定距离应设置错车道,其长度应满足安全行车要求。

②无轨运输进洞载物车辆车速不得大于8km/h,空车车速不得大于15km/h;出洞爬坡车速不得大于20km/h。

③有轨运输井口应设置挡车器,并设专人管理;在挡车器下方5~10m及接近井底前10m处应各设一道防溜车装置;长大斜井每隔100m应分别设置防溜车装置,井底与通道连接处应设置安全索;车辆行驶时,井内严禁人员通行与作业。

④有轨运输井身每30~50m应设置躲避洞,井底停车场应设避车洞,井底附近的固定设备应置于专用洞室。

⑤斜井口、井下及提升绞车应有联络信号装置。每次提升、下放与停留应有明确的信号规定。

⑥斜井中牵引运输速度不得大于5m/s,接近洞口与井底时不得大于2m/s,升降加速度不得大于$0.5m/s^2$。

⑦斜井提升设备应按规定装设符合要求的防止过卷装置、防止过速装置、限速器、深度指示器、警铃、常用闸和保险闸等保险装置。

⑧斜井提升、连接装置和钢丝绳应符合安全使用的要求,并应定期检查。

⑨人员不得乘斗车上下;当斜井垂直深度超过50m时,应有运送人员的专用设施。

⑩运送人员的车辆应设顶盖,并装有可靠的防坠器;车辆中应装有向卷扬机司机发送紧急信号的装置。

(5) 竖井施工应符合现行《公路隧道施工技术规范》(JTG F60)的有关规定,提升机、罐笼、绞车应符合现行《矿井提升机和矿用提升绞车安全要求》(GB 20181)和《罐笼安全技术要求》(GB 16542)的有关规定,尚应符合下列规定:

①井口应配置井盖,除升降人员和物料进出外,井盖不得打开。井口应设防雨设施,通向井口的轨道应设挡车器。井口周围应设防护栏杆和安全门,防护栏杆的高度不得小于1.2m。

②竖井井架应安装避雷装置。

③竖井吊桶、罐笼升降作业应制定操作规程,并严格执行。

④每次爆破后,应有专人清除危石和掉落在井圈上的石渣,并检查初期支护和临时支撑,清理完后方可正常工作。当工作面附近或未衬砌地段发现落石、支撑发响、大量涌水时,作业人员应立即撤出井外,并报告处理。

第七节 通风防尘、照明及排水

一、隧道施工防水和排水安全要求

(1)隧道防水板施工作业台架应设置消防器材及防火安全警示标志,并应设专人负责。照明灯具与防水板间距离不得小于 0.5m,不得烘烤防水板。

(2)隧道排水作业应符合下列规定:

①隧道内反坡排水方案应根据距离、坡度、水量和设备情况确定。抽水机排水能力应大于排水量的 20%,并应备有一定数量的抽水机。

②隧道内顺坡排水沟断面应满足隧道排水需要。

③膨胀岩、土质地层、围岩松软地段应铺砌水沟或用管槽排水。

④遇渗漏水面积或水量突然增加,应立即停止施工,人员撤至安全地点。

(3)斜井及竖井排水应符合下列规定:

①斜井应边掘进边排水;涌水量较大地段应分段截排水。

②竖井、斜井的井底应设置排水泵站;排水泵站应设在铺设排水管的井身附近,并应与主变电所毗邻;泵站应留有增加水泵的余地。

③水箱、集水坑处应挂设警示牌标志,并对设备进行挡护。

二、隧道施工通风、防尘及防有害气体要求

(1)施工通风应符合下列规定:

①隧道施工独头掘进长度超过 150m 时应采用机械通风;通风方式应根据隧道长度、断面大小、施工方法、设备条件等确定,主风流的风量不能满足隧道掘进要求时,应设置局部通风系统。

②隧道施工通风应纳入工序管理,由专人负责。

③隧道施工通风应能提供洞内各项作业所需要的最小风量,风速不得大于 6m/s;每人供应新鲜空气不得小于 $3m^3/min$,内燃机械作业供风量不宜小于 $4.5m^3/(min \cdot kW)$;全断面开挖时风速不得小于 0.15m/s,导洞内不得小于 0.25m/s。

④长及特长隧道施工应配备备用通风机和备用电源。

⑤通风机应装有保险装置,发生故障时应自动停机。

⑥通风管沿线应每 50~100m 设立警示标志或色灯。

⑦通风管安装作业台架应稳定牢固,并应经验收合格。

⑧主风机间歇时,受影响的工作面应停止工作。

(2)防尘、防有害气体应符合下列规定:

①作业过程中,空气中的氧气含量不得低于 19.5%;不得用纯氧通风换气。

②空气中的一氧化碳(CO)、二氧化碳(CO_2)、氮氧化物(NO_x)等有害气体浓度不得超过

表 13-1 中的容许值。

工作场所空气中有毒物质容许浓度（mg/m³）　　　　表 13-1

中　文　名		最高容许浓度	时间加权平均容许浓度（8h）	短时间接触容许浓度（15min）
二氧化氮 NO_2		—	5	10
二氧化硫 SO_2		—	5	10
二氧化碳 CO_2		—	9000	18000
一氧化氮 NO		—	15	30
一氧化碳 CO	非高原	—	20	30
	海拔为 2000~3000m	20	—	—
	海拔大于 3000m	15	—	—

注：最高容许浓度，指在一个工作日内任何时间都不应超过的浓度。

③空气中粉尘浓度应符合表 13-2 的规定。

工作场所空气中粉尘容许浓度（mg/m³）　　　　表 13-2

中　文　名		时间加权平均容许浓度（8h）	短时间接触容许浓度（15min）
白云石粉尘	总尘	8	10
	呼尘	4	8
沉淀 SiO_2	总尘	5	10
大理石粉尘	总尘	8	10
	呼尘	4	8
电焊烟尘	总尘	4	6
沸石粉尘	总尘	5	10
硅灰石粉尘	总尘	5	10
硅藻土粉尘游离 SiO_2 含量小于10%	总尘	6	10
滑石粉尘（游离 SiO_2 含量小于10%）	总尘	3	4
	呼尘	1	2
煤尘（游离 SiO_2 含量小于10%）	总尘	4	6
	呼尘	2.5	3.5
膨润土粉尘	总尘	6	10
石膏粉尘	总尘	8	10
	呼尘	4	8
石灰石粉尘	总尘	8	10
	呼尘	4	8
石墨粉尘	总尘	4	6
	呼尘	2	3

续上表

中 文 名		时间加权平均容许浓度（8h）	短时间接触容许浓度（15min）
水泥粉尘（游离 SiO_2 含量小于10%）	总尘	4	6
	呼尘	1.5	2
炭黑粉尘	总尘	4	8
矽尘 含10%～50%游离 SiO_2 粉尘	总尘	1	2
矽尘 含50%～80%游离 SiO_2 粉尘	总尘	0.7	1.5
矽尘 含80%以上游离 SiO_2 粉尘	总尘	0.5	1
矽尘 含10%～50%游离 SiO_2	呼尘	0.7	1
矽尘 含50%～80%游离 SiO_2	呼尘	0.3	0.5
矽尘 含80%以上游离 SiO_2	呼尘	0.2	0.3
稀土粉尘（游离 SiO_2 含量小10%）	总尘	2.5	5
萤石混合性粉尘	总尘	1	2
云母粉尘	总尘	2	4
	呼尘	1.5	3
珍珠岩粉尘	总尘	8	10
	呼尘	4	8
蛭石粉尘	总尘	3	5
重晶石粉尘	总尘	5	10
其他粉尘	总尘	8	10

注：1."其他粉尘"指不含有石棉且游离 SiO_2 含量低于10%，不含有毒物质，尚未制定专项卫生标准的粉尘。
2."总尘"指直径为40mm的滤膜，按标准粉尘测定方法采样所得的粉尘。
3."呼尘"即呼吸性粉尘，指按呼吸性粉尘采样方法所采集的可进入肺泡的粉尘粒子，其空气动力学直径均在 7.07μm以下，空气动力学直径 5μm 粉尘粒子的采样效率为50%。

④隧道施工应采取综合防尘措施，并应配备专用检测设备及仪器。隧道内存在矽尘的作业场所，每月应至少取样分析空气成分一次、测定粉尘浓度一次。

⑤隧道作业人员应配备防尘口罩、耳塞等个人劳动保护用品，并应定期体检。

三、风、水、电供应

（1）隧道施工供风应符合下列规定：

①空气压缩机站应设有防水、降温和防雷击设施。

②供风管的材质及耐风压等级应满足相应要求，供风管不得有裂纹、创伤和凹陷，管内不得留有残余物和其他脏物。

③供风管应铺设平顺、接头严密，软管与钢风管的连接应牢固，风管应在空压机停机或关闭闸阀后拆卸。

④不得在空压机风管进出口和软管旁停留人员或放置物品。

(2)施工供水的蓄水池应设防渗漏措施和安全防护设施,且不得设于隧道正上方。

(3)施工供电与照明必须符合下列规定:

①非瓦斯隧道施工供电应符合现行《公路工程施工安全技术规范》(JTG F90)的有关规定。

②瓦斯隧道供电照明应符合现行《煤矿安全规程》的有关规定。

③隧道外变电站应设置防雷击和防风装置。

④隧道内设置6~10kV变电站时,变压器与周围及上下洞壁的最小距离不得小于0.3m,变电站周围应设防护栏杆及警示灯。

⑤成洞地段固定的电线路应采用绝缘良好的胶皮线架设,施工地段的临时电线路应采用橡套电缆。竖井、斜井地段应采用铠装电缆,瓦斯地段输电线应使用密封电缆。

⑥涌水隧道电动排水设备、瓦斯隧道通风设备以及斜井、竖井内电气装置应采用双回路输电,并应设可靠的切换装置和防爆措施。

⑦动力干线上的每一分支线,必须装设开关及保险装置。严禁在动力线路上加挂照明设施。

⑧隧道施工用电必须按设计要求设置双电源或自备电源。自备发电机组与外电线路必须电源连锁,严禁并列运行。

⑨隧道内照明灯光应保证亮度充足、均匀及不闪烁,采用普通灯光照明时,其照度应符合现行《公路隧道施工技术细则》(JTG/T F60)的有关规定。

⑩作业地段照明电压不宜大于36V,成洞段和不作业地段宜采用220V,照明灯具宜采用冷光源。

⑪漏水地段应采用防水灯具,瓦斯地段应采用防爆灯具。

⑫隧道内用电线路和照明设备应设专人负责检查和维护,检修电路与照明设备应切断电源。

第八节 不良地质和特殊岩土地段

(1)富水软弱破碎围岩隧道施工应符合下列规定:

①施工过程应加强对隧道围岩和支护结构变形、地下水变化的监测,并应依据监测结论动态调整设计和施工参数。

②应严格控制开挖循环进尺,初期支护应及时施作。

③应遵循"防、排、堵、截"相结合的原则治水。

④施工中出现浑水、突水突泥、顶钻、高压喷水、出水量突然增大、坍塌等突发性异常情况应立即停止施工,分析异常原因,并应妥善处理。

(2)岩溶地质隧道施工应符合下列规定:

①应先开展地质调查,并根据综合地质预报对溶洞里程、影响范围、规模、类型、发育程度和填充物、储水及补给情况、岩层稳定程度以及与隧道的相对位置等作出预测分析,制订防范措施。

②应遵循"因地制宜、综合治理"的原则施工。
③隧道溶洞与地表水存在水力联系时,宜在旱季进行溶洞处理和隧道施工。
④岩溶段爆破开挖应严格控制单段起爆药量和总装药量,控制爆破震动。
⑤应备用足够数量的排水设备。
(3)含水沙层和风积沙隧道施工应符合下列规定:
①含水沙地段开挖应遵循"先治水、后开挖"的原则,风积沙地段开挖应遵循"先加固、后开挖"的原则;循环进尺应严格控制,并应加强监控量测。
②开挖完成后应及时支护、尽早衬砌、封闭成环。施工过程中应遇缝必堵,严防沙粒从支护缝隙中漏出。
(4)黄土隧道施工应符合下列规定:
①施工前应查明黄土的年代、成因、含水率、强度、压缩性、孔隙率、抗水性等情况,掌握详细的地质信息。
②进洞前,洞口的防排水系统应施作完毕。应采取回填夯实、填土反压、改变地表水径流等方法处理地表和浅埋段的冲沟、陷穴、裂缝。
③宜在旱季开挖洞口,雨季施工应采取控制措施。
④含水率较大的地层应及时排水,不得浸泡墙脚、拱脚。
⑤施工中应密切观察垂直节理。
⑥施工中应密切监测拱脚下沉情况。
(5)膨胀岩土地质隧道施工应符合下列规定:
①施工前应查明膨胀岩土岩性、规模、各向异性程度、吸水性、围岩强度比、水文地质、膨胀机理等情况,选择合适的施工方法和预控措施。
②除常规监测项目外,尚应加强监测围岩净空位移、围岩压力,并应根据监测结果及时调整预留变形量和支护参数。
③应控制开挖循环进尺,逐次开挖断面各分部,分部开挖不得超前独进。
④隧道开挖断面轮廓应圆顺。
⑤隧道开挖后应尽快初喷混凝土封闭岩面,并应控制施工用水,加强施工用水管理,岩面不得受水浸泡。
(6)岩爆地质隧道施工应符合下列规定:
①施工中应加强围岩特性、岩爆强度等级、水文地质情况等的预报、预测和分析。
②宜在围岩内部应力释放后采用短进尺开挖,每循环进尺宜为 $1.0 \sim 2.0 \mathrm{m}$,光面爆破的开挖面周壁宜圆顺。
③拱部及边墙应布设预防岩爆锚杆,施工机械重要部位应加装防护钢板。
④每循环内对暴露的岩面应加大监测及找顶频次。
⑤施工过程中应密切观察岩面剥落、监听岩体内部声响情况,出现岩爆迹象,作业人员应及时撤离。
(7)软岩大变形地质隧道施工应符合下列规定:
①施工过程中应加强围岩岩性、地应力、水文地质、地质构造、变形机理分析,确定可能产

生的变形程度与危害。

②施工过程中应监测拱顶下沉、周边位移、底鼓、围岩内部位移、支护结构变形等情况,并应依据监测结果及时调整支护参数和预留变形量。发现变形异常应及时处理。

③应严格控制循环进尺,仰拱、二次衬砌应及时施作、封闭成环。

(8) 含瓦斯隧道施工应符合下列规定:

①施工前应编制专项施工方案、超前地质预报方案、通风设计方案、瓦斯监测方案、应急预案、作业要点手册等。

②应建立专门机构,并设专人做好瓦斯检测、记录和报告工作,瓦斯监测员应按照相关规定经专门机构培训,并应取得相应的从业资格。

③各作业面应配备瓦检仪,高瓦斯工点和瓦斯突出地段应配置高浓度瓦检仪和自动检测报警断电装置,瓦斯隧道人员聚集处应设置瓦斯自动报警仪。

④瓦斯检测应至少选择瓦斯压力法、综合指标法、钻屑指标法、钻孔瓦斯涌出初速度法、"R 值指标法"中的两种方法,并需相互验证。

⑤瓦斯含量低于 0.5% 时,应每 0.5~1h 检测一次;瓦斯含量高于 0.5% 时,应随时检测,发现问题立刻报告。煤与瓦斯突出较大、变化异常时应加大检测频率。

⑥进入隧道施工前,应检测开挖面及附近 20m 范围内、断面变化处、导坑上部、衬砌与未衬砌交界处上部、衬砌台车内部、拱部塌穴等易积聚瓦斯部位、机电设备及开关附近 20m 范围内、岩石裂隙、溶洞、采空区、通风不良地段等部位的瓦斯浓度。隧道内瓦斯浓度限值及超限处理措施应符合表 13-3 的规定。

隧道内瓦斯浓度限值及超限处理措施　　表 13-3

序号	地点	限值	超限处理措施
1	低瓦斯工区任意处	0.5%	超限处 20m 范围内立即停工,查明原因,加强通风、监测
2	局部瓦斯积聚(体积大于 0.5m³)	2.0%	附近 20m 停工,撤人,断电,进行处理,加强通风
3	开挖工作面风流中	1.0%	停止电钻钻孔
4	煤层爆破后工作面风流	1.0%	继续通风,人员不得进入
5	局部通风机及电器开关 20m 范围内	0.5%	停机并不得启动
6	钻孔排放瓦斯时回流中	1.5%	撤人,停电,调整风量
7	竣工后洞内任何处	0.5%	查明渗漏点,向设计方反映,增加运营通风设备

⑦通风设施应保持良好状态,并应配置一套备用通风装置,各工作面应独立通风。

⑧风筒、风道、风门、风墙等设施应保持封闭,施工中应设专人维修和保养,不得频繁开启风门。

⑨应配置两套电源供电,并应采用双电源线路,电源线不得分接隧道以外任何负荷。

⑩应按规定设置灭火器、消防水池、消防沙等消防设施。

⑪应采用湿式钻孔开挖,装药前、放炮前和放炮后,爆破工、班组长和瓦斯检测员应现场检查瓦斯浓度并参加爆破全过程。

⑫爆破作业应使用煤矿许用炸药和煤矿许用瞬发电雷管或煤矿许用毫秒延期电雷管,并

应使用防爆型发爆器起爆。

⑬爆破母线应成短路状态,并包覆绝缘层。

⑭炮孔应使用炮泥填堵,填料应采用黏土或不燃性材料。

⑮起爆网络应由工作面向起爆站依次连接。

⑯揭煤地段施工宜采用微震动控制爆破掘进,并应根据煤层产状、厚度范围选定石门揭煤方法,爆破后应及时喷锚支护、封闭瓦斯,仰拱、二次衬砌应及时施工,衬砌背后应及时压浆填充空隙。

⑰铲装石渣前应浇湿石渣。

⑱开挖完成后应及时喷锚支护、封闭围岩、堵塞岩面缝隙。

(9)瓦斯隧道严禁两个作业面之间串联通风。洞口20m范围内严禁明火。严禁使用黑火药或冻结、半冻结的硝化甘油类炸药,同一工作面不得使用两种不同品种的炸药。

(10)高瓦斯工区和瓦斯突出工区电气设备与作业机械必须使用防爆型。

(11)冻土隧道施工应符合下列规定:

①洞口段应根据季节温度的变化采取保温措施,换填、保温、防护排水等设施宜在春融前完成,季节性冻土段宜安排在非冻季节施工。施工前应查明冻土类别、含水率及分布规律、结构特征、厚度以及物理力学性质。

②洞口应设置防寒保温门,洞口边、仰坡应"快开挖、快防护"。

③开挖爆破后,应及时喷锚支护封闭围岩。

第九节 盾构施工

(1)盾构始发应符合下列规定:

①盾构始发前应验算盾构反力架及其支撑的刚度和强度,反力架应牢固支撑在始发井结构上。盾构反力架整体倾斜度应与盾构基座的安装坡度一致。

②应根据工程水文地质条件、盾构机类型、盾构工作井的围护结构形式等因素加固盾构工作井端头地基,承载力应满足始发要求。

③应拆除刀盘不能直接破除的洞门围护结构。拆除前始发工作井端头地基加固与止水效果应良好。拆除时,应将洞门围护结构分成多个小块,从上往下逐个依次拆除,拆除作业应迅速连续。

④洞门围护结构拆除后,盾构刀盘应及时靠紧开挖面。

⑤盾构始发时应在洞口安装密封装置;盾尾通过洞口后,应尽早稳定洞口。

⑥盾构始发时,始发基座应稳定,盾构不得扭转。

⑦千斤顶应均匀顶进,反力架受力应均匀。

⑧负环脱出盾尾后,应立即对管片环向进行加固。

(2)盾构掘进应符合下列规定:

①盾构应在始发段50~100m进行试掘进,并应根据地质情况、施工监测结果、试掘进经验等因素选用掘进参数。

②土压平衡盾构掘进,开挖土体应充满土仓,并应核算排土量和开挖量。泥水平衡盾构掘进,泥浆压力与开挖面水土压力、排土量与开挖量应保持平衡。掘进过程中,应采取防止螺旋输送机发生喷涌的措施。

③盾构机不宜长时间停机。

④盾构刀具检查和更换地点应选择地质条件好、地层稳定的地段。

⑤维修刀盘应对刀盘前方土体采取加固措施或施作竖井。

⑥盾构设备应在机器停止操作时维修;液压系统维修前,应关闭相关阀门并降压;电气系统维修前,应关闭系统;空气和供水系统维修时,应关闭相应阀门并降压;刀盘、拼装机等旋转设备部件区域维修前,设备应停止运转。

(3)盾构管片拼装应设专人指挥。管片拼装和吊运范围内不得有人和障碍物,管片拼装时,拼装设备与管片连接应稳固,拼装完的管片应及时固定。

(4)盾构接收应符合下列规定:

①盾构到达前应拆除洞门围护结构,拆除前,工作井端头地基承载力、止水应满足要求。拆除时应控制凿除深度。洞口应安装止水密封装置。

②盾构距到达接收工作井15m内,应调整掘进速度、开挖压力等参数,减小推力、降低推进速度和刀盘转速,控制出土量并监测土仓内压力。

③隧道贯通前10环管片应设置管片纵向拉紧装置,贯通后应快速顶推并迅速拼装管片。

④隧道贯通前10环管片应加强同步注浆和即时注浆,盾尾通过洞口后应及时密封管片环与洞门间隙。

(5)盾构过站、掉头及解体应符合下列规定:

①过站、掉头托架或小车的强度、刚度和稳定性应满足盾构过站、掉头及解体的需要。

②盾构过站、掉头应观察盾构转向或移动状态。应控制好盾构掉头速度,并应随时观察托架或小车变形、焊缝开裂等情况。

③举升盾构机应同步、平稳。

④牵引平移盾构应缓慢平稳,钢丝绳应牢固。

⑤盾构解体前应关闭各个系统,各个部件应支撑牢固。

(6)盾构洞门、联络通道施工应符合下列规定:

①洞口负环拆除前应二次注浆。

②联络通道施工应编制专项施工方案。

③联络通道施工前应加固开挖范围及上方地层。

④拆除联络通道交叉口管片前应加固管片壁后土体和联络通道处管片。

⑤隧道内施工平台应与机车运输系统保持安全间距。

(7)特殊地质和施工环境条件下的盾构施工应符合下列规定:

①应制订监控量测方案,并应根据监控量测结果及时调整掘进参数。

②浅覆土地段应根据地质、水文条件与施工环境采取地基加固、设置抗浮板或加盖板等处理措施。

③小净距隧道施工前,应加固隧道间土体;先建隧道管片壁后应注浆,隧道内应支设钢支

撑;后建隧道施工应控制掘进速度、土仓压力、出渣量、注浆压力等。

④小半径曲线段隧道施工应制订防止盾构配套台车和编组列车脱轨或倾覆的措施。

⑤盾构下穿或近距离通过既有建(构)筑物、地下管线前,应详细调查并评估施工对该地段既有建(构)筑物、地下管线的影响,并应根据实际情况加固受盾构掘进影响的地基或基础、控制掘进参数,且应加强观测既有建(构)筑物的沉降、位移。

⑥大坡度地段机车和盾构机后配套台车应设置防溜装置。

(8)盾构施工运输应符合下列规定:

①皮带输送机机架应坚固、平顺。启动皮带输送机前应发出声光警示,应空载试转,各部位运转应正常,皮带应连接牢固、松弛度适中。应在达到额定转速后均匀装料,并应设专人检查皮带运转情况。

②轨道应平顺,钢轨与轨枕间应牢固,轨枕和轨距拉杆应符合安装规定,并应设专人养护轨道。

③机车安全装置应可靠有效,机车行驶速度不得大于10km/h,经过转弯处或接近岔道时不得大于5km/h,靠近工作面100m距离内不得大于3km/h并应打铃警示,车尾接近盾构机台车时不得大于3km/h。

④机车在启动和行驶过程中应启动警铃、电喇叭等警示装置。开车前应前后检查,各类物件应平稳放置、捆绑牢固,不得超载、超宽和超长运输。

第十节 水下隧道

(1)钻爆法施工的水下隧道应符合下列规定:

①应加强超前地质预测预报,查明掌子面前方地质情况,并应采取有效防治措施。

②洞口浅埋段应进行预支护和注浆加固。

③隧道穿越断层、破碎带、风化深槽等软弱不良地层,应采取超前预加固,并做好支护。

④围岩薄弱部位、高水压地段施工应采取防突涌、突水措施。注浆孔口应加设防突和止浆球阀装置,现场排水设备应充足。

⑤水下隧道应设置分段隔水闸门,应采取分段式集、排水井坑排水。

(2)盾构法施工的水下隧道除应符合现行《公路工程施工安全技术规范》(JTG F90)有关规定外,尚应符合下列规定:

①水下隧道掘进宜选用泥水平衡盾构掘进机。

②洞门凿除前应探孔进行水位实时监测,并应做好洞门止水密封。

(3)沉管法施工的水下隧道应符合下列规定:

①基槽浚挖作业前,应对隧址处海床和航道的演进历史进行充分调查。

②沉管浮运前,应检验沉管水密性能,掌握施工水域水文、气象信息。

③沉管起浮后,应核实沉管浮运时的干舷高度,监控管节浮态变化,并应及时处理。

④管节浮运、沉放时的水文、气象等工况条件应满足施工要求。浮运过程应设警戒船跟随。

⑤管节沉放到位后,沉管端头封闭门应按规定程序拆除。
⑥管节安装完成后,应按照规定报有关部门,并应在两岸设置禁止抛锚等警示标志。

第十一节 特 殊 地 段

(1)浅埋段不宜采用全断面法施工。
(2)浅埋段应加强地表沉降、拱顶下沉的量测;偏压隧道应加强对围岩的监测;地面有建(构)筑物时应采用控制爆破技术,并应监测爆破震动及变形。
(3)浅埋段地表冲沟、陷穴、裂缝等应回填夯实、砂浆抹面,并处理地表水。
(4)偏压隧道施工前,应根据土压情况对偏压段进行平衡、加固处理。
(5)偏压隧道靠山一侧应加强支护,每次开挖进尺不得超过一榀钢架间距,并应及时封闭。
(6)下穿隧道施工前应按照规定办理相关手续,编制保证交通安全和周围结构安全的专项施工方案。
(7)下穿隧道应加强监控量测工作,及时掌握隧道拱顶、净空变化及地表沉降情况。
(8)桩基托换法施工应检测托换桩、托换梁及既有建(构)筑物,并应验算沉降、应力、裂缝、变形和桩顶横向位移。

第十二节 小净距及连拱隧道

(1)地质条件不同的两孔隧道,宜先开挖地质条件较差的隧道,后开挖地质条件较好的隧道。
(2)小净距隧道施工应符合下列规定:
①小净距隧道洞口切坡宜保留两隧道间原土体。
②两隧道工作面应错开施工,先行洞与后行洞掌子面错开距离应大于2倍隧道开挖宽度。应严格控制爆破震动。
③后行隧道应根据围岩情况先加固中岩墙,极软弱围岩段应加固两隧道相邻侧拱架基础。
④宜采用光面爆破技术,并应采用低威力、低爆速炸药;爆破时另一洞内作业人员也应撤离。
(3)连拱隧道施工应符合下列规定:
①应根据中导洞探察的岩层情况确定合理的施工方案,主洞上拱部开挖应在中隔墙混凝土达到设计要求的强度后进行。
②中导洞不得作为爆破临空面。
③应在先行洞模筑衬砌混凝土达到设计要求的强度后进行后行洞的开挖和衬砌。
④主洞开挖时,左、右两洞开挖掌子面错开距离宜大于30m。
⑤应监测连拱隧道中隔墙的位移,并应及时对中隔墙架设水平支撑;后开挖隧道一侧的中隔墙和主洞之间的空隙宜回填密实或支撑稳固。

第十三节　附属设施工程

(1)设备洞、横通道及其他洞室施工应符合下列规定：
①洞室及与正洞连接地段爆破作业前，应根据围岩级别、扩挖断面大小选择合理的开挖爆破参数。
②安全距离以内的所有人员应撤离至安全区域。
③洞室的永久性防水、排水工程应与正洞一次同时完成。
④设备洞及横通道等处的施工宜采用喷锚支护，围岩不稳定时应增设钢架支撑。支护应紧跟开挖。与正洞连接地段，支护应予以加强。

(2)装饰工程施工应符合下列规定：
①隧道装饰区域应设置作业区警示标志及人员、机械绕行线路标志。
②各类装修原材料应分类存放并设置警示标志，并应配备防火、防爆消防设备；易燃、易爆等材料应设专人负责管理。
③通风机、蓄水池、电力管线及压力管道铺设等其他附属设施施工应符合现行《公路工程施工安全技术规范》(JTG F90)的有关规定。

第十四节　超前地质预报和监控量测

在地质条件复杂的山区建设隧道，隧道周围及工作面前方的工程地质和水文地质情况与隧道施工的质量和安全关系重大。不良地质条件极容易引起隧道塌方、突泥涌水，不仅在技术上给隧道施工带来极大的困难，也常常因突发事故导致人身伤亡、设备损失、工期延误，从而造成巨大的经济损失。由于隧道工程设计的基本依据是地质勘查资料，而隧道施工的依据主要是设计文件。大量的隧道工程建设实践表明，由于地质勘查精度、经费等诸多条件的限制，根据地质勘查资料做出的设计和实际不符的情况屡有发生。因此，必须熟悉各种隧道施工的工程地质预测预报技术，并对施工中隧道的变形和应力等进行量测，避免灾害的发生或在一定程度上减少因灾害造成的损失，保证隧道施工的安全。

(1)超前地质预报和监控量测方案应根据隧道地质条件、支护参数、施工方法以及设计要求编制，主要应包括工程简介、监测目的、监测项目、监测机构、监测方法、监测仪器、测点布置、量测频率、监测管理标准等内容。复杂工程监测方案应经论证。

(2)施工监测信息应及时分析、反馈，变化异常区段应加强监测，并提出相应的对策措施。

(3)监测仪器、元器件及其构成的监测系统应可靠、耐久、稳定，并按要求进行相应的校对、标定和检查。

(4)施工监测应建立数据记录、计算、分析、复核及审核制度，数据应准确、可靠，具有可追溯性。

(5)施工期间隧道所在区域发生地震、滑坡、泥石流等不良地质灾害后，应加强监测，并提出相应对策措施。

(6)超前地质预报作业应符合下列规定:

①地质预报工作应在隧道找顶作业结束后进行,高地应力区隧道应待工作面支护完成后进行。工作前应观察操作空间上方、周围、开挖工作面附近安全状态。

②区域地质条件复杂的隧道,应根据区域地质勘测资料,选择以钻探法为主,结合物探法、地质调查法的多种预测预报方法综合分析。

③应按动态设计原则,并根据地质复杂程度确定预报方案。

④地质调查法应在隧道开挖排险结束后进行,钻探法、物探法应待工作面支护完成后进行。

⑤地质调查应落实安全防护措施、完善防护设施。作业区域照明的光照度应满足数据采集和预报作业人员安全操作的需要。

⑥钻探法预报钻孔口管应安设牢固,钻机使用的高压风、高压水的各种连接部件应采用符合要求的高压配件,管路连接应安设牢固、经常检查。

⑦地震波反射法预报炸药量不得大于75g。

(7)监控量测作业应符合下列规定:

①应对观测点周围环境状态进行观察判断,随时观察工作环境及周边安全状态。监控量测过程中应保证作业平台稳定牢固、安全防护到位,作业时应照明充足。

②在富水区隧道安装量测仪器或进行钻孔时,发现岩壁松软、掉块或钻孔中的水压、水量突然增大,以及有顶钻等异常情况时,应停止钻进,并监测水情。当发现情况危急时,应立即撤出所有危险区域的人员,并采取处理措施。

③隧道附近有重要建(构)筑物、设施设备和其他保护对象时,应对建(构)筑物进行变形和沉降观测;隧道采用爆破施工时,应按现行《爆破安全规程》(GB 6722)进行爆破监测。

第十五节 逃生与救援

(1)隧道施工应配备应急救援机械设备、监测仪器、堵漏和清洗消毒材料、交通工具、个体防护设备、医疗设备和药品、生活保障和救援物资等,应进行定期检查、维护和更新。不得挪用救援物资及救援设备。

(2)隧道施工应建立兼职救援队伍。

(3)隧道通风、供水及供电设备应纳入正常工序管理,设专人负责管理。施工过程中应加强通风效果检测,供水供电管道、线路应通畅,同时应设置备用设备和备用电源。

(4)隧道内交通道路及开挖作业等重要场所应设置安全应急照明和应急逃生标志,应急照明应有备用电源并保证光照度符合要求。

(5)软弱围岩隧道开挖掌子面至二次衬砌之间应设置逃生通道,随开挖进尺不断前移,逃生通道距离开挖掌子面不得大于20m。逃生通道的刚度、强度及抗冲击能力应满足安全要求,逃生通道内径不宜小于0.8m。

(6)长、特长及高风险隧道应设报警系统及逃生设备、临时急救器械和应急生活保障品等。

(7)隧道施工期间各施工作业面应安装有应急照明装置的报警系统装置。

第十六节 某隧道工程特别重大瓦斯爆炸事故案例

一、工程背景及事故经过

×年×月×日14:40,××公路建设工程项目×合同段××隧道工程右线隧道发生特别重大瓦斯爆炸事故,造成44人死亡,11人受伤,直接经济损失2035万元。

1. 隧道工程及事故相关单位概况

××隧道为双向分离式隧道,洞口线间距40m,其中左线隧道进口里程K16+350,全长4160m。

该隧道建设单位为××公路建设开发总公司控股的××公路有限责任公司;工程地质详勘工作由××省地质工程勘察设计研究院完成;设计单位为××省交通厅公路规划勘察设计院。隧道进口端(左线长2556m,右线长2525m,合同造价1.6亿元)属于×合同段,中标施工单位为××局集团第四工程有限公司;出口端(左线长1540m,右线长1545m)由××工程总公司二局负责施工。分界里程为K15+900。中标工程监理单位为××工程咨询有限公司西南分公司。

2. 隧道工程地质情况

根据地质勘察报告、设计文件和相关资料描述,该隧道地质条件复杂,隧道穿越地层为三叠系底层,穿越层位共16层,其中9层不同程度有炭质泥岩及薄煤层(厚度一般为0.1~0.3m),岩性主要为炭质泥岩、砂岩、泥岩砂岩互层、煤岩,此外,在砂岩段中零星分布冲刷煤屑或包体,有瓦斯设防段、涌水段和岩爆段,Ⅲ、Ⅳ、Ⅴ级围岩大致各占1/3,发生瓦斯爆炸地段的掌子面位于龚家背斜组成的复式褶皱中,为挤压强烈、地应力相对集中地段。该地带节理裂隙发育、岩层十分破碎,构成瓦斯并存的空间。地质详勘报告指出,此段隧道穿越一组背斜,在其褶曲轴部地带中的炭质泥岩及薄煤层中并存有瓦斯等有害气体,有瓦斯聚集涌出的可能,施工中应按防治瓦斯相关安全规程进行重点设防,加强通风及瓦斯的监测工作。

3. 隧道施工情况

该隧道左洞进口端于×年×月×日开工。该洞在施工过程中曾于×年×月×日在K12+272处处理洞顶塌方时发生瓦斯燃烧,使正在处理塌方的6名作业人员被烧伤,2名作业人员从高处跳下脚部扭伤。

右洞进口端于×年×月×日开工,计划×年×月底竣工。截至×年×月×日,右洞进口端已开挖1487m,衬砌1419m。

隧道开挖断面为80~100m²,掘进方式为简易台架配合YT28风钻钻眼,电雷管矿用炸药起爆,装载机配合自卸车运输,压入式通风,锚喷支护,泵送混凝土和整体模板台车浇注衬砌,软弱围岩地段衬砌紧跟掌子面。

×年×月×日,右洞开挖至K14+872处时,施工单位发现K14+790~K14+872段初期支护变形超限,当即停止开挖。从 10 月 17 日开始,施工单位按照建设、设计、监理、施工四方会勘纪要对变形地段初期支护进行拆除。12 月 16 日,初期支护钢拱架拆换至 K14+860(距掌子面 12m)处,随着围岩的剥落,K14+860～K14+865 段逐渐形成大空腔(塌腔高度 0～4m),并伴有直径约 5cm 的股状水流出。12 月 19 日下午,初期支护钢拱架拆换至 K14+865 处,原有初期支护背后围岩左前上方形成一漏斗状空腔,建设、设计、监理、施工四方有关人员再次对现场进行了会勘。12 月 20 日至 21 日,施工单位按照四方共同研究的处理方案对塌腔内进行了喷射混凝土支护,但塌方没有得到控制,空腔继续扩大,至 22 日零点,塌腔已与掌子面连通,形成 4～5m 高、6～7m 宽、约 5m 长的空腔,空腔内时有掉块现象。

4. 事故经过及抢救情况

×年×月×日白班先后有 43 人进入右洞。其中,在掌子面附近喷射混凝土作业 5 人、打锚杆前准备作业 8 人、架设拱架作业 4 人、二次衬砌浇筑混凝土作业 11 人,在 2 号横洞出渣作业 1 人,接风管作业 1 人,瓦斯检查员 2 人,运输工 6 人,技术员和管理人员 5 人。这些人中,有 9 人于 14 时 30 分先后出洞。当班因接风筒于 10 时起停风 1 小时,11 时接好风筒,恢复供风,当时风筒出风口距掌子面约 30m,送风距离超过 1400m。14 时 40 分,洞外人员突然听到从右洞传来巨大爆炸声,同时看到洞口一片昏暗,爆炸冲击波将停放在距右洞口 20m 重达 70t 的模板台车冲出 40 多米,洞口通风机错位、配电柜损坏,大幅宣传牌被掀飞,在洞外组装模板台车人员、门岗等有 10 人死亡、11 人受伤。

事故发生后,施工单位及时向××政府及有关部门报告了事故情况,并立即撤出当时在左洞作业的人员。××省人民政府及有关部门接到事故报告后,迅速启动应急议案,××副省长率领有关部门、××市政府领导和 8 支矿山救护队迅速赶到事故现场组织抢救。随后,××省长、安全监管总局××副局长和××工程总公司负责人也赶到事故现场督促指导事故抢救和善后工作。救护队到达事故现场后,立即进入右洞进行搜救,并迅速安装风筒,恢复右洞通风。经救护队多次进洞侦察搜索,洞内没有发现生还者,当时在右洞和 2 号横洞工作的人员全部遇难。救护人员找到了全部遇难人员的尸体,于 24 日 10 时 30 分前将遇难人员尸体运出洞外,结束抢救工作。此次事故共造成 44 人死亡(其中洞内死亡 34 人,洞外死亡 10 人)、11 人受伤,大量施工设备损坏。

二、事故原因分析

1. 直接原因

由于掌子面处塌方,瓦斯异常涌出,致使模板台车附近瓦斯浓度达到爆炸界限,模板台车配电箱附近悬挂的三芯插头短路产生火花引起瓦斯爆炸。

2. 间接原因

(1)××局四公司作为施工单位,违规将劳务分包给无资质的作业队伍。在施工过程中没有严格执行安全生产法规和有关规章制度,施工现场安全管理混乱,对农民工的安全知识和技能培训不到位,有部分瓦斯监察员无证上岗;通风管理不善,右洞掌子面拱顶瓦斯浓度经常超限;虽然在《××路×合同段××隧道实施性施工组织设计》中要求在开挖掌子面与二次衬砌之间全部使用防爆电器和设备，但施工队在衬砌模板台车上使用非防爆配电箱并接普通插座；右洞仅有一台甲烷传感器，事故当天安装于隧道左侧距垮塌处5m、离隧道底板2m高的地方，安装位置不符合要求，不能有效监控瓦斯；瓦斯检查员全部使用便携式瓦斯报警仪检查瓦斯，对高处一般将便携式瓦斯报警仪绑在一根2～3m的竹竿上举起进行检查，未达到规定检查高度，而且存在检查次数不符合规定等情况。

（2）××局集团有限公司作为××公路×合同段的中标单位，虽然制定了《瓦斯隧道工程施工指南》等安全生产规章制度，但对该隧道工程施工安全管理不力，没有认真督促所属四公司和××公路×合同段项目经理部严格执行防治瓦斯措施，未能督促有关部门和人员及时解决工程建设中存在的安全生产隐患等问题。

（3）××工程咨询有限公司作为中标监理单位，没有认真履行监理职责，从参加投标到实施监理都是委托他人操作，没有派人参加具体监理业务，没有对分公司的监理工作实施监督管理。××工程咨询有限公司的分公司对××路JL1合同段监理部管理混乱，第2监理组人员长期缺编，人员岗位变换频繁，关键岗位人员不符合资质条件，无证上岗，对隧道施工中的安全生产监理不到位。

（4）××公路有限责任公司作为××公路的项目法人，对施工单位违规分包、现场安全管理混乱、监理单位人员缺编和人员资质不符合要求等问题，未能加以纠正；没有及时采用有效措施解决××隧道施工过程中出现的瓦斯隐患问题，未能有效地督促项目法人单位加强对该工程的安全生产管理，督促××各方加强对瓦斯隧道施工过程的安全管理。

（5）××省交通运输厅公路规划勘察设计研究院作为设计单位，对涉及施工安全的瓦斯异常涌出认识不足，在施工现场技术服务中对瓦斯异常涌出的防范措施不到位，特别是在右洞施工处于预测的高瓦斯工区和发生塌方的情况下，没有充分考虑瓦斯异常涌出情况和瓦斯异常涌出后可能造成的危险，未能及时向有关单位提请修改设计，提高瓦斯设防等级。

（6）××省交通运输厅公路水运质量监督站作为公路水运工程建设质量安全监督机构，对××隧道项目参建各方的安全生产工作监督检查不力，未能及时督促各有关单位发现并纠正施工中存在的安全隐患及管理不到位问题。

三、经验教训

（1）经调查认定，该特别重大瓦斯爆炸事故为一起责任事故。

（2）此次隧道瓦斯爆炸事故暴露出施工、建设、监理、设计单位和有关行业管理部门在贯彻执行安全生产法规、标准和安全生产监管方面存在的突出问题。

四、预防对策

（1）施工单位要依法落实企业安全生产安全主体责任。一是要严格执行《安全生产法》《建设工程安全生产管理条例》等法律、法规和有关标准，严禁违法分包、转包工程，加强对施工人员的安全培训教育，对瓦斯隧道特别是高瓦斯工区施工，应按有关规程规定使用防爆电器设备，配备足够的瓦斯监测检查装备和具有相应资格的瓦斯检查员等特种作业人员，严格执行瓦斯隧道施工的各项规定,切实落实施工现场安全生产责任制。二是要认真吸取此次事故在处理塌方时发生瓦斯爆炸的深刻教训,特别是对软弱、破碎围岩地段隧道施工,要采取严格的安全防范措施,避免和减少隧道发生塌方。一旦发生塌方,必须制订切实可行的瓦斯事故防范措施,加强通风和瓦斯监测,并及时治理。

（2）建设单位要认真履行对工程建设项目的安全生产监督管理职责。一是要认真吸取事故教训,加强××公路隧道瓦斯危害调查研究,聘请有资质的单位对××隧道等正在施工隧道工程的瓦斯并存情况进行全面探查、检测、评价和论证,并根据实际情况重新确定瓦斯事故设防等级,要求设计和施工单位重新编制施工组织设计方案和安全措施,加大对瓦斯防治的安全投入,切实加大预防隧道瓦斯事故力度。二是要组织有关专业技术人员对此次瓦斯爆炸事故造成××隧道右洞支护部分的损坏情况和围岩的稳定性进行全面探测和评价,并根据探测和评价结果采取固强措施,以确保隧道建成后的安全运行。

（3）监理单位要认真履行对施工现场的安全监理职责。监理单位应对××公路监理项目进行整顿,按照有关规定和合同约定,加强对现场监理人员的管理,配齐合格的监理人员,并依法履行工程监理和施工现场安全生产监理职责,督促施工单位立即整改,对隐患严重的,应下达停工令,要求施工单位暂停施工,消除事故隐患,并及时、如实向业主和有关部门反映施工过程中的重大问题,并对整改情况实施监理。

（4）设计单位要加强对工程建设项目施工安全的技术设计指导和服务。有关工程设计单位应严格按照法律、法规和工程建设强制标准的要求,进行隧道工程设计,不得随意降低瓦斯隧道工程的瓦斯设防等级。对涉及瓦斯隧道施工安全的重点部位和环节要在设计文件中加以注明,提出防范瓦斯事故明确的技术指导意见。对施工过程中发现瓦斯变化异常的情况,应会同有关单位及时提请调整、修改原设计,并制订施工现场安全防范措施,预防事故发生。

（5）政府有关行业主管部门要强化对重点工程建设项目的安全监督管理。××省人民政府应依法加强公路建设工程特别是瓦斯隧道工程施工的安全生产监督管理,建立健全公路建设工程项目安全生产监督管理制度和规范,进一步督促有关单位落实安全监管责任,严格施工现场安全日常检查,监督工程建设、施工、设计和监理单位严格依法履行安全生产职责,切实落实工程建设各方安全主体责任。

第十四章 改扩建工程施工安全要求

随着我国交通运输建设的快速发展,部分早期建设的高速公路,特别是部分四车道高速公路,呈现出交通量饱和、运输能力日益紧张的状况,道路通行能力和服务水平降低、安全事故逐渐增多,已不能很好地适应国家经济社会发展和城乡建设的需求,公路工程改扩建已成为我国交通基础设施建设中的一项重要而紧迫的任务。本章主要介绍改扩建工程、拆除工程、加固工程等施工作业的安全控制要点。

第一节 改扩建工程

一、边通车边施工安全要求

(1)施工前严格按照建设单位要求,编制具体的安全保通方案。并上报监理单位、建设单位、交通、交警等部门审批,建设单位审核批准后方可开工。

(2)组织项目管理人员对批准过的安全保通方案进行学习,对负责安全保通的人员,联系高速交警、高速路政进行专业培训,要求明确以下安全保通工作职责:

①负责所辖施工路段交通安全设施的齐全与规范。
②负责制止非施工人员、车辆和牲畜进入施工作业区。
③负责制止未穿戴反光背心和未贴有反光带的安全帽的施工人员进入施工作业区。
④负责制止施工人员穿越高速公路。
⑤负责制止未加装安全警示标志的施工车辆进入施工作业区。
⑥负责制止施工车辆在高速公路上调头或逆行。
⑦负责制止施工人员在未经批复的情况下打开临时隔离设施。
⑧负责报告施工区域内的突发事件。

(3)制订交通安全措施及应急预案。发生交通安全事故及交通堵塞后,应上报建设单位及当地交警部门。

(4)施工过程中要保持施工路段交通安全设施的齐全与规范。高速公路在施工路段前方1600m及800m,一级公路在施工路段前方1000m及500m处设置警示标志,施工路程前方300m处开始应设置爆闪灯及保通员。

(5)参建人员进入施工现场必须身着反光背心和佩戴贴有反光带的安全帽,禁止穿越高速公路、进入高速公路通行区。参建人员严禁在高速公路上拦截、搭乘过往车辆。参建人员禁止靠近通行区休息,以防止意外发生。

(6)施工现场交通安全设施应按要求摆放,各种警告、禁令、施工标志及隔离墩、锥形标必须齐全、清洁、醒目、整齐。使用过程中损坏、丢失、污染的应及时更换、补齐、清洗;锥形标、示警灯、施工标志禁止用砖头、石块等有棱角物体压制。

二、改扩建施工一般要求

(1)不中断交通进行公路改扩建工程施工安全要求
①按照现行《道路交通标志和标线》(GB 5768)、《公路养护安全作业规程》(JTG H30)和交通组织方案设置作业控制区。
②定期对交通安全设施进行检查和维护。
(2)施工路段两端及沿线进出口处应设置明显的临时交通安全设施。
(3)爆破作业前应临时中断交通;爆破后应立即清理道路上的土、石,检修公路设施,应确认达到行车条件后开放交通。
(4)边通车边施工路段,通车路段的路面应保持清洁。
(5)半幅施工作业区与车行道之间应设置隔离设施,设专人和通信设备指挥交通,疏导车辆;弯道顶点附近不宜堆放物料、机具。
(6)在居民点或公共场所附近开挖沟槽时,应设防护设施,夜间应设置照明灯和警示灯。
(7)作业人员应穿着反光服,佩戴贴有反光带的安全帽。

三、路堤帮宽施工安全要求

(1)帮宽前要调查车流量、既有排水管线、加固防护措施、路基病害及既有路基填料等情况。
(2)拆除既有路堤防护设施时除符合路基施工相关规定外,尚应遵守以下规定:
①拆除植被防护坡面时,要随挖台阶高度挖除植被,不得全坡面一次挖除。当班开挖应当班回填,保持边坡稳定。
②拆除片石护坡、拱架防护坡面时,要随填筑进度自下而上拆除。拆除原路基边坡防护要与填筑同步进行。
③路堤帮宽除符合第一节相关规定外,尚要符合下列规定:
 a. 要随时监测运营路基稳定情况,防止既有路基失稳。
 b. 挖除路肩影响路基稳定时,要设置挡墙、挡板等防护设施,防止既有路基坍塌。
 c. 弃土不得阻塞河道和既有道路排水设施,并符合国家环保规定。
④帮宽完成后,要立即恢复路线标志及相关设施。

四、路堑拓宽施工安全要求

(1)路堑拓宽时,要在临近运营线路一侧设置防护设施,严禁材料、机具侵入运营线路。
(2)拆除既有挡护、防护设施要保证既有路堑边坡稳定,必要时设置临时支撑进行加固或防护,并随开挖进度自上而下分层分段拆除,严禁一拆到底。

(3)路堑拓宽要按照横断面自上而下进行,防止因开挖不当,引起边坡不稳或坍塌。

(4)路堑拓宽时要随时观测坡面稳定情况,有裂痕、危石和塌方迹象时要及时采取措施。

(5)弃土不得阻塞既有排水设施,不得影响既有路基安全稳定及运营安全。

第二节 拆除工程

一、一般规定

(1)拆除工程开工前,应根据工程特点、构造情况、工程量及有关资料编制安全施工组织设计或方案。

(2)拆除工程的安全施工组织设计或方案,应由专业工程技术人员编制,经施工单位技术负责人、总监理工程师审核批准后实施。施工过程中,如需变更安全施工组织设计或方案,应经原审批人批准,方可实施。

(3)拆除工程项目负责人是拆除工程施工现场的安全生产第一责任人。项目经理部应设专职安全员,检查落实各项安全技术措施。

(4)进入施工现场的人员,必须佩戴安全帽。凡在2m及以上高处作业无可靠防护设施时,必须正确使用安全带。在恶劣的气候条件[如:大雨、大雪、浓雾、六级(含以上)大风等]影响施工安全时,严禁拆除作业。

(5)拆除工程施工现场的安全管理由施工单位负责。从业人员应办理相关手续,签订劳动合同,进行安全培训,考试合格后,方可上岗作业。拆除工程施工前,必须由工程技术人员对施工作业人员进行书面安全技术交底,并履行签字手续,特种作业人员必须持有效证件上岗作业。

(6)施工现场临时用电必须按照现行《施工现场临时用电安全技术规范》(JGJ 46)的有关规定执行。夜间施工必须有足够照明。电动机械和电动工具配电箱或开关箱必须装设漏电保护器,其保护零线的电气连接应符合要求。

(7)拆除工程施工过程中,当发生险情或异常情况时,应立即停止施工,查明原因,及时排除险情;发生生产安全事故时,要立即组织抢救,保护事故现场,并向有关部门报告。

(8)拆除施工采用的脚手架、安全网,必须由专业人员搭设。由项目经理组织技术、安全部门的有关人员验收合格后,方可投入使用。安全防护设施验收时,应按类别逐项查验,并应有验收纪录。

(9)施工单位必须依据拆除工程安全施工组织设计或方案,划定危险区域。施工前应通报施工注意事项,拆除工程有可能影响公共安全和周围居民的日常生活的情况时,应在施工前发出告示,做好宣传工作,并采取可靠的安全防护措施。

二、拆除作业

1. 拆除作业基本安全要求

(1)应根据所拆除建(构)筑物的结构特点及施工环境要求确定拆除施工的段落、层次、顺序和方法。

(2)拆除施工应从上至下、逐层、分段实施,不得立体交叉作业。

(3)当拆除工程对周围相邻建筑安全可能产生危险时,应采取相应保护措施。

(4)拆除现场应设置围挡、警示标志,非作业人员不得进入拆除现场。

(5)拆除施工中的高处作业、起重作业、爆破作业等专项作业应符合现行《公路桥涵施工技术规范》(JTG/T F50)的相关规定。

(6)拆除施工作业人员和机具应处于稳固位置;必须进行临时悬吊作业时,应系好悬吊绳和安全绳;悬吊绳和安全绳应分别锚固,锚固位置应牢固。

2.桥涵拆除安全要求

(1)拆除旧桥、旧涵时,在旧桥的两端应设置禁止通行的路障及标志,夜间应悬挂警示灯。

(2)拆除梁或悬臂构件应采取防坠落、防坍塌措施。

(3)定向拆除墩、柱时,应采取控制倒塌方向的措施。

(4)拆除的材料应及时清理、分类放置,不得随意抛掷。

3.隧道拆除安全要求

(1)隧道拆除二次衬砌前应采取有效预支护措施,控制变形和沉降量。

(2)隧道拆除过程中应对施工段进行监控量测。

(3)隧道拆除作业应以机械作业为主要施工方法,不得扰动、破坏周边围岩和结构。

(4)隧道拆除作业需爆破作业的,应采取有效措施保护既有建(构)筑物。

第三节 加 固 工 程

由于桥梁与隧道改造是在已经开通的桥梁与隧道上进行加固、加宽等施工,存在比新桥和隧道施工更复杂的施工环境和荷载模式,其安全防护要求更高更难,要引起施工单位的高度重视。

一、一般规定

(1)采用化学材料施工时,应采取防火措施。

(2)加固受力状态下的结构构件过程中对原结构有削弱时,应采取限载或支架支撑措施;所搭设的支架应按最不利荷载进行验算。

二、桥梁加固

(1)认真研究旧桥改造设计技术文件,深刻领会设计意图。

(2)对旧桥的施工过程、运营期间出现的问题及旧桥周边的环境进行细致的前期调查,分析改造过程可能发生的安全风险。

(3)在对前期各种调查进行充分论证的基础上编制详细的旧桥改造施工组织设计、作业指导书、专项施工方案、应急预案等。

(4)项目实施前,须对作业人员进行详细的技术交底和专项培训,对改造过程中可能发生的问题进行专题说明,并提出注意要求。

(5)严格按交通管理部门审核批准的方案进行围蔽和设置警示标牌,配合交管部门做好交通疏导工作。

(6)所有施工人员除按要求戴好安全帽、穿好反光背心外,上岗前须邀请交警进行交通安全知识培训,保证所有的施工人员掌握交通安全知识,熟练、正确地使用和摆放交通安全标志,做好现场交通指挥,减少意外事故发生。

(7)施工及相邻区域应安排专人值守,提前告知驾驶员前方交通状况。

(8)施工车辆停放位置前后50m设置交通围护、警示标志和警示灯、安全路锥等,确保施工安全。

(9)桥梁基础加固应采取防洪、防汛措施。

(10)不中断交通的桥梁加固施工,应符合相关规定。

(11)桥梁顶升作业所用千斤顶的规格、型号应一致,顶升速度应一致、随顶随支,并应设置防止梁掉落的支垫保险装置。

(12)采用吊架加固梁体时,吊架应稳固牢靠;高处作业应符合相关规范的有关规定。

(13)起重作业不能超出围护范围,如必须超出时,须安排专人临时封闭交通。

(14)需进行梁体顶升施工的,须进行支架专项设计,确保其强度、刚度和稳定性良好,支架爬梯和作业平台须满足规范规定和作业要求。

(15)顶升施工期间,须与交管部门提前协调好交通封闭事宜,除施工车辆外,其他车辆不得上桥。

(16)顶升用千斤顶使用前须进行标定,现场千斤顶数量应有富余。

(17)千斤顶与上下混凝土接触面须加垫钢垫块,防止局部应力过大伤及主体结构混凝土。

(18)顶升作业需按设计荷载进行加载和顶升,每次顶升的高度应稍高于垫块厚度,不宜超出垫块厚度太多,避免负载下降的风险,顶升过程应加强巡视工作,指定专人观察系统工作状况,发现异常应立即报告现场管理负责人。

(19)凿除、拆除旧有结构物时,需设置防护网或做硬质防护,废弃物不得随意向桥下倾倒,应集中外运处理,防止高空坠物伤及他人。

(20)进行旧结构裂纹封闭或修补处理时,作业人员须穿戴防护服,戴防护眼镜,避免灌浆料伤害作业人员。

(21)灌浆作业现场应备一定量的消防器材,原材料存放区域应设禁火标志,作业和存放区域严禁使用明火。

(22)进行钢板粘贴加固的,应避免钢板粘贴不牢伤害作业人员,粘贴钢板应根据作业面使用数量分批运往作业区,避免作业区域临时荷载过大。

(23)粘贴碳布用胶腐蚀性很强,作业人员必须在穿戴好防护服的情况下进行作业。

(24)体外预应力施工时,要确保锚块强度足够后再行张拉,张拉过程要严格控制张拉工艺,避免由于断丝伤及作业人员,张拉区域应进行防断丝、断索安全专项防护。

（25）城市桥梁、临既有线桥梁的改造,须进行既有线施工专项防护,各种防护设施应保证不伤及周边人员及车辆。

（26）对于破损严重、结构改动大的桥梁改造项目,应尽量改道,采取封闭施工。

三、隧道加固

（1）局部凿除二次衬砌混凝土进行修补加固作业,应对二次衬砌背后防排水结果进行保护和修复;其修补的混凝土部分应与原结构有锚固措施。

（2）隧道治理渗漏水应以"疏、堵、截、排,综合治理"为原则,同时应保证二次衬砌混凝土强度和结构的完整性。

（3）隧道加固作业需要背后注浆的,应控制注浆压力和注浆量,不得破坏二次衬砌结构。

（4）隧道二次衬砌表面需要加固补强及安装机械设备的,应满足隧道对净空衔接尺寸的要求。

第十五章　交通工程设施施工安全要求

交通工程施工一般紧跟在路面施工后,与路面、防护、伸缩缝、房建、绿化等工程交叉作业。交通工程施工存在一些不容忽视的安全问题,并且已发生过多起伤亡事故,需要在施工中加强安全管理。

第一节　概　　述

按照公路行业现行技术标准,交通工程设施包括公路交通安全设施和机电工程两部分。

公路交通安全设施主要包括:护栏、标志、标线、隔离栅、桥梁护网、防眩设施和轮廓标等。机电工程主要是公路交通的监控设施、通信设施、收费设施、低压配电设施、照明设施和隧道机电设施等。

交通工程设施施工主要事故类型是高处坠落、物体打击、机械伤害、车辆伤害、触电等,施工安全问题主要有以下几个方面:

(1)高处作业。交通工程设施施工高处作业内容主要包括:高边坡处路侧护栏打桩、路侧标志基础开挖浇筑、山上隔离栅基础施工、标志板安装、信号灯安装及隧道内设施安装。为防止高处坠落事故,需按照高处作业有关要求设置安全防护设施(安全带、安全网),操作人员穿防滑鞋。

(2)交通安全。主要安全隐患包括:人货混装行驶、车辆设备状况差、无证驾驶、酒后驾驶、夜间雨天疲劳作业、对路况及施工环境不熟悉。针对交通安全问题,需加强入场安全教育交底,严格车辆使用运行管理,不冒险作业。

(3)机械设备和易燃易爆物品安全问题。主要安全问题包括:护栏打桩机倾覆或伤人、大型标志吊装时吊件伤人或吊车倾覆、汽车吊或移动模架误触高压线、标线施工热熔釜操作及液化气使用、环氧树脂等化学用品使用、小型机械设备现场加油等。安全管理上需保证操作人员持证上岗或熟练操作,安全交底中注意强调危险品使用要求,不违章作业、违章指挥,为操作人员配备必要的防护用品。

(4)交叉作业。交通工程与其他工程存在交叉,特别是工期紧张的工程。因此需注意:车辆设备按规定行驶停放、高边坡落石互相影响、标志基础和声屏障基础开挖后及时浇筑、隔离栅高处施工注意防落石。

(5)临时用电。标志、隔离栅、声屏障等基础浇筑及机电安装调试时需注意临时用电安全,必须严格按临时用电安全要求进行布线、施工。

第二节 一般规定

在交通工程设施施工过程中,应遵守如下规定:

(1) 不中断交通施工作业应按现行《道路交通标志和标线》(GB 5786)和《公路养护安全作业规程》(JTG H30)设置作业控制区。

(2) 在通车道路上施工或夜间作业时,应采取限速、导流及渠化等措施,交通指挥人员和作业人员应按规定穿着反光标志服和反光背心。

(3) 在桥梁、高边坡、陡崖等位置进行安装作业时,遵守通用技术要求中高处作业相关规定,防止发生人员和构件坠落。

(4) 交通安全设施吊装作业遵守通用技术要求中关于起重吊装相关规定。

(5) 现场浇筑混凝土护栏施工作业遵守通用技术要求中混凝土工程相关规定。

(6) 需要在基础上安装的交通安全设施应在基础混凝土强度达到设计要求后进行安装。

(7) 安装门架标志时,作业人员不得站在门架横梁上作业。

(8) 桥梁段或混凝土护栏上设置防眩板、防眩网、护网时,应对预埋件的强度、腐蚀程度进行检查,不符合要求的不得安装。

(9) 货物的运输、存放应采取防火、防坠落措施。

第三节 交通安全设施施工

一、护栏施工安全要求

(1) 护栏打桩前应检查立柱下面是否存在地下管线、构造物等设施,并进行适当处理。

(2) 打、压立柱的桩机应安设牢固、平稳。桩机移动时应注意避让地面沟槽、地上架空线路等障碍物。

(3) 缆索放线架和线盘应放置平稳,放线架应配有制动设施。

(4) 缆索架设作业时,张拉人员应站在张拉器与钢丝绳连接处的侧后方,张拉时紧邻张拉跨、中间立柱两侧不得站人。

(5) 缆索调整完毕后,应拧紧各中间立柱、中间端部立柱托架上的索夹螺栓。

(6) 波形梁板安装后应及时固定。

(7) 混凝土护栏施工时,不得损坏已完成的超高路段纵向排水沟、集水井、盲沟及管线等设施。

二、交通标线施工安全要求

(1) 运输、存放标线涂料、溶剂应采取防火措施,周围严禁放置易燃品。

(2) 热熔作业时,作业人员应穿着防护服,佩戴护目眼镜、防护手套和防有机气体口罩。

(3)热熔釜熔料时最大投料量不得超过缸体的4/5,热熔釜和漆料保温桶上方不得出现明火。

(4)涂料在热熔釜中加热时,温度应控制在涂料生产厂商的使用说明规定值内,不得超过最高限制温度。

(5)外界环境气温不适于原材料说明书以及风力大于6级时,禁止施工。

(6)喷涂水性涂料应采取防涂料飞溅的措施。

(7)正式施画前应进行试画,以检验画线车的行驶速度、线宽等,合格后才能正式施工。

(8)严格遵守画线车操作规程,确保画线车辆处于良好工作状态,启动前应进行重点检查。行驶中应随时观察仪表的指示情况,发现异常情况时,应立即停车检查,排除故障后,方可继续运行。

三、交通标志

1. **标志基础施工**

交通标志特别是大型的悬臂、门架标志都需要开挖基础。这些基础一般都深2~3m、宽3~4m,尺寸较大,近几年出现过标志基础施工的人员死亡事故,因此应对基础开挖安全加强管理。

标志基础开挖应遵守如下规定:

(1)开挖前应熟悉周围环境、地形地貌,制订施工方案,事先调查开挖地点的电缆、光缆及管道等地下设施的情况。存在地下设施的区域应做好安全防护后再施工,宜采用人工开挖或其他地下设施产权单位认可的方式开挖,严禁使用冲击工具或机械挖掘。

(2)基坑位于现场通道或居民区附近时,应沿边缘设立防护栏杆或围挡,夜间应加设红色警示灯。

(3)人工开挖基础坑时,应事先清除坑口附近的浮石;向坑外抛扔土石时,应防止土石回落伤人。

(4)开挖前必须排除积水和检查有无塌方、陷裂等现象。在雨季或含水丰富的地区挖土时,应根据情况采用固壁支撑。

(5)采用机械或爆破方法开挖基础时,应遵守相应机械作业安全或爆破作业安全的规定。

(6)基础开挖深度超过1.5m时,应及时将弃土清理到距坑口0.6m以外,高度不得超过1.5m。基坑深度超过2m时,应设专人用提篮提取弃土。作业人员上下应使用爬梯。

(7)作业人员不得在坑内休息。坑模成型后,如需过夜,应采取防止人员坠落的安全措施。

(8)作业人员不得在开挖后堆放的松散堆石上行走。

2. **基础浇筑**

基础在混凝土浇筑过程中存在模板操作安全、混凝土搅拌机安全等。由于我国公路建设中常将交通安全设施和土建工程分开招标,交通安全设施由单独企业承担,应特别重视模板、混凝土施工安全。基础浇筑应遵守如下规定:

（1）坑模成型后，应及时浇筑混凝土，否则应采取防止土体塌落的措施。
（2）人工浇筑混凝土应遵守下列规定：
①浇筑混凝土时，必须听从坑内捣固人员的指挥。
②坑周边 0.6m 范围内不得堆放材料和工具。
③防止混凝土烫伤。
（3）搅拌机应设置在平整坚实的地基上，装设好后应由前后支架承力，不得以轮胎代替支架，机械转动处应设防护罩。
（4）搅拌机在运转时，严禁将工具伸入滚筒内扒料。加料斗升起时，料斗下方不得有人。
（5）用手推车运送混凝土时，倒料平台口应设挡车措施；倒料时严禁撒把。
（6）施工人员不得在易塌落的坑边走动。

3．立柱和标志板安装

标志立柱组立和标志板安装是施工安全的重点，涉及吊装作业和高处作业两种危险作业。参考了相关行业安全规范，考虑交通标志的施工特点，标志立柱和面板组立应满足如下规定：

（1）悬臂式标志、门架式标志等大型标志组立时应设现场安全员，由安全员划定作业区，作业区至少为 1.2 倍立柱高度的半径范围。
（2）标志支撑结构的架设安装应在基础混凝土强度达到设计要求后进行。
（3）非必要的施工人员、车辆不得进入作业区。
（4）安装门架标志时，标志垂直下方禁止站人，作业人员不得站在标志上或门架横梁上作业。
（5）组立标志立柱或整体标志时，宜采用轮胎式起重机起吊。采用轮胎式起重机吊装时，应遵守其安全规定；采用支架组立时，各方向的缆风绳应绑扎牢固。
（6）整体吊装前应对标志进行全面检查，螺栓应紧固；起重速度应均匀，缓提缓放。立柱或整体标志吊离地面约 0.1m 时，应暂停起吊并进行检查，确认正常后方可继续起吊。
（7）高处作业宜使用液压升降机和车载式高空平台作业车。
（8）作业人员应戴安全帽，高空作业应系安全带；高空作业所用料具应放置稳妥，禁止抛掷；严禁酒后登高作业。
（9）在电力线附近吊装时，起重机必须接地良好，与电力线的最小安全距离要满足电力行业有关规定。

四、隔离栅和桥梁护网施工安全要求

（1）隔离栅所在位置应进行场地清理，软基应进行处理。
（2）隔离栅网片安装完毕后，应对基础周围进行夯实处理。
（3）隔离栅安装作业人员应佩戴防穿刺手套。
（4）混凝土立柱和基础预制块件存放高度不得超过 1.5m，且应码放整齐，不得滚落卸载。
（5）应根据相关规范及设计文件规定对桥梁护网做防雷接地处理。

第四节　机电系统施工

一、一般规定

（1）不中断交通施工作业应按现行《道路交通标志和标线》（GB 5786）和《公路养护安全作业规程》（JTG H30）设置作业控制区。

（2）在通车道路上施工或夜间作业时，应采取限速、导流及渠化等措施，交通指挥人员和作业人员应按规定穿着反光标志服和反光背心。

（3）公路机电系统供配电及防雷系统安全技术要求参照通用技术部分"临时用电"要求。

（4）公路机电系统外场设备安装中涉及的基础基坑开挖、混凝土浇筑、高处作业、起重吊装、焊接等作业安全技术要求参照通用技术相应要求部分。

（5）公路外场电缆施工技术要求参照通用技术要求"配电线路安全要求"。

（6）外场设备立柱、门架等支撑结构，应在基础混凝土强度达到设计要求后进行安装。

（7）货物的运输、存放应采取防火、防坠落措施。

（8）机电设施安装常需借助作业车进行安装，作业车应满足下列规定：

①在作业车进行装配时，材料起吊应用绳索将材料系牢后进行；

②作业车平台上的材料、工具不可堆积过多；

③作业车平台作业人员不得超过4个；

④作业车的作业平台应降到安全高度后方可运行。

二、气吹法光缆敷设施工安全要求

（1）采用气吹法敷设光缆时应注意以下内容：

（2）施工前，施工人员正确穿戴个人保护装备，包括安全帽、安全眼镜、安全手套、安全鞋、耳套（耳塞）等。

（3）操作者不能站立于松软的地面上。

（4）当进行吹缆操作时，作业人员不得站在光缆张力方向的区域，应尽量远离输气管和硅芯管，不要让人接近光缆到达的出口。

（5）空压机在使用时应远离人孔。

（6）吹缆机只能用于吹缆。严禁使用没有气块组件的传送带直接推或拉光缆。

（7）为确保正常的控制应将缆盘置于适当远的地方，缆盘不能离吹缆机太近。

（8）吹缆时硅管末端应有人值守，在出缆的末端，施工人员应站在气流方向的侧面，防止硅芯管内的高压气流和砂石溅伤。

（9）吹缆机工作时，手应远离驱动部分。在液压动力机附近，严禁使用可燃性的液体或气体。

（10）严格遵守吹缆机操作规程，确保吹缆机设备处于良好工作状态，定期检查输气软管，如果有老化、损坏则及时更换。严禁损坏减压阀。

（11）加压前拧紧所有接头，连接或拆管前应释放其内的压力。

（12）严禁在非气流敷设专用管内吹缆。

第十六章　特殊季节与特殊环境施工安全要求

由于公路水运工程施工项目多数属于点多线长、露天和连续作业,施工中不可避免的面临着冬季、雨季、夜间、高温等特殊季节和特殊环境施工任务。因此,施工单位应当根据不同施工阶段和周围环境及季节、气候的变化,在施工现场采取相应的安全措施,以避免或减少与之有关的疾病、人员伤害和财产损失。

第一节　一般规定

(1)雨季及洪水期施工应根据当地气象预报及施工所在地的具体情况,做好施工期间的防洪排涝工作。

(2)在雨季施工时,施工现场应及时排除积水,人行道的上下坡应挖步梯或铺砂。脚手板、斜道板、跳板、模架、墩台等作业面应采取防滑措施。加强对支架、脚手架和土方工程的检查,防止倾倒和坍塌。

(3)雨季施工时,处于洪水可能淹没地带的机械设备、材料等应做好防范措施,施工人员要提前做好安全撤离的准备工作。

(4)长时间在雨季中作业的工程,应根据条件搭设防雨棚。施工中遇有暴风雨应暂停施工。

(5)雨后应及时对坑槽边坡和固壁支撑结构进行检查,深基坑应当派专人进行认真测量、观察边坡情况,如果发现边坡有裂缝、疏松、支撑结构折断、走动等危险征兆,应当立即采取措施。

(6)雨季施工中遇到气候突变,发生暴雨、水位暴涨、山洪暴发或因雨发生坡道打滑等情况应当停止土石方机械作业施工。

(7)雷雨天气不得露天进行电力爆破土石方,如中途遇到雷电时,应当迅速将雷管的脚线、电线主线两端连成短路。

(8)大风大雨后作业,应当检查起重机械设备的基础、塔身的垂直度、缆风绳和附着结构以及安全保险装置并先试吊,确认无异常方可作业。轨道式塔机,还应对轨道基础进行全面检查,检查轨距偏差、轨顶倾斜度、轨道基础沉降、钢轨不直度和轨道通过性能等。

(9)落地式钢管脚手架底应当高于自然地坪50mm,并夯实整平,留一定的散水坡度,在周围设置排水措施,防止雨水浸泡脚手架。

(10)遇到大雨、大雾、高温、雷击和6级以上大风等恶劣天气,应当停止脚手架的搭设和拆除作业。

(11)大风、大雨后,要组织人员检查脚手架是否牢固,如有倾斜、下沉、松扣、崩扣和安全网脱落、开绳等现象,要及时进行处理。

(12)冬季施工应严格执行冬季施工的有关规定,做好保温、防冻等安全防护措施。

(13)冬季来临前,船机、设备、机具及防护、消防设施、救生设施等需要检修、保养,并应采取防冻措施。

(14)冬季施工现场的道路、工作平台、斜坡道、脚手板、船舶甲板等应采取防滑措施,及时清除冰雪。

(15)寒冷地区采用冻结法开挖基坑时,应分层冻结,逐层开挖。

(16)应避免在冰雪融化期开挖滑坡体。

(17)使用电炉、碘钨灯取暖易发生火灾事故,煤炭炉取暖易发生一氧化碳中毒事故。

(18)明火烘烤或开水加热冻结的储气罐、氧气瓶、乙炔瓶、阀门、胶管易发生爆炸或火灾事故。

(19)冬季施工在江河冰面上通行时,事先应详细调查冰层的厚度及承载能力。冰面结冻不实地段,严禁通行。结冻不实地段、可通行地段都应设明显标志。初冬及春融季节应经常检查冰层变化情况,以确定可否通行。

(20)江河流冰前应制订出防流冰方案,并将停留在冰面上的车辆、船只、机械和物资提前撤至安全地带。

(21)爆破流冰通道时,除应遵守国家现行的《爆破安全规程》(GB 6722)外,还应在爆破前详细检查冰面后再进行作业。爆破流冰时应穿好救生衣,必要时应备有救护船只。

(22)高温季节施工,应按劳动保护规定做好防暑降温措施。适当调整作息时间,尽量避开高温时间。有条件的宜搭设凉棚,供应冷饮,准备防暑药品等。

(23)夜间施工时,现场必须有符合操作要求的照明设备。施工驻地要设置路灯。

(24)禁止在夜间开挖滑坡体。

(25)应避免因能见度不良发生船舶水上交通事故。

(26)遇雨、雾、霾等能见度不良天气时,工程船舶和施工区域应显示规定的信号,必要时应停止航行或作业。

(27)以海拔3000m为高海拔地区界定标准,在高海拔地区施工应注意防范高原反应。

第二节 特殊季节施工

一、冬季施工的安全要求

1. 爆破法破碎冻土应当注意的安全事项

(1)爆破施工要离建筑物50m以外,距高压电线200m以外。

(2)爆破工作应在专业人员指挥下,由受过爆破知识和安全知识教育人员担任。

(3)爆破之前应有技术安全措施,经主管部门批准。

（4）现场应设立警告标志、信号、警戒哨和指挥站等防卫危险区的设施。

（5）放炮后要经过20min才可以前往检查。

（6）遇有瞎炮，严禁掏挖或在原炮眼内重装炸药，应该在距离原炮眼60cm以外的地方另行打眼放炮。

（7）硝化甘油类炸药在低温环境下凝固成固体；当受到震动时，极易发生爆炸，酿成严重事故。因此，冬季施工不得使用硝化甘油类炸药。

2．人工破碎冻土应当注意的安全事项

（1）注意去掉楔头打出的飞刺，以免飞出伤人。

（2）掌铁楔的人与掌锤的人不能脸对脸，应当互成90°。

（3）机械挖掘时应当采取措施注意行进和移动过程的防滑，在坡道和冰雪路面应当缓慢行驶，上坡时不得换挡，下坡时不得空挡滑行，冰雪路面行驶不得紧急制动。发动机应当搞好防冻、防止水箱冻裂。在边坡附近使用、移动机械时，应注意边坡可承受的荷载，防止边坡坍塌。

（4）蒸热法溶解冻土应防止管道和外溢的蒸汽、热水烫伤作业人员。

（5）采用电热法溶解冻土时应注意的安全事项：

①此法进行前，必须有周密的安全措施；

②应由电气专业人员担任通电工作；

③电源要通过有计量器、电流、电压表、保险开关的配电盘；

④工作地点要设置危险标志，通电时严禁靠近；

⑤进入警戒区内工作时，必须先切断电源；

⑥通电前工作人员应退出警戒区，再行通电；

⑦夜间应有足够的照明设备；

⑧当溶解含有金属夹杂物或金属矿石的冻土时，禁止采用电热法。

（6）采用烘烤法溶解冻土时，会出现明火，由于冬天风大、干燥，易引起火灾。因此应注意以下安全事项：

①施工作业现场周围不得有可燃物。

②制定严格的责任制度，在施工地点安排专人值班，务必做到有火就有人，不能离岗。

③现场要准备一些沙子或其他灭火物品，以备不时之需。

（7）春融期间在冻土地基上施工时应注意的安全事项：

春融期间开工前必须进行工程地质勘察，以取得地形、地貌、地物、水文及工程地质资料，确定地基的冻结深度和土的融沉类别。对有坑洼、沟槽、地物等特殊地段的建筑物场地应加点测定。开工前，对坑槽沟边坡和固壁支撑结构应当随时进行检查，深基坑应当派专人进行测量、观察边坡情况，如果发现边坡有裂缝、疏松、支撑结构折断、走动等危险征兆，应当立即采取措施。

（8）脚手架、马道要有防滑措施，及时清理积雪，外脚手架要经常检查加固。

（9）现场使用的锅炉、火坑等用焦炭时，应有通风条件，防止煤气中毒。

（10）防止亚硝酸钠中毒。

亚硝酸钠是冬季施工常用的防冻剂、阻锈剂。人体摄入10mg亚硝酸钠，即可导致死亡。

由于外观、味道、溶解性等许多特征与食盐极为相似,很容易误作为食盐食用,导致中毒事故。可采取以下有效措施,加强使用管理,以防误食:

①使用前应当召开培训会,让有关人员学会辨认亚硝酸钠(亚硝酸钠为微黄或无色,食盐为纯白)。

②工地应当挂牌,明示亚硝酸钠为有毒物质。

③设专人保管和配制,建立严格的出入库手续和配制使用程序。

(11)大雪、轨道电缆结冰和6级以上大风等恶劣天气,应当停止垂直运输作业,并将吊笼降到底层(或地面),切断电源。

(12)风雪过后作业,应当检查安全保险装置并先试吊,确认无异常方可作业。

(13)井字架、龙门架、塔机等缆风绳地锚应当埋置在冻土层以下,防止春季冻土溶化,地锚锚固作用降低,地锚拔出,造成架体倒塌事故。

(14)塔机路轨不得铺设在冻胀土层上,防止土壤冻胀或春季融化,造成路基起伏不平,影响塔基的使用,甚至发生安全事故。

(15)冬季防火和用电要求:

冬季施工现场使用明火处较多,管理不善很容易发生火灾,必须加强用火管理。

①施工现场临时用火,要建立用火证制度,由工地安全负责人审批。用火证当日有效,用后收回。

②明火操作地点要有专人看管。看火人的职责:注意清除火源附近的易燃、易爆物。不易清除时,可用水浇湿或用阻燃物覆盖。检查消防器材的配置和工作状态情况,落实保湿防冻措施。检查木工棚、库房、车间等场所,不得用火炉取暖,周围15m内不得有明火作业。施工作业完毕后。对用火地点详细检查,确保无死灰复燃,方可撤离岗位。

③供暖锅炉房宜选建在施工现场的下风方向,远离在建工程、易燃、可燃建筑,露天可燃材料堆场,料库等,严格值班检查制度,锅炉开着火以后,司炉人员不准离开工作单位,值班时间绝不允许睡觉或做无关的事。

④照明线路、照明灯具应远离可燃的材料。

⑤准备轻便消防器材。入冬前应将泡沫灭火器、干粉灭火器等放到有采暖的地方,并套上保温套。

⑥重点做好施工区、生活区、库房、材料站、机械设备和吸烟、用火、用电的管理工作。

⑦现场照明严禁使用碘钨灯,严禁使用电炉子取暖。

⑧以多种形式做好防火安全宣传教育工作,增强职工的法制观念和对火灾危害的认识,提高防范意识和消防技能。

二、雨季施工的安全要求

1. 基础工程

基础工程受雨水影响较大,如不采取有关防范措施,将可能对施工安全质量产生严重影响。因此在雨期施工时注意以下几点:

(1)雨期开挖基坑时,应注意边坡稳定。必要时可适当放缓边坡度或设置支撑。施工时应加强对边坡和支撑的检查控制;对于已开挖好的基坑要设置支撑;正在开挖的一般基坑以放缓边坡为主,辅以支撑;对于河道附近的深基坑,要边挖边支护,且要求严格按照深基坑支护方案做好支护。

(2)基坑四周要设置截水沟,避免外部水流进基坑,基坑开挖到位后在基坑底四周设置排水沟,并安装好排水设施,随时可为基坑内排水;雨水影响较大时停止施工。

(3)雨期施工的工作面不宜过大,应逐段、逐片的分期完成,基础挖到规定高程后,及时验收并浇筑混凝土垫层;如被雨水浸泡后的基础,应做必要的挖方回填等恢复基础承载力的工作;重要或特殊的工程应在雨期前完成任务。

(4)对雨前回填的土方,应及时进行碾压并使其表面形成一定的坡度,以便雨水能自动排出。

(5)基础施工完毕,应抓紧进行基坑四周回填工作。

2. 混凝土工程

(1)模板隔离层在涂刷前要及时掌握天气预报,雨天及时覆盖,以防隔离层被雨水冲掉。

(2)雨期施工时,应加强对混凝土粗细骨料含水率的测定,及时调整用水量,砂石料堆放场地搭设雨棚。

(3)大面积的混凝土浇筑前,要了解2~3天的天气预报。尽量避开大雨。混凝土浇筑现场要准备大量的防雨材料,以备浇筑时突然遇雨进行覆盖。

(4)模板支撑下回填要夯实,并加好垫板,雨后及时检查有无下沉。

3. 模板工程

(1)大模板存放场地必须进行硬化处理,并设置排水坡度,将雨水及时排到排水沟内,防止场地内积水。

(2)大模板堆放其自稳角要符合要求(75°~80°),吊装、运输、装拆、存放,必须稳固可靠。

4. 雨季高空作业

(1)雨季施工期间,应特别注意架子的搭设质量和安全要求,应经常进行检查,发现问题及时整改。

(2)搭设架子的地面要求夯实,并注意排水,立杆下端应垫通长厚木板,架子应设扫地杆、斜撑、剪刀撑,并与建筑物拉结牢固。

(3)马道的坡度要适当,钉好防滑条,防滑条间距不大于300mm,并定期派人清扫马道上的积泥。

(4)雨后高空作业人员应穿胶底鞋,注意防滑。

(5)雨季施工期间对架子工程安排专人巡查维修,特别是雨后地面容易下沉,防止架子悬空及下沉、确保使用安全。

(6)外防护的脚手架高于建筑物应做好防雷接地。

(7)雷雨天气应注意安排工作,避免作业人员直接暴露在建筑物最高处,防止雷电直接伤人。

5. 吊装工程

（1）龙门吊、架桥机等起重设备雨天后应及时检查，观察基础沉陷情况，并做好观测记录，如有沉降应立即进行处理，保证塔吊使用时的安全。

（2）大雨、暴雨及大风时应停止吊装作业。

（3）高空操作人员雨后施工，要注意防滑，要穿胶底鞋，不准穿硬底鞋上高空操作。

（4）龙门吊接地电阻值要进行实测，其电阻值不大于 4Ω。

（5）龙门吊轨道基础四周挖 $200\text{mm} \times 300\text{mm}$ 的排水沟与现场临时排水沟连接，内侧抹灰，沟底向临时排水沟方向设 5‰ 的流水坡度。塔基上设置 4 个沉降观测点，定期及雨后进行沉降观测，发生问题及时处理。

6. 机电设备

在雨季到来之前，必须做好机电设备的防雨、防淹、防潮、防霉、防锈蚀、防漏电、防雷击等项措施，管好、用好施工现场机电设备，确保施工任务的顺利完成。

（1）对露天放置的大型机电设备要防雨、防潮，对其机械螺栓、轴承部分要经常加油并转动以防锈蚀，所有机电设备都要严格执行"一机一箱一闸一漏"制度，投入使用前必须做好保护电流的测试，严格控制在允许范围内。在现场的最高机械起重机上加装避雷针，施工现场的低压配电室应将进出线绝缘子铁脚与配电室的接地装置相连接，做防雷接地，做防雷电波侵入。

（2）在施工现场比较固定的机电设备（对焊机、电锯、电刨等）要搭设防雨棚或对电机加防护罩；不允许用塑料布包裹。

（3）对于变压器，避雷器的接地电阻值必须进行复测（电阻值不大于 4Ω），不符合要求的必须及时处理。对于避雷器要做一次预防性试验。

（4）机电设备的安装、电气线路的架设必须严格按照临时用电方案措施执行。

（5）各种机械的机电设备的电器开关，要有防雨、防潮设施。

（6）雨后对各种机电设备，临时线路，外用脚手架等进行巡视检查，如发生倾斜、变形、下沉、漏电等迹象，应立即标志危险警示并及时修理加固，有严重危险的立即停工处理。

（7）施工现场的移动配电箱及施工机具全部使用绝缘防水线。用后应放回工地库房或加以遮盖防雨，不得放在露天淋雨，不得放在坑内，防止雨水浸泡、淹没。

（8）加强用电安全巡视，检查每台机器的接地接零是否正常，检查线路是否完好，若不符合要求，及时整改。

（9）雨天作业，机械操作人员应戴绝缘手套、穿雨靴操作。

7. 施工机械的防雨防雷及施工现场的用电

（1）防雨。所有机械棚要搭设牢固，防止倒塌淋雨。机电设备采取防雨、防淹措施，可搭设防雨棚或用防雨布封存，机械安装地点要求略高，四周排水较好。安装接地装置。移动电闸箱的漏电保护装置要可靠灵敏。

（2）防雷击。夏季是雷电多发季节，在施工现场为防止雷电袭击造成事故，必须在钢管脚手架安装有效的避雷装置。

(3)防触电。施工现场用电必须符合三级配电两级保护,三级电箱做重复接地,电阻小于 10Ω;电线电缆合理埋设,不得出现老化或破损的电缆;职工宿舍安置安全电压,遇暴风雨天气,要安排专业电工现场值班检查,必要时立即拉闸断电,所有职工下班前必须将各设备工具电源断开。

三、台风季节与汛期施工的安全要求

(1)加强防台风防汛的组织领导,制订科学的管理措施和应急预案。
(2)及时与当地气象部门合作,加强对台风的监测和预测。
(3)加强对防台风的教育和宣传,提高从业人员安全意识。
(4)在汛期期间,办公室安排人员24小时负责通信,时刻与当地气象、水文部门保持联系,最早获得洪水、洪峰、洪峰次数等信息。
(5)项目部制定汛期期间值班制度,现场24小时固定人员值班,发现险情及时排查,并报告指挥组长,做好下一步准备。
(6)在汛期用于防汛的物质,严禁作其他使用,并根据汛情发展趋势,及时补充备用物品。
(7)派专人监视水位变化,向指挥者提供直接信息,做到靠前指挥。
(8)施工机械或运输机械应选择不被水淹、避风条件较好的存放场地。大型固定机械应制订加固方案或快速拆卸转移。
(9)临时发电机组、值班专车的必要的救护设备必须提前到位。抢险队伍和医务人员必须处于戒备状态。

第三节 特殊环境施工

一、夜间施工的安全要求

(1)夜间施工期间,施工现场必须设置照明设备,照度应满足施工要求。
(2)作业现场的预留孔洞、上下道口及沟槽等危险部位应设置夜间警示标志。
(3)施工中的小型桥涵两侧及穿越路基的管线等临时工程,应设置围栏。并悬挂红灯示警标志。
(4)大型桥梁攀登扶梯处应设有照明灯具。
(5)探照灯或其他照明设备的光束不得直接照射施工船舶、机械的操作和指挥人员。
(6)碍航的水上设施、未完工程应设置警示照明灯。
(7)夜间作业船只或在通航江河上长期停置的锚船、码头船等应按港航监督部门规定,配置齐全的夜航、停泊标志灯。船只停靠码头应设照明灯。

二、能见度不良施工的安全要求

(1)能见度不良的施工现场不宜施工作业。

(2)能见度不良时水上作业场地应按规定启用声响警示设备和红光信号灯。

(3)遇雨、雾、霾等能见度不良天气时,工程船舶和施工区域应显示规定的信号。

(4)船舶雾航必须按《国际海上避碰规则》和《中华人民共和国内河避碰规则》的有关规定执行。停航通告发布后,必须停止航行。

三、高温施工的安全要求

(1)对职工进行防暑降温知识的宣传教育,使职工知道中暑症状,学会对中暑病人所应采取的应急措施。利用黑板报、墙报、广播、安全人员讲座与示范等形式开展教育活动。

(2)合理调整作息时间,避开中午高温时间作业。高温作业是指在高温、高湿或强烈辐射的环境下从事作业。当工作需要时,应加强防晒防暑保护措施,严格控制加班加点,高温作业人员的工作时间要适当缩短。保证工人有充足的休息和睡眠时间。

(3)对在容器内和高温条件下的作业场所,要采取通风和降温措施。

(4)对露天作业中的固定场所,应搭设歇凉棚,防止热辐射,并要经常洒水降温。

(5)施工现场使用的、存放的易燃易爆物品应采取防晒措施。

(6)对高温作业人员,需经常进行健康检查,发现有作业禁忌者,应及时调离高温作业岗位。

(7)要保证及时供应符合卫生要求的茶水、清凉含盐饮料、绿豆汤等。

(8)要经常组织医护人员深入工地进行巡回医疗和预防工作,重视年老体弱、患过中暑者和血压较高的工人身体情况的变化。

(9)及时给职工发放防暑降温的急救药品和劳动保护用品。

四、高海拔地区施工的安全要求

(1)以海拔3000m为高海拔地区界定标准,是因为从医学和工程实际角度出发,在海拔3000m地区易出现较明显的高原反应。

(2)高海拔地区地理特殊,自然环境恶劣,气候条件差,对机体功能影响很大,如不注意加以防范,往往会造成机体组织器官的损伤,导致急慢性高原病的发生。高原环境性低氧、强紫外线辐射、干燥是对人体有害的主要因素。因此,应熟习高海拔地区的地理特征、自然环境和气候变化特点,了解对身体引起危害的因素,掌握自我防护、自我保健和自我监测的常识。

(3)进驻高原前应进行详细、全面的身体检查。呼吸、循环、神经、血液、消化系统等相应生理功能不良或罹患疾病者不宜到高原从事作业。避免患有心肺疾病、脊柱畸形,影响胸廓活动神经肌肉疾病和过于肥胖者进驻高原从事作业。

(4)有以下情况者应暂缓进驻高原作业:

①患过呼吸道及肺部感染未治愈者。

②阵发性心动过速,安静时心率仍在90次/分以上者。

③情绪低落、高度紧张、恐惧心理未得很好调整者。

(5)尽可能防止较重的体力劳动,一些不可避免的、必需的体力劳动,间歇休息时间要长、次数要多,决不可硬拼。在初到高原数日内不宜从事中等劳动强度以上的作业,如挖运土方、开山运石等。

(6)合理安排施工和作息时间。

①在高原施工作业时,应采用持续操作与短休息交替的办法,负荷重的体力劳动要增加休息次数,以免由于超负荷劳动发生不测。

②除日常工作,严格限制大运动量活动,除特殊需要不延长日作业时间,以节省体力,减轻体力消耗,保证施工效率。

③作业时,体力负荷以自身体重1/4为宜,最大负重不应超过自身体重的1/3,持重的方式以肩、背、腰为宜,注意左右两侧负荷均衡平稳。

④海拔4000m及以上地区野外作业每天不宜超过6h,隧道内作业每天不宜超过4h。

(7)定期身体检查和轮岗休假。

轮岗是在高原从事体力劳动一段时间后,轮换到平原地区或较低海拔地区作业。每年在高原从事体力劳动期限控制在8个月之内,最长不超过1年就应轮换加以休整。

五、沙漠地区施工的安全要求

(1)风沙地区的临时生产、生活设施应满足防风、防沙要求,驻地附近应设置高于15m的红色信号旗和信号灯。

(2)通行车辆技术性能应满足沙漠运行要求,司操人员应接受相应培训。

(3)外出作业每组不得少于3人,并应配备通信设备。

(4)大风来临前,机械设备应按迎风面最小正对风向放置,高耸机械应采取固定、防风措施。

参 考 文 献

[1] 中华人民共和国行业标准.JTG F90—2015 公路工程施工安全技术规范[S].北京:人民交通出版社,2015.

[2] 交通运输部工程质量监督局.公路水运工程施工安全标准化指南[M].北京:人民交通出版社,2013.

[3] 中华人民共和国行业标准.JGJ 46—2005 施工现场临时用电安全技术规范[S].北京:中国建筑工业出版社,2005.

[4] 交通运输部工程质量监督局.公路水运工程施工企业安全生产管理人员考核培训教材(公路分册)[M].北京:人民交通出版社,2011.

[5] 张国志,刘浪.公路工程安全管理[M].北京:人民交通出版社,2007.

[6] 刘景良.安全管理[M].3版.北京:化学工业出版社,2014.

[7] 教育部高等学校安全工程学科教学指导委员会.建设工程安全管理[M].北京:中国劳动社会保障出版社,2013.

[8] 住房和城乡建设部工程质量安全监管司.建设工程安全生产法律法规[M].北京:中国建筑工业出版社,2008.

[9] 周连起,刘学应.建筑工程质量与安全管理[M].北京:北京大学出版社,2010.

[10] 白锋.建筑工程质量检验与安全管理[M].北京:机械工业出版社,2007.

[11] 缪长江.建设工程施工管理[M].北京:中国建筑工业出版社,2007.

[12] 王玮.公路工程施工安全生产指南[M].北京:人民交通出版社,2003.

[13] 中国公路学会筑养路机械学会.公路筑养路机械机务管理手册[M].北京:人民交通出版社,2001.